JN441493

흥미로운 소설식으로 읽는 구약 성경

다윗 왕국과 하나님 나라

박도준 지음

'다윗 왕국'에 관련된 성경을 한 편의 대하드라마와도 같이 흥미롭게 읽는 가운데 구약의 몸체를 파악하면서 하나님 나라를 소망하게 된다.

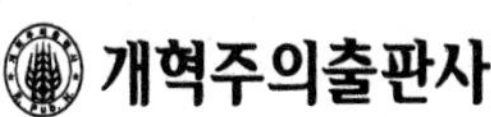
개혁주의출판사

책 머리에

본서의 특징 및 일러두기

1. '다윗 왕국과 하나님 나라'란 주제로 성경 본문을 역사서 12 권 중에 다윗의 혈통 뿌리를 알려 주는 룻기를 비롯하여 에스더까지 10 권을 포함하되 특히 사무엘 상·하에서 역대 상·하를 보충 삽입하는 방식으로 하여 연대순, 인물순, 사건순으로 재편성하였으며, 또한 에스라와 느헤미야와 에스더도 그와 같은 방식으로 재편성하였다.

10 권의 역사서뿐만 아니라 선지서 중에서도 다윗 왕국과 가장 근접한 관련이 있는 이사야, 예레미야, 에스겔, 다니엘, 호세아, 아모스, 미가, 스바냐, 학개, 스가랴 등을 보충 삽입하는 방식으로 해서 역시 연대순, 인물순, 사건순으로 재구성했기 때문에 본서를 읽으면 구약의 몸체가 보다 쉽게 보이도록 하였다.

2. 위와 같이 재편성하였으나 저자의 상상 또는 허구에 치우치지 않고 기존 성경 본문의 뜻에 충실하였으므로 그 본문의 뜻과 어긋나지 않으면서도 대화체와 해설체로 조금도 무리 없이 약간의 각색을 가미하였기에 한 편의 대하드라마와도 같이 지루하지 않고 흥미롭게 읽으면서 구약의 흐름을 간파할 수 있게 하였다.

3. 본서를 크게 3 부로 나누어 개괄하면,

제 1 부 : 이스라엘 왕 다윗 ▶ 룻기로부터 시작하여 사무엘 선지자 및 사울의 왕 됨과 죽음, 이스라엘의 진정한 왕인 다윗의 등극과 통일된 그의 왕국 그리고 솔로몬의 왕위 계승.

제 2 부 : 분열된 북이스라엘과 남유다 ▶ 솔로몬 왕의 범죄로 인해 선언된 하나님의 진노가 그 아들 르호보암 왕 때 나라의 분열로 나타났다. 즉, 북이스라엘의 여로보암 왕과 남유다의 르호보암 왕으로 갈라져 결국 북이스라엘의 멸망과 남유다의 마지막 왕 시드기야로 끝난다.

제 3 부 : 바벨론 포로와 새 예루살렘 성 ▶ 바벨론 포로 전후와 예루살렘으로 돌아가는 사건과 예언을 중심하여 열방의 선지자로 세워진 예레미야의 외침, 다니엘과 에스겔의 환상(바벨론 포로로 끌려가는 장면), 바

사의 왕 고레스의 명령으로 포로들의 예루살렘 귀환, 성전 재건을 위해 예루살렘으로 돌아가는 스룹바벨과 예수아, 에스라, 에스더, 느헤미야 등의 희생적 수고와 기도로 대단원을 이룬다.

4. 다윗 왕국은 이상으로써 끝난 것 같으나 이후부터 새로운 왕국이 시작된다. 즉, 다윗 왕국은 세상 여느 왕국과 같이 불완전하고 유한한 측면이 있으나 한편으로는 세속적 일반 왕국이 갖지 못한 영원 완전한 하나님 나라의 모형을 보여 주는 양면성을 갖고 있다. 우리가 주시해야 할 것은 전자를 통한 후자이다.

유한한 세속적 다윗 왕국은 끝나고 이제 그 혈통을 통한 약속의 메시야 왕국 ㅡ 영원한 하나님 나라가 절묘하게 대비, 교차되면서 시작된다. "옛적에 선지자들을 통하여 여러 부분과 여러 모양으로 우리 조상들에게 말씀하신 하나님이 이 모든 날 마지막에 아들을 통하여 우리에게 말씀하셨으니"(히 1:1, 2), "아브라함과 다윗의 자손 예수 그리스도의 계보라."(마 1:1). 다윗의 자손인 예수 그리스도의 성육신으로 말미암아 하나님의 구원의 역사가 시작되어 그의 성역 첫 번째의 외침이 "회개하라 천국이 가까이 왔느니라."였다. 이제 그 나라는 세계적으로 이루어져 가며, 그의 재림으로 완성된다. 그 나라에 참여하여 성삼위 하나님께 감사와 찬양과 영광을 돌리면서 영생 복락을 누리며 살게 되는 자는 더 없이 복되도다!!

결론적으로, 구약 특히 '다윗 왕국'은 구약을 여는 키워드이며, 궁극적으로 신약의 '하나님 나라'의 모형이요 그 나라를 소망하게 하고, 극명하게 드러내기 위한 복선이다. 이러한 관점과 사실을 염두에 두고 본서를 접근하면 새로운 성경 지식과 하나님의 은혜가 더할 것이다.

▶ 성경 내용 중에 이해하기 어렵고 의문이 생기는 곳이 간혹 있는데 이런 경우에는 이해를 돕기 위해 ✽표를 해서 맨 아래 각주를 삽입했다.

▶ 대화문은 전반적으로 구분감 있게 고딕체로 하였고, 외국의 인명, 지명, 나라 명칭, 숫자, 수량 등도 고딕체로 하여(명조체로 된 설명문 중에서) 쉽게 구분되게 했으며, 성경에서의 동명이인, 별명, 숫자와 수량의 환산(도량형 단위의)은 괄호 안에 기록하였다.

2014년 8월 25일

저자 박 도 준

차 례

제 1 부 이스라엘 왕 다윗

제 1 장 베들레헴의 여명

제 2 장 사무엘

제 3 장 사울 왕

제 4 장 이새의 아들 다윗

제 5 장 다윗 왕 ⟨1⟩

제 6 장 다윗 왕 ⟨2⟩

제 2 장 솔로몬 왕〈2〉

제 3 장 여호사밧 왕

제 4 장 히스기야 왕

제 5 장 요시야 왕

제 3 부 바벨론 포로와 새 예루살렘 성

제 1 장 예레미야 〈1〉

제 2 장 다니엘과 에스겔 〈1〉

제 3 장 예레미야 〈2〉

제 4 장 예레미야 〈3〉

제 5 장 다니엘과 에스겔 〈2〉

제 6 장 고레스와 스룹바벨

제 7 장 에스더

제 8 장 에스라

제 9 장 느헤미야

제 10 장 에스라와 느헤미야

제 1 부

이스라엘 왕 다윗

제 1 장

베들레헴의 여명

(룻기記 : 만고 효녀 룻의 이야기)

엘리멜렉과 나오미(룻 1:1-22)

베들레헴의 새벽은 안개로 자욱하였다. 엘리멜렉은 밭으로 나가는 일이 꿈만 같았다. 가뭄이 심하여 곡식의 씨앗을 심어 놓으면 말라 비틀어졌고, 앞으로의 생각만 하여도 마음이 답답하였다.

엘리멜렉은 결정을 해야 될 것 같았다. 사사들의 하는 일에도 하나님이 함께하시지 않는 것 같고, 아내와 두 아들과 사는 것이 암담하였기 때문이다.

그래서 그의 아내 나오미와 두 아들 말론과 기룐을 데리고 이스라엘의 가까운 모압 지방으로 갔다. 이들은 원래 유다 땅 베들레헴에서 가까운 에브랏 지방 사람이었지만 모압으로 가서 살았다.

엘리멜렉의 모압 생활은 베들레헴의 생활보다는 나아지지는 않았다. 얼마가 흐른 뒤에 나오미의 남편 엘리멜렉은 죽고, 나오미와 그의 두 아들만 남게 되었다. 그 두 아들은 모압 여자를 아내로 맞아들였는데, 큰아들의 아내로 맞이한 여자의 이름은 오르바이고, 작은아들의 아내로 맞이한 여자의 이름은 룻이었다.

나오미와 그의 아들들과 며느리들은 모압 지방에서 십 년쯤 살았는데, 그러다가 큰아들 말론과 작은아들 기룐마저 죽어 버리자, 나오미는 남편과 두 아들을 잃고 홀로 남게 되었다.

그러던 어느 날, 나오미는 여호와께서 자기 백성들을 돌보시어 유다에 풍년이 들게 하셨다는 소식을 듣게 되었다. 그래서 모압을 떠나 고향으로 돌아갈 준비를 하였다.

나오미의 두 며느리도 함께 떠날 준비를 하였다. 그들은 살던 곳을 떠나 유다 땅으로 가려고 길을 나섰다. 나오미는 생각을 바꾸기로 마음먹었고, 두 며느리들에게 말했다.

너희는 각자 너희 어머니의 집으로 돌아가거라.
너희가 나와 죽은 내 아들을 잘 살펴 주었으니, 여호와께서 너희를 잘 돌보아 주시기를 바란다.
또 여호와께서 너희에게 새 남편과 새 가정을 주시기를 바란다.

이 말을 한 뒤, 나오미가 작별을 하기 위해 며느리들에게 입을 맞추자, 두 며느리는 큰 소리로 울었다.

며느리들은 나오미에게 말했다.

아닙니다. 우리도 어머니와 함께 어머니의 나라로 가겠습니다.

그러자 나오미가 말했다.

내 딸들아, 너희 집으로 돌아가거라. 왜 나와 함께 가려느냐?
내가 아들을 더 낳아 너희에게 새 남편 감*을 줄 수 있는 것도 아니지 않느냐?
너희 집으로 돌아가거라. 나는 다른 남편을 맞아들이기는 너무 늙었다.
설령 내가 오늘밤에 다른 남편을 맞아들여서 아들을 낳을 수 있다 해도 무슨 소용이 있겠느냐? 그 아이들이 클 때까지 너희가 기다릴 수 있겠느냐?
그렇게 오랜 세월을 남편 없이 지낼 수 있겠느냐?
그러지 말아라. 여호와께서 나를 치셨기 때문에, 내 마음이 너희로 인해 너무 아프구나.

---

* 하나님께서 모세를 통하여 이스라엘 백성에게 율법(규례)을 주실 당시에 혼인법 중에 '계대 혼인법(繼代婚姻法)'을 허락하셨다(신 25:5, 6). 이를 '형망제급(兄亡弟及)'이라고도 한다. 즉, 형이 아들 없이 사망했을 때 그 아우가 형수와 결혼하여 그 혈통을 잇게 했다. 만일 그 첫째 아우가 혈통을 잇지 못하고 죽으면 그 아우들이 순차적으로 그 의무를 수행해야 했다(참고▶ 마 22:23-30).

그들은 다시 한 번 큰 소리로 울었다. 그러자 오르바는 나오미에게 입을 맞추어 작별 인사를 하였다.

그러나 룻은 시어머니에게 매달렸다.

나오미가 말했다.

> 보아라. 네 동서는 자기 백성과 자기 신들에게로 돌아갔으니, 너도 네 동서의 뒤를 따라가거라.

그러자 룻이 말했다.

> 저더러 어머니를 떠나라고 하거나, 어머니의 뒤를 따르지 말라고 하지 마십시오.
> 저는 어머니가 가시는 곳에 따라가고, 어머니가 사시는 곳에서 살겠습니다. 어머니의 백성이 제 백성이고, 어머니의 하나님이 제 하나님이십니다.
> 어머니가 돌아가시는 곳에서 저도 죽어, 거기에 묻히겠습니다.
> 만약 제가 이 맹세를 지키지 않는다면, 여호와께서 제게 무서운 벌을 내리셔도 좋습니다.
> 오직 죽음만이 우리를 갈라놓을 수 있을 뿐입니다.

나오미는 룻이 자기와 함께 가기로 굳게 마음먹은 의지를 알아차리고 더 이상 아무 말도 하지 않았다. 나오미와 룻은 길을 떠나, 베들레헴으로 향했다. 그들이 베들레헴에 도착했을 때, 온 마을이 떠들썩해졌다.

마을 여자들이 말했다.

> 이 사람이 정말 나오미인가?

그러자 나오미가 사람들에게 말했다.

> 저를 나오미(즐거움이라는 뜻)라고 부르지 마십시오. 전능하신 하나님께서 저를 슬프게 만드셨으니, 이제 저를 마라(씁쓸하다는 의미) 라고 부르시오.
> 제가 떠날 때에는 가진 것이 많았으나, 여호와께서 나로 비어 돌아오게 하셨습니다.
> 여호와께서 나를 징벌하셨고, 전능하신 하나님께서 나에게 괴로움을 주셨습니다. 그러므로데 어떻게 저를 나오미라고 부르십니까?

나오미와 그의 며느리인 모압 여자 룻은 이렇게 모압에서 돌아왔다. 그들이 베들레헴에 왔을 때는 보리 추수를 시작할 무렵이었다.

베들레헴의 보아스(룻 2:1-23)

베들레헴 지방에 보아스라는 유력한 사람이 살고 있었다. 보아스는 엘리멜렉 집안의 사람으로, 나오미의 가까운 친족이었다.

어느 날, 모압 여자 룻이 나오미에게 말했다.

> 밭에 나가게 해 주십시오. 혹시 저에게 은혜를 베푸는 사람을 만나게 되면, 그 사람의 밭에 떨어진 이삭을 주워 오겠습니다.

나오미가 말했다.

> 그래, 가 보아라.

그래서 룻은 밭으로 나갔다.

그녀는 곡식을 거두는 일꾼들을 따라다니며, 그들이 남긴 이삭을 주웠다.

마침 그 밭은 엘리멜렉 집안의 사람인 보아스의 밭이었다.

보아스가 베들레헴에 와서 일꾼들에게 인사하고 있었다.

> 여호와께서 그대들과 함께 계시기를 비네!

일꾼들도 인사했다.

> 여호와께서 주인님께 복 주시기를 빕니다!

보아스가 일꾼들을 감독하는 자기 종에게 물었다.

> 저 여자는 어느 집 여자인가?

그 종이 대답했다.

> 저 여자는 나오미와 함께 모압 지방에서 온 여자인데, 일꾼들 뒤를 따라다니며 땅에 떨어진 이삭을 줍도록 해 달라고 했습니다.
> 그녀는 잠시 그늘 집에서 쉰 것 말고는, 아침부터 지금까지 계속 이삭을 줍고 있습니다.

보아스가 룻에게 말했다.

여인이여, 나의 말을 잘 들으시오. 이삭을 줍기 위해 다른 밭으로 가지 말고 여기에서 주우시오.
나의 여자 일꾼들의 뒤만 따라다니시오.
그들이 가는 밭을 잘 보고 그 뒤를 따라가시오.
나의 젊은 남자 일꾼들에게 당신을 건드리지 말라고 일러 두었소.
목이 마르거든 물 항아리 있는 곳으로 가서 젊은 남자 일꾼들이 길어 온 물을 마시도록 하시오.

그러자 룻이 얼굴을 땅에 대고 절하며 보아스에게 말했다.

저는 이방 여자인데 어떻게 저 같은 사람에게 이런 은혜를 베푸시고 돌보아 주십니까?

보아스가 대답했다.

나는 당신 남편이 죽은 뒤에 시어머니에게 한 일을 들었소.
또 당신이 당신 부모와 당신 나라를 떠나, 아는 사람이 하나 없는 이 나라로 온 것도 다 알고 있소.
여호와께서 당신이 한 일을 갚아 주실 것이오.
작은 새가 자기 어미 날개 아래로 피하듯이 당신이 여호와께 왔으니, 이스라엘의 여호와 하나님께서 당신에게 온전한 상으로 갚아 주실 것이오.

그러자 룻이 말했다.

나의 주여! 당신께 은혜를 입기 바랍니다.
저는 당신의 시녀의 하나와 같지 못합니다.
그런데도 당신은 이렇게 종의 마음을 위로하고 기쁘게 하는 말씀을 해 주셨습니다.

식사할 시간이 되자, 보아스가 룻에게 말했다.

이리로 오시오. 떡을 같이 먹읍시다. 그리고 떡 조각을 이 초에 찍어 드시오.

룻이 곡식 베는 사람 옆에 앉자, 보아스가 룻에게 볶은 곡식을 주었는데, 룻이 배불리 먹고도 남을 정도로 많았다.

룻이 이삭을 주우려고 일어나자, 보아스가 젊은 남자 일꾼들에게 말했다.

저 여인이 곡식 단 사이에서도 이삭을 주울 수 있도록 내버려 두고, 쫓아내지 마라.

또 단에서 이삭을 조금씩 떨어뜨려서 저 여인이 주울 수 있게 하고, 여인을 꾸짖지 마라.

룻은 저녁까지 그 밭에서 이삭을 주웠다.

주운 이삭을 떨었더니, 보리가 한 에바(약 22 리터)쯤이 나왔다.

그녀는 그것을 가지고 마을로 돌아갔다.

룻은 시어머니에게 모은 것과 함께 자기가 배불리 먹고 남은 음식도 꺼내서 드렸다.

니오미가 룻에게 물었다.

오늘 어디서 이 이삭을 주웠느냐?
어디서 일했느냐?
너를 이렇게 돌아본 사람에게 복이 있기를 빈다.

그러자 룻이 대답했다.

제가 오늘 일한 밭의 주인은 보아스라고 합니다.

나오미가 며느리에게 말했다.

여호와의 복이 그 사람에게 있기를 빈다.
여호와께서는, 산 사람이나 죽은 사람에게 언제나 은혜를 베푸시는구나!
보아스는 우리의 가까운 친족이란다. 우리 기업을 무를 사람* 중 하나이다. 곧 이미 팔았던 우리 가족의 땅을 도로 사서 우리에게 되돌려 줄 수 있는 사람이지.

---

*'기업(基業)'이란 대대로 물려받은 사업 또는 재산으로서, 고대 이스라엘에서는 토지가 주된 기업이었으며, 토지 외에는 노비, 가재, 가축, 우물 등이 있었다. 신약에서의 '기업'의 개념은 그리스도의 속죄의 역사(役事)를 통하여 그를 믿는 성도는 하나님의 아들이 되고 그리스도와 함께 받아 누리는 하나님의 나라와 그 일체의 축복을 가리킨다. '기업을 무를 사람'이란 자식이 없이 홀로 된 과부를 취하여 자식을 낳아 가문(혈통)을 잇게 하거나(신 25:5-10), 빚으로 인해 팔아 버린 토지 등을 도로 사서 되돌려 줄 수 있는 친족을 가리킨다(레 25:25-54). 이 제도는 곧 장차 그리스도께서 만민의 대속주가 되심을 예표로 보여 준다.

룻이 말했다.

보아스는 저에게 자기 젊은 남자 일꾼들 가까이에서 계속 일하라고 했습니다.
추수가 끝날 때까지 그렇게 하라고 했습니다.

나오미가 며느리에게 말했다.

그 사람의 여종들 가까이에서 일하고, 네가 다른 밭에서 사람을 만나지 아니하는 것이 좋겠다.

이에 룻은, 보리 추수와 밀 추수를 마치기까지, 보아스의 여자 일꾼들 가까이에서 이삭을 주우며 시어머니를 모시고 살았다.

시어머니 나오미와 룻(룻 3:1-18)

시어머니 나오미가 룻에게 말했다.

내 딸아, 내가 너를 위하여 안식할 곳을 구하여, 너로 복되게 하여야 하지 않겠느냐?
네가 함께 일하고 있는 여자 일꾼들의 주인인 보아스는 우리의 가까운 친족이란다.
그가 오늘밤에 타작마당에서 보리를 키질할 것이다. 그런즉 너는 가서 목욕을 하고 몸에 기름을 발라라. 그리고 옷을 갈아입고 타작마당으로 내려가거라.
그 사람이 먹고 마시기를 끝낼 때까지 그의 눈에 띄지 않도록 주의해야 한다.
그가 누울 때에 너는 그 눕는 곳을 알았다가 들어가서 그 발치 이불을 들고 거기 누우라. 그가 너의 할 일을 일러 줄 것이다.

룻이 대답했다.

어머님이 말씀하신 대로 하겠습니다.

룻은 타작마당으로 내려가서 시어머니가 일러 준 대로 했다.
먹고 마시기를 마친 보아스는 기분이 좋아서 곡식 더미 곁에 누웠다.
그러자 룻이 조용히 그에게 다가가 이불을 들고 그의 발치에 누웠다.
한밤중에 돌아눕던 보아스는 자기 발치에 어떤 여자가 누워 있는 것을 보고 깜짝 놀랐다.

보아스가 "네가 누구냐?" 하고 물었다.

룻이 대답했다.

> 저는 어른의 종, 룻입니다.
> 어른의 이불로 제 몸을 덮어 주십시오. 주인님은 우리 땅의 소유와 우리를 책임질 기업을 무를 사람이 됨이니이다.

보아스가 말했다.

> 여호와께서 당신에게 복 주시기를 바라오.
> 가난하건 부유하건 젊은 사람을 따르지 아니하고 시어머니를 받들어 섬기는 것을 볼 때, 그대의 정성이 처음보다 나중이 더하구나. 이번에 보여 준 당신의 인자함이, 지금까지 보여 준 것보다 더 크오.
> 내 딸아 두려워하지 말라! 내가 네 말대로 네게 다 행하리라. 네가 현숙한 여자라는 것은 우리 성읍 백성들이 다 알고 있소.
> 또한 내가 네 땅의 소유와 가족을 책임질, 기업을 무를 사람인 당신의 친족이라는 것도 사실이오. 하지만 당신에게는 나보다 더 가까운 친족이 있소.
> 오늘밤은 여기서 지내시오.
> 아침이 되면 그 사람이, 기업 무를 사람, 곧 당신 가족의 땅을 사서 돌려줄 뜻이 있는지 알아보겠소.
> 만약 그가 책임을 진다면 그 사람의 뜻에 따르겠소. 하지만 그가 당신 가족의 땅을 사서 돌려줄 뜻이 없다면, 내가 그 일 곧 기업 무를 자의 책임을 다하겠소.
> 살아 계신 여호와를 두고 맹세하오. 그러니 아침까지 여기에 누워 있으시오.

그리하여 룻은, 새벽까지 그의 발치에 누워 있다가, 아직 어두워서 서로의 얼굴을 알아보기 힘든 때에 일어났다.

보아스가 종들에게 말했다.

> 이 여자가 여기 타작마당에 와 있었다는 것을 아무에게도 알리지 마라.

그런 뒤에 보아스가 룻에게 말했다.

> 당신이 입고 있는 겉옷을 가져와서 펼치시오.

룻이 겉옷을 펼치자, 보아스가 거기에 보리 여섯 번 되어서 룻에게 부어 주었다.

보아스는 성으로 들어갔다.

룻이 돌아오자, 시어머니가 물었다.

내 딸아, 어떻게 되었느냐?

룻은 보아스가 한 일 모두를 시어머니께 자세히 말했다.

어머니께 빈손으로 돌아가면 안 된다고 하면서, 이렇게 보리를 여섯 번 되어 부어 주었습니다.

나오미가 말했다.

내 딸아, 이 일이 어떻게 되는 것을 알기까지 가만히 앉아 있으라.
보아스, 그가 오늘날 이 일을 성취하기 전에는 쉬지 아니하리라.

기업 무를 자 보아스(룻 4:1-22)

보아스가 성문에 올라가 앉아 있었다. 드디어 그가 말한 가까운 친족, 기업 무를 사람이 지나갔다.

보아스가 그를 불렀다.

여보시오. 이리 좀 와서 앉아 보시오.

그러자 그 사람이 와서 앉았다. 또 보아스는 성에 있는 장로 열 명을 불러 그 자리에 앉도록 하였다.

보아스가 가까운 친족, 기업 무를 사람에게 말했다.

우리의 형제 엘리멜렉이 살아 있을 때에, 그는 땅을 가지고 있었소. 이제 모압 지방에서 돌아온 나오미에게 그 소유의 권한이 있소.
그래서 당신에게 이 말을 해야겠소. 여기에 앉아 있는 내 백성의 장로들 앞에서 내게 말해 주시오.
그 땅을 사시오. 그 땅을 사들여 나오미에게 돌려줄 수 있는 첫 번째 사람은 당신이고, 그 다음이 나요.
당신이 사지 않겠다면, 내가 사서 돌려주겠소.

그러자 그 친족, 기업 무를 사람이 말했다.

내가 그 땅을 사서 돌려주겠소.

보아스가 말했다.

당신이 나오미의 땅을 사겠다면, 죽은 사람의 아내인 모압 여자 룻을 아내로 맞아들여야 하오.
그렇게 해야 그 땅이 죽은 사람 집안의 땅으로 남게 되오.

그러자 그 친족, 기업 무를 사람이 대답했다.

그렇다면 그 땅을 사서 돌려줄 수 없소. 그렇게 했디가는 내 재산만 손해볼까 염려되오. 나는 그 땅을 사서 돌려주지 못하겠으니, 당신이 그 일을 하도록 하시오.

옛적 이스라엘 중에, 모든 것을 무르거나 교환하는 일을 확정하기 위하여, 사람이 그 신을 벗어 그 이웃에게 주었는데, 이것이 이스라엘의 증명하는 전례가 되었다.

그 친족이 보아스에게 "당신이 그 땅을 사시오" 하면서 자기 신을 벗었다.

그러자 보아스가 장로들과 모든 마을 사람들에게 말했다.

여러분은 오늘 내가 나오미의 땅을 사는 일의 증인입니다.
나는 엘리멜렉과 기룐과 말론에게 속했던 모든 것을 사겠습니다.
그리고 말론의 아내였던 모압 여자인 룻도 내 아내로 맞아들이겠습니다.
그렇게 되면 룻의 죽은 남편의 재산, 곧 기업이 그의 집안에 그대로 남아 있을 것입니다.
그리고 그의 이름이 그의 집안에서나 그의 땅에서 영원히 끊기지 않을 것입니다.
여러분은 오늘 이 일의 증인입니다.

그러자 성문 곁에 있던 사람들과 장로들이 말했다.

우리가 증인입니다.
여호와께서, 당신의 집으로 들어가는 이 여자에게 많은 자녀를 낳게 하여, 이스라엘 집안을 일으킨 라헬과 레아처럼 되게 해 주시기를 빕니다.
또 당신이 에브랏 지방에서 권세를 펼치고, 베들레헴에서 유명해지기를 바랍니다.
다말이 유다의 아들 베레스를 낳았듯이, 여호와께서, 룻을 통해 당신에게 많은 자손을 주시기를 바랍니다.
그리고 당신 집안이 베레스의 집안처럼 되기를 바랍니다.

그래서 보아스는 룻을 아내로 맞아들였다.

여호와께서 룻에게 잉태하게 해 주셔서, 룻은 아들을 낳았다.

여자들이 나오미에게 말했다.

여호와를 찬양합니다.
여호와께서 오늘 네게 기업 무를 사람, 당신의 가문을 이어갈 아이를 주셨습니다.
이 아이가 이스라엘에서 유명해지기를 바랍니다.
이 아이는, 당신에게 삶의 의미를 불어넣어 주었고, 당신이 늙었을 때 당신을 돌보아 줄 아이입니다.
당신의 며느리는, 당신을 많이 사랑하며, 당신에게 아들을 낳아 주었습니다.
착한 당신의 며느리는 아들 일곱 명보다 낫습니다.

나오미가 그 아기를 받아 품에 안고 돌보았다.

이웃 사람들은 그 아기에게 이름을 지어 주면서 "나오미에게 아들이 태어났다."라고 말하면서, 아기를 오벳이라 불렀다.

그가 바로 이새의 아버지이며, 다윗의 할아버지이다.

유다가 다말에게서 낳은 베레스의 자손은 이러하다.

베레스는 헤스론을 낳고, 헤스론은 람을 낳고, 람은 아미나답을 낳았다. 암미나답은 나손을 낳고, 나손은 살몬을 낳았다.

살몬은 라합에게서 보아스를 낳고, 보아스는 룻에게서 오벳을 낳았다.

오벳은 이새를 낳고, 이새는 다윗을 낳았다.

제 2 장

사무엘

(사사 · 선지자 · 제사장)

한나의 아들 사무엘(삼상 1:1-20)

여로함의 아들 중에 엘가나라는 사람이 있었다. 엘가나는, 에브라임 산지에 있는 라마다임소빔 사람이며 숩 집안 사람이었다.

엘가나의 아버지 여로함은 엘리후의 아들이고, 엘리후는 도후의 아들이다. 도후는 에브라임 사람 숩의 아들이다.

엘가나에게는, 아내 두 명이 있는데, 한 아내의 이름은 한나였고, 다른 아내의 이름은 브닌나였다. 브닌나에게는 자녀가 있었지만, 한나에게는 자녀가 없었다. 엘가나는 해마다 자기 마을 라마를 떠나 실로로 올라가서 만군의 여호와께 경배하며 제사를 드렸다.

실로에서는 엘리의 아들인 홉니와 비느하스가 여호와의 제사장으로 일하고 있었다. 엘가나는 제사를 드리는 날에는 자기 아내 브닌나에게 제물의 몫을 나누어 주었다. 또 자기 아들과 딸들에게도 나누어 주었다.

그리고 한나에게는 언제나 갑절의 몫을 주었다. 왜냐하면 엘가나는 한나를 더 사랑하기 때문이다.

그러나 여호와께서는 한나에게 자녀를 주지 않으셨다.

한나에게, 자녀가 없었기 때문에 브닌나는 한나를 괴롭히고 마음을 아프게 만들었다. 이런 일은 매년 그들이 실로에 있는 여호와의 장막으로 올라갈 때마다 일어났다.

브닌나가 한나를 너무나 괴롭혔으므로, 한나는 울며 아무것도 먹으려 하지 않았다.

한나의 남편인 엘가나가 한나에게 말했다.

> 여보, 왜 우시오? 왜 아무것도 먹지 않으시오?
> 당신에게 내가 있는 것이 열 명의 아들이 있는 것보다 더 낫지 않소?

엘가나의 가족이 실로에서 식사를 한 후에 한나가 자리에서 일어났다.

그때, 제사장 엘리는 여호와의 성전 문밖 가까이에 앉아 있었다.

한나는 매우 슬퍼 크게 울면서 여호와께 기도 드렸다.

한나는 한 가지 약속(서원)을 했다.

> 만군의 여호와여, 저의 괴로움을 돌아봐 주십시오. 저를 기억해 주십시오. 저를 잊지 마십시오.
> 저에게 아들을 주신다면, 그 아들과 그의 전 생애를 여호와께 드리고 아무도 그의 머리에 칼을 대지 못하게 하겠습니다.

한나가 계속해서 기도하고 있는 동안 엘리는 한나의 입술을 지켜보았다.

그녀는, 마음속으로 기도하고 있었기 때문에 입술을 움직였지만, 소리는 내지 않았다.

그래서 엘리는 한나가 술에 취했다고 생각했다.

엘리가 한나에게 말했다.

> 언제까지 취해 있을 작정이오. 포도주를 끊으시오.

한나가 대답했다.

> 아닙니다, 제사장님. 저는 포도주나 술을 마시지 않았습니다.
> 저는 큰 괴로움 중에 있는 여자입니다. 여호와 앞에 나의 심정을 쏟아 놓고 있습니다.
> 저를 악한 여자로 생각하지 마십시오. 저는 너무나 괴롭고 슬퍼서 기도 드리고 있는 중입니다.

엘리가 대답했다.

평안히 가시오. 이스라엘의 하나님께서 당신이 기도하여 구하는 것을 허락해 주시기를 바라오.

한나가 말했다.

당신의 여종과 같은 저에게 은혜를 베풀어 주시기를 바랍니다.

한나는 가족들이 머무르고 있는 곳으로 돌아가서 음식을 먹었다. 그리고 그녀는 더 이상 슬퍼하지 않았다.

이튿날 아침 일찍, 엘가나의 가족은 자리에서 일어나 여호와께 경배 드렸다.

그리고 나서 그들은 라마에 있는 집으로 돌아갔다.

엘가나가 자기 아내 한나와 동침하니, 여호와께서 한나를 생각해 주셨다. 드디어 한나는 잉태를 하게 되었고, 아들을 낳았다.

한나는 "내가 여호와께 구하여 얻었다." 하여 그 아이의 이름을 사무엘이라고 지었다.

하나님께 드리는 사무엘(삼상 1:21-2:10)

엘가나와 그의 온 가족은, 하나님께 해마다 드리는 제사인 매년제와 약속을 지키는 제사인 서원제를 드리기 위해 실로에 갔다.

엘가나가, 또다시 하나님의 성전이 있는 실로로 올라가려고 할 때였다.

그녀는 엘가나와 함께 가지 않겠다고 했다.

한나는 엘가나에게 말했다.

이 아기가 젖을 떼면, 이 아이를 데리고 여호와를 뵈러 가겠어요. 그리고 이 아이를 영원히 그곳에 있게 하겠어요.

한나의 남편 엘가나가 말했다.

당신 생각에 선한 대로 하시오. 아기가 젖을 뗄 때까지 집에 남아 있으시오. 여호와께서 말씀하신 대로 이루어 주시기를 바라오.

그리하여 한나는 집에 남아 아들이 젖을 뗄 때까지 돌보았다.

사무엘이 젖을 뗄 만큼 자라나자, 한나는 사무엘을 실로에 있는 여호와의 장막으로 데리고 갔다.

한나는 삼 년 된 수소와 밀가루 한 에바(약 이십이 리터)와 포도주 한 가죽 부대도 함께 가지고 갔다. 그런데 그 아이는 아직 어렸다.

그들은 소를 잡아 제물로 바쳤다. 그리고 나서 한나는 사무엘을 데리고 엘리에게 나아갔다.

한나가 말했다.

> 제사장님, 맹세하건대 저는 제사장님 가까이에 서서 여호와께 기도 드렸던 그 여자입니다.
> 저는 아이를 가지기 위해 기도 드렸습니다. 여호와께서 제 기도를 들어주시고 이 아이를 저에게 주셨습니다.
> 이제 이 아이를 서원한 대로 여호와께 다시 돌려 드립니다. 이 아이는 평생토록 여호와의 사람이 될 것입니다.

그런 뒤, 그 아이는 그곳에서 여호와께 경배 드렸다.

한나는 이렇게 기도했다.

> 여호와께서는 내 마음에 즐거움이 넘치게 해 주셨습니다.
> 내 뿔이 여호와를 인하여 높아졌으므로, 나는 여호와 안에서 매우 강해졌습니다.
> 내 입이 내 원수들을 향하여 크게 열렸으니, 나는 원수들 앞에서 웃을 수 있게 되었습니다.
> 여호와께서 나를 구원하셨으니 나는 기쁩니다. 여호와같이 거룩하신 분은 없습니다.
> 여호와 외에는 다른 신이 없습니다. 우리 하나님과 같은 반석도 없습니다.
> 교만한 자들아! 다시는 교만한 말을 하지 마라. 너의 입에서 다시는 오만한 말을 뱉지 마라.
> 여호와께서는 모든 것을 아시는 지식의 하나님이시므로, 여호와께서는 너의 행동을 달아 보신다.
> 용사들의 활은 꺾어졌도다. 그러나 넘어진 사람은 힘으로 띠를 두르는도다.
> 부유했던 사람들은 이제 양식을 위해 일해야 하고, 품삯을 받고 일하며 굶주리던 사람은 다시는 굶주리지 않도다.

아기를 잉태하지 못하던 여자가 지금은 일곱을 낳았고, 많은 자녀를 둔 여자는 쇠약해졌도다.
여호와께서는 사람을 죽게도 하시고 살게도 하신다.
여호와께서는, 사람을 죽은 자들이 있는 곳으로 내려 보내기도 하시고, 죽은 자들을 다시 일으키기도 하신다.
여호와께서는 사람을 가난하게도 하시고 부유하게도 하신다. 여호와께서는 사람을 낮추기도 하시고 높이기도 하신다.
여호와께서는 가난한 사람을 흙먼지에서 일으키시고, 궁핍한 사람을 잿더미에서 건져 올리신다.
여호와께서는 빈궁한 사람을 거름더미에서 들어 올리셔서, 귀족들과 함께 앉게 하시고, 영광의 자리를 차지하게 하신다.
여호와께서 땅에 기둥을 놓으셨고, 그 기초 위에 세계를 세우셨도다.
여호와께서는 자기의 거룩한 백성의 발을 지켜 주시며, 악한 사람을 어둠 속에서 잠잠하게 하신다. 그들의 힘이 아무리 세더라도 이길 수 없을 것이다. 여호와를 대적하는 자는 산산이 깨어질 것이다.
여호와께서는 땅 끝까지 심판을 베푸실 것이나.
여호와께서는 자기 왕에게 힘을 주시며, 자기가 기름 부어 세운 자의 뿔을 높이어 강하게 하실 것이다.

엘리의 두 아들과 사무엘(삼상 2:11-3:21)

엘가나는, 라마에 있는 자기 집으로 돌아갔다.

그러나 어린 사무엘은 그곳에 남아 제사장 엘리 밑에서 여호와를 섬겼다.

엘리의 아들들은 불량한 사람들이었다. 그들은 소위 제사장직을 받았음에도 여호와를 알려고 하지 아니했다. 또 그 제사장들이 백성에게 하는 습관은 이러했다.

사람들이 제사를 드리고 고기를 삶으면, 그들은 사환을 보내 세 발 달린 쇠갈고리로 고기 삶는 솥이나 냄비나 가마에 마구 찔러 넣어, 갈고리에 걸려 나오는 것은 무엇이든지 가져오게 하였다.

그들은 실로에 제사 드리러 오는 모든 이스라엘 사람들에게, 제사장이 지켜야 하는 규정도 무시하였다.

이뿐 아니라 제물로 바칠 고기의 기름을 떼어 태우기도 전에, 제물을 바치는 사람에게 사환을 보내어 "제사장이 구워 먹을 고기를 주시오. 제사장은 삶은 고기를 좋아하지 않습니다. 날고기를 원합니다."라고 말하게 하였다.

이때 만일 제사 드리는 사람이 "아직 기름을 제단에 태우지도 않았는데 그럴 수는 없소. 기름을 태우고 나면 마음대로 가져가도록 하시오" 하면,

그 사환은, "안 된다. 지금 당장 내놓아라. 그렇지 않으면 강제로 빼앗아 가겠다." 하고 으름장을 놓기가 일쑤였다.

엘리의 아들들이 짓는 이 죄가, 여호와께서 보시기에 매우 컸던 것은, 그들이 여호와께 드리는 백성들의 제사를 멸시하였기 때문이었다.

그러나 사무엘은 어렸을 때에 세마포로 만든 에봇을 입고, 여호와 앞에 섬겼다.

사무엘의 어머니는 매년 드리는 제사를 드리기 위해 남편과 함께 실로로 왔었다. 그의 어머니는 그때마다 자기 아들을 위해 작은 겉옷을 만들어 가지고 왔다.

엘리는, 엘가나와 엘가나의 아내에게 "한나가 기도하여 얻었다가, 다시 여호와께 바친 사무엘을 대신해서, 여호와께서 한나에게 다른 자녀를 주시기를 바라오." 하고 축복해 주었다.

그리고 엘가나와 한나는 집으로 돌아갔다. 여호와께서 한나를 돌보아 주셔서, 그녀에게 아이를 잉태하게 해 주셨다.

한나는 세 아들과 두 딸의 어머니가 되었다.

그리고 어린 사무엘은 여호와 앞에서 무럭무럭 자라갔다.

엘리는 나이가 많아 매우 늙어졌다. 그는 자기 아들들이 온 이스라엘에게 행한 모든 일들을 다 들었다.

또 자기 아들들이 회막 문 앞에서 봉사하고 있는 여자들과 잠자리

를 함께한다는 이야기도 들었다.

엘리가 자기 아들들에게 말했다.

> 어찌하여 너희가 이런 일들을 하느냐? 내가 너희의 악행을 이 모든 백성들을 통해 다 듣고 있다.
> 내 아들아, 그러면 안 된다. 너희들에 대한 소문이 좋지 않다. 너희가 여호와의 백성에게 죄를 짓게 만드는구나!
> 사람이 사람에게 범죄하면 하나님께서 판결하실 수 있으나, 여호와께 범죄하면 누가 위하여 간구하겠느냐?

그러나 엘리의 아들들은 아버지의 말을 듣으려 하지 않았다. 그것은 여호와께서 그들을 죽이려고 뜻하셨기 때문이다.

어린 사무엘은 점점 자라갔다. 그러면서 사무엘은 하나님과 사람들에게 은혜를 더욱 받았다.

하나님의 사람이 엘리에게 와서 말했다.

여호와께서 말씀하시기를,

> 나는 너희 조상 집안이 애굽의 바로에게 노예로 있을 때, 그들에게 나타났었다.
> 나는 그들을 이스라엘 모든 지파에서 택하여 나의 제사장이 되게 하였다. 또한 나는 그들에게 내 제단으로 올라가 분향하며 에봇을 입게 하였다.
> 또 나는 이스라엘 사람들이 태워 드리는 모든 화제를, 내가 너희 조상의 집안에게 주었다.
> 그런데 너희는 내가 나의 처소에서 명령한, 나의 제물과 예물을 짓밟느냐?
> 너는 나보다 네 아들들을 더 귀하게 여기고, 내 백성 이스라엘 사람들이 나에게 바치는 고기 중에서 제일 좋은 부분을 먹어 스스로 살이 쪘도다.

그러므로 이스라엘의 하나님 나 여호와가 말하노라.

> 나는 전에 너와 네 조상의 집안이 영원토록 나를 섬기는 일을 맡을 것이라고 약속했었다.

그러나 이제는 나 여호와가 말하노라.

> 결단코 그렇게 하지 않겠다. 나는 누구든지 나를 존중히 여기는 사람을 존중히 여길 것이고, 나를 멸시하는 사람은 내가 멸시할 것이다.
> 이제 내가 네 팔과 네 조상의 집 팔을 끊어, 네 집에 노인이 하나도 없게 하는 날

이 이를 것이다.
내가 이스라엘에게 모든 복을 베푸는 중에, 네 집안에는 환난을 볼 것이요,
네 집에 영원토록 노인이 없을 것이다.
내 제단에서 내가 끊어 버리지 않고 남겨 둘 너의 사람이, 네 눈을 쇠잔하게 하고 네 마음을 슬프게 할 것이며, 네 집에 출생하는 사람은 모든 자가 젊어서 죽을 것이다.
네 두 아들 홉니와 비느하스는 같은 날에 죽게 될 것인데, 그 둘의 당할 일이 네게 표징이 되리라.
나는 나를 위해 일할 충성스런 제사장을 뽑을 것이다. 그 사람은 내 마음 내 뜻대로 일을 할 것이다. 나는 그를 위하여 견고한 집을 세우겠다.
그는 내가 기름 부은 왕 앞에서 언제나 제사장으로 일할 것이다.
그때에 너의 집안에 남아 있는 사람이, 각기 그에게 와서 은 한 조각과 떡 한 덩이를 위하여 그 앞에 엎드릴 것이다.

그들은 이렇게 말할 것이다.

내게 한 제사장의 직분을 맡겨 나로 떡 한 조각을 먹게 하소서.

어린 사무엘은 엘리 앞에서 여호와를 섬겼다.

그때에는, 사람들에게서 여호와의 말씀이 듣기가 매우 힘들었다. 그리고 사람들이 환상을 보는 일도 거의 없었다.

엘리는 눈이 점점 어두워져 거의 보지 못하는 사람처럼 되었다. 어느 날 밤, 엘리가 자기 방에 누워 있었다. 하나님의 등불은 아직 꺼지지 아니하였으며, 사무엘은 하나님의 궤가 있는 여호와의 성막 안에 누워 있었다.

그때에 여호와께서 사무엘을 부르셨다.

사무엘이 "내가 여기 있나이다."라고 대답했다.

사무엘은 엘리에게 달려가 말했다.

제사장님이 나를 부르셨기에, 내가 여기 있나이다.

엘리가 대답했다.

나는 너를 부르지 않았다. 돌아가 자라.

그래서 사무엘은 자기 자리로 돌아가 누웠다.

여호와께서 다시 "사무엘아!" 하고 부르셨다.

사무엘은 다시 엘리에게 가서 말했다.

> 제사장님이 나를 부르셨기에, 내가 여기 있나이다.

엘리가 대답했다.

> 나는 너를 부르지 않았다. 돌아가 자라.

사무엘은 아직 여호와를 알지 못했고, 여호와의 말씀이 아직 그에게 나타나지 아니한 때였다.

여호와께서 사무엘을 세 번째 부르셨다.

사무엘은 일어나 엘리에게 가서 말했다.

> 제사장님이 나를 부르셨기에, 내가 여기 있나이다.

그때서야 엘리는 여호와께서 어린 사무엘을 부르셨다는 것을 깨달았다.

그래서 엘리는 사무엘에게 말해 주었다.

> 잠자리로 돌아가거라. 다시 너를 부르는 소리가 나면 '여호와여, 말씀하옵소서. 주의 종이 듣겠나이다.'라고 말하여라.

그래서 사무엘은 다시 가서 잠자리에 누웠다.

여호와께서 임재하여 서서 계셨다. 여호와께서는 그전처럼 "사무엘아, 사무엘아" 하고 부르셨다.

사무엘이 대답했다.

> 여호와여, 말씀하십시오. 주의 종이 듣겠나이다.

여호와께서 사무엘에게 말씀하셨다.

> 보라 내가 이스라엘 중에 한 일을 행할 것이다. 그 일을 듣는 사람마다 두 귀가 울릴 것이다.
> 그날에 내가 엘리와 그의 집안에게 말했던 일을 처음부터 끝까지 그날에 다 이

룰 것이다.
내가 그 집안을 영영토록 심판하겠다고 그에게 이른 것은, 그가 알고 있는 그의 자식들의 죄악을 인함이다.
그는 자기 아들들이 저주 받을 짓을 스스로 청하는 것을 보고도 그것을 금지하지 않았다.

그러므로 나는 엘리의 가족에게 이렇게 맹세했다.

엘리 집안의 죄악은, 제물이나 예물로도 절대 속죄함을 받지 못할 것이다.

사무엘은 아침까지 누워 있다가 여호와의 집 문을 열었다. 그는 자기가 본 환상을 엘리에게 말하기가 두려웠다.

엘리가 사무엘을 불렀다.

내 아들 사무엘아!

사무엘이 대답했다.

내가 여기 있나이다.

엘리가 물었다.

여호와께서 너에게 무슨 말씀을 하셨느냐?
한 마디라도 나에게 숨기지 말라.
하나님께서 말씀하신 모든 것을 하나라도 숨기면, 하나님이 네게 벌을 내리시고, 또 내리시기를 원하노라.

그래서 사무엘은 엘리에게 세세히 말하고, 조금도 숨기지 않았다.
그러자 엘리가 말했다.

그분은 여호와이시다. 여호와께서 선한 소견대로 하실 것이다.

사무엘은 점점 자라났다. 여호와께서 사무엘과 함께하셨고, 사무엘에게 말한 것은 하나도 땅에 떨어지게 않게 하셨다.

단에서 브엘세바에 이르는 모든 이스라엘 사람들은 사무엘이 여호와의 선지자로 세우심을 입은 줄을 알았다.

여호와께서 사무엘에게 실로에서 다시 나타나셔서, 여호와의 말씀으로 사무엘에게 자기를 나타내셨다.

언약궤와 이가봇(삼상 4:1-22)

사무엘이 말을 하면, 온 이스라엘이 귀를 기울여 들었다.

그때에 이스라엘 사람들이 블레셋 사람들과 싸우러 나갔다.

이스라엘 사람들은 에벤에셀에 진을 쳤고, 블레셋 사람들은 아벡에 진을 쳤다.

블레셋 사람들은 엄청난 군대로 열을 갖추어 이스라엘 사람들과 싸울 준비를 했다.

블레셋과 이스라엘의 싸움이 시작되자, 이스라엘은 블레셋 사람 앞에서 패하였으며, 블레셋 사람들에게 죽임을 당한 군사가 사천 명 정도였다.

그러자 이스라엘 백성들이 자기들 진으로 돌아갔다. 이스라엘 장로들이 말했다.

> 여호와께서 어찌하여 우리로 오늘 블레셋 사람들에게 패하게 하셨을까?
> 여호와의 언약궤를 실로에서 우리에게로 가져오게 하자.
> 그리고 그 언약궤를 우리 중에 있게 하자. 그러면 하나님께서 우리를 원수에게서 구원해 주실 것이다.

그리하여 이스라엘 백성은 실로에 사람을 보냈다. 그들은 그룹 사이에 계신 만군의 여호와의 언약궤를 거기서 가지고 왔다.

엘리의 두 아들 홉니와 비느하스도 하나님의 언약궤와 함께 거기 있었다.

여호와의 언약궤가 진으로 들어오자, 이스라엘 사람들은 모두 기뻐서 땅이 울릴 정도로 크게 소리를 질렀다.

블레셋 사람들이 이스라엘의 외치는 소리를 듣고 물었다.

> 히브리 사람들의 진에서 나는 이 큰 소리는 도대체 무슨 소리인가?

블레셋 사람들은 여호와의 궤가 히브리 사람들의 진에 왔다는 것을 알게 되었다. 그들은 두려워하여 말했다.

신이 히브리 사람들의 진에 왔다.
우리에게 재앙이 될 것이다! 전에는 이런 일이 없었다. 우리에게 재앙이 될 것이다!
누가 우리를 이 능한 신들의 손에서 구해 줄 수 있을까?
이 신들은 광야에서 여러 가지 재앙으로 애굽 사람들을 치던 바로 그 신들이다.
블레셋 사람들아, 강하게 되며 대장부답게 되어라! 그렇지 않으면, 히브리 사람이 우리의 종이 되었던 것처럼, 우리가 그들의 종이 될 것이다.
너희는 대장부답게 나가서 싸워라!

그리하여 블레셋 사람들은 용감하게 싸워 이스라엘 사람들을 물리쳐 이겼다.

이스라엘 군인들은 모두 자기 집으로 도망쳤고, 살육이 심히 커서 이스라엘 보병의 엎드러진 자가, 삼만 명이 되었다.

게다가 하나님의 궤를 블레셋 사람에게 빼앗겼고, 엘리의 두 아들 홉니와 비느하스도 죽임을 당하였다.

그날, 어떤 베냐민 사람이 싸움터에서 달려왔다.

그 사람은 너무나 슬퍼 자기 옷을 찢고, 머리에 재를 뒤집어 쓴 채 실로에 이르렀다.

엘리는 길 곁 자기 의자에 앉아 소식이 오기만을 기다리고 있었다. 엘리는 하나님의 궤로 인하여 마음이 떨렸다.

베냐민 사람이 실로에 이르러 전쟁터에서 일어난 일을 다 전하자, 마을의 모든 백성들이 큰 소리로 부르짖었다.

엘리는 그 부르짖는 소리를 듣고 "이 떠들썩한 소리가 어떤 일이냐?"라고 물었다.

베냐민 사람이 빨리 달려와 엘리에게 소식을 전하였다. 엘리는 그 때, 구십팔 세였으며 그 눈이 어두워 앞을 보지 못했다.

베냐민 사람이 말했다.

저는 진중에서 나온 사람입니다. 오늘 전쟁터에서 도망쳐 나왔습니다.

엘리가 물었다.

내 아들아, 일이 어찌되었느냐?

소식을 전하는 사람이 말했다.

이스라엘이 블레셋 사람들에게 져서 도망쳤습니다.
이스라엘 군대는 많은 군인들을 잃었고, 제사장의 두 아들, 홉니와 비느하스도 죽임을 당하였습니다.
그리고 하나님의 궤를 블레셋 사람들에게 빼앗겼습니다.

베냐민 사람이 하나님의 궤 이야기를 하자, 엘리는 의자 뒤로 나자빠졌다.

엘리는 문 곁으로 넘어지면서 목이 부러져 죽고 말았다. 이는 나이가 많은 데다가 뚱뚱했기 때문이다.

그렇게 엘리는 죽었다.

그는 사십 년 동안, 이스라엘을 다스렸다.

엘리의 며느리인 비느하스의 아내가 잉태하여 아기를 낳을 때가 다 되었다.

비느하스의 아내가, 하나님의 궤를 빼앗겼다는 것과 자기 시아버지인 엘리와 자기 남편인 비느하스가 죽었다는 소식을 듣자 곧 그 여자에게 진통이 왔다. 그 여자는 몸을 구부리고 아이를 낳으려 했다.

그러다가 비느하스의 아내는 거의 죽게 되었다.

그때에 곁에 서 있던 여인들이 "아들을 낳았으니 두려워하지 말아요!"라는 뜻으로 말해 주었다.

그러나 그녀는 대답도 없고, 관심도 보이지 않다가, "영광이 이스라엘에서 떠났다."라는 뜻으로 아이 이름을 '이가봇'이라 하였다.

그녀가 이렇게 이름을 지은 것은 하나님의 궤를 빼앗겼고 그녀의 남편과 시아버지가 죽었기 때문이었다. 또 말하기를, 하나님의 언약궤를 빼앗겼으므로 영광이 이스라엘에서 떠났다 하였다.

언약궤와 블레셋 사람들(삼상 5:1-7:2)

블레셋 사람들은 하나님의 궤를 빼앗아 그것을 에벤에셀에서 아스돗으로 가지고 갔다.

그들은 하나님의 궤를 다곤 신전에 가지고 가서 다곤 신상 곁에 두었다.

아스돗 백성이 이튿날 아침에 일찍 일어나 보니, 다곤 신상이 여호와의 궤 앞에 엎드려져 그 얼굴이 땅에 닿아 있었다.

그래서 아스돗 백성은 다곤 신상을 일으켜 다시 그 자리에 세워 놓았다.

그 이튿날 아침에 아스돗 백성이 일찍이 일어나 보니, 다곤 신상이 여호와 궤 앞에서 엎드려져 얼굴이 땅에 닿아 있었다.

또한 다곤은 여호와의 궤 앞에서 머리와 두 손이 끊어져 문지방에 있었고, 다곤의 몸통만 남아 있었다.

그러므로 다곤의 제사장들과 다곤 신전에 들어가는 사람들은 오늘날까지 다곤 문지방을 밟지 않았다.

여호와의 손이 아스돗과 그 지경을 쳐서 망하게 하셨다. 이는 여호와께서는 피부에 종기가 나는 독종의 재앙으로 큰 고통을 그들에게 주셨기 때문이다.

아스돗 백성은 그런 일이 일어나는 것을 보고 말했다.

> 이스라엘 신의 궤를 우리와 함께 있게 할 수 없다.
> 하나님의 손이 우리와 우리의 신 다곤을 치신다.

이에 아스돗 백성은 블레셋의 모든 방백을 모이게 하고 말했다.

> 우리가 이스라엘 신의 궤를 어떻게 하면 좋겠습니까?

블레셋 왕들이 대답했다.

> 이스라엘 신의 궤를 가드로 옮겨 가라.

그래서 블레셋 사람들은 이스라엘 신의 궤를 가드로 옮겼다.

하나님의 궤가 가드로 옮겨진 후에, 여호와의 손이 심히 큰 환난을 그 성에 더하셨다.

하나님은 가드의 늙은 사람과 젊은 사람 모두를 다 쳐서 독종이 나게 하셨는데, 그들의 피부에도 종기가 나기 시작했다.

그러자 블레셋 사람들이 하나님의 궤를 에그론으로 보내었다.

하나님의 궤가 에그론에 도착하자, 에그론 사람들이 소리를 질렀다.

> 왜 이스라엘 신의 궤를 우리 성으로 가지고 오는 거요?
> 당신들은 우리와 우리 백성을 죽일 참이요?

에그론 백성은 블레셋 방백들을 다 모이게 한 후에 그 방백들에게 말했다.

> 이스라엘 신의 궤를 본래 있었던 자리로 보내시오. 그 하나님의 궤가 우리와 우리 백성을 죽이기 전에 빨리 그렇게 하시오.

이는 온 성읍이 사망의 환난을 당하기 때문이었다.

하나님의 궤가 있는 곳마다, 하나님의 손이 그들을 무섭게 치셨다. 죽지 않고 살아남은 사람은 피부에 독종으로 치심을 받아 종기가 나서 괴로움을 당했다.

그래서 온 성읍의 부르짖음이 하늘에 사무쳤다.

여호와의 궤가 블레셋 사람들의 지방에 있은 지 일곱 달이 되었다.

그 후, 블레셋 사람들은 제사장과 주술사들을 불러서 물었다.

> 우리가 여호와의 궤를 어떻게 하면 좋겠소?
> 그것을 어떻게 하여야 본래 있었던 곳으로 보낼 수 있는가를 가르치라.

제사장과 주술사들이 대답했다.

> 이스라엘 신의 궤를, 보낼 생각이라면 빈손으로 돌려보내지 마시오.
> 하나님에게 허물을 씻는 제사인 속건제를 드려야 할 것이오.
> 그래야 여러분의 병도 나을 것이오. 그리고 그 하나님의 손이 너희에게서 옮기지 아니하는 이유도 알 것이오.

블레셋 사람이 물었다.

이스라엘 하나님께 무엇으로 속건제를 드리면 좋겠소?

제사장과 주술사들은 대답했다.

피부에 난 종기와 같은 모양으로 금독종 다섯 개를 만드시오.
그리고 금쥐 다섯 개도 만드시오.
금쥐와 금독종의 수는 블레셋 방백의 수효와 같아야 하오. 왜냐하면 똑같은 재앙이 여러분과 여러분의 방백에게 닥쳤기 때문이오.
그러므로 너희는 너희 독종의 형상과 땅을 해롭게 하는 쥐의 형상을 만드시오.
그리고 이스라엘 신께 영광을 돌리시오.
그러면 이스라엘 신이 혹시 '여러분과 여러분의 신들과 여러분의 땅에 재앙을 약하게 하실까?' 합니다.
애굽 백성과 바로가 그들의 마음을 강퍅하게 한 것같이, 어찌하여 너희가 너희의 마음을 강퍅하게 하겠느냐?
그들이 이스라엘 사람들을 떠나지 못하게 하였을 때 이스라엘의 신이 그들에게 무서운 재앙을 내리지 않았소?
여러분은 새 수레를 만드시오. 그리고 새끼를 낳은 지 얼마 안 된 젖소 두 마리를 준비하시오.
그 젖소는 아직 멍에를 메어 본 적이 없는 것이어야 하오.
그 젖소들을 수레에 매고 새끼들은 집으로 돌려보내시오. 새끼들이 자기 어미를 따라가게 하지 마시오.
여호와의 궤를 수레에 올려놓으시오. 그리고 금 독종과 금 쥐들(두 가지 다 금으로 만든 것인데 하나는 독한 종기 모양, 하나는 쥐 모양의 물건)도 상자에 담아 궤 곁에 두시오.
그것들은 여러분의 죄를 용서받기 위하여 하나님께 드리는 속건제물이오. 수레를 하나님의 궤가 본래 있었던 곳으로 곧장 나아가게 하시오. 그리고 수레를 지켜보시오.
만약 수레가 이스라엘 땅 벧세메스 쪽으로 가면 우리에게 이 큰 재앙을 주신 분은 여호와가 확실하오.
그러나 만약 수레가, 벧세메스 쪽으로 가지 않으면 이스라엘의 하나님이 우리에게 벌을 주신 것이 아니라, 우연히 우리가 재앙을 만나게 된 것으로 보면 될 것이오.

블레셋 사람들은 제사장과 주술사들이 말한 대로 했다.

그들은 새끼를 낳은 지 얼마 안 된 젖소 두 마리를 가지고 와서 수레에 메우고 그 새끼들은 집으로 돌려보냈다.

블레셋 사람들은 여호와의 궤를 수레에 올려놓고, 금쥐와 금독종들이 든 상자도 수레에 올려놓았다.

그러자 암소들은 벧세메스 쪽으로 곧장 갔다. 대로로 가며 갈 때에 울고 오른쪽으로나 왼쪽으로 치우치지 않았다.

블레셋 방백들은 소들의 뒤를 따라 벧세메스의 경계까지 갔다.

그때, 골짜기에서 밀을 베던 벧세메스 사람들이 눈을 들어 여호와의 궤를 보았다.

여호와의 궤를 다시 보게 된 그들은 매우 기뻤다. 수레는 벧세메스 사람인 여호수아의 밭으로 와서 큰 바위 곁에 멈추어 섰다.

벧세메스 사람들은 그 나무 수레를 쪼개어 장작으로 삼고, 그리고 그 소들을 번제물로 드렸다.

레위 사람들은 여호와의 궤와 그리고 금 쥐와 금독종이 담긴 상자를 수레에서 내려 그 큰 바위 위에 올려놓았다.

벧세메스 백성은 그날, 제물을 태워드리는 번제와 다른 제사를 여호와께 드렸다.

블레셋의 다섯 방백은 이 모든 일을 지켜보고, 그날 에그론으로 돌아갔다.

블레셋 사람들이 여호와께 허물을 씻는 제물인 속건제로 드리는 금독종은 이러하다.

아스돗을 위하여 하나요, 가사를 위하여 하나요, 아스글론을 위하여 하나요, 가드를 위하여 하나요, 그리고 에그론를 위하여 하나이다.

블레셋 사람들은 금 쥐도 드렸는데, 금 쥐의 숫자는 블레셋 다섯 방백들에게 소속된 마을의 숫자와 같았다.

금 쥐를 보낸 마을 중에는 성벽을 가진 견고한 성도 있었고, 시골 마을도 있었다.

벧세메스 사람들이 여호와의 궤를 올려놓았던 큰 바위는 지금도 벧세메스 사람 여호수아의 밭에 그대로 있다.

그런데 벧세메스 백성 중 여호와의 궤를 들여다본 사람들이 있었다. 그러자 여호와께서는 그들을 쳐(오만)칠십 명*을 죽이셨다.

벧세메스 백성은 여호와께서 자기들에게 그렇게 크게 치셨기 때문에 그들은 슬피 울었다.

그들은 이렇게 말했다.

> 이 거룩하신 하나님 여호와 앞에 누가 능히 설 수 있겠는가?
> 이 여호와의 궤를 어디로 보내야 하는가?

벧세메스 백성은 기럇여아림 백성에게 전령을 보내어 이렇게 말했다.

> 블레셋 사람들이 여호와의 궤를 도로 가져왔다. 이리로 와서 그것을 당신들의 성으로 가지고 가시오.

---

* 여호와의 궤(언약궤 = 법궤)를 일반인이 들여다보는 것은 율법에 엄금되어 있다(민 4:5, 6, 20). 대제사장만이 1 년에 한 번만 지성소에 들어가 법궤와 속죄소에 속죄의 피를 붓게 되어 있다(레 16:1-6, 34). 벧세메스 사람들은 여호와의 궤를 들여다보다가 다수가 죽었는데 그 숫자가 문제이다. 『70인역』 등의 번역본에 따라서 '5만 70인' 또는 '70인과 5만'이라 되어 있으나 많은 학자들의 견해는 '5만 70인'이란 숫자는 사본 기자들의 착오로 보며, 더욱이 당시 벧세메스 인구가 5만 명이나 되지도 않을 것으로 추산한다.

기럇여아림 사람들이 와서 여호와의 궤를 옮겨 갔다.

그들은 그 여호와의 궤를, 산언덕에 있는 아비나답의 집에 두고, 아비나답의 아들 엘리아살을 거룩한 사람으로 세워 여호와의 궤를 지키게 하였다.

여호와의 궤는 기럇여아림에 오랫동안 머물러 있었다. 머무른 기간은 이십 년이었다.

이스라엘 백성은 다시 여호와를 사모하기 시작했다.

미스바와 에벤에셀 하나님(삼상 7:3-17)

사무엘이 이스라엘 모든 지파에게 말했다.

> 만약 여러분이 진심으로 여호와께 돌아오려면, 여러분 가운데 있는 이방 신들과 아스다롯 우상을 없애 버려야 하오.
> 여러분은 온전히 자기 마음을 여호와께 향하고, 여호와만을 섬겨야 하오. 그러면 여호와께서 여러분을 블레셋 사람들의 손에서 구해 주실 것이오.

그리하여 이스라엘 사람들은 바알과 아스다롯 우상들을 없애 버리고 오직 여호와만을 섬겼다.

사무엘이 말했다.

> 모든 이스라엘 사람들은 미스바에 모이시오. 여러분을 위해 여호와께 기도 드리겠소.

그래서 이스라엘 사람들은 미스바에 모였다. 그들은 땅에서 물을 길어 내어 여호와 앞에 부었다.

그리고 그들은 그날 아무것도 먹지 않고 "우리는 여호와께 죄를 지었습니다."라고 고백했다.

사무엘은 미스바에서 이스라엘 자손을 다스렸다.

이스라엘 사람들이 미스바에 모여 있다는 이야기를 블레셋 사람들이 듣고, 그 방백들이 이스라엘을 공격하기 위해 올라왔다.

이스라엘 사람들은 이 소식을 듣고 두려워했다.

이스라엘 사람들이 사무엘에게 말했다.

> 우리를 위해 여호와께 쉬지 말고 부르짖어, 우리를 블레셋 사람들의 손에서 구해 달라고 하시오.

사무엘은 젖 먹는 어린 양을 가져다가 여호와께 통째로 제물을 태워 드리는 번제로 드렸다.

사무엘은 이스라엘을 위하여 여호와께 부르짖었다.

여호와께서는 사무엘의 기도를 들어주셨다.

사무엘이 제물을 태워 드리는 번제를 드리고 있는 동안, 블레셋 사람들은 점점 가까이 왔다.

그들은 이스라엘을 공격했다.

그날에 여호와께서는 블레셋 사람들을 향하여 큰 천둥소리를 내셨다.

블레셋 사람들이 그 소리를 듣고 크게 놀라, 당황하여 갈팡지팡하였다. 그래서 이스라엘 사람들은 블레셋 사람들과 싸워 이겼다.

이스라엘 사람들이 미스바에서 달려 나가 블레셋 사람들을, 벧갈에까지 뒤쫓으면서 블레셋 사람들을 죽였다.

이 일 있은 후에 사무엘은 돌을 하나 가져다가 미스바와 센 사이에 세우고, 그 이름을 에벤에셀이라고 불렀다.

사무엘은 "여호와께서 우리를 여기까지 도와주셨다."라고 말했다.

이렇게 하여 블레셋 사람들은 굴복하였고, 더 이상 이스라엘 땅에 들어오지 않았다.

여호와의 손이, 사무엘이 살아 있는 동안 블레셋 사람들을 막아 주었다.

옛날에 블레셋 사람들이 이스라엘 사람들의 마을을 빼앗은 일이 있었다. 그러나 이스라엘 사람들은 에그론에서 가드까지 그 마을들을 다시 찾아왔다. 이스라엘 사람들은 이 마을 주변의 땅도 블레셋 사람들에게서 다시 빼앗아 왔다. 이스라엘과 아모리 사람들 사이에도 평화가 찾아왔다.

사무엘이 사는 날 동안 이스라엘을 다스렸다. 해마다 사무엘은 벧엘에서 길갈을 거쳐 미스바로 순회하였다. 사무엘은 이 모든 마을에서 이스라엘을 다스렸다.

그리고 나서는 언제나 자기 집이 있는 라마로 돌아왔다. 사무엘은 라마에서도 이스라엘을 다스렸다. 사무엘은 또 그곳에서 여호와를 위하여 제단을 쌓았다.

제 3 장

사울 왕

(왕정 개국의 초대 왕)

사무엘과 이스라엘 백성의 왕(삼상 8:1-22)

사무엘은, 나이가 들어 자기 아들들을 이스라엘의 사사로 삼았다.

그의 맏아들 이름은 요엘이었고, 둘째는 아비야였다. 요엘과 아비야는 브엘세바에서 사사로 있었다.

그러나 사무엘의 아들들은, 사무엘처럼 살지 않았다. 그들은, 이해관계를 따라서 뇌물을 받고 재판 업무를 공정하게 처리하지 않았다. 그래서 이스라엘 모든 장로들이 라마에 가서 사무엘에게 말했다.

> 이제 당신은 늙었고, 당신의 아들들은 당신처럼 살지 않습니다. 우리에게도 열방과 같이 왕을 세워 우리를 다스리게 하여 주십시오.

사무엘은, 왕을 세워 달라는 그들의 요구를 기쁘게 여기지 않았기 때문에, 여호와께 기도하였다.

여호와께서 사무엘에게 말씀하셨다.

> 백성들이 너에게 말하는 것을 다 들어주어라. 백성들이 너를 버린 것이 아니라, 나를 버려 내가 자기들의 왕이 되지 못하게 하려는 것이다.
> 백성들이 하는 일은 언제나 똑같다. 내가 그들을 애굽에서 데리고 나올 때부터, 오늘날까지 그들은 나를 버렸고 다른 신들을 섬겼다.
> 그런데 그들은 똑같은 일을 너에게도 하고 있다. 이제 백성들의 말을 들어주어라. 그러나 그들에게 엄히 경고하고, 그들을 다스릴 왕의 제도를 알게 하라.

사무엘은 왕을 구하는 백성에게 대답했다. 그는 여호와께서 하신 말씀을 모두 전해 주었다.

사무엘이 말했다.

여러분은 여러분을 다스릴 왕을 세워 달라고 하는데, 그 왕의 제도는 이런 일을 할 것이오.
왕은, 여러분의 아들을 데려갈 것이고, 그 아들을 데려다가 자기 전차와 말을 몰게 할 것이오. 여러분의 아들은 왕의 전차 앞에서 달리게 될 것이오.
왕은, 여러분의 아들 중에서 몇 명을 뽑아, 군인 천 명을 거느리는 지휘관인 천부장과 군인 오십 명을 거느리는 지휘관인 오십부장으로 삼을 것이며,
다른 아들에게는 자기 밭을 갈게 하거나 밭에서 나는 것을 거둬들이게 할 것이오. 또 다른 아들에게는 전쟁 무기나 자기 전차에 쓸 장비를 만들게 할 것이오.
왕은, 여러분의 딸도 데려갈 것이오. 왕은 여러분의 딸에게 향료를 만들게 하거나 자기가 먹을 음식을 요리하게 할 것이오.
왕은, 여러분의 제일 좋은 밭과 포도원과 감람나무 밭을 가져다가 자기 신하들에게 줄 것이오.
여러분이 거둔 곡식과 포도의 십분의 일을 가져다가 왕의 관리와 신하들에게 나눠 줄 것이오.
왕은, 여러분의 남종과 여종도 데려갈 것이오. 또 여러분의 제일 좋은 소와 나귀도 빼앗아, 왕의 일을 시킬 것이오.
그는 여러분 양 떼의 십분의 일을 가져 갈 것이고, 여러분 스스로는 왕의 종이 될 것이오.
그때, 여러분은 여러분이 뽑은 왕 때문에 울부짖게 될 것이오. 하지만 여호와께서는 여러분에게 대답하지 않으실 것이오.

그러나 백성들은 사무엘의 말을 들으려 하지 않았다.

백성들이 말했다.

아닙니다. 우리는 우리를 다스릴 왕이 필요합니다. 왕이 있으면 우리도 열방과 같게 됩니다. 우리 왕이 우리를 다스릴 것입니다.
왕이 우리 앞에 나가서 우리의 싸움을 싸워야 할 것입니다.

그는 백성들이 하는 말을 다 들었다. 사무엘은 그들이 한 말을 다 여호와께 말씀 드렸다.

여호와께서 대답하셨다.

그들의 말을 들어주어라. 그들에게 왕을 세우라.

그 말씀을 듣고 사무엘은 이스라엘 백성들에게 말했다.

모두 자기 마을로 돌아가시오.

기스의 아들 사울(삼상 9:1-27)

베냐민 지파에 기스라는 사람이 있었다. 그는 부유하고 유력한 사람으로, 아비엘의 아들이며 스롤의 손자요 베고랏의 증손이며 아비아의 현손으로 베냐민 사람이었다. 기스에게는 사울이라는 아들이 있었는데, 사울은 잘 생긴 젊은이였다.

이스라엘 사람 중에 사울처럼 잘 생긴 사람은 없었다. 사울은 이스라엘의 어느 누구보다도 어깨 위만큼은 더 컸다.

사울의 아버지인 기스는 암나귀들을 잃어버렸다.

그래서 기스는 사울에게 말했다.

종을 한 명 데리고 가서 암나귀들을 찾아오너라.

그는 에브라임 산지를 돌아다녔다. 또 살리사 땅도 돌아다녔다. 그러나 사울과 그의 종은 나귀를 찾지 못했다.

사울과 그의 종은, 사알림 땅으로 가 보았으나 그곳에도 나귀는 없었다.

그와 그의 종은 베냐민 땅으로도 가 보았으나 그곳에서도 나귀는 보이지 않았다.

사울과 그의 종은 숩 지역에 이르렀다.

그가 자기 종에게 말했다.

그냥 돌아가자. 아버지가 암나귀들보다 우리를 더 걱정하시겠다.

그러나 사울의 종이 대답했다.

하나님의 사람이 이 마을에 계십니다.

그 사람이 말한 것은 모두 이루어지기 때문에, 백성들은 그 사람을 존경합니다.
지금 이 마을로 들어갑시다. 어쩌면 그 사람이 우리가 찾는 나귀를 찾아 줄지도 모릅니다.

사울이 자기 종에게 말했다.

그렇지만, 우리에게는 그에게 드릴 예물이 아무것도 없지 않느냐?
우리 음식도 다 떨어졌으니 그에게 드릴 것이라곤 하나도 없다.

그러자 종이 사울에게 대답했다.

보십시오. 저에게 은 사분의 일 세겔이 있습니다.
이것을 그 하나님의 사람에게 드리십시오. 그러면 그 사람이 우리 나귀를 찾아 줄 것입니다.

(옛날에는 이스라엘 사람이 하나님께 물어 볼 것이 있으면 "선견자에게 가자" 하고 말했다.
옛날에 선견자라고 부르던 사람을 지금은 선지자라고 부른다.)
사울이 자기 종에게 말했다.

네 말이 옳다. 자, 가자.

그리하여 이 두 사람은 하나님의 사람이 살고 있는 마을로 갔다.
사울과 그의 종은 마을로 가는 언덕을 오르고 있었다. 그 길에서 그들은 물을 길러 나오는 젊은 여자들을 만났다.
그와 그의 종은 "선견자가 이 마을에 계십니까?" 하고 물었다.
젊은 여자들이 대답했다.

예, 이 마을에 계십니다.
오늘 사람들이 산당에서 제사를 드리기 때문에, 그분이 방금 우리 마을에 오셨습니다.
지금 마을로 들어가면, 그분이 식사를 하러 산당으로 올라가시기 전에 그분을 만날 수 있을 것입니다.
백성들은 그 선지자가 오기 전에는 식사를 하지 않습니다. 먼저 선지자가 제물에 축복을 해야 손님들도 식사를 합니다.
그러니 지금 가십시오. 그분을 만날 수 있을 것입니다.

사울과 그의 종은 마을로 올라갔다. 그들이 마을에 들어서자 곧 사무엘을 볼 수 있었다.

사무엘은 산당으로 가던 중이었다. 그는 성을 나와 사울과 그의 종이 있는 쪽으로 오고 있었다.

사울이 오기 전날, 여호와께서는 사무엘에게 이렇게 말씀하셨다.

> 내일 이맘때쯤 내가 너에게 한 사람을 보낼 것이다. 그 사람은 베냐민 사람이다.
> 너는 그 사람에게 기름을 부어 내 백성 이스라엘을 다스릴 지도자로 삼아라.
> 그 사람은 내 백성을 블레셋 사람들에게 구원해 줄 것이다.
> 내 백성의 부르짖음이 내게 들리므로 내가 그들을 돌아보았노라.

사무엘이 사울을 처음으로 보았을 때, 여호와께서 사무엘에게 말씀하셨다.

> 보아라, 이 사람이 내가 말했던 그 사람이다. 이 사람이 내 백성을 다스릴 것이다.

사울이 성문 곁에 있는 사무엘에게 다가가 말했다.

> 선견자의 집이 어디에 있는지 가르쳐 주십시오.

사무엘이 대답했다.

> 내가 선견자요. 나보다 먼저 산당으로 올라가시오. 오늘 당신과 당신의 종은 나와 함께 식사를 하게 될 것이오.
> 내일 아침에 당신을 집으로 보내 주겠소. 당신이 나에게 물어보려 하는 것도 대답해 주겠소.
> 사흘 전에 잃어버린 암나귀들에 대해서는 염려하지 마시오. 그 나귀들은 이미 찾았소.
> 이스라엘은 지금 당신과 당신 아버지의 온 집안을 원하고 있소.

사울이 대답했다.

> 하지만 나는 베냐민 지파 사람입니다. 베냐민 지파는 이스라엘에서도 가장 작은 지파입니다.
> 그리고 내 집안은 베냐민 지파 중에서도 가장 작은 집안입니다. 그런데 왜 이스라엘이 나를 원한다고 말씀하십니까?

사무엘은 사울과 그의 종을 거실로 데리고 갔다. 그는 가장 좋은 자리에 사울과 그의 사환을 앉혔다. 그곳에는 손님이 삼십 명 가량 있었다.

사무엘이 요리사에게 말했다.

내가 네게 주며 네게 두라고 말한 그 부분을 가져오라.

요리사는 넓적다리와 그것에 붙은 부분을 가져다가 사울 앞 탁자에 올려놓았다.

사무엘이 말했다.

이것은 당신을 위해 남겨 둔 고기요.
내가 손님을 청한 이 특별한 자리에서 당신을 위해 따로 떼어 놓은 것이니 이것을 먹으시오.

그리하여 사울은 그날, 사무엘과 함께 식사를 했다.

식사를 마친 후에 그들은 산당에서 내려와 마을로 갔다. 사무엘은 자기 집 지붕 위에서 사울과 함께 이야기를 했다.

이튿날 새벽에 사무엘은 지붕 위에 있는 사울을 불러 말했다.

일어나 떠날 준비를 하시오.

그리하여 사울은 자리에서 일어나 사무엘과 함께 집밖으로 나갔다.

사울과 그의 종과 사무엘이 성을 나가기 바로 전에, 사무엘이 사울에게 말했다.

당신 종에게 먼저 가라고 이르시오.

사울의 종이 앞서 가니, 사무엘이 사울에게 다시 말했다.

당신은 잠깐 서시오.
당신에게 하나님의 말씀을 전해 주겠소.

기름 부음 받은 사울(삼상 10:1-16)

사무엘은 기름병을 가져다가 사울의 머리에 부었다.
그는 사울에게 입을 맞추고 이렇게 말했다.

여호와께서, 네게 기름을 부으시어 자기 백성 곧 이스라엘 기업의 지도자로 세우셨소.
오늘 나와 헤어진 후에, 당신은 베냐민 땅의 경계인 셀사에 있는 라헬의 무덤 가까이에서 두 사람을 만나게 될 것인데,
그 두 사람은 당신에게 이렇게 말할 것이오.
당신이 찾아다니던 암나귀들을 찾았습니다. 그러나 이번에는 당신 아버지께서 암나귀들보다 당신 걱정을 하고 있습니다.
당신 아버지는 당신으로 인하여 염려하고 계십니다.
그 후, 당신은 계속 가다가 다볼에 있는 상수리나무에 이를 것이오. 그곳에서 벧엘로 하나님을 뵈려고 가는 세 사람을 만나게 될 것이오.
첫 번째 사람은 염소 새끼 세 마리를 끌고 갈 것이고, 두 번째 사람은 떡 세 덩이를 가지고 갈 것이며, 세 번째 사람은 포도주가 가득 찬 가죽 부대를 가지고 갈 것이오.
그 사람들은 당신에게 인사를 하고 떡 두 덩이를 줄 것이며, 당신은 그것을 받을 것이오.
그러고 나서 당신은 '하나님의 산 기브아'로 갈 것이오. 그곳에는 블레셋의 주둔지가 있소.
그 마을 근처를 지날 때, 한 무리의 선지자들이 산당에서 내려올 것이오.
그들은 산당에서부터 수금과 비파를 타고 소고를 치며 피리를 불며, 예언을 할 것이오.
여호와의 영이 당신에게 강하게 임할 것이오.
당신은 이 선지자들과 함께 예언을 할 것이고, 당신은 변하여 새사람이 될 것이오.
이러한 징조들이 당신에게 임하거든 하나님이 함께 계시는 증거로 알고 하나님이 인도하시는 대로 따라 하시오.
나보다 먼저 길갈로 가시오. 나도 당신에게 내려갈 것이오.
그때에 나는 태워 드리는 번제와 화목제를 드릴 것이오. 하지만 당신은 칠 일을 기다려야 하오.
그때 내가 가서 당신이 할 일을 말해 주겠소.

사울이 사무엘과 헤어져 몸을 돌이킬 때에 하나님이 사울에게 새 마음을 주셨다.

그날, 이 모든 징조도 사무엘에게 말한 대로 일어났다.

사울과 그의 종이 기브아에 이르렀을 때, 사울은 한 무리의 선지자들을 만났다.

하나님의 영이 사울에게 크게 임하므로, 사울은 선지자들과 함께 예언을 하였다. 사울이 선지자들과 함께 예언하는 것을, 전부터 사울을 알고 있던 사람들이 보았다.

그 사람들은 서로 이렇게 말했다.

> 기스의 아들이 도대체 어떻게 된 것인가? 사울도 선지자 중의 하나였던가?

그곳에 사는 어떤 사람이 "이 선지자의 아버지는 누구요?" 하고 물었으므로, 이때부터 '사울도 선지자 중의 하나였던가?'라는 속담이 생기게 되었다.

사울이 예언하는 일을 멈춘 후에 산당으로 갔다.

그의 삼촌이 사울과 그의 종에게 와서 물었다.

> 지금까지 어디에 있었느냐?

사울이 말했다.

> 암나귀를 찾고 있었어요. 나귀를 찾을 수가 없어서 사무엘에게 물어보러 갔었어요.

사울의 삼촌이 물었다.

> 사무엘이 너에게 뭐라고 말했는지 이야기해 보라.

사울이 대답했다.

> 벌써 암나귀를 찾았다고 분명히 말했어요.

그러나 사울은 자기가 왕이 될 것이라는 사무엘의 말은 삼촌에게 알려 주지 않았다.

베냐민 지파의 사울 왕(삼상 10:17-11:15)

사무엘은 이스라엘 모든 백성을 미스바로 불렀다.
사무엘이 이스라엘 자손에게 말했다.

이스라엘 하나님 여호와께서 이렇게 말씀하셨소.

나는 이스라엘을 애굽에서 인도하여 내었고, 나는 너희를 애굽의 손에서 구해 주었으며, 너희를 압제하는 모든 나라들에게서 너희를 구해 주었다.

그런데도 여러분은 여러분의 하나님을 버렸소. 하나님은 모든 재난과 고통 중에서 여러분을 친히 구원하여 주셨소.
그럼에도 여러분은 '아니다! 우리는 우리를 다스릴 왕이 필요하다.'라고 말하고 있소.
자, 이제 지파와 가족별로 여호와 앞에 서시오.

사무엘이 이스라엘 모든 지파를 가까이 나아오게 하니, 베냐민 지파가 뽑혔다.
사무엘은 베냐민 지파를 가족별로 지나가게 했다. 그러자 마드리의 가족이 뽑혔다. 사무엘은 마드리의 집안사람을 한 사람씩 지나가게 했다.
마침내 기스의 아들 사울이 뽑혔다. 사람들이 사울을 찾았을 때, 그는 보이지 않았다.
그래서 사람들이 여호와께 여쭤 보았다.

사울이 여기에 와 있습니까?

여호와께서 대답하셨다.

그렇다. 사울은 짐 보따리들 사이에 숨어 있다.

그래서 사람들이 달려가 사울을 데려왔다.
사울이 사람들 사이에 서니, 그의 키는 다른 사람들의 어깨 위만큼 더 컸다.

그때, 사무엘이 백성들에게 말했다.

여호와께서 택하신 사람을 보시오. 모든 백성 중에 이만한 사람은 없소.

그러자 백성이 "왕 만세!" 하고 외쳤다.

사무엘은 왕의 권리와 의무를 설명해 주었다. 그는 나라의 제도를 책에 써서 여호와 앞에 두었다.

그러고 나서 사무엘은 백성들에게 자기 집으로 돌아가라고 말했다.

사울이 기브아에 있는 자기 집으로 돌아갈 때, 마음에 하나님의 감동을 받은 사람들은 그와 동행하였다.

그러나 몇몇 불량자들은 "이 사람이 어떻게 우리를 구원할 수 있겠냐" 하고 멸시하였다.

그들은 사울을 미워하여 예물을 갖다 주지 않았다. 그러나 사울은 잠자코 있었다.

그 후에 암몬 사람 나하스와 그의 군대가 길르앗 땅의 야베스 성을 대하여 진을 쳤다.

야베스의 모든 백성이 나하스에게 말했다.

우리와 조약을 맺읍시다. 그러면 우리가 당신을 섬기겠소.

그러자 나하스가 대답했다.

너희들과 조약을 맺기는 하겠다.
하지만 조약을 맺기 전에 먼저 너희들의 오른쪽 눈을 뽑아 버려야겠다. 그리하여 온 이스라엘을 부끄럽게 만들어야겠다.

야베스의 장로들이 나하스에게 말했다.

우리에게 칠 일 동안, 시간을 주시오. 우리는 온 이스라엘에 도움을 청하겠소.
만약 아무도 우리를 도우러 오지 않는다면, 우리는 당신이 하라는 대로 하겠소.

야베스 성의 전령이 사울이 살고 있는 기브아에 와서, 기브아 백성에게 소식을 전하자, 백성들은 큰 소리를 내어 울었다.

사울이, 자기의 소를 몰고 밭가는 일을 마친 후에 집으로 돌아오다가, 백성들이 우는 소리를 듣고 물었다.

> 백성들에게 무슨 일이 생겼소?
> 왜 울고 있소?

백성들은 야베스에서 온 전령이 자기들에게 한 말을 사울에게 이야기해 주었다.

사울이 그 말을 들었을 때, 하나님의 영에게 크게 감동되어서 사울은 강한 분노가 일어났다.

그래서 그는 소 한 겨리 곧 두 마리를 잡아서 여러 각을 뜨고, 그 토막을 전령에게 주었다.

사울은 전령에게 명령하여 그 토막들을 이스라엘 모든 지경에 전하게 하였다.

전령은 이스라엘 백성에게 가서 외쳤다.

> 누구든지 사울과 사무엘을 따르지 않는 사람이 있으면, 그 사람의 소들도 이와 같이 하겠소.

여호와의 두려움이 백성에게 임하였다. 그래서 한 사람도 빠짐없이 모두 모였다.

사울은 백성을 베섹으로 모이게 했는데 이스라엘에서 삼십만 명이 모였고 유다에서는 삼만 명이 모였다.

모인 사람들이 길르앗 야베스에서 온 전령에게 말했다.

> 내일 해가 높이 뜨기 전에 당신들을 구해 주겠소.

그리하여 전령은 가서 야베스의 백성들에게 이 말을 전했다. 야베스 백성은 매우 기뻐했다.

야베스 백성이 암몬 사람들에게 말했다.

> 내일 우리가 당신들에게 나갈 테니 당신들의 소견에 좋을 대로 우리에게 다 행하시오.

이튿날 아침, 사울은 자기 군인들을 세 부대로 나누었다.

그들은 새벽에 암몬 사람들의 진을 공격하여 날이 더울 때까지 암몬 사람들을 물리쳐 이겼다. 살아남은 암몬 사람들은 뿔뿔이 흩어져서, 두 사람도 함께 모이지 못할 정도로 모두 흩어졌다.

이런 일이 있은 후에 백성들이 사무엘에게 말했다.

'사울이 어찌 우리를 다스리겠느냐?' 하던 사람들은 어디에 있습니까?
그 사람들을 이리로 끌어냅시다. 우리가 다 죽여 버리고 말겠습니다.

그러자 사울이 말했다.

안 되오. 오늘은 아무도 죽여서는 안 되오.
여호와께서 오늘날 이스라엘 중에 구원을 베풀어 주셨기 때문이오.

사무엘이 백성들에게 말했다.

오라! 우리가 길갈로 가서, 거기에서 이스라엘 왕국을 새롭게 선포하자.

그리하여 모든 백성이 길갈로 갔다. 그곳에서 이스라엘 백성은 여호와 앞에서 사울을 왕으로 세웠다.

그들은 여호와께 화목제를 드렸고, 사울과 모든 이스라엘 사람들은 크게 기뻐하였다.

사무엘의 쉬지 않는 기도(삼상 12:1-25)

사무엘이 온 이스라엘에게 말했다.

나는 여러분이 내게 한 말을 내가 다 듣고 다 해 주었소. 나는 여러분 위에 왕을 세워 주었소.
이제 여러분에게는 여러분을 이끌 왕이 있소. 나는 늙어 머리가 희어졌으나, 내 아들들은 여러분과 함께 여기에 있소. 나는 어렸을 때부터 여러분의 지도자로 일해 왔소.
내가 지금 여호와 앞과 여호와께서 기름 부으신 왕 앞에 서 있으니, 내가 무슨 일이든지 잘못한 것이 있으면 말해 주시오.
내가 누구의 소나 나귀를 뺏은 일이 있습니까? 여러분을 속이거나 압제한 일이 있습니까?
내 눈을 흐리게 하는 뇌물을 뉘 손에서 받은 적이 있습니까?
내가 잘못한 것이 있으면 무엇이든지 말하십시오. 그러면 모든 것을 갚아 드리겠습니다.

이스라엘 사람들이 대답했다.

당신은 우리를 속이지 않았습니다.
우리를 압제하지도 않았으며, 당신은 누구에게서도 공정하지 않게 무엇을 가져간 일도 없었습니다.

사무엘이 이스라엘 사람들에게 말했다.

너희가 나에게서 아무런 잘못도 찾지 못한 것에 대하여 오늘 여호와께서 증인이 되셨고, 여호와께서 기름 부어 세우신 왕도 증인이 되셨다.

이스라엘 사람들이 말했다.

여호와께서 우리의 증인이 되셨습니다!

사무엘이 또 백성들에게 말했다.

여호와께서 모세와 아론을 세워 여러분의 열조를 애굽에서 이끌어 내셨소.
그런즉 가만히 그대로 서 있으시오.
여호와께서, 여러분과 여러분의 열조에게 하신 모든 의로운 일에 대하여 내가 하나하나 열거하며 이야기하겠소.
야곱이 애굽에 들어간 후에, 너희의 열조가 여호와께 도와 달라고 부르짖었소.
그래서 여호와께서는 모세와 아론을 보내 주셨소. 모세와 아론은 여러분의 열조를 애굽에서 이끌어 내어 이곳까지 인도하였소.
그러나 여러분의 열조들은 자기들의 하나님 여호와를 잊어버렸소.
그래서 여호와께서는, 그들을 하솔의 군대 지휘관인 시스라의 손과 블레셋 사람의 손과 모압 왕의 손에 붙이셨습니다.
이들은 여러분의 열조를 쳤습니다. 그러자 여러분의 열조들은 여호와께 이렇게 부르짖었소.

'우리가 범죄하였습니다. 우리가 여호와를 떠나 바알과 아스다롯을 섬겼습니다. 하지만 이제 우리를 원수들의 손에서 건져 내 주십시오. 그리하시면 우리가 여호와를 섬기겠습니다.'

여호와께서는, 여룹바알이라고도 부르는 기드온을 보내 주셨소.
또 여호와께서는 바락이라 하는 베단과 입다와 나 사무엘을 보내 주셨소.
그리하여 여호와께서는 여러분 사방의 원수의 손에서 여러분을 건져내 주셨소.
그래서 안전하게 살 수 있었소.
그런데 여러분은, 암몬 자손의 왕 나하스가 여러분을 공격하러 오는 것을 보고, '우리에게도 우리를 다스릴 왕이 필요합니다.' 라고 말했소.
너희 하나님 여호와께서 너희의 왕이신데도 말이오.
자! 여기에 여러분이 구했던 왕, 택했던 왕이 있소. 여호와께서 그를 여러분들 위에 세우셨소.
여러분은 여호와를 받들고 섬겨야 하오.
만일 여러분이, 여호와를 경외한 마음으로 섬기고, 그 목소리를 듣고 여호와의 명령하신 것을 거역하지 않고 그대로 순종하며, 또 여러분과 여러분의 왕이 여러분의 하나님 여호와를 따르면 모든 일이 순조로울 것입니다.
그러나 만일 여러분이 여호와의 목소리를 듣지 아니하고 여호와의 명령을 거역하면, 그때는 여호와의 손이 너희의 조상들을 치신 것같이 여러분을 치실 것입니다.
이제 가만히 서서, 여호와께서 여러분 앞에서 행하실 큰 일을 잘 보시오. 지금은 밀을 거두어들이는 때요.
내가 여호와께 기도 드려 천둥과 비를 보내 달라고 하겠소. 이제 여러분은 왕을 달라고 요구한 일 곧 여호와의 목전에 범한 죄악이 큼을 알게 될 것이오.

그러고 나서 사무엘은 여호와께 아뢰었다.

그날, 여호와께서는 천둥과 비를 내리셨다. 그리하여 백성은 여호와와 사무엘을 매우 두려워하게 되었다.

모든 백성들이 사무엘에게 말했다.

당신의 종인 우리를 위해 당신의 하나님 여호와께 기도 드려 주십시오.
우리를 죽게 내버려 두지 마십시오.
우리는 많은 죄를 지은 데다가, 왕을 구하는 죄를 더하였습니다.

사무엘이 대답했다.

두려워하지 마시오! 여러분이 과연 이 모든 악한 일을 행하였지만, 이제부터라도 여호와를 좇는 데에서 돌이키지 마시오.

오직 너희 마음을 다하여 여호와를 섬기시오.
여러분은 헛된 신들을 좇아서는 안 됩니다. 그들은 무익하므로 여러분을 도와 줄 수도 없고 구원할 수도 없습니다.
여호와께서는, 여러분을 자기 백성으로 삼으신 것을 기뻐하시기 때문에, 그 크신 이름을 인하여서도 자기 백성을 버리지 않으실 것입니다.
그리고 나는 여러분을 위해 기도하기를 쉬는 범죄를 여호와 앞에 결단코 범하지 아니하고, 선하고 의로운 말씀의 길로 여러분을 가르칠 것입니다.
오직 여호와만을 경외하시오. 여러분은 마음을 다하여 언제나 여호와를 진실히 섬겨야 하오.
여호와께서 여러분을 위해 하신 놀라운 큰 일들을 잊지 마시오. 만약 여러분이 여전히 악을 행하면, 여러분과 여러분의 왕이 다 멸망할 것입니다.

이스라엘의 왕 사울(삼상 13:1-15)

사울이 왕이 되었을 때 삼십세였고, 이스라엘을 사십 년 동안 다스렸다. 그가 이스라엘을 다스린 지 이 년이 되었을 때이다.

사울은 이스라엘 사람 삼천 명을 택하였다.

그중 이천 명은 벧엘 산지에 있는 믹마스에서 사울과 함께 있었고, 나머지 천 명은 베냐민 땅 기브아에서 사울의 아들 요나단과 함께 있었으므로 이에 사울은 나머지 백성을 집으로 돌려보냈다.

요나단이 게바에 있는 블레셋의 수비대를 공격하였으므로 다른 블레셋 사람들이 그 소식을 들었다.

그리하여 사울이 말하였다. "히브리 사람들에게 어떤 일이 일어났는지를 알려 주시오" 하고 그는 사람들을 시켜 이스라엘 모든 땅에 나팔을 불게 하였다.

이스라엘의 모든 사람이 그 소식을 듣고 말했다.

사울이 블레셋 수비대를 공격하였다.
이제 이스라엘이 블레셋 사람들의 증오의 대상이 되었다.

그리하여 이스라엘 사람들은 길갈에 있는 사울에게 모여들었다.

블레셋 사람들도 이스라엘과 싸우기 위해 모였다. 그 사람들에게는 전차 삼만 대와 말을 타는 군인 육천 명이 있었다.

블레셋 군인은 마치 해변의 모래처럼 많았다. 그들은 올라와서 벧아웬 동쪽에 있는 믹마스에 진을 쳤다.

이때 적의 어마어마한 병력을 보고, 사태가 다급해진 이스라엘 사람들은 완전히 전의(戰意)를 상실하고 동굴과 수풀과 바위틈과 은밀한 곳과 웅덩이를 찾아 숨었다.

심지어 어떤 히브리 사람은 요단 강을 건너 갓과 길르앗 땅으로 도망쳤다.

그러나 사울은 길갈에 그대로 있었다. 그의 군대는 모두 두려워 떨고 있었다.

사울은 정한 대로 칠 일 동안 기다렸다. 왜냐하면 사무엘이 그곳에 오기로 되어 있었기 때문이다. 하지만 사무엘은 길갈로 아직 오지 않았다.

그러자 백성들은 하나 둘씩 떠나가기 시작하였다.

사울이 다급히 말했다.

> 나에게 태워 드리는 제물인 번제물과 화목 제물을 가지고 오시오.

그리고 그는 하나님께 태워 드리는 번제를 드렸다. 사울이 막 태워 드리는 번제 드리기를 마쳤을 때, 사무엘이 도착했다.

그는 사무엘을 맞으러 나갔다.

사무엘이 물었다.

> 왕이 행한 것이 무엇입니까?

사울이 대답했다.

> 백성들은 하나 둘씩 떠나가고, 당신은 정한 날에 오지 않았습니다. 또 블레셋 사람들이 믹마스에 모여 있음을 내가 보았습니다.
> 이제 내가 나에게 말하기를 '블레셋 사람은 나를 치러 길갈로 내려오겠는데, 내가 여호와께 은혜를 간구하지 못하였다(즉, 여호와의 얼굴을 만나 뵙지 못하였

다) 하고, 부득이 당신을 더 이상 기다릴 수가 없어 하는 수 없이 번제를 드리고 말았소.'

사무엘이 말했다.

왕은 망령되게 행하였소.
왕이, 왕의 하나님 여호와께서, 왕에게 명하신 명령을 지키지 아니하였소.
왕이 하나님께 순종했다면, 하나님께서는 이스라엘 위에 왕의 나라를 영원토록 세우셨을 것이오.
그러나 이제 왕의 나라는 길지 못할 것이오.
여호와께서는 그 마음에 드는 사람을 구하여서 자기 백성을 다스릴 지도자로 세웠소. 이것은 당신이 여호와의 명하신 바를 지키지 않았기 때문이오.

이 말을 하고 나서 사무엘은 길갈을 떠나 베냐민 땅 기브온으로 갔다.

나머지 백성들은 사울을 따라 싸움터에 나갔다. 사울이 남아 있는 사람들을 세어 보니 육백 명 가량이었다.

사울의 아들 요나단(삼상 13:16-14:52)

사울과 그의 아들 요나단은 베냐민 땅 게바에 머물렀다. 그들을 따르는 백성들도 그곳에 진을 쳤다.

블레셋 사람들은 믹마스에 진을 치고 있었다. 그들은 이스라엘을 공격하기 위해 기습 부대들을 세 무리로 나누어 진을 떠났다.

첫 번째 부대는 오바라 길로 해서 수알 땅으로 갔고, 두 번째 부대는 벧호론 길로 갔다. 그리고 세 번째 부대는 사막 쪽에 있는 스보임 골짜기가 내려다보이는 경계 길로 떠났다.

이스라엘 모든 땅에는 대장장이가 한 사람도 없었다.

그것은 블레셋 사람들이 "히브리 사람들이 칼과 창을 만들까 두렵다."라고 말했기 때문이다.

그래서 모든 이스라엘 사람들은 소나 말이 끌게 하는 보습이나 삽이나 도끼나 곡괭이를 갈려 할 때에는 블레셋 사람들에게 갔다.

블레셋 대장장이들은 쟁기와 곡괭이를 날카롭게 가는 데 은 삼분의 이 세겔을 받았고, 낫이나 도끼나 소를 몰 때 쓰는 쇠 채찍을 가는 데 은 삼분의 일 세겔을 받았다.

그래서 전쟁이 일어났을 때에도 사울과 요나단을 따르는 백성들에게는 칼이나 창이 없었다.

오직 사울과 요나단만이 칼과 창을 가지고 있었다.

그리고 블레셋 군은 일부 병력을 투입하여 믹마스 고개를 지키도록 하였다.

어느 날, 사울의 아들 요나단이 자기 무기를 든 부하에게 말했다.

> 우리가 건너편에 있는 블레셋 부대에게로 건너가자.

요나단은 이 일을 자기 아버지에게 알리지 않았다.

사울은 기브아 근처의 미그론에 있는 석류나무 아래에 머물러 있었다.

그에게는 백성이 육백 명쯤 있었는데, 그중에는 에봇을 입고 있는 아히야라는 사람이 있었다.

아히야는, 이가봇의 형제 아히둡의 아들이며 비느하스의 손자요,
실로에서 여호와의 제사장으로 있었던 엘리의 증손이었다.

그런데 요나단이 적진을 향해 떠났다는 것을 아는 자는 백성 중 아무도 없었다.

요나단이 블레셋 군대의 전초 부대로 들어가려면 꼭 지나야 하는 길목이 있었는데, 거기에는 양쪽으로 험한 바위가 있었다. 한쪽 바위의 이름은 보세스이고, 다른 한쪽 바위의 이름은 세네이다.

북쪽에 있는 바위는 믹마스를 향하고, 남쪽에 있는 바위는 게바를 향해 우뚝 솟아 있었다.

요나단이 자기 무기를 든 부하에게 말했다.

> 우리가, 저 할례 받지 않은 사람들의 진으로 가자.
> 여호와께서 우리를 위해 일하실 것이다. 여호와의 구원은 사람의 많고 적음에 달리지 않는다.

무기를 든 부하가 요나단에게 말했다.

당신의 마음에 있는 대로 행하여 앞서 가십시오. 나는 당신과 마음을 같이하여 따르겠습니다.

요나단이 말했다.

보라, 우리가 블레셋 사람들이 있는 곳으로 건너가자. 그리고 그들 앞에 나타나자. 만약 그들이 우리에게 '우리가 너희에게 가기까지 기다려라.'라고 말하면, 우리는 그대로 서서 올라가지 말 것이다.
그러나 그들이 만약 '우리에게로 올라오라'라고 말하면, 이것은 여호와께서 그들을 우리 손에 붙이셨다는 표징이니, 우리가 올라갈 것이다.

요나단과 그의 부하는 블레셋 사람들 앞에 모습을 나타냈다.
블레셋 사람이 말했다.

저기 봐라! 구멍에 숨어 있던 히브리 놈들이 기어 나왔다!

진에 있던 블레셋 사람들이 요나단과 그의 부하들에게 외쳤다.

우리에게로 올라오라. 네 놈들에게 본때를 보여 주겠다.

요나단이 자기 부하에게 말했다.

내 뒤를 따라 올라오너라. 여호와께서 블레셋 사람들을 이스라엘의 손에 붙이셨다.

그는 손과 발로 기어서 위로 올라갔고, 요나단의 부하도 요나단의 바로 뒤를 따라 올라갔다.
요나단은 앞으로 나가면서, 블레셋 사람들을 쳐서 넘어뜨렸다. 요나단의 부하도 그의 뒤를 따라가면서, 블레셋 사람을 죽였다.
이 첫 번째 싸움으로 요나단과 그의 부하는 한 쌍의 소가 반나절 동안 갈아엎을 만한, 약 이천이백 평방미터의 들판에서 블레셋 사람 이십 명 가량을 죽였다.
진지에 있는 군인이나 기습 부대에 있던 군인들이 모두 두려움에 떨었다. 심지어 땅까지도 흔들렸다.

하나님께서 블레셋 사람들을 큰 두려움에 휩싸이게 하셨기 때문이다.

베냐민 땅 기브아에 있던 사울의 파수꾼들은, 많은 블레셋 군인들이 사방으로 이리저리 흩어져 달아나고 있는 것을 보았다.

사울이 자기와 함께한 백성에게 말했다.

우리 가운데서 누가 빠져 나갔는지 조사하여 밝혀 내어라.

사람들이 조사하여 보니, 요나단과 그의 무기를 드는 병사가 없었다.

사울이 제사장 아히야에게 말했다.

하나님의 궤를 가져오시오.

그때에는 하나님의 궤가 이스라엘 사람들과 함께 있었다.

사울이 제사장 아히야에게 말하고 있을 때, 블레셋 진은 더욱더 혼란스러워졌다.

그러자 사울이 아히야에게 말하였다.

네 손을 거두어라.

사울과 그와 함께한 모든 백성들이 모여서 전쟁터에 들어섰다.

전쟁터에 가 보니, 블레셋 사람들이 제정신을 잃은 나머지, 자기 편들끼리 칼을 휘두르고 있었다.

전에 블레셋 사람들을 섬기며 그들의 진에 함께 미물렀던 히브리 사람들이, 사울과 요나단의(이스라엘 사람들의) 진영으로 돌아왔다.

에브라임 산지에 숨어 있던 모든 이스라엘 사람은 블레셋 군인들이 달아나고 있다는 소식을 듣고, 그들도 싸우러 나와서 블레셋 사람들을 뒤쫓았다.

이처럼 여호와께서는, 그날에 이스라엘 사람들을 구원해 주셨다.

그리고 전쟁은 벧아웬을 지나 다른 곳으로 옮겨졌다. 그날에 이스라엘 사람들은 매우 지쳐 있었다.

왜냐하면 사울이 이스라엘 사람들에게, 이렇게 맹세하며 말했기 때문이다.

저녁이 되어 원수를 물리쳐 이기기 전까지는 아무도 음식을 먹어서는 안 되오.

그래서 이스라엘 백성들은 아무도 음식을 맛보지 못하였다 이스라엘 백성들이 숲으로 들어갔을 때, 숲 속 이곳저곳에 꿀이 있었다.

그들은 꿀이 흐르는 것을 보고도, 사울의 저주를 두렵게 여겨 감히 그것을 먹지 못하였다.

하지만 요나단은 사울이 자기 백성에게 말한 맹세를 듣지 못했다.

그래서 그는 손에 가진 지팡이 끝을 내밀어 꿀을 찍고, 요나단은 그 손을 돌이켜 입에 대고서 꿀을 먹으니, 눈이 번쩍 뜨이는 것을 느꼈다.

그때에 백성 중 한 사람이 요나단에게 말했다.

당신의 아버지가 모든 백성에게 맹세하여 이르기를, '누구든지 오늘 음식을 먹는 사람은 저주를 받을 것이다.'라고 했습니다.

백성들이 배가 고파 지쳐 있는 것도 그 때문입니다.

요나단이 말했다.

내 아버지가 우리 모두를 괴롭게 만드셨도다. 이 꿀을 조금 먹었는데 이렇게 눈이 번쩍 뜨이는 것을 보아라.

그러니 오늘 적군에게 빼앗은 음식을 우리 군인들이 먹었더라면 훨씬 더 좋았을 텐데.

그리고 블레셋 사람들을 더 많이 죽일 수 있을 텐데.

그날, 이스라엘 사람들은 블레셋 사람들을 믹마스에서 아얄론까지 물리쳐 이겼다.

이 일을 마친 후, 이스라엘 사람들은 매우 피곤하였다.

이스라엘 사람들은, 블레셋 사람들에게서 약탈하여 온 것에 달려들어, 그 가운데서 양과 소와 송아지를 마구 끌어다가, 땅바닥에서 잡고, 피 있는 채 고기를 먹었다.

누군가가 사울에게 말했다.

사람들이 피 있는 채 먹음으로써 여호와께 범죄하였습니다.

사울이 말했다.

너희들은 하나님께 믿음 없이 행하였다! 이제 큰 돌 하나를 이리로 굴려 오너라.

사울이 계속해서 말했다.

그리고 너희는 백성들에게 가서 소와 양을 이리로 끌고 와 피를 빼고 잡아먹으라고 일러라.
누구든지 피 있는 채 고기를 먹어 여호와께 범죄하는 일이 있어서는 안 된다.

그날 밤에, 백성들은 제각기 자기들이 차지한 소를 끌어다가 거기에서 잡았다.

사울이 여호와를 위하여 제단을 쌓았으니, 이는 그가 여호와를 위하여 처음 쌓은 제단이었다.

사울이 말했다.

우리가 이 밤에 블레셋 군대를 쫓아 내려가서, 동이 틀 때까지 그들을 약탈하고, 한 사람도 남김없이 모조리 죽여 버리자.

사람들이 대답했다.

왕의 생각에 좋을 대로 하십시오.

그러나 제사장이 말했다.

이리로 오시오. 하나님께 나아가서 여쭤 봅시다.

그리하여 사울이 하나님께 여쭤 보았다.

블레셋 사람들을 뒤쫓을까요? 주께서 그들을 이스라엘 손에 붙이시겠나이까?

그러나 그날, 하나님께서는 사울에게 대답하지 않으셨다.

그래서 사울은 백성의 모든 지도자에게 말했다.

이리 오시오. 오늘 하나님께서 응답지 않으시는 이 죄가 누구에게 있나 알아봅시다. 이스라엘을 구원하신 여호와의 사심으로 맹세하지만, 내 아들 요나단이 죄를 지었다 하더라도 그는 죽임을 당할 것이오.

그러나 백성 중 한 사람도 대답하는 사람이 없었다.

사울이 모든 이스라엘 사람에게 말했다.

여러분은 저편으로 서시오. 나와 내 아들 요나단은 이편으로 서겠소.

사람들이 대답했다.

왕의 생각에 좋을 대로 하십시오.

사울이 이스라엘의 하나님 여호와께 기도하였다.

저에게 올바른 대답을 주십시오.

이어 제비뽑기를 하니 사울과 요나단이 뽑혔다. 다른 사람들은 죄가 없다는 것이 밝혀졌다.

사울이 말했다.

나와 내 아들 요나단 가운데 누가 죄인인지 제비를 뽑자.

제비를 뽑은 사람은 요나단이었다.

사울이 요나단에게 말했다.

네가 무슨 일을 했는지 말해 보아라.

요나단이 사울에게 말했다.

내가 다만 내 손에 가진 지팡이 끝으로 꿀을 조금 맛보았을 뿐인데, 이제 내가 죽어야 합니까?

사울이 말했다.

요나단아, 네가 반드시 죽으리라.
그렇지 않으면, 하나님께서 나에게 벌을 내리시고 또 내리시기를 원하노라.

백성들이 사울에게 말했다.

요나단을 죽이시겠다고요? 절대 안 됩니다.
요나단은 오늘 이스라엘에 큰 구원을 이룬 사람입니다.
살아 계신 여호와의 이름으로 맹세하지만 요나단의 머리털 하나라도 땅에 떨어질 수 없습니다.
오늘 요나단은 하나님과 함께 일함으로써, 블레셋 사람들과 싸웠습니다.

이리하여 이스라엘 백성은 요나단을 살려 주었다.

그리하여 사울은 블레셋 사람을 더 이상 뒤쫓지 않고 돌아섰고, 블레셋 사람들은 자기들 땅으로 돌아갔다.

사울은, 이스라엘의 왕위에 오른 후에 사방에 있는 이스라엘 주변의 적들과 맞서 싸웠다.

그는 모압과 암몬 사람과 에돔과 소바의 왕들과 블레셋 사람들과 싸웠다.

사울은 가는 곳마다 이스라엘의 적을 물리쳐 이겼다. 그는 용감하게 싸워서 아말렉 사람들도 물리쳐 이겼다.

사울은 이스라엘을 침략하고 약탈한 자들의 손에서 이스라엘을 구해주었다.

사울의 아들 이름은 요나단과 리스위와 말기수아이고, 그의 큰딸의 이름은 메랍이고, 작은딸의 이름은 미갈이다. 사울의 아내의 이름은 아히노암이고, 아히마아스의 딸이다.

그의 군대 사령관은 넬의 아들 아브넬이며, 넬은 사울의 삼촌이다. 사울의 아버지 기스와 아브넬의 아버지 넬은 아비엘의 아들이다.

사울의 사는 날 동안에 블레셋 사람과 큰 싸움이 있었으므로, 사울은 힘 있는 자나 용맹 있는 자를 보면, 그들을 불러 모았다.

순종과 제사(삼상 15:1-35)

사무엘이 사울에게 말했다.

> 여호와께서 나를 보내시어 왕에게 기름을 부어, 그의 백성 이스라엘 위에 왕으로 삼으셨습니다.
> 이제 왕은 여호와의 말씀을 들으소서.
> 만군의 여호와께서 이렇게 말씀하셨소.
> "이스라엘 사람들이 애굽에서 나올 때에, 아말렉 사람들이 길을 막으려 했던 것을 내가 기억한다. 이제 너는 가서 아말렉을 쳐서, 그들의 모든 소유를 남기지 말고 진멸하되, 남자와 여자와 어린아이와 젖먹는 아이와 소와 양과 약대와 나귀를 죽이라."

그리하여 사울은 들라임으로 백성들을 소집하고 세어 보니, 보병이 이십만 명이 있었고, 유다 사람이 일만 명 있었다.

사울은 아말렉 성으로 가서 골짜기에 매복하였다.

사울이 겐 사람들에게 말했다.

> 아말렉 사람들 중에서 떠나시오. 아말렉 사람들과 함께 당신들까지 죽이고 싶지 않소.
>
> 당신들은 이스라엘 사람들이 애굽에서 나올 때, 그들에게 친절을 베풀었소.

그리하여 겐 사람들은 아말렉 사람들에게서 떠났다.

사울은 하윌라에서 애굽의 경계에 있는 술까지 이르는 모든 길에서 아말렉 사람들과 싸웠다.

그리고 그는 아말렉 사람들을 물리쳐 이겼다.

사울은 아말렉 왕 아각을 사로잡았고, 그는 아각의 군대를 모두 칼로 죽였다.

그러나 사울과 그의 군대는 아각만은 죽이지 않고 살려 주었다.

그리고 사울과 그의 부하들은, 아각과 그의 양과 소의 가장 좋은 것 또는 기름진 것과 어린 양과 그 밖의 좋은 것을 남기고, 진멸하기를 원하지 않았으며, 다만 무가치하고 쓸모없는 것만 골라서 죽이거나 없애 버렸다.

그때에 여호와께서 사무엘에게 임하시어 말씀하셨다.

> 사울을 왕으로 세운 것이 후회가 된다. 그가 돌이켜서 나를 따르지 아니하며, 또한 그는 내 명령을 이루지도 아니하였다.

사무엘은 이 말씀을 듣고 근심하였으며, 그는 밤새도록 하나님께 큰 소리로 부르짖었다.

이튿날 아침, 일찍 사무엘은 사울을 만나러 올라갔다.

그런데 사람들이 사무엘에게 이렇게 말했다.

> 사울은 갈멜로 가서 자기 이름을 기리기 위해 기념비를 세웠습니다.
>
> 그리고 나서 그는 발길을 돌려 길갈로 내려갔습니다.

그 후에 사무엘이 사울에게 이르렀다.
사울이 말했다.

원하건대 당신은 여호와께 복을 받으소서. 나는 여호와의 명령에 순종했습니다.

이 말을 듣고 사무엘이 말했다.

그러면 내 귀에 들리는 저 양의 소리와 소의 소리는 무엇입니까?

사울이 대답했다.

그것은 백성들이 아말렉 사람들에게서 끌어온 것입니다. 백성이 당신의 하나님 여호와께서 제사하려 하여 양과 소의 가장 좋은 것을 남겨 둔 것입니다.
하지만 다른 동물들은 다 죽여 없앴습니다.

사무엘이 사울에게 말했다.

가만히 계시옵소서! 어젯밤에 여호와께서 나에게 이르신 것을 말하리이다.

사울이 말했다.

말씀하소서.

사무엘이 말했다.

옛날 왕이 스스로 작게 여길 그때에 이스라엘 지파의 머리가 되지 아니하셨나이까?
그래서 여호와께서 당신에게 기름을 부어 이스라엘의 왕으로 세우지 않았습니까?
그리고 여호와께서는, "가서 저 죄인 아말렉 사람들을 멸망시켜라. 그들이 다 없어지기까지 치라." 하고 당신에게 이 일을 맡기지 않았습니까?
그런데 왜 당신은 여호와의 목소리를 듣지 아니하였소?
왜 당신은 탈취하기에만 급급하여, 여호와께서 악하다고 여기시는 일을 하였소?

사울이 사무엘에게 대답했다.

하지만 나는 실제적으로 여호와의 목소리를 듣고 순종하였소.
나는 여호와께서 하라고 하신 일을 하였소. 나는 아말렉 사람들을 다 죽였소. 그리고 그들의 왕 아각도 사로잡아 왔소.
다만 백성이 그 마땅히 진멸할 것 중에서 가장 좋은 것으로, 당신의 하나님 여호와께 길갈에서 제사하려고 양과 소를 남겨 놓았을 뿐이오.

그러나 사무엘이 말했다.

> 여호와께서, 태워 드리는 번제와 그 밖의 제사 드리는 것을, 여호와의 목소리를 순종하는 것보다 더 좋아하시겠소?
> 순종하는 것이 제사보다 낫고, 여호와의 말씀을 듣는 것이 수양의 기름보다 더 나은 것이오.
> 말씀을 거역하는 것은 마술의 죄와 같고 완고한 고집은 우상 숭배와 다를 바 없기 때문이오.
> 당신이 여호와의 말씀을 버렸으므로 여호와께서도 당신을 버려 왕이 되지 못하게 할 것이오.

그러자 사울이 사무엘에게 말했다.

> 그렇소. 내가 범죄하였소. 내가 당신의 말씀과 여호와의 명령에 불복종하였소.
> 내가 백성들을 두려워하여 그들의 요구를 들어주었소.
> 제발 내 죄를 용서해 주시오. 나와 함께 가서 내가 여호와께 경배하게 해 주시오.

그러나 사무엘이 사울에게 말했다.

> 나는 왕과 함께 가지 않겠소.
> 이는 왕이 여호와의 말씀을 버렸으므로, 이제 여호와께서 왕을 버려 이스라엘의 왕이 되지 못하게 하셨소.

사무엘은 가려고 돌이켰다.
그때에 사울이 사무엘의 겉옷 자락을 붙잡다가 그만 옷을 찢고 말았다.
사무엘이 사울에게 말했다.

> 여호와께서 오늘 이스라엘 나라를 왕에게서 떼어서 왕보다 나은 왕의 이웃에게 주셨나이다.
> 이스라엘의 지존자 되신 하나님은 거짓말을 하거나 마음이 변하는 일이 없소.
> 그는 사람이 아니시기 때문이오.

사울이 대답했다.

> 내가 범죄하였을지라도 부탁합니다, 내 백성의 장로들의 앞과 이스라엘 백성 앞에서 나를 높여 주십시오.
> 나와 함께 돌아가서 당신의 하나님 여호와께 경배하게 해 주시오.

이에 사무엘이 돌이켜 사울을 따라갔고, 사울이 여호와께 경배 드렸다.

그 후에 사무엘이 말했다.

> 너희는 아말렉 사람들의 왕 아각을 내게로 이끌어 오라.

아각은 즐거이 오며 '진실로 사망의 괴로움이 지났도다.'라고 생각했다.

사무엘이 아각에게 말했다.

> 네 칼이 수많은 여인들의 자식을 죽였으므로, 너의 어머니도 자식 없는 여인이 될 것이다.

사무엘은 길갈에 있는 여호와의 성소 앞에서 아각을 칼로 쳤다.

그리고 나서 사무엘은 그곳을 떠나 라마로 갔다. 그러나 사울은 기브아에 있는 자기 집으로 갔다.

사무엘은 죽는 날까지 사울을 다시 가서 보지 아니하였다. 이는 그가 사울을 위하여 슬퍼하였기 때문이다.

여호와께서는 사울을 이스라엘의 왕으로 삼으신 것을 후회하셨다.

제 4 장
이새의 아들 다윗

이새의 아들 다윗(삼상 16:1-23)

여호와께서 사무엘에게 말씀하셨다.

나는 이미 사울을 버려 이스라엘의 왕이 되지 못하게 하였다.
너는 그를 위하여 언제까지 슬퍼하겠느냐? 이제 너는 감람 기름을 뿔에 채우고 가거라. 내가 너를 베들레헴에 사는 이새에게 보낸다.
내가 그 사람의 아들 중 하나를 왕으로 택하였다.

사무엘이 말했다.

제가 어찌 갈 수 있겠습니까? 사울이 그 소식을 들으면 저를 죽이려 할 것입니다.

여호와께서 말씀하셨다.

너는 암송아지를 끌고 가서 말하기를, 여호와께 제사를 드리러 왔다고 말하여라.
그리고 제사 드릴 때, 이새를 초대하여라.
그 다음에 네가 무엇을 해야 할지 가르쳐 주겠다. 내가 네게 알게 하는 사람에게 나를 위하여 기름을 부어라.

사무엘은 여호와의 말씀하신 대로 했다.
그가 베들레헴에 도착하자, 베들레헴 장로들이 두려움에 떨며 그를 영접했다.
장로들이 사무엘에게 나아와 물었다.

평화로운 일로 오시는 것입니까?

사무엘이 장로들에게 대답했다.

그렇소. 평화로운 일로 왔소. 여호와께 제사하러 왔소. 여호와를 위해 스스로 성결하게 한 다음, 나와 함께 제사를 드립시다.

사무엘은 이새와 그의 아들들을 여호와 앞에서 성결하고 깨끗하게 한 뒤, 그들을 제사에 초대하였다.

이새와 그의 아들들이 도착했을 때, 사무엘은 엘리압을 보았다.

사무엘은 생각하였다. '여호와의 기름 부으실 사람이 틀림없이 여호와 앞에 있도다.'

그러나 여호와께서는 사무엘에게 말씀하셨다.

엘리압의 멋있는 모습과 키 큰 모습을 보지 마라, 내가 이미 그를 택하지 않았다. 내가 보는 것은 사람이 보는 것과 같지 않다. 사람은 외모를 보거니와, 나 여호와는 중심을 본다.

이어서 이새는 아비나답을 불러 사무엘 옆으로 지나가게 했다.

사무엘이 말했다.

여호와께서는 이 사람도 택하지 않으셨소.

그러자 이새는 삼마를 지나가게 했으나, 사무엘은 또 이렇게 말했다.

아니오, 여호와께서는 이 사람도 택하지 않으셨소.

이새는 자기 아들 일곱 명을 사무엘 앞으로 지나가게 했다.

그러나 사무엘은 "여호와께서는 이 아들들 중 누구도 택하지 않으셨소."라고 이새에게 말했다.

그리고 나서 사무엘이 이새에게 물었다.

당신의 아들들이 이뿐이오?

이새가 대답했다.

아직 막내아들이 더 있습니다. 그 아이는 밖에서 양들을 지키고 있습니다.

사무엘이 말했다.

그 아이를 불러오시오. 그 아이가 오기 전까지 식사 자리에 앉지 않겠소.

그리하여 이새는 사람을 보내어 자기 막내아들을 불러오게 하였다.

이새의 막내아들은 혈색이 좋고 눈에는 총기가 넘쳐흐르고 얼굴이 아름다운 소년이었다.

여호와께서 사무엘에게 말씀하셨다.

> 자! 바로 이 소년이다. 일어나 그에게 기름을 부어라.

사무엘은 기름 뿔을 가지고 그 형제들이 보는 앞에서 이새의 막내아들에게 기름을 부었다.

이날 이후로 다윗이 여호와의 영에게 크게 감동되었다.

그 일이 있은 후에 사무엘은 그곳을 떠나서 라마로 돌아갔다.

여호와의 영이 사울에게서 떠났다. 그리고 여호와께서 부리시는 악령이 그를 번뇌하게 하였다.

사울의 신하들이 사울에게 말했다.

> 보소서, 하나님이 부리시는 악령이 왕을 번뇌하게 하고 있습니다.
> 우리에게 명령하십시오. 우리가 수금을 탈 수 있는 사람을 찾아보겠습니다.
> 여호와께서 부리시는 악령이 왕에게 이를 때에, 그 사람에게서 수금을 타게 하면 왕이 나으실 것입니다.

그러자 사울이 자기 신하들에게 말했다.

> 그런 사람을 찾아보아라. 수금을 잘 타는 사람이 있으면 나에게 데리고 오너라.

사울의 신하 중에서 한 사람이 말했다.

> 베들레헴의 이새에게 수금을 타는 아들이 하나 있는데, 저는 그 사람이 수금을 타는 것을 본 적이 있습니다.
> 그는 기백 있고 용감하며 구변 좋고 용모도 아름다운 데다가 여호와께서 그와 함께 계십니다.

그리하여 사울은 이새에게 사람들을 보내어 말을 전했다.

> 양을 치는 당신의 아들 다윗을 나에게 보내시오.

이새는 나귀에 포도주가 가득 담긴 가죽 부대와 떡을 실었고, 또 염소 새끼 한 마리도 나귀에 실었다.

이새는 이 모든 것을 자기 아들 다윗과 함께 사울에게 보냈다.

그리하여 다윗은 사울에게 와서, 그를 섬기게 되었다. 사울은 다윗을 매우 사랑하였으며, 다윗은 사울의 무기를 맡는 부하가 되었다.

또 사울은 이새에게 사람을 보내어 말을 전했다.

다윗이 이곳에 머물면서 나를 섬기게 하시오. 그가 나에게 은혜를 얻었소.

하나님께서 부리시는 악령이 사울에게 이를 때에 다윗이 자기의 수금을 들고 와서 손으로 탔다.

그러면 악령이 사울에게서 떠나갔으며, 그때마다 그는 상쾌하여 번뇌가 사라졌다.

다윗과 골리앗(삼상 17:1-58)

블레셋 사람들이 전쟁을 하기 위해 군대를 모았다.

그 사람들은 유다에 속한 소고에 모여서 소고와 아세가 사이에 있는 에베스담밈에 진을 쳤다.

사울과 이스라엘 사람들도 엘라 골짜기에 모여 진을 쳤다. 이스라엘 사람들은 블레셋 사람들과 싸울 군대의 대열을 갖췄다.

블레셋 사람들은 한 산지를 차지하고 있었고, 이스라엘 사람들은 다른 산지를 차지하고 있었다.

그 사이에는 골짜기가 있었다.

블레셋 사람들에게는, 골리앗이라는 싸움을 걸어오는 사람이 있었다.

그 사람은 가드 사람이었고, 키는 여섯 규빗 한 뼘(약 3 m 가량) 되었다.

머리에 놋으로 만든 투구를 쓰고, 몸에는 놋으로 만든 비늘 갑옷을 입고 있었는데, 그 갑옷의 무게가 놋 오천 세겔(약 500 kg 가량)이나 되었다.

그의 다리에도 놋으로 만든 보호대를 대고 있었으며, 등에는 작은 놋창을 메고 있었다.

그 사람이 가지고 있는 큰 창의 나무 부분은 베틀 채만큼 컸다. 그리고 그 창날의 무게는 철 육백 세겔(약 7 kg 가량)이나 되었다.

골리앗이 서서 이스라엘 군인들에게 소리를 질렀다.

> 너희가 어찌하여 나와서 싸울 군대 대열을 갖추고 있느냐?
> 나는 블레셋 사람이 아니냐, 그리고 너희는 사울의 신하가 아니냐? 그러므로 너희는 한 사람을 뽑아 나에게 보내어 싸우게 하여라.
> 그가 능히 싸워서 나를 죽일 수 있다면, 우리가 너희들의 종이 되겠다. 그러나 내가 그 사람을 죽이면, 너희가 우리의 종이 되어야 한다.

골리앗은 또 이렇게 말했다.

> 내가 오늘날 너희 이스라엘 군대를 이렇게 모욕하였으니 사람을 보내어 나와 싸우게 하라!

사울과 온 이스라엘 사람들은 블레셋 사람의 이 말을 듣고 놀라 크게 두려워했다.

다윗은 유다 베들레헴 에브랏 사람 이새의 아들이었는데, 이새는 아들이 여덟 명이 있었다.

사울의 때에 이새는 이미 나이가 많은 노인이었다.

이새의 아들 중 장성한 세 아들은 사울을 따라 싸움터에 나갔다.

첫째 아들은 엘리압이었고, 둘째 아들은 아비나답이었으며, 셋째 아들은 삼마였다.

그리고 다윗은 막내아들이었다.

이새의 아들 중 세 아들은 사울을 따르고 있었다.

다윗은 사울이 있는 곳과 베들레헴 사이를 왔다갔다 하고 있었다. 다윗은 베들레헴에서 자기 아버지의 양 떼를 치고 있었다.

블레셋 사람 골리앗은 매일 아침저녁으로 이스라엘 군대 앞에 나와서 몸을 나타내었다. 사십일 동안 그리하였다.

이새가 자기 아들 다윗에게 말했다.

> 네 형들을 위하여 이 볶은 곡식 한 에바와 떡 열 덩이를 진에 있는 네 형들에게 갖다 주어라.
> 또 이 치즈 열 덩이도 가지고 가서 네 형들의 천부장에게 주어라.
> 그리고 네 형들이 어떻게 지내는지 알아보아라. 형들이 모두 잘 있다는 증표가 될 만한 것을 나에게 가지고 오너라.

그때 다윗의 형들은 사울과 이스라엘 모든 사람들과 함께 엘라 골짜기에서 블레셋 사람들과 싸우고 있었다.

다음날, 다윗은 아침 일찍 일어나 다른 목동에게 양 떼를 맡겼다. 다윗은 음식을 가지고 이새가 말한 대로 집을 떠났다.

다윗이 진에 도착했을 때, 이스라엘 군대는 자기 진을 떠나서 싸움터로 나아가 함성을 지르고 있었다.

이스라엘 사람들과 블레셋 사람들은 전쟁 대열을 갖추고 서로 마주 보면서 싸울 준비를 하고 있었다.

다윗은 자기가 가지고 온 음식을 짐 맡은 사람에게 맡기고, 싸움터로 나아가 형들을 만나 편안히 잘 있는지를 물었다.

다윗이 형들과 이야기를 하고 있을 때에, 마침 블레셋 사람의 싸움을 돋우는 가드 사람 거인 골리앗이 그 진지에서 또 나왔다.

골리앗은 보통 때처럼 이스라엘을 향하여 소리를 질러댔다. 다윗도 그 소리를 들었다.

이스라엘 모든 사람들이 골리앗을 보자 매우 두려워하여 그 앞에서 혼비백산하다시피 도망하였다.

이스라엘 사람들이 자기들끼리 말했다.

> 저 사람 골리앗을 봐라. 저 사람은 참으로 이스라엘에게 모욕을 하러 왔도다.
> 사울 왕은, 골리앗을 죽이는 사람에게 많은 재물로 부하게 하고 자기 딸도 주어 아내로 삼게 하며, 그 사람의 아버지 집에는 세금을 면제해 주기로 했다네.

다윗이 가까이에 서 있는 사람들에게 물었다.

이 블레셋 사람을 죽여 이스라엘에게 수치를 없애는 사람에게 어떤 대우를 합니까?
저 할례 받지 못한 블레셋 사람이 누구기에 감히 살아 계신 하나님의 군대를 모욕할 수 있습니까?

이스라엘 사람들이 다윗에게 골리앗을 죽인 사람에게 어떤 상이 주어지는지를 이야기해 주었다.

다윗이 사람들과 이야기하는 것을 다윗의 제일 큰 형 엘리압이 들었다.

엘리압은 다윗에게 화를 내며 말했다.

네가 어찌하여 여기로 내려왔느냐? 들에 있는 양들은 누구에게 맡겨 놓았느냐? 나는 네 교만과 네 마음의 완악함을 안다. 넌 지금 전쟁 구경을 하려고 여기에 온 것이야.

다윗이 대답했다.

내가 무엇을 하였습니까? 어찌 이유가 없이 물어보겠습니까?

그러고서 그는 또 다른 사람들에게 가서 전과 같이 물었는데 그들도 똑같은 대답을 하였다.

어떤 사람들이 다윗이 한 말을 듣고 그 말을 사울에게 전했다. 그러자 사울은 사람을 보내어 다윗을 불렀다.

다윗이 사울에게 말했다.

골리앗을 인하여 이스라엘 사람이 낙담하지 말아야 할 것입니다.
왕의 종인 제가 나가서 저 블레셋 사람과 싸우겠습니다.

사울이 대답했다.

너는 저 블레셋 사람과 싸우기에 능하지 못할 것이다. 너는 아직 소년이지만, 골리앗은 어렸을 때부터 용사이다.

그러나 다윗이 사울에게 말했다.

왕의 종인 저는 내 아버지의 양 떼를 지키던 사람입니다.
사자나 곰이 나타나서 양 떼에서 새끼를 물어 가면, 내가 따라가서 그 짐승을 공격하여 그 입에서 양의 새끼를 구해 냈습니다.

그 짐승이 나를 해치고자 하면, 내가 그 짐승의 수염을 잡고 때려 죽이기도 하였습니다.
왕의 종인 저는 사자와 곰도 죽였습니다.
하물며, 사시는 하나님의 군대를 모욕한 이 할례 받지 않은 블레셋 사람이겠습니까?
골리앗도 그 짐승의 하나와 같이 될 것입니다.
또한 여호와께서, 나를 사자의 발톱과 곰의 발톱에서 구해 주셨습니다.
여호와께서는 나를 이 블레셋 사람으로부터도 구해 주실 것입니다.

사울이 다윗에게 말했다.

가거라. 여호와께서 너와 함께하시기를 원하노라.

사울은 자기가 착용하고 있던 군복을 다윗에게 입히고 놋투구와 갑옷을 벗어 주었다.

다윗은, 놋투구를 쓰고 갑옷을 입은 다음, 사울의 칼을 차고 시험 삼아 몇 걸음 걸어 보았으니 익숙하지 않아서 도저히 활동할 수가 없었다.

그래서 그는 사울에게 "이것을 입고 가지 못하겠습니다." 하고, 다윗은 군복과 투구와 갑옷을 다 벗어 버렸다.

그리고 다윗은 자기가 입넌 옷을 입고, 손에 막대기를 들었고, 시냇가에서 매끄러운 돌 다섯 개를 골라서 양을 칠 때 쓰는 목지의 도구 주머니에 넣고 손에는 물매를 가졌다.

그리고 나서 골리앗에게 나아갔다.

바로 그때, 블레셋 사람 골리앗도 다윗에게 다가오고 있었다. 골리앗의 방패를 든 사람이 골리앗 앞에 있었다.

골리앗은 다윗을 바라보고 있었다. 그는 다윗이 얼굴이 불그스레하고 잘 생긴 소년이라는 것을 알았다.

그래서 그는 업신여기는 표정으로 다윗을 내려다보았다.

골리앗이 다윗에게 말했다.

네가 나를 개로 여기고 막대기를 가지고 내게 나아왔느냐?

그는 자기 신들의 이름을 들먹이며 다윗을 저주하였다.

다시 골리앗이 다윗에게 말했다.

> 이리오너라. 내가 네 몸을 공중의 새와 들짐승에게 먹이로 줄 것이다.

다윗이 골리앗에게 말했다.

> 너는 칼과 큰 창과 작은 창을 가지고 내게 나아오지만, 나는 만군의 여호와의 이름으로 곧 네가 모욕하는 이스라엘 군대의 하나님의 이름으로 네게 나아가노라.
> 오늘 여호와께서는 너를 내 손에 붙이실 것이다.
> 나는 너를 쳐서 너의 머리를 벨 것이며, 블레셋 군인들의 시체로 오늘 공중의 새와 땅의 들짐승에게 먹이로 줄 것이다.
> 또 여호와의 구원하심이, 칼과 창에 있지 아니함을 이 무리로 알게 할 것이다.
> 전쟁은 여호와께 속한 것이므로, 여호와 하나님께서 너희를 우리 손에 붙이실 것이다.

골리앗이 다윗을 공격하기 위하여 아주 가까이 왔을 때, 다윗도 재빨리 골리앗을 향해 달려갔다.

다윗은 자기 주머니에서 돌 하나를 꺼내어 물매에 올려놓은 다음, 물매로 돌을 던졌다.

돌이 날아가 블레셋 사람의 이마를 치니 돌이 골리앗의 이마에 적중하게 박혔다.

골리앗은 땅에 엎드려졌다.

이처럼 다윗은 물매와 돌 하나만 가지고 블레셋 사람을 이기고 그를 쳐 죽였으나 자기 손에는 칼이 없었다.

다윗은 달려가서 블레셋 사람을 밟고 섰다.

다윗은 골리앗의 칼을 그의 칼집에서 꺼내어 그것으로 골리앗을 죽이고 그의 머리를 베었다.

블레셋 사람들은 자기 대장이 죽은 것을 보고 뒤로 돌아 달아났다.

이스라엘과 유다 사람들은 소리를 지르며 블레셋 사람들을 뒤쫓기 시작했다.

그들은 가이 성으로 들어가는 곳과 에그론 성문까지 블레셋 사람들을 뒤쫓았다.

많은 블레셋 사람들이 죽었다. 죽거나 부상당한 블레셋 사람들이 가드와 에그론으로 가는 사아라임 길에 쓰러졌다.

이스라엘 사람들은 블레셋 사람들을 뒤쫓다가 다시 돌아와서 블레셋 사람들의 진영에서 많은 물건을 노략하였다.

다윗은 골리앗의 머리를 가지고 예루살렘으로 갔다. 다윗은 골리앗의 갑옷과 투구는 자기 천막에 두었다.

사울은 다윗이 골리앗과 싸우러 나갈 때, 군대 지휘관인 아브넬에게 물었다.

> 아브넬이여, 이 소년이 누구의 아들이냐?

아브넬이 대답했다.

> 왕이시여, 왕의 사심으로 맹세하옵나니 저는 잘 모르겠습니다.

사울이 말했다.

> 너는 이 청년이 누구의 아들인지 물어보라.

다윗이 골리앗을 죽이고 돌아올 때에, 그는 그때까지 골리앗의 머리를 들고 있었다.

아브넬은 다윗을 사울에게 데리고 갔다.

사울이 다윗에게 물었다.

> 소년이여, 누구의 아들이냐?

다윗이 대답했다.

> 나는 주의 종 베들레헴 사람 이새의 아들입니다.

사울 왕과 다윗(삼상 18:1-30)

다윗이 사울과 이야기를 나누고 있는 모습을 본 요나단은 이미 마음 속으로 다윗을 매우 좋아하게 되었다.

요나단은 다윗을 자기 목숨처럼 아끼고 사랑했다.

사울은 그날부터 다윗을 자기 곁에 있게 했다. 그는 다윗이 자기 아버지 집으로 돌아가는 것을 허락하지 않았다.

요나단은 다윗을 자기 목숨처럼 아끼고 사랑했기 때문에 다윗과 영원한 우정을 약속했다.

요나단은 자기가 입었던 겉옷을 벗어 다윗에게 주었다. 또 자기의 군복과 칼과 활과 띠까지 모두 주었다.

다윗은 사울이 보내는 곳마다 가서 모든 일을 지혜롭게 수행하였으므로, 사울이 그를 자기 군대의 사령관 중 한 사람으로 임명하였다. 그러자 온 백성은 물론 사울의 신하들까지도 다 같이 그 일을 합당하게 여겼다.

다윗이, 블레셋 사람을 죽인 후 다른 사람들과 함께 돌아올 때, 이스라엘의 온 마을에서 여자들이 사울 왕과 다윗과 무리들을 맞이하기 위해 나왔다.

여자들은 기쁨의 노래를 부르면서 춤을 추고 작은북과 악기로 연주했다.

여자들은 뛰놀면서 이렇게 노래했다.

> 사울이 죽인 적은 천천이요, 다윗이 죽인 적은 만만이라네.

여자들의 노래는 사울의 기분을 상하게 만들었고, 그는 크게 화가 났다.

사울이 생각했다.

'여자들은, 다윗에게는 수만을 돌리고 내게는 수천을 돌리니, 그의 더 얻을 것이 나라밖에 무엇이냐?'

그리하여 사울은 그날부터 다윗을 경계하는 눈으로 바라보았다. 사울은 다윗을 질투했다.

그 이튿날, 하나님께서 부리시는 악령이 사울에게 힘 있게 내렸다. 그러자 사울은 자기 집에서 미친 사람처럼 정신없이 떠들어댔다.

다윗은 보통 때처럼 수금을 타는 때에, 사울은 손에 창을 들고 있었다.

사울이 '내가 다윗을 벽에 박으리라.'라고 스스로 말하고, 갑자기 그 창을 던졌다.

그러나 다윗은 그 창을 두 번이나 피해 도망갔다.

여호와께서는 다윗과 함께하셨으나 사울에게서는 떠나셨다. 그래서 사울은 다윗을 두려워했다.

그리하여 사울은, 다윗을 일개의 천부장으로 강등시켜(군 사령관의 계급에서) 자기 곁에서 떠나게 하였다.

다윗은 백성들 앞에서 그 모든 일을 지혜롭게 행하였다.

여호와께서 다윗과 함께하셨다.

사울은 다윗이 크게 지혜롭게 일하는 것을 보고 점점 더 다윗을 두려워했다.

그러나 이스라엘과 유다의 모든 백성들은 다윗을 사랑하였다.

왜냐하면 다윗이 자기들보다 항상 앞장서서 나아갔기 때문이었다.

사울이 다윗에게 말했다.

> 여기에 내 맏딸 메랍이 있다. 내 딸을 너에게 주어 너의 아내로 삼게 해 주겠다. 그 대신 너는 나가서 용감하게 여호와를 위해 싸워라.

사울은 또 이렇게 생각하였다.

> '다윗이 블레셋 사람들의 손에 죽을 테니, 내가 다윗을 죽일 필요가 없다.'

그러나 다윗은 이렇게 말했다.

> 이런 대접은 나에게 분에 넘치는 것입니다. 그리고 내 아버지의 집안도 왕의 사위가 되기에는 보잘것없는 집안입니다.

그러나 메랍을 다윗에게 줄 때가 되었을 때, 사울은 자기 딸을 므홀랏 사람인 아드리엘에게 아내로 주고 말았다.

그런데 사울의 둘째 딸 미갈이 다윗을 사랑하였다. 미갈이 다윗을 사랑하고 있다는 이야기를 전해들은 사울은 잘된 일이라고 생각했다.

사울이 생각했다.

> '내 딸 미갈을 다윗에게 주어서 그에게 올무가 되게 하여야겠다. 그리고 미갈을 이용해 다윗을 블레셋 사람들의 손에 죽게 해야겠다.'

그리하여 사울은 다윗에게 말했다.

> 네가 오늘 다시 내 사위가 되리라.

그리고 사울은 자기 신하들에게 명령을 내렸다.

> 다윗에게 비밀히 이렇게 말하여라. '왕은 당신을 좋아하고 있으며, 왕의 신하들도 당신을 좋아하고 있으니, 당신은 왕의 사위가 될 수 있습니다.'라고.

사울의 신하들은 이 명령대로 다윗에게 말했다.

그러나 다윗은 대답했다.

> 여러분은 왕의 사위가 되는 것이 쉽다고 생각하시오? 나는 가난하고 보잘것없는 사람입니다.

그러자 사울의 신하들이 다윗의 말을 사울에게 전하였다.

사울이 말했다.

> 다윗에게 이렇게 말하여라. '왕은 아무것도 원하지 않는다. 왕이 원하는 것은 블레셋 사람들의 포피(남성 성기 끝을 싼 살가죽) 백 개일 뿐이다.
> 단지 왕의 원수를 갚아 주면 된다.'

사울은 다윗을 블레셋 사람들 손에 죽게 만들 속셈이었다(포피 백 개를 취하려면 블레셋과 치열한 전쟁으로 사람을 그만큼 죽여야 하며, 그런 와중에서 다윗을 죽게 하려는 음흉한 계책이 숨어 있다).

사울의 신하들은 이 말을 그대로 다윗에게 전했다. 다윗은 자기가 왕의 사위가 될 수 있다고 생각하니 기뻤다.

그래서 기한이 차기도 전에 다윗과 그의 부하들은 밖으로 나가 블레셋 사람 이백 명을 죽였다.

다윗은 블레셋 사람들의 포피를 베어서, 사울 왕이 요구한 수량대로 왕께 드려 왕의 사위가 되고자 하였다.

그리하여 사울은 자기 딸 미갈을 다윗의 아내로 주었다.

사울은 여호와께서 다윗과 함께하신다는 것을 알았고, 그는 자기의 딸 미갈이 다윗을 사랑한다는 것도 알았다.

그래서 사울은 다윗을 더욱 두려워하게 되었다. 사울의 평생에 다윗은 대적이 되었다.

블레셋의 방백들은 계속해서 이스라엘을 공격해 왔다. 그러나 그때마다 다윗은 그들을 물리쳐 이겼다.

다윗은, 사울의 모든 신하들보다 더 지혜롭게 행하여, 그의 이름은 널리 존경의 대상이 되었다.

요나단과 미갈(삼상 19:1-24)

사울은 자기 아들 요나단과 자기의 모든 신하에게 다윗을 죽이라고 말했다.

그러니 사울의 아들 요나단은 다윗을 매우 아꼈다.

그래서 요나단은 다윗에게 이렇게 귓속말을 해 주었다.

> 내 아버지 사울이 자네를 죽일 기회를 찾고 있네. 그러니 조심하여 내일 아침에 아무도 모르는 곳에 숨어 있게.
>
> 내가 아버지와 함께 자네가 숨어 있는 들로 나가서, 자네에 대해 아버지에게 이야기를 해 보겠네. 그런 다음, 내가 알아낸 것을 자네에게도 알려 주겠네.

요나단은 자기 아버지 사울과 이야기를 했다. 요나단은 다윗에 대해 좋은 말을 했다.

요나단이 말했다.

아버지는 왕이십니다. 아버지의 신하 다윗에게 범죄하지 마십시오. 다윗은 아버지에게 죄를 저지르지도 않았습니다.
오히려 다윗은 최선을 다해서 모든 일에 아버지를 도와주지 않았습니까?
다윗이 자기 생명을 아끼지 않고 나가서, 골리앗을 죽인 것과 그리고 그 결과로 여호와께서 이스라엘에 큰 승리를 주셨던 일을 잊으셨습니까?
아버지는 그때 무척 기뻐하셨습니다.
그런데 어째서 아버지는 이제 와서 그처럼 죄 없는 사람을 죽여 범죄하려고 하십니까?
그럴 만한 이유가 전혀 없지 않습니까?

사울은 요나단의 말을 듣고 이렇게 맹세하였다.

여호와께서 살아 계심을 두고 맹세하지만, 나는 결코 다윗을 죽이지 않겠다.

그러자 요나단은 다윗을 불러냈다. 요나단은 아버지 사울 왕이 한 모든 말을 다윗에게 이야기해 주었고, 요나단은 다윗을 사울에게 데리고 갔다.

그리하여 다윗은 전처럼 사울과 함께 있게 되었다.

다시 전쟁이 일어나자, 다윗은 나가서 블레셋 사람들과 싸웠다. 다윗은 그들을 물리쳐 이겼고, 그들은 다윗 앞에서 달아났다.

사울이 손에 작은 창을 들고 자기 집에 앉아 있을 때에, 여호와께서 부리시는 악령이 그를 사로잡았다.

다윗은 그 앞에서 수금을 타고 있었다.

사울은 작은 창을 들어 다윗에게 던졌다. 그러나 다윗은 몸을 피하여 다치지 않았고, 사울의 창은 벽에 박혔다. 다윗은 그날 밤에 사울에게서 도망쳤다.

사울은 다윗의 집으로 사람들을 보내어, 집 밖에서 지키고 있다가 아침에 다윗을 죽이라고 했다.

그러나 다윗의 아내인 미갈이 다윗에게 말해 주었다.

당신은 오늘 밤 안에 도망쳐야 목숨을 건질 수 있어요. 지금 도망가지 않으면 내일에는 죽임을 당할 거예요.

미갈은 창문을 통해 다윗을 밖으로 달아 내려 보냈다.

그래서 다윗은 피하여 도망하였다.

미갈은 우상을 가져다가 침대 위에 놓고, 옷으로 싼 다음에 염소 털을 그 머리에 씌웠다.

사울은 다윗을 잡으려고 사람들을 보냈다. 그러나 미갈은 "다윗은 병들었어요." 하고 말했다.

다윗을 잡으러 갔던 사람들이 사울에게 돌아와서 미갈의 말을 전하였지만, 사울은 그 사람들을 다시 돌려보내 다윗을 잡아 오게 했다.

사울이 그들에게 말했다.

> 침대를 통째로 들고 오너라. 내가 다윗을 죽여 버리겠다.

그러나 다윗을 잡으러 간 사람들이 다윗의 집에 들어가 보니 침대 위에 있는 것은 우상이었고, 염소의 털로 엮은 것이 그 머리에 있었다.

사울이 미갈에게 말했다.

> 너는 왜 이런 식으로 나를 속였느냐? 너는 내 대적을 달아나게 했도다.

미갈이 사울에게 말했다.

> 다윗이 말하기를 '나를 놓아 가게 하라, 어찌하여 나로 너를 죽이게 하겠느냐?' 했어요.

다윗은 사울을 피해 도망간 후에 라마에 있는 사무엘에게 갔다. 다윗은 사무엘에게 사울이 자기에게 한 모든 일을 말해 주었다.

다윗과 사무엘은 나욧으로 가서 거기에 머물렀다.

사울은 다윗이 라마의 나욧에 있다는 소식을 들었다. 그래서 사람을 보내어 다윗을 잡아 오게 하였다.

그 사람들이 다윗을 잡으러 갔을 때, 그들은 예언을 하고 있는 선지자들을 보았다.

그리고 사무엘이 그 선지자들의 우두머리로 있는 것도 보았다.

그때, 하나님의 영이 사울이 보낸 사람들에게 들어가서, 그들도 예언을 하게 되었다.

사울이 그 소식을 들었다. 그래서 다른 사람들을 보냈지만, 그 사람들도 예언을 하였다. 세 번째로 사람을 보냈지만 그 사람들도 예언을 하였다.

그래서 이번에는 사울이 직접 라마로 갔다.

사울은 세구에 있는 큰 우물에 이르러 물었다.

사무엘과 다윗이 어디에 있느냐?

백성들이 대답하였다.

라마의 나욧에 있습니다.

그 말을 듣고 사울은 라마의 나욧으로 갔다. 그러자 하나님의 영이 사울에게도 임하였다.

사울은 라마의 나욧에 이르기까지 걸으면서 예언을 하였다.

그는 또 자기 옷을 벗고 사무엘 앞에서 예언하며 하루 종일 밤낮 벌거벗은 채 누워 있었다.

그래서 '사울도 선지자 중 한 사람인가?'라는 속담이 생겨났다.

다윗과 요나단(삼상 20:1-42)

그때에 다윗은 라마의 나욧에서 달아났다.

다윗은 요나단에게 가서 이렇게 물었다.

내가 무엇을 하였으며, 내 죄악이 무엇인가? 내가 자네 아버지에게 무슨 죄를 저질렀기에, 자네 아버지가 나의 생명을 찾고 있는가?

요나단이 대답했다.

아닐세! 자네는 결코 죽지 않을 걸세. 아버지는 아무리 크고 작은 일을 하시더라도 먼저 나에게 말씀해 주신다네.

자네를 죽일 생각이 있었다면 반드시 나에게도 말씀해 주셨을 걸세. 아버지는 결코 자네를 죽이지 않을 걸세.

다윗이 다시 맹세하여 말했다.

자네가 나를 지극히 아낀다는 것을 잘 알고 계시며, 자네 아버지는 속으로 이렇게 생각하고 계실 걸세.

'요나단에게는 이 일을 알리지 말아야지. 만약 요나단이 이 일을 알면 슬퍼할까 두렵다.'

그러나 여호와의 사심과 네 생명을 두고 맹세하겠네. '나와 죽음의 사이는 한 걸음뿐이라네'(죽음이 일보 직전에 다가올 만큼 절박함을 의미함).

요나단이 다윗에게 말했다.

네 마음의 소원이 무엇이든지 내가 너를 위하여 그것을 이루겠네.

다윗이 말했다.

내일은 월삭, 초하루일세. 내가 마땅히 왕을 모시고 앉아서 식사를 해야 하는 날일세. 그러나 나를 보내어 셋째 날 저녁까지 들에 숨어 있게 해 주시게.
자네 아버지가 만일 나에 대해서 자세히 묻거든 이렇게 말해 주게나.
'다윗은 나에게 자기 고향 베들레헴으로 가게 해 달라고 말했어요. 해마다 이맘때에는 그의 온 가족을 위하여 베들레헴에서 매년제 제사를 드린답니다.'라고.
만약 자네 아버지가 '그의 말이 좋다'라고 말씀하시면, 나는 무사할 걸세.
하지만 자네 아버지가 화를 내시면, 나를 해칠 결심이 있는 걸로 알게나.
요나단! 자네 종인 나를 도와주게. 자네가 여호와 앞에서 자네의 종인 나와 약속을 하였네.
그러나 내가 죄악이 있다면 자네가 직접 나를 죽이게. 구태여 자네의 아버지에게까지 데리고 갈 필요가 없지 않는가?

요나단이 대답했다.

아닐세. 결코 그럴 수 없네. 아버지가 만약 자네를 해칠 결심을 하고 있다는 것을 알게 되면 반드시 자네에게 알려 주겠네.

다윗이 물었다.

자네 아버지가 혹시 자네에게 엄하게 대답하면, 누가 나에게 그것을 알려 줄 수 있겠나?

요나단이 말했다.

자, 이제 들로 나가세.

그래서 요나단과 다윗은 함께 들로 나갔다. 요나단이 다윗에게 말했다.

이스라엘의 하나님 여호와 앞에서 이렇게 약속하네. 내가 내일이나 모레 이맘때까지 아버지의 마음을 알아보겠네.
만약 아버지가 자네에게 대한 생각이 선하시면, 자네에게 그 소식을 알려 주겠네. 하지만 만약 아버지가 자네를 해칠 마음을 품고 계시다면, 그 사실도 자네에게 알려 주겠네.
그래서 자네가 안전하게 멀리 도망갈 수 있도록 하겠네. 그렇게 하지 않는다면 여호와께서 나 요나단에게 벌을 내리시고 또 내리시기를 원하네.
여호와께서 내 아버지와 함께 계셨던 것처럼 자네와도 함께 계시기를 바라네.
내가 살아 있는 동안, 나에게 여호와의 인자하심을 베풀어 주게나. 그래서 내가 죽지 않게 해 주게.
여호와께서, 자네 다윗의 대적들을 이 땅에서 다 없애 버리시는 날에라도, 자네의 인자함을 내 집에서 영원히 끊어 버리지 말게.

요나단은 다윗의 집과 언약을 하며 "여호와께서 다윗의 대적들을 치시기를 바라네." 하고 말했다.

그러고서 이번에는 다윗을 사랑하는 마음으로 그에게도 다시 맹세하게 했는데, 이것은 그가 다윗을 자기 생명처럼 사랑하였기 때문이었다.

요나단이 다윗에게 말했다.

내일은 월삭, 곧 초하루이네. 하지만 자네의 자리는 빌 것이므로 내 아버지가 자네가 없음을 자세히 물을 것일세.
이틀 뒤에 자네는 지난번에 숨어 있었던 곳으로 가게. 가서 에셀 바위 곁에 기다리게.
그러면 내가 나가서 마치 과녁을 보고 쏘듯이 그 돌무더기 앞에 화살 셋을 쏘겠네.
그리고 나서 아이를 한 명 보내서 그 화살들을 찾으라고 말하겠네. 만일 내가, '얘야, 화살이 이쪽에 있다. 가져오너라!' 하거든 너는 돌아오게.
여호와께서 살아 계시는 한 네가 안전하고 무사할 것일세.
하지만 만약 내가, '얘야, 화살은 네 앞쪽에 있다' 하고 말하면, 여호와께서 자네를 보내시는 것으로 알고 그곳을 떠나게나.
우리가 이야기한 것을 기억하게. 여호와께서는 자네와 나 사이에 영원한 증인이시네.

그리하여 다윗은 들에 숨었다.

월삭 곧 초하루가 이르자, 왕이 식탁에 앉았다. 왕은 평상시와 같이 벽 가까이 자기 자리에 앉았다.

요나단은 왕의 맞은편에 앉았고, 아브넬은 왕의 곁에 앉았다. 하지만 다윗의 자리는 비어 있었다.

그러나 그날에는, 사울은 아무 말도 하지 않았다. 이는 사울이 생각하기를 '다윗에게 뜻하지 않은 사고가 생겨, 몸이 부정을 타서 아직 깨끗하여지지 않았는가' 했다.

이튿날은 그달의 두 번째 날이었다. 다윗의 자리가 또 비어 있었다.

이번에는 사울이 요나단에게 물었다.

이새의 아들은 왜 이 식탁에 어제도 오지 않고 오늘도 오지 않는 거냐?

요나단이 대답했다.

다윗이 나에게 베들레헴으로 가게 해 달라고 부탁했습니다.
자기 집안이 베들레헴 성읍에서 제사를 드리는데, 자기 형이 다녀가라고 했다고 하면서, 제가 자기를 아낀다면 자기 형들을 만나게 해 달라고 저에게 간청을 하였습니다.
그래서 그가 지금 왕의 식사의 자리에 나오지 못하였습니다.

그러자 사울은 요나단에게 화를 내며 말했다.

이 망할 놈의 계집의 자식아! 그래 난 네가 이새의 아들 다윗의 편인 줄 알고 있었다.
너는 네 자신을 수치스럽게 만들었을 뿐만 아니라, 너를 낳아 준 네 어미도 수치스럽게 만들고 있다.
이새의 아들이 이 땅에 살아 있는 한, 너와 네 나라가 든든히 서지 못할 것이다.
그런즉 이제 사람들을 보내어 다윗을 내게로 끌고 오너라. 다윗을 반드시 죽여야 한다.

요나단이 자기 아버지에게 물었다.

다윗이 죽일 일이 무엇입니까? 그가 대체 무슨 잘못을 했습니까?

그러나 사울이, 자기 작은 창을 요나단에게 던져 요나단을 치려 하였다.

요나단은 자기 아버지가 다윗을 정말로 죽이려 결심하였다는 것을 알았다.

요나단은 크게 화를 내며 식사 자리에서 떠났다. 그달의 두 번째 날에는 아무것도 먹지 않았다. 이는 그의 부친이 다윗을 모욕되게 하였으므로, 요나단이 다윗을 위하여 슬퍼했기 때문이었다.

이튿날 아침에 요나단은 전에 약속했던 것처럼 다윗을 만나기 위해 들로 나갔다.

요나단은 작은아이를 데리고 갔다.

요나단은 아이에게 "너는 달려가서 내가 쏘는 화살을 찾아오너라." 하고 말했다.

그 아이가 달려가자, 요나단은 아이의 위로 지나가도록 화살을 쏘았다. 아이는 화살이 떨어진 곳으로 달려갔다.

요나단은 이 아이 뒤에서 외쳤다.

화살이 네 앞쪽에 있지 않느냐?

요나단이 또 외쳤다.

서둘러서 빨리 뛰어가거라. 머뭇거리면 안 된다.

그리고 아이는 화살을 주워 자기 주인에게 가지고 돌아왔다.

아이는 이 모든 일이 무슨 뜻인지를 알지 못했지만, 요나단과 다윗만은 알고 있었다.

그리고 나서 요나단은 자기 활과 화살을 아이에게 주면서 "성으로 돌아가거라."라고 말했다.

아이가 떠나자, 다윗은 바위의 남쪽에서 일어나서 나왔다.

다윗은 땅에 머리를 대고 세 번 요나단에게 절을 하였다. 그리고 나서 다윗과 요나단은 서로 입을 맞추면서 함께 울었다. 다윗이 더욱 심하게 울었다.

요나단이 다윗에게 말했다.

평안히 가게. 우리 두 사람은 여호와의 이름으로 맹세하였네.
'여호와께서 영원히 나와 자네 사이에 계시고, 그리고 나의 자손과 자네의 자손 사이에 계실 것이네.'

그리고 나서 다윗은 일어나 떠났고, 요나단은 성으로 돌아갔다.

아히멜렉과 도엑(삼상 21:1-22:23; 삼하 23:13-14; 대상 11:15)

다윗은 놉에 가서 제사장 아히멜렉에게 이르렀다.
아히멜렉이 떨며 다윗을 영접하면서 그에게 말했다.

왜 혼자 다니시오? 아무도 당신과 함께 있지 않으시오?

다윗이 제사장 아히멜렉에게 대답했다.

왕이 나에게 명령을 내렸소.

그는 다시 말을 이었다.

사울 왕은 내가 할 일을 아무에게도 알리지 말라고 말했소. 내 부하들하고도 나중에 만날 곳을 가르쳐 주고 헤어졌소.
그런데 혹시 먹을 것을 가지고 계시오? 떡 다섯 덩이나 그 밖의 먹을 것이 있다면 아무것이나 좀 주시오.

제사장이 다윗에게 말했다.

보통 떡은 없지만 거룩한 떡은 있네. 만일 자네 부하들이, 최근에 여자를 가까이 하지 않았다면 자네들이 그것을 먹을 수 있네.

다윗이 제사장에게 대답했다.

우리는 참으로 삼 일 동안 여자와 가까이하지 않았소. 우리가 보통 임무를 띠고 나올 때에도 나의 부하들의 몸이 성결하였습니다.
하물며 이처럼 비밀 임무를 띠고 나온 그들의 몸이 어떻게 성결하지 않을 수 있겠습니까?

그래서 제사장은 거룩한 떡을 다윗에게 주었다.

왜냐하면 제사장에게는 여호와 앞에서 차려 놓았던 떡 말고는 다른 떡이 없기 때문이다.

그것은 진설병 곧 하나님 앞에 따뜻한 떡을 차려 놓으면서 물려 낸 떡이었다.

그날에, 사울의 신하들 중 한 사람이 그곳에 있었다. 그 사람은 에돔 사람 도엑으로 사울의 목자들 중 우두머리였는데 마침 그날, 여호와 앞에 있었던 것이다.

다윗이 아히멜렉에게 물었다.

혹시 제사장님의 수중에 창이나 칼을 가지고 계시오?
왕의 일이 너무 급하여 미처 내가 칼과 무기를 가지고 나오지 못했소.

제사장이 대답했다.

당신이 엘라 골짜기에서 죽인 블레셋 사람 골리앗의 칼이 보자기에 싸여 에봇 뒤에 놓여 있소.
필요하다면 그 칼을 가지고 가시오. 여기에 다른 칼은 없소.

다윗이 말했다.

골리앗의 칼 만한 것이 어디 있겠소. 그 칼을 내게 주시오.

그날에, 다윗은 사울을 두려워하여 일어나 도망쳐 가드 왕 아기스에게 갔다.

그러자 아기스의 신하들이 아기스에게 말하였다.

이 사람은 이스라엘 사람들의 왕 다윗입니다. 이 사람은 이스라엘 여자들이 춤을 추면서, '사울이 죽인 적은 천천이요, 다윗이 죽인 적은 만만이라네'라고 노래했던 바로 그 사람입니다.

그들이 하는 말을 듣고 다윗은 가드 왕 아기스를 매우 두려워했다.

그래서 다윗은 아기스와 그의 신하들 앞에서 행동을 변하여 미친 척하였다. 괜히 문짝을 긁기도 하고, 수염에 침을 질질 흘리기도 했다.

아기스가 자기 신하들에게 말했다.

> 이 사람을 보아라. 이 사람은 미치광이로다. 어찌하여 이런 사람을 나에게 데려왔느냐?
> 어디 미친 사람이 부족해서 이런 사람까지 내 앞에서 이런 짓을 하게 하느냐. 이 사람을 내 집에서 쫓아내어라.

다윗은 가드를 떠나 아둘람 동굴로 도망갔다.

다윗의 형들과 아버지의 온 집안이 다윗이 그곳에 있다는 이야기를 듣고 그곳으로 찾아갔다.

그들뿐만이 아니라, 환난을 당한 모든 사람과 빚을 진 모든 사람, 그리고 마음에 원통함을 가진 사람들이 다 다윗에게 몰려들었다.

다윗은 그들의 지도자가 되었다. 그와 함께한 사람들이 사백 명 가량 되었다.

또 삼십 인의 우두머리 중 세 사람이 추수를 시작할 무렵에 바위에서부터 내려가 아둘람 굴에 있는 다윗에게 나아갔다. 블레셋 군대는 르바임 골짜기에 진을 치고 있었다.

다윗은 그곳에서 모압 땅에 있는 미스베로 갔다.

다윗이 모압 왕에게 말했다.

> 하나님이 나에게 어떤 일을 하실지 알 수 있을 때까지 머물러 있게 해 주시오.
> 또 내 아버지와 어머니가 이리로 와서 당신과 함께 있게 해 주시오.

다윗은 자기 부모님을 모압 왕에게 부탁했다. 그의 부모님은 다윗이 요새에 있는 동안에, 모압 왕과 함께 있었다.

하지만 선지자 갓은 다윗에게 이렇게 말했다.

> 요새에 숨어 있지 말고 유다 땅으로 가시오.

그리하여 다윗은 그곳을 떠나 헤렛 숲으로 갔다.

사울은 다윗과 그의 부하들이 나타났다는 소식을 들었다.

그는 기브아 언덕 위의 에셀나무 아래에 앉아 있었고, 모든 신하들은 그 주변에 둘러서 있었다.

사울은 손에 작은 창을 들고 있었다.

사울이 곁에 선 신하들에게 말했다.

> 너희 베냐민 사람들이여, 들어 보시오.
> 이새의 아들이 여러분에게 각기 밭과 포도원을 주리라고 생각하시오?
> 과연 다윗이 여러분을 군인 천 명을 지휘하는 천부장, 혹은 백 명을 지휘하는 백부장으로 삼을 것 같소?
> 내 아들이 이새의 아들과 맹약하였을 때에도, 그것을 나에게 고발해 주는 사람도 없었고, 나를 위하여 슬퍼하는 사람도 없었소.
> 또 내 아들이 나의 신하를 선동하여, 오늘이라도 매복하였다가 나를 치려 하는 것을, 너희들 가운데서는 그것을 나에게 고발해 주는 사람이 하나도 없었소.
> 그래서 너희가 모두 다 공모하여 나를 대적한 것이 아니냐?

에돔 사람 도엑이 사울의 신하들과 함께 그곳에 서 있었다.

에돔 사람 도엑이 사울에게 말했다.

> 내가 이새의 아들을 보았습니다.
> 다윗은 놉으로 와서 아히둡의 아들 아히멜렉을 만났습니다. 아히멜렉은 다윗을 위해 여호와께 물어보았습니다.
> 또 아히멜렉은 다윗에게 음식도 주고 블레셋 사람 골리앗의 칼도 주었습니다.

이 말을 듣고 사울 왕은 사람을 보내어, 놉에서 제사장으로 있던 아히멜렉과 그 아비의 온 집 곧 놉에 있는 모든 제사장들을 불렀다.

그리하여 그들 모두가 왕에게 불려 왔다.

사울이 아히멜렉에게 말했다.

> 아히둡의 아들아, 내 말을 들어라.

아히멜렉이 대답했다.

> 내 주 왕이여, 내가 여기 있습니다.

사울이 말했다.

네가 어찌하여 이새의 아들과 공모하여 나를 대적하여 그에게 떡과 칼을 주었느냐? 또 그를 위하여 하나님께 물어서 그로 하여금 오늘이라도 매복하였다가 나를 치게 하려 하였느냐?

그러자 아히멜렉이 대답하였다.

왕의 모든 신하들 가운데 다윗만큼 충실한 사람이 어디에 있습니까?
그는 왕의 사위도 되고 왕의 경호대장일 뿐만 아니라, 궁중 모든 사람들에게도 높이 존경을 받는 사람이 아닙니까?
내가 다윗을 위해 하나님께 물은 것이 오늘 처음이 결단코 아닙니다.
원하옵건대, 왕은 왕의 종인 저와 종의 아비의 온 집안에 아무것도 돌리지 마옵소서.
왕의 종은 이 모든 일에 크고 작고 간에 아는 것이 하나도 없습니다.

그러나 왕이 말했다.

아히멜렉아, 네가 반드시 죽을 것이다. 또한 네 아비의 온 집안도 그리할 것이다.

사울은 좌우에 서 있던 시위병들에게 말했다.

너희는 빨리 가서, 이 여호와의 제사장들을 죽여라.
그들은 다윗과 합세하여 공모하였으며, 다윗이 도망하는 줄 알았으면서도 나에게 고발해 주지 않았기 때문이다.

하지만 왕의 신하들은 손을 들어 여호와의 제사장들을 죽이기 싫어했다.

그러자 왕은 도엑에게 명령을 내렸다.

너는 빨리 가서, 이 제사장들을 죽여라.

에돔 사람 도엑은 사울의 말대로 빨리 가서 제사장들을 쳤다.

그날 도엑은, 세마포 에봇을 입은 사람 팔십오 명을 죽였고, 그는 또 제사장들의 성읍인 놉의 백성들도 죽였다.

도엑은 칼로 남자와 여자와 어린아이와 갓난아이들을 죽였고, 소와 나귀와 양도 칼로 죽였다.

그러나 아비아달은 죽음을 피하여 달아났다. 아비아달은 아히둡의 아들인 아히멜렉의 아들이었다.

그는 다윗에게로 달아났다.

아비아달은 다윗에게 사울이 여호와의 제사장들을 죽였다는 이야기를 했다.

그러자 다윗이 아비아달에게 말했다.

에돔 사람 도엑이 그날, 그곳에 있었소.
나는 그 사람이 사울에게 모든 것을 다 말할 줄을 알고 있었소. 당신 아버지 집안의 모든 사람들이 죽은 것은 내 책임이오.
당신을 죽이려는 사람이 나도 죽이려 하고 있소. 두려워하지 말고 나와 함께 있으시오.
나와 함께 있으면 안전할 것이오.

그일라 백성과 십 백성(삼상 32:1-29; 대상 12:8-18)

누군가가 다윗에게 말했다.

보시옵소서, 블레셋 사람들이 그일라를 공격하고 타작마당에서 곡식을 훔치고 있습니다.

다윗이 여호와께 여쭈었다.

제가 가서 이 블레셋 사람들을 공격할까요?

여호와께서 대답하셨다.

가거라, 블레셋 사람들을 공격하여 그일라를 구하여라.

하지만 다윗의 부하들은 다윗에게 말했다.

보시옵소서. 우리가 여기 유다 땅에 있는 것만 해도 두려운데, 하물며 그일라까지 가서 블레셋 군대와 싸울 수 있겠습니까?

다윗이 다시 여호와께 여쭤 보았다.
그러자 여호와께서는 "그일라로 내려가거라. 블레셋 사람들을 네 손에 붙여 주겠다."라고 말씀하셨다.

그리하여 다윗과 그의 부하들은 그일라로 갔다. 그들은 블레셋 사람들과 싸워 그들의 가축을 끌어왔다.

또한 다윗은 수많은 블레셋 사람들을 도륙하고 그일라 백성을 구원하였다.

아히멜렉의 아들 아비아달은 사울 왕을 피해 달아날 때, 에봇을 가져왔는데 그일라에 있는 다윗에게 올 때, 그 에봇을 가지고 왔다.

누군가가 사울에게 다윗이 지금 그일라에 있다고 말해 주었다.

그러자 사울이 말했다.

> 마침내 하나님이 다윗을 내 손에 붙이셨도다. 다윗이 성문과 성벽이 있는 성으로 들어갔으니, 그가 그 속에 갇혔도다.

사울이 모든 백성을 군사로 불러 모았다. 그들은 그일라로 내려가서 다윗과 그의 부하들을 에워쌀 준비를 했다.

다윗은 사울이 자기를 해칠 준비를 하고 있다는 계략을 알았다.

그래서 다윗은 제사장 아비아달에게 에봇을 가져오라고 말했다.

그리고 나서 다윗은 이렇게 기도하였다.

> 이스라엘의 하나님 여호와여!
> 사울이 나 때문에 그일라 성을 멸망시키려고 이곳으로 오고 있다는 것을, 주의 종이 분명히 들었습니다.
> 그일라 사람들이 나를 사울에게 넘겨줄까요?
> 주의 종이 들은 대로 사울이 정말 그일라로 내려올까요? 이스라엘의 하나님 여호와여! 주의 종에게 일러 주옵소서.

여호와께서 대답하셨다.

> 사울이 내려올 것이다.

다윗이 다시 여쭈었다.

> 그일라 백성이 나와 내 부하들을 사울에게 넘겨주겠습니까?

여호와께서 대답하셨다.

그들이 너를 넘겨줄 것이다.

그리하여 다윗과 그의 부하들은 그일라를 떠났다.

다윗과 함께 간 사람은 육백 명 가량 되었다. 그들은 그일라를 떠나서 이곳저곳 계속 이동하였다.

사울은 다윗이 그일라에서 피했다는 이야기를 듣고 그일라를 가려던 계획을 거두었다.

다윗은 황무지 요새에도 머물러 있었고, 또 십 황무지 산골에도 머물러 있었다.

사울은 매일 다윗을 찾아다녔지만, 여호와께서는 다윗을 사울의 손에 붙이지 않으셨다.

다윗은 사울이 자기를 죽이려고 오고 있는 것을 보았다. 그래서 다윗은 십 황무지의 수풀에 숨어 있었다.

이때, 사울의 아들 요나단이 호레쉬 곧 수풀에 있는 다윗에게 왔다. 요나단은 다윗이 하나님을 굳게 의지하도록 격려하였다.

요나단이 다윗에게 말했다.

두려워하지 말게. 내 아버지 사울의 손이 네게 미치지 못할 것이네.
자네가 이스라엘 왕이 되고 나는 자네 다음(제2인자)이 될 것을, 내 아버지인 사울도 이 사실을 알고 계시네.

두 사람은 여호와 앞에서 언약을 맺었다. 그리고 나서 요나단은 집으로 돌아갔고, 다윗은 호레쉬라는 수풀에 계속 머물렀다.

십 백성이 기브아에 있는 사울에게 이르러서 말했다.

다윗이 우리 땅에 숨어 있습니다.
그는 호레쉬라는 수풀의 요새에 있습니다. 그 요새는 여시몬 남쪽의 하길라 언덕 위에 있습니다.
왕이시여, 어느 때든지 내려오십시오. 기꺼이 다윗을 왕의 손에 붙여 드릴 것이 우리의 의무입니다.

사울이 대답했다.

나를 생각해 준 여러분에게 여호와께서 복을 주시길 바라오.
너희는 가서 좀 더 자세히 살펴보고 그가 어디에 숨어 있으며 또 누가 그를 보았는지 알아보고 오너라. 그는 대단히 교묘히 행동한다는 말을 들었다.
다윗이 숨는 데 사용하는 장소를 다 찾아보시오. 그런 후에 나에게 돌아와서 모든 것을 말해 주시오. 그러면 내가 여러분과 함께 가겠소.
만약 다윗이 그 지역에 있다면, 내가 반드시 그를 찾아내겠소. 유다의 온 집안을 뒤져서라도 찾아내고 말겠소.

그리하여 십 백성은 사울보다 먼저 십으로 돌아왔다.

다윗과 그의 부하들은 마온 광야에 있었다. 마온은 여시몬 남쪽 아라바에 있는 광야 지대였다.

그러나 다윗은, 사울이 십으로 오고 있다는 말을 듣고, 부하들과 함께 그 광야의 여시몬 남쪽 아라바에 있는 마온 황무지로 더 깊이 들어갔다.

그래서 사울도 그곳까지 그들을 따라갔다. 사울이 산 이쪽으로 가면, 다윗과 그의 부하들은 산 저쪽으로 갔다.

다윗과 그의 부하들은 사울에게서 멀리 피하기 위해 서둘러 움직였다.

사울과 그의 부하들은 다윗과 그의 부하들을 에워싸서 잡으려 하였다.

그때에 전령이 사울에게 와서 이렇게 전하였다.

빨리 오십시오. 블레셋 사람들이 우리 땅을 공격하고 있습니다.

그래서 사울은 다윗을 쫓다 말고 블레셋 사람들과 싸우기 위해 돌아갔다.

사람들이 이곳을 도피의 바위 곧 '셀라하마느곳'이라고 부르는 것도 이 때문입니다.

다윗이 마온 황무지에서 올라가서 엔게디 요새에 머물러 있었다.

다윗이 광야 요새에 있을 때 갓 지파 사람 중에서 용맹스러운 용사들이 그에게 많이 가담하였다.

그들은 싸움에 익숙하여 방패와 창을 능숙하게 쓰는 자들로서 얼굴은 사자처럼 날카롭게 생겼고 빠르기는 산의 사슴과도 같았다.

그들의 우두머리는 에셀이고, 둘째는 오바댜이고, 셋째는 엘리압이고, 넷째는 미스만나이고, 다섯째는 예레미야이고, 여섯째는 앗대이고, 일곱째는 엘리엘이고, 여덟째는 요하난이고, 아홉째는 엘사밧이고, 열째는 예레미야(위의 다섯째와 동명이인)이고, 열 한째는 막반내이다.

이들 갓 지파 사람은 군대의 지휘관이 되어서, 어떤 이들은 군대 천부장이 되어 일 천 명의 부하를 거느렸고 또 어떤 이들은 백부장으로서 일 백 명의 부하를 거느렸다.

갓 지파의 군대 지휘관들은 요단 강 물이 넘쳐흐르는 어느 해 정월에 요단 강을 건너가 골짜기에 살던 백성을 쫓아내었고, 그 백성들은 동쪽과 서쪽으로 도망쳤다.

베냐민과 유다 자손 중에서도 다윗에게 나온 자들이 있었다.

이때 요새에 있던 다윗은 그들을 맞으러 나가서 이렇게 말하였다.

> 만일 여러분이 평화로이 와서 나를 돕고자 한다면 내 마음이 여러분과 연합할 것입니다.
> 그러나 만일 여러분이 나를 속여서 내 대적에게 붙이고자 하면 내 손에 불의함이 없으니, 우리 열조의 하나님이 이를 보시고 여러분을 책망하실 것입니다.

이때 하나님의 영靈이 삼십 명 용사의 우두머리인 아마새를 감동시키셨다.

아마새가 다윗에게 이렇게 대답하였다.

> 다윗이시여, 우리는 당신을 따르겠습니다.
> 이새의 아들이여, 우리가 당신과 함께하겠습니다.
> 원하건대 평강하소서! 당신도 평강하고, 당신을 돕는 사람에게도 평강이 있을 것입니다. 이는 당신의 하나님이 당신을 도우십니다.

그제서야 다윗은 그 사람들을 영접하고 그들을 자기 군대의 지휘관으로 삼았다.

여호와께 기름 부음 받은 자(삼상 24:1-22)

사울이 블레셋 사람들을 물리치고 돌아왔었다.

그 후에 어떤 사람이 사울에게 와서 말하였다.

> 보시옵소서, 다윗이 엔게디 황무지에 있습니다.

그래서 사울은 온 이스라엘에서 삼천 명을 뽑았다.

사울은 이 사람들을 데리고 다윗과 그의 부하들을 찾아다녔다. 그들은 들염소 바위 근처를 찾아다니고 있었다.

사울은 길가에 있는 양 우리에 이르렀다.

그곳에 마침 동굴이 있어서 사울은 용변을 보기 위해 동굴로 들어갔다.

그런데 다윗과 그의 부하들은 바로 이 동굴의 안쪽 깊은 곳에 숨어 있었다.

다윗의 부하들이 다윗에게 말했다.

> 여호와께서는 '내가 원수를 네 손에 붙이리니 네 마음에 선한 대로 그에게 행하라.'라고 말씀하셨습니다.
> 오늘이 바로 여호와께서 말씀하신 날입니다.

다윗이 일어나서 사울에게 가까이 기어갔다.

그는 사울의 겉옷 자락을 가만히 잘라 내었다. 그런데도 사울은 아무것도 모르고 있었다.

그 후에 다윗은 사울의 옷자락을 잘라 낸 것 때문에 마음이 찔렸다.

다윗이 자기 부하들에게 말했다.

> 내가 손을 들어 여호와의 기름 부음을 받은, 내 주인을 치는 것은 여호와께서 금지하시는 것이다.
> 사울은 여호와께서 기름 부으신 왕이기 때문이다.

다윗은 이런 말로 자기 부하들을 말렸다.

그는 자기 부하들이 사울을 공격하지 못하게 했다. 사울은 동굴을 떠나 자기 길을 갔다.

다윗도, 동굴에서 나와 사울의 뒤에서 "내 주 왕이여!" 라고 소리질렀다.

사울이 뒤돌아보자, 다윗이 얼굴을 땅에 대고 절했다.

다윗이 사울에게 말했다.

> 왕은 왜 '다윗이 사울을 해치려 한다.'라고 하는 사람들의 말을 귀담아 들으십니까? 왕이여 보십시오! 오늘 여호와께서 동굴에서 왕을 내 손에 맡기신 것을 당신도 아셨을 것입니다.
> 어떤 사람은 왕을 죽이라고 말하였으나, 나는 왕을 아껴 '내 주는 여호와께서 기름 부으신 왕이므로 해치지 않겠노라'라고 말했습니다.
> 내 아버지여, 내 손에 들려 있는 왕의 옷자락을 보십시오.
> 나는 왕의 겉옷 자락을 잘라 내기만 하고 죽이지는 않았습니다.
> 이것을 보시면, 나의 손에 악이나 죄과가 없는 줄을 아실 것입니다.
> 비록 왕은 나를 죽이려고 찾아 헤맸으나 나는 왕을 해하려 하지 않았습니다. 내가 왕에게 범죄한 일이 없습니다.
> 여호와께서 왕과 나 사이를 판단해 주실 것입니다. 나를 위하여 왕에게 보복하실 것이지만, 내 손으로는 해치지는 않겠습니다.
> 옛날 속담에 '악은 악인에게서 나온다.'라는 말이 있습니다. 그래서 나는 내 손으로 왕을 해치지 않을 것입니다.
> 이스라엘 왕이 누구를 잡으려고 하고 있습니까? 왕이 뒤쫓고 있는 사람은 누구입니까?
> 왕은 죽은 개나 벼룩을 뒤쫓고 있는 것과 같습니다.
> 그런즉 여호와께서 우리의 재판관이 되시어 왕과 나 사이에 옳고 그름을 가려주시기를 바랍니다.
> 여호와께서 나의 억울함을 살펴 주시기 바랍니다. 또 나를 왕의 손에서 건져 주시기를 원합니다.

다윗이 이 말을 마치자, 사울은 "내 아들 다윗아, 이것이 정말 네 목소리냐?" 하고 말하면서 크게 소리 내어 울었다.

사울이 말했다.

> 나는 너를 학대하였지만, 너는 나를 선대하니 너는 나보다 의롭도다. 네가 나를 선대한 것을 오늘 나타내었도다.

여호와께서 나를 네 손에 넘겨주셨으나 네가 나를 죽이지 않았도다.
사람이 자기 원수를 만나면 그를 평안히 가게 하겠느냐?
네가 오늘날 내게 행한 일을 인하여 여호와께서 네게 선으로 갚으시기를 원하노라.
보아라! 나는 네가 반드시 왕이 될 것을 알고 이스라엘 나라가 네 손으로 견고히 설 것을 안다.
그런즉, 너는 내 후손을 끊지 아니하며, 내 아비의 집안에서 내 이름을 지워 버리지 아니할 것을,
이제 여호와의 이름으로 내게 맹세해 다오.

다윗은 사울에게 그렇게 하겠다고 약속했다.

그런 뒤, 사울은 자기 왕궁으로 돌아가고, 다윗과 그의 부하들은 엔게디 요새로 올라갔다.

나발과 아비가일(삼상 25:1-44)

사무엘이 죽었다.

모든 이스라엘 사람이 모여서 사무엘을 위하여 슬퍼했다. 이스라엘 사람들은 사무엘을 라마에 있는 그의 집에서 장사지냈다.

그때에 다윗은 일어나 바란 광야로 내려갔다.

마온에 어떤 사람이 있었는데, 그는 갈멜에 땅을 가지고 있는 큰 부자였다.

그는 양 삼천 마리와 염소 천 마리를 가지고 있었다. 그는 갈멜에서 자기 양의 털을 깎았다.

그 사람의 이름은 나발(어리석음이라는 뜻)이었고, 갈멜의 자손이었다. 그의 아내의 이름은 아비가일이었다.

아비가일은 지혜롭고 아름다운 여자였다. 하지만 나발은 무자비하고 속이 좁은 사람이었다.

다윗은 목자들의 축제 날인 양털 깎는 절기를 맞아, 나발이 자기 양의 털을 깎고 있다는 이야기를 광야에서 들었다.

그래서 젊은 사람 열 명을 나발에게 보내며 그들에게 말했다.

갈멜로 가서 나발을 만나라. 그에게 내 이름으로 인사하여라.
그리고 이렇게 말하여라. '당신과 당신 집안이 잘되기를 빕니다. 그리고 당신에게 딸린 모든 것이 잘되기를 빕니다. 당신이 양털을 깎고 있다는 이야기를 들었습니다.
당신의 목자들이 우리와 함께 있을 때에 우리는 그들을 조금도 해치지 않았습니다. 당신의 목자들이 갈멜에 있는 동안 그들은 아무것도 도둑맞지 않았습니다.
당신의 목동들에게 물어보십시오. 그러면 그들이 당신에게 이것이 사실인지 아닌지를 말해 줄 것입니다. 이제 내가 부하 몇 사람을 당신에게 보냅니다.
우리가 좋은 날에 왔으니, 부디 어른의 종들이나 다름이 없는 저희 부하들과, 아들이나 다름이 없는 이 다윗을 생각하셔서 먹을거리를 좀 들려 보내 주십시오.'

다윗의 부하들은 나발에게 가서 다윗의 말을 전했다.
그러나 나발은 그들에게 퉁명스럽게 대답했다.

다윗이 누구요?
이새의 아들이란 자가 도대체 누구요? 요즘은 자기 주인에게서 도망치는 종놈들이 많다던데, 내가 어찌 빵과 물 그리고 양털 깎는 내 종에게 주려고 잡은 짐승의 고기를 알지도 못하는 사람들에게 줄 수 있겠소!

다윗의 부하들은 돌아가서, 나발이 한 말을 그대로 전했다.
그러자 다윗이 그들에게 "너희는 각기 칼을 차라." 하고 말했다. 그들은 명령대로 칼을 찼고, 다윗도 칼을 찼다.
사백 명 가량이 다윗과 함께 떠나갔고, 이백 명은 남아서 그들이 가진 물건을 지켰다.
나발의 종들 중 한 명이 나발의 아내 아비가일에게 말했다.

다윗이 우리 주인에게 인사하기 위하여 광야에서 사람들을 보냈는데, 주인은 그들에게 욕을 했습니다.
그 사람들은 우리에게 아주 잘해 주었습니다. 그들은 우리를 조금도 해치지 않았습니다. 우리가 그들과 함께 들에 있는 동안, 그들은 아무것도 훔치지 않았습니다.
그들은 밤낮으로 우리를 보호해 주었습니다. 우리가 양 떼를 지키고 있을 때, 우리의 담이 되어 주었습니다.

그러므로 이제 어떻게 해야 할지를 잘 생각해 보십시오. 다윗은 우리 주인과 그 집안을 해치기로 이미 결심하였습니다. 주인은 너무 못된 사람이라, 누구도 말을 붙여 볼 생각조차 못하고 있습니다.

아비가일은 급히 서둘렀다.

아비가일은 떡 덩이 이백 개와 포도주가 가득 찬 가죽 부대 두 개와 양 다섯 마리를 요리하였다. 또 볶은 곡식 다섯 세아(두 말)와 건포도 백 송이와 무화과 떡 이백 덩이도 준비하였다.

아비가일은 그것들을 나귀 등에 실었다. 그리고 나서 아비가일은 자기 종들에게 말했나.

먼저 가거라. 나는 뒤따라가겠다.

아비가일은 이 일을 자기 남편에게는 말하지 않았다.

아비가일은 자기 나귀를 타고 산골짜기로 내려갔다. 그곳에서 아비가일은 자기 쪽으로 내려오고 있는 다윗과 그의 부하들을 만났다.

그때 다윗은 혼자 이렇게 중얼거렸다.

내가 이 사람 나발의 소유물을 광야에서 지켜 그 모든 것을 하나도 손실이 없게 한 것이 진실로 허사로구나. 그가 악으로 나의 선을 갚는구나.

내가 나발에게 속한 모든 것 중에서 한 남자라도 아침까지 남겨 두면, 하나님은 다윗에게 벌을 내리시고 또 내리시기를 원하노라.

아비가일은 다윗을 보고 황급히 나귀에서 내렸다.

그녀는 다윗의 발 앞에 엎드려 이렇게 말했다.

내 주여, 바라건대 이 죄악을 나 곧 내게로 돌리십시오. 여종으로 주의 귀에 말하게 하시고 이 여종의 말을 들으소서.

원하옵건대, 내 주는 불량한 나발을 개의치 마십시오. 그 이름은 그에게 적당하니, 그 이름은 이름대로 미련한 사람 나발입니다. 하지만 당신의 종인, 저는 당신이 보낸 사람을 보지 못했습니다.

그러나 이제나마 제가 당신을 만난 것은 여호와의 도움이라고 생각합니다.

내 주여! 여호와께서 살아 계심을 두고 맹세하노니, 내 주도 살아 계시거니와, 내 주 당신의 손으로 친히 피를 흘려 복수하는 것을 막으셨습니다.

이제 내 주 당신을 해하려는 자들과 당신의 원수들은 나발과 같이 될 것입니다. 당신께 선물을 가지고 왔습니다. 이것을, 당신을 따르는 사람들에게 주십시오. 주의 여종의 허물을 용서하여 주십시오.
당신은 여호와를 위해 싸웠으므로, 여호와께서는 틀림없이 당신 집안을 든든히 세우실 것입니다. 당신이 사는 날 동안, 백성들은 당신에게서 아무런 흠도 찾아내지 못할 것입니다.
당신을 죽이려고 쫓아다니는 사람이 있을지라도, 하나님 여호와께서는 당신을 지켜 주실 것입니다. 당신이, 비록 당신의 생명을 노리는 자들에게 쫓기는 몸이긴 하지만, 당신의 하나님 여호와께서는 당신을 생명의 싸개 속에 안전하게 지키실 것입니다.
그러나 당신의 원수들의 생명은, 여호와께서 물매로 던지듯이 던져 버릴 것입니다.
여호와께서, 당신에게 약속하신 좋은 일들을 다 지키실 것입니다. 여호와께서는 당신을 이스라엘의 지도자로 삼으실 것입니다.
그때에, 당신은 이유 없이 사람을 죽였다든지 복수했다는 일로 후회하거나 양심에 가책을 받는 일이 없을 것입니다.
그리고 여호와께서 당신을 위해 이런 큰 일을 행하실 때 제발 저를 기억해 주십시오.

다윗이 아비가일에게 대답했다.

오늘 당신을 보내어 나를 영접하게 하신 이스라엘의 하나님 여호와를 찬양합니다. 또 지혜로운 당신도 복을 받기를 바라오. 당신은 오늘날 내가 피를 흘릴 것과 친히 복수하는 것을 막았소.
당신을 해치지 못하도록 한 이스라엘의 하나님 여호와의 이름으로 분명히 말하지만, 만일 당신이 나를 맞으러 나오지 않았더라면 나발의 집안 사람 중 내일 아침까지 살아 남을 자는 한 사람도 없을 뻔하였습니다.

다윗은 아비가일이 가져온 것을 그녀의 손에서 받아들였다.
그리고 다윗이 말했다.

평안히 집으로 가시오. 당신 말을 잘 들었소. 당신이 부탁한 대로 하겠소.

아비가일이 나발에게 돌아와 보니, 그는 자기 집에서 왕이나 차릴 만한 술잔치를 베풀고, 취할 대로 취하여서, 흥겨운 기분이 되어 있었다.

그래서 아비가일은, 다음날 아침이 밝을 때까지, 큰 일이든 작은 일이든, 나발에게 아무 말도 하지 않았다.

이튿날 아침, 나발이 술에서 깨자, 아비가일은 그에게 모든 것을 말해 주었다. 그러자 그의 심장이 멈춰 마치 돌처럼 몸이 굳어졌다.

십 일 가량 지난 후에 여호와께서 나발을 치시므로 그가 죽었다.

나발이 죽었나는 말을 듣고 다윗이 말했다.

> 여호와께서는, 나발에게 당한 나의 모욕을 갚아 주시고, 종으로 악한 일을 하지 않게 하신 여호와를 찬양할지어다.
> 여호와께서 나발의 악행을 그 머리에 돌리셨도다.

그 후에 다윗은 아비가일에게 사람을 보내어 아비가일을 자기 아내로 삼고 싶다는 말을 전했다.

다윗의 종들이 갈멜로 가서 아비가일에게 말했다.

> 다윗이 당신을 아내로 삼고 싶다고 하십니다. 그래서 우리를 보내어 당신을 모시고 오게 했습니다.

아비가일은 얼굴을 땅에 대고 절을 하면서 말을 했다.

> 나는 당신의 종입니다.
> 나는 내 주의 종들의 발까지도 기꺼이 씻어 드리겠습니다.

아비가일은 급히 나귀에 올라 하녀 다섯 명을 데리고 다윗의 종들과 함께 갔습니다. 이렇게 하여 아비가일은 다윗의 아내가 되었다.

다윗은 이스르엘 사람 아히노암과도 결혼하였다. 두 사람 모두 다윗의 아내가 되었다.

본래 사울의 딸 미갈은 다윗의 아내이었으나, 사울이 이미 다윗의 아내를 갈림 사람 라이스의 아들 발디에게 주었다.

아비새와 아브넬(삼상 26:1-27a)

십 백성이 기브아에 있는 사울을 찾아와서 이렇게 말했다.

다윗이 여시몬 광야 맞은편의 하길라 산언덕에 숨어 있습니다.

그리하여 사울은 이스라엘에서 뽑은 삼천 명과 함께 십 황무지로 내려갔다.

그들은 십 황무지에서 다윗을 찾아다녔다.

사울은 여시몬 광야 맞은편에 있는 하길라 산언덕 길가에 진을 쳤다.

그러나 다윗은 황무지에 머물러 있었다.

다윗은 사울이 자기를 뒤쫓아 왔다는 이야기를 들었다. 그래서 다윗은 정탐꾼들을 내보내 사울이 가까이 왔다는 사실을 확인했다.

다윗은 사울이 진 치고 있는 곳으로 갔다.

그가 보니, 사울과 넬의 아들 아브넬이 잠을 자고 있었다. 아브넬은 사울 군대의 사령관이었다.

사울은 진 한가운데에서 잠자고 있었고, 모든 군대가 사울을 둘러싸고 있었다.

다윗이 헷 사람 아히멜렉과 스루야의 아들이요, 요압의 동생인 아비새에게 물었다

누가 나와 함께 사울의 진으로 내려가겠소?

아비새가 대답했다.

제가 함께 가겠습니다.

그리하여 그날 밤, 다윗과 아비새는 사울의 진으로 갔다.

사울은 한가운데에서 누워 자고 있었으며, 그의 창은 사울의 머리 가까운 곳에 꽂혀 있었다.

아브넬과 그의 군대도 사울을 둘러싸고 잠들어 있었다.

아비새가 다윗에게 말했다.

오늘 하나님께서 당신의 원수를 당신의 손에 붙이셨나이다.
그러므로 내가 가서 저 창으로 그를 찔러 땅에 꽂겠습니다. 두 번 찌를 것도 없이 단번에 해치우겠습니다.

다윗이 아비새에게 말했다.

사울을 죽이지 마시오. 여호와께서 기름 부으신 사람을 해치고도 죄를 면제 받을 사람은 없소.
여호와께서 살아 계심을 두고 맹세하지만, 여호와께서 직접 사울을 치실 것이오.
사울은 죽을 때가 되어 죽을지도 모르고, 싸움터에서 죽임을 당할지도 모르오.
어쨌든 내가 직접 손을 들어 여호와께서 기름 부은 사람을 해칠 수는 없소.
자, 사울의 머리 가까이에 있는 창과 물병을 집어 여기서 나갑시다.

이처럼 다윗은 사울의 머리 가까이에 있는 창과 물병을 가지고 갔다.
다윗과 아비새가 왔다 갔지만, 아무도 잠에서 깨거나 본 사람이 없었다. 이는 여호와께서 사울의 군대를 깊이 잠들게 하셨기 때문이다.
다윗은 언덕 저쪽으로 건너가 사울의 진에서 멀리 떨어진 언덕 꼭대기에 섰다.
다윗은 사울의 군대와 넬의 아들 아브넬을 향하여 소리를 질렀다.

아브넬아, 내 말이 들리면 대답해 보아라!

아브넬이 대답했다.

누가 왕을 부르고 있느냐? 너는 누구냐?

다윗이 말했다.

너는 이스라엘에서 가장 위대한 용사가 아니냐? 그런데 너는 왜 너의 주 왕을 보호하지 않았느냐?
너의 진으로 내려가, 너의 주 왕을 죽이려 한 사람이 있었다. 너의 잘못이 크도다.
여호와께서 살아 계심을 두고 맹세하지만, 너와 네 부하들은 죽어 마땅하도다.
너는 여호와께서 기름 부으신 왕 너의 주를 보호하지 못하였다.
자 보아라! 왕의 머리 가까이에 있던 창과 물병이 어디에 있는지 똑똑히 보아라.

사울이 다윗의 목소리를 알아듣고 말했다.

내 아들 다윗아! 이것이 너의 음성이냐?

다윗이 대답했다.

내 주 왕이여, 나의 음성입니다.

다윗이 또 말했다.

내 주여, 왜 주의 종을 쫓고 계십니까? 내가 무슨 잘못을 했습니까? 내 악이 무엇입니까?
내 주 왕이여, 내 말을 들어보십시오.
만일 여호와께서 왕의 마음을 충동하여 나를 해하려 하는 이가 여호와이시라면, 여호와께서 나를 제물로 받으시기를 바랍니다.
그러나 만약 왕이 나에 대해 진노하게 한 것이 사람들이라면, 여호와께서 그들을 저주하시기를 바랍니다.
그들은 여호와께서 내게 주신 땅에서 나를 쫓아냈습니다. 그들은 나에게 '낯선 땅에 가서 다른 신들을 섬겨라.' 하고 말했습니다.
그런즉 청하건대 여호와 앞에서 먼 이곳에서 이제 나의 피로 땅에 흐르지 말게 하옵소서.
어째서 이스라엘 왕은 산에서 메추라기를 사냥하듯 이 벼룩과 같은 나의 생명을 찾아 나섰습니까?

다윗의 말을 듣고 사울이 말했다.

내가 범죄하였다. 내 아들 다윗아, 왕궁으로 돌아오너라.
네가 오늘 내 생명을 구했으니, 내가 다시는 너를 해치려고 하지 않겠다. 내가 어리석게도 큰 잘못을 범했구나.

다윗이 대답했다.

여기 왕의 창이 있습니다. 신하 한 사람을 이리로 보내어 가져가게 하십시오.
여호와께서 각 사람에게 그 공의와 진실을 따라 갚아 주시기를 바랍니다.
이는 여호와께서, 오늘 왕을 나의 손에 붙여 주셨지만, 나는 손을 들어 여호와께서 기름 부어 세우신 사람을 치기를 원하지 않습니다.
오늘 내가 왕의 생명을 소중히 여긴 것처럼, 여호와께서 내 생명도 소중히 여기셔서 모든 환난에서 나를 구하여 주시기 원합니다.

이 말을 듣고 사울이 다윗에게 말했다.

내 아들 다윗아, 네가 복 받기를 원한다. 너는 큰 일을 할 것이며 반드시 승리할 것이다.

그런 다음에 다윗은 자기 길을 갔고, 사울도 자기 왕궁으로 돌아갔다.

그러나 다윗은 속으로 이렇게 생각했다.

'언젠가는 사울이 나를 죽일 것이다. 지금 내가 할 수 있는 것은 블레셋 사람의 땅으로 피하여 들어가는 것이 상책이로다.

사울이 이스라엘 온 땅에서 나를 찾다가 없으면 포기할 것이며 그렇게 되면 내가 그 손에서 벗어날 것이다.'

그리하여 다윗과 그의 부하 육백 명은 이스라엘을 떠났다.

시글락과 다윗의 용사들(삼상 27:2b-12; 대상 12:1-7)

그들은 가드 왕 마옥의 아들 아기스에게 갔다.

다윗과 그의 부하들 그리고 그들의 가족들은 가드에서 아기스와 함께 살았다.

다윗은 두 아내가 같이 있었는데, 그의 아내 이름은 이스르엘의 아히노암과 갈멜의 아비가일이었다. 아비가일은 죽은 나발의 아내였다.

사울은 다윗이 가드로 도망갔다는 이야기를 듣고, 다시는 다윗을 추적하지 않았다.

어느 날, 다윗이 아기스에게 말했다.

> 나를 좋게 여기신다면, 지방 성읍 중 한 곳을 나에게 주어 그곳에서 살게 해 주십시오.
> 당신의 종이 어떻게 당신과 함께 왕의 성에 있을 수 있겠습니까?

그날, 아기스는 다윗에게 시글락 마을을 주었다. 이 때문에 시글락 마을은 그때부터 유다 왕들의 땅이 되었다.

다윗은 블레셋 땅에서 일년 사 개월 동안을 살았다.

다윗과 그의 부하들은 나가서 그술과 기르스와 아말렉 백성들을 공격하였다.

이 백성들은 옛날부터 술과 애굽으로 가는 길을 따라 그 지방에 살았다.

다윗은 그들과 싸워 남자와 여자를 모두 죽였다. 그는 양과 소와 나귀와 낙타와 옷을 빼앗아서 아기스에게 돌아왔다.

아기스는 다윗에게 물어보았다.

> 오늘은 어디를 공격하고 왔느냐?

그럴 때마다 다윗은 이렇게 대답했다.

> 유다 땅 남쪽을 공격하고 왔습니다.

어떤 때는 여라무엘 사람의 남쪽이나 겐 사람의 남쪽 땅을 공격하고 왔다고도 말했다.

다윗은 남자든지 여자든지 사람을 살려서 가드로 데리고 온 적이 한 번도 없었다.

다윗은 이렇게 생각하였다.

'만약 우리가 누구든지 살려서 데리고 오면, 그 사람은 아기스에게 내가 블레셋 사람의 지방에 있는 동안에 이같이 행하는 습관이 있다고 말할까 봐 두렵다.'

다윗은 블레셋 땅에 사는 동안 내내 그렇게 행동하였다.

아기스는 다윗을 믿었다.

아기스는 혼자 이렇게 생각하였다.

> '이 일 때문에 다윗이 자기 백성인 이스라엘 사람들에게 큰 미움을 받게 되었다. 그러니 다윗은 영원히 나를 섬기게 될 것이다.'

다윗이 기스의 아들 사울에게 쫓겨서 시글락에 있을 때에, 그에게 와서 싸움을 도운 용사들이 많이 있었다.

사울과 같은 베냐민 지파 사람들이 있었다. 그들 중에는 활을 가지고 다녔고, 화살을 쏠 때나 물맷돌을 던질 때에 양손을 다 사용할 줄 알았다. 그들의 이름은 다음과 같다.

그들의 우두머리는 아히에셀이고 그 다음은 요아스인데, 이들은 기브아 사람인 스마아의 두 아들이다.

또 아스마웻의 아들 여시엘과 벨렛과, 그리고 브라가와 아나돗 사람 예후, 기브온 사람으로 삼십 인 용사 중에 들었다.

삼십 인의 우두머리 된 기브아 사람은 이스마야, 그리고 예레미야와 야하시엘과 요하난과, 그데라 사람 요사밧, 엘루새와 여리못과 브아랴와 스마랴와, 하룹 사람 스바댜와, 고라 사람 엘가나와 잇시야와 아사렐과 요에셀과 야소브암이며, 그돌 사람 여로함의 아들 요엘라와 스바댜이었다.

사울과 엔돌의 무당(삼상 28:1-25)

그때에 블레셋 사람들은 이스라엘과 싸우기 위해 군대를 모았다.

아기스가 다윗에게 말했다.

> 너는 밝히 알아라. 너와 네 부하들도 이 전쟁에 나의 군대와 함께 참가해야 된다는 것이다.

다윗이 대답했다.

> 물론입니다. 당신의 종인 내가 나가서 어떤 일을 하는지 당신 눈으로 직접 보실 수 있을 것입니다.

아기스가 말했다.

> 좋다. 너를 영원히 내 머리 지키는 호위대장으로 삼겠다.

사무엘이 죽었으므로 모든 이스라엘 사람들이 그를 위해 슬퍼하며, 그의 고향 라마에 장사 지낸 지 이미 오래되었다.

사울은 이스라엘 땅에서 귀신을 접한 무당과 점쟁이를 쫓아냈다.

블레셋이 모여서 수넴에 진을 쳤고, 사울은 모든 이스라엘 사람을 모아 길보아에 진을 쳤다.

사울 왕은 블레셋 군대를 보고 그 마음이 두려워 떨었다.

사울이 여호와께 물어보았지만, 여호와께서는 꿈으로도, 우림으로도, 선지자로도 대답해 주지 않으셨다.

그래서 사울은 자기 신하들에게 명령했다.

나를 위해서 귀신을 접한 여인을 찾아보아라. 내가 그에게 가서 물어봐야 되겠다.

그러자 종들은 "엔돌에 귀신을 접한 여인이 있습니다." 하고 대답했다.

사울은 다른 옷으로 갈아입어 아무도 알아보지 못하게 변장하였다. 그는 밤중에 신하 두 사람을 데리고 귀신을 접한 여인을 만나러 갔다.

사울은 신접한 여인에게 말했다.

나를 위해 귀신을 접한 술법으로 내가 말하는 사람을 불러내어라.

하지만 여인이 사울에게 말했다.

당신도 사울이 내린 명령을 알지 않소. 사울은 이스라엘 땅에서 귀신을 접한 사람과 남자 무당인 박수를 쫓아내었소.
당신은 나에게 덫을 놓아 나를 죽이려 하고 있소.

사울은 여호와의 이름으로 여인에게 약속했다.

여호와께 맹세하지만 이 일을 했다고 해서 벌을 받지는 않을 것이다.

그러자 귀신을 접한 여인이 물었다.

누구를 불러 드릴까요?

사울이 대답했다.

사무엘을 불러 주시오.

여인은 사무엘이 올라온 것을 보고 큰 소리로 비명을 질렀다.
"왜 저를 속이셨습니까? 당신은 사울 왕이 아니십니까?" 하고 말했다.
왕이 그녀에게 말했다.

두려워하지 마라. 무엇이 보이느냐?

여인이 말했다.

> 땅에서 한 신이 올라오는 것이 보입니다.

사울이 물었다.

> 그가 어떻게 생겼느냐?

그녀가 대답하였다.

> 겉옷을 입은 한 노인이 올라오고 있습니다.

그러자 사울은 그가 사무엘이라는 것을 알아보고 얼굴을 땅에 대고 엎드렸다.

사무엘이 사울에게 물었다.

> 왜 나를 불러내서 귀찮게 하시오?

사울이 말했다.

> 나는 큰 괴로움을 겪고 있습니다. 블레셋 사람들이 나에게 싸움을 걸었습니다. 하나님께서는 나를 떠나셨습니다. 하나님께서는 선지자로도, 꿈으로도 나에게 대답해 주지 않으십니다.
> 그래서 당신을 불렀습니다. 나는 어떻게 해야 좋겠습니까?

사무엘이 말했다.

> 여호와께서는 당신을 버리고 당신의 대적이 되셨소. 그런데 왜 나에게 물으시오?
> 여호와께서는 나에게 말씀하신 대로 하셨소. 이 나라를 당신의 손에서 찢어서 당신의 이웃 중 한 사람인 다윗에게 주셨소.
> 당신은 여호와의 목소리를 순종하지 않았소. 하나님의 진노를 당신은 아말렉 사람들에게 쏟지 아니하였소.
> 그래서 하나님께서 오늘 당신에게 이런 일을 하신 것이오.
> 여호와께서는 이스라엘을 너와 함께 블레셋 사람들의 손에 붙이실 것이며, 내일 당신과 당신의 아들들은 나와 함께 있게 될 것이오.
> 또 이스라엘 군대를 블레셋 사람의 손에 붙이실 것이오.

사울 왕은 급히 땅에 엎드렸다. 사울은 사무엘이 한 말 때문에 두려웠다. 사울은 하루 종일 아무것도 먹지 않았기 때문에 기력이 쇠하였다.

그때에 여인은, 사울이 두려움에 떨고 있는 모습을 보고, 사울에게 말했다.

> 당신의 종인 저는 당신의 말에 순종하였습니다. 저는 제 목숨을 걸고 당신이 하라는 대로 했습니다.
> 이제 이 여종이 하는 말을 들으십시오. 제가 왕을 위해서 먹을 것을 준비해 오겠습니다. 잡수시고 돌아가실 때 힘을 얻으십시오.

사울은 여인의 말을 거절하며 '아무것도 먹지 않겠다'라고 했으나, 그의 신하들까지 강권하자 그는 그 말을 듣고 땅에서 일어나 침상에 앉았다.

여인의 집에는 살진 송아지가 있었는데, 그녀는 서둘러 송아지를 잡았고, 밀가루를 가져다가 반죽을 하여 누룩을 넣지 않는 빵을 만들었다.

귀신을 접한 여인은 사울과 그의 신하들에게 음식을 가져다 주어 먹게 하였다.

그들은 음식을 먹고 그날 밤에 일어나 길을 떠났다.

블레셋과 아말렉(삼상 29:1-11; 대상 12:19-22)

블레셋의 모든 군인들은 아벡으로 모여들었다. 이스라엘은 이스르엘에 있는 샘물 곁에 진을 쳤다.

블레셋의 지휘관들은 백 명과 천 명 씩 부대를 이루어 행군을 하였다. 다윗과 그의 부하들은 뒤에서 아기스와 함께 행군을 하였다.

블레셋의 방백들이 물었다.

> 이 히브리 사람들은 여기에서 무엇을 하고 있는 거요?

아기스가 말했다.

> 이 사람은 이스라엘 왕 사울의 신하였던 다윗이 아니겠소? 하지만 여러 날 그리고 몇 년을 나와 함께 있는 중이오.

다윗이 사울을 떠나서 나에게 온 후로 오늘날까지 나는 그에게 아무런 허물도 찾아내지 못했소.

그러나 블레셋의 방백들은 아기스에게 화를 냈다.

그들은 이렇게 말했다.

저 사람을 돌려보내십시오.
왕이 그에게 지정하여 준 곳으로 그를 돌려보내시고, 우리와 함께 싸움터에 나가지 않도록 하여 주십시오. 전쟁터에서 그가 우리의 대적으로 돌변할지도 모르는 일입니다.
그가 무엇을 가지고 자기의 주인과 화합할 수가 있겠습니까? 우리 군인들의 머리를 잘라다 바쳐서 하지 않겠습니까?
다윗은, 이스라엘 사람들이 춤을 추면서 '사울이 죽인 적은 천천이오, 다윗이 죽인 사람은 만만이라.' 하고 노래했던 바로 그 대상인 주인공이 아니오?

블레셋 사람의 방백들은 다윗과 그의 부하들을 데리고 출전하기를 꺼렸다. 그래서 많은 논란 끝에 그들은 다윗과 그 부하들을 돌려보내고 말았다.

이것은 다윗과 그 부하들이 자기들을 배신하고, 사울 왕에게 돌아갈 경우 오히려 그들에게 더 큰 위험이 따를 것을 염려했기 때문이었다.

그래서 아기스는 다윗을 불러 이렇게 말했다.

여호와께서 살아 계심을 걸고 맹세하지만, 당신은 정직하였소.
나에게로 온 날부터 오늘까지, 나는 당신에게서 아무런 악한 점도 찾지 못하였기 때문에, 당신이 나와 함께 이 부대에 들어와서 출전하는 것을 좋게 생각하였소.
그런데 저 지휘관들은 당신을 좋아하지 않소. 당신은 평안히 돌아가서, 블레셋 지휘관들을 거스르는 일을 하지 마시오.

다윗이 아기스에게 물었다.

내가 무엇을 하였습니까?
내가 아기스 왕의 앞에 오늘까지 있는 동안에, 왕께서 종에게 무엇을 보셨기에 나로 가서 내 주 왕의 원수와 싸우지 못하게 하십니까?

아기스가 다윗에게 대답했다.

> 너는 나에게 하나님이 보내신 천사와 같이 소중하다. 하지만 블레셋의 사람의 방백들은 '다윗은 우리와 함께 싸움터에 갈 수 없다.'라고 말하니, 아침 일찍 날이 밝으면 너와 너의 부하들은 떠나라.

그리하여 다윗과 그의 부하들은 아침 일찍 일어나 블레셋 사람들의 땅으로 돌아갔다.

그리고 블레셋 사람들은 이스르엘로 올라갔다. 다윗이, 블레셋 사람과 함께 사울 왕을 치려고 했을 때, 므낫세 지파에서 몇 사람이 다윗에게 돌아온 적이 있었다

블레셋 방백들의 반대로 다윗이 시글락으로 돌아갈 때에, 므낫세 지파에서 그에게로 돌아온 사람은 아드나와 요사밧과 여디아엘과 미가엘과 요사밧과 엘리후와 실르대이다. 이들은 모두 므낫세 지파의 천부장이다.

이 사람들은 용감하고 유능한 군인들로, 다윗이 시글락에서 아말렉 침략자들과 싸울 때 그를 도와주었던 자들인데 이들은 후에 이스라엘 군의 지휘관이 되었다.

그때에, 사람들이 날마다 다윗에게로 돌아와서 돕고자 하여 큰 군대를 이루어 하나님의 군대와 같았다.

삼 일째 되는 날, 다윗과 그의 부하들은 시글락에 이르렀다.

그때, 마침 아말렉 사람들이 남쪽 유다와 시글락에 쳐들어 왔다. 아말렉 사람들은 시글락을 공격하여 그 성을 불태웠다.

아말렉 사람들은 시글락에 있는 여자들과 젊은이와 노인 할 것 없이 모든 사람들을 사로잡아 포로로 끌고 갔다.

다윗과 그의 부하들이 시글락에 와서 보니, 마을은 불타 버렸고 그들의 아내들과 아들딸들이 포로로 끌려갔다.

그와 그의 부하들은 큰 소리로 울었다. 너무 울어서 더 울 힘이 없을 정도였다.

다윗의 두 아내 이스르엘의 아히노암과 갈멜 사람 나발의 과부 아비가일

도 끌려갔다.

백성들이 각기 자녀들을 생각하여 마음이 슬퍼서 다윗을 돌로 치려 하였다. 다윗은 몹시 당황하였다.

다윗의 부하들은 자기 아들딸들이 포로로 끌려갔기 때문에 슬프고 화가 났던 것이다.

그러나 다윗은 그의 하나님 여호와를 의지하고 용기를 얻었다.

다윗이 제사장 아비아달에게 말했다.

> 어서 빨리 내게로 에봇을 가지고 오시오.

아비아달이 다윗에게 에봇을 가져오자, 다윗은 여호와께 기도 드렸다.

> 제가 이 군대를 쫓아가면 뒤쫓을 수 있을까요?

여호와께서 대답하셨다.

> 좋다. 그들을 쫓아가거라. 네가 반드시 쫓아갈 수 있고, 반드시 빼앗긴 모든 것을 도로 찾을 것이다.

다윗과 그의 부하 육백 명은 브솔 골짜기에 이르렀다. 다윗의 부하 중 뒤떨어진 이백 명은 그곳에 남았다.

이백 명은 너무 지쳐서 브솔 시내를 건너지 못했다. 다윗은 사백 명을 거느리고 추격하였다.

다윗의 부하들이 들에서 어떤 애굽 사람을 발견하고 그를 다윗에게 데리고 왔다.

그들은 그 애굽 사람에게 마실 물과 먹을 음식을 주었다. 또 무화과 빵과 건포도 두 송이도 주었다.

그 애굽 사람은 그것을 먹고 기운을 되찾았다. 그 사람은 삼 일 동안이나 아무것도 먹지 못하고 있었다.

다윗이 그에게 물었다.

> 너는 누구며 어디서 왔느냐?

그가 대답했다.

> 나는 애굽 사람이고, 아말렉 사람의 종입니다. 사흘 전에 내가 병이 나자, 주인은 나를 내버려 두고 떠났습니다.
> 우리는 그렛 사람들의 남쪽 지역을 공격하였습니다. 또 유다 땅과 갈렙 사람들의 남쪽 지역도 공격하였습니다. 우리는 시글락을 불사르기도 하였습니다.

다윗이 그에게 물었다.

> 네가 나를 그 군대에게로 인도하겠느냐?

그가 대답하였다.

> 당신이 나를 죽이거나 내 주인에게 돌려보내지 않는다고 하나님 앞에서 약속해 주십시오. 그러면 그들이 있는 곳으로 당신을 인도하겠습니다.

그리하여 이 애굽 사람은 다윗을 아말렉 사람들이 있는 곳으로 인도했다.

그가 인도하여 내려가니 아말렉 사람들은 이곳저곳 사방에 흩어져서 먹고 마시며 춤을 추고 있었다.

이것은 그들이 블레셋 사람과 유다 사람들에게서 약탈해 온 엄청난 전리품 때문이었다.

다윗이 새벽부터 그 이튿날 저녁때까지 그들을 치니, 그들 가운데서 낙타를 탄 젊은 사람 사백 명이 도망한 것 말고는, 한 사람도 살아남지 못하였다.

다윗은 아말렉 사람들이 약탈해 간 것을 모두 되찾고, 그의 두 아내도 찾았으며 그의 부하들도 잃었던 그들의 가족과 소유물을 도로 찾았다.

또한 다윗은, 어린아이로부터 나이 많은 노인에 이르기까지, 아들과 딸, 그리고 전리품에서부터 아말렉 사람이 약탈하여 간 모든 것에 이르기까지, 그 모든 것을 되찾았다.

다윗은 양 떼와 소 떼를 빼앗았다. 다윗의 부하들은 이 양 떼와 소 떼를 몰고 오면서 "이것은 다윗이 빼앗은 것이다."라고 말했다.

다윗은, 너무 지치고 약해져서 자기를 따를 수 없어 브솔 시내에 머물게 했던 이백 명의 부하들에게 돌아왔다. 그들도 다윗과 그의 군대를 맞으러 나왔다.

그런데 다윗을 따르던 사람들 중에는 악하고 불평하는 사람들도 있었다.

그들은 "이 사람들은 우리와 함께 가지 않았으므로 우리가 가지고 온 것을 나누어 줄 필요가 없습니다. 이 사람들의 아내와 자식들만 돌려 줘야 합니다."라고 말했다.

다윗이 대답했다.

> 내 형제들이여!
> 여호와께서 우리를 보호하시고 우리를 치러 온 그 군대를 우리 손에 붙이셨는데, 여호와께서 우리에게 주신 것을 우리들이 그렇게 처리하면 되겠소?
> 너희들이 이런 말을 한다고 들어줄 사람이 있겠느냐?
> 전쟁터에 직접 나가 싸운 사람이나 여기에 남아 우리의 소유물을 지킨 사람이나, 다 같이 전리품을 나누어 가져야 하오.

그날부터 다윗은 이것으로 이스라엘의 명령과 규칙으로 삼았다. 이 명령과 규칙은 오늘날까지 계속 이어지고 있다.

다윗은 시글락에 이르렀다.

그곳에서 다윗은 아말렉 사람들에게서 빼앗은 물건 중 일부를 유다의 지도자로 있는 자기 친구들에게 보냈다.

다윗이 말했다.

> 여호와의 원수들에게 빼앗은 물건 중 일부를 선물로 드립니다.

다윗은, 아말렉 사람들에게서 빼앗은 물건을, 벧엘과 유다 남쪽의 라못과 얏딜과 아로엘과 십못과 에스드모아와 라갈의 지도자들에게 보냈다.

또한 다윗은, 여라므엘과 겐 사람들의 성읍 지도자들과 호르마와 고라신과 아닥과 헤브론의 지도자들에게도 선물을 보냈다.

다윗은 자기와 자기 부하들이 왕래하던 모든 곳에 선물을 보냈다.

사울 왕과 세 아들의 죽음(삼상 31:1-13; 대상 10:1-14)

블레셋 사람들과 이스라엘 사이에 전쟁이 일어났다.

이스라엘 사람들은 이 싸움에서 져서, 블레셋 사람들 앞에서 도망쳤다. 많은 이스라엘 사람들이 길보아 산에서 죽임을 당했다.

블레셋 사람들은, 사울과 그의 아들들을 끝까지 쫓아갔으며, 블레셋 사람들은 사울의 아들 요나단과 아비나답과 말기수아를 죽였었다.

이처럼 싸움은 사울에게 불리하게 돌아갔었다.

사울의 주변에 싸움이 치열해지자, 그는 블레셋의 화살에 맞아 심한 부상을 입었다.

사울은 자기 무기를 들고 다니는 부하에게 말했다.

> 네 칼을 뽑아서 나를 죽여라, 저 할례 받지 않은 사람들이 나를 조롱하고 죽이기 전에 네가 나를 죽여라.

그러나 사울의 부하는, 두려워서 사울을 죽이지 못하였다. 그래서 사울은 자기 칼을 가지고 칼끝을 배에 대고 그 위에 엎드렸다.

사울의 부하는 사울이 죽은 것을 보고, 그도 자기 칼 위에 몸을 던져 사울과 함께 죽었다.

그리하여 사울과 사울의 세 아들과 그의 무기를 들고 다니던 그의 부하가 그날 함께 죽었다.

이스르엘 골짜기 맞은편과 요단 강 건너편에 살고 있던 이스라엘 사람들은, 이스라엘 군대가 도망치는 것과 사울과 그의 아들들이 죽은 것을 보고 자기 성들을 버리고 달아났다.

이튿날, 블레셋 사람들이 죽은 군인들에게서 물건들을 거두러 왔다가 사울과 그의 아들들이 죽어 있는 것을 발견했다.

그래서 블레셋 사람들은, 사울의 머리를 베고 그의 갑옷을 벗기고 나서, 블레셋 사람의 땅 사방에 사람을 보내어, 그 소식을 그들의 우상 신전과 백성들에게 전하도록 하였다.

블레셋 사람들은, 사울의 갑옷을 아스다롯 신전에 두었고, 사울의 머리는 다곤 신전에 매달았고, 그의 시체는 벧산의 성벽에 매달았다.

블레셋 사람들이 사울에게 한 일을 길르앗 야베스에 사는 백성들이 들었다.

그래서 길르앗의 야베스의 용사들이 모두 일어나서 밤새도록 가서 사울의 시체와 그 아들들의 시체를 벧산의 성벽에서 내려 가지고 야베스로 돌아왔고, 그들은 그곳에서 그 시체들을 화장했다.

야베스 백성은 그들의 뼈를 야베스에 있는 상수리나무 곧 에셀나무 아래에 묻어 주고, 칠 일 동안 음식을 먹지 않았다.

사울이 죽은 것은 여호와께 범죄하였기 때문이었다. 그는 여호와의 말씀을 지키지 아니하고, 또 귀신을 접한 여인에게 가르치기를 청하였고, 여호와에게는 물어보지도 않았다.

그래서 여호와께서는 그를 죽이고 그의 나라를 이새의 아들 다윗에게 넘겨주셨다.

제 5 장
다윗 왕〈1〉

시글락과 헤브론(삼하 1:1-2:7; 대상 12:23-40)

사울 왕이 죽은 후였다.

다윗이 아말렉 사람들을 물리친 이긴 후에 시글락으로 돌아와 그곳에서 이틀 동안 머물렀다.

삼 일째 되던 날, 이스라엘군의 진지에서 한 사람이 왔다.

그는 자기 옷을 찢고 머리에 티끌을 끼얹은 채 다윗 앞에 나와 땅에 엎드려 절하였다.

다윗이 젊은이에게 물었다.

너는 어디에서 오는 길이냐?

젊은이가 대답했다.

이스라엘 진에서 도망쳐 나왔습니다.

다윗이 물었다.

일이 어떻게 되었느냐? 나에게 말해 보아라.

젊은이가 대답했다.

우리 군대는 전쟁에 패하여 도주하다가, 수많은 병사가 죽고 사울과 그의 아들 요나단도 죽었습니다.

다윗이 젊은이에게 말했다.

사울과 그의 아들 요나단이 죽었다는 것을 네가 어떻게 아느냐?

젊은이가 대답했다.

> 내가 우연히 길보아 산에 올라갔을 때, 사울 왕은 자기 창을 의지하고 있었고 적 전차와 마병은 그에게 바싹 다가오고 있었습니다.
> 사울은 뒤를 돌아보다가 저를 보고 불렀습니다. 그래서 제가 대답했습니다. '제가 여기에 있습니다!'
> 사울이 저에게 '너는 누구냐?' 라고 물었습니다.
> 저는 '아말렉 사람입니다' 하고 대답했습니다.
> 그러자 사울이 저에게 '이리와서 나를 좀 죽여 다오. 고통이 너무 심한데도 내 목숨이 끊어지지 않는구나'라고 말했습니다.
> 그래서 저는 가까이 가서 사울을 죽였습니다.
> 사울은 너무 심하게 다쳐서 살아날 가망이 없기 때문입니다. 그리고 나서 저는 사울의 머리에서 왕관을 벗겨 내고 팔에서 팔찌를 벗겨 냈습니다.
> 내 주여, 그것들을 가지고 왔습니다.

이 말을 듣고 다윗은 자기 옷을 찢어 슬픔을 나타냈다. 다윗과 함께 있던 사람들은 모두 다윗처럼 옷을 찢었다.

그들은 사울과 그의 아들 요나단과 여호와의 백성과 이스라엘 사람들이 칼에 맞아 죽은 것을 생각하고 너무나 슬퍼서 울었다.

그리고 저녁 때까지 아무것도 먹지 않았다.

다윗이 사울에 대한 소식을 가지고 온 젊은이에게 물었다.

> 너는 어디서 온 누구냐?

젊은이가 대답했다.

> 저는 아말렉 사람으로 외국인의 아들입니다.

다윗이 그에게 물었다.

> 너는 어찌하여 여호와께서 기름 부으신 사람을 죽이는 일을 두려워하지 않았느냐?

그리고 나서 다윗은 자기 부하 중 한 사람을 불러서 "자! 저 아말렉 사람을 죽여라!" 하고 명령하였다.

그 부하는 아말렉 사람을 죽였다.

다윗이 죽어 가는 아말렉 사람에게 말했다.

> 네 피가 네 머리로 돌아갈지어다. 왜냐하면 네 스스로가 '내가 여호와께서 기름 부으신 사람을 죽였습니다.'라고 네 입으로 증거했기 때문이다.

다윗이 이 슬픈 노래로 사울과 그의 아들 요나단을 애도하였다. 그는 유다 백성에게 이 노래를 가르치라고 명령했다. 이것은는 '활 노래'라고 부르며 야살의 책에 씌어 있다.

> 이스라엘아, 너의 영광이 산 위에서 죽임을 당하였도다.
> 오호라, 두 용사들이 엎드러졌도다.
> 이 일을 가드에도 말하지 마라.
> 이 일을 아스글론 거리에도 전파하지 마라.
> 블레셋 딸들이 즐거워할까? 할례 받지 않은 자들의 딸이
> 개선가를 부를까? 염려로다.
> 길보아 산들아! 너희 위에 이슬이나 비가 내리지 말지어다. 제사를 드릴 제물을 낼 밭도 없을지어다.
> 거기에서 두 용사들의 방패가 버림을 당했도다. 곧 사울의 방패가 더 이상 기름 부음을 받을 수 없게 되었구나.
> 죽은 자의 피에서, 용사의 기름에서, 요나단의 활이 물러가지 아니하였으며, 사울의 칼이 헛되이 돌아오지 아니하였도다
> 사랑스럽고 아름답던 사울과 요나단, 그들은 생전에도 함께 있더니 죽을 때에도 서로 떠나지 않았구나. 그들은 독수리보다 빠르고 사자보다 강하였다.
> 너희 이스라엘의 딸들아, 사울을 슬퍼하며 울지어다.
> 사울은 너희를 붉은 옷으로 화려하게 입혔고,
> 금노리개를 너희 옷에 채웠도다.
> 오호라, 두 용사가 전쟁 중에 엎드러졌도다.
> 요나단이 너의 산 위에서 죽임을 당하였도다. 내 형 요나단이여, 내가 그대를 애통하노라.
> 그대는 내게 심히 아름다움이라. 나에 대한 그대의 사랑이
> 여인의 사랑보다 깊지 않았던가!
> 오호라, 두 용사가 엎드러졌도다. 전쟁 무기들이 쓸모없이 되었구나!

그 후에 다윗이 여호와께 기도 드렸다. 다윗은 "유다의 한 성으로 올라갈까요" 하고 여쭈었다.

여호와께서 다윗에게 "올라가거라" 하고 말씀하셨다.

다윗이 다시 어디로 갈 것을 여쭈었다.

여호와께서는 헤브론으로 가라고 대답하셨다.

그리하여 다윗은 자기 아내 두 명과 함께 헤브론으로 올라갔다.

한 아내의 이름은 이스르엘의 아히노암이었고, 다른 아내는 갈멜 사람 나발의 과부 아비가일이었다.

다윗은 자기 부하들과 그 식구들을 모두 데리고 가서 헤브론 성에서 살았다.

그때에 유다 사람들이 헤브론으로 왔다. 그들은 다윗에게 기름을 부어 유다 왕으로 세웠다.

또 그들은 다윗에게 길르앗의 야베스 사람들이 사울을 묻어 주었다고 이야기했다.

그래서 다윗은 길르앗의 야베스 사람들에게 전령들을 보내었다.

> 여러분이 사울 왕에게 이처럼 은혜를 베풀어 장사하였으니 여호와께 복을 받을 것이다.
> 여러분이 이 일을 하였으니 이제 여호와께서 여러분에게 은혜와 진리를 베푸시기를 바라오.
> 나도 여러분의 선한 일을 갚아 주겠소. 이제 여러분은 강하고 담대하십시오.
> 여러분의 왕 사울은 죽었고 유다 사람들은 나를 자기들의 왕으로 삼았습니다.

다윗이 헤브론에 있을 때, 싸움에 능한 군대 지휘관들이 헤브론에 이르러 다윗에게 나아와서 여호와의 말씀대로 사울의 나라를 다윗에게로 돌리고자 하였다.

이들을 각 지파별로 분류하면 사람의 숫자는 다음과 같다.

유다 자손 중에서는 방패와 창으로 무장한 군인이 육천팔백 명이요, 시므온 자손 중에서 싸움하는 큰 용사가 칠천백 명이요. 레위 자손 중에서는 사천육백 명이요, 아론 가문의 족장 여호야다와 그와 함께한 사람이 삼천칠백 명이요. 젊은 용사 사독과 그의 족속의 지휘관이 스물두 명이요, 베냐민 자손 곧 사울의 동족은 아직도 태반이나 사울의 집안을 따랐으나 그중에서 나온 사람이 삼천 명이나 되었다.

에브라임 자손 중에서는 본 족속의 유명한 큰 용사가 이만팔백 명이요, 므낫세 반 지파 중에서 만팔천 명이 나왔는데, 그들은 다윗에게 가서 그를 왕으로 추대하도록 지명 받은 사람들이다.

잇사갈 자손 중에서는 때를 잘 분간할 줄 알고 이스라엘이 하여야 할 바를 아는 우두머리가 이백 명이요, 그들은 잇사갈의 모든 형제를 관할하는 지도자들이다.

스불론 중에서는 모든 무기로 가지고 전투 채비를 갖추고, 두 마음을 품지 않고 모여든 군인이 오만 명이요, 납달리 중에서는 지휘관이 천 명이고, 그들과 함께 창과 방패를 들고 온 사람이 삼만칠천 명이요, 단 자손 중에서는 싸움을 잘하는 사람이 이만팔천육백 명이요, 아셀 중에서는 능히 진에 나가서 싸움을 잘하는 사람이 사만 명이요, 요단 강 동쪽에 있는 르우벤 자손과 갓 자손과 므낫세 반 지파에서는 모든 무기를 가지고 능히 싸우는 사람이 십이만 명이었다.

이 모든 군사가 싸울 준비를 한 뒤, 헤브론으로 와서 하나같이 다윗을 온 이스라엘의 왕으로 삼으려고 했으며 다른 모든 이스라엘 사람들도 같은 심정을 가지고 있었다.

헤브론에 온 모든 군인들은 다윗과 함께 삼 일 동안을 먹고 마시며 즐겼다. 이것은 그들이 올 것을 대비하여 그 형제들이 음식을 미리 준비해 두었기 때문이었다.

또 근처에 있는 잇사갈과 스불론과 납달리에서도, 사람들이 음식물을 나귀와 낙타와 노새와 소에 무수히 실어 왔다.

과자와 무화과로 만든 과자와 건포도와 포도주와 소와 양을 많이 가져오니, 이스라엘 가운데 기쁨이 넘쳤다.

아브넬과 요압(삼하 2:8-32)

넬의 아들 아브넬은 사울의 군대 총사령관이었다. 아브넬은 사울의 아들 이스보셋을 마하나임으로 데리고 갔다.

그는 그곳에서 이스보셋을 길르앗과 아술과 이스르엘과 에브라임과 베냐민과 온 이스라엘의 왕으로 세웠다.

사울의 아들 이스보셋이 이스라엘 왕이 되었을 때, 그의 나이는 마흔 살이었다.

이스보셋이 이 년 동안 나라를 다스렸지만, 유다 백성은 다윗을 따랐다. 다윗이 헤브론에서 유다 족속의 왕이 된 날 수는 칠 년 육 개월이었다.

넬의 아들 이브넬과 사울의 아들 이스보셋의 부하들은 마하나임에서 나와서 기브온에 이르렀다.

스루야의 아들 요압과 다윗의 부하들도 나와서 기브온 연못가에서 그들을 만나 앉았다.

아브넬의 무리와 요압의 무리는 이쪽저쪽 그 맞은편에 앉았다.

이브넬이 요압에게 말했다.

> 젊은이들을 일으켜 여기에서 겨루이 보자

요압이 말했다.

> 좋다. 한번 겨루어 보자.

그리하여 젊은이들이 자리에서 일어났다. 두 무리는 나가 싸울 사람들의 수를 세웠다.

사울의 아들 이스보셋을 위하여 베냐민 백성 중에서 열두 명이 뽑혔고, 다윗의 부하들 중에서도 다윗을 위하여 열두 명이 뽑혔다.

각 사람은 자기 적의 머리를 잡고 옆구리를 찔렀다. 칼에 찔린 사람들은 한꺼번에 쓰러졌다.

그래서 기브온에 있는 이곳의 이름을 헬갓핫수림('날카로운 칼의 밭'이라는 듯)이라고 불렀다.

그날의 힘 겨루기는 끔찍한 전쟁이 되어 버렸고, 그 결과 다윗의 부하들이 아브넬과 이스라엘 사람들을 물리쳐 이겼다.

그곳에는 스루야의 세 아들인 요압과 아비새와 아사헬이 그 싸움터에 있었다.

아사헬의 발은 마치 들의 노루처럼 빨랐다. 아사헬이 아브넬에게 곧장 나아가서 아브넬을 뒤쫓았다.

아브넬이 뒤를 돌아보며 물었다.

> 네가 아사헬이냐?

아사헬이 대답했다.

> 그렇다. 내가 아사헬이다.

아브넬이 아사헬에게 말했다.

> 나를 그만 쫓고, 오른쪽이나 왼쪽으로 방향을 돌려서 다른 젊은 군인을 붙잡고 그의 군복을 빼앗아 가거라.

그러나 아사헬은 그 말을 듣지 않고 계속해서 아브넬을 뒤쫓았다.

아브넬이 아사헬에게 다시 말했다.

> 너는 나를 쫓아오지 마라. 내가 너를 쳐서 땅에 엎드러지게 할 까닭이 무엇이냐? 그렇게 하면 내가 어떻게 너의 형 요압의 얼굴을 볼 수 있겠느냐?

아사헬은 계속해서 아브넬을 뒤쫓아 왔다. 그러자 아브넬은 창으로 아사헬의 배를 찔렀다. 창이 아사헬의 배에 깊이 박혀 창끝이 등을 뚫고 나왔다.

아사헬은 그 자리에서 죽었다. 그의 시체가 쓰러져 있는 곳에 도착한 사람들은 모두 그 자리에 멈춰 섰다.

그러나 요압과 아비새는 계속해서 아브넬을 뒤쫓았다. 그들이 암마 언덕에 이르렀을 때에 날이 저물었다.

암마 언덕은 기아에서 그리 멀지 떨어져 있지 않으며, 기아는 기브온에서 가까운 광야로 가는 길에 있다. 그때에 베냐민 사람들이 언덕 꼭대기에서 아브넬을 호위하며 함께 서 있었다.

아브넬이 요압에게 소리질렀다.

> 언제까지 칼로 싸워야 하겠느냐? 이렇게 싸우면 참혹한 일이 생길 줄을 알지 못하느냐? 사람들에게 우리를 뒤쫓는 일을 그만두게 하여라.

요압이 말했다.

> 살아 계신 하나님께 맹세하지만, 만약 네가 아무 말도 하지 않았다면, 사람들이 너희들을 내일 아침까지 뒤쫓았을 것이다.

그리고 나서 요압은 나팔을 불었고, 그의 부하들은 이스라엘 사람들을 뒤쫓는 일을 그만두었다.

요압의 부하들은 이스라엘 사람들과 더 이상 싸우려 하지 않았다.

아브넬과 그의 부하들은 밤새도록 걸어서 아라바를 지나 요단 강 골짜기를 건너갔다.

비드론 온 땅을 지나, 그들은 마침내 마하나임에 이르렀다.

요압은 아브넬 뒤쫓기를 멈추고 돌아와서 부하들을 모았다. 아사헬을 비롯해서 다윗의 부하 열아홉이 보이지 않았다.

다윗의 부하들은 아브넬을 따랐던 베냐민 사람 삼백육십 명을 죽였다.

다윗의 부하들은 아사헬의 시체를 거두어 베들레헴에 있는 그의 아버지의 무덤에 묻어 주었다.

그리고 나서 요압과 그의 부하들은 밤새도록 걸었다. 그들이 헤브론에 이르자 동이 트기 시작했다.

이스보셋과 다윗(삼하 3:1-4:12; 대상 3:1-4a)

사울의 집안을 따르는 백성과 다윗의 집안을 따르는 백성 사이에 오랫동안 전쟁이 있었다.

다윗 집안을 따르는 사람들은 점점 강해졌고, 반대로 사울 집안을 따르는 사람들은 점점 약해졌다.

헤브론에서 다윗의 아들들이 태어났다.

첫 번째 아들은 암논이었다. 암논의 어머니는 이스르엘 사람 아히노암이었다.

두 번째 아들은 길르압이었으며, 길르압의 어머니는 갈멜 사람 나발의 과부 아비가일이었다.

세 번째 아들은 압살롬이었고, 압살롬의 어머니는 그술 왕 달매의 딸 마아가였다.

네 번째 아들은 아도니야였다. 아도니야의 어머니는 학깃이었다.

다섯 번째 아들은 스바댜였으며, 스바댜의 어머니는 아비달이었다.

여섯 번째 아들은 이드르암이었으며, 이드르암의 어머니는 에글라였다.

이들은 헤브론에서 태어난 다윗의 아들이다.

사울 집안의 지지자들과 다윗 집안의 지지자들 사이에 전쟁이 있는 동안, 아브넬은 사울을 따르는 사람들 사이에서 점점 권세를 잡았다.

사울에게는 리스바라고 하는 첩이 있었는데, 리스바는 아야의 딸이었다.

이스보셋이 아브넬에게 말했다.

> 당신은 어찌하여 내 아버지의 첩과 간통하였느냐?

아브넬은 이스보셋의 말을 듣고 매우 화가 났다.

아브넬이 말했다.

> 내가 개들의 우두머리로 보이시오? 내가 오늘날까지 당신의 부친 사울의 집안과 그의 형제들과 그의 친구들에게 은혜를 베풀었을 뿐만 아니라,
>
> 당신을 다윗의 손에서 건져 내었는데도, 당신은 이 여인에게 관한 허물을 내게 돌린단 말이오?
>
> 여호와께서 다윗에게 맹세하신 대로, 내가 이루지 아니하면, 하나님이 아브넬에게 벌 위에 벌을 내리심이 마땅합니다.
>
> 그 맹세는 곧 '사울의 집안에서 다윗에게로 옮겨서, 그 왕위를 단에서 브엘세바까지 이스라엘과 유다에 세우리라.' 하신 것입니다.

이스보셋은 아브넬에게 아무 말도 할 수 없었다. 이스보셋은 아브넬을

너무나 두려워했다.

그 후에 아브넬이 자기를 대신하여 다윗에게 전령들을 보냈다.

그들은 아브넬을 대신하여 말하였다.

> 이 땅이 누구의 것입니까? 나와 언약을 맺읍시다. 내 손이 당신을 도와 온 이스라엘이 당신에게 돌아가게 하겠습니다.

다윗이 대답했다.

> 좋소! 당신과 언약을 맺겠소. 그러나 한 가지 일을 요구하겠소.
> 당신이 나를 보러 올 때에 사울의 딸 미갈을 나에게 데리고 오시오. 그렇지 않으면 내 얼굴을 보지 못할 것이요.

그 후에 다윗은 사울의 아들 이스보셋에게 전령들을 보냈다.

그들은 다윗의 말을 전하였다.

> 내 아내 미갈을 내게로 돌려주시오. 그 여자는 전에 블레셋 사람의 포피 일백 개를 사울 왕에게 주고 결혼한 나의 아내입니다.

그래서 이스보셋은 사람들을 보내어 미갈을 그의 남편에게서 빼앗아 오게 했다.

미갈의 남편은 라이스의 아들 발디엘이었다. 그녀의 남편은 울면서 바후림까지 자기 아내 뒤를 쫓아왔다.

그러나 아브넬이 발디엘에게 "집으로 돌아가거라" 하고 말하자, 발디엘은 집으로 돌아갔다.

아브넬이 이스라엘의 장로들에게 말을 전했다.

> 여러분은 다윗을 여러 번 왕으로 세우기를 원하고 있습니다.
> 자, 이제 그 일을 하십시오!
> 여호와께서 이미 다윗에 대하여 이렇게 말씀하셨습니다.
> '내가 나의 종 다윗의 손으로, 내 백성 이스라엘을 구원하여 블레셋 사람의 손과 모든 대적의 손에서 벗어나게 하겠다.'

아브넬은 또 이 말을 베냐민 백성에게도 했다.

그리고 나서 아브넬은 헤브론으로 가서, 베냐민 사람들과 이스라엘 사람들이 좋게 여기는 모든 것을 다윗의 귀에 말해 주려 하였다.

아브넬은, 부하 이십 명을 데리고 헤브론에 있던 다윗에게 갔다.

다윗은 헤브론에서 아브넬과 그 함께 온 사람을 위하여 잔치를 베풀어 주었다.

그때에 아브넬이 다윗에게 말했다.

> 나의 주, 나의 왕이시여, 내가 일어나 가서 모든 이스라엘 사람을 당신에게 데리고 오겠습니다.
> 그러면 그들은 당신과 언약을 맺을 것입니다. 당신은 마음에 원하시는 대로 온 이스라엘을 다스리게 될 것입니다.

그리하여 다윗은 아브넬을 보내 주었고, 아브넬은 평안히 길을 떠났다.

바로 그때에, 요압과 다윗의 부하들이 전쟁터에서 돌아왔다. 그들은 적에게서 소중한 것들을 많이 빼앗아 가지고 왔다.

다윗은 이미 아브넬을 평안히 돌려보낸 후였고, 아브넬은 다윗과 함께 헤브론에 있지 않았다.

요압과 그의 모든 군대가 헤브론에 이르렀다. 어떤 사람이 요압에게 말했다.

> 넬의 아들 아브넬이 다윗 왕에게 왔었습니다. 그런데 다윗 왕은 아브넬을 평안히 돌아가게 했습니다.

요압이 다윗 왕에게 가서 물었다.

> 왜 이런 일을 하셨습니까? 아브넬이 왕에게 왔는데, 왕께서는 왜 그를 돌려보냈습니까?
> 왕께서도 넬의 아들 아브넬을 아시지 않습니까?
> 그는 왕을 속이러 왔습니다. 그는 왕께서 하시는 모든 일을 엿보러 왔습니다.

그리고 나서 요압은 전령들을 보내며, 아브넬을 쫓아가서 그를 데려오라고 하였다.

그들이 시라 우물가에서 그를 만나 데려왔으나, 다윗은 그 일에 대해서 아무것도 알지 못하였다.

아브넬이 헤브론에 돌아왔을 때, 요압은 마치 그와 조용히 말하려는 듯이 그를 성문 곁으로 데리고 가서 거기서 그의 배를 찔러 죽였다.

이는 자기의 동생 아사헬의 피값을 인함이었다.

그 후에 다윗이 이 소식을 들었다.

다윗이 말했다.

넬의 아들 아브넬의 피에 대하여 나와 내 나라는 여호와 앞에 영원히 죄가 없다.
그 죗값은 요압의 머리와 그 아비의 온 집안으로 돌아갈 것이다.
또 요압의 집안에서는, 유출병 환자 곧 백탁 병자와 나병 환자와 지팡이를 의지하는 불구자와, 전쟁에서 칼에 죽는 자와 양식이 없어 굶어 죽는 자가 끊어지지 않을 것이다.

요압과 그의 동생 아비새가, 아브넬을 죽인 것은 아브넬이 기브온 전쟁터에서 자기들의 동생 아사헬을 죽였기 때문이다.

그때에 다윗이 요압과 자기와 함께한 모든 사람들에게 말했다.

너희 옷을 찢고 거친 베옷을 걸치고 너희 슬픔을 나타내어라.
아브넬을 위해 애통하라.

다윗 왕은 아브넬의 상여 뒤를 따라갔다. 그리하여 그들은 아브넬을 헤브론에서 장사 지내 주었다. 다윗과 모든 백성은 아브넬의 무덤에서 소리를 높여 울었다.

다윗 왕이 아브넬을 위해 다음과 같이 슬픔의 노래 곧 애가를 불렀다.

아브넬의 죽음이 어찌하여 미련자의 죽음 같이 되었는가?
너의 손은 묶이지 않았고 너의 발은 사슬에 매이지 않았는데, 아브넬은 불의한 자식의 앞에 엎드러짐 같이 네가 엎드러졌도다.

이 노래를 듣고 모든 백성은 다시 아브넬을 슬퍼하며 울었다.

해가 저물기 전에 모든 백성이 다윗에게 나아와 음식을 먹으라고 권했다.

그러나 다윗은 이렇게 맹세하여 말했다.

내가 해가 지기 전에 떡이나 다른 것을 맛보면, 하나님이 내게 벌 위에 벌을 내리심이 마땅하도다.

온 백성이 그것을 보고서 기뻐하며, 다윗 왕이 무엇을 하든지, 온 백성이 다 기뻐했다.

이날에야 유다의 모든 백성과 이스라엘의 모든 백성은 넬의 아들 아브넬을 죽인 사람이 다윗이 아니라는 것을 알게 되었다.

다윗이 신하들에게 말했다.

너희도 알듯이 오늘 이스라엘의 방백이요, 위대한 지도자가 죽었다.
내가 비록 기름 부음 받은 왕이지만, 오늘날 내가 약하여서 이 스루야의 아들인 이 사람들을 통제하기가 너무 어렵다.
여호와께서는 악한 일을 한 자에게 그 악한 대로 갚으실 것이다.
사울의 아들 이스보셋도, 아브넬이 헤브론에서 죽었다는 이야기를 들었다.
그러자 이스보셋은 손의 맥이 풀리고, 온 이스라엘은 두려움에 떨었다.
사울의 군대에서 장교로 있던 두 사람이 이스보셋에게 왔다. 한 사람의 이름은 바나아였고, 다른 사람의 이름은 레갑이었다. 그들은 베냐민 사람인 브에롯 마을 림몬의 아들이었다.
이 브에롯 백성들은, 일찍이 깃다임으로 도망하여 오늘날까지 그곳에서 살고 있기에 베냐민 사람으로 인정 받았다.
사울의 아들 요나단에게는 두 다리를 저는 아들이 있었는데, 그의 이름은 므비보셋이다.
사울과 요나단이 죽었다는 소식이 이스라엘에 전해졌을 때, 므비보셋의 나이는 다섯 살이었다.
그때 므비보셋의 유모가 므비보셋을 안고 급히 도망치다가 그만 므비보셋을 떨어뜨려, 그때부터 다리를 절게 되었다.
브에롯 사람 람몬의 아들 레갑과 바아나는 브에롯에서 길을 떠나 한낮에 이스보셋의 집에 이르렀다. 이스보셋은 낮잠을 자고 있었다.
레갑과 바아나는 밀을 가지러 온 체하고, 그들은 집 한가운데로 들어갔다. 이스보셋은 안방 침대 위에 누워 있었다.
레갑과 바아나는 이스보셋의 배를 찔러 죽이고, 이스보셋의 머리를 베어 가지고 도망쳤다. 그들은 밤새도록 요단 강 계곡인 아라바 길을 따라 걸었다.
레갑과 바아나는 헤브론에 이르러서 그 머리를 다윗에게 건네 주었다.

그들은 다윗 왕에게 이렇게 말했다.

왕의 생명을 해하려 하던, 원수 사울의 아들 이스보셋의 머리가 여기 있습니다. 여호와께서 오늘 우리의 주 되신 왕의 원수를 사울과 그의 자손에게 갚으셨습니다.

다윗은 브에롯의 사람 림몬의 아들 레갑과 그의 동생 바아나에게 이렇게 말했다.

나의 생명을 여러 환난 가운데 건져 주신 여호와의 사심을 가리켜 맹세한다.
전에 어떤 사람이 나에게 좋은 소식이라고 생각해서 '왕이시여! 사울이 죽었습니다.'라는 말을 전한 적이 있다.
그러나 내가 그를 잡아 시글락에서 죽여 버렸다. 그것이 바로 그가 전해 준 그 소식의 대가였다.
하물며 악인이 죄 없는 사람을 그의 침대 위에서 죽인 너희는 말할 것도 없다.
그의 피 흘린 죗값을 너희에게 갚아서 너희를 이 땅에서 없애 버려야 하지 않겠느냐?

다윗은 자기 부하들에게 레갑과 바아나를 죽이라고 명령했다. 그들은 레갑과 바아나를 죽이고 나서 그들의 손과 발을 잘라냈다. 그들은 레갑과 바아나의 손과 발을 헤브론의 연못 위에 매달았다.

그리고 나서 이스보셋의 머리를 가져다가 그것을 헤브론에 있는 아브넬의 무덤에 묻어 주었다.

이스라엘과 유다의 왕 다윗(삼하 5:1-25; 대상 3:4b-9; 11:1-9; 14:1-2, 3-7, 8-17)

그 일이 있은 후에 이스라엘의 모든 지파들이 헤브론에 있는 다윗에게 왔다.

그들은 다윗에게 이렇게 말했다.

왕이시여, 우리는 왕과 핏줄을 나눈 골육지친입니다.
전에 사울이 우리 왕이 되었을 때에도 당신은 이스라엘을 위해 우리를 싸움터에서 이끈 분이었습니다.
여호와께서는 왕에게, '너는 내 백성 이스라엘을 위한 목자가 될 것이다. 너는 그들의 주권자가 될 것이다.'라고 말씀하셨습니다.

이스라엘의 모든 장로들은 헤브론에 있던 다윗에게 왔다. 헤브론에서 다윗은 여호와 앞에서 그들과 언약을 맺었다. 그리고 그들은 다윗에게 기름을 부어 다윗을 이스라엘의 왕으로 삼았다.

다윗은 서른 살에 왕이 되어 사십 년 동안 다스렸는데 헤브론에서 칠 년 반 동안 유다의 왕으로, 예루살렘에서 삼십삼 년 동안 온 이스라엘과 유다의 왕으로 다스렸다. 이는 여호와께서 사무엘을 통해 전달하신 말씀대로 된 것이다.

다윗은 온 이스라엘의 왕이 되자 그의 부하들과 온 이스라엘 사람들과 함께 예루살렘 곧 원주민들이 살고 있는 여부스 사람들을 공격했다.

여부스 사람들이 다윗에게 말했다.

너는 우리 성에 들어오지 못한다. 우리 중 눈먼 사람이나 다리 저는 사람도 너쯤은 물리칠 수 있다.

여부스 사람들이 이런 말을 한 것은 다윗이 그들의 성에 들어올 수 없다고 생각했기 때문이었다.

그날, 다윗이 자기 부하들에게 명령하였다.

누구든지 여부스 사람을 치려거든, 물을 길어 올리는 취수구로 올라가서, 다윗의 마음에 미워하는 다리 저는 자와 눈먼 자들을 먼저 쳐 죽여라!

이 일 때문에 사람들 사이에 '눈먼 사람과 다리 저는 사람은 왕궁에 들어갈 수 없다.'라는 속담이 생겼다.

그리고 다윗은 약속하였다.

여부스 사람을 제일 먼저 치는 사람이 군대 사령관이 될 것이다.

스루야의 아들 요압이 먼저 올라갔으므로 군대 사령관이 되었다.

그리하여 다윗은 요새인 시온 산성을 빼앗아 그 성에서 살게 되었다. 다윗은 그 성을 다윗 성이라 불렀다.

그 후에 다윗은 밀로에서부터 그 요새 주변으로 성벽을 둘러쌓고 나머지는 요압이 중축하였다.

다윗은 점점 강성해져 갔다. 이는 만군의 하나님 여호와께서 다윗과 함께 계셨기 때문이다.

두로 왕 히람이 다윗에게 사절단을 보냈다. 히람은 또 백향목과 목수들과 석수들도 보냈다. 그들은 다윗의 왕궁을 건축하게 하였다.

그때에 다윗은 여호와께서 정말로 자기를 이스라엘 왕으로 세우셨다는 것을 알았다.

그리고 다윗은 여호와께서 자기 백성과 이스라엘을 번영하게 하시려고 그 나라를 높이신 것도 알았다.

다윗이 헤브론에서 예루살렘으로 옮겨 온 후, 예루살렘에서 처첩들을 더 많이 맞아들였다.

다윗에게는 더 많은 아들과 딸들이 태어났다.

다윗이 예루살렘에서 낳은 아들들의 이름은 이러하다.

삼무아(시므아)와 소밥과 네백(나단)과 솔로몬, 네 사람은 암미엘(엘리암)의 딸 밧세바(밧수아)의 아들이다.

입할과 엘리수아와 네벡과 아비아(야비야)와 엘리사마와 엘랴다와 엘리벨렛과 노가와 다른 엘리벨렛, 아홉 사람도 다 다윗의 아들이며, 그들의 누이는 다말이며, 이 외에 또 첩의 아들이 있었다.

블레셋 사람들은 다윗이 이스라엘의 왕으로 세워졌다는 이야기를 듣고 다윗을 잡으려고 올라왔다. 다윗이 그 소식을 듣고 요새로 내려갔다.

블레셋 사람들은 르바임 골짜기에 진을 쳤다.

다윗이 여호와께 여쭤 보았다.

블레셋 사람들을 치러 올라가리이까? 주께서 그들을 내 손에 넘기겠습니까?

여호와께서 다윗에게 말씀하셨다.

올라가거라! 내가 반드시 블레셋 사람들을 네 손에 넘겨주겠다.

다윗은 바알브라심으로 내려가서, 그곳에서 블레셋 사람들을 물리쳐 이겼다.

다윗이 말했다.

> 여호와께서 물을 흩음 같이 내 앞에서 내 대적을 흩으셨도다.

그래서 다윗은 그곳의 이름을 바알브라심이라고 불렀다.

거기서 블레셋 사람들이 자기들의 우상을 버리고 도망갔으므로, 다윗은 그 부하들에게 우상들을 불에 태워 버리라고 명령하였다.

또다시 블레셋 사람들이 와서 르바임 골짜기에 진을 쳤다.

다윗은 여호와 하나님께 다시 물었다

> 블레셋 사람들을 치러 올라가리이까? 주께서 그들을 내 손에 넘기겠습니까?

이번에는 여호와께서 다윗에게 이렇게 말씀하셨다.

> 올라가지 말고, 그들의 뒤로 돌아서, 뽕나무 맞은쪽에서 그들을 기습하되, 뽕나무 꼭대기에서 걸음 소리가 들리거든 곧 공격하여라.
> 그때에 나 여호와가 너보다 앞서 나아가서 블레셋 군대를 물리치겠다.

그리하여 다윗은 여호와께서 명령하신 대로 했다.

다윗은 블레셋 사람들을 물리쳐 이기고 게바에서 게셀까지 이르는 모든 길에서 블레셋 사람들을 뒤쫓았다.

다윗의 명성은 온 열국에 널리 퍼졌고, 여호와께서는 모든 나라들이 그를 두려워하도록 하셨다.

다윗의 용사들(삼하 23:8-12, 15-39; 대상 11:10-14, 16-47)

다윗에게 속하여 있는 용사들의 우두머리 이름과 숫자는 이러하다.

이 사람들은 온 이스라엘 백성과 더불어 다윗을 도와 나라를 얻게 하고 다윗을 왕으로 세웠다.

이는 여호와께서 이스라엘에 대하여 말씀하신 대로 이루시기 위함이었다.

다윗의 첫 번째 세 용사는 다음과 같다.

다그몬 사람 요셉밧세벳은 세 용사의 우두머리이며, 삼십 인 용사의 우두머리이기도 하다. 그는 에센 사람 아디노라고도, 또는 학몬 사람의 아들 야소브암이라고도 불린다. 그가 한때는 창 하나로 300 명을, 한때는 800 명을 죽인 일이 있다.*

그 다음에는 아호아 사람 도대, 또는 도도라 하는 사람의 아들 엘르아살이 있다. 엘르아살은 다윗이 블레셋 사람과 싸울 때, 다윗과 함께 있었던 세 명의 용사 중 한 사람이다. 엘르아살은 바스담밈에 다윗과 함께 있었다.

블레셋 사람들이 그곳에 몰려와 이스라엘 백성을 공격하였다. 거기에는 보리가 많이 난 밭이 있었다. 이스라엘 백성은 블레셋 사람들 앞에서 도망쳤다.

그러나 엘르아살은 도망치지 않고 남아 있다가, 보리밭 가운데 서서 그 밭을 보호하며, 지쳐서 칼을 더 휘두를 수 없을 때까지 블레셋 사람을 쳤다. 여호와께서 크게 이기게 해 주셔서 그들을 구원하여 주셨다.

---

* 역대상 11:11에는 300 명, 삼하 23:8에는 800 명으로 되어 있다. 이것은 같은 사건의 착오된 기록으로 보는 견해도 있으나 동일 인물(용사)로서 두 사건으로 보는 견해도 있다. 그런데 그 공적은 그 용사의 지휘 하에 있던 군대의 일사불란한 도움으로 가능했다고 보는 것이 더욱 합당하다고 한다(A. A. Anderson).

한편, 800 명이란 숫자는 여러 번 죽인 총수라고 생각하며(델리취), 중요한 것은 이렇게 대량 살상의 기록이 인명을 많이 살해함을 칭찬함이 아니라 하나님의 백성이 하나님의 도우심으로 그 원수들의 침략을 어느 정도로 분쇄했는지를 말해 준다고 한다(박윤선 주석 참고).

엘르아살이, 싸움에서 이긴 다음에 백성들이 다시 돌아왔다. 그러나 백성들이 와서 한 일은 도망가는 블레셋 사람들을 따라가며 노략할 뿐이었다.

그 다음에는 하랄 사람 아게의 아들 삼마가 있다.

블레셋 사람들이 와서 싸울 때의 일이다. 블레셋 사람들은 녹두나무가 가득한 밭에 떼를 지어 모여 있었다. 이스라엘의 군대는 블레셋 사람을 피해 도망쳤다.

그러나 삼마는 그 녹두나무 밭 한가운데에 서 있었다. 삼마는 그곳에 서서 막아 블레셋 사람들을 맞서 싸웠다. 여호와께서는 그에게 큰 승리를 주셨다.

또 삼십 인의 우두머리 중 세 사람이, 추수를 시작할 무렵에 바위에서부터 내려가 아둘람 굴에 있는 다윗에게 나아갔다.

블레셋 군대는 르바임 골짜기에 진을 치고 있었다.

그때에, 다윗이 산성의 요새에 있었고, 블레셋 군대의 진은 베들레헴에 있었다.

다윗은 몹시 물이 마시고 싶었다.

다윗이 말했다.

> 누가 베들레헴 성문 가까이에 있는 샘에 가서 물을 길어다 줄 수 없을까?

그 말을 듣고 세 용사가 블레셋 군대를 뚫고 나가서, 베들레헴 성문 가까이에 있는 샘에서 물을 길러 다윗에게 가지고 왔다.

그러나 다윗은 물을 마시기를 기뻐하지 않고, 그는 그 물을 여호와께 부어 드렸다.

그리고 나서 다윗이 말했다.

> 내 하나님이여!
> 내가 결단코 이런 일을 하지 않겠습니다. 이것은 죽음을 무릅쓰고(적진을 헤치며) 갔다 온 사람들의 피와 같은 것인데 내가 어떻게 이 물을 마실 수 있겠습니까!

그러면서 다윗은 물을 마시기를 즐겨하지 않았다. 이 첫 번째 세 용사가 바로 이런 일을 하였다.

다윗의 두 번째 세 용사는 다음과 같다.

스루야의 아들 요압의 동생 아비새는 두 번째 세 용사의 우두머리다. 그는 창을 들어 적군을 삼백 명을 죽이고, 세 용사 중의 하나라는 명성을 얻었다.

아비새는 세 용사보다도 더 존경을 받았고 세 용사의 우두머리가 되었다. 그러나 아비새는 처음의 세 용사에는 미치지 못하였다.

갑스엘 용사의 손자 여호야다의 아들 브나야는 용감한 일을 많이 하는 사람이었다.

브나야는 모압 아리엘의 아들 둘을 죽였다. 또 브나야는 눈이 내리는 날, 구덩이에 내려가서 사자를 죽인 일도 있다.

브나야는 애굽의 거인도 죽인 일이 있다. 그 사람의 키는 다섯 규빗, 곧 2 미터가 훨씬 넘었으며 그의 창은 베틀채만큼 굵었다.

그러나 브나야는 막대기 하나만 가지고 내려가서 애굽 거인의 창을 빼앗아서 그 창으로 그를 죽였다.

여호야다의 아들 브나야는 이처럼 용감한 일들을 했다. 그는 세 용사 중의 하나라는 명성을 얻었다. 브나야는 세 용사보다도 더 존경을 받았으나, 처음의 세 용사에는 들지는 못했다.

다윗은 브나야를 자기의 시위대 대장으로 삼았다.

세 용사 가운데서 마지막은 요압의 동생 아사헬이다.

다음은 다윗의 용사들의 이름이다.

베들레헴 사람 도도의 아들 엘하난과, 하롯(하롤) 사람 삼훗, 엘리가와 발디(블론) 사람 헬레스, 드고아 사람 익게스의 아들 이라와, 아나돗 사람 아비에셀, 후사 사람 므분내(십브개)와 아호아 사람 살몬(일래), 느도바 사람 마하래와 느도바 사람 바아나의 아들 헬렙(헬렛), 베냐민 자손에 속한 기브아 사람 리배의 아들 잇대(이대), 비라돈 사람 브나야와 가아스 시냇가에 사는 힛대(후래), 아르바 사람 아비알본(아비엘)과 바르훔(바하람) 사람 아스마웻, 사알본 사람 엘리아바와 기손 사람 하셈의 아들들, 하랄 사람 야센(사게)의 아들 요나단, 삼마와 아랄(하랄) 사람 사랄(사게)의 아들 아히암, 마아가 사람 아하스배의 아들 엘리벨렛과 울의 아들 엘리발, 므게랏 사람 헤벨과 블론 사람 아히야, 갈멜 사람 헤로스와 에스배의 아들 나아래, 나단의 아우 요엘과 하그리의 아들 밉할, 길로 사람 아히도벨의 아들 엘리암과 갈멜 사람 헤스래(헤스로), 아랍 사람 바아래와 소바 사람 나단의 아들 이갈, 갓 사람 바니와 암몬 사람 셀렉, 스루야의 아들 요압의 무기를 들고 다녔던 브에롯(베롯) 사람 나하래, 이델 사람 이라와 이델 사람 가렙, 헷 사람 우리아와 알래의 아들 사밧, 르우벤의 자손 시사의 아들, 곧 르우벤 자손의 우두머리 아디나와 그 부하 삼십 인, 마아가의 아들 하난과 미덴 사람 요사밧, 아스드랏 사람 웃시야와 아로엘 사람 호담의 아들 사마와 여이엘, 시므리의 아들 여디아엘과 그 아우 디스 사람 요하, 마하위 사람 엘리엘과 엘라암의 아들 여리배와 요사위야, 모압 사람 이드마와 엘리엘과 오벳과 므소바 사람 야아시엘이다.

모두 삼십칠 명 이상이다.

여호와의 궤와 오벧에돔(삼하 6:1-23; 대상 13:1-14; 15:1-16:43)

다윗이 천부장과 백부장과 곧 모든 군대의 지도자로 더불어 의논하였다.

그는 이스라엘 온 백성에게 이렇게 말하였다.

> 만일 여러분이 좋게 여기고, 또 우리 하나님 여호와의 뜻이라면, 우리가 이스라엘 온 땅에 남아 있는 우리 형제들과 그들의 목초지가 있는 성읍들에서 그들과 함께 살고 있는 제사장과 레위 사람에게 전갈을 보내어, 그들을 우리에게로 모이게 합시다.
>
> 그런 다음에, 우리 모두 하나님의 궤를 우리에게로 옮겨 오도록 합시다. 사울 시대에는 우리가 궤 앞에서 하나님의 뜻을 묻지 아니하였습니다.

모든 백성이 다윗의 말을 옳게 여겼으므로 그렇게 따르기로 했다.

그래서 다윗은 애굽의 시홀 시내에서부터 하맛 어귀에 이르기까지 온 이스라엘을 불러 모았다.

다윗은 이스라엘에서 삼만 명을 택하여 모았다. 다윗은 그의 모든 백성들과 함께 유다의 기럇여아림, 곧 바알레유다(바알레)로 가서, 그곳에 있는 하나님의 궤를 예루살렘으로 메어 오려 했다.

그 궤는 그룹들 사이에 계신 만군의 여호와의 이름으로 부르는 궤였다.

그들은 그 궤를 새 수레에 얹어 산간 지대 언덕 위에 있는 아비나답의 집에서 가져 나왔는데, 아비나답의 아들인 웃사와 아효(아히오)가 그 수레를 몰았다.

그들이 산에 있는 아비나답의 집에서 하나님의 궤를 싣고 나올 때에 아효가 그 앞에서 인도했다.

다윗과 이스라엘의 모든 백성들은 여호와 하나님 앞에서 힘을 다하여 뛰놀며 노래하였다.

그리고 다윗과 모든 사람들은 여호와 앞에서 잣나무로 만든 온갖 악기를 연주했고, 수금과 비파와 소고와 양금과 제금으로도 연주했다.

다윗의 부하들이 나곤(기돈)의 타작마당에 이르렀을 때, 소들이 뛰므로 여호와 하나님의 궤가 수레에서 떨어지려 했다.

그때 웃사가 손을 내밀어 궤를 붙잡았다.

여호와께서 웃사에게 진노하셔서 그를 치시니 죽었다. 이는 웃사가 아무나 만질 수 없는 궤를 만졌기 때문에, 하나님의 궤 곁에서 죽었다.

다윗은 여호와께서 웃사를 죽이신 일 때문에 화가 났다. 그래서 그곳의 이름을 웃사를 치심이라는 뜻으로 '베레스웃사'라고 불렀다. 오늘날도 그 이름이 남아 있다.

다윗은 그날 여호와를 두려워하여 이렇게 말하였다.

> 내가 어떻게 여호와의 궤를 내 집으로 가져갈 수 있겠느냐?

여호와의 궤를 옮겨 다윗 성 자기에게로 메어 가기를 즐겨하지 아니 하고, 그 대신에 가드 사람 오벧에돔의 집으로 메어 갔다.

여호와 하나님의 궤는 오벧에돔의 집에서 그 가족들과 석 달 동안 머물러 있었는데, 여호와께서는 오벧에돔과 그의 온 집안에 복을 주셨다.

백성들이 다윗에게 말했다.

> 여호와께서 오벧에돔의 집에 복을 주셨습니다. 이것은 하나님의 궤가 그곳에 있었기 때문입니다.

그 이야기를 들은 다윗은, 기쁜 마음으로 오벧에돔의 집으로 가서 하나님의 궤를 가지고 오려고 기도하며 준비하였다.

다윗은, 예루살렘 다윗 성에서 자기를 위하여 왕궁을 세웠고, 그런 다음에 하나님의 궤를 모실 곳을 준비하고 거기에 장막을 세웠다.

다윗은 백성들에게 이렇게 말했다.

> 레위 사람 외에는 아무도 하나님의 궤를 멜 수 없다. 이는 여호와께서 그들을 택하시어 하나님의 궤를 메고 영원히 하나님을 섬길 수 있도록 하셨기 때문이다.

다윗은 모든 이스라엘 백성을 예루살렘으로 불러 모았다. 그는 여호와의 궤를 새 성막으로 옮기기 위해서였다.

또 아론과 레위 자손들도 불러 모았다.

고핫 자손 중에 족장 우리엘과 그의 형제 백이십 명,

므라리 자손 중에 족장 아사야와 그의 형제 이백이십 명,

게르솜(게르손) 자손 중에 족장 요엘과 그의 형제 백삼십 명,

엘리사반 자손 중에 족장 스마야와 그의 형제 이백 명,

헤브론 자손 중에 족장 엘리엘과 그의 형제 여든 명,

웃시엘 자손 중에 족장 암미나답과 그의 형제 백이십 명이다.

다윗은 제사장 사독과 아비아달를 부르고, 또 레위 사람 우리엘과 아사야와 요엘과 스마야와 엘리엘과 암미나답을 불러, 그들에게 이렇게 말하였다.

여러분은 레위 집안의 족장들입니다. 여러분은 여러분의 모든 형제들과 함께 여러분 자신을 성결하게 하고 이스라엘의 하나님 여호와의 궤를 내가 준비한 곳으로 옮기십시오.
지난번에는, 여러분이 이 궤를 메지 않았으므로, 우리 하나님 여호와께서 우리를 치셨습니다.
이는 우리가 그분께 규례대로 여호와께 구하지 않아서 그렇게 된 것입니다.

그래서 제사장들과 레위 사람들은 이스라엘의 하나님 여호와의 궤를 옮겨 오기 위해서 그들의 몸을 성결하게 하였다.
여호와께서 모세에게 명하신 규례대로 레위 자손이 운반채로 하나님의 궤를 꿰어 어깨에 메었다.
다윗은, 또 레위 사람의 어른들에게, 노래하는 자들을 모아 찬양대를 조직하고, 비파와 수금과 제금 등의 악기를 울려서 즐거운 소리를 크게 내라고 지시하였다.
레위 사람은, 요엘의 아들 헤만과, 그의 형제 중에 베레야의 아들 아삽과, 또 그들의 친족인 므라리 자손 중에 구사야의 아들 에단을 세웠다.
그들 말고, 두 번째 서열에 속한 그들의 형제들은, 스가랴와 벤과 야아시엘과 스미라못과 여히엘과 운니와 엘리압과 브나야와 마아세야와 맛디디야와 엘리블레후와 믹네야와, 문지기 오벧에돔과 여이엘이다.

찬양대에 소속된 헤만과 아삽과 에단은 놋 제금을 크게 치고, 스가랴와 아시엘과 스미라못과 여히엘과 운니와 엘리압과 마아세야와 브나야는 알라못(여자들의 음) 곧 높은음 방식으로 비파를 타고, 맛디디야와 엘리블레후와 믹네야와 오벳에돔과 여이엘과 아사시야는 스미닛(여덟째 음), 낮은음 방식으로 수금을 탔다.

레위 사람의 족장 그나냐는 노래를 아는 사람이었으므로, 찬양하는 사람들을 가르치고 지휘를 맡았다.
베레갸와 엘가나는 하나님의 궤 앞에서 문을 지키는 사람이었다.
제사장인 스바냐와 요사밧과 느다넬과 아마새와 스가랴와 브나야와 엘리에셀은, 하나님의 궤를 메고 가는 행렬 선두에 서서 나팔을 부는 자들이었고, 오벧에돔과 여히야는 그 궤를 지키는 자들이었다.

다윗과 이스라엘 장로들과 천부장들이 여호와의 언약궤를 즐거이 메고 오벧에돔의 집에서 올라왔다.

하나님께서 여호와의 언약궤를 멘 레위 사람들을 도우셨다.

여호와의 궤를 나르는 사람들이 여섯 걸음을 걸었을 때, 다윗은 수송아지 일곱 마리와 숫양 일곱 마리를 제물로 잡아서 바쳤다.

다윗과 하나님의 궤를 멘 레위 사람들과, 찬양하는 사람들과 그들의 지휘자 그나냐는, 모두 다 세마포 겉옷을 입었다.

또한 다윗은 거룩한 베 에봇을 입고 있었다. 그리고 나서 다윗은 여호와 앞에서 온 힘을 다해 춤을 추었다.

이렇게 해서 이스라엘 백성들은, 기쁨의 함성을 지르고 양각과 나팔을 불며 제금을 치고 비파와 수금을 힘 있게 타면서, 여호와의 궤를 메어서 예루살렘으로 옮겨 왔다.

다윗과 모든 이스라엘 백성들은 기쁨으로 소리를 질렀다. 그들은 여호와의 궤를 성으로 메어 가지고 들어가면서 나팔을 불었다.

여호와의 언약궤가 다윗 성으로 들어올 때에 사울의 딸 미갈이 창에서 보고 있었다.

미갈은 다윗이 여호와 앞에서 뛰며 춤추는 것을 보고 심중에 다윗을 업신여겼다.

하나님의 궤를 메고 들어가서, 다윗이 여호와를 위하여 세운 장막 가운데 두고 태워 드리는 번제와 화목제를 여호와 하나님 앞에 드렸다.

그리고 이스라엘 백성은 여호와의 궤를 장막 안의 제자리에 두었다. 다윗은 번제와 화목제를 드리기를 마치고 나서, 여호와의 이름으로 백성에게 축복하였다.

또 다윗은, 떡 한 덩이와 고기 한 점과 건포도 과자 한 개씩을 남자든지 여자든지 가리지 않고 모든 이스라엘 사람에게 나눠 주었다.

다윗이, 레위 사람을 세워 여호와의 궤 앞에서 섬기며 이스라엘의 하나님 여호와를 칭송하며 감사하며 찬양하게 하였다.

그 우두머리는 아삽이며, 그를 돕는 자들은 스가랴와 여이엘과 스미라못과 여히엘과 맛디디아와 엘리압과 브나야와 오벧에돔과 여이엘이 있었다.

이들은 비파와 수금을 타고 아삽은 제금를 우렁차게 쳤다.

제사장 브나야와 야하시엘은 하나님의 언약궤 앞에서 항상 나팔을 불었다.

그날 다윗은 아삽과 그 형제를 세워, 먼저 이런 감사의 찬송을 여호와께 부르도록 하였다.

> 너희는 여호와께 감사하며, 그의 이름을 선포하며, 그가 행하신 일을 온 만민 중에 알게 하라.
> 그에게 노래하며, 그를 찬양하며, 그의 모든 놀라운 일들을 전할지어다. 그의 거룩한 이름을 자랑하여라. 무릇 여호와를 찾는 지에게는 마음에 즐거움이 있으리라.
> 너희는 여호와를 찾고 그의 능력을 구하며, 그 얼굴을 항상 구할지어다.
> 그 종 이스라엘의 후손 곧 택하신 야곱의 자손, 너희는 그 행하신 놀라운 일과 그 이적과 그 입의 판단을 기억할지어다.
> 그는 여호와 우리 하나님이시라. 그의 판단이 온 땅에 있도다.
> 너희는 그 언약 곧 천대에 명하신 말씀을 영원히 기억할지어다.
> 이것은 아브라함에게 하신 언약이며, 이삭에게 하신 맹세며, 이는 야곱에게 세우신 율례 곧 이스라엘에게 하신 영원한 언약이라.
> 그는 이르시기를, '내가 가나안 땅을 네게 주어 너희 기업의 지경이 되게 하리라.'
> 그때에 너희의 수효가 극히 적었고, 그 땅에서 나그네로 있었으며, 이 족속에게서 저 족속에게로, 이 나라에서 다른 민족에게로 떠돌아 다녔도다.
> 하나님은 아무도 그들을 해치지 못하게 하시고, 그들을 위해 열왕들을 꾸짖으셨다.
> '나의 기름 부은 자를 만지지 말며, 나의 선지자를 상하지 말라.'라고 하셨도다.
> 온 땅이여! 여호와께 노래하며, 그 구원을 날마다 선포할지어다!
> 그 영광을 열방 중에, 그 놀라운 행적을 만민 중에 선포할지어다!
> 여호와는 광대하시니 극진히 찬양할 것이요. 모든 신보다 경외할 것임이여! 만방의 모든 신은 헛것이요, 여호와께서는 하늘을 지으셨음이로다.

존귀와 위엄이 그 앞에 있으며, 능력과 즐거움이 그 처소에 있도다.
만방의 족속들아, 영광과 권능을 여호와께 돌릴지어다!. 여호와께 돌릴지어다!.
여호와의 이름에 합당한 영광을, 그에게 돌릴지어다!
예물을 가지고 그 앞에 들어갈지어다. 아름답고 거룩한 것으로 여호와께 경배할지어다!
온 땅이여, 그 앞에서 떨지어다. 세계가 굳게 서고 흔들리지 못하는도다.
하늘은 기뻐하고, 땅은 즐거워하며, 열방 중에서는 이르기를 '여호와께서 통치하신다' 할지로다.
바다와 그 안에 가득 차 있는 것들아, 외쳐라! 밭과 그 안에 있는 모든 것들아, 즐거워할지로다.
그리할 때에 삼림의 나무들이 여호와 앞에서 즐거이 노래하리니,
주께서 땅을 심판하러 오실 것임이로다.
여호와께 감사하라! 그는 선하시며, 그 인자하심이 영원함이로다.
너희는 외쳐라.
'우리의 구원의 하나님이여! 우리를 구원하여 만국 가운데서 건져 내시고 모으시사, 우리로 주의 성호를 감사하며, 주의 영예를 찬양하게 하소서' 할지어다.
여호와 이스라엘의 하나님을 영원부터 영원까지 송축할지로다.

그러자, 모든 백성이 '아멘' 하고 여호와를 찬양하였다.

다윗은, 아삽과 그의 형제 레위 인들이 여호와의 법궤 앞에서 항상 섬기며 매일 정규적인 일을 맡아 하게 하였다.

다윗은, 또 오벧에돔과 그 형제 육십팔 인과 여두둔의 아들 오벧에돔과 호사를 문지기로 삼았다.

한편 다윗은, 제사장 사독과 그의 형제 제사장들로 기브온 산당에 있는 여호와의 성막 앞에서 계속 여호와를 섬기도록 하였다.

그래서 그들은 여호와께서, 이스라엘 백성에게 주신 율법책에 기록한 대로, 매일 아침저녁으로 태워 드리는 번제단에서, 여호와께 제사를 드렸다.

다윗은, 또 헤만과 여두둔과 그리고 다른 몇 사람을 택하여, 여호와의 자비하심이 영원함을 인하여 감사하게 하였다.

또 저희와 함께 헤만과 여두둔을 세워, 나팔과 제금들과 하나님을

찬송하는 악기로 소리를 크게 내게 하였고, 또 여두둔의 아들로 문을 지키게 하였다.

이에 모든 백성은 각각 그 집으로 돌아가고, 다윗도 자기 집을 위하여 축복하려고 돌아갔다.

그런데 사울의 딸 미갈이 다윗을 맞으러 나와서 말했다.

> 오늘은 이스라엘의 왕이 체면을 잃었군요. 당신 신하들의 여종이 보는 앞에서 몸을 드러냈어요.
> 당신은 부끄러움도 모르고 몸을 드러내는 바보 같았어요.

다윗이 미갈에게 말했다.

> 나는 여호와 앞에서 그런 일을 했소. 여호와께서는, 당신 아버지가 아니라 나를 선택했소. 여호와께서는, 사울의 집안 사람 중에서 그 누구도 선택하지 않으셨소.
> 여호와께서는, 나를 여호와의 백성인 이스라엘의 지도자로 세워 주셨소. 그러므로 나는 여호와 앞에서 즐거워할 것이오.
> 앞으로 더 낮아져서 체면을 잃은 일이 많을지라도, 여호와 앞에서는 그렇게 되고 싶소. 그러나 당신이 말한 그 여종들은 나를 존경할 것이오.

미갈의 그런 처신 때문에 그는 죽는 날까지 자식을 낳지 못했다.

다윗의 기도(삼하 7:1-29; 대상 17:1-27)

다윗 왕은 자기 왕궁에서 살았다. 그리고 여호와께서는 주변의 모든 원수를 막아 주셔서 다윗에게 평화를 주셨다.

다윗이 선지자 나단에게 말했다.

> 나는 백향목으로 지은 왕궁에 살고 있는데, 하나님의 궤는 아직도 휘장 밑에 있소.

나단이 다윗 왕에게 말했다.

> 가셔서 무엇이든지 왕의 뜻대로 하십시오, 여호와께는 왕과 함께 계십니다.

그러나 그날 밤에 여호와께서 나단에게 말씀하셨다.

가서 내 종 다윗에게 이렇게 전하도록 하라.

'너는 내가 살 집을 지을 사람이 아니다. 나는 이스라엘 백성을 애굽에서 이끌어 낼 때부터 지금까지 장막을 내 집으로 여기면서 옮겨 다녔다. 나는 계속해서 이스라엘의 지파들과 함께 옮겨 다녔고, 한 번도 이스라엘 백성을 돌보는 지도자들에게 백향목 집을 지어 달라고 한 적이 없다.'

너는 내 종 다윗에게 전하여라.

'나는 네가 양 떼를 따라다닐 때, 풀밭에서 너를 데리고 와서 내 백성 이스라엘의 주권자로 세웠다.

나는 네가 어디로 가든지 너와 함께 있었고, 너를 위해 네 대적들을 물리쳐 주었다.

나는 너를 세상에서 존귀한 자의 이름 같은 이름을 네게 만들어 주리라.

그리고 내 백성 이스라엘을 위해 한 곳을 정하여 거기에서 내 백성들이 정착하여 자기들 집에서 살 수 있게 하겠다.

악한 백성이 전처럼 그들을 괴롭히지 못할 것이다. 그래서 그들이 더 이상 옮겨 다니지 않게 하겠다.

내가 사사들을 세워 나의 백성을 다스리게 했던 때와 다르게, 나는 너의 모든 대적으로 네게 복종하게 하리라.

또 나 여호와가 네 자손들이 너의 뒤를 이어 이스라엘 왕이 되게 할 것이다.

네가 나이 많아 죽을 때에, 나는 너의 몸에서 태어날 아들들 중 하나를 왕으로 세워, 그의 나라를 굳건하게 해 주겠다.

그리고 바로 그가 나를 위해 성전을 지을 것이다. 나는 그의 나라를 영원히 강하게 만들 것이다.

나는 그의 아버지가 되고, 그는 나의 아들이 될 것이다.

만일 그가 죄를 범하면, 내가 사람 막대기와 인생 채찍으로, 그에게 징계를 할 것이다.

그리고 내가 네 앞에서 왕위를 폐한 사울에게서 내 은총을 빼앗은 것같이, 그에게서 나의 자비를 빼앗지 아니하고, 내가 사울에게서 그의 나라를 빼앗음과 같이 하지 않을 것이다.

네 집안과 네 나라가 내 앞에서 영원히 견고하리라.'

나단은 자기가 들은 모든 말을 다윗에게 전했다.

그 후에 다윗은 장막으로 들어가서 여호와 앞에 앉았다.

다윗이 말했다.

주 여호와 하나님이여!

나는 누구이며, 그리고 제 집안이 무엇이기에 나로 이에 이르게 하셨나이까.
주 여호와 하나님이여!
주께서 이것을 오히려 작게 여기시고, 종의 집에 대하여 먼 장래까지의 일을 말씀하실 뿐 아니라, 나를 존귀한 자같이 여기셨는데,
그런 관대하심을 어찌 인간의 규례와 비교할 수 있겠습니까!
주 여호와는 주의 종을 아시나이다.
주께서 주의 종에게 베푸신 존귀에 대하여 다윗이 다시 무슨 말씀을 하오리이까!
주께서 주의 종을 위하여, 주의 말씀으로써 이 모든 큰 일을 뜻대로 행하시어, 주의 종에게 이 모든 큰 일을 알게 하셨나이다.
여호와 하나님이여!
이러므로 주는 광대하시니, 이는 우리 귀로 들은 대로는 주와 같은 이가 없고, 주 외에는 참 신이 없음이니이다.. 땅의 어느 한 나라가 주의 백성 이스라엘과 같으리이까!
하나님이 가셔서 구속하시어 자기 백성을 삼으시고, 두려운 일로 인하여 이름을 얻으시고, 그들을 위하여 큰 일을 하시고, 주의 땅을 위하여, 두려운 일을 애굽과 열국과 그 신들에게서 행하셨사오며, 구속하신 자기 백성 앞에서 열국을 쫓아내셨사옵니다.
주께서, 주의 백성 이스라엘을 세우시어, 영원히 주의 백성을 삼으셨사오니, 여호와여! 주께서 우리의 하나님이 되셨나이다.
여호와 하나님이여!
이제 주의 종과 종의 집에 대하여 말씀하신 것을 영원히 확실하게 하옵시며, 말씀하신 대로 행하시어 견고하게 하시고, 사람으로 영원히 주의 이름을 높여 이르시기를,
'만군의 여호와는 이스라엘의 하나님, 곧 이스라엘에게 하나님이시라' 하게 하시며, 주의 종 다윗의 집이 주 앞에서 견고히 서게 하옵소서.
만군의 여호와 이스라엘의 하나님이여!
주께서 주의 종에게 알게 하여 이르시기를 '내가 너를 위하여 집을 세우리라.' 하신 고로, 주의 종이, 주 앞에서 이 기도로 구할 마음이 생겼나이다.
주 여호와여, 오직 주는 하나님이시며 말씀이 참되시니이다.
주께서 이 좋은 것으로 종에게 허락하셨사오니, 이제 청하옵건대,
주께서 종의 집에 복을 주시어, 주 앞에 영원히 있게 하옵소서.
주께서도 주 앞에 두시기를 기뻐하시나이다.
주 여호와께서 말씀하셨사오니, 주의 은혜로 종의 집이 영원히 이 복을 누리게 하옵소서.

다윗과 주변 국가와의 전쟁(삼하 8:1-18; 대상 18:1-17)

그 후에 다윗이 블레셋 사람들을 쳐서 항복을 받았다. 그리고 다윗은 블레셋 사람들의 손에서 가드와 메덱암마를 빼앗았다.

다윗은, 또 모압 백성을 물리쳐 이겼다. 그는 모압 백성을 땅에 엎드리게 하여 그들의 키를 재었다.

그는, 두 줄 길이의 사람들은 다 죽이고, 한 줄 길이의 사람은 살려주었다. 이렇게 하여 모압 백성은 다윗의 종이 되어 다윗이 요구하는 대로 조공을 바쳤다.

다윗은 유브라데스의 강을 다시 차지하려고 가고 있던 르홉의 아들 하닷에셀을 쳐서 이겼다.

하닷에셀은 소바의 왕이었다. 그는 하닷에셀에게서 전차를 몰던 군인 천칠백 명과 보병 이만 명을 사로잡았다.

다윗은 말 백 마리만을 남겨 전차를 끌게 하고, 나머지 말들은 다리를 못 쓰게 만들었다.

다메섹의 아람 사람들이 소바 왕 하닷에셀을 도우려고 왔다. 그러나 다윗은 그 아람 사람 이만이천 명을 물리쳐 이겼다. 그리고 나서 다윗은, 주둔군을 아람의 수도인 다메섹에 두었다.

아람 사람들은 다윗의 종이 되어 요구하는 대로 조공을 바쳤다.

여호와께서는 다윗이 가는 곳마다 승리하게 해 주셨다.

다윗은 하닷에셀의 신하들이 가지고 왔던 금방패를 빼앗아 예루살렘으로 가지고 왔다.

다윗은, 또 하닷에셀의 성읍 베다(디브핫)와 베로대(군)에서 놋쇠로 만든 물건들을 많이 빼앗아 왔다.

후에 솔로몬이 그것으로 '바다'라고도 부르는 커다란 놋대야와 놋기둥과 놋그릇을 만들었다.

하맛 왕 도이가 다윗이 소바 왕 하닷에셀의 모든 군대를 물리쳐 이겼다는 이야기를 들었다.

그는 자기 아들 요람(하도람)을 보내 다윗 왕을 문안하고 축복해 주기로 생각했다. 그래서 하맛 왕 도이는 자기의 아들 요람을 다윗 왕에게 보내어 문안하게 하고, 다윗이 하닷에셀과 싸워서 이긴 것을 축하하게 하였다.

하닷에셀은 도이와 서로 여러 번 전쟁을 하는 사이였다. 요람(하도람)은 은과 금과 놋쇠로 만든 물건들을 가지고 왔다. 다윗은 그 물건들을 받아서 여호와께 드렸다.

다윗 왕은, 또 자기가 물리쳐 이긴 나라들에게서 빼앗은 은과 금, 곧 아람과 모압, 암몬 사람들과 블레셋 사람들과, 그리고 아말렉에게서 얻은 것들과, 소바 왕 르홉의 아들 하닷에셀에게서 빼앗은 것들도 함께 여호와께 드렸다.

다윗과 스루야의 아들 아비새는 소금 골짜기에서 에돔 사람 만팔천 명을 물리쳐 이기고 돌아왔다.

그 일로 다윗은 명예를 얻었다.

다윗은 에돔의 전 지역에 주둔군을 두었으므로, 에돔 사람들도 다윗의 종이 되었다.

이와 같이 여호와께서는 다윗이 가는 곳마다 그에게 승리를 주셨다.

다윗은 온 이스라엘을 올바르고 공정하게 다스렸다.

스루야의 아들 요압은 모든 군대의 지휘관이 되었다. 아힐룻의 아들 여호사밧은 역사 기록관이 되었다. 아히둡의 아들 사독은 아비아달의 아들 아히멜렉은 제사장이 되었다. 스라야는 서기관이 되었다.

여호야다의 아들 브나야는 왕의 경호대인 그렛 사람과 블렛 사람을 지휘하는 왕의 경호대장이 되었다. 그리고 다윗의 아들들도 왕을 모시는 대신들이 되었다.

므비보셋과 시바(삼하 9:1-13)

어느 날 다윗 왕이 물어보았다.

사울의 집안에 아직 살아남은 사람이 있느냐?
내가 요나단을 보아서라도 그 사람에게 은혜를 베풀어 주고 싶구나.

사울의 집안에는 시바라는 이름을 가진 종이 있었다. 그래서 다윗의 종들이 시바를 불러 다윗에게 오게 했다.

다윗 왕이 시바에게 물었다.

사울의 집안에 살아남은 사람이 있느냐? 있다면 내가 하나님의 은혜를 베풀고 싶다.

시바가 왕에게 대답했다.

요나단의 아들이 아직 살아 있습니다. 그는 두 다리를 모두 저는 자입니다.

왕이 시바에게 물었다.

그 아들이 어디 있느냐?

시바가 대답했다.

그는 로드발에 있는 암미엘의 아들 마길의 집에 있습니다.

이 말을 듣고 다윗 왕은 종들을 시켜, 로드발에 있는 암미엘의 아들 마길의 집에서 요나단의 아들을 데리고 오게 했다.

사울의 손자이며, 요나단의 아들 므비보셋이 다윗 앞에 와서 얼굴을 땅에 대고 절을 했다.

다윗이 말했다.

므비보셋아!

므비보셋이 대답했다.

주의 종이 여기 있습니다.

다윗이 므비보셋에게 말했다.

> 무서워하지 마라. 내가 반드시 너의 아버지 요나단을 생각해서 너에게 은혜를 베풀고자 한다.
> 너의 할아버지 사울의 땅을 모두 너에게 돌려주겠다. 그리고 너는 언제나 내 식탁에서 식사를 해도 좋다.

므비보셋이 다시 얼굴을 땅에 대고 다윗에게 절을 하며 말했다.

> 이 종이 무엇이기에 왕께서 죽은 개 같은 나를 돌아보시나이까!

그 후에 다윗이 사울의 종 시바를 불러 말했다.

> 나는 네 주인의 손자에게 사울과 그의 집안의 소유였던 것을 다 주었다.
> 너와 너의 아들들과 너의 종들은, 므비보셋을 위해 땅을 갈고 곡식과 열매를 거둬야 할 것이다.
> 그래서 네 주인의 손자 므비보셋에게 양식이 늘 있게 하여라. 그러나 네 주인의 손자 므비보셋은 언제나 내 식탁에서 식사를 할 것이다.

시바에게는 아들 열다섯과 종 이십 명이 있었다.
시바가 다윗 왕에게 말했다.

> 저는 왕의 종입니다.
> 저는 내 주이신 왕이 명령하시는 일이라면 무엇이든지 다 하겠습니다.

그리하여 므비보셋은 다윗의 아들들처럼 왕의 식탁에서 식사를 했다.
므비보셋에게는 미가라 이름하는 젊은 아들 한 명이 있었다. 시바의 집안에 있는 사람은, 모두 다 므비보셋의 종이 되었다.

암몬 사람과 아람 사람(삼하 10:1-19; 대상 19:1-19)

얼마 후, 암몬 사람들의 왕 나하스가 죽었다. 그의 아들 하눈이 아버지의 뒤를 이어 왕이 되었다.
다윗이 말했다.

> 하눈의 아버지 나하스가 전에 내게 은혜를 베풀었으니 이제 내가 그 아들 하눈

에게 은혜를 베풀리라.

그래서 다윗은 자기 신하들을 하눈에게 보내어 그의 아버지의 죽음을 위로하게 하였다.

다윗의 신하들이 암몬 사람들의 땅으로 갔다.

암몬 자손의 방백들이 자기 주인인 하눈에게 말했다.

다윗이 사람들을 보내어 왕을 위로하는 것이 정말로 왕의 아버지를 공경하려는 것인 줄 아십니까?

그렇지 않습니다. 다윗은 이 성을 엿보게 하려고 사람들을 보낸 것입니다. 그들은 이 성을 정복하려 하고 있습니다.

그래서 하눈은 다윗의 신하들을 잡아서 수염을 절반쯤 깎아 그들을 창피하게 만들었다.

하눈은 또 엉덩이 부분의 옷을 잘라 내어 그들을 욕되게 했다. 그런 다음에 하눈은 그들을 돌려보냈다.

이 일을 다윗에게 보고하게 되자, 다윗은 사람들을 보내어 수치스러워하는 신하들을 맞이하게 하고, 수염이 다 자랄 때까지 여리고에 있다가 예루살렘에 돌아오라고 지시하였다.

그때, 암몬 사람들은, 자기들이 다윗의 미움이 되었다는 것을 깨달았다.

하눈과 암몬 사람들은, 아람 나하라임과 아람 마아가와 소바의 사람들에게서 전차와 기마병을 고용하려고, 그들에게 은 천 달란트를 보냈다.

그래서 그들은 전차 삼만이천 대를 빌리고, 벧르홉과 소바에서 아람의 보병 이만 명을 모았다.

또 마아가 왕과 그의 군대를 고용하여서, 마아가 왕과 그의 군대 천 명, 그리고 돕에서 만이천 명을 모았다. 그들은 와서 메드바 앞에 진을 쳤다.

암몬 사람도 그들의 여러 성읍에서 모여들어 싸울 준비를 하였다.

다윗은 이 소식을 듣고 요압을 비롯한 모든 용사들을 전쟁터에 보냈다.

암몬 사람들은 나와서 싸울 준비를 했다. 그들은 성문 어귀에 진을 쳤다.

소바와 벧르홉(르홉)에서 온 아람 사람들과 돕과 마아가에서 온 사람들은 암몬 사람들과 떨어져서 들에 있었다.

요압은, 자기들의 앞과 뒤에 적이 진을 치고 있는 것을 보고, 이스라엘 사람들 중에 가장 뛰어난 용사들을 뽑았다.

요압은 그들에게 아람 사람들과 싸울 준비를 하게 하였다.

그는 나머지 군대를 자기 동생 아비새에게 맡겨 암몬 사람들과 맞서 싸우게 했다.

요압이 아비새에게 말했다.

> 만약 아람 사람들이 너무 강해서, 내가 어려워지면 나를 도우러 오너라.
> 만약 암몬 사람들이 너무 강해서, 네가 어려워지면 내가 너를 도우러 가겠다.
> 아비새야! 너는 담대하여라.
> 우리가 우리 백성과 우리 하나님의 성읍들을 위하여 담대히 하자. 여호와께서 선히 여기시는 대로 행하시기를 원하노라.

그리고 나서 요압과 그의 부하들은 아람 사람들을 공격했다. 그러지 아람사람들이 도망쳤다.

암몬 사람들은, 아람 사람들이 도망치는 모습을 보고 아비새에게 도망쳐 자기들의 성으로 들어가 버렸다.

그래서 요압은 암몬 사람들과 싸우기를 멈추고 예루살렘으로 돌아왔다.

아람 사람들은 이스라엘 앞에서 패하고 나자, 자기들의 모든 군대를 다시 불러 모았다.

그때, 하닷에셀 왕이 사람을 보내 유브라데스 강 건너편에 살고 있던 아람 사람들을 오게 했다.

이 아람 사람들은 헬람으로 갔다. 그들의 지도자는 하닷에셀의 군대 지휘관인 소박이었다.

다윗은 이 소식을 듣고 온 이스라엘 군대를 불러 모았다. 그들은 요단 강을 건너 헬람으로 이르렀다.

그곳에서 아람 사람들이 다윗을 향하여 전쟁 대열을 갖추고 나와 이스라엘 군과 맞서 싸웠다.

그러나 다윗은 아람 사람들을 물리쳐 이겼다. 아람 사람들은 이스라엘 군대에게 쫓겨 도망쳤다.

다윗은 아람의 전차를 모는 군인 칠백 명과 아람의 말 탄 군인 사만 명을 죽였다. 그는 또 아람 군대의 지휘관인 소박도 죽였다.

그리고 하닷에셀에게 예속된 모든 왕들은, 자기들이 이스라엘에게 패하였다는 것을 알고, 이스라엘과 평화롭게 지내며, 그들을 섬기기로 했다.

이러므로 아람 사람들이 두려워하여 다시는 암몬 사람들을 돕지 아니하였다.

제 6 장
다윗 왕〈2〉

다윗과 밧세바(삼하 11:1-27)

그다음 해 봄에, 왕들이 출전하는 때가 되었지만 다윗은 요압에게 자기의 부하들과 모든 이스라엘의 군인들을 맡겨서 출전시켰다. 그들은 암몬 사람을 무찌르고 랍바를 포위하였다.

그러나 다윗은 예루살렘에 머물러 있었다. 어느 날 저녁이었다. 다윗이 침대에서 일어나서 왕궁의 지붕 위를 거닐었다.

그러다가 한 여자가 목욕을 하고 있는 것을 보았는데, 그 여자는 매우 아름다워 보였다.

다윗은 자기 종들을 보내어 그 여자가 누구인지 알아보게 하였다.

한 종이 대답했다.

그 여자는 엘리암(암미엘)의 딸 밧세바(밧수아)로서 헷 사람 우리아의 아내입니다.

그런데도 다윗은 사람을 보내어서 그 여인을 데려왔다. 밧세바(밧수아)가 다윗에게로 왔다. 마침 그 여인은 부정한 몸을 깨끗하게 씻고 난 다음이었다. 다윗은 그 여인과 동침하였다.

그런 다음에, 밧세바는 다시 자기의 집으로 돌아갔다.

그런데 밧세바가 임신을 했다. 밧세바는 다윗에게 '내가 잉태를 하였나이다.'라는 사실을 알렸다.

다윗은 요압에게 '헷 사람 우리아를 나에게로 보내라.'라고 전갈을 보냈다. 그래서 요압은 우리아를 다윗에게 보냈다.

우리아가 다윗에게 왔다.

다윗은 우리아에게 요압은 잘 있는지, 군인들은 잘 있는지, 그리고 전쟁은 잘되고 있는지를 물었다.

그리고 나서 다윗은 우리아에게 "네 집으로 내려가서 발을 씻고 쉬시오"라고 말하고, 왕이 먹는 음식을 뒤따라 보냈다.

우리아는 왕궁에서 나왔지만, 집으로 가지 않았다. 그는 왕궁 문밖에서 왕의 모든 신하들과 함께 잠을 잤다.

신하들이 다윗에게 말했다.

> 우리아가 자기 집으로 내려가지 않았습니다.

그러자 다윗이 우리아에게 말했다.

> 그대는 오랫동안 집을 떠났다 돌아왔는데, 어찌하여 네 집으로 내려가지 아니하였느냐?

우리아가 다윗에게 대답했다.

> 언약궤와 이스라엘과 유다의 군인들이 장막에 머물고 있습니다.
> 그리고 나의 주 요압과 그의 부하들도 바깥들에서 잠을 자며 지내고 있습니다.
> 그런데 제가 어찌 내 집으로 가서 먹고 마시며, 제 아내와 함께 잠자리를 가질 수가 있겠습니까?
> 내가 이 일을 행하지 아니하기로, 왕의 살아 계심과 왕의 영혼의 살아 계심을 가리켜 맹세하나이다.

다윗이 우리아에게 말했다.

> 오늘은 여기서 머물러라. 내일은 그대를 내가 싸움터로 돌려보내겠다.

그래서 우리아는 그날에 예루살렘에 머물러 있었다. 그 이튿날, 다윗이 우리아를 불러 자기에게 오게 하였다.

다윗은 우리아로 그 앞에서 먹고 마시고 취하게 하였지만, 우리아는 자기 집으로 돌아가지 않았다.

그날 저녁에 우리아는 역시 왕의 신하들과 함께 왕궁 문밖에서 잠을 잤다.

날이 밝아 아침이 되자, 다윗은 요압에게 편지를 써서 우리아의 손에 그 편지를 전하게 했다.

다윗이 요압에게 쓴 편지의 내용은 이러했다.

> 너희는 우리아를, 전투가 가장 치열한 전선으로 앞세우고 나아갔다가, 그런 다음에 우리아만 혼자 남겨 두고 물러나서, 그가 화살에 맞아서 죽게 하여라.

요압은, 적의 성을 살펴보고 있다가 자기가 알고 있는 대로, 적의 용감한 병력들이 있는 가장 강한 곳에 우리아를 배치하였다.

성의 군인들이 밖으로 와서 요압의 군대와 맞서 싸웠고, 다윗의 부하들 중 몇 명이 죽임을 당했다. 이때에 헷 사람 우리아도 죽었다.

그 일이 있은 후에 요압이 사람을 보내어 전쟁터에서 일어난 모든 일을 다윗에게 보고하게 했다.

요압이 전령에게 말했다.

> 네가 이번 전쟁의 모든 일을 다윗 왕께 말씀 드리고 났을 때에 왕께서 화를 내며 말씀하시기를,
> '너희가 어찌하여 그처럼 성 가까이 가서 싸웠느냐? 그들이 성벽 위에서 화살을 쏠 줄을 알지 못했느냐? 여룹베셋(기드온)의 아들 아비멜렉을 쳐 죽인 자가 누구냐?
> 어떤 한 여자가 성벽 위에서, 그의 머리 위로 맷돌 위짝을 던져서, 그가 데벳스에서 죽지 않았느냐? 그런데 너희는 어찌하여 그처럼 성벽 가까이 갔었느냐?' 하고 물으시거든, 너는 '왕의 종 헷 사람 우리아도 죽었습니다.' 라고 대답하여라.

요압이 보낸 사람이 다윗에게 가서, 요압이 시키는 대로 모든 말을 전하기를,

> 암몬 사람들이 우리보다 강하였습니다. 그들이 우리와 싸우려고 벌판으로 나왔으므로, 우리는 그들을 쳐서 성문 가까이까지 적들을 밀어붙였습니다.
> 그때에 활 쏘는 자들이, 성벽 위에서 왕의 부하들에게 활을 쏘았습니다. 그래서 왕의 부하들 가운데서 몇 사람이 죽었고, 왕의 종 헷 사람 우리아도 죽었습니다.

다윗이 전령에게 말했다.

요압에게 이렇게 전하여라.
'이 일로 걱정하지 마라. 전쟁에서 칼은, 이 사람도 죽이고 저 사람도 죽이는 것이 아니겠느냐? 너는 그 성을 향하여 더욱 힘써 싸워 그 성을 함락시켜라.'라고 전하여 요압에게 담대한 마음을 주어라.

우리아의 처 밧세바는 자기 남편 우리아가 죽었다는 소식을 듣고 소리 높여 슬피 울었다.

그녀가 장례의 기간을 다 마치자, 다윗은 종들을 보내어 밧세바를 왕궁으로 데리고 오게 했다.

그리고 밧세바는 다윗의 아내가 되어 다윗의 아들을 낳았다. 이와 같이 다윗이 저질렀던 일은 여호와 보시기에 악하였다.

다윗과 나단(삼하 12:1-31; 대상 20:1-3)

여호와께서 나단을 다윗에게 보내셨다.

나단은 다윗에게 가서 이렇게 말했다.

어떤 성에 두 사람이 있었습니다. 한 사람은 부자였고, 다른 사람은 가난했습니다. 부자에게는 양과 소가 아주 많았습니다. 하지만 가난한 사람에게는 사서 키우는 어린 암양 한 마리밖에 없었습니다.
가난한 사람은, 이 어린 암양을 자기 집에서 길렀습니다. 그래서 그 어린 암양은 그의 아이들과 함께 자라났습니다.
어린 암양은 그의 먹는 음식을 함께 먹고, 그의 잔에 있는 것을 함께 마시고, 그의 품에 누우므로 그에게는 딸처럼 되었습니다.
그런데 어떤 나그네가 부자를 찾아왔습니다. 그러자 그 부자는, 자기의 양과 소는 아껴 자기에게 온 나그네를 위하여 잡지 아니하고, 한 마리밖에 없는 그 가난한 사람의 어린 양을 빼앗아다가 자기에게 온 사람을 위하여 잡았습니다.

다윗은 그 부자에 대해서 크게 화를 내었다.

내가 살아 계신 여호와께 맹세하지만 이 일을 행한 사람은 마땅히 죽어야 한다. 그는 그 가난한 사람을 불쌍히 여기지 않고 그런 짓을 했으니, 그 새끼 양의 사 배나 갚아 주어야 한다.

그러자 나단은 다윗에게 말했다.

왕이 바로 그 사람입니다.
이스라엘의 하나님 여호와께서 이렇게 말씀하십니다.
'내가 너로 이스라엘 왕을 삼기 위하여 네게 기름을 붓고, 너를 사울의 손에서 구원하고, 주인의 집과 주인의 처들을 너의 품에 안겨 주었고, 또 이스라엘과 유다 족속을 너에게 맡겨 다스리게 하였다.
만일 그것이 부족하였다면 내가 너에게 더 많은 것을 주었을 것이다. 그러한데 어찌하여 네가 여호와의 말씀을 업신여기고, 나 보기에 악을 행하였느냐?
네가 칼로 헷 사람 우리아를 죽이되 암몬 자손의 칼로 죽이고, 또 그 아내를 빼앗아 네 아내로 삼았도다.
네가 나를 업신여기고, 헷 사람 우리아의 아내를 빼앗아 네 아내로 삼았으니 칼이 네 집에서 영영 떠나지 않을 것이다.'
여호와께서 또 이렇게 말씀하십니다.
'내가 너의 집안에 재앙을 일으키고, 내가 너의 아내들도 빼앗아, 네가 보는 앞에서 다른 사람에게 주리니 그 사람이 네 아내들로 더불어 대낮에 동침할 것이다. 너는 은밀히 이 일을 행하였으나, 나는 대낮에 이스라엘 백성 앞에서 이 일을 행하게 할 것이다.'

그러자 다윗이 나단에게 말했다.

내가 여호와께 죄를 지었소.

나단이 대답했다.

여호와께서도 왕의 죄를 용서하셨습니다. 왕은 죽지 않을 것입니다.
그러나 이 일로 말미암아, 여호와의 원수에게 크게 훼방할 거리를 얻게 하였으니, 왕에게서 태어날 아기는 반드시 죽게 될 것입니다.

나단이 집으로 돌아갔다.

다윗과 우리아의 아내였던 밧세바의 사이에서 낳은 아들을, 여호와께서 치시므로 그 아이가 몹시 앓았다.

다윗은, 그 아기를 위하여 하나님께 간절히 금식 기도를 하였으며, 또 자기 방안으로 들어가서 밤새도록 맨땅에 엎드려 있었다.

그때 나이 많은 신하들이 그에게 가서 일어나 함께 식사하자고 권했으나 그는 거절하였다.

칠 일째 되던 날, 아기가 죽고 말았다. 다윗의 신하들은 아기가 죽었다는 사실을 다윗에게 말하기가 두려웠다.

다윗의 신하들이 자기들끼리 말하였다.

> 아이가 살아 있을 때에도, 우리가 말하여도 왕이 그 말을 듣지 않고 그처럼 상심해 있었는데, 아이가 죽었다는 말을 우리가 어떻게 전할 수 있겠는가?

그러나 다윗은 신하들이 서로 수군거리는 것을 보고 아기가 죽었다는 것을 깨달았다.

왕이 신하들에게 물었다.

> 아이가 죽었느냐?

신하들이 대답했다.

> 예, 죽었습니다.

그러자 다윗은 엎드렸던 땅에서 일어나 몸을 씻고 몸에 기름을 바르고 옷을 바꾸어 입었다.

그리고 나서 다윗은, 여호와의 전으로 들어가 여호와께 경배를 하고, 궁으로 돌아와서 음식을 그 앞에 베풀게 하고 그것을 먹었다.

다윗의 신하들이 다윗에게 물었다.

> 아이가 살아 있을 때는, 아이를 위하여 금식하며 우시더니, 아이가 죽은 후에는 일어나서 잡수시니 어찌된 일이십니까?

다윗이 말했다.

> 아이가 살아 있을 때에, 내가 금식하고 울었던 것은, 여호와께서 나를 불쌍히 여겨 혹시 아이를 살려 주실지도 모른다고 생각했기 때문이다.
> 그러나 이제는 그 아이가 죽었는데, 무엇 때문에 내가 금식하겠느냐? 내가 그 아이를 다시 돌아오게 할 수가 있겠느냐? 나는 그에게로 갈 수 있지만, 그는 나에게로 돌아오지 않을 것이다.

그리고 다윗은 자기 아내 밧세바를 위로하고 동침하였더니, 밧세바가 다시 임신해서 아들을 낳았다.

다윗은 그 아들의 이름을 솔로몬이라 지었다.

여호와께서는 솔로몬을 사랑하시어, 선지자 나단을 통해 그 아이의 이름을 '여디디야'라고 부르게 하셨다.

그 이름은 여호와께서 그 아이를 사랑하신다는 뜻이다.

한편, 요압과 그의 군대는 암몬의 수도인 랍바 성을 쳐서 점령하게 되었다.

요압이 다윗에게 사람들을 보내어 말했다.

> 내가 물의 성으로 알려진 랍바를 쳐서 점령하게 되었습니다. 이제 왕은 남은 군사를 모아 진을 치시고, 이 랍바 성을 쳐서 점령하시옵소서.
>
> 내가 이 성을 점령하면, 이 성이 내 이름으로 일컬음을 받을까 두려워하나이다.

다윗은 모든 군대를 모아 랍바로 가서 성을 점령하였다.

그는 암몬 왕의 머리에서 보석 있는 면류관을 가져왔는데, 그 무게가 금 한 달란트나 되었다.

다윗은 그 금관을 가져다가 자기가 썼으며, 그는 랍바 성에서 아주 많은 전리품을 약탈하였다.

그는 또 랍바 성의 백성들도 사로잡아다가 톱질과 곡괭이질과 도끼질과 벽돌 굽는 일을 시켰다.

다윗은 암몬 사람들의 온 성에서 똑같이 이런 일을 시켰다. 그리고 나서 다윗과 그의 모든 군대는 예루살렘으로 돌아갔다.

암논과 다말(삼하 13:1-39)

그 후에 이런 일이 있었다.

다윗의 아들 압살롬에게는 아름다운 누이동생이 하나 있었다. 그 이름은 다말이었다.

그런데 다윗의 다른 아들, 이복 오빠 암논이 그녀를 연모하고 있었다. 암논은, 자기의 누이 다말을 사랑하였으나, 정숙한 처녀였기 때문에* 쉽게 접근할 수 없는 줄을 알고 병이 나고 말았다.

암논에게는 요나답이라는 친구가 있었는데, 그는 다윗의 형인 시므아의 아들로 매우 간교한 자였다.

요나답이 암논에게 물었다.

> 왕자인, 너는 무엇 때문에 그처럼 날마다 안색이 수척해 가느냐?
> 내게 말하지 않겠느냐?

암몬이 대답했다.

> 나는 다말을 연모한다네. 하지만 다말은 나의 이복동생 압살롬의 누이일세.

요나답이 암논에게 말했다.

> 그렇다면 좋은 수가 있다네. 침대에 누워 병든 척하고 있으면, 너의 부친이 너를 보러 올 것이네.
> 그러면 아버지께 말하게. '제발 내 누이 다말이 와서, 내가 보는 앞에서 음식을 만들어, 그 손으로 나에게 음식을 먹여 주게 해 주십시오.'

그래서 암논은 요나답이 말한 대로, 곧 침대에 누워 병든 척을 했을 때, 과연 다윗 왕이 그를 보러 왔다.

암논이 왕에게 말했다.

> 제발 내 누이 다말을 오게 해 주십시오. 내가 보는 앞에서 맛있는 과자 두어 개를 만들게 해 주십시오. 그리고 그것을 다말의 손으로 내게 먹여 주게 해 주십시오.

다윗은 사람을 다말의 집으로 보냈다.

---

* 단순히 처녀라는 이유 때문에 어찌할 수 없다는 말은 이해가 안 된다. 아마 다말 그는 순수한 처녀의 몸인 동시에 공주이므로 궁중 깊은 곳에서 보호받으며 살고 있기에 그의 활동 반경은 통제되어 있었을 것이므로 다른 사람들과 접근이 어려웠을 것이다.

그 사람이 다말에게 전했다.

당신의 오라비 암논의 집으로 가서 암논을 위해 맛있는 음식을 만들어 주십시오.

그래서 다말은 자기 오라비 암논의 집으로 갔다. 암논은 침대에 누워 있었다.

다말은 밀가루를 가지고 손으로 반죽하여, 다말은 암논이 보는 앞에서 맛있는 과자를 만들어 구웠다.

그리고 다말이, 냄비째 가져다가 암논 앞에서 그릇을 담아 주었으나, 암논은 먹기를 싫어했다.

암논이 자기 종들에게 말했다.

너희는 모두 물러가 있어라!

그러자 암논의 종들이 모두 방을 나갔다.

암논이 다말에게 말했다.

그 음식을 가지고 침실로 들어오너라. 내가 네 손에서 받아먹을 것이다.

다말은, 자기가 만든 과자를 침실에 들어가, 그 오라비 암논에게 과자를 직접 먹여 주려고, 암논에게 가까이 갔을 때, 암논은 다말을 붙들더니 이렇게 말하였다.

누이야, 이리와서 나와 함께 동침하자.

다말이 암논에게 말했다.

내 오라버니, 나를 욕되게 하시면 안 됩니다. 이런 일은 이스라엘에서 있을 수 없는 일이에요. 이런 흉악한 일을 하시면 안 됩니다.
내가 이 수치를 무릅쓰고 어디로 가겠습니까? 오라버니는 이스라엘에서 흉악한 자 중 하나가 될 것입니다.
그러니 이제라도 제발, 왕께 말씀을 드려 보십시오. 나를 오라버니에게 주기를 거절하지 않으실 것입니다.

그러나 암논은 다말의 말을 들으려 하지 않았다. 암논은 다말보다 힘이 세었으므로, 다말을 억지로 겁탈하고 말았다.

그리하고 나니, 다말에 대한 암논의 마음이 미워하는 마음으로 변했다. 전에 다말을 연모했던 것보다, 지금 미워하는 마음이 훨씬 더 컸다.

암논이 다말에게 말했다.

> 일어나 가거라!

다말이 암논에게 말했다.

> 그렇게 하시면 안 됩니다! 저를 쫓아 보내는 이 큰 악한 일은, 아까 내게 행했던 그 악한 일보다 더욱 큰 죄를 짓는 것입니다.

그러나 암논은 다말의 말을 들으려 하지 않았다

암논은 자기의 부리는 종을 다시 들어오게 하여 말했다.

> 이 계집을 당장 밖으로 끌어내어라. 그런 다음에 문을 잠가 버려라.

그래서 암논의 종이 다말을 집 밖으로 끌어낸 다음에 문을 잠가 버렸다.

그때에 다말은, 소매에 색동으로 수를 놓은 긴 채색 옷을 입고 있었다. 공주들은 시집가기 전에는 이런 옷으로 단장하는 법이었다.

다말은, 머리에 재를 뒤집어쓰고, 그 긴 채색 옷을 찢고, 손을 머리 위에 얹고 크게 울면서, 암논의 대문 밖에서 처량하게 걸어갔다.

다말의 오라비인 압살롬이 다말에게 말했다.

> 너의 오라비인 암논이 너를 강간했다고? 하지만 그도 너의 오라비니 지금은 잠자코 있어라.

그리하여 다말은 자기 오라비인 압살롬의 집에서 처량하게 지냈다.

다윗 왕이 이 모든 소식을 듣고 크게 화를 냈다

압살롬은, 암논이 그의 누이 다말에게 욕을 보인 일로, 그를 미워했으므로, 암논에게 옳다거나 그르다는 말을 전혀 하지 않았다.

이년 후, 압살롬이 에브라임 근처의 바알하솔에서 자기 양 떼의 털을 깎는 일이 있었다.

양털을 깎을 때는 크게 잔치를 여는 풍습이 있어, 압살롬은 왕자들을 모두 초대했다.

압살롬이 왕에게 가서 말했다.

> 이제 종에게 양털을 깎는 일이 있습니다. 청하건대, 왕께서도 신하들을 데리고 이 종과 함께 가십시다.

다윗 왕이 압살롬에게 말했다.

> 내 아들아, 우리가 다 갈 것이 없다. 우리가 가면 너에게 부담만 끼치게 될 뿐이다.

그래도 압살롬은 다윗에게 와 달라고 간절히 청했다. 다윗은 가지 않고 압살롬에게 복을 빌어 주기만 했다.

압살롬이 말했다.

> 왕께서 가시지 않겠다면, 내 형 암논으로 우리와 함께 가게 해 주십시오.

다윗 왕이 압살롬에게 물었다.

> 암논이 너와 함께 가야 할 이유가 무엇이냐?

그래도 압살롬이 계속해서 암논을 보내 달라고 간청했다. 그러자 다윗이 암논과 왕자들을 모두 압살롬과 함께 가게 했다.

압살롬은 이미 자기 종들에게 명령을 내렸다.

> 너희들은 암논의 마음이 술로 즐거워할 때를 자세히 보다가, 내가 너희에게 암논을 치라고 신호를 하거든, 그를 죽여라!
> 두려워하지 말라, 내가 너희에게 명령한 것이 아니냐? 너희는 담대히 용맹을 내어 해치워 버려라.

그리하여 압살롬의 젊은 종들이, 압살롬이 명령한 대로 암논을 죽였다. 그러자 다윗의 다른 아들들은 일어나 각기 나귀에 올라타고 도망쳤다.

왕자들이 아직도 길에 달아나는 동안에, 소문이 다윗에게 전해졌다.

> 압살롬이 왕의 모든 아들을 죽이고, 아무도 살아남지 못하였다.

다윗 왕은 곧 일어나서 자기 옷을 찢고 땅에 엎드렸으며, 그의 신하들도 다 옷을 찢고 그의 곁에 모시고 서 있었다.

이때 다윗의 형 시므이의 아들 요나답이 다윗에게 말했다.

> 내 주여! 젊은 왕자들이 다 죽임을 당한 줄로 생각지 마옵소서. 오직 암논만 죽었을 것입니다.
> 그가 압살롬의 누이 다말을 욕되게 한 날부터 압살롬이 결심한 것입니다.
> 그러하온즉, 내 주 왕이여! 왕자들이 다 죽은 줄로 생각하여 너무 상심하지 마십시오. 오직 암논만 죽었을 것입니다.

그러는 사이에 압살롬은 도망쳐 버렸다.

예루살렘 파수꾼이, 눈을 들어 바라보니 뒷산 언덕길로 여러 사람이 떼를 지어 달려오고 있었다.

그래서 그가 그 사실을 궁에 알렸다.

요나답이 다윗 왕에게 말했다.

> 왕자들이 옵니다. 종이 말한 대로 되었나이다.

요나답이 이 말을 하자마자 왕자들이 이르러, 그들은 크게 소리 내어 울었다.

다윗과 그의 신하들도 크게 울었다.

압살롬은 도망하여, 암미훌의 아들, 그술 왕 달매에게로 갔다. 달매의 딸은 다윗 왕의 세 번째 아내 마아가였으며, 압살롬은 마아가의 아들이었다.

다윗은 날마다 죽은 아들 암논을 생각하며 슬프게 보냈다. 압살롬은 그술로 도망친 후에 그곳에서 삼 년 동안 머물렀다.

다윗 왕의 마음이, 압살롬에게 향하여 보고 싶은 생각이 간절하였다.

이는 암논은 이미 죽었고, 그래도 압살롬이 죽지 않고 살아 있다는 사실에 위로를 받았음이다.

압살롬과 요압(삼하 14:1-33)

스루야의 아들 요압이 다윗 왕의 마음이 압살롬을 매우 그리워하고 있다는 것을 알게 되었다.

그래서 요압은 사람들을 드고아로 보내어 어떤 슬기로운 여인을 데리고 오게 했다.

요압이 그 여인에게 말했다.

> 청하건대, 그대는 초상당한 상주처럼 상복을 입고, 머리에 기름을 바르지 말고, 죽은 사람을 위하여 오래 슬퍼하는 여인같이 하고, 왕에게 가서 내가 일러 주는 말을 전하시오.

그러고서 요압은 왕에게 할 말을 그녀의 입에 넣어 주었다.

드고아에서 온 여인이 왕에게 말할 때에 얼굴을 땅에 대고 엎드렸다.

그리고 "왕이시여, 저를 도와주십시오"라고 애원하였다.

다윗 왕이 여인에게 물었다.

> 대체 무슨 일이냐?

여자가 말했다.

> 나는 참 과부입니다. 저에게는 아들 둘이 있었습니다. 그런데 하루는 그들이 들에서 서로 싸우다가, 말려 주는 사람이 아무도 없으므로, 한 아들이 다른 아들을 쳐 죽였습니다.
> 모든 친족들이 일어나서 왕의 계집종인 나를 핍박하여 말하였습니다.
> '그 동생을 죽인 아들을 내어 놓으라. 우리가 그 동생을 죽인 죄를 갚아, 그를 죽여 상속자 될 것까지 끊겠노라.' 하옵니다.
> 그러한즉 그들이 내게 남아 있는 아들을 죽여, 숯불을 꺼 버릴 것같이, 내 남편의 이름과 씨를 세상에 남기지 못하게 하려 합니다.

이 말을 듣고 왕이 여인에게 말했다.

> 네 집으로 돌아가거라. 내가 너를 위하여 명령을 내리겠다.

드고아의 여자가 왕에게 말했다.

내 주 왕이여! 왕께서 무슨 명령을 내리시든지, 그 죄는 나와 내 아버지의 집안으로 돌릴 것입니다.
왕과 왕의 권위에는 아무런 허물이 없습니다.

다윗 왕이 말했다.

누구든지 네게 말하는 사람을 내게로 데려오라. 그가 다시는 너를 건드리지도 못하리라.

여인이 말했다.

왕의 하나님이신 여호와의 이름으로 약속해 주십시오.
청하건대, 왕은 왕의 하나님 여호와를 생각하시어, 원수 갚는 자들로 더 죽이지 못하게 하옵소서. 내 아들을 죽일까 두려워하나이다.

다윗이 말했다.

여호와의 사심을 가리켜 맹세하노니, 네 아들의 머리카락 하나라도 땅에 떨어지지 아니하리라.

그 여인이 또 간청하였다.

이 계집종을 용납하여 왕께 한 말씀만 더 드리도록 허락하여 주시기 바랍니다.

왕이 말하였다.

그렇게 하여라.

그러자 여인이 말했다.

그런데 왕께서는, 어찌하여 하나님의 백성에게 대하여 이런 일을 하셨습니까?
왕께서 이렇게 말씀하시고 보니, 죄 있는 사람처럼 되셨습니다. 이것은 왕이 내어 쫓긴 자를 집으로 돌아오지 않기 때문입니다.
우리는, 결국 다 죽게 될 것입니다. 우리의 생명은 한 번 땅에 쏟으면 다시 담을 수 없는 물과 같을 뿐입니다.
하나님은, 생명을 빼앗지 아니하시고, 살 길을 베푸시어, 내어 쫓긴 자로 하여금 하나님께 버린 자가 되지 않게 하십니다.
이제 내가 와서, 내 주 왕께 이 말씀을 여쭙는 것은, 백성들이 나를 두렵게 하므로, 왕의 계집종인 내 스스로에게 말했습니다.

'내가 왕께 여쭈면, 혹시 왕께서 내가 간구하는 바를 들어주시리라, 또 왕께서 들으시고 나와 함께 내 아들을 하나님의 기업인 이스라엘 땅에서, 내 아들을 끊을 자의 손에서 종을 구원하시리라.'라고 확신하였기 때문입니다.
계집종이 또 내 스스로에게 말했습니다.
'내 주 왕의 말씀이, 나의 위로가 되기를 원한다.' 하였사오니, 이는 내 주 왕께서는, 하나님의 천사같이 선과 악을 분간하시기 때문입니다.
원하건대 왕의 하나님 여호와께서 왕과 같이 계시옵소서.

왕이 그 여인에게 대답하여 말했다.

내가 네게 묻는 것을 숨기지 말라.

여인이 말했다.

내 주 왕은 말씀하옵소서.

그러자 다윗 왕이 말했다.

이 모든 일에 요압이 너와 함께하였느냐?

여인이 대답하여 말했다.

내 주 왕의 사심을 가리켜 맹세하옵나니, 무릇 내 주 왕의 말씀을 좌로나 우로나 옮길 자가 없으리이다.
왕의 종 요압이 내게 명령하였고, 그가 이 모든 말을 왕의 계집종의 입에 넣어 주었사오니, 이는 왕의 종 요압이, 이 일을 꾸민 것은 왕의 마음을 돌이키기 위함입니다.
내 주 왕의 지혜는, 하나님의 천사의 지혜와 같아서 땅에 있는 일을 다 아시나이다.

왕이 요압에게 말했다.

내가 이 일을 허락하였으니 소년 압살롬을 데려오너라.

요압은, 얼굴을 땅에 대고 절하고, 왕을 위하여 복을 빌어 주면서 말했다.

내 주 왕이여!
종의 구하는 것을 허락하여 주시니, 종이 왕 앞에서 은혜 받은 줄을 이제서야 알겠습니다.

요압은 일어나 그술로 가서 압살롬을 데리고 예루살렘으로 왔다.

그러나 다윗 왕은 이렇게 말했다.

압살롬을 자기 집으로 물러가게 하여라. 나의 얼굴을 보지 말게 하라.

그래서 압살롬은 자기 집으로 돌아가고, 왕의 얼굴을 보지 못하였다.

온 이스라엘 가운데 압살롬같이 아름다움으로 크게 칭찬 받는 자가 없었으니, 그는 발바닥부터 정수리까지 흠이 없음이었다.

압살롬은, 머리털이 자라면 무거우므로, 해마다 연말이면 깎았는데, 그 머리털을 깎을 때에 무게를 달아 보면 왕의 저울로 이백 세겔이었다.

압살롬에게는, 아들 셋과 딸 하나를 낳았는데, 그 딸의 이름은(자기 누이동생 이름과 같이) 다말이었고, 아름다운 여자였다.

압살롬은 예루살렘에 이 년 동안 있으면서, 아직 한 번도 왕의 얼굴을 뵙지 못하였다.

압살롬이, 요압을 왕에게 보내 보려고, 요압에게 사람을 보냈으나 오지 않았다.

또다시 사람을 보냈으나, 요압은 여전히 오지 않았다.

압살롬이 자기 종들에게 말했다.

보아라! 요압의 밭이 내 밭 근처에 있고, 거기에 보리를 심어 놓았다. 그 밭에 불을 놓아라.

이 말을 듣고 압살롬의 종들이 요압의 밭에 불을 놓았다.

그러자 요압이 일어나 압살롬의 집으로 와서 말했다.

어찌하여 당신의 종들이 내 밭에 불을 놓았습니까.

압살롬이 요압에게 말했다.

내가 일찍 사람을 당신에게 보내어, 당신을 이리로 청한 것은, 내가 당신을 왕께 보내어 말하게 하기를 '어찌하여 내가 그술에서 돌아오게 되었나이까? 이때까지 거기 있는 것이 차라리 내게 나았겠습니다.' 하려 함입니다.

이제는 네가 나로 왕의 얼굴을 보게 하라! 내가 만일 죄가 있으면, 왕이 나를 죽이시는 것이 좋습니다.

그리하여 요압이 왕에게 나아가서 압살롬의 말을 전하였다. 왕이 압살롬을 부르니, 그가 왕께 나아가 그 앞에서 얼굴을 땅에 대고 절을 하자, 왕은 압살롬에게 입을 맞추었다.

다윗과 압살롬(삼하 15:1-37)

이 일이 있은 후에, 압살롬은 자기를 위하여 전차와 말들을 준비하고, 호위병도 오십 명이나 두었다.

압살롬이 아침 일찍이 일어나 성문 길 곁에 서서 있었다.

어떤 사람이든지 소송 문제가 있어, 왕에게 재판을 청하러 올 때에 그 사람을 불러서 말했다.

너는 어느 성 사람이냐?

그 사람의 대답이 '종은 이스라엘 어느 지파에 속하였나이다.' 하면 압살롬이 그에게 말하였다.

네 일이 옳고 바르다마는, 네 소송 문제를 들을 사람을 왕께서 세우지 아니하셨다.

또 압살롬은 말하였다.

내가 이 땅에서 재판관이 되고, 누구든지 소송 문제나 재판할 일이 있어, 내게로 오는 자에게 내가 공정한 판결을 베풀기 원하노라.

또 누가 가까이 와서 엎드려 절을 하려고 하면, 압살롬은 손을 내밀어서, 그 사람을 일으켜 세우고, 그의 뺨에 입을 맞추곤 하였다.

압살롬은, 다윗 왕에게 재판 받으러 나오는 모든 이스라엘 사람들에게 이런 식으로 대하여, 이스라엘 사람들의 마음을 도적질하였다.

그로부터 사 년이 지난 후에, 압살롬이 다윗 왕에게 말했다.

내가 여호와께 서약한 것이 있습니다. 지금 헤브론으로 가서 그 서약을 지키게 해 주십시오.
종이 아람 그술에 있을 때, 나는 여호와께서 나를 예루살렘으로 다시 돌아가게 해 주시면, 여호와를 헤브론에서 섬기겠다고 서약하였습니다.

그러자 왕이 말했다.

평안히 가거라.

그래서 압살롬은 헤브론으로 갔다.

이에 압살롬이 정탐을 이스라엘의 모든 지파에 두루 보냈다. 정탐들은 백성들에게 "너희는 나팔 소리를 듣거든, '압살롬이 헤브론에서 왕이 되었다!' 하고 외치시오."라고 말했다.

압살롬은 자기와 함께 갈 사람 이백 명을 초대했다.

그들은, 압살롬과 함께 예루살렘을 떠났지만 압살롬이 무슨 일을 꾸미고 있는지 몰랐다.

압살롬은, 제사를 드리는 동안 사람을 보내, 다윗의 모사였던 길로 사람 아히도벨을 그 성읍 길로에서 초청해 왔는데, 그는 압살롬을 지지하고 나섰다.

반역 음모의 세력이 점점 커지자 압살롬을 따르는 백성들이 많아졌다.

전령이 다윗에게 와서 보고하였다.

이스라엘의 민심이 다 압살롬에게로 돌아갔나이다.

그러자 다윗은 예루살렘에 있는 모든 신하에게 말하였다.

서둘러서, 모두 여기에서 일어나 도망가자.
그렇지 아니하면 우리 한 사람도 압살롬에게서 피하지 못할 것이다.
빨리 가자. 두렵건대 그가 우리를 급히 따라와서 해치고, 칼로 이 도성을 칠 것이다.

왕의 신하들이 왕에게 말했다.

우리 주 왕께서 하고자 하시는 대로 우리가 행할 것입니다.

그래서 왕은 자기 왕궁에 있던 모든 사람들을 데리고 떠났다. 그러나 왕은 왕궁을 지킬 후궁 열 명을 남겨 두었다.

왕은 자기를 따르는 모든 백성들과 함께 떠났다. 그들이 성을 빠져 나갈 때에 먼 궁이라는 '벧메르핫'에 멈춰 섰다.

왕의 신하들이 모두 왕 곁에 서 있는 동안에, 모든 그렛 사람과 모든 블렛 사람이 왕 앞으로 지나가고, 가드에서부터 왕을 따라온 모든 가드 군인 육백 명도 왕 앞으로 지나갔다.

그러나 왕은 가드 사람 잇대를 보더니 이렇게 말하였다.

> 어찌하여 너도 우리와 함께 가려고 하느냐? 너는 쫓겨난 이방 사람이니, 예루살렘으로 돌아가서 새 왕과 함께 머물러 있거라.
> 그대가 온 것이 바로 엊그세와 같은데, 더구나 나는 지금 정처 없이 떠나는 사람이 아니오? 여호와께서 은혜와 진실하심으로 그대와 함께 계셔 주시기를 원하노라.

잇대가 왕에게 대답하였다.

> 살아 계신 여호와와 우리 주 왕의 살아 계심으로 맹세하지만, 저는 왕과 함께 있겠습니다.
> 진실로, 내 주 왕께서 어느 곳에 계시든지를 막론하고, 죽든지 살든지 종도 그곳에 있겠나이다.

다윗이 잇대에게 말했다.

> 정 그렇다면 앞서서 건너가라.

그리하여 가드 사람 잇대도 자기의 부하들과 자기에게 딸린 아이들을 모두 거느리고 건너갔다.

다윗의 일행이 지나갈 때, 온 예루살렘 주민이 소리 높여 울었다.

다윗을 따르는 백성이 앞서 기드론 시내를 건너가자, 왕도 건너갔다. 기드론 시내를 건너간 모든 백성은 광야 쪽으로 향하였다.

사독과 그와 함께한 모든 레위 사람이 하나님의 언약궤를 메어다가 내려놓고, 아비아달도 올라와서 모든 백성이 예루살렘 성에서 나오기를 기다리고 있었다.

왕이 사독에게 말했다.

하나님의 궤를 성안으로 다시 메어 가라.
만일 내가 여호와께 은혜를 입는다면, 다시 나를 인도하시어, 내게 그 하나님의 궤와 그 계신 처소를 보여 주실 것이오.
그러나 여호와께서 말씀하시기를, '내가 너를 기뻐하지 아니한다.' 하시면 내가 여호와께 말씀 드리기를, '종이 여기 있사오니, 선히 여기시는 대로 내게 행하시옵소서.' 하리라.

그리고 나서 왕은 사독에게 다시 말하였다.

그대는 선견자가 아니오?
그대는 그대들의 두 아들 곧 그대의 아들 아히마아스와 아비아달의 아들 요나단을 데리고 평안히 성으로 돌아가시오.
내가 요단 강 나루터에서 그대의 소식을 기다리겠소.
그대는 내가 광야로 들어가기 전에, 예루살렘에서 일어나는 일을 나에게 알려 주시오.

그리하여 사독과 아비아달이 하나님의 궤를 예루살렘으로 다시 메어다 놓고 거기에 머물러 있었다.
다윗이 슬피 울며 머리를 가리고 맨발로 감람 산길을 올라가자, 그와 함께 가는 백성들도 머리를 가리고 울면서 그 길을 올라갔다.
누군가가 다윗에게 말했다.

왕을 배반하여 압살롬과 함께 음모를 꾸민 사람 중에 아히도벨도 있습니다.

그 말을 듣고 다윗이 기도 드렸다.

여호와시여! 아히도벨의 모략을 어리석게 하옵소서.

다윗이, 하나님을 경배하는 감람산 마루턱에 이르렀을 때, 그의 신실한 친구인 아렉 사람 후새가 옷을 찢고 흙을 머리에 뒤집어쓴 채 다윗을 맞으러 왔다.
다윗이 후새에게 말했다.

자네가 나와 함께 간다면, 오히려 나에게 짐만 될 걸세.

그러나 만일 자네가, 성으로 돌아가서 압살롬에게 말하기를, '왕이여, 내가 왕의 종이니이다. 이제까지는 왕의 부친의 종이었지만, 내가 이제는 왕의 종이니이다.' 하면, 네가 나를 위하여 아히도벨의 모략을 패배하게 하리라.
제사장 사독과 아비아달이 그대와 함께 있을 것이오. 그대는 왕궁에서 들은 모든 일을 그들에게 이야기해 주시오.
그리고 사독의 아들 아히마아스와 아비아달의 아들 요나단이 그들과 함께 있소. 그들을 보내어, 그대가 들은 모든 것을 나에게 전해 주시오.

그리하여 다윗의 친구 후새는 예루살렘으로 들어갔다. 바로 그 무렵에는 압살롬도 예루살렘에 이르렀다.

시바와 시므이(삼하 16:1-14)

다윗이 감람 산 마루턱을 지나서 얼마 가지 않을 때, 므비보셋의 종 시바가 안장 지운 두 나귀에 떡 이백 개와 건포도 백 송이와, 여름 과일 백 개와 포도주 한 가죽부대를 싣고, 다윗을 맞았다.

왕이 시바에게 물었다.

네가 무슨 뜻으로 이것을 가져왔느냐?

시바가 대답하였다.

나귀는 왕의 가족이 타고, 떡과 과일은 왕과 함께한 백성이 먹고, 포도주는 그들이 광야에서 지쳤을 때, 마시게 하려고 가져왔습니다.

왕이 물었다.

네 주인의 아들 므비보셋은 어디에 있느냐?

시바가 대답했다.

므비보셋은 예루살렘에 남아 있습니다.
그가 말하기를 '이제는 이스라엘 백성들이, 내 아버지의 나라를 나에게 돌리리라.'라고 생각합니다.

그 말을 듣고 왕이 시바에게 말했다.

좋다. 므비보셋에게 있는 것이 다 네 것이다.

시바가 말했다.

내가 절하나이다. 내 주 왕이여! 나로 왕의 앞에서 은혜를 입게 하옵소서.

다윗 왕과 그의 일행이 바후림에 이르렀을 때, 한 사람이 마을에서 나와 줄곧 그들을 저주했는데, 그는 사울의 집안 사람 중 하나인 게라의 아들 시므이라는 자였다.

그가 다윗과 그의 신하들에게 돌을 던졌으나, 왕은 백성들과 용사들에게 좌우로 싸여 있었다.

시므이가 저주하는 가운데 이와 같이 말하였다.

피를 흘린 자여, 사악한 자여 가거라! 가거라! 사울 족속의 모든 피를 여호와께서 네게로 돌리셨도다.
그 대신에 네가 왕이 되었으나, 여호와께서 나라를 네 아들 압살롬의 손에 붙이셨도다. 보라! 너는 피를 흘린 자인 고로, 화를 자업자득하였느니라.

스루야의 아들 아비새가 왕에게 말했다.

왕이시여, 이 죽은 개가 어찌 내 주 왕을 저주하리이까? 청하건대, 나로 건너가서 그의 머리를 베게 하소서.

그러나 왕이 대답했다.

스루야의 아들들이여, 나의 일에 너희가 왜 상관하느냐?
그가 저주하는 것은, 여호와께서 그에게 다윗을 저주하라 하심이니, 여호와께 대하여, 네가 어찌 그리하였느냐 할 자가 누구겠느냐?

다윗은 또 아비새와 자기의 모든 신하들에게 말했다.

내 몸에서 낳은 아들도, 내 생명을 해하려고 하거든, 하물며 이 베냐민 사람뿐이겠느냐?
여호와께서 그에게 명령하신 것이니 그로 저주하게 내버려 두라.
혹시 여호와께서 나의 원통함을 보고 계실 것이니, 오늘날 그 저주 까닭에 선으로 내게 갚아 주시리라.

다윗과 그 신하들이 길을 갈 때에, 시므이는 산비탈로 따라가면서 저주하고, 다윗을 향하여 돌을 던지며 흙먼지를 날렸다.

왕과 그와 함께한 모든 백성들이, 요단 강에 이르렀을 때 그들은 몹시 지쳐서 그곳에 잠시 머물러 쉬었다.

후새와 아히도벨(삼하 16:15-17:23)

압살롬과 압살롬을 따르는 모든 이스라엘 백성들이 예루살렘에 이르렀고, 아히도벨도 그와 함께 이르렀다.

다윗의 친구 아렉 사람 후새가 압살롬에게 와서 말했다.

> 왕이여 만세! 왕이여 만세!

압살롬이 후새에게 말했다.

> 이것이 그대 친구의 우정에 보답하는 것인가? 왜 그대의 친구와 함께 가지 않았소?

후새가 말했다.

> 그렇지 아니합니다. 내가 여호와와 이 백성, 모든 이스라엘의 택한 자에게 속하여 그와 함께 있을 것입니다.
> 또 내가 이제 누구를 섬기겠습니까? 그 아들이 아닙니까? 내가 전에 왕의 아버지를 섬긴 것같이 왕을 섬기겠습니다.

압살롬이 아히도벨에게 말했다.

> 이제 어떻게 하면 좋겠는지 말해 보시오.

아히도벨이 말했다.

> 왕의 아버지가, 궁을 지키기 위해 이곳에 남겨 둔 후궁들이 있습니다.
> 왕은 그들과 동침하십시오.
> 그러면 왕의 부친이, 왕을 원수로 여기고 있다는 것을 모든 이스라엘 사람들이 다 알게 될 것이며, 왕을 따르는 사람들은 크게 힘을 얻을 것입니다.

그리하여 사람들이 압살롬을 위하여 왕궁 지붕 위에 천막을 쳤다.

그리고 압살롬은 이스라엘 사람들이 보는 앞에서 자기 아버지의 후궁들과 더불어 동침하였다.

그때에 사람들은 아히도벨의 모략이, 하나님께 물어 받은 말씀이나 다름없다고 생각했다.

그래서 다윗은 물론 압살롬도, 그의 모략을 의심 없이 그대로 따랐다.

아히도벨이 또 압살롬에게 말했다.

> 이제 나로 하여금, 사람 일만이천을 택하게 하십시오.
> 오늘 밤에, 내가 일어나서 다윗의 뒤를 따라 그가 지쳐서 힘이 없을 때에, 내가 그를 기습하여 겁에 질리게 하면, 그를 따르는 모든 백성이 달아날 것입니다.
> 그때 나는 다윗만 죽이고, 그와 함께 있는 나머지 백성들은 모두 왕에게 돌아오도록 하겠습니다.
> 왕이 찾는 그 사람만 죽으면, 다른 사람들은 자연히 돌아오게 되고 모든 백성은 평안할 것입니다.

이 말을 들은 압살롬과 이스라엘의 장로들은 좋은 모략이라고 생각했다.

그러나 압살롬은 "아렉 사람 후새를 불러라. 우리가 그의 말도 들어 보자"라고 말했다.

그래서 후새가 압살롬에게 왔다.

압살롬이 말했다.

> 아히도벨은 이런 모략을 가지고 있소.
> 그의 모략대로 하는 것이 좋겠소? 그렇지 않다면 그대 생각을 말해 보시오.

후새가 압살롬에게 말했다.

> 이때에는 아히도벨의 모략이 좋지 않습니다.

후새는 계속해서 이렇게 말했다.

> 왕께서도 아시듯이, 왕의 아버지 다윗과 그의 부하들은 용사입니다. 그들은 곰이 새끼를 빼앗긴 만큼 격분해 있습니다.
> 왕의 아버지는, 병법에 뛰어난 사람이시므로 백성과 함께 자지 아니하고, 아마 그는 지금쯤 굴이나 다른 어떤 곳에 숨어 있을 것입니다.
> 그가 나와서 왕의 군대를 공격하여, 그중 몇을 쓰러뜨리면, 백성들이 그 소식을

> 듣게 될 것이고, 그들은 '압살롬을 따르는 자들이 패배를 당하였다.'라고 말할 것입니다.
> 그렇게 되면 사자처럼 담력이 센 용사라도 당장 낙담할 것입니다. 이는 왕의 부친이 전쟁 영웅이며, 그의 병사들도 아주 용감하다는 것은, 온 이스라엘 사람이 다 아는 일이기 때문입니다.
> 나의 모략은 이러합니다. 온 이스라엘을 단에서부터 브엘세바까지 바닷가의 많은 모래알같이 왕께로 모으시고, 왕께서 친히 거느리고 전쟁터에 나가시는 것입니다.
> 우리가 그 다윗을 만날 만한 곳에서, 그를 기습하기를, 이슬이 땅에 내림 같이 그의 위에 덮치어, 그와 그 함께 있는 모든 사람을 하나도 남겨 두지 아니할 것입니다.
> 만약 다윗이 어떤 성으로 도망친다 합시다. 그러면 모든 이스라엘 백성이, 밧줄을 끌고 가서 성을 동여맨 다음, 그 성을 강으로 끌어들여서, 그곳에 작은 돌 하나도 보이지 않게 할 것입니다.

압살롬과 모든 이스라엘 백성이 말했다.

> 아렉 사람 후새의 계획이 아히도벨의 계획보다 낫다.

그들이 이렇게 말한 까닭은, 여호와께서, 압살롬에게 화를 당하게 하시려고, 아히도벨의 좋은 책략을 좌절시키기로 작정하셨기 때문이었다.

이에 후새는 이 사실을 제사장인 사독과 아비아달에게 말해 주었다.

그는 아히도벨이 압살롬과 이스라엘의 장로들에게 내놓은 모략과 후새 자신이 내놓은 모략도 말했다.

후새가 사독과 아히도벨에게 말했다.

> 당신들은 빨리 다윗에게 사람을 보내, 오늘 밤은, 요단 강 나루터에서 자지 말고 강을 건너 광야로 들어가라고 전하시오. 그렇지 않으면 왕과 그와 함께 있는 백성이 전멸하고 말 것이오.

한편 제사장 아비아달과 사독의 아들들인, 요나단과 아히마아스는 사람들이 볼까 두려워하여, 감히 성에 들어가지 못하고, 예루살렘의 한적한 곳에 있는 에느로겔(엔로겔) 샘터에 머물러 있었다.

그들은 어떤 여종을 통해서 전해 받은 전갈을, 다윗에게 직접 전해 주는 임무를 맡고 있었다. 그런데 어떤 소년이 요나단과 아히마아스를 보고 압살롬에게 고자질했다.

그래서 요나단과 아히마아스는 급히 달려서, 바후림에 있는 어떤 사람의 집으로 숨었다. 그 집의 뜰에는 우물이 있었는데, 요나단과 아히마아스는 그 우물 속으로 내려갔다.

그 후에 집주인의 아내가 덮을 것을 가져다 우물 위를 덮어 버렸다. 그리고 나서 그 위에 곡식을 널어놓았다. 아무도 요나단과 아히마하스가 그곳에 숨어 있다는 것을 알 수 없었다.

압살롬의 종들이 그 여인의 집으로 와서 물었다.

> 아히마아스와 요나단이 어디에 있느냐?

여자가 대답했다.

> 그들이 벌써 시내를 건너가고 없습니다.

그 말을 듣고 압살롬의 종들은 아히마아스와 요나단를 찾으러 나섰다. 그러나 그들은 찾을 수 없었고, 예루살렘으로 되돌아갔다.

그들이 돌아간 후에 두 사람은 우물에서 올라와, 다윗 왕에게 급히 달려가서 보고하였다.

> 오늘 밤 서둘러서 요단 강을 건너가십시오. 아히도벨이, 왕과 왕의 백성을 잡아 죽일 모략을 세워 놓았습니다.

그리하여 다윗과 그의 모든 백성은 요단 강을 건넜다. 날이 샐 무렵에는 한 사람도 빠짐없이 요단 강을 건넜다.

아히도벨은, 이스라엘 백성이 자기의 모략을 받아들이지 않는 것을 보고 나귀에 안장을 지워 고향으로 돌아갔다.

그는 자기 집안일과 재산을 정리한 뒤에, 스스로 목을 매어 죽었다.

아히도벨이 죽자, 사람들은 그를 그의 아버지의 무덤에 묻어 주었다.

다윗과 압살롬의 전쟁(삼하 17:24-18:8)

다윗이 마하나임에 이르렀을 때에, 그때서야 압살롬과 그의 모든 이스라엘 백성은 요단 강을 건넜다.

압살롬은 요압을 대신해서 아마사를 군대의 총사령관으로 임명했다.

아마사는 이스마엘 사람인 이드라(예델)의 아들이었다.

그의 어머니는 나하스(이새)의 딸이자 요압의 어머니 스루야의 동생 아비가일(아비갈)이었다.

압살롬과 모든 이스라엘 백성은 요단 강 건너편 길르앗 땅에 진을 쳤다.

다윗이 마나하임에 이르렀을 때에, 그곳에는 소바와 마길과 바르실래가 왔었다.

나하스의 아들 소바는 랍바라는 암몬 사람들의 성에서 왔고, 암미엘의 아들 마길은 로데발에서 왔고, 바르실래는 길르앗 땅 로글림에서 왔다.

그들은 침대와 대야와 질그릇을 가지고 왔다. 또한 밀과 보리와 밀가루와 볶은 곡식과 콩과 팥과 볶은 녹두도 가지고 왔다.

또한 그들은 또 꿀과 버터와 양과 치즈도 가지고 와서 다윗과 백성들에게 주었다.

왜냐하면 백성들이 광야에서 굶주리고, 지치고, 목마를 것이라고 생각했기 때문이다.

이에 다윗이, 그와 함께한 백성의 수를 세어 보고, 천부장과 백부장을 그 백성 위에 세웠다.

다윗은, 모든 백성을 싸움터에 내어 보낼 때에, 삼분의 일은 요압에게 맡기고, 또 삼분의 일은 스루야의 아들이며 요압의 동생인 아비새에게 맡기고, 나머지 삼분의 일은 가드 사람 잇대에게 맡겼다.

그런 다음에 다윗 왕이 백성들에게 말했다.

> 나도 반드시 그대들과 함께 나가겠소.

그러나 그들이 말했다.

왕은 싸움터에 나가지 마옵소서!
우리가 도망할지라도, 그들은 우리에게 신경 쓰지 아니할 것이며, 우리가 절반이나 죽을지라도, 우리에게 신경 쓰지 아니할 것입니다.
왕은 우리의 만 명보다 더 중요하십니다. 왕은 성에 계시다가, 우리를 도우심이 좋겠습니다.

왕이 백성들에게 말했다.

그대들이 좋다고 생각하는 대로 하겠소.

그리하여 부대가 밖으로 나갈 때, 왕은 그냥 성문 곁에 서 있었다. 백성은 백 명씩, 천 명씩 부대를 지어 나갔다.

왕이 요압과 아비새와 잇대에게 명령을 내렸다.

나를 봐서라도 어린 압살롬을 너그럽게 대해 주시오.

왕이 압살롬을 위하여 모든 지휘관들에게 명령할 때에 백성들이 다 들었다.

다윗의 군대가 압살롬의 이스라엘 사람들과 맞서 싸우기 위해 들로 나가서, 그들은 에브라임 숲에서 싸웠다.

이 싸움에서 다윗의 군대는 이스라엘 사람들을 물리쳐 이겼다. 그날에 죽은 사람만 해도 무려 이만 명이나 되었다.

그 전투는 요단 강 지역 일대에 전면전으로 번졌지만, 전쟁에서 칼에 맞아 죽은 자보다, 숲 속의 내전에서 죽은 자들이 더 많았다.

압살롬의 죽음(삼하 18:9-18)

압살롬은 전투 중에 다윗의 부하들과 마주치자, 노새를 타고 도망하기 시작하였다.

그러나 가지가 무성한 큰 상수리나무 아래로 노새가 지나갈 때, 압살롬의 머리털이 그 나뭇가지에 걸리는 바람에, 그는 공중에 대롱대롱 매달리게 되었는데, 노새는 그 아래로 빠져 나갔다.

이때 다윗의 부하 중 한 사람이 그것을 보고 요압에게 보고하였다.

> 압살롬이 상수리나무에 매달려 있는 것을 보았습니다.

요압이 보고한 사람에게 말했다.

> 네가 압살롬을 보았는데도, 왜 그를 당장에 쳐서 땅에 쓰러뜨리지 않았느냐? 그랬더라면, 내가 너에게 은 열 개와 띠 하나를 주었을 것이다.

그 사람이 요압에게 대답하였다.

> 내가 내 손에 은 천 개를 받는다 할지라도, 나는 왕의 아들에게 손을 대지 않겠습니다.
> 우리는 왕께서 요압 장군님과 아비새와 잇내에게 내리신 명령을 들었습니다.
> 왕께서는 '누구든지 어린 압살롬을 해치지 않도록 조심하라.'(너그러이 대우하라)라고 말씀하셨습니다.
> 내가 만일 왕의 명령을 거역하고 압살롬을 죽였다면 왕은 분명히 누가 그랬는지 밝혀 낼 것이며, 아마 장군께서도 나를 대적하였을 것입니다.

요압이 말했다.

> 여기에서 너하고 이러고 있을 시간이 없다.

요압이 압살롬에게 달려갔다.

압살롬은 그때까지 아직 산 채로 나무에 매달려 있었다. 요압은 창 세 자루를 집어 들어서 압살롬의 가슴을 꿰뚫었다.

그걸 보고 요압의 무기를 들고 다니는 젊은 군인 열 명도 모여 압살롬을 둘러싸고, 그들은 압살롬을 쳐 죽였다.

그리고 나서 요압은 나팔을 불었다.

그러자 다윗의 부대들은 압살롬의 군사들을 뒤쫓는 일을 멈추었다.

그들은 압살롬을 옮겨다가, 숲 속의 깊은 구덩이에 집어던지고, 그 위에다가 아주 큰 돌무더기를 쌓았다.

압살롬을 따르던 모든 이스라엘 사람들은 각기 집으로 도망쳤다.

압살롬이 살아 있을 때에, 자기 이름을 전할 아들이 없었기 때문에 한탄하였으며, 왕의 골짜기라는 곳에 자기 기념비를 세웠다.

그리고 압살롬은, 그 기념비를 자기 이름을 따서 압살롬의 기념비라고 지었는데, 그것은 오늘날까지도 그렇게 불려지고 있다.

요압과 아히마아스(삼하 18:19-19:8)

사독의 아들 아히마아스가 요압에게 말했다.

내가 달려가서, 여호와께서 왕의 원수를 갚아 주신 소식을 전하겠습니다.

요압이 아히마아스에게 말했다.

아히마아스야! 오늘 이 소식을 전하는 자가 되지 말고, 다른 날에 전하여라.
왕의 아들이 죽었으니, 네가 오늘날 이 소식을 전하지 마라.

그리고 나서 요압은 어떤 구스 사람에게 말했다.

가거라. 가서 왕에게 네가 본 대로 말씀 드려라.

구스 사람은 요압에게 절하고 다윗에게 달음질하여 갔다.
그러나 사독의 아들 아히마아스가 요압에게 다시 말했다.

청하건대 제발, 나로 하여금 구스 사람의 뒤를 따라 달음질하게 해 주십시오.

요압이 말했다.

내 아들아! 왜 달음질하려 하느냐? 이 소식으로 인하여는 상을 받지 못할 것이다.

아히마아스가 대답했다.

무슨 일이 일어나더라도, 저는 달음질하여 가겠습니다.

할 수 없이 요압은 아히마아스에게 "가거라!" 하고 말했다.
그리하여 아히마하스는 요단 강 골짜기 길을 달려서 구스 사람을 앞질러 갔다.
그때에 다윗은 성의 안쪽 문과 바깥쪽 문 사이에 앉아 있었다.
파수꾼이 망대에 올라가서 보니, 어떤 사람이 혼자서 달려오고 있었다. 파수꾼이 이 사실을 다윗 왕에게 큰 소리로 알려 주었다.

왕이 말했다.

혼자 온다면 아마 좋은 소식을 가지고 오겠지.

그 사람은 점점 성으로 가까이 왔다. 그때에 파수꾼은 또 다른 사람이 달려오고 있는 것을 보았다.

파수꾼이 문지기에게 외쳤다.

보라! 또 다른 사람이 달려오고 있다!

왕이 말했다.

그 사람도 좋은 소식을 가져오겠지.

파수꾼이 말했다.

앞에서 달려오는 사람은 사독의 아들 아히마아스 같습니다.

왕이 말했다.

아히마아스는 좋은 사람이다. 그 사람이 가지고 오는 소식은 반드시 좋은 소식일 것이다.

아히마아스가 왕에게 가까이 이르러서 인사를 했다.

평안하옵소서.

그리고 얼굴을 땅에 대고 왕에게 절을 하며 이렇게 말했다.

왕의 하나님 여호와를 찬양합니다. 여호와께서 그 손을 들어 내 주 왕에게 대적하는 자들을 붙여 주셨습니다.

왕이 물었다.

어린 압살롬은 잘 있느냐?

아히마아스가 대답했다.

요압이 저를 보낼 때에, 압살롬이 있는 곳에 큰 소란이 일어나는 것을 보았지만 무슨 일인지는 알지 못하였습니다.

그러자 왕이 말했다.

물러나 곁에 서 있어라.

아히마아스는 옆으로 물러나서 가만히 서 있었다.

그때에 구스 사람이 이르러서 말했다.

내 주 왕이시여!
좋은 소식을 가지고 왔습니다. 오늘 여호와께서 왕께 대적하는 모든 원수를 갚으셨습니다.

왕이 구스 사람에게 말했다.

어린 압살롬은 잘 있느냐?

구스 사람이 대답했다.

내 주 왕의 원수들과 일어나서 왕을 대적하는 자들은, 다 그 압살롬처럼 되기를 바랍니다.

그제서야 왕은 압살롬이 죽었다는 것을 알았다. 왕은 마음이 찢어질 듯이 아팠다.

왕은 성문 위에 있는 방으로 올라가서

내 아들 압살롬아! 내 아들 압살롬아!
차라리 내가 너를 대신하여 죽어야 되는 건데, 압살롬아! 내 아들아! 내 아들아!"
하며 울었다.

백성들이 요압에게 말했다.

왕이 압살롬 때문에 너무 슬퍼하며 울고 계십니다.

다윗의 군대는 압살롬과의 싸움에서 이겼으나, 그날은 오히려 모든 백성에게 슬픔의 날이 되고 말았다.

그것은 백성들이 '왕께서 자기 아들 때문에 매우 슬퍼하신다.'라는 이야기를 들었기 때문이다.

그날에 백성들이 싸움에 쫓겨 부끄러워 도망함 같이, 가만히 성으로 들어갔다.

왕은 자기 얼굴을 가리고, "내 아들 압살롬아, 압살롬아! 내 아들아, 내 아들아!" 하고 외치며 소리 높여 울었다.

그때에 요압이 왕의 집으로 들어가서 왕에게 말했다.

> 우리는, 오늘 왕과 왕의 자녀들과 왕비와 후궁들의 생명을 구했는데, 왕은 오히려 생명을 구원한 모든 신하들의 얼굴을 부끄럽게 하였습니다.
> 왕이 왕을 미워하는 자는 사랑하시고 왕을 사랑하는 자는 오히려 미워하시니, 결국 지휘관과 신하들을 멸시하심을 나타내셨습니다.
> 만일 압살롬이, 살고 우리가 모두 죽었더라면, 왕께서는 오히려 기뻐하셨을 것입니다.
> 이제 일어나 나가셔서 우리 병사들을 위로하여 말씀하옵소서.
> 내가 여호와의 이름으로 맹세하지만, 만일 왕이 나가지 아니하시면, 오늘 밤 왕과 함께 머물러 있을 사람이 하나도 없을 것입니다.
> 그렇게 되면 왕은 젊었을 때부터 지금까지 당하신, 그 어떤 불행보다도 더 큰 불행을 당하게 될 것입니다.

그래서 왕은, 일어나 성문 곁에 가서 앉았다. 그가 거기에 있다는 소문이 성 안에 퍼지자 모든 사람이 왕에게 나아왔다.

압살롬을 따르던 모든 이스라엘 사람들은 각기 자기 집으로 도망쳤다.

예루살렘으로 돌아가는 다윗(삼하 19:9-43)

압살롬을 따르던, 이스라엘 모든 지파 백성들이 각처에서 서로 논쟁하며 이렇게 말하였다.

> 다윗 왕은 우리를 우리 원수들에게서 구원하시고, 또 우리를 블레셋 사람에게서 구출하셨다. 그러나 지금은 압살롬을 피해 나라를 떠나 계신다.
> 우리가 기름을 부어서 왕으로 세운 압살롬은 싸움터에서 죽었다.
> 그런데 어째서 다윗 왕을 다시 모셔 오는 일에 대해서 아무도 말이 없는가?

다윗 왕은 제사장 사독과 아비아달에게 사람을 보내어 이렇게 말했다.

유다의 장로들에게 말하시오.
'나는 내 집에서도, 모든 이스라엘 백성들이 왕을 왕궁으로 다시 모셔 오자고 말하는 소리를 들었소. 그런데 그대들은 어찌하여 왕을 왕궁으로 모시는 일에 나중이 되느냐?
그대들은 나의 형제요, 나의 골육지친인데, 어찌하여 왕을 다시 모셔 오는 일에 맨 나중이 되려고 하는지, 물어보기 바라오.'
그리고 압살롬을 따랐던 아마사에게 말하시오.
'너는 내 골육지친이 아니냐?
네가 요압을 대신하여, 항상 내 앞에서 군 총사령관이 되지 아니하면 하나님이 내게 벌 위에 벌을 내리시기를 바라노라.'

이렇게 해서 다윗이 모든 유다 사람들의 마음을 일제히 돌이키자, 그들은 왕에게 사람을 보내어 말하였다.

왕은 모든 신하들로 더불어, 우리에게 돌아오십시오.

그리하여 다윗 왕이 돌아오는 길에 요단 강 가에 이르렀는데, 유다 사람들이 왕을 맞이하여 요단 강을 건너게 하려고, 이미 길갈에 와 있었다.

그때 바후림에 있는 베냐민 사람 게라의 아들 시므이가 다윗 왕을 맞이하려고, 유다 사람들과 함께 급히 내려왔을 때, 베냐민 사람 천 명도 시므이와 함께 왔는데, 그 가운데는 사울의 종 시바와 그의 아들 십오 명과 이십 명의 종도 포함되어 있었다.

그들은 모두 서둘러 왕을 맞이하려고 요단 강을 밟고 건너갔으며, 왕의 가족을 태워 나르며 왕을 도우려고 나룻배로 강을 건너갔다.

왕이 요단 강을 건너려 할 때, 게라의 아들 시므이가 왕 앞에 엎드려 말했다.

내 주여, 원하건대 내게 죄 주지 마옵소서!
내 주 왕께서 예루살렘에서 나오시던 날에, 종의 패역무도한 일을 기억하지 마옵시며, 마음에 두지 마옵소서.
왕의 종인 내가 범죄한 줄 아옵는 고로, 오늘 요셉의 온 족속 중 내가 먼저 내려와서, 내 주 왕을 영접하나이다.

그러자 스루야의 아들 아비새가 대답하여 말했다.

시므이가 여호와의 기름 부으신 자를 저주하였으니. 그 일로 인하여 죽어야 마땅하지 아니합니까?

다윗이 말했다.

스루야의 아들들이여, 이 일이 그대들과 무슨 상관이 있기로, 그대들이 오늘 나의 대적이 되려 하느냐? 오늘 같은 날에 어찌 이스라엘에서 사람이 죽어서야 되겠으며, 내가 오늘 이스라엘의 왕이 된 것을 내가 알지 못하겠느냐?

그리고 나서 왕이 시므이에게 말했다.

너는 죽임을 당하지 않을 것이다.

왕이 이처럼 시므이에게 맹세를 했다.

사울의 손자 므비보셋도 다윗 왕을 맞이하러 내려왔다.

므비보셋은, 다윗 왕이 예루살렘을 떠난 날부터 평안히 돌아올 때까지 발도 씻지 않고 수염도 깎지 않고 옷도 빨지 않았다.

므비보셋이 예루살렘에서 왕을 맞으러 왔을 때, 다윗 왕이 므비보셋에게 물었다.

므비보셋아 , 너는 어찌하여 나와 함께 가지 않았느냐?

므비보셋이 대답했다.

내 주 왕이여, 저의 종 시바가 저를 속였습니다.
저는 시바에게 '나는 다리를 저니 나귀에 안장을 채워 다오. 나귀를 타고 왕을 따라가겠다' 하고 말했습니다.
그러나 시바는 저를 속이고 저에 대해 왕께 거짓말을 했습니다.
내 주 왕이시여, 왕께서는 하나님이 보내신 천사와도 같으신 분입니다. 그러니 왕께서 판단하시기에 옳은 대로 결정하십시오.
제 아버지의 모든 집안은 내 주 왕 앞에서 죽어 마땅했으나, 왕께서는 저를 왕의 식탁에서 함께 먹는 사람들 가운데 앉혀 주셨습니다.
그러니, 무슨 옳고 그름이 있어서 다시 왕께 부르짖을 수 있사오리이까?

왕이 므비보셋에게 말했다.

네가 어찌하여 또 네 일을 말하느냐? 너와 시바가 땅을 나누어 가져라.

므비보셋이 왕에게 말했다.

내 주 왕께서 궁에 평안히 돌아오시게 되었으니, 그로 하여금 그 땅 전부를 차지하게 하옵소서.

그때에, 길르앗 사람 바르실래도 로글림에서 내려와서, 왕이 요단 강을 건너는 일을 도우려고 요단 강 가에 이르렀다.

바르실래는 여든 살이나 되는 아주 늙은 사람이었고, 아주 부자였다.

그는 다윗이 마하나임에 머물러 있을 때, 왕과 그와 함께 있던 사람들에게, 음식을 제공해 주었다.

다윗이 바르실래에게 말했다.

나와 함께 강을 건너서 예루살렘으로 갑시다. 그러면 내가 그대를 보살펴 드리겠소.

그러나 바르실래가 왕에게 대답했다.

내 생명의 날이 얼마나 남았다고 왕과 함께 예루살렘으로 올라가겠습니까?
내 나이 이제 팔십 세입니다. 어떻게 좋고 흉한 것을 분간할 수 있사오며, 음식의 맛을 알 수 있겠습니까?
또 어떻게 다시 노래하는 남자나 여인의 소리를 알아들을 수 있겠습니까?
어찌하여, 종이 내 주 왕께 오히려 부담만 끼치겠습니까?
종은 왕을 모시고 요단을 건너려는 것뿐이었는데, 왕께서 어찌하여 이 같은 상으로 내게 갚으려 하시렵니까?
청하건대, 종을 부모가 묻혀 있는 고향 땅으로 돌아가게 해 주십시오. 나는 거기서 죽고 싶습니다.
그러나 여기에 왕을 섬길 내 아들 김함이 있습니다. 그를 왕과 함께 건너가게 하시고, 그에게 왕이 좋을 대로 해 주십시오.

왕이 대답했다.

김함이 나와 함께 건너가리니, 내가 너의 좋아하는 대로 저에게 베풀겠고, 또 네가 내게 구하는 것은 다 너를 위하여 시행하리라.

모든 백성은 요단 강을 건너갔다.

왕도 바르실래에게 입맞추고 그에게 축복한 뒤, 강을 건너갔다.

바르실래도 자기 집으로 돌아갔다.

왕이 요단 강을 건너 길갈로 갈 때에, 김함도 함께 갔다. 유다의 모든 백성과 이스라엘의 백성 절반이 왕을 모시고 나아갔다.

이스라엘의 모든 백성이 왕에게 나아와 불평했다.

> 우리 형제 유다 사람들이, 어찌 왕을 도적질하듯이 왕과 왕의 가족과 왕을 좇는 모든 사람을 인도하여 요단 강을 건넜습니까?

유다의 모든 백성이 이스라엘 사람들에게 대답했다.

> 왕이 우리 지파 사람이기 때문에 그렇게 했을 뿐이다. 어째서 너희는 이런 일로 화를 내느냐?
> 우리가 왕의 물건을 조금이라도 축을 내었느냐? 왕께서 우리에게 선물 주신 것이 있느냐?

이스라엘 사람들이 유다 백성에게 대답했다.

> 비록 왕이 너희 지파 사람이긴 하지만, 우리는 열 지파나 된다.
> 그래서 우리는 다윗에게 대하여 너희보다 더욱 관계가 있다. 그런데 어째서 너희는 우리를 멸시하느냐? 우리 왕을 모셔오는 일에 먼저 우리와 의논을 했어야 하지 않았느냐?

그러나 유다 사람들의 말이 이스라엘 사람들의 말보다 더 강경하였다.

세바와 지혜로운 여자(삼하 20:1-26)

마침 그곳 길갈에 베냐민 지파 사람 비그리의 아들인 세바라고 하는 불량스러운 한 사람이 있었다.

그가 나팔을 불며 이렇게 외쳤다.

> 우리는 다윗과 나눌 것이 없으며, 이새의 아들 다윗에게서 얻을 몫은 아무것도 없다.
> 자, 이스라엘 사람들아, 집으로 돌아가자!

그래서 모든 이스라엘 사람들은 다윗을 떠나 세바를 좇았다.

그러나 유다 사람들은 요단 강에서 예루살렘에 이르기까지 자기 왕의 곁을 떠나지 않았다.

다윗은 예루살렘에 있는 왕궁으로 돌아왔다.

궁을 지키기 위해 남겨 두었던 열 명의 후궁들을 잡아다가 별실에 가두어 넣고, 그들의 먹을 것만 공급해 주고, 그들과 동침을 하지 않았다.

그래서 그들은 죽는 날까지 갇혀서 생과부로 지냈다.

왕이 아마사에게 말했다.

> 유다 사람들에게 삼일 안으로 나에게 나아오라고 전하시오. 그리고 그대도 함께 오시오.

그리하여 아마사는 유다 사람들을 부르러 갔다. 그러나 아마사는 왕이 정한 기간이 지체되었다.

다윗이 아비새에게 말했다.

> 우리에게 비그리의 아들 세바는 압살롬보다 더 위험하오.
> 내 부하들을 거느리고 가서 세바를 뒤쫓으시오. 세바가 강하고 튼튼한 성에 들어가게 되면 잡을 수가 없게 되오.

그리하여 요압의 부하들과 그렛 사람과 블렛 사람, 그리고 모든 용사들이 아비새와 함께 갔다.

그들은 예루살렘에서 나와 비그리의 아들 세바를 뒤쫓았다.

요압과 그 군대가 기브온의 커다란 바위에 이르렀을 때, 아마사가 나와서 요압을 맞이했다.

그때 요압은, 군복을 입고 있었고 허리에는 띠를 차고 있었다.

칼집에 꽂은 칼을 허리에 매었는데, 요압이 앞으로 나서면서 그 칼집을 풀어놓았다.

요압이 아마사에게 말했다.

> 나의 형제여, 모든 일이 평안하시오?

그러면서 요압은 오른손으로 아마사의 수염을 잡고 입을 맞추었다.

아마사는 요압의 손의 칼에 주의를 하지 않았다.

요압은, 칼로 아마사의 배를 찔렀다. 그러자 아마사의 창자가 땅 위에 쏟아졌다.

아마사는, 그 자리에서 죽었기 때문에, 요압이 다시 아마사를 칼로 찌를 필요가 없었다.

그리고 나서 요압과 그의 동생 아비새는 계속해서 비그리의 아들 세바를 뒤쫓았다.

요압의 부하 중 한 사람이 아마사의 시체 곁에 서 있다가 말했다.

> 요압을 좋아하는 자와 다윗을 위하는 자는 요압을 따르도록 하여라!

아마사는 피투성이가 된 채 길 한가운데에 쓰러져 있었다.

요압의 부하들은, 지나가는 사람마다 그 시체를 보려고 멈추는 것을 보고, 아마사의 시체를 큰길에서 끌어다가 밭에 놓아두었다.

그 밭에 이르는 사람도 다 멈추어 서는 것을 보고, 그 옷을 시체 위에 덮었다. 아마사의 시체가 큰길에서 치워지자, 사람들은 요압을 따라, 비그리의 아들 세바를 뒤쫓았다.

요압이 모든 이스라엘 지파 가운데로 두루 다니다가, 아벨 지역과 벳마아가 지역과 베림의 온 지역까지 이르렀다.

그곳 사람들이 모두 모여서, 그의 뒤를 따랐다. 이에 요압과 그의 부하들은 세바가 있다는 벧마아가의 아벨로 가서 그 성을 에워쌌다.

성을 공격하기 위해 성벽 곁에 흙을 쌓아 올렸다. 또 성벽을 무너뜨리기 위해 성벽 아래를 파기 시작했다.

그런데 그 성에서 어떤 지혜로운 여인 하나가 소리를 질렀다.

> 제 말을 들어보십시오! 좀 들어보시기 바랍니다.
> 제가 장군께 드릴 말씀이 있으니, 요압 장군께 이리로 가까이 오시라고 말씀을 좀 전하여 주십시오.

그래서 요압이 여인이 있는 쪽으로 왔다.

여인이 "요압 장군이십니까?" 하고 물었다.
요압이 "그렇소" 하고 대답했다.

여자가 말했다.

여종의 말을 들어주십시오.

요압이 말했다.

내가 들으리라.

그러자 그 여인이 말했다.

옛날부터 사람들은 '해결할 문제가 있거든 아벨에 가서 물어 보라' 하고 그 일을 해결하였습니다.
저는 평화를 좋아하는, 충성스런 이스라엘 백성 중의 한 사람입니다.
장군께서는 이스라엘 가운데, 어머니 같은 중요한 성 하나를 멸망시키려 하고 있습니다. 어찌하여 장군께서는 여호와의 기업인 이 성을 삼키고자 하십니까?

요압이 대답했다.

나는 결단코 그렇게 하려는 것이 아니다. 결단코 그렇게 할 수가 없소. 나는 삼키거나 멸망시키려는 것이 아니오.
그 일이 그렇게 된 것이 아니오. 이 일이 이렇게 된 이유는, 에브라임 산간 지방 사람 비그리의 아들 세바라 하는 자가 손을 들어 왕 다윗을 대적하였소.
그래서 너희가 그 세바만 내어 주면, 내가 이 성읍에서 떠나겠소.

여인이 요압에게 말했다.

그 사람의 머리를 장군님이 있는 성문 밖으로 던지겠습니다.

그리고 나서 그 여자는, 성의 모든 백성에게 매우 지혜롭게 말을 했다. 그들은 비그리의 아들 세바의 머리를 베었다.
그리고 그 머리를 성문 밖의 요압에게로 던졌다. 그래서 요압은 나팔을 불어 자기 부하들을 성에서 물러나게 하였다.
그 후에 병사들은 자기들의 집으로 돌아가고, 요압은 예루살렘으로 돌아와서 왕에게 나아갔다.

요압은 다시 이스라엘의 모든 군대의 총사령관이 되었다. 여호야다의 아들 브나야는 그렛 사람과 블렛 사람을 지휘했다.

아도니람은, 인력 공사의 감역관이 되었고, 아힐룻의 아들 여호사밧은 역사 기록관이 되었다.

스와는, 서기관이 되었고, 사독과 아비아달은 제사장이 되었다. 야일 사람 이라는 다윗의 제사장이 되었다.

기브온 사람과 아야의 딸 리스바(삼하 21:1-14)

다윗이 왕으로 있을 때에 흉년이 있었는데, 삼 년 동안 계속되었다. 그래서 다윗은 여호와께 기도를 드렸다.

여호와께서 말씀해 주셨다.

> 이는 사울과 그의 집안 때문에 흉년이 생긴 것이다. 사울과 그 집안 사람들이 피를 흘려 기브온 사람들을 죽였기 때문이다.

기브온 사람은 이스라엘 족속이 아니며, 아모리 사람 중에서 남은 자들이다.

가나안 정복 때에 여호수아와 이스라엘 족속들이 그들을 죽이지 않기로 맹세하였지만, 사울 왕이 이스라엘과 유다 족속을 위하여 열심이 있으므로, 그들을 죽이기를 서슴지 않았다.

다윗은, 기브온 사람들을 불러 모아 그들에게 물었다.

> 내가 너희를 위하여 어떻게 하면 되겠느냐? 내가 어떻게 속죄하여야 너희가 여호와의 기업인 이스라엘 백성을 위하여 복을 빌어 주겠느냐?

기브온 사람들이 다윗에게 대답했다.

> 사울과 그의 집안과 우리 사이의 일은 금이나 은으로 해결할 수 없는 문제입니다. 그런데 우리는 이스라엘 사람을 죽일 권한이 없습니다.

다윗이 그들에게 말했다.

너희의 말하는 대로 시행하겠다.

기브온 사람들이 다윗에게 대답했다.

사울은, 우리를 학살하였고, 또 우리를 전멸시켜 이스라엘 땅에 한 사람도 남겨 두지 않으려고 했습니다.
이 일을 꾸민 사람들인 사울의 자손 일곱 명을 우리에게 넘겨주십시오.
그러면 여호와께서 택하신 사울의 고향 기브아에서, 우리가 그들을 여호와 앞에서 목매어 달겠습니다.

왕이 약속하였다.

내가 그들을 넘겨주겠소.

그러나 다윗은, 자기와 요나단 사이에 서로 맹세한 것이 있으므로, 사울의 손자이며 요나단의 아들인 므비보셋은 아껴 내어 주지 않았다.

그 대신에 왕은, 아야의 딸 리스바가 사울과의 사이에서 낳은 두 아들인 알모니와 므비보셋을 붙잡고, 또 사울의 큰딸 메랍이 므홀랏 사람 바르실래의 아들인 아드리엘과의 사이에서 낳은 아들 다섯을 붙잡아다가, 기브온 사람의 손에 넘겨주었다.

기브온 사람이 여호와 앞에서 그들을 산에 있는 나무에 매달아 놓으니, 그 일곱이 다 함께 죽었다.

그들이 죽었을 때는 곡식 베는 처음 날 곧 보리를 거두기 시작할 때였다.

아야의 딸 리스바는 거친 베로 만든 천을 가져다가 자기를 위하여 바위 위에 그것을 폈다.

그리고 리스바는 곡식 베기 시작될 때부터 하늘에서 비가 시체에 내릴 때까지, 낮에는 공중의 새들이 자기 아들들의 시체에 앉지 못하게 막았고, 또 밤이 되면 들짐승들이 시체를 건드리지 못하도록 막았다.

사람들이 사울의 후궁이었던 아야의 딸 리스바가 하고 있는 일을 다윗에게 이야기했다.

그러자 다윗은, 사울과 그 아들 요나단의 뼈를 길르앗의 야베스 사람들에게서 찾아왔다.

이는 전에 블레셋 사람들이 길보아 산에서 사울을 죽인 후, 시체들을 벧산 거리에 매달았었다.

그때, 길르앗의 야베스 사람들이 몰래 그 시체들을 가져온 것이었다.

다윗이 사울의 뼈와 그의 아들 요나단의 뼈를 가지고 올라오자, 사람들이 그 달려 죽은 사울 자손의 일곱 명의 뼈도, 베냐민 땅 셀라에 있는 사울의 아버지 기스의 무덤에 함께 묻어 주었다.

사람들이 다윗이 지시한 모든 명령을 따라서 그대로 한 뒤에야, 하나님이 그 땅을 돌보아 주시기를 비는 그들의 기도를 들어주셨다.

다윗의 부하와 블레셋의 거인의 아들들 (삼하 21:15-22; 대상 20:4-8)

블레셋과 이스라엘 사이에 또다시 게셀에서 전쟁이 일어났다.

다윗은 자기 부하들을 거느리고 블레셋 사람들과 싸우러 나갔다.

그러나 다윗은 지치고 약해졌다.

거인의 아들 중에 이스비브놉이라는 사람이 있었다. 이스비브놉의 놋쇠 창은 무게가 삼백 세겔 가까이 나갔다.

이스비브놉은 또 새 칼을 가지고 다윗을 죽일 계획을 세웠다.

그러나 스루야의 아들 아비새가 이 블레셋 사람을 죽이고 다윗의 목숨을 구해 주었다.

그때에 다윗의 부하들이 다윗에게 한 가지 다짐을 받으려 했다.

그들이 말했다.

> 다시는 우리와 함께 싸움터에 나오지 마십시오. 만약 왕이 돌아가시면, 이스라엘의 등불이 꺼지는 것과 같습니다.

그 후, 곱에서 다시 블레셋과 싸움이 있었다.

후사 사람 십브개가 거인의 아들 중 하나인 삽(십배)을 죽였다.

그 후, 곱에서 또다시 블레셋과 싸움이 있었다.

베들레헴 사람 야레오르김(야일)의 아들 엘하난이 가드 사람 골리앗의 동생 라흐미를 죽였다.

라흐미의 창은 베틀 채만큼 컸다.

가드에서 또다시 전쟁이 일어났다.

거기에는 굉장히 큰 거인이 있었다. 그 사람의 손가락은 한 손에 여섯 개씩 있었고, 발가락도 한쪽에 여섯 개씩 있었다.

그러니까 그 사람은 손가락과 발가락은 모두 스물 네 개였다. 이 사람도 역시 거인의 아들이었다.

이 사람은 이스라엘에 맞서 싸우다가 다윗의 형 삼마의 아들인 요나단에게 죽임을 당했다.

이들 네 사람은, 모두 가드에 사는 거인의 아들들이었다. 그들은 모두 다윗과 그의 부하들에게 죽임을 당했다.

다윗의 찬양(삼하 22:1-23:7; 시 18:2-50)

여호와께서 다윗을 모든 대적의 손과 사울의 손에서 구원하신 그 날에, 다윗이 승전가의 노랫말로 여호와께 아뢰었다.

> 여호와는 나의 반석, 나의 요새시며 나의 구원자이시요,
> 나의 하나님은 나의 피할 바위시요 나의 방패시며 나의 구원의 뿔이시로다.
> 그는 나의 높은 망대와 피난처와 구원자가 되시어
> 나를 흉악한 원수들에게서 구원하셨도다.
> 내가 찬송 받으실 여호와께 아뢰리니, 내 원수들에게서 구원을 얻으리로다.
> 사망의 물결이 나를 에워싸고, 불의의 홍수가 나를 두렵게 하였으며,
> 죽음의 줄이 나를 두르고, 사망의 올무가 내게 이르렀도다.
> 내가 환난 중에서 여호와께 아뢰며, 나의 하나님께 아뢰었더니,
> 그가 그 성전에서 내 소리를 들으심이여, 나의 부르짖음이 그 귀에 들렸도다.
> 이에 땅이 진동하고 떨며 하늘 기초가 요동하고 흔들렸으니 그의 진노를 인함

이로다.
그의 코에서 연기가 오르고, 그의 입에서 불이 나와 사름이여 그 불에 숯이 피었도다.
그가 또 하늘을 드리우고 강림하시니, 그 발 아래는 어둑캄캄하도다.
그룹을 타고 날으심이여! 바람 날개 위에 나타나셨도다.
그가 흑암 곧 모인 물과 공중의 빽빽한 구름으로 둘린 장막을 삼으심이여!
그 앞에 있는 광채로 인하여 숯불이 피었도다.
여호와께서, 하늘에서 뇌성을 발하시며 지존하신 자가 음성을 내심이여! 화살을 날려 그들을 흩으시며 번개로 쳐부셨도다.
이럴 때에 여호와의 꾸지람과 콧김을 인하여 물밑이 드러나고 땅의 기초가 나타났도다.
그가 높은 곳에서 나를 붙들어 깊은 물에서 나를 건져 내셨도다.
나의 원수와 나를 미워하는 자는 나보다 힘세고 강하였기 때문에 여호와께서 그들로부터 나를 건지셨도다.
그들이 나의 재앙의 날에 내게 이르렀으나, 여호와께서 나의 의지가 되셨도다.
나를 또 넓은 곳으로 인도하시고, 나를 기뻐하시므로 구원하셨도다.
여호와께서 내 공의를 따라 상 주시며, 내 손의 깨끗함을 따라 갚으셨으니,
이는 내가 여호와의 도를 지키고, 악을 행하여 내 하나님을 떠나지 아니하였으며,
그 모든 규례를 내 앞에 두고, 그 율례를 버리지 아니하였음이로다.
내가 또 그 앞에 완전하여 스스로 지켜 죄악을 피하였나니, 그러므로 여호와께서 내 의로움 대로, 그 목전에 내 깨끗한 대로 내게 갚으셨도다.
자비한 자에게는 주의 자비하심을 나타내시며, 완전한 자에게는 주의 완전하심을 보이시며, 깨끗한 자에게는 주의 깨끗하심을 보이시며, 간교한 자에게는 주의 거스르심을 보이시리이다.
주께서 억눌린 백성은 구원하시고 교만한 자를 살피시어 낮추시리이다.
여호와여! 주는 나의 등불이시니, 여호와께서 나의 흑암을 밝히시리이다.
내가 주를 의뢰하고 적군에 달리며, 내 하나님을 의지하고 성벽을 뛰어넘나이다.
하나님의 도는 완전하고, 여호와의 말씀은 티가 없으시니, 그는 자기에게 피하는 모든 자에게 방패시로다.
여호와 외에 누가 하나님이며, 우리 하나님 외에 누가 바위이겠느냐,
하나님은 나의 견고한 요새시며, 나를 온전한 곳으로 인도하시며, 나의 발로 암사슴 발 같게 하시며, 나를 나의 높은 곳에 세우시며, 내 손을 가르쳐(훈련시켜) 싸우게 하시니, 내 팔이 놋 활을 당기도다.
주께서 또 주의 구원의 방패를 내게 주시며, 주의 온유함이 나를 크게 하셨나이다.

내 걸음을 넓게 하셨고, 나로 실족하지 않게 하셨나이다.
내가 내 원수를 따라 멸하였사오며, 그들을 무찌르기 전에는 돌이키지 아니하였나이다.
내가 그들을 무찔러 쓰러뜨렸더니, 그들이 내 발 아래 엎드러지고 능히 일어나지 못하였나이다.
이는 주께서 나로 전쟁하게 하려고, 능력으로 내게 띠 띠우시고 일어나시어,
나를 치는 자로 내게 굴복하게 하셨사오며, 주께서, 또 내 원수들로 등을 내게로 향하게 하시고, 나로 나를 미워하는 자를 끊어 버리게 하셨음이니이다.
그들이 둘러보아도 구원할 자가 없었고, 여호와께 부르짖어도 대답하지 아니하셨나이다.
내가 그들을 땅의 티끌같이 부스러뜨리고, 거리의 진흙같이 밟아 헤쳤나이다.
주께서, 또 나를 내 백성의 다툼에서 건지시고, 나를 보존하시어 열방의 으뜸을 삼으셨으니, 내가 알지 못하는 백성이 나를 섬기리이다.
이방인들이 내게 굴복함이여! 그들이 내 소문을 듣고 곧 복종하리로다.
이방인들이 미약해져서, 그 견고한 곳에서 떨며 나오리로다.
여호와는 생존하시니, 나의 바위를 찬송하며 내 구원의 바위이신 하나님을 높일지로다.
이 하나님이 나를 위하여 복수하시고, 민족들로 내게 복종하게 하시며,
나를 원수들에게서 나오게 하시며, 나를 대적하는 자 위에 나를 드시고,
나를 난폭한 자에게서 건지시는도다.
이러므로 여호와여! 내가 열방 중에서 주께 감사하며 주의 이름을 찬양하리이다.
여호와께서 그 왕에게 큰 구원을 주시며, 기름 부음 받은 자에게 인자를 베푸심이여! 영원토록 다윗과 그 후손에게로다.

이는 다윗의 마지막 말이다.

이새의 아들 다윗이 말함이여!
높이 올리운 자, 야곱의 하나님에게 기름 부음 받은 자,
이스라엘의 노래 잘하는 자가 말하도다.
여호와의 영이 나를 통하여 말씀하심이여! 그 말씀이 내 혀에 있도다.
이스라엘의 하나님이 말씀하시며, 이스라엘의 바위가 내게 이르시기를,
'사람을 공의로 다스리는 자, 하나님을 경외함으로 다스리는 자여!
그는 돋는 해 아침 빛 같고 구름 없는 아침 같고, 비 온 후의 광선으로 땅에서 움이 돋는 새 풀 같으니라.' 하시도다.
내 집이 하나님 앞에 이 같지 아니하냐?

하나님이 나로 더불어 영원한 언약을 세우시어,
만사에 구비하고 견고하게 하셨으니,
나의 모든 구원과 나의 모든 소원을 어찌 이루지 아니하시랴!
그러나 사악한 자는 다 내어 버리울 가시나무 같으니,
이는 손으로 잡을 수 없음이로다.
그것들을 만지려는 자는 철 막대와 창자루를 가져야 하리니,
그것들이 당장에 불살라지리로다.

다윗과 아라우나(삼하 24:1-25; 대상 21:1-30)

여호와께서 다시 이스라엘을 향하여 진노하시어 그들을 치시려고 다윗의 마음을 격동하시사, 다윗은 "가서 이스라엘과 유다의 인구를 조사하리라." 하는 마음이 일어났다.

이러한 때, 사탄이 일어나 이스라엘을 대적하고 다윗을 충동시켜 이스라엘의 인구 조사를 하게 하였다.

그래서 다윗은 그의 군대 총사령관인 요압에게 명령하였다.

> 너는 단에서 브엘세바까지, 전국을 돌아다니면서 인구를 조사하여 이 백성의 수를 나에게 알게 하라.

그러나 요압이 왕에게 말했다.

> 왕의 하나님 여호와께서, 이 백성의 수를 지금보다 백 배나 더 많게 하시고 또 내 주 왕의 눈으로 보게 하시기를 원합니다.
> 그런데 왕은 어찌하여 이런 일을 기뻐하십니까?

그러나 다윗 왕이, 요압과 군 지휘관들을 재촉하자, 하는 수 없이 인구를 조사하려고 왕 앞에서 물러 나왔다.

그들은 먼저 요단 강을 건너, 갓 골짜기 한가운데 있는 성읍 아로엘 오른쪽 곧 야셀 맞은쪽에 이르러 장막을 쳤다.

거기서 그들은 다시 길르앗과 닷딤홋시 땅으로 가서 다냐안에 이르러서는 시돈으로 돌아, 그들은 견고한 성벽이 있는 두로 성으로 갔다.

그들은 또 히위 사람과 가나안 사람의 모든 성으로 갔다.

마지막으로 그들은 유다 남쪽 지방인 브엘세바까지 가서 인구 조사를 하였다.

그들은 구 개월 이십 일 만에 모든 땅을 두루 다니고 예루살렘으로 돌아왔다.

요압이 백성들의 수를 왕에게 보고하였다.

> 이스라엘에는 칼을 쓸 수 있는 사람이 모두 팔십만 명이 있고, 유다에는 사십 칠만 명이 있습니다.

요압이, 인구 조사를 한 정확한 숫자는 이스라엘 중에 칼을 뺄 만한 사람이 이방 사람을 포함하여 백십만이요.

유다 중에 칼을 뺄 만한 사람은 법궤를 예루살렘으로 옮겨 올 때 동원한 삼만을 포함한 오십만이었다.

그러나 요압은 왕의 명령을 못마땅히 여겨 레위 지파와 베냐민 지파와 이방 사람을 인구 조사에 포함시키지 않았다.

하나님께서, 이 일을 악하게 보시고 이스라엘을 치려 하실 때에, 다윗은 인구 조사를 한 후에 양심의 가책을 받았다.

다윗은 여호와께 이렇게 부르짖었다.

> 내가 이 일을 행함으로 큰 죄를 범했습니다.
> 여호와여, 간구하옵나니 이제 종의 죄를 용서해 주소서.
> 내가 아주 미련한 짓을 하였습니다.

다윗이 아침에 일어날 때에 여호와의 말씀이 다윗의 선견자 된 선지자 갓에게 임하셨다.

여호와께서 갓에게 말씀하셨다.

> 가서 다윗에게 전하여라.
> '여호와께서 이렇게 말씀하셨습니다.
> 내가 너에게 세 가지를 보이겠다. 그중에서 하나를 택하라. 내가 그것을 네게 행하리라.'

갓이 다윗에게 가서 말했다.

왕은 이 땅에 칠 년 동안의 기근이나 아니면, 왕이 대적에게 석 달을 쫓겨 다니는 것이나 아니면, 왕의 땅에 삼 일 동안의 무서운 전염병을 내리는 것, 이 중에서 어느 것을 택하시겠습니까?
왕은 잘 생각하여 보시고, 나를 보내신 이(여호와)에게 대답하게 하소서.

다윗이 갓에게 말했다.

내가 곤경에 처하였도다.
하지만 여호와께서는 긍휼이 크시니, 내가 그의 손에 빠지고, 사람의 손에 빠지지 않기를 원합니다.

그리하여 여호와께서는 그날 아침부터 정하신 때까지 전염병을 삼 일 동안 이스라엘에 내리셨다.
단에서 브엘세바까지 칠만 명이나 되는 사람이 죽었다.
하나님께서는, 예루살렘을 멸망시키려고 천사를 보내셨다.
그러나 천사가 예루살렘을 멸망시키려는 것을 보시고서, 여호와께서는 재앙 내리신 것을 뉘우치셨다,
여호와께서 예루살렘 백성을 치려는 천사들에게 말씀하셨다.

이젠 되었도다. 이제는 네 손을 거두어라.

그때, 여호와의 천사가 여부스 사람 아라우나의 타작마당 곁에 서 있었다.
다윗이 눈을 들어 보니, 여호와의 천사가 하늘과 땅 사이에 서서 칼을 빼어 손에 들고 예루살렘 쪽을 가리키고 있었다.
그래서 다윗은 장로들과 함께 굵은 베옷을 입고, 얼굴을 땅에 대고 엎드렸다.
다윗이 백성들을 치는 천사를 보고 여호와께 말씀 드렸다.

명령을 내려서 백성의 인구 조사를 한 사람이 내가 아닙니까?
범죄하고 악을 행한 사람은 바로 내가 아닙니까?
이 양 무리는 무엇을 행하였습니까?

청하건대, 나의 하나님 여호와여!
주의 손으로 나와 내 아버지의 집안을 치시고 주의 백성에게 재앙을 내리지 마옵소서.

그날, 여호와께서 선지자 갓에게 명령하여, 다윗에게 이르러 말하게 하였다.

올라가서 여호와를 위하여 여부스 사람 아라우나의 타작마당에서 제단을 쌓으십시오.

그래서 다윗은 여호와의 명령을 따라 아라우나를 만나러 올라갔다.
그때 아라우나는 네 아들과 함께 밀을 타작하고 있었는데 그는 몸을 돌이키다가 천사를 보게 되었다.
그리고 그와 그의 네 아들들은 그 천사를 보고 숨어 버렸다.
다윗이 아라우나에게 다가갔다.
아라우나가 보니, 왕이 신하들과 함께 자기에게 오고 있었다.
그래서 아라우나는 밖으로 나가서 얼굴을 땅에 대고 절을 했다.
그리고 이렇게 물었다.

어찌하여 내 주 왕께서 왕의 종에게 오십니까?

다윗이 아라우나에게 대답했다.

이 타작마당을 나에게 팔아라.
값은 충분히 주겠다. 내가 여호와께 단을 쌓아 이 백성에게 내리는 재앙을 그치게 하고자 한다.

아라우나가 다윗에게 말했다.

왕은 이 타작마당을 취하십시오.
내 주 왕이 좋게 여기시는 대로 취하십소서.
보시옵소서! 내가 이것들을 드리겠나이다.
소들은 태우는 번제물로, 곡식 떠는 기계와 타작하는 기구와 소의 멍에도 제물을 태울 땔감으로, 또 곡식으로 드릴 소제로는 밀이 있습니다.
왕이시여, 아라우나가 이 모든 것을 왕께 드립니다.

그리고 아라우나는 또 왕에게 이와 같이 말하였다.

왕의 하나님 여호와께서 왕의 제사를 기쁘게 받으시기를 원합니다.

그러나 다윗 왕은 아라우나(오르난)에게 이렇게 대답했다.

그렇게 해서는 안 되오. 내가 반드시 충분한 값을 내고 사겠소.
그리고 여호와께 드릴 것인데, 내가 값을 내지도 않고, 그대의 물건을 그냥 가져가는 일은 하지 않겠소. 또 아무 대가도 치르지 않은 번제를 드리지도 않겠소.

그리하여 다윗은 타작마당과 소의 값으로 은 오십 세겔을 주고 샀다.

다윗이 거기서 여호와께 단을 쌓아 번제와 화목제를 드리고 여호와께 부르짖어 기도하였다.

그래서 여호와께서는 하늘에서 불을 내려 제단의 제물을 태우고 그에게 응답하셨으며, 천사에게 칼을 거두어 칼집에 꽂으라고 명령하셨다.

그때 여호와께서, 그의 기도를 들으셨으므로 그제서야 그 땅에 내리던 재앙이 그쳤다.

다윗은 여호와께서 여부스 사람 아라우나(오르난)의 타작마당에서 자기에게 응답하시는 것을 보고 거기서 다시 제사를 드렸다.

옛적에 모세가 광야에서 지었던 성막과 번제단이 그 당시에 기브온 산당에 있었으나, 다윗이 여호와의 천사의 칼을 두려워하여 감히 그 앞에 가서 하나님께 묻지 못하였다.

제 7 장
다윗 왕〈3〉

다윗 왕과 하나님의 성전(대상 22:1-19)

아라우나(오르난)의 타작마당에서 여호와께 모든 기도와 제사를 드린 후에 다윗은 깨달았다.

그때 다윗은 이렇게 말하였다.

> 바로 이곳이 내가 여호와 하나님의 성전을 짓고, 이스라엘의 번제단을 쌓을 곳이구나!

다윗은, 이스라엘 땅에 사는 모든 이방 사람을 모으고 석수를 시켜 하나님의 성전을 건축할 돌을 다듬게 하였다.

다윗은, 또 대문의 문짝에 쓸 못과 꺾쇠를 만들 철을 무게가 어느 정도인지 달 수 없을 만큼 준비하고, 놋쇠도 무게를 달 수 없을 만큼 많이 준비하였다.

또 백향목을 셀 수 없을 만큼 준비하였다. 이 백향목은, 시돈 사람과 두로 사람이 다윗에게 운반하여 온 것이다.

그리고서 다윗은 자기 자신에게 말하였다.

> 내 아들 솔로몬이 어리고 연약하다.
> 그렇지만 여호와를 위하여 건축할 성전은, 극히 장엄하고 화려하게 만국에 명성과 영광이 있게 하여야 하겠다,
> 그러므로 내가 이제 하나님의 성전 지을 준비를 위하여, 죽기 전에 많이 준비하여야겠다.

그런 다음에, 다윗이 그의 아들 솔로몬을 불러서, 주 이스라엘의 하나

님 여호와를 위하여 성전을 건축하기를 부탁하였다.

내 아들아, 나는 내 하나님 여호와를 위하여 성전을 건축할 마음이 있었으나, 여호와께서는 나에게 이런 말씀을 하셨다.
'너는 피를 너무 많이 흘렸고, 큰 전쟁을 많이 치렀다.
네가 내 앞에서 땅에 피를 많이 흘렸으므로, 내 이름을 위하여 너는 내 성전을 건축하지 못할 것이다.
한 아들이 네게서 태어날 것이다.
그는 평강의 사람이다. 내가 그로 사면의 모든 대적에게서 평강하게 하겠다.
그 이름을 솔로몬이라 하겠다.
이는 내가 그의 살아 있는 동안에 평안과 안정을 이스라엘에게 줄 것이다.
그가 내 이름을 위하여 성전을 건축할 것이다.
그는 내 아들이 되고 나는 그의 아비가 되어 그 나라 왕위를 이스라엘 위에 굳게 세워 영원까지 이르게 할 것이다.'라고 하셨다.

다윗은 또 말했다.

내 아들아!
여호와께서 너와 함께하시기를 원하며, 네가 형통하여 여호와께서 네게 대하여 말씀하신 대로 여호와의 전을 건축하며,
여호와께서 네게 지혜와 총명을 주시어, 너로 이스라엘을 다스리게 하시고 너의 하나님 여호와의 율법을 지키게 하시기를 더욱 원하노라.
네가 만일 여호와께서 모세로 이스라엘에게 명령하신 모든 율례와 규례를 삼가 행하면 형통하리니, 강하고 담대하여 두려워 말고 놀라지 말지이다.
내가 환난 중에도, 여호와의 성전을 위하여 금 십만 달란트(3,400 톤)과 은 일백만 달란트(34,000 톤)과 놋과 철은 그 무게를 셀 수 없을 만큼 아주 많이 준비하였고 또 재목과 돌을 준비해 놓았다.
그러나 너는 더 많은 것을 확보해 두어야 할 것이다.
너에게는 많은 일꾼이 있다. 채석공과 석수와 목수와 또 모든 것을 능숙히 다룰 줄 아는 기술자들이 있다.
금과 은과 놋과 쇠가 무수히 많으니, 너는 일어나서 일을 시작하여라.
여호와께서 너와 함께 계실 것이다.

그런 다음 다윗은 이스라엘의 모든 방백들에게 솔로몬을 도우라고 말하였다.

여러분의 하나님 여호와께서 여러분과 함께하시지 않으십니까?
하나님 여호와께서 여러분에게 사방으로 평화를 주시지 않았습니까?
그리고 이 땅 주민을 내 손에 붙이시어, 이 땅으로 여호와 그 백성 앞에 복종하게 하셨습니다.
이제 여러분은 마음과 정성을 다하여 여러분의 하나님 여호와를 찾으십시오.
일어나서, 여호와 하나님의 성소를 건축하고, 여호와의 언약궤와 하나님의 거룩한 기구를 가져다가, 여호와의 이름을 위하여 건축한 성전에 들여놓도록 하십시오.

다윗 왕과 솔로몬 ①(대상 23:1-27:34)

다윗은 나이가 많이 들어서 늙었을 때에(약 70 세로 추정), 그 아들 솔로몬을 이스라엘의 왕으로 세우려고, 이스라엘 모든 방백과 제사장과 레위 사람들을 모았다.

레위 사람을 삼십 세 이상으로 조사하였더니 모든 남자의 명수가 삼만팔천 명이었다.

다윗은 그중에서 이만사천 명은 여호와의 성전 업무를 맡아보게 하고 육천 명은 사무관과 재판관으로, 사천 명은 문지기로, 사천 명은 다윗이 찬송하기 위하여 만든 악기로써 여호와를 찬송하는 자였다.

다윗이 레위 사람을 레위의 아들인 게르손(게르솜)과 고핫(그핫)과 므라리의 각 족속을 따라 세 무리로 나누었다.

게르손 자손은 라단과 시므이가 있다. 라단의 아들들은 족장 여히엘과 또 세담과 요엘 세 사람이다.

시므이의 아들들은 슬로밋과 하시엘과 하란 세 사람이니, 이는 라단의 족장들이다. 시므이의 또 다른 아들들은 야핫과 시나와 여우스와 브리아니 이 네 사람도 시므이의 아들이다.

야핫은 족장이고, 그 다음은 시사이다. 여우스와 브리아는 아들이 많지 않아서, 한 족속으로 간주되었다.

고핫(그핫)의 아들들은 아므람과 이스할과 헤브론과 웃시엘 네 사람이다.

아므람의 아들들은 아론과 모세이다. 아론과 그 자손들은, 함께 구별되어 몸을 성결하게 하여 영원토록 지극히 거룩한 자가 되어, 여호와 앞에 분향하며 섬기며, 영원토록 그 이름을 받들어 축복하게 되었다.

하나님의 사람 모세의 아들들은 레위 지파 중에 기록되어 있다.

모세의 아들은 게르솜과 엘리에셀이다. 게르솜의 아들 중에 스브엘이 족장이 되었다.

엘리에셀의 아들은 족장 르하뱌다. 엘리에셀에게는 다른 아들이 없었지만, 르하뱌에게는 아들이 아주 많았다.

이스할의 아들은 족장 슬로밋이다

헤브론의 아들들은 족장 여리야와 둘째 아마랴와 셋째 야하시엘과 넷째 여가므암이다.

웃시엘의 아들은 족장 미가와 그 다음이 잇시야이다.

므라리의 아들들은 마흘리와 무시이다. 마흘리의 아들들은 엘르아살과 기스이다.

엘르아살이 아들이 없이 죽고 딸만 있더니, 그 형제 기스의 아들이 그의 딸들에게 장가들었다.

무시의 아들들은 마흘리와 에델과 여레못 세 사람이었다.

이들은 여호와의 성전에서 섬기는 일을 맡은 레위의 자손들로서, 각 종가를 따라 조사된 이십 세 이상의 족장들이었다.

다윗이 말했다.

> 이스라엘의 하나님 여호와께서, 자기 백성에게 평화를 주시고 항상 예루살렘에 계실 것이므로, 레위 사람이 다시는 성막과 그를 섬기는 모든 기구를 멜 필요가 없다.

다윗의 명령에 따라 스무 살이 넘은 레위 자손을 조사하였다.

레위 사람들의 직분은, 아론의 자손을 받들어 여호와의 성전과 뜰과 방을 보살피고 모든 거룩한 물건을 정결하게 하는 일 곧 하나님의 성전에서 섬기는 일이다.

또 진설병 곧 상 위에 늘 차려 놓는 떡과 고운 가루의 소제물 곧 누룩을 넣지 않고 만든 과자인 무교 전병을 관리하는 일이 그들의 몫이었다.

그 밖에 냄비에 지지고 반죽하고 온갖 부피를 다는 저울질과 크기를 재는 자를 맡은 일도 맡아 했다.

매일 새벽과 저녁마다 서서 여호와께 감사와 찬양을 하였다.

안식일과 초하루와 그 밖의 모든 명절인 절기에 모든 불로 태워 바치는 번제를 여호와께 드렸고, 그들은 규례에 정해진 수효에 따라 날마다 여호와 앞에 드렸다.

또 회막 곧 성막의 직무와 성소의 직무와 그 형제 아론 자손의 직무를 도와 여호와의 성전에서 제사장을 받드는 일을 하였다.

아론의 자손의 반열은 이러하다.

아론의 아들들은 나답과 아비후와 엘르아살과 이다말이다.

나답과 아비후는 그 아버지 아론보다 먼저 죽고 아들이 없었다. 그래서 엘르아살과 이다말만이 제사장 직분을 수행하게 되었다.

다윗 왕은, 엘르아살 자손을 대표하는 사독과 이다말 자손을 대표하는 아히멜렉과 상의하여 아론의 자손들을, 그들의 직무에 따라 여러 반으로 분류하였다.

엘르아살의 자손들은 십육 반으로 조직되고, 이다말의 자손들은 팔 반으로 조직되었다.

이것은 엘르아살의 자손들 가운데 집안의 족장들이 더 많았기 때문이었다. 이에 제비 뽑아 피차에 차등이 없이 나누었다.

이는 성소의 일을 다스리는 자와 하나님의 일을 다스리는 자가, 엘르아살의 자손 중에도 있고 이다말의 자손 중에도 있음이었기 때문이다.

레위 사람 느다넬의 아들 서기관 스마야가, 왕과 방백들과 제사장 사독과 아비아달의 아들 아히멜렉과 제사장과 레위 사람 가문의 지도자들이 지켜보는 앞에서, 엘르아살과 이다말 자손 중에서 한 집씩 제비를 뽑아, 그들의 이름을 기록하였다.

첫째로 제비 뽑힌 사람은 여호야립이고, 둘째는 여다야이고, 셋째는 하림이고, 넷째는 스오림이고, 다섯째는 말기야이고, 여섯째는 미야민이고, 일곱째는 학고스이고, 여덟째는 아비야이고, 아홉째는 예수아이고, 열째는 스가냐이고, 열한째는 엘리아십이고, 열두째는 야김이고, 열셋째는 훕바이고, 열넷째는 예세브압이고, 열다섯째는 빌가이고, 열여섯째는 임멜이고, 열일곱째는 헤실이고, 열여덟째는 합비세스이고, 열아홉째는 브다히야이고, 스무째는 여헤스겔이고, 스물한째는 야긴이고, 스물둘째는 가뭄이고, 스물셋째는 들라야이고, 스물넷째는 마아시야이다.

그들은 하는 일에 따라 여호와의 성전에 들어가서, 이스라엘의 하나님 여호와께서 그들의 조상 아론에게 명령하신 규례대로, 직무를 수행하였다.

이 밖에 레위 자손 중에서 제비 뽑힌 사람들은 아므람의 아들 수바엘과 수바엘의 아들 예드야이다.

르하뱌에게 이르러서는 그 아들 중에 족장 잇시야이다.

이스할의 아들 중에는 슬로못이고, 슬로못의 아들 중에는 야핫이다.

헤브론의 아들들은 장자 여리야와 둘째 아마랴와 셋째 야하시엘과 넷째 여가므암이다.

웃시엘의 아들은 미가이며, 미가의 아들 중에는 사밀이다.

미가의 아우는 잇시야이고, 잇시야의 아들 중에는 스가랴이다.

므라리의 아들은 마흘리와 무시이다.

야아시야의 아들은 브노이다.

므라리의 자손 야아시야에게서 난 자는 브노와 소함과 삭굴과 이브리이다.

마흘리의 아들 중에는 엘르아살이며, 엘르아살은 아들이 없다.

기스에게 이르러는 그 아들 여라므엘이요.

무시의 아들은 마흘리와 에델과 여리못이다.

이는 다 그 족속대로 기록한 레위 자손이다.

이들도 그들의 형제인 아론 자손과 마찬가지로, 다윗 왕과 사독과 아히멜렉과 제사장과 레위 사람의 족장 앞에서 제비를 뽑았다.

가문의 종가이든 아우의 종가이든 공평하게 제비를 뽑았다.

다윗과 군대 지도자들은, 아삽과 헤만과 여두둔의 자손들을 뽑아 세워 수금과 거문고와 제금으로 신령한 노래를 부르는 직무를 맡겼다.

이 직분대로 일하는 사람의 수는 다음과 같다.

아삽의 아들은 삭굴과 요셉과 느다냐와 아사렐라이다.

이 아삽의 아들들은 왕의 지시에 따라, 아삽의 지도를 받고 신령한 노래를 불렀다.

여두둔에게 이르러는 그 아들 그달리야와 스리와 여사야와 하사뱌와 맛디디야 여섯 사람이다.

그 아버지 여두둔의 지도를 받아서, 수금을 잡아 신령한 노래를 하며 여호와께 감사하며 찬양하였다.

헤만에게 이르러는, 그 아들 북기야와 맛다냐와 웃시엘과 스브엘과 여리못과 하나냐와 하나니와, 엘리아다와 깃달디와 로암디에셀과 요스브가사와 말로디와 호딜과 마하시옷이 있다.

이들은 다 하나님의 말씀을 받드는 왕의 선견자인 헤만의 아들들로 나팔을 부는 자들이다.

하나님이 헤만에게 열네 아들과 세 딸을 주시었다. 이들은 모두 그들의 아버지 헤만의 지도를 받으며 제금과 비파와 수금을 타면서, 여호와 하나님의 성전에서 노래하며 섬겼다.

아삽과 여두둔과 헤만은 다윗 왕의 지도를 받았다. 각 사람이 제비를 뽑아 성전의 찬양대원으로서 신령한 노래로 여호와께 감사하며 찬양하는 반열의 순서를 정했다. 젊은이나 늙은이나 선생이나 배우는 사람이나, 모두 똑같이 제비를 뽑았다.

첫째로 제비 뽑힌 자는, 아삽의 아들 중 요셉인데 그와 그의 아들들과 형제들을 모두 합하여 열두 명이다(이하 각기 대표자 이름 외에는 구성원과 그 숫자가 똑같으므로 이를 생략한즉 이를 염두에 두고 읽으실 것).*

둘째는 그달리야, 셋째는 삭굴, 넷째는 이스리, 다섯째는 느다냐, 여섯째는 북기야, 일곱째는 여사렐라, 여덟째는 여사야, 아홉째는 맛다냐, 열째는 시므이, 열한째는 아사렐, 열둘째는 하사뱌, 열셋째는 수바엘, 열넷째는 맛디디야, 열다섯째는 여레못, 열여섯째는 하나냐, 열일곱째는 요스브가사, 열여덟째는 하나니, 열아홉째는 말로디, 스무째는 엘라아다, 스물한째는 호딜, 스물둘째는 깃달리, 스물셋째는 마하시옷, 스물넷째는 로암디에셀이었다.

문지기의 반열이 이러하다.

고라 족속 아삽의 자손 중에 고레의 아들 므셀레마와 아들들이다.

므셀레마의 아들들은, 맏아들 스가랴와 둘째 여디야엘과 셋째 스바댜와 넷째 야드니엘과 다섯째 엘람과 여섯째 여호하난과 일곱째 엘여호에내이다.

오벧에돔의 아들들은, 맏아들 스마야와 둘째 여호사밧과 셋째 요아와 넷째 사갈과 다섯째 느다넬과 여섯째 암미엘과 일곱째 잇사갈과 여덟째 브울래대이다.

---

* 한글 성경 개역판이나 개정판이나 이 본문(대상 25:9-31)에는 "첫째로 제비 뽑힌 자는 아삽의 아들 중 요셉이요."라고만 되어 있고, 누구와 몇 명이란 내용은 생략되어 있다. 둘째에는 "그와 그의 형제들과 아들들 십이 명이요."라고 되어 있다. 셋째부터는 "그와"가 생략되었고 형제들과 아들들의 순서가 바뀌어 각기 뽑힌 대표자 이름과 "그의 아들들과 형제들과 십이명이요."라고 스물넷째까지는 똑같이 중복으로 되어 있다. 이대로의 번역문은 아들들이나 형제들이 각각 몇 명씩인지 구체적으로 되어 있지 않다. 그러나 확실한 것은 각 가문(반열)의 구성원이 '12 명'이란 숫자이다. 대상 25:7을 보면 24 반열 전체 숫자가 288 명이니 12 명씩 24 개 반열이면 그 숫자가 되기 때문이다. 그러므로 본서는 이의 전체 내용을 익히 파악하고, 독자가 얼른 알 수 있도록 첫째로부터 누가 몇 명임을 서두에 넣고 그 이하는 각각 똑같음을 명시함으로써 똑같은 문구가 길게 반복된 중복을 생략했다.

이들은 하나님께서 오벧에돔에게 복을 주셔서 나은 아들들이다. 오벧에돔의 아들 스마야도 아들들을 낳았다. 그들은 용맹스러운 사람들이었으므로, 그들 족속의 지도자가 되었다.

스마야의 아들들은 오드니와 르바엘과 오벳과 엘사밧과 엘리후와 스마갸이다.

엘사밧의 형제 엘리후와 스마갸는 능력이 있는 사람이다. 이들은 다 오벧에돔의 자손이다. 그들과 그 아들들과 그 형제들은 다 능력이 있어, 그 직무를 잘 수행하는 사람이다. 오벧에돔의 자손은 육십이 명이다.

또 므셀레먀도 아들과 형제가 있다. 그들은 능력 있는 사람들이며, 모두 열여덟 명이다.

므라리 자손 중 호사의 아들 중에 그 장자는 시므리이며, 둘째는 힐기야요 셋째는 드발리야요 넷째는 스가랴이다.

시므리는 본래 맏아들이 아니었으나, 그 아비가 장자를 삼았다. 호사의 아들과 형제가 열세 명이다. 이들은 성전 문지기의 반장으로서 그들의 형제들처럼 여호와의 성전에서 섬기는 직분을 맡았다.

또 각 문을 지키기 위하여 그 종족을 따라 젊은이나 늙은이나 다 똑같이 제비를 뽑았다.

셀레먀는 동문 책임자로 뽑혔고, 그의 아들 스가랴는 현명한 조언자인데, 사람들이 제비를 뽑은 결과 북문 책임자로 뽑혔다.

오벧에돔은 남문을 그의 아들들은 곳간 맡는 책임자로 뽑혔다.

숩빔과 호사는 서문과 올라가는 길가에 있는 살래겟 문의 문지기로 뽑혀 서로 마주하여 두 문을 다 지켰다.

이렇게 해서 매일 동문에 여섯 사람, 북문에 네 사람, 남문에 네 사람, 각 창고에 두 사람씩 배치되었다. 서문의 회랑에 네 사람, 길가의 회랑에 두 사람씩 배치되었다.

이상은 고라와 므라리 자손에게 분담된 문지기 업무이다.

레위 사람 중에 아히야는 하나님의 성전 창고와 거룩한 물건인 성물들을 보관해 두는 창고를 맡았다.

게르손 자손인 라단 자손 곧 게르손 사람 라단 가문의 족장은 여히엘리이다.

여히엘리의 아들은 세담과 그 아우 요엘이며, 이들은 여호와의 성전 곳간을 맡았다.

아므람과 이스할과 헤브론과 웃시엘의 자손에서는, 모세의 아들인 게르솜의 자손 스브엘이 곳간의 책임자이다.

스브엘의 아우인 엘리에셀에게는, 그의 아들 르하뱌와, 르하뱌의 아들 여시야와, 여사야의 아들 요람과, 요람의 아늘 시그리와, 시그리의 아들 슬로못이 있다.

이 슬로못이, 그의 형제들과 함께 성물을 보관한 모든 곳간을 관리하였다. 이 성물은, 다윗 왕과 족장들과 천부장과 백부장과 군대 지휘관들이 구별하여 바친 물건들이다. 그들은 진쟁에서 빼앗은 물건들을 여호와의 성전 수리를 위하여 구별하여 바쳤다.

선견자 사무엘과 기스의 아들 사울과 넬의 아들 아브넬과 스루야의 아들 요압이, 구별하여 드린 모든 성물도 슬로못과 그의 형제들이 관리하였다.

이스할 자손 중에서, 그나냐와 그의 아들들은 이스라엘 바깥일을 다스리는 사무관과 재판관으로 임명되었다.

그리고 헤브론 자손 중에서, 하사뱌와 그의 동족 일천칠백 명은 모두 유능한 사람들로서, 요단 강 서쪽에서 이스라엘을 주관하여 여호와의 모든 일과 왕을 섬기는 직임을 맡았다.

헤브론 자손 중에 여리야가 그 족보와 종족대로 헤브론 자손의 족장이 되었다.

다윗이 위에 있은 지 사십 년에 길르앗 야셀에서 그 헤브론 족속 중에서 조사하여 큰 용사를 얻었다.

그의 형제 중 이천칠백 명은 용사들이며, 이들은 모두 족장이었다.

다윗 왕이, 그들을 르우벤과 갓과 므낫세 반쪽 지파의 관리자로 세워, 하나님의 모든 일과 왕의 일을 담당하게 하였다.

이스라엘 자손의 모든 족장과 천부장과 백부장과 왕을 섬기는 관리들이, 그 사람 숫자대로 각 반열로 나누었더니 각 반열이 이만사천 명씩이었다. 그들은 한 해에 한 달씩 번갈아 가며 근무를 하였다.

정월반(반열)의 지휘관은 삽디엘의 아들 야소브암이다. 그 반열에는 이만사천 명이 있었다. 야소브암은 베레스의 자손으로서, 정월반에 근무하는 모든 지휘관의 우두머리이다.

이월반의 지휘관은 아호아 사람 도대이다. 또 미글롯이 그 반의 부지휘관이 되었다. 그 반열에도 이만사천 명이 있었다.

삼월반의 셋째 지휘관은 대제사장 여호야다의 아들 브나야이다. 그 반열에도 역시 이만사천 명이 있었다. 바로 이 브나야가, 서른 명의 용사 가운데 하나로서 서른 명을 지휘하였다.

그 반열 중에 그 그의 아들 암미사밧이 있었다.

사월반의 지휘관은 요압의 아우 아사헬이다. 아사헬의 뒤를 이어 그의 아들 스바댜가 지휘관이 되었다. 그 반열에도 이만사천 명이 있었다.

오월반의 지휘관은 이스라 사람 삼훗이다. 그 반열에도 이만사천 명이 있었다.

유월반의 지휘관은 드고아 사람 익게스의 아들 이라이다. 그 반열에도 이만사천 명이 있었다.

칠월반 지휘관은 에브라임 자손에 속한 발론 사람 헬레스이다. 그 반열에도 이만사천 명이 있었다.

팔월반 지휘관은 세라 족속 후사 사람 십브개이다. 그 반열에도 이만사천 명이 있었다.

구월반 지휘관은 베냐민 자손 아나돗 사람 아비에셀이다 그 반열에도 이만사천 명이 있었다.

시월반 지휘관은 세라 족속 느도바 사람 마하래이다. 그 반열에도 이만사천 명이 있었다.

십일월반 지휘관은 에브라임 자손에 속한 비라돈 사람 브나야이다. 그 반열에도 이만사천명이 있었다.

십이월반 지휘관은 옷니엘 자손에 속한 느도바 사람 헬대이다. 그 반열에도 이만사천 명이 있었다.

이스라엘 지파를 관할하는 자는 이러하다.

르우벤 사람의 관장은 시그리의 아들 엘리에셀이다.
시므온 사람의 관장은 마아가의 아들 스바댜이다.
레위 사람의 관장은 그무엘의 아들 하사뱌이다.
아론 자손의 관장은 사독이다
유다의 관장은 다윗의 형 엘리후이다.
잇사갈의 관장은 미가엘의 아들 오므리이다.
스불론의 관장은 오바댜의 아들 이스마야이다.
납달리의 관장은 아스리엘의 아들 여레못이다.
에브라임 자손의 관장은 아사시야의 아들 호세아이다.
므낫세 반 지파의 관장은 브다야의 아들 요엘이다.
길르앗에 있는 므낫세 반 지파의 관장은 스가랴의 아들 잇도요
베냐민의 관장은 아브넬의 아들 야아시엘이요
단의 관상은 여로함의 아들 아사렐이다.

이상은 이스라엘 지파들의 관장들이다.

다윗은 인구 조사를 할 때 이십 세 이하는 포함시키지 않았다.

이것은 여호와께서 이스라엘 백성을 하늘의 별처럼 많게 하겠다고 약속하셨기 때문이었다.

스루야의 아들 요압이 인구 조사하기를 시작하고 끝내지 못하여서 그 일로 인하여, 하나님의 진노가 이스라엘에게 임하였기 때문이다.

그 수효를 다윗 왕의 역대지략에 기록하지 아니하였다.

다음은 다윗 왕의 재산을 관리하는 사람들이다.

아디엘의 아들 아스마웻은 왕의 곳간을 맡았고, 웃시야의 아들 요나단은 들녘과 성읍과 마을과 요새에 있는 곳간을 맡았다.

글룹의 아들 에스리는 밭에서 일하는 농민을 관리하였다.

라마 사람 시므이는 포도원을 관리하고, 스밤 사람 삽디는 포도원에서 포도주 곳간을 관리하였다.

게델 사람 바알하난은 평야의 올리브 나무와 뽕나무를 관리하고, 요아스는 기름 곳간을 관리하였다.

샤론 사람 시드래는 샤론에서 기르는 소 떼를 관리하고, 아들래의 아들 사밧은 골짜기에 있는 소 떼를 관리하였다.

이스마엘 사람 오빌은 낙타를 관리하고, 메로놋 사람 예드야는 나귀를 관리하고, 하갈 사람 야시스는 양 떼를 관리하였다.

다윗의 삼촌 요나단은 지혜가 있어서 모사가 되며, 서기관도 되었다.

학모니의 아들 여히엘은 왕자들의 교육을 담당하였으며, 아히도벨은 왕의 모사가 되었고, 아렉 사람 후새는 왕의 벗이 되었다.

브나야의 아들 여호야다와 아비아달은 아히도벨의 다음 모사가 되었고, 요압은 왕의 군대 사령관이 되었다.

다윗 왕과 솔로몬 ②(대상 28:1-29:22)

다윗이 이스라엘 모든 방백을 예루살렘으로 불러 모았다.

각 지파의 지도자와 돌아가면서 왕을 섬기는 족장들 곧 각 부대의 지휘관과 군인 천 명을 거느리는 천부장과, 왕과 왕자의 재산과 가축을 돌보는 감독과 환관들, 장수들과 용사들이 부름을 받았다.

다윗 왕이 일어나서 이렇게 말하였다.

> 내 형제들과 내 백성 여러분, 내 말을 들으십시오.

나는 우리 하나님의 발판과도 같은 여호와의 언약궤를 안전하게 모실 성전을 짓는 것이 소원이었습니다.
그래서 내가 성전 건축에 필요한 모든 자재를 다 준비해 놓았습니다.
그러나 하나님께서는 나에게 '너는 나에게 내 이름을 위하여 성전을 지을 수 없다. 너는 군인으로서 너무나 많은 사람을 죽였기 때문에 그 일을 할 수 없다.'라고 말씀하셨소.
그렇지만 이스라엘의 하나님 여호와께서는, 전에 내 부친의 온 집안에서 나를 택하여 영원히 이스라엘을 다스릴 왕이 되게 하셨습니다.
하나님께서는, 먼저 유다 지파를 택하시어 머리를 삼으시고, 유다 족속 중에서 내 부친의 집안을 택하셨으며, 또 내 부친의 아들들 중에서 나를 기뻐하시어 나를 온 이스라엘의 왕으로 삼으셨습니다.
그리고 여호와께서는 나에게 여러 아들들을 주셨으며, 그중에서도 솔로몬을 택하시어, 여호와의 나라 왕위에 앉혀 이스라엘을 다스리게 하려 하십니다.

나에게 이렇게 말씀하셨습니다.
'네 아들 솔로몬, 그가 내 성전을 건축하고 내 여러 뜰을 만들 것이다.
이는 내가 그를 택하여 내 아들을 삼고 나는 그의 아버지가 될 것이다.
그가 만일 나의 계명과 규례를, 힘써 순종하기를 오늘날과 같이 하면 내가 그 나라를 영원히 견고하게 하리라.'

다윗이 또 말했다.

이제 내가 우리 하나님 들으심의 앞과 여호와의 백성인 이스라엘 군중의 보는 앞에서 여러분에게 부탁합니다.
여러분은 여러분의 하나님 여호와의 모든 명령을 힘써 지키십시오. 그러면 여러분이 이 아름다운 땅을 계속 누릴 수 있게 될 것이며, 또 여러분의 후손에게 영향을 끼쳐 이 땅이 영원한 기업이 될 것입니다.

그런 다음 다윗은 그의 아들 솔로몬을 향해 이렇게 말하였다.

내 아들 솔로몬아!
너는 네 아버지의 하나님을 알고 그분을 온전한 마음과 기쁜 뜻으로 섬겨라.
여호와께서는 모든 사람들의 마음을 깊이 살피시고 모든 생각을 알고 계신다.
네가 만일 그분을 찾으면 그분을 만날 것이다. 그러나 네가 그분을 저버리면, 그분도 너를 영원히 버릴 것이다.
그러므로 너는 삼가하여라. 여호와께서 성전을 짓기 위해 너를 택하셨으므로,

너는 마음을 굳게 먹고 그 일을 힘써 잘 수행하여라.

그런 다음, 다윗은 그의 아들 솔로몬에게 성전의 설계도를 주었다.

그것은 성전 둘레의 현관과 성전 건물과 창고, 그리고 윗방과 내실의 설계도였다.

그리고 속죄소의 설계도도 주었다.

또한 하나님의 영이신 성신께서, 그에게 가르쳐 주신 성전 짓는 일에 관한 모든 것 곧 여호와의 성전 둘레의 뜰과 성전 안의 모든 방과 성전 창고와 성전에서 쓰는 거룩한 물건인 성물들을 보관할 창고의 설계도를 주었다.

다윗은, 솔로몬에게 제사장과 레위 사람의 업무에 대해서, 또 여호와의 성전에서 해야 하는 모든 일에 대해서, 그리고 성전 제사를 섬기는 데 쓰는 모든 그릇에 대해서 설명해 주었다.

성전에서는, 금이나 은으로 만든 물건들을 많이 쓰게 될 텐데, 다윗은 그 물건들을 만들 때, 금이나 은이 어느 만큼씩 들어가는지도 설명해 주었다.

금 등잔대와 금 등잔 하나에 금이 얼마씩 들어가며, 은 등잔대와 은 등잔 하나에 은이 얼마씩 들어가는지도 설명해 주었다.

등잔대나 등잔은 어디에 쓰느냐에 따라 무게나 모양이 달랐다.

다윗은, 진설병을 놓을 상에는 금이 얼마씩 들어가며, 은상에는 은이 얼마씩 들어가는지도 설명해 주었다.

또 향을 피우는 제단인 향단에 순금이 얼마나 들어가는지도 설명해 주었다.

그리고 금 수레의 설계도 주었다.

수레는 날개 달린 생물인 그룹이 여호와의 언약궤 위에서 날개를 펴고 있는 것이다.

다윗이 말했다.

이 위의 모든 것의 설계도는 여호와의 손이 내게 임하여 그려 주셔서 나로 알게 하셨다.

다윗이 또 그의 아들 솔로몬에게 말했다.

너는 강하고 담대하게 이 일을 행하고 두려워 말며 놀라지 말라.
네가 여호와의 성전 짓는 모든 일을 마칠 동안에, 여호와 하나님, 나의 하나님이 너와 함께하시어서 네게서 떠나지 아니하시고 너를 버리지 아니하실 것이다.
제사장과 레위 사람들도 하나님의 성전을 짓는 데 필요한 모든 일을 할 준비가 되어 있다.
그리고 모든 기술자들이 너를 기쁜 마음으로 너와 함께할 것이다. 또 지도자들과 모든 백성이 온전히 네 명령에 복종할 것이다.

그런 다음 다윗 왕은 모든 군중을 향해 말하였다.

내 아들 솔로몬은 하나님께서 이스라엘의 왕으로 홀로 택하신 바 되었습니다.
솔로몬은, 아직 어리고 연약하고 경험이 없는데, 그가 해야 할 일은 너무나 막중합니다.
이것은 그가 지어야 할 성전이 사람을 위한 것이 아니라 여호와 하나님을 위한 것이기 때문입니다.
내가 이미 내 하나님의 성전을 위하여 힘을 다하여 준비하였습니다.
금으로 만들 물건을 위해 금을 준비했고, 은으로 만들 물건을 위해 은을 준비했습니다.
놋으로 만들 물건을 위해 놋을 준비했으며, 쇠로 만들 물건을 위해 쇠를 준비했습니다.
또 나무로 만들 물건을 위해 나무도 준비했습니다.
박아 끼울 보석 마노와 옥도 준비했고, 색깔이 있는 돌과 여러 가지 보석과 대리석도 많이 준비했습니다.
나는 이미 이 모든 것을 성전을 위해 바쳤습니다.
뿐만 아니라 오직 하나님의 성전 짓기를 바라는 마음으로 내 개인의 소유인 은과 금도 바쳤습니다. 곧 오빌의 금 삼천 달란트와 순은 칠천 달란트로, 이것을 가지고 성전의 벽을 입힐 것입니다.
또한 온갖 금 기구와 은 기구도 만들 것입니다. 기술자들이 그 금과 은을 가지고 성전에서 쓸 물건을 만들 것입니다.
오늘 누가 즐거운 마음으로 예물을 여호와께 드리겠습니까?

이에 모든 족장과 이스라엘 모든 지파 어른과 천부장과 백부장과 왕의 사무 감독이 다 즐거이 드렸다.

그들이 하나님의 성전 역사를 위하여 드린 것은, 금 오천 달란트와 금 다릭 일만과 은 일만 달란트와 놋 일만팔천 달란트와 철 십만 달란트이다.

무릇 보석이 있는 사람은 게르손 사람 여히엘의 손에 부쳐 여호와의 성전 창고에 드렸다.

백성들은, 자기들이 즐거이 드림으로 기뻐하였으니 곧 그들이 성심으로 여호와께 즐거이 드림이었다.

이에 다윗 왕도 기쁨을 이기지 못하여 여호와 하나님께 감사하였다.

그때 다윗은 모든 군중 앞에서 여호와께 찬양과 감사의 기도를 드렸다.

> 우리 조상 이스라엘의 하나님 여호와여, 주는 영원히 찬양을 받으소서.
> 여호와여! 광대하심과 권능과 영광과 이김과 위엄이 다 주께 속하였사오며, 천지에 있는 것이 다 주의 것입니다.
> 여호와여! 만물의 주권도 주께 속하였사오며, 주는 높으사 만유의 머리가 되심입니다.
> 부와 존귀가 주께로부터 나오고, 주가 만물을 다스리시며, 주의 손에 능력과 권세가 있으시니, 사람이 위대하고 강하게 되는 것이 주의 손에 달려 있습니다.
> 우리 하나님이시여! 우리가 주께 감사하고 주의 영광스러운 이름을 찬양합니다.
> 나와 나의 백성이 무엇이건데 이처럼 즐거운 마음으로 드릴 힘이 있었나이까?
> 모든 것이 주께로 말미암았사오니, 우리가 주의 손에서 받은 것으로 주께 드렸을 뿐입니다.
> 우리는 우리 조상들과 마찬가지로 이 땅에서 잠시 머무는 나그네에 불과하며, 세상에 사는 날이 그림자와 같아서 아무런 희망이 없습니다.
> 우리 하나님 여호와여! 우리가 주의 거룩한 이름을 위하여, 성전을 건축하려고 미리 비축한 이 모든 물건이 다 주의 손에서 왔사옵니다. 이는 다 주의 것입니다.
> 나의 하나님! 주께서는 사람의 마음을 헤아리시고, 정직한 사람을 두고 기뻐하시는 줄을 제가 압니다.
> 나는 정직한 마음으로 기꺼이 이 모든 것을 바쳤습니다. 이제 여기에 있는 주의 백성이 주님께 기꺼이 바치는 것을 보니, 저도 마음이 기쁩니다.
> 우리 열조 아브라함과 이삭과 야곱, 이스라엘의 하나님 여호와여!

주께서, 이것을 주의 백성의 심중에 영원히 두어 생각하게 하시고, 그 마음을 준비하여 주께로 돌아오게 하셨사옵니다.
또 내 아들 솔로몬에게 정성된 마음을 주시어서, 주의 계명과 법도와 율례를 지켜 이 모든 일을 수행하게 하시고, 내가 여호와를 위하여 준비한 것으로 성전을 건축하게 하옵소서.

그런 다음 다윗이, 백성들에게 "우리 하나님 여호와를 찬양합시다!" 하자,

그들이 여호와께 찬양하고 머리를 숙여 여호와와 왕에게 경배하였다.

그 다음날 백성이 여호와께 제사를 드리고 또 번제를 드렸다. 수송아지 천 마리와 숫양 천 마리와 어린 양 천 마리와 부어 드리는 제물인 전제 등의 풍성한 제물로, 온 이스라엘을 위하여 제사를 드렸다.

그런 다음 그들은 여호와 앞에서 큰 기쁨으로 먹고 마시며 그날을 즐겼다.

그리고 다윗의 아들 솔로몬은 왕위 계승자로 인정하였고, 그들이 여호와 앞에서 주권자로 기름을 부었다. 또 사독에게도 기름을 부어 제사장이 되게 하였다.

아도니야와 솔로몬(왕상 1:1-53)

다윗 왕은 이제 나이가 많이 들었다. 신하들이 이불을 많이 덮어줘도 그의 몸은 따뜻하지 않았다.

그래서 신하들이 다윗에게 말했다.

젊은 여자를 데려다가 왕의 시중을 들게 하겠습니다. 그 여자가 왕의 품에 누우면, 왕의 몸이 따뜻해질 것입니다.

신하들은 이스라엘 온 땅을 누비면서 젊고 아름다운 여자를 찾아다녔다.

그러다가 수넴 여자 아비삭을 찾아서 왕에게 데려왔다.

아비삭은 매우 아름다웠다.

그 여자는 왕의 시중을 들며 왕을 섬겼으나, 다윗 왕은 그 여자와 잠자리를 함께하지 않았다.

다윗에게는 아도니야라는 아들이 있었는데, 그의 어머니는 학깃이었다.

아도니야는 스스로를 높이며 "나는 왕이 될 것이다."라고 말하면서 전차와 말을 준비했다.

그리고 자신을 호위하는 병사 오십 명을 데리고 다녔다. 그런데도 다윗 왕은, "왜 왕처럼 행세하고 다니느냐?"라고 묻지 않았다.

그리고 그가 하는 일에 대해 한 번도 간섭하지 않았다.

아도니야는 압살롬 바로 밑의 동생이었으며, 그도 매우 잘 생겼다.

아도니야는 스루야의 아들 요압과 제사장 아비아달과 의논했다. 그들은 아도니야를 도왔다.

그러나 제사장 사독과 여호야다의 아들 브나야와 선지자 나단과 엘라의 아들 시므이와 레이와 다윗 왕에게 속한 용사들은, 아도니야와 같이 하지 않았다.

아도니야는 양과 소와 살진 송아지를 잡아 엔로겔 샘 가까이에 있는 소헤렛 바위에서 제사를 드렸다.

그리고 자기의 모든 형제들 곧 다윗 왕의 다른 아들들을 초대했고, 유다의 지도자들과 장로들도 초대했다.

그러나 선지자 나단과 브나야와 다윗 왕에게 속한 용사들과 자기 동생 솔로몬은 초대하지 않았다.

나단이 이 소식을 듣고, 솔로몬의 어머니인 밧세바에게 가서 말했다.

> 학깃의 아들 아도니야가 스스로 왕이 된 것을 듣지 못하였습니까?
> 우리의 주이신 다윗 왕도 그 사실을 모르고 계십니까?
> 이제 당신과 당신 아들의 목숨이 위태롭게 되었습니다. 그러니 제가 하라는 대로 하십시오.

다윗 왕에게 가서 이렇게 말씀하십시오.
'내 주 왕이여, 왕은 나에게 왕의 뒤를 이어 내 아들 솔로몬이 왕의 보좌에 앉을 것이라고 약속하지 않으셨습니까? 그런데 어찌하여 아도니야가 왕이 되었습니까?'
당신이 왕에게 말씀하실 때에, 나도 들어가서 당신이 아도니야에 대해 한 말이 사실이라고 왕에게 말씀 드리겠습니다.

그리하여 밧세바는 왕을 만나러 왕의 침실로 갔다.
왕이 매우 늙었으므로, 수넴 여자 아비삭이 시중을 들고 있었다.
밧세바가 왕 앞에 나아가 절을 했다.
왕이 물었다.

무엇을 원하시오?

밧세바가 대답했다.

내 주여, 왕은 나에게 왕의 하나님 여호와의 이름으로 '그대의 아들 솔로몬이 내 뒤를 이어 왕이 될 것이오. 솔로몬이 내 보좌에 앉아 다스릴 것이오.'라고 약속하셨습니다.
그런데 지금 아도니야가 왕이 된 것을 어찌 모르고 계십니까? 아도니야가, 소와 살진 송아지와 양을 많이 잡아 제사를 드리고 왕의 아들들을 다 초대했습니다.
제사장 아비아달과 왕의 군대 사령관 요압도 초대했습니다. 그러나 왕을 섬기는 왕의 아들 솔로몬은 초대하지 않았습니다.
내 주 왕이여, 모든 이스라엘 백성이 왕을 지켜보고 있습니다. 누가 왕의 뒤를 이을 사람인지, 왕이 결정해 주시기를 기다리고 있습니다.
왕이 돌아가시면 솔로몬과 나는 죄인 취급을 받을 것입니다.

밧세바가 왕에게 말하고 있을 때에 선지자 나단이 들어왔다.
신하들이 왕에게 말했다

선지자 나단이 오셨습니다.

나단은 왕에게 가까이 나아가서 엎드려 절을 했습니다.
나단이 말했다.

내 주 왕이여, 왕의 뒤를 이어 아도니야가 왕이 되어 왕의 보좌에 앉으라고 말씀하셨습니까?

오늘 아도니야가 소와 살진 송아지와 양을 많이 잡아 제사를 드리고 왕의 아들들과 왕의 군대 사령관과 제사장 아비아달도 초대되었습니다.
지금 그들은 아도니야와 더불어 먹고 마시고 있습니다. 그들은 '아도니야 왕 만세!'를 외치고 있습니다.
그러나 아도니야는 나와 제사장 사독과 여호야다의 아들 브나야와 왕의 아들 솔로몬은 초대하지 않았습니다.
이 일을 왕이 하신 것입니까? 그런데 어찌하여 왕의 뒤를 이을 사람이 누구인지 우리에게 알려 주지 않으셨습니까?

다윗 왕이 말했다.

밧세바를 불러 오시오.

밧세바가 다시 들어와서 왕 앞에 섰다.
왕이 말했다.

나를 온갖 재앙에서 구해 주신 여호와 앞에 맹세하오.
내가 전에, 이스라엘 하나님 여호와의 이름으로 약속했던 것 곧 당신 아들 솔로몬이 내 뒤를 이어 왕이 되며 내 왕위에 앉게 될 것이라고 약속했던 것을 오늘 시행하겠소.

밧세바가 왕 앞에 엎드려 절하며 "내 주 다윗 왕이여, 만수무강하소서"라고 하자,
다윗 왕이 말했다.

제사장 사독과 선지자 나단과 여호야다의 아들 브나야를 내 앞에 오게 하시오.

그러자 그들이 왕 앞으로 나아왔다.
왕이 그들에게 말했다.

내 신하들을 데리고 내 아들 솔로몬을 내 노새에 태워 기혼 샘으로 내려가시오.
거기에서 제사장 사독과 선지자 나단은 솔로몬에게 기름을 부어 그를 이스라엘의 왕으로 세우시오.
그리고 나팔을 불며 '솔로몬 왕 만세!'를 외치시오.
그런 다음에 솔로몬과 함께 돌아오시오.
솔로몬이, 내 왕위에 앉아 나를 대신해서 나라를 다스릴 것이오.
내가 솔로몬을 이스라엘과 유다를 다스리는 왕으로 세우기를 명령하오.

여호야다의 아들 브나야가 왕에게 대답했다.

> 옳은 말씀입니다. 왕의 하나님께서도 그렇게 하시기를 바랍니다.
> 여호와께서 우리의 왕이신 당신을 언제나 도와주셨던 것처럼 이제 솔로몬도 도와주시기를 바랍니다.
> 그리고 솔로몬이 왕보다도 더 위대한 왕이 되시기를 바랍니다.

제사장 사독과 선지자 나단과 여호야다의 아들 브나야는, 왕의 경호대인 그렛 사람과 블렛 사람들과 함께 솔로몬을 다윗 왕의 노새에 태워 기혼 샘으로 내려갔다.

제사장 사독은 성막에서 기름을 담은 뿔을 가져왔다. 사독은 그 기름을 솔로몬의 머리에 부었다.

사람들이 나팔을 불며 모든 백성은 '솔로몬 왕 만세!' 하고 외쳤다.

모든 백성이 솔로몬을 따라 성으로 들어갔다. 그들은 피리를 불고 소리를 지르며 기뻐했다.

그들이 지르는 소리에 땅이 흔들릴 정도였다.

아도니야와 그의 모든 손님들은 음식을 다 먹을 즈음에 그 소리를 들었다.

나팔 소리가 들려오자 요압이 말했다.

> 성안이 왜 저렇게 소란스러운가?

요압이 말을 마치기도 전에 제사장 아비아달의 아들 요나단이 왔다.

아도니야가 말했다

> 어서 오시오. 그대는 용사이니 틀림없는 좋은 소식을 가져왔을 줄로 믿소.

요나단이 말했다.

> 아닙니다. 우리 주 다윗 왕은 솔로몬을 왕으로 세우셨고, 다윗 왕은 솔로몬을 제사장 사독과 선지자 나단과 여호야다의 아들 브나야와 그렛 사람들과 블렛 사람들과 함께 보냈습니다.
> 또한 그들은 솔로몬을 왕의 노새에 태웠고, 제사장 사독과 선지자 나단이 기혼 샘에서 솔로몬에게 기름을 부어 그를 왕으로 세웠습니다.

그리고 그들은 기뻐하며 성으로 들어갔습니다.
지금 온 성은 흥분으로 들떠 있습니다. 여러분이 들은 소리가 바로 그 소리입니다.
이제 솔로몬이 왕이 되었습니다. 왕의 신하들도 다윗 왕이 한 일을 축하하고 있습니다.
그들은 '왕의 하나님께서 솔로몬을 왕보다 더 유명하게 만드시기 바랍니다.' 라고 말하고 있습니다.
다윗 왕은 침대에서 여호와께 절하고, '이스라엘의 하나님 여호와를 찬양하여라. 여호와께서는, 오늘 내 아들 가운데서 하나를 왕으로 삼으시고 내 눈으로 그것을 보게 해 주셨다.'라고 말했습니다.

그러자 아도니야의 손님들이 다 두려워하면서 각자 자기의 길로 떠났습니다.

아도니야도 솔로몬이 두려워 자리에서 일어나 제단으로 가서 제단 뿔을 잡았다.

누군가가 솔로몬에게 일러 주었다. 아도니야가 솔로몬 왕을 두려워하여 제단 뿔을 잡고 있다.
그는 '솔로몬 왕에게 가서 그의 종인 나를 칼로 죽이지 않겠다고 맹세하게 해 달라고 전해 주시오.'라고 말했다.

솔로몬이 말했다.

아도니야가 믿을 만한 사람이라면 그의 머리카락 하나라도 땅에 떨어지지 않을 것이다. 그러나 만약 그에게서 악한 것이 발견되면 죽을 것이다.

그러면서 솔로몬 왕은 사람을 보내어 아도니야를 제단에서 끌어오게 했다.

아도니야가 와서 솔로몬에게 절을 했다.

그러자 솔로몬이 "집으로 가시오"라고 말했다.

다윗의 유언과 죽음(왕상 2:1-12; 대상 29:26-30)

다윗은 죽을 날이 가까워지자 솔로몬에게 유언을 했다.

나는 이제 세상 모든 사람들이 가야 할 길로 간다.
너는 훌륭하고 용감한 지도자가 되어라.
너의 하나님 여호와께서 명령하신 것을 잘 지켜라.
그분께서 주신 계명을 지키고, 율법에 복종하며 그분께서 말씀하신 대로만 하여라.
모세의 율법에 적힌 것을 지켜라. 그렇게 하면 너는 무엇을 하든지, 어디를 가든지 형통할 것이다.
여호와께서 나에게 하신 약속, 곧 '네 자손이 내 말을 잘 따르고 마음과 정성을 다하여 내 앞에서 행하기만 하면, 이스라엘 백성을 다스릴 왕이 네 집안에서 끊이지 않고 나오게 하겠다.'라고 하신 약속을 지켜 주실 것이다.
그리고 너는 스루야의 아들 요압이 내게 한 일을 잊지 마라.
요압은 이스라엘의 훌륭한 두 장군인 넬의 아들 아브넬과 예델의 아들 아마사를 암살했다. 전쟁 때도 아닌 평화의 때에 그들의 피를 흘렸다.
요압은 죄 없는 사람들을 죽여서 그의 허리띠와 신에 피를 묻혔다.
너는 지혜롭게 행동하여 그에게 벌을 주어라. 그가 오랫동안 살다가 평안히 죽게 내버려 두지 마라.
그러나 길르앗 사람 바실래의 자녀에게는 자비를 베풀어 주어라.
그들이, 네 상에서 함께 먹을 수 있도록 하여라. 그들은 내가 네 형 압살롬을 피해 도망갈 때에 나를 도와주었다.
바후림 출신의 베냐민 사람이요, 게라의 아들인 시므이가 너와 함께 있다는 것을 잊지 마라. 그는 내가 마하나임으로 가던 날 나를 저주한 사람이다.
그러나 그가 나를 맞이하러 요단 강까지 내려왔으므로, 나는 여호와 앞에서 그에게 '시므이야, 내가 칼로 너를 죽이지 않겠다.'라고 약속했다.
그러나 그를 죄 없는 사람으로 여기지 마라. 너는 지혜로운 사람이니 시므이를 어떻게 처리해야 할지 알 것이다. 그 노인이 피를 흘리며 음부에 내려가게 하여라.

이새의 아들 다윗은, 사십 년 동안 이스라엘을 통치했는데 헤브론에서 칠 년, 예루살렘에서 삼십삼 년을 다스렸다.

그는 나이 많아 늙도록 부귀를 누리다가 나이 많아 죽었고 그의 아들 솔로몬이 왕위를 계승하였다.

다윗 왕에 관한 모든 일과 업적은, 선견자 사무엘의 글과 선지자 나단의 글과 선견자 갓의 글로 자세히 기록되어 있다.

또 그 글에는, 다윗이 왕이 되었던 일과, 다윗의 권세와, 그와 이스라엘은 물론 그 열국들이 겪은 그 시대의 일과 역사가 자세히 기록되어 있다

그 후에, 다윗은 죽어서 그의 조상들과 함께 다윗 성에 묻혔다.

제 2 부

북이스라엘과 남유다

제 1 장

솔로몬 왕〈1〉

(전무후무한 영화를 누린 왕)

이스라엘의 솔로몬 왕(왕상 2:12-46; 대상 29:33-25; 대하 1:1)

솔로몬이 그의 아버지 다윗의 뒤를 이어 여호와께서 주신 왕위에 앉아 모든 일을 잘 다스리자 이스라엘이 그에게 순종하였다. 또한 모든 방백과 군대 지휘관들과 그의 형제들도 솔로몬 왕에게 충성할 것을 맹세하였다.

이와 같이 여호와께서 온 이스라엘이 보는 앞에서 솔로몬을 높여 주셨고 왕의 위엄을 주셔서 이전의 어떤 이스라엘 왕보다 더 뛰어나게 하셨다.

그때에 학깃의 아들 아도니야가 솔로몬의 어머니 밧세바에게 찾아왔다. 밧세바가 물었다.

네가 화평할 목적으로 왔느냐?

아도니야가 대답했다.

그렇습니다. 화평할 목적으로 왔습니다.

그러면서 그가 말하였다.

내가 말씀 드릴 일이 있나이다.

밧세바가 대답했다.

말해 보아라.

아도니야가 말했다.

당신도 아시는 바와 같이 왕위는 내 것이었고, 온 이스라엘 백성은, 다 얼굴을 내게로 향하여 왕을 삼으려 하였는데, 그 왕위가 바뀌어져 내 아우의 것이 되었음은 여호와께로 말미암았습니다.
이제 내가 한 가지 소원을 당신에게 구하오니, 내 얼굴을 괄시하지 마옵소서.

밧세바가 말했다.

말해 보아라.

아도니야가 말했다.

청하건대 솔로몬 왕에게 말씀하여, 그가 수넴 여자 아비삭을 내게 주어 아내를 삼게 하소서. 왕이 당신의 얼굴을 괄시하지 아니할 것입니다.

밧세바가 말했다.

좋다. 내가 너를 위하여 왕에게 말씀 드려 보겠다.

그리하여 밧세바는 아도니야가 부탁한 것을 말하기 위해 솔로몬에게 갔다.

솔로몬은 밧세바를 보자 자리에서 일어나 맞이하며, 밧세바에게 절을 한 뒤 다시 자리에 앉았다.

그는 자기 어머니를 위해 의자를 마련하였고, 밧세바를 솔로몬의 오른쪽에 앉게 하였다.

밧세바가 말했다.

내가 한 가지 작은 일로 왕께 구하오니, 내 얼굴을 괄시하지 마소서.

왕이 대답했다.

어머니여 구하시옵소서! 내가 어머니의 얼굴을 괄시하지 아니하리이다.

밧세바가 말했다.

청하건대 수넴 여자 아비삭을 아도니야에게 주어 아내를 삼게 하소서.

솔로몬 왕이 자기 어머니에게 대답했다.

아도니야를 위하여 수넴 여자 아비삭을 구하시나이까?
그는 나의 형이오니, 그를 위하여 왕위도 구하옵소서.
그뿐 아니라 제사장 아비아달과 스루야의 아들 요압도 위하여 구하옵소서.

그러더니 솔로몬 왕은 여호와의 이름으로 맹세를 했다.

'아도니야가 이런 말을 하였은즉, 그가 생명을 잃지 아니하면, 하나님은 내게 벌 위에 벌을 내리심이 마땅합니다.
나를 세워 내 아버지 다윗의 위에 오르게 하시고, 허락하신 말씀대로 나를 위하여 나라를 세우신 여호와의 사심을 가리켜 맹세하노니, 아도니야는 오늘날 죽임을 당하리라.'

그리고 나서 솔로몬 왕은 여호야다의 아들 브나야를 보내어 아도니야를 쳐 죽였다.*

솔로몬 왕이 제사장 아비아달에게 말했다.

그대는 그대의 고향 아나돗으로 가시오.
그대는 마땅히 죽을 자로되, 그대가 내 아버지 다윗 앞에서 주 여호와의 궤를 메었고, 또 내 부친이 모든 환난을 받을 때에, 그대도 환난을 받았은즉, 내가 오늘날 그대를 죽이지는 않겠소.

---

* 솔로몬은 이복 형 아도니야의 청원 곧 어머니의 청원을 들어주겠다고 해 놓고 심지어 그를 죽였다. 왜일까? 아비삭은 다윗 왕의 노후에 체온 유지를 위해 구한 아름다운 동녀(童女)였다(왕상 1:1-4). 고대 중동에서는 후대의 왕은 선대(先代)의 왕권과 함께 그 처첩들을 계승하는 관습이 있었는데(삼하 12:8 참고) 솔로몬이 다윗의 왕권과 함께 그 처첩들도 계승하는 권한이 있으므로 아도니야는 아비삭을 솔로몬에게 구했을 것이다. 그 목적은 그 미모가 탐이 난 것도 배제할 수 없지만 왕의 후궁(아비삭)을 취한다는 것은 곧 그 왕의 자리를 취할 수 있는 권리와 기회가 자신에게도 있음을 의미하므로 이 음흉한 마음을 지혜로운 솔로몬이 간파하지 못했을 리가 없고, 다른 것은 몰라도 자기의 왕권을 재차 노리는 그 요구를 들어줄 리가 만무하고, 따라서 자기의 왕권을 위태롭게 하는 그를 제거할 수밖에 없었을 것이다.

솔로몬은 아비아달을 쫓아내어 여호와의 제사장 직분을 파면하였다.

그리하여 여호와께서, 실로에 있던 제사장 엘리와 그의 집안에 대해서 말씀하신 일이 그대로 이루어졌다.

요압은 아도니야와 아비아달의 소문을 듣고, 여호와의 장막으로 도망가서 제단 뿔을 잡고 있었다.

이것은 그가 다윗을 떠나 압살롬의 반역에는 가담하지 않았지만, 아도니야의 반역 음모에 동조하였기 때문이었다.

누군가가 솔로몬 왕에게 요압이 여호와의 장막으로 도망쳐 제단 뿔 곁에 있다고 일러 주었다.

그래서 솔로몬은 여호야다의 아들 브나야을 보내며 명령했다.

> 너는 가서 요압을 쳐 죽여라.

브나야가 여호와의 장막으로 들어가서 요압에게 말했다.

> 왕께서 '장막에서 나오라' 하시느니라.

요압이 대답했다.

> 아니다. 내가 여기서 죽겠노라.

브나야가 왕에게 돌아가서 요압이 한 말을 전했다.

> 요압이 '장막에서 죽겠다'라고 대답하였습니다.

그러자 왕이 브나야에게 명령했다.

> 그의 말과 같이 하여 그를 죽여 묻으라.
> 요압이 까닭 없이 흘린 피를 나와 내 아버지의 집에서 네가 지울 수 있을 것이다.
> 여호와께서, 요압의 피를 그 머리로 돌려보내실 것은, 그가 자기보다 의롭고 선한 두 사람을 쳤음이니 곧 이스라엘 군대장관 넬의 아들 아브넬과 유다 군대장관 예델의 아들 아마사를 칼로 죽였음이다.
> 이 일을 내 아버지 다윗은 알지 못하셨나니, 그들의 피는 영영히 요압의 머리와 그 자손의 머리로 돌아갈지라도, 다윗과 그 자손과 그 집과 그 위에는, 여호와께로 말미암은 평강이 영원히 있으리라.

그러자 여호야다의 아들 브나야가 곧 올라가서 요압을 죽였다. 요압은 광야에서 가까운 자기 집에 매장되었다.

왕은 이에 요압을 대신해서 여호야다의 아들 브나야를 군대장관으로 삼았고, 또 아비아달의 자리에는 제사장 사독으로 대신하게 하였다.

솔로몬 왕은 시므이에게 사람을 보내어 그를 불러 놓고 말했다.

> 너는 예루살렘에서 집을 짓고 거기서 살아라. 예루살렘을 벗어난 다른 어떤 곳으로도 가면 안 된다.
> 너는 분명히 알라. 예루살렘을 떠나 기드론 시냇가를 건너는 날에는 반드시 죽임을 당하리니, 네 피가 네 머리로 돌아갈 것이다.

시므이가 왕에게 대답했다.

> 이 말씀이 좋사오니, 내 주 왕의 말씀대로 종이 그리하겠나이다.

그리하여 시므이는 오랫동안 예루살렘에서 살았다.

삼 년 후에 시므이의 두 종이 마아가의 아들이며 가드의 왕인 아기스에게로 도망쳤다.

어떤 사람이 시므이에게 알려 주었다.

> 당신의 종이 가드에 있습니다.

시므이가, 그 종을 찾으려고 일어나 그 나귀에 안장을 얹고, 가드에 가서 아기스에게 나아가 그 종들을 가드에서 데려왔다.

시므이가 예루살렘에서 가드에 갔다가 돌아온 일을 어떤 사람이 솔로몬에게 보고하였다.

그래서 솔로몬은 사람을 보내어 시므이를 불러 놓고 말했다.

> 내가 너로 여호와를 가리켜 맹세하게 하고 경계하여 이르기를, '너는 분명히 알라. 네가 예루살렘 밖으로 나가서 어디든지 가는 날에는 죽임을 당하리라.' 하지 아니하였느냐?
> 너도 내게 말하기를 '내가 들은 말씀이 좋으니이다.' 하였거늘, 네가 어찌하여 여호와를 가리켜 한 맹세와, 내가 네게 이른 명령을 지키지 아니하였느냐?

왕이 또 시므이에게 말했다.

네가 무릇 네 마음의 아는 모든 악한 일 곧 내 부친에게 행한 바를 네가 스스로 아나니, 여호와께서 네 악을 네 머리로 돌려보내시리라.
그러나 솔로몬 왕은 복을 받고 다윗의 위는 영원히 여호와 앞에서 견고히 서리라.

솔로몬 왕은 여호야다의 아들 브나야에게 명령하였다. 그가 나가서 시므이를 쳐서 죽게 하였다.

이에 왕위와 나라가 다윗의 아들 솔로몬의 손에 견고하여졌다.

이는 하나님 여호와께서 그와 함께하셨으며, 그를 크게 높여 주셨기 때문이다.

솔로몬의 지혜(왕상 3:1-15; 대하 1:2-13)

솔로몬은, 애굽 왕 바로와 더불어 우호 조약을 맺고, 그의 딸과 결혼하여 아내를 예루살렘으로 데리고 와서, 그녀를 다윗 성에서 살게 하였다.

그는 자기의 궁전과 여호와의 성전과 예루살렘 주위의 성이 착공되어 준공되기를 기다리는 마음이 있었다.

그때까지 여호와의 이름을 위하여, 성전을 아직 건축하지 아니하였으므로 백성들이 산당에서 제사하였다.

솔로몬이 여호와를 사랑하고 그 아버지 다윗의 법도를 행하였으나, 그도 역시 산당에서 제사하며 분향하였다.

솔로몬이 온 이스라엘의 천부장과 백부장과 재판관과 온 이스라엘의 각 방백과 족장들을 불렀다.

그리고 솔로몬 왕은, 모든 백성을 데리고 제사를 드리려고 기브온 산당으로 갔다.

그곳에는 하나님의 회막 곧 여호와의 종 모세가 미디안 광야에서 만든 성막이 있었다.

다윗이 이미 하나님의 궤를 위하여 기럇여아림에서 예루살렘으로 레위인들의 어깨에 메워서 왔었고, 그리고 예루살렘에 법궤를 놓아 둘 곳을 마련하기 위해 그곳에 장막을 쳤었다.

옛적에, 훌의 손자이며 우리의 아들인 브사렐이 만든 놋 제단은 기브온의 여호와 장막 앞에 그대로 있었다.

당시에 가장 큰 산당은 기브온에 있었으므로, 솔로몬 왕은 백성으로 더불어 기브온으로 나아가서 여호와 앞 곧 회막 앞에 있는 놋 제단에 이르러 그 위에 일천 마리의 희생으로 번제를 드렸다.

기브온에 있던 그날 밤, 여호와께서 솔로몬의 꿈속에 나타나셨다.

하나님께서는 말씀하셨다.

> 내가 너에게 무엇을 주기를 바라느냐? 너는 구하여라.

솔로몬이 하나님께 대답했다.

> 주의 종 내 아버지 다윗이 성실과 공의와 정직한 마음으로, 주와 함께 주의 앞에서 행하였으므로 주께서 그에게 큰 은혜를 베푸셨고, 주께서 또 그를 위하여 이 큰 은혜를 예비하시고, 오늘날과 같이 그의 왕위에 앉을 아들을 그에게 주셨나이다.
> 나의 하나님 여호와여!
> 주께서는 주의 종인 저를 종의 아버지 다윗을 대신하여 왕이 되게 하셨습니다.
> 여호와 하나님이여!
> 원하건대 주는 내 아버지 다윗에게 허락하신 것을 이제 굳게 하옵소서.
> 그러나 주의 종은 작은 아이라서, 어떻게 해야 될 줄을 잘 알지 못하오니, 이 백성을 잘 다스릴 수 있게 하소서.
> 주께서, 나로 땅의 티끌같이 많은 백성의 왕을 삼으셨사오니, 주의 택한 백성들은 그 수가 셀 수도 없고 기록할 수도 없습니다.
> 누가 주의 이렇게 많은 백성을 능히 재판할 수 있겠사옵니까?
> 주는 이제 내게 지혜로운 마음과 지식을 종에게 주시어서, 주의 백성을 재판하여 선악을 분별하게 하옵소서.

솔로몬이 지혜를 구하므로, 그의 말이 여호와의 마음에 맞으셨다.

하나님께서 솔로몬에게 말씀하셨다.

> 네가 지혜를 구하였도다.

이런 마음이 네게 있어서, 부나 재물이나 명예나 원수의 생명 멸하기를 구하지 아니하며 장수도 구하지도 아니하고, 오직 내가 너로 다스리게 한, 내 백성을 재판하기 위하여 백성의 송사를 듣고 분별하는 지혜와 지식을 구하였으니, 내가 네 말대로 하여 네게 지혜롭고 총명한 마음과 지식을 주노니, 너의 전의 왕들도 너와 같은 자가 없었거니와, 너의 후에도 너와 같은 자가 일어남이 없으리라.

그리고 나는, 또 네가 요구하지 않은 부귀와 영광도 너에게 주노니, 네 평생에 열왕 중에 너와 같은 자가 없을 것이라.

네가 만일 네 아비 다윗의 행함 같이, 내 길로 행하며 내 법도와 명령을 지키면, 내가 또 네 날을 길게 하리라.

솔로몬이 깨어 보니 꿈이었다.

이에 솔로몬은 예루살렘으로 가서 여호와의 언약궤 앞에 섰다.

그는 여호와께 태워 드리는 번제와 수은제 곧 화목제를 드리고, 모든 신하들을 위하여 잔치를 베풀었다.

그런 다음에, 솔로몬은 기브온 산당에 있는 회막에서 떠나, 예루살렘으로 돌아와서 이스라엘을 다스렸다.

솔로몬의 재판(왕상 3:16-28)

어느 날, 창녀 두 명이 솔로몬 왕에게 왔다.

그중 한 여자가 말했다.

내 주여, 이 여자와 나는 한 집에서 살고 있는데, 내가 아이를 낳았습니다.

내가 아이를 낳은 지 삼 일 만에 이 여자도 아이를 낳았습니다. 우리는 함께 있었고, 우리 두 사람 말고는 아무도 집에 없었습니다.

그런데 어느 날 밤, 이 여자가 자기 아이를 깔고 자는 바람에 아이가 죽어 버렸습니다.

이 여자는, 내가 자는 사이에 내 곁에 있던 내 아들을 가져다가 자기 품에 안고는, 자기의 죽은 아이를 내 품에 뉘여 놓았습니다.

이튿날 아침, 내 아들에게 젖을 먹이려고 보니, 아이는 이미 죽어 있었습니다.

그런데 자세히 봤더니 그 아이는 내 아이가 아니었습니다.

그러자 다른 여자가 말했다.

> 아닙니다. 살아 있는 아이가 내 아들이고, 죽어 있는 아이가 저 여자의 아들입니다.

이번에는 처음 여자가 말했다.

> 아닙니다. 죽은 아이가 저 여자의 아들이고, 살아 있는 아이가 내 아들입니다.

이처럼 두 여자가 왕 앞에서 다투었다. 이에 솔로몬 왕이 "칼을 내게로 가져오라." 하였더니, 신하들이 왕 앞에 칼을 가져왔다.

> 살아 있는 아이를 둘로 나누어라. 그래서 절반은 이 여자에게 주고, 절반은 저 여자에게 주어라.

살아 있는 아이의 진짜 어머니는 자기 아들을 위하는 마음이 불붙듯하여 왕에게 말했다.

> 내 주여! 제발, 살아 있는 아들을 저 여자에게 주시고 아무쪼록 죽이지 마옵소서.

그러나 다른 여자는 "어차피, 내 아이도 안 될 테고, 네 아이도 안 될 테니, 차라리 나누어 가지자."라고 말했다.

그러자 솔로몬 왕이 말했다.

> 살아 있는 그 아이를 처음 말한 여자에게 주고, 결코 죽이지 마라.
> 그 여자가 진짜 어머니다.

온 이스라엘이, 솔로몬 왕이 심리하여 판결하는 이 명재판의 사실을 듣고, 이스라엘 백성은 왕을 두려워했다.

이는 하나님의 지혜가 그의 속에 있어 판결함을 봤기 때문이다.

솔로몬의 신하들(왕상 4:1-19)

솔로몬 왕이 온 이스라엘의 왕이 되었다.

솔로몬이 거느렸던 중요한 신하들의 이름은 이러하다.

사독의 아들 아시리아는 제사장이요. 시사의 아들 엘리호렙과 아히야는 서기관이요.

아힐룻의 아들 여호사밧은 백성의 역사를 기록하는 사람이고, 여호야다의 아들 브나야는 군대 사령관이요.

사독과 아비아달은 제사장이요.

나단의 아들 아사리아는 지방의 관리들을 감독하는 사람이며, 나단의 아들 사붓은 대신이자 왕의 친구이다.

아히살은 왕궁 안의 모든 것을 관리하는 사람이고, 압다의 아들 아도니람은 노예들을 감독하는 사람이다.

솔로몬은 이스라엘 각 지방에 열두 명의 장관을 두었다.

그 사람들은, 왕과 왕실을 위하여 식량을 조달하되, 각기 일 년에 한 달씩 식량을 조달하였다.

그들의 이름과 그 관할 지역은 다음과 같다

에브라임 산지를 다스리는 장관은 벤훌이고, 마가스와 사알빔과 벧세마스와 엘론벧하난을 다스리는 장관은 벤데겔이다.

아룹봇과 소고와 헤벨을 다스리는 장관은 벤헤셋이고, 높은 지대인 나밧 돌을 다스리는 장관은 벤아비나답이며, 그는 솔로몬의 딸 다밧과 결혼했다.

다아낙과 므깃도와 사르단에서 가까운 벧스안 모든 지역을 다스리는 장관은 아할룻의 아들 바아나이다.

이곳은 이스르엘 아래 곧 벧스안에서 아벨므홀라를 지나 욕느암 건너편까지 이른다.

길르앗 라못을 다스리는 장관은 벤게벨이며, 그는 길르앗에 있는 므낫세의 아들 야일이 다스리던 마을을 주관하였고, 또한 벤게벨은 바산에 있는 아르곱의 장관이기도 하다. 그는 성문에 놋 빗장에 걸려 있는 큰 성을 육십 개처나 다스렸다.

마하나임은 잇도의 아들 아히나답이 장관이 되어 다스렸다.

납달리를 다스리는 장관은 아히마아스이며, 그는 솔로몬의 딸 바스맛과 결혼했다.

아셀과 아롯을 다스리는 장관은 후새의 아들 바아나이고, 잇사갈을 다스리는 장관은 바루아의 아들 여호사밧이다.

베냐민을 다스리는 장관은 엘라의 아들 시므이이고, 길르앗을 다스리는 장관은 우리의 아들 게벨이다.

아모리 사람의 왕 시혼과 바산 왕 옥의 나라 길르앗 땅에서는 그 한 사람만 장관이 되었다.

솔로몬의 왕국(왕상 4:20-34)

유다와 이스라엘의 인구가 바닷가의 모래알처럼 많게 되었으며, 그들은 풍족하게 먹고 마시며 즐거워했다.

솔로몬은 유브라데스 강에서부터 블레셋 사람의 땅에 이르기까지와 애굽 지경까지의 모든 나라를 다스리므로, 그 나라들이 조공을 바쳐 솔로몬이 살아 있는 날 동안에 섬겼다.

솔로몬의 왕궁에서 하루에 소비되는 식량은 고운 밀가루 약 칠 킬로리터, 보통 밀가루 약 십사 킬로리터, 축사에서 가두어 기른 살진 소 열 마리, 초원에서 놓아기른 소 이십 마리, 양 일백 마리, 그 밖에 수사슴과 노루와 암사슴과 살진 새들이었다.

솔로몬은, 유브라데스 강 이쪽에 있는 모든 지역 곧 딥사에서부터 가사에 이르기까지, 유브라데스 강 서쪽의 모든 왕을 다스리며, 주위의 모든 민족과 평화를 유지하였다.

솔로몬이 살아 있는 동안 이스라엘과 유다 백성들은 단에서부터 브엘세바 지역에 이르기까지 각자 자기의 무화과나무와 포도나무 아래에서 평안을 누렸다.

솔로몬에게는, 전차를 끄는 말들의 마구간 사만 채와 마병 일만 이

천 명이 있었다.

그의 지방장관들은 각자 자기가 맡은 달에 솔로몬 왕과 왕의 상에 참석하는 모든 자를 위하여, 먹을 것을 예비하여 부족함이 없게 하였으며, 또한 군마와 역마에게 먹일 보리와 볏짚도 각각 자기의 분담 양에 따라서, 말이 있는 곳으로 가져왔다.

하나님께서 솔로몬에게 지혜와 총명과 넓은 마음을 바닷가의 모래알처럼 한없이 많이 주시니, 솔로몬의 지혜는 동양의 모든 사람의 지혜와 애굽의 모든 사람의 지혜보다 더 뛰어났다.

그는 모든 사람보다 지혜롭고, 또한 에스라 사람 에단과 마홀의 아들 헤만과 갈골과 다르다보다도 더 지혜로웠으므로, 그의 이름이 사방 모든 나라에 널리 퍼졌다.

그는 삼천 가지의 잠언을 말하였고, 천 다섯 편의 노래를 지었고, 또 초목을 논하되 레바논에 있는 백향목으로부터 돌담에서 자라는 우슬초에 이르기까지, 짐승과 새와 기어다니는 것과 물고기를 두고서도 가릴 것 없이 논할 수 있었다.

모든 민족 중에서, 솔로몬의 지혜의 소문을 들은 천하 모든 왕들은 그 지혜를 들으러 왔었다.

솔로몬 왕과 두로 왕 히람(왕상 5:1-18; 10:1-18; 10:11-12; 대하 2:1-18; 9:10-11)

솔로몬이, 여호와의 이름을 위하여 성전을 건축하고 자기 권세와 영화를 위하여 궁궐을 건축하기로 결심하였다.

그래서 솔로몬은 짐을 운반할 사람 칠만 명과 산에서 돌을 깨낼 사람 팔만 명, 그리고 그들을 감독할 사람 삼천육백 명을 뽑았다.

솔로몬이 기름 부음을 받고, 그 아버지 다윗을 이어 왕이 되었다 함을, 두로 왕 히람이 듣고 그를 축하하려고 신하들을 보냈다.

이는 두로의 히람 왕은 평소에 다윗을 좋아했기 때문이다.

솔로몬은 히람(후람) 왕에게 전령을 보내어 다음과 같은 말을 전했다.

당신도 아시겠지만, 나의 아버지는 계속되는 전쟁 때문에 사방의 적들과 싸우느라고, 그 하나님 여호와의 이름을 위하여 성전을 건축하지 못하고 여호와께서 그 원수들을 그 발바닥 밑에 두시기를 기다렸나이다.

그러나 이제는 나의 하나님 여호와께서 사방에 평화를 주셔서 대적도 없고 재앙을 당할 위험도 없습니다.

여호와께서 내 부친 다윗에게 하신 말씀에,

'내가 너를 이어 네 위에 오르게 할, 네 아들 그가 내 이름을 위하여 성전을 건축하리라.' 하신 대로, 내가 내 하나님 여호와의 이름을 위하여 성전을 건축하려고 하오니, 전에 내 부친 다윗이 친히 거처할 궁을 지을 때에 왕께서 백향목을 보내 주신 것처럼, 내게도 그렇게 해 주시기를 바랍니다.

이제 내가 나의 하나님 여호와의 이름을 위하여 성전을 건축하여 정결 되게 드리려고 합니다.

이것은 내가 여호와 앞에서 분향하며 항상 거룩한 떡을 차려 놓고 아침과 저녁, 그리고 안식일과 초하루와 그 밖에 우리 하나님 여호와의 절기 때마다 번제를 드리는 곳이 될 것입니다.

하나님께서 이스라엘 백성에게 항상 이렇게 하라고 명령하셨습니다.

내가 큰 성전을 건축하려고 하는 것은 우리 하나님이 다른 어느 신보다도 위대하시기 때문입니다.

누가 능히, 하나님을 위하여 성전을 건축할 수 있겠습니까?

하늘과 하늘들의 하늘이라도 주께서는 용납하지 못하십니다.

내가 누구이기에, 어찌 능히 하나님을 위하여 성전을 건축할 수 있겠습니까?

여호와 하나님 그 앞에서 분향할 생각뿐입니다.

이제 당신은, 조각에 능하고 금과 은과 동과 철을 다룰 줄 알며, 자색 · 홍색 · 청색 실로 천을 짤 줄 아는 기능공 한 사람을 보내 주십시오.

그는 내 아버지가 선발해 놓은 유다와 예루살렘의 기능공들과 함께 일하게 될 것입니다.

또 레바논에서 백향목과 잣나무와 백단목도 보내 주시기 바랍니다. 이제 레바논의 백향목을 베어 나에게 보내라고 명령을 내려 주십시오.

왕께서, 나무를 잘 베는 기술자들을 거느리고 있음을 내가 잘 알고 있습니다.

내 종들이 왕의 종들과 함께 일할 것입니다.

이와 같이 나를 위하여 재목을 많이 준비해 주시기 바랍니다. 내가 건축하려

하는 성전은 크고 화려할 것입니다
내가 왕의 벌목하는 종들에게는, 왕의 말씀대로 밀가루 이만 석과 보리 이만 석과 포도주 이만 말과 기름 이만 말을 품삯으로 주겠습니다.
우리 중에는 시돈 사람만큼 나무를 잘 벨 줄 아는 사람이 없습니다.

히람이 솔로몬의 말을 듣고 크게 기뻐하면서 답장을 보냈다.

오늘날 천지를 지으신 이스라엘 여호와를 찬양할지로다!
여호와께서, 그 백성을 사랑하시므로, 다윗에게 이처럼 지혜로운 아들을 주시고, 명철과 총명을 친히 허락하셨습니다.
당신을 세워 그 왕을 삼으셨고, 이스라엘의 수많은 백성을 다스리게 하셨도다.
또 능히 여호와를 위하여 성전을 건축하고 솔로몬의 자기 권세와 영화를 위하여 궁궐을 건축하게 하시도다.

두로 왕 히람(후람)의 답장은 계속 이어졌다.

왕께서 나에게 보내 주신 전갈은 잘 들었습니다.
내가 이세 솜씨 있고 총명한 사람을 보내옵니다. 이 사람은 전에 내 아버지 히람(후람)에게 속하였던 자입니다.
이 사람의 어머니는 단 지파 사람이며 그의 아버지는 두로 사람인데 그는 금은과 동과 철을 잘 다룰 줄 알고, 또 목공과 석공에도 능하며 베도 짜고 자색과 청색과 홍색 실을 만들어 내는 염색에도 전문적인 기술을 가졌을 뿐만 아니라, 그 밖에 조각이나 여러 가지 도안에도 능숙한 사람입니다.
그는 당신의 기능공들과 그리고 당신의 아버지, 내 주 다윗이 선발한 사람들과 함께 일하게 하십시오.
왕이 바라시는 백향목 재목과 잣나무 재목을 다 보내겠습니다.
내 종들이 당신이 필요한 만큼, 레바논에서 나무를 벌목해서 바다까지 나무를 나르면, 그것을 뗏목으로 엮어 해상으로 왕께서 바라시는 곳, 욥바까지 띄어 보내 드리겠습니다.
그곳에 나무가 이르면 나무를 풀어 드릴 테니, 거기서 예루살렘까지는 당신이 실어 가도록 하십시오.
그리고 여호와의 성전을 건축하시어, 나의 원하는 바를 이루시고, 나의 왕궁을 위하여, 솔로몬 왕께서 말씀하신 밀과 보리와 기름과 포도주는 주의 종들에게 보내소서.

히람은 솔로몬이 바라는 대로 백향목과 잣나무와 백단목을 보냈다.

그리고 히람의 배에 히람의 신하들과 솔로몬의 신하들이 오빌에서 금을 실어 왔고, 그 밖에도 오빌에서 많은 백단목과 보석을 운반하여 왔다. 솔로몬은 백단목으로 여호와의 성전과 왕궁의 난간을 만드는 데 썼다.

그리고 찬양하는 자를 위하여 수금과 비파를 만들었는데, 지금까지 그렇게 좋은 백단목을 들여온 일도 없었고, 오늘까지도 본 적도 없다.

솔로몬은 히람에게 해마다 밀 이만 섬(약 4,400 킬로리터)과 맑은 감람 기름 이십 섬(약 440 킬로리터)을 주었다.

여호와께서, 그 말씀대로 솔로몬에게 지혜를 주신 고로 히람과 솔로몬 사이에는 평화가 있었으며, 두 사람이 함께 조약을 맺었다.

솔로몬 왕은 이스라엘에서 일꾼 삼만 명을 불러 모았다.

그는 그들을 한 달에 만 명씩 번갈아 레바논으로 보냈다. 그들은 레바논에서 한 달을 일하고 두 달은 자기 집에서 쉬었다.

아도니람은 그들을 감독하였다.

전에 솔로몬의 부친 다윗이, 이스라엘 땅에 거한 이방 사람을 조사하였는데, 이제 솔로몬이 다시 조사하여보니 모두 십오만삼천육백 명이었다.

솔로몬은 그들 중에서, 팔만 명에게는 산지에서 돌을 뜨며 깎는 일을 시켰으며, 칠만 명에게는 깎은 돌을 운반하는 일을 시키고, 삼천육백 명에게는 감독을 삼아 백성들에게 일을 시키게 하였다.

이에 솔로몬 왕이, 명령을 내려 크고 귀한 돌을 떠다가 다듬어서 성전의 기초석으로 놓게 하였다.

그리하여 솔로몬의 건축자들과 히람의 건축자들과 그발 사람들이 그 돌을 다듬고, 여호와의 성전을 건축하기 위하여 목재와 석재를 준비하였다.

여호와의 성전 건축(왕상 6:1-38; 대하 3:1-14)

이스라엘 백성이, 애굽에서 나온 지 사백팔십 년이 지나고, 솔로몬이 이스라엘 왕이 된 지, 사 년째가 되는 해였다.

그해 시브 월 곧 이월 이일에 솔로몬이 여호와를 위하여 모리아 산에서 성전 건축 공사를 시작하였다.

그곳은 전에 여호와께서, 솔로몬의 아버지 다윗에게 나타나셨던 곳으로, 여부스 사람 아라우나(오르난)의 타작마당이었으나, 다윗이 성전 터로 선정한 곳이었다(또한 이 모리아 산은 믿음의 조상 아브라함이 하나님께 이삭을 바칠 장소로 지정되었던 유서 깊은 곳이다).

솔로몬이 여호와를 위하여 건축한 성전은, 길이가 육십 규빗(27 m)이요, 너비가 이십 규빗(1 규빗은 약 45 cm이므로 9 m)이었고, 높이가 삼십 규빗(13.5 m)이었다.

성전의 성소 앞 현관의 길이는 성전의 너비와 마찬가지로 이십 규빗이었고, 그 너비는 성전 본당 밖으로 십 규빗(4.5 m)을 더 달아내어 현관은 성전 앞쪽으로 성전과 이어져 있다.

그리고 그는 성전 벽에다가 붙박이창을 만들었는데, 바깥쪽을 안쪽보다 좁게 만들었다.

솔로몬은 또 성전의 벽 곧 성소와 지성소의 벽에 양쪽 옆과 뒤로 연속으로 붙여 돌아가며 다락들을 건축하되, 다락마다 돌아가며 삼층으로 골방들을 만들었다.

아래층은 너비가 오 규빗(2.3 m)이었고, 가운데층은 너비가 육 규빗(2.7 m)이었으며 그 위층은 너비가 칠 규빗(3.2 m)이었다.

솔로몬은, 성전 벽 바깥 둘레에 턱을 만들어서 골방의 들보가 성전 벽에 박히지 않게 했다.

이 성전을 건축할 때는, 채석장에서 완전히 다듬은 돌을 사용했기 때문에, 건축하는 동안에 성전 안에서는 망치나 도끼나 철 연장 소리가 들리지 않았다.

가운데층에 있는 골방으로 들어가는 문은 성전의 오른쪽에 있으며, 나사 모양의 층계로 말미암아, 아래층에서 가운데층으로 오르게 하였으며, 또 가운데층에서부터 삼층까지도 올라가게 하였다.

솔로몬은 백향목 서까래와 널빤지로 성전 지붕을 덮었다.

또한 성전 전체에다가 돌아가면서 높이가 저마다 오 규빗 되는 다락을 지었는데, 백향목 들보로 성전에 연결하게 하였다.

이렇게 하여 성전 외부 건축 일을 다 마쳤다.

여호와의 말씀이 솔로몬에게 임하셨다.

> 네가 이제 이 성전을 건축하였도다.
> 네가 만일 내 법도를 따르며, 내 율례를 행하며, 나의 모든 계명을 지켜 그대로 행하면, 내가 네 아버지 다윗에게 한 말을 네게 확실히 이룰 것이요,
> 나는 이스라엘 자손과 더불어 살 것이며 결코 이스라엘 백성을 저버리지 않을 것이다.

솔로몬이 성전 외부 건물 건축을 마치고, 내부 공사를 시작하였다.

그 성전 천장은 잣나무로 만들고 또 순금으로 입히고 그 위에 종려나무와 사슬 형상을 새겼다.

성전의 안쪽 벽에는 바닥에서 천장에 닿기까지 벽 전체에 백향목 널빤지를 입히고, 성전의 바닥 마루에는 잣나무 널빤지를 깔았다.

또 성전 뒷벽에서부터 이십 규빗(9 m) 되는 곳에, 마루바닥에서 천장까지 백향목 널판으로 가로막아 성전의 내실 곧 지성소를 만들었다.

지성소 앞에 있는 큰 성소의 길이는 사십 규빗(18 m)이었다.

또 성전 내부 벽에 입힌 백향목 널판에는 조롱박과 활짝 핀 꽃들을 아로새겼고, 성전 내부 벽은 온통 백향목으로 둘러싸여 돌은 하나도 보이지 않았다.

솔로몬은 성전 안에 여호와의 언약궤를 놓아 둘 지성소를 만들었다.

이 지성소의 크기는 길이가 이십 규빗, 너비가 이십 규빗, 높이가 이십 규빗이었다.

그는 순금 육백 달란트(약 20 톤)으로 지성소 내부를 온통 순금으로 입혔고, 그는 백향목 제단에도 순금으로 입혔다.

금 오십 세겔(570 g)으로는 지성소에 쓸 못을 만들었으며, 다락방도 역시 금으로 입혔다.

솔로몬은 성소 내부를 순금으로 입히고 지성소 앞에 금사슬을 쳐 놓았다.

또 보석으로 성전을 꾸며서 화려하게 하였고, 금으로 성전과 그 들보와 문시방과 벽과 문짝에 입혔는데, 그 금은 바르와임에서 들여온 금이다.

이렇게 해서 솔로몬은 성전 내부를 모두 금으로 입히고 또 지성소 안에 있는 모든 제단에도 금을 입혔다.

솔로몬은 지성소 안에 감람나무로 두 그룹을 만들었다. 각 그룹의 높이는 십 규빗(4.5 m)이었다.

각 그룹에는 날개가 있었는데, 각 날개의 길이는 오 규빗(약 2.3 m)이었다.

그룹의 한쪽 날개 끝에는 다른 쪽 날개 끝까지의 길이는 십 규빗이 되었다. 그리고 높이는 모두 십 규빗이었다. 다른 그룹도 십 규빗이며 그 두 그룹이 같은 치수와 같은 모양이었다. 솔로몬이 지성소 가운데 이 두 그룹을 두었다.

그리고 그 그룹들은 날개를 펴 서로 맞닿게 했는데 바깥 날개는 양쪽 벽에 닿았고, 안쪽 날개는 지성소 중앙에서 서로 맞닿았다.

이 두 그룹의 편 날개가 모두 이십 규빗(9 m)이다. 그 얼굴을 성소로 향하고 있으며, 그 두 그룹 천사는 정면을 향해 서로 나란히 서 있게 하였다. 솔로몬이 이 두 그룹에도 금을 입혔다.

그리고 지성소의 휘장은 청색 실과 자색 실과 홍색 실과 고운 베로 문장을 만들었으며, 그 위에 그룹 천사의 형상을 수놓았다.

성소와 지성소의 사면 벽에는 그룹 천사와 종려나무와 활짝 핀 꽃을 아로새겼으며, 성전의 모든 마룻바닥은 금으로 입혔다.

지성소에 들어가는 출입구에는, 감람나무로 문을 두 짝 만들었는데, 그 문 인방과 문설주는 벽의 오분지 일로 오각형이다

감람나무로 만든 그 두 문짝에는 그룹 천사와 종려나무와 활짝 핀 꽃을 아로새기고, 그룹 천사와 종려나무에는 금을 입혔다.

또 성전의 출입구 문을 위하여 감람나무로 문설주를 만들었으니 곧 벽의 사분지 일로 사각형의 문틀을 만들었다.

그 두 문짝은 잣나무로 만들었으며, 이 문짝도 두 짝으로 접히게 되었고, 저 문짝도 두 짝으로 접히게 되어 있다.

그리고 그 문짝에 그룹 천사와 종려나무와 활짝 핀 꽃을 아로새기고 그 위에 정교하게 금을 입혔다.

또 다듬은 돌을 세 층으로 쌓고, 그 위에 백향목 두꺼운 판자 한 층을 얹어 성전 안뜰을 만들었다.

솔로몬 왕 제사년 이월에 여호와의 성전 기초를 놓았고, 제십일년 불 월 곧 팔월에 설계와 시공서대로 성전이 준공되었으며, 솔로몬이 성전을 짓는 데 소요된 총 공사 기간은 칠 년이었다.

놋쇠 대장장이 히람과 솔로몬(왕상 7:13-51; 대하 3:15-5:1)

솔로몬 왕은 사람을 보내어 두로에 있는 히람(후람)을 불러 왔다.

히람의 어머니는 납달리 지파 사람이며 과부이다. 히람의 아버지는 두로 사람으로서 놋을 다루는 대장장이였다.

히람(후람)은 놋을 다루는 기술이 뛰어났고, 지혜와 총명과 재능이 있었다. 히람이 솔로몬 왕에게 불려 와서 모든 일을 도맡아 했다.

히람은 놋 기둥 두 개를 만들었다.

각 놋 기둥의 높이는 십팔 규빗(8.10 m)이었고 둘레는 십이 규빗(5.4 m)이었다.

그는 또 놋을 녹여 부어서 오 규빗(2.25 m)되는 높이의 기둥머리를 만들어서 기둥 위에 놓았다.

그 기둥머리는 둘 다 꼭 같이 높이가 오 규빗이다. 꼭대기에 있는 기둥머리를 위하여, 바둑판 모양으로 얽은 그물과 사슬 모양의 땋은 것을 만들었으니, 이쪽 머리에 일곱이고, 저쪽 머리에도 일곱이다. 두 기둥머리를 이렇게 만들었다.

또 놋쇠로 석류 백 개를 만들고, 그물에다가 석류를 두 줄로 늘어뜨려서 기둥 꼭대기에 얹은 기둥머리를 장식하였고, 다른 기둥머리에도 그렇게 장식하였다.

기둥으로 받쳐진 지붕을 가진 현관 꼭대기에 있는 기둥머리의 높이는 사 규빗(1.8 m)이었다.

그 기둥머리는 백합화 모양으로 만들었으며, 사슬 장식 위에 둥그렇게 돌출된 부분에다가 얹었다.

기둥머리에는 놋쇠로 만든 석류 이백 개가 둥그렇게 줄을 지어 있었다. 다른 기둥머리도 마찬가지였다.

히람은 이 두 놋 기둥을 성전의 현관 앞에 세웠다. 그리고 오른쪽 기둥의 이름은 '하나님이 세우다.'라는 뜻의 야긴이라고 했고, 왼쪽 기둥의 이름은 '그에게 능력이 있다.'라는 뜻의 보아스라고 붙였다. 그 두 기둥 꼭대기에 백합화 형상이 있었다. 이렇게 해서 성전 입구의 양쪽 기둥은 완성되었다.

솔로몬은 또 놋으로 제단을 만들었다. 그 제단의 길이는 이십 규빗(9 m), 너비가 이십 규빗(9 m), 높이가 십 규빗(4.5 m)이었다.

그리고 나서 히람은 놋으로 둥그렇고 큰 물통을 만들어 바다라고 불렀다. 바다는, 둘레가 삼십 규빗(13.5 m), 지름이 십 규빗(4.5 m),

깊이가 오 규빗(22.5 m)이었다.

그 가장자리 아래로는 빙 둘러가며 놋으로 호리병 모양의 박이 새겨졌는데, 매 규빗(45 cm)마다 박이 열 개씩 새겨졌다.

이것들은 놋쇠를 부어서 바다 모양 물통을 만들 때에, 두 줄로 부어서 물통과 하나로 주조된 것이었다.

이 바다는, 서로 엉덩이를 맞대고 있는 놋 황소 열두 마리의 등 위에 올려져, 바다 모양 물통을 떠받치는 형태가 되었다.

세 마리는 북쪽을 바라보고, 세 마리는 동쪽을 바라보고, 세 마리는 남쪽을 바라보고, 세 마리는 서쪽을 바라보고 있었다.

바다 그릇의 두께는 한 손 너비만 했고, 그 가장자리는 백합화처럼 밖으로 휘어진 잔 모양같이 만들었으며, 그 바다에는 이천 밧(44 킬로리터)의 물을 담을 수 있었다.

히람은 또 놋 받침수레 열 개를 만들었는데, 각 받침수레는 길이는 사 규빗(1.8 m)이고, 너비가 사 규빗이고, 높이는 삼 규빗(1.35 m)이었다.

그 받침수레의 구조는 이러하다. 받침수레는 틀에 고정시킨 사각형의 놋판으로 만들어졌는데 틀 사이에 낀 테두리 위에다가, 사자와 소와 그룹을 그려 놓았다. 그 틀 위에는 밑받침이 있으며 사자와 소 아래에는 화환 모양으로 되어 있었다.

그리고 각 받침수레에는, 네 개의 놋쇠 바퀴와 놋쇠 축과 네 개의 다리를 달았다.

그 네 개의 다리는 물두멍인 놋쇠 대야 아래에서 어깨 모양의 받침수레를 괴고 있었으며, 이 받침수레들은 화환 무늬의 맞은쪽에서 녹여 부어서 만든 것이었다.

그리고 놋 받침 맨 위에는 그 속이 오목한 받침대가 있었다.

그것은 놋 받침에서 위로 한 규빗(45 cm) 올라왔고, 그 테두리의 직경이 한 규빗 반(6.75 m) 되게 반원형으로 우묵하였으며, 그 나머지 테두리에도 무늬를 아로새긴 것이 있으며, 그러나 그 테두리 판자들은 네모지고 둥글지 않았다.

또 네 개의 바퀴가 테두리 판자 아래 곧 놋판 밑에 있고 바퀴축이 놋 받침수레 안에 연결되어 있었으며, 그 바퀴의 구조는 말이 끄는 전차 바퀴의 구조와 같았다.

바퀴의 축과 테두리와 바퀴살과 그 축의 통은 모두 놋쇠를 녹여 부어서 만든 것이었다.

그리고 받침대의 네 귀퉁이에는, 어깨 모양의 받침수레가 네 개 붙어 있는데, 그 받침대에서 받침수레가 하나로 연결되었다.

받침대 꼭대기에는 반 규빗(약 23 cm) 높이의 테두리가 둥글게 둘려 있고, 또 받침대의 아래에는 바퀴축인 버팀대와 테두리 판자들이 연결되어 있었다.

그리고 버팀대와 테두리 판자 곧 놋판의 빈자리에는, 그룹 천사와 사자와 종려나무를 아로새겼고, 그 둘레에는 화환 모양을 새겼다.

히람(후람)은 이러한 방식으로 받침수레 열 개를 만들었는데, 모두가 같은 치수와 같은 양식으로, 다 동일하게 만들었다.

또 물두멍인 놋대야 열 개를 놋으로 만들었는데, 물두멍마다 각각 사십 밧(880 리터)을 담게 하였으며, 각 물두멍의 지름이 사 규빗(1.8 m)이다. 열 받침수레 위에 각각 물두멍이 하나씩이며, 받침수레 열 개에는 모두 놋대야 하나씩을 올려놓았다.

놋대야를 올려놓은 받침수레 다섯 개는 성전 오른쪽에 두고 나머지 다섯 개는 성전 왼쪽에 두었다.

그리고 놋으로 둥그렇고 크게 물통으로 만든 바다는 성전 오른쪽의 동남쪽 모퉁이에 두었다.

물두멍인 놋대야는, 번제에 속한 물건을 거기 씻게 하였으며, 놋으로 둥그렇고 크게 물통으로 만든 바다는 제사장들이 씻기를 위한 것이었다.

히람이 또 솥과 부삽과 대접들을 만들었다. 이와 같이 히람이 솔로몬 왕을 위하여 여호와의 전의 모든 일을 마쳤다.

히람(후람)이 여호와의 성전을 위해 만든 것들은 이러하다.

기둥 두 개와 두 기둥 꼭대기에 얹는 공 모양의 기둥머리 두 개, 두 기둥 꼭대기에 얹는 공 모양의 기둥머리를 덮는 그물 두 개, 기둥 꼭대기에 있는 공 모양을 한 기둥머리에 씌운 각 그물에다가 두 줄로 장식한 석류 사백 개와, 받침대 열 개와 받침대 위에 놓을 물두멍인 놋대야 열 개와 바다 하나와 그 바다를 받치는 황소 열두 마리, 솥과 부삽과 고기 갈고리와 피 뿌리는 대접과 여호와의 성전의 모든 그릇들이다.

그런 다음 그는 제사장들을 위한 안뜰과 일반 백성을 위한 바깥뜰을 만들고, 이 뜰의 문을 놋으로 입혔다.

히람(후람)이, 솔로몬 왕을 위하여 여호와의 성전에 이 모든 그릇을 광택 난 놋으로 만든 것이다.

솔로몬 왕은, 숙곳과 사르단(스레다) 사이에 있는 요단 평야에서 찰진 진흙으로 주형을 떠서 그 모든 기구를 만들도록 하였다.

솔로몬은 이 모든 기구들을 달아 보지 않은 채 그냥 두었다. 이것은 그 기구들이 너무 많아 놋의 중량을 측정할 수가 없었기 때문이었다.

솔로몬이 또 여호와의 성전의 모든 기구를 만들었다. 곧 금 제단과, 외소인 성소 안 좌우에 다섯 개씩 놓아, 항상 떡을 차려 놓는 진설병의 금으로 만든 상 열 개와, 내소인 지성소 앞 좌우에 다섯 개씩 놓을 순금 등대 열 개와 외소인 성소 안 좌우에 다섯 개씩 놓을 규격대로 만든 순금 등대 열 개와, 금으로 만든 꽃 장식과 등잔과 불집게며, 순금으로 된 잔과, 심지 다듬는 집게와, 피 뿌리는 대접 일백 개와, 숟가락과 향로와, 불 옮기는 그릇과, 내실 곧 지성소 문에 다는 금 돌쩌귀와, 성전의 바깥문에 다는 금 돌쩌귀들이다.

지성소 문과 성전 출입문도 모두 금으로 입혔다.

이렇게 해서, 솔로몬 왕은 여호와의 성전을 위하여 만드는 모든 것을 완성하였다.

솔로몬은 그의 아버지 다윗이 거룩하게 구별해서 바친 성물 곧 은과 금과 기구들을 가져다가 여호와의 성전 창고에 넣었다.

지성소의 언약궤(왕상 8:1-11; 대하 5:2-14)

그런 다음에 솔로몬이, 여호와의 언약궤를 다윗 성 곧 시온에서 메어 올리고자 하여, 이스라엘 장로와 모든 지파의 우두머리 곧 이스라엘 자손의 족장들을 예루살렘에 있는 자기에게로 소집하였다.

이스라엘 모든 사람이 다 에다님월 곧 칠월 절기 초막절에 솔로몬 왕에게 모이고, 이스라엘의 지도자들이 다 모이자 제사장들이 법궤를 메고 성전으로 올라갔다.

제사장들과 레위인들은 성막과 성막 안의 모든 거룩한 기구도 성전으로 메고 올라갔다.

그리고 솔로몬 왕과 이스라엘 백성들은, 법궤 앞에 모여 양과 소를 바쳐 제사를 드렸는데 그 수가 많아 기록할 수도 없고 셀 수도 없었다.

그런 다음 제사장들은, 여호와의 언약궤를 성전 안으로 메어들여 내전 지성소의 그룹 천사 날개 아래 두었다.

그런 다음에 제사장들이 여호와의 언약궤를 제자리 곧 성전 안의 지성소에 놓았다.

그 그룹들의 날개는 궤를 놓아 둔 곳에 펼쳐져, 궤와 그 궤를 메는 채를 덮었다.

그러나 궤의 운반채는, 길어서 그 끝이 지성소 앞에서는 보였으나, 성소 밖에서는 보이지 않았다.

이것은 이 일을 기록한 오늘날까지도 그곳에 그대로 있다.

그리고 법궤 안에는 이스라엘 민족이 애굽에서 나온 후에, 여호와께서 그들과 언약을 맺었던 시내(호렙) 산에서 모세가 넣어 둔 두 돌판밖에 없었다.

이때에는 제사장들이, 그 반차 직무대로 하지 아니하고 스스로 몸을 정결하게 하여 성소에 있다가 나왔다.

찬양하는 레위 사람 아삽과 헤만과 여두둔과 그 아들들과 형제들이 다 세마포를 입고 제단 동쪽에 서서, 제금과 비파와 수금을 잡고 또 나팔 부는 제사장 일백이십 인이 함께 서 있다가, 나팔 부는 자와 찬양하는 자가, 일제히 소리를 발하여 여호와를 찬송하며 감사하였는데, 나팔 불고 제금 치고 모든 악기를 울리며, 소리를 높여 여호와를 찬송하였다.

'여호와는 선하시도다! 그 자비하심이 영원히 있도다.' 하고 제사장이 성소에서 나올 그때에, 여호와의 성전에 구름이 가득하였다.

제사장이 그 구름으로 인하여 능히 서서 섬기지 못하였으니, 이는 여호와의 영광이 여호와의 전에 가득함이었다.

솔로몬의 기도와 여호와의 성전 봉헌식(왕상 8:12-66; 대하 6:1-7:22)

그때에 솔로몬이 말했다.

> 여호와께서 캄캄한 데 계시겠다 말씀하셨사오나, 내가 참으로 주를 위하여 계실 전을 건축하였사오니 주께서 영원히 거하실 처소로소이다.

그리고 나서 왕은 얼굴을 돌려, 거기에 서 있는 이스라엘 모든 백성을 위하여 그들에게 복을 빌어 주었다.

솔로몬 왕이 말했다.

> 이스라엘 하나님 여호와를 송축할지로다!
> 여호와께서 그 입으로 나의 아버지 다윗에게 말씀하신 것을 이제 그 손으로 이

루셨도다.
여호와께서 이르시기를, '내가 내 백성 이스라엘을 애굽에서 인도하여 낸 날부터 내 이름을 둘 만한 집을 건축하기 위하여 이스라엘 모든 지파 가운데서 아무 성읍도 택하지 아니하였으며, 내 백성 이스라엘의 주권자를 삼기 위하여 아무 사람도 택하지 아니하였으므로 예루살렘을 택하여 내 이름을 거기에 두고, 다만 다윗을 택하여 내 백성 이스라엘을 다스리게 하였노라.' 하신지라.
내 아버지 다윗이 이스라엘 하나님 여호와의 이름을 위하여 전을 건축할 마음이 있었더니, 여호와께서 내 아버지 다윗에게 이르시되
'네가 내 이름을 위하여 성전을 건축할 마음이 있으니 이 마음이 네게 있는 것이 좋도다. 그러나 너는 그 성전을 건축하지 못할 것이요 네 몸에서 낳을 네 아들, 그가 내 이름을 위하여 성전을 건축하리라.' 하시더니, 이제 여호와께서 말씀하신 대로 이루시도다.
내가 여호와의 허락하신 대로, 내 아버지 다윗을 대신하여 일어나서 이스라엘 왕위에 앉고, 이스라엘 하나님 여호와의 이름을 위하여 성전을 건축하고, 내가 또 그곳에 우리 열조를 애굽 땅에서 인도하여 내실 때에 이스라엘 자손으로 더불어 세우신 바, 여호와의 언약 넣은 궤를 위하여 한 장소를 마련하였노라.

그리고서 솔로몬은 이스라엘 백성을 향하여 여호와의 단 앞에 있는 뜰 중앙의 놋대 위에 섰는데, 이것은 그가 이전에 만들어 놓은 것으로 길이가 오 규빗(2.25 m), 너비가 오 규빗, 높이가 삼 규빗(1.35 m)이었다.

이제 그는 모든 이스라엘 백성이 지켜보는 가운데 무릎을 꿇고 하늘을 향하여 손을 폈다.

그리고 이렇게 기도하였다.

이스라엘 하나님 여호와여!
위로 하늘에나 아래로 땅에나, 그 어디에도 주와 같은 신이 없나이다.
주께서는 온 마음으로 주의 앞에서 행하는 종들에게 언약을 지키시고 은혜를 베푸시나이다.
주께서, 주의 종 내 아버지 다윗에게 허락하신 말씀을 지키시어,
주의 입으로 말씀하신 것을 손으로 이루심이 오늘날과 같으옵니다.
이스라엘 하나님 여호와여!
주께서 주의 종 내 아버지 다윗에게 말씀하시기를 '네 자손이 자기 길을 삼가

서, 네가 내 앞에서 행한 것같이 내 율법대로 행하기만 하면, 이스라엘 왕위에 앉을 사람이 네게로 나서 내 앞에서 끊어지지 아니하리라.' 하셨사오니, 이제 다윗을 위하여 그 허락하신 말씀을 지키시옵소서!
그런즉 이스라엘 하나님이여! 원하건대 주는 주의 종 내 아비 다윗에게 하신 말씀이 확실하게 하옵소서.
하나님이 참으로 사람과 함께 땅에 거하시리이까?
하늘과 하늘들의 하늘이라도 주를 용납하지 못하겠거든, 하물며 내가 건축한 이 성전이오리이까?
그러나 나의 하나님 여호와여! 종의 기도와 간구를 돌아보시며, 종이 오늘날 주의 앞에서 부르짖음과 비는 기도를 들으시옵소서.
주께서 전에 말씀하시기를 '내 이름을 거기 두리라.' 하신 곳, 이 성전을 향하여 주의 눈이 주야로 보옵시며, 종이 이곳을 향하여 비는 기도를 들으시옵소서.
종과 주의 백성 이스라엘이 이곳을 향하여 기도할 때에, 주는 그 간구함을 들으시되, 주의 계신 곳 하늘에서 들으시고 들으시어, 죄를 사하여 주옵소서.
만일 어떤 사람이 그 이웃에게 범죄함으로 맹세시킴을 받고, 그가 와서 이 성전에 있는 주의 제단 앞에서 맹세하거든, 주는 하늘에서 들으시고 행하시되, 주의 종들을 국문하시어, 악한 자의 죄를 정하여 그 행위대로 그 머리에 돌리시고, 의로운 자를 의롭다 하시어. 그 의로운 대로 갚으시옵소서.
만일 주의 백성 이스라엘이, 주께 범죄하여 적국 앞에 패배하게 되므로, 주께로 돌아와서 주의 이름을 인정하고 이 성전에서 주께 빌며 간구하거든, 주는 하늘에서 들으시고, 주의 백성 이스라엘의 죄를 사하시고 그 열조에게 주신 땅으로 돌아오게 하옵소서.
만일 그들이 주께 범죄함을 인하여, 하늘이 닫히고 비가 없어서, 주의 벌을 받을 때에 이곳을 향하여 빌며 주의 이름을 인정하고 그 죄에서 떠나거든, 주는 하늘에서 들으시어, 주의 종들과 주의 백성 이스라엘의 죄를 사하시고, 그 마땅히 행할 선한 길을 가르쳐 주옵시며, 주의 백성에게 기업으로 주신 주의 땅에 비를 내리시옵소서.
만일 이 땅에 기근이나 온역 곧 전염병이 있거나 곡식이 시들거나 깜부기병충해가 나거나, 메뚜기나 누리인 황충이 나거나, 적국이 와서 성읍을 에워싸거나, 무슨 재앙이나 무슨 질병이 있든지 막론하고, 한 사람이나 혹 주의 온 백성 이스라엘이, 다 각각 자기의 마음에 재앙을 깨닫고, 이 성전을 향하여 손을 펴고 무슨 기도나 무슨 간구를 하거든, 주는 계신 곳, 하늘에서 들으시고 사유하시며, 각 사람의 마음을 아시오니, 그 모든 행위대로 행하시어 갚으시옵소서.
주만 홀로 인생의 마음을 다 아심이니이다.

그리하시면 그들이 주께서 우리 열조에게 주신 땅에서 사는 동안에 항상 주를 경외하며 주의 길로 행하리이다.

또 주의 백성 이스라엘에 속하지 아니한 자 곧 주의 이름을 위하여 먼 지방에서 온 이방인이라도, 그들이 주의 광대한 이름과 주의 능한 손과 주의 펴신 팔의 소문을 듣고 먼 지방에서 와서 이 성전을 향하여 기도하거든, 주는 계신 곳 하늘에서 들으시고, 무릇 이방인이 주께 부르짖는 대로 이루시어, 땅의 만민으로 주의 이름을 알고, 주의 백성 이스라엘처럼 경외하게 하옵시며, 또 내가 건축한 이 성전을 주의 이름으로 일컫는 줄을 알게 하옵소서.

주의 백성이 그 적국으로 더불어 싸우고자 하여, 주의 보내신 길로 나갈 때에, 그들이 주의 택하신 성과 내가 주의 이름을 위하여 건축한 성전 있는 쪽을 향하여, 여호와께 기도하거든, 주는 하늘에서 저희의 기도와 간구를 들으시고 그 일을 돌아보옵소서.

범죄하지 아니하는 사람이 없사오니, 그들이 주께 범죄함으로, 주께서 그들에게 진노하시어 그들을 적국에게 붙이시니, 적국이 그들을 사로잡아 원근을 막론하고 적국의 땅으로 끌어간 후에, 그들이 사로잡혀 간 땅에서 스스로 깨닫고, 그 사로잡은 자의 땅에서 돌이켜 주께 간구하기를, '우리가 범죄하여 패역을 행하며 악을 지었나이다.' 하며, 자기를 사로잡아 간 적국의 땅에서 온 마음과 온 뜻으로 주께 돌아와서 주께서 그 열조에게 주신 땅 곧 주의 택하신 성과 내가 주의 이름을 위하여 건축한 성전 있는 쪽을 향하여 주께 기도하거든, 주는 계신 곳 하늘에서 그들의 기도와 간구를 들으시고 그들의 일을 돌아보옵시며, 주께 범죄한 백성을 용서하시며, 주께 범한 그 모든 허물을 사하시고, 그들을 사로잡아 간 자의 앞에서 그들로 불쌍히 여김을 얻게 하시어, 그 사람들로 그들을 불쌍히 여기게 하옵소서.

그들은 주께서 철 풀무 곧 용광로 같은 애굽에서 인도하여 내신 주의 백성, 주의 산업이 됨이니이다.

원하건대, 주는 눈을 들어 종의 간구함과 주의 백성 이스라엘의 간구함을 보시고, 무릇 주께 부르짖는 대로 들으시옵소서.

주 여호와여!

주께서 우리 조상을 애굽에서 인도하여 내실 때에, 주의 종 모세로 말씀하심 같이, 주께서 세상 만민 가운데서 그들을 구별하여 주의 산업을 삼으셨나이다.

나의 하나님이여!

이제 이곳에서 하는 기도에 눈을 드시고 귀를 기울이소서.

여호와 하나님이여!

일어나 들어가시어, 주의 능력의 궤와 함께 주의 평안한 처소에 계시옵소서.

여호와 하나님이여!
원하건대 주의 제사장으로 구원을 입게 하시고 또 주의 성도로 은혜를 기뻐하게 하옵소서.
여호와 하나님이여!
주의 기름 부음 받은 자에게서 얼굴을 돌이키지 마옵시고, 주의 종 다윗에게 베푸신 은총을 기억하옵소서.

솔로몬이 무릎을 꿇고 손을 펴서 하늘을 향하여 이 기도와 간구로 여호와께 기도를 마치자, 하늘에서 불이 내려와서 그 번제물과 제단의 모든 제물을 태워 버렸고, 성전에는 여호와의 영광의 광채가 가득하였다.

여호와의 영광이, 여호와의 성전에 가득하므로 제사장이 그 성전에 능히 들어가지 못하였다.

모든 이스라엘 사람들은, 불이 하늘에서 내려오는 것과 여호와의 영광의 광채가 성전에 가득한 것을 보고, 넓적한 돌을 깐 바닥에 엎드려 여호와께 경배하며 감사를 드리고 이렇게 외쳤다.

여호와는 선하시고 그의 인자하심이 영원하도다!

솔로몬이 여호와의 제단 앞에서 일어나 서서, 큰 소리로 이스라엘의 모든 백성을 위하여 축복하며 말하였다.

여호와를 찬송할지로다!
그가 무릇 허락하신 대로 그 백성 이스라엘에게 태평을 주셨으니, 그 종 모세를 통하여 무릇 허락하신 그 선한 말씀이 하나도 이루지 않음이 없도다.
우리 하나님 여호와께서, 우리 열조와 함께 계시던 것같이, 우리와 함께 계시옵고, 우리를 떠나지 마옵시며, 우리를 버리지 마옵시고, 우리의 마음을 주께로 향하여 그 모든 길로 행하게 하옵시며, 우리 열조에게 명령하신 계명과 법도와 율례를 지키게 하시기를 원하오며, 여호와의 앞에서 나의 간구한 이 말씀을 주야로 우리 하나님 여호와께 가까이 있게 하옵시고, 또 주의 종의 일과 주의 백성 이스라엘의 일을 날마다 당하는 대로 돌아보시어, 이에 세상 만민에게 여호와께서만 하나님이시고, 그 외에는 없는 줄을 알게 하시기를 원하노라.
그런즉 너희 마음을, 우리 하나님 여호와와 화합하여 완전하게 하여, 오늘날과 같이 그 법도를 행하며 그 계명을 지킬지어다.

그런 다음에 솔로몬 왕과 함께 한 이스라엘 백성은 여호와 앞에 희생 제사들 드렸다.

솔로몬이 화목제의 희생제물을 드렸으니 곧 여호와께 드린 소가 이만이천 마리, 양이 십이만 마리이다.

이와 같이 솔로몬 왕과 모든 이스라엘 자손이 여호와 성전의 봉헌식을 거행하였다.

때에 제사장들은 직분에 따라 각자 자기 자리에 섰고, 레위 사람들도 여호와을 찬양하는 악기를 잡고 섰다.

이 악기는 이전에 다윗 왕이, 레위 사람으로 여호와를 찬송하려고 만들어서 '여호와의 인자하심이 영원하다.'라고 감사하게 하려고 만든 것이었다.

제사장들이 레위 사람들 맞은편에 서서 나팔을 부는 동안에, 모든 이스라엘 백성들은 서서 있었다.

그날에 솔로몬 왕이, 여호와의 성전 앞뜰 가운데를 거룩히 구별하고, 거기서 번제와 소제와 감사제의 기름을 드렸는데, 이는 여호와의 앞 놋단이 작으므로 번제물과 곡식으로 드리는 소제물과 화목제의 기름을 다 드릴 수 없기 때문이었다.

그때에 성전 봉헌식의 축제는 칠 일 동안의 초막절을 포함하여 칠 일 동안 계속되었는데, 북으로 하맛 고개에서부터, 남으로 애굽 국경을 흐르는 강에 이르기까지, 이스라엘 전역에서 수많은 사람들이 모여들어 솔로몬 왕과 그 모인 백성들과 함께하였는데,

여호와 성전의 봉헌식을, 칠월 팔일부터 십오일까지 칠 일 동안 행한 후, 제팔일에 백성들이 한 성회 곧 칠월 십오일부터 이십이일까지, 장막절 절기의 축제를 칠 일 동안 열었다.

그래서 솔로몬 왕은 칠 일과 칠 일을 합하여 십사 일을 여호와 하나님께 절기를 지켰다.

두 번째 칠 일이 끝나는 팔일 곧 칠월 이십삼일에, 솔로몬 왕이 백

성들을 돌려보내었는데, 그들은 왕에게 축복하고, 여호와께서, 그의 종 다윗과 그 이스라엘 백성에게 베푸신 모든 은혜를 인하여, 기뻐하며 마음에 즐거워하며 집으로 돌아갔다.

솔로몬의 왕궁 건축(왕상 7:1-12)

솔로몬은 자기가 살 왕궁을 십삼 년 동안 건축하여 그 전부를 준공하였다.

그는 레바논 나무로 궁을 지어, 그 이름을 레바논의 수풀 궁이라 하였다.

그 규모는, 길이가 백 규빗(45 m), 너비가 오십 규빗(22.5 m), 높이가 삼십 규빗(13.5 m)이었다.

백향목 기둥을 네 줄로 세우고, 그 위에는 세 줄의 들보가 얹혀 있었다. 그리고 그 들보는 한 줄에 열다섯 개씩 모든 사십오 개였다.

창틀은 세 줄로 되어 있고, 그 창문들은 세 단으로 되어서, 서로 마주 보고 있었다.

그리고 모든 창문과 문 출입구는 사각형으로 네모지게 만들었으며, 창문은 창문끼리 세 줄로 마주 보고 있었다.

솔로몬은, 섬돌 위에 올린 기둥들이 늘어선 현관을 만들었다.

그 길이는 오십 규빗(22.5 m), 너비는 삼십 규빗(13.5 m)이었는데, 그 기둥 앞에는 현관 하나를 붙여 지었다.

현관 앞에 또 기둥들이 있고, 그 기둥들 위에는 차양이 걸려 있었다.

또 재판하기 위하여 보좌의 낭실 곧 기둥으로 받쳐진 지붕을 가진 재판정 현관을 짓고, 온 마룻바닥을 백향목 판자로 덮었다.

솔로몬 왕이 거처할 왕궁은, 재판정 뒤에 있는 다른 뜰에 지었는데, 그 건축 양식은 다른 건물들의 건축 양식과 서로 비슷하였다.

또 솔로몬은 이것과 같은 궁전을, 그가 결혼하여 아내로 맞아들인 바로의 딸에게도 지어 주었다.

왕궁을 포함한 모든 건물은 안과 밖을 톱으로 자르고 다듬은, 귀하고 값진 돌로 지었는데, 기초석에서부터 벽의 꼭대기인 처마까지와, 또 바깥은 물론이고 건물 안의 큰 뜰까지 다 그러한 재료로 써서 지었다.

그 기초석은 질이 좋은 큰 돌로 만들었으며, 곧 십 규빗(4.5 m)되는 돌과 여덟 규빗(3.6 m)이 되는 돌이다.

그리고 그 기초석 위에는 치수대로 다듬은 좋은 돌을 쌓고 그 위에 백향목 들보를 놓았다.

또 궁전의 큰 뜰 주위에는 다듬은 돌을 세 층으로 쌓고, 그 위에 백향목 판자 한 층을 얹은 담으로 만들어 놓았더니, 마치 여호와의 성전 안뜰에 만든 기둥으로 받쳐진 지붕을 가진 현관과 같았다.

여호와의 성전과 솔로몬의 왕궁(왕상 9:1-28; 대하 8:1-18)

솔로몬이 여호와의 성전과 왕궁 건축을 준공하고, 자기 마음속에 여호와의 성전과 왕궁에 대하여 하고자 원하던 일을 모두 다 형통하게 이루었다.

여호와께서 전에 기브온에서 나타나셨던 것처럼, 밤에 솔로몬에게 다시 나타나셔서 그에게 말씀하셨다.

> 네가 내 앞에서 기도하며 간구함을 내가 들었은즉,
> 내가 너의 건축한 이 성전을 택하여서 거룩하게 구별하여, 이곳을 택하여 네게 제사하는 성전을 삼았으니, 혹시 내가 하늘을 닫고 비를 내리지 아니하거나, 혹은 메뚜기로 땅의 생산물을 먹게 하거나, 혹은 전염병으로 내 백성 가운데 유행하게 할 때에, 내 이름으로 일컫는 내 백성이, 그 악한 길에서 떠나 스스로 겸비하고 기도하여 내 얼굴을 구하면, 내가 하늘에서 듣고 그 죄를 사하고 그 땅을 고칠지라.
> 이곳에서 하는 기도에 내가 눈을 들고 귀를 기울이리니, 이는 내가 이미 이 전

> 을 택하고 거룩하게 하여, 나의 이름을 영영히 그곳에 두며, 나의 눈과 나의 마음이 항상 거기 있으리니, 네가 만일 네 아버지 다윗의 행함 같이 마음을 온전히 하고 바르게 하여 내 앞에서 행하며, 내가 네게 명한 대로 온갖 것을 순종하여 나의 법도와 율례를 지키면, 내가 네 아버지 다윗에게 허락하여 이르기를, '이스라엘 왕위에 오를 사람이 네게서 끊어지지 아니하리라.' 한 대로, 너의 이스라엘의 왕위를 영원히 견고하게 하려니와, 그러나 만일 너희나 너희 자손이 아주 돌이켜 나를 좇지 아니하며, 내가 너희 앞에 둔 나의 계명과 법도를 지키지 아니하고, 가서 다른 신을 섬겨 그것을 숭배하면, 내가 이스라엘을 나의 준 땅에서 그 뿌리를 뽑아내어 끊어 버릴 것이요, 내 이름을 위하여 내가 거룩하게 구별한 이 성전이라도, 내 앞에서 던져 버리리니, 이스라엘은 모든 민족 가운데 속담거리와 이야기거리가 될 것이며, 이 성전이 높을지라도, 무릇 그리로 지나가는 자가 놀라며 비웃어 말하되, '여호와께서 무슨 까닭으로, 이 땅과 이 성전에 이같이 행하셨는가?' 하면 대답하기를 '그들이 자기 열조를 애굽 땅에서 인도하여 내신 자기 하나님 여호와를 버리고, 다른 신에게 복종하여 그를 숭배하여 섬기므로, 여호와께서 이 모든 재앙을 그들에게 내리심이라.' 하리라.

솔로몬 왕이, 두 집 곧 여호와의 성전과 자기의 왕궁을 이십 년 만에 건축하기를 마치고, 그는 갈릴리 땅에 있는 성읍 스무 개처를 두로의 히람(후람) 왕에게 주었다.

이는 히람이 솔로몬 왕에게, 그 온갖 소원대로 백향목과 잣나무와 금을 제공하였기 때문이다.

히람 왕이 두로에서부터 와서 솔로몬이 자기에게 준 성읍들을 보고 눈에 들지 아니하여, 말하기를 '나의 형제여, 내게 준 이 성읍들이 이러하냐?' 하고, '없는 거나 같다'라고, 이름하여 가불 땅이라 하였더니, 그 이름이 오늘까지 있다.

히람 왕은 솔로몬이 준 성읍을 돌려주었다.

그래서 솔로몬 왕은 두로의 히람 왕이 다시 돌려준 성들을 건축하여 이스라엘 사람들을 그곳에 살게 하였다.

히람이 솔로몬에게 보낸 금은 모두 백이십 달란트(약 4톤)였다.

솔로몬 왕이 강제로 일꾼들을 동원할 수밖에 없었던 까닭은, 여호와의 성전과 자기 왕궁과 밀로와 예루살렘 성과 하솔과 므깃도와 게셀을 건축하려 하였기 때문이다.

이 게셀은 이전에 애굽 왕이 침략하여 성에 불을 지르고 가나안 사람들을 죽여 뺏은 것으로, 솔로몬에게 자기 딸을 시집보낼 때, 그녀에게 결혼 예물로 준 땅이다.

또 솔로몬이 하맛소바 성을 쳐서 점령한 것도 이 당시였다.

그리고 그는 그 광야에 다드몰을 건축하고 하맛에 여러 국고 성을 건축했으며, 게셀과 윗 벧호론과 아래 벧호론에 성벽을 쌓고 빗장을 칠 수 성문을 만들어 세워서, 견고한 성읍으로 요새를 삼았다.

그는 또 바알랏과 자기에게 있는 여러 국고성을 건축하고, 모든 전차와 마병을 주둔할 성들을 건축하였으며, 예루살렘과 레바논과 그의 다스리는 전 영토에 자기가 짓고 싶은 것을 모두 건축하였다.

이스라엘 자손이 아닌, 아모리 사람과 헷 사람과 브리스 사람과 히위 사람과 여부스 사람 가운데서 살아남은 백성이 있었다. 곧 이스라엘 자손이 다 진멸하지 못하므로, 그 땅에 남아 있는 그 자손들을, 솔로몬이 노예로 일꾼을 삼아 오늘까지 이르렀지만, 오직 이스라엘 자손은 솔로몬이 노예를 삼지 아니하였으니, 이스라엘 사람들은 군사와 그 신하와 방백과 군대 대장이며 전차와 마병의 장관이 됨이었기 때문이다.

그들은 또한 솔로몬의 일을 맡아 지휘한 감독관이 되었는데 오백오십 명의 감독관이 일하는 사람들을 관리했다.

바로의 딸이 다윗 성에서부터 올라오자, 솔로몬이 그녀를 위하여 건축한 궁전에 이르러 말하였다.

> 내 아내가 이스라엘 왕, 다윗의 궁에 거하지 못하리니, 이는 여호와의 궤가 이른 곳은 다 거룩하기 때문이다.

그 후에 솔로몬은 밀로를 건축했다. 솔로몬은 그가 여호와께 건축한 제단 위에서 모세가 지시한 대로 매일 드리는 제사 외에도, 안식일과 매월 초하루에도 여호와 앞에 있는 제단에서 분향하였다.

또 일 년에 세 번씩 지키는 세 절기 곧 누룩 넣지 않은 빵을 먹는 무교절과 오순절이라고도 부르는 칠칠절과 그리고 초막절에도 희생 번제와 화목제를 드렸다.

또 솔로몬은, 제사장들에게 반차대로 업무를 맡기는 일에 있어서도, 그의 아버지 다윗이 만들어 놓은 규정을 따라 섬기게 하였으며, 레위인들에게도 그 직분을 맡겨, 매일 찬송하고 제사장들을 돕는 일과 그리고 순번에 따라 성전 각 문을 지키는 일을 맡겼다.

이는 하나님의 사람 다윗이 전에 이렇게 명령하였음이다.

이와 같이 솔로몬은, 제사장과 레위인들에게 업무를 맡기는 일이나 국고에 관한 일이나 무슨 일에든지, 다윗이 명령한 것에서 조금도 벗어나지 않았다.

이렇게 여호와의 성전 기초가 놓인 날부터 시작하여 그 공사가 완성되기까지, 솔로몬의 모든 건축 공사가 완벽하게 준비가 되었으므로, 여호와의 성전이 결함 없이 완공되었다.

때에 솔로몬은 에돔 땅 홍해 해안에 있는 엘랏 근처 에시온게벨에서 배를 만들었다.

히람이 자기 종 곧 바다에 익숙한 사공들을 솔로몬의 종과 함께 그 배로 보내었다,

그들은 솔로몬의 배를 타고 오빌에 이르러, 금 사백이십 달란트(약 14 톤)와 금 삼십 달란트(약 1톤)를 솔로몬 왕에게 가져왔다.

솔로몬의 부요(왕상 10:14-29; 대하 1:14-17; 9:13-28)

솔로몬은 해마다 금 육백육십육 달란트(약 23 톤)를 세금으로 받았다.

그것 말고도 무역업자와 상인들이 바치는 금과 함께 아라비아 왕들과 이스라엘 땅의 방백들이 바치는 금도 받았다.

솔로몬 왕은 금을 두드려서 큰 방패 이백 개를 만들었다. 방패 하나에 들어간 금은 육백 세겔(약 3.5 kg)이나 되었다.

솔로몬은 또 금을 두드려서 작은 방패 삼백 개를 만들었다. 그 방패 하나에 들어간 금은 삼 마네(약 1.7 kg)였다.

왕은 그 방패들을 레바논의 숲이라고 부르는 궁에 두었다.

솔로몬 왕은 큰 상아로 보좌를 만들었고, 그리고 거기에 순금을 입혔다.

보좌로 오르는 층계에는 계단이 여섯이 있었으며, 보좌의 꼭대기는 뒤가 둥그렇게 되어 있었으며, 그 앉는 자리 양쪽에는 팔걸이가 있고, 그 팔걸이 양옆에는 각각 사자상이 하나씩 서 있었다.

여섯 개의 계단 양쪽에도, 각각 여섯 개씩 열두 개의 사자상이 서 있었다. 어느 나라에서도 이렇게는 만들지 못하였다.

솔로몬 왕이, 마시는 데 쓰는 모든 그릇은 금으로 만들었다. 그리고 레바논 숲의 궁에서 쓰는 모든 그릇도 다 순금으로 만들었으며, 은그릇은 없었다.

솔로몬의 시대에는, 사람들이 은을 귀하게 여기지 아니한 이유는, 솔로몬 왕이 바다에 다시스 배들을 두어 히람의 배들과 함께 있게 하고, 그 배들은 삼 년에 한 번씩 금과 은과 상아와 원숭이와 공작새들을 싣고 돌아왔기 때문이다.

솔로몬 왕은 재산에 있어서나, 지혜에 있어서나, 이 세상의 그 어느 열왕보다 훨씬 뛰어났다.

세상 모든 사람들은 하나님께서 솔로몬의 마음에 주신 지혜를 들으며, 그 얼굴을 보기 원하여, 그들은 각각 은그릇과 금 그릇과 옷과 갑옷과 향료와 말과 노새를 예물로 가지고 왔는데, 해마다 이런 사람의 방문이 그치지 않았다.

솔로몬이, 전차와 마병을 모으니, 전차가 천사백 대와 마병이 만 이천 명에 이르렀다. 그는 이 병력들을 병거성에도 두고 왕이 있는 예루살렘에도 배치하였다.

솔로몬이 유브라데 강에서부터 블레셋 땅과 애굽 국경 지대까지의 모든 나라의 왕을 다스렸다.

왕이 예루살렘에서 은을 돌같이 흔하게 하고, 백향목을 평지의 뽕나무같이 많게 하였다.

솔로몬의 말들은 애굽에서 말을 수입했는데, 솔로몬의 무역상들이 말을 대량으로 싸게 사서 이스라엘로 가져왔다.

전차도 애굽에서 사들였는데, 값은 전차 한 대에 은 육백 세겔(약 6.8 kg)이고, 말 한 필에 백오십 세겔(1.7 kg)이었다.

그렇게 들여와서, 그것을 헷 족의 모든 왕과 아람 왕들에게 되팔았다.

스바 여왕과 솔로몬 왕(왕상 10:1-10, 13-14; 대하 9:1-9,12)

스바의 여왕이 여호와의 이름으로 말미암은 솔로몬의 명성을 듣고, 솔로몬을 시험하기 위해 어려운 문제를 가지고 왔다.

스바의 여왕은 수많은 신하들을 거느리고 예루살렘에 왔다. 향료와 보석과 금을 실은 낙타도 매우 많았다.

스바의 여왕은 솔로몬에게 와서 마음속에 있는 모든 생각을 솔로몬과 함께 이야기했다.

솔로몬은 여왕의 질문에 빠짐없이 대답해 주었다. 설명할 수 없는 문제는 하나도 없었다.

스바 여왕은, 솔로몬의 모든 지혜와 그 건축한 왕궁과 그의 식탁에 오르는 음식과 그의 대신들이 앉는 좌석과, 수많은 신하들과 그들의 의복과 술을 따르며 시중드는 사람들과 여호와의 성전에 드리는 제물을 보고 정신이 하나도 없었다.

그때 스바 여왕이 솔로몬에게 말하였다.

> 내가 내 나라에서 당신의 업적과 지혜에 대해 들은 소문이 모두 사실이군요.
> 나는 그런 소문을 믿지 않았는데, 이제 내가 직접 와서 보니 사실에 비해 내가 들은 것은 절반도 못 되며 당신의 지혜와 복은 소문보다 엄청납니다.
> 복되도다! 당신의 사람들이여 복되도다! 당신의 이 신하들이여!
> 항상 당신의 앞에 서서 당신의 지혜를 들음이로다.
> 당신의 하나님 여호와를 송축할지로다!
> 여호와께서 당신을 기뻐하시어 이스라엘 왕위에 올리셨고,
> 여호와께서 영영히 이스라엘을 사랑하시므로, 당신을 세워 왕을 삼아 공평과 정의를 행하게 하셨도다.

이에 스바 여왕은 솔로몬 왕에게 금 이백이십 달란트(약 4 톤)와 많은 향료와 보석을 주었다.

그때부터 지금까지 스바의 여왕이 솔로몬 왕에게 가져온 것보다 더 많은 향료를 가져온 사람은 없었다.

히람의 배는 오빌에서 금을 가져왔고, 그밖에도 오빌에서 많은 백단목과 보석을 운반하여 왔다.

솔로몬은 백단목으로 여호와의 성전과 왕궁의 난간을 만드는 데 썼다.

그리고 찬양하는 자를 위하여, 수금과 비파를 만들었는데, 지금까지 그렇게 좋은 백단목을 들여온 일도 없었고, 오늘까지도 본 적도 없다.

솔로몬 왕은 왕의 규례대로 주는 예물 외에도 그녀가 소원하는 대로 무엇이든지 다 주었다.

그러자 스바 여왕은 자기 신하들과 함께 본국으로 돌아갔다.

제 2 장

솔로몬 왕 〈2〉

솔로몬의 이방 아내들(왕상 11:1-13)

솔로몬 왕은 바로의 딸 외에도 많은 이방 여인들을 사랑했는데, 그들은 모압과 암몬과 에돔과 시돈 그리고 헷 여인들이었다.

여호와께서, 일찍이 이 여러 민족에게 대하여 이스라엘 자손에게 말씀하셨다.

> 너희는 그들과 서로 결혼하지 말며, 그들도 너희와 서로 결혼하게 말라.
> 만일 그렇게 한다면, 그들이 너희 마음을 돌려 우상을 섬기게 할 것이다.

그런데도 솔로몬은 그런 이방 여인들을 연모하였다.

그는 자그마치 칠백 명의 후궁과 삼백 명의 첩을 두었는데, 그래서 그 아내들이 왕의 마음을 여호와에게서 떠나게 하였다.

솔로몬이 나이 늙을 때에, 그의 아내들은 그의 마음을 돌려 다른 우상들을 섬기게 했으며, 왕의 마음이 자기 아버지 다윗과 같지 않아, 그의 하나님 여호와 앞에 완전하지 못하였다.

이는 시돈 사람의 여신 아스다롯을 섬기고 암몬 사람의 가증한 밀곰을 섬김이었다.

이처럼 솔로몬은, 여호와께서 보시기에 악한 일을 저질렀으며, 그의 아버지 다윗처럼 여호와를 온전히 섬기지 않았다.

그는 또 모압 사람의 가증한 신 그모스와 암몬 사람의 가증한 신 몰렉을 위하여 예루살렘 앞산에 산당을 지었으며, 이방에서 데려온 자기 아내들이 그들의 신들에게 분향하고 제사 드릴 신전까지 지어 주었다.

솔로몬이, 마음을 돌이켜 이스라엘의 하나님 여호와를 떠났으므로, 여호와께서 솔로몬에게 분노하셨다.

여호와께서는, 솔로몬에게 두 번이나 나타나셔서 다른 신을 섬기지 말라고 말씀하셨지만, 그는 여호와의 명령에 복종하지 않았다.

그래서 여호와께서는 솔로몬에게 말씀하셨다.

> 네가 이러한 일을 하였고, 또 네가 나의 언약과 내가 네게 명한 법도를 지키지 아니하였으므로, 내가 반드시 이 나라를 네게서 빼앗아 네 신하에게 주리라.
> 그러나 네 아버지 다윗을 위하여, 네 생전에는 이 일을 행하지 아니하고 네 아들의 손에서 빼앗겠지만, 나는 그에게서 나라를 다 빼앗지 않고, 나의 종 다윗과 내가 택한 예루살렘을 위해 한 지파를 그에게 주어 다스리게 하겠다.

솔로몬의 대적(왕상 11:14-25)

여호와께서, 그때 에돔 사람 하닷을 일으켜 솔로몬의 대적이 되게 하셨다. 하닷은 에돔 왕의 자손으로서 에돔에 살고 있었다.

오래전에 다윗이 에돔을 정복했을 때, 그의 군대 총사령관 요압은 전사한 부하들의 시체를 묻기 위해 에돔으로 간 일이 있었다.

그는 부하들과 함께 그곳에 여섯 달을 머물러 있으면서 에돔에 있는 남자들을 모조리 쳐 죽였다. 그때, 아직 어린아이였던 하닷은 그의 아버지의 신하 두어 사람과 함께 도망하여 애굽으로 가려 하였다.

그들은 미디안을 떠나 바란에 이르렀을 때, 몇 사람을 데리고 애굽으로 가서 애굽 왕 바로에게 나아갔다. 바로는 하닷에게 집과 먹을 양식과 약간의 토지를 주었다. 그는 하닷을 매우 좋아하여 자기 아내 곧 다브네스 왕비의 동생을 그의 아내로 주었다.

다브네스의 동생이, 하닷으로 말미암아 그누밧이라는 아들을 낳았는데, 다브네스가 그 아이를 바로의 궁중에서 젖을 떼게 하였고, 그 아이는 왕궁에서 바로의 아들들과 함께 자랐다.

하닷은 애굽에 있는 동안, 다윗이 그 열조의 무덤에 묻힌 것과, 군대 사령관인 요압이 죽었다는 소식을 듣고 하닷이 바로에게 말했다.

나를 보내 주십시오. 내 나라로 돌아가고 싶습니다.

그러자 바로가 말했다.

네가 나와 함께 있어 무슨 부족함이 있기에, 네 나라로 돌아가려고 하느냐?

하닷이 대답했다.

부족함이 없나이다. 그러나 아무쪼록 나를 보내옵소서.

하나님께서는 또 엘리아다의 아들 르손을 일으켜서 솔로몬의 대적이 되게 하셨다.

르손은 자기 주인인 소바 왕 하닷에셀로부터 도망친 사람이었다.

다윗이 소바 사람들을 죽일 때에, 르손은 사람들을 모으고, 그 모은 무리의 두목이 되어서, 다메섹으로 가서 살다가 마침내 다메섹을 다스리는 왕이 되었다.

이와 같이 솔로몬의 남은 일생은, 에돔 사람 하닷으로 인한 환난과 이스라엘을 대적하고 미워하는 수리아 왕 르손으로 인하여 어려운 나날이 되었다.

선지자 아히야와 여로보암(왕상 11:26-43; 대하 9:29-31)

느밧의 아들 여로보암은 솔로몬의 신하였다. 여로보암은 에브라임 사람으로서 스레다 마을 출신이었고, 그의 어머니는 스루아라는 과부였다.

그가 왕에게 반기를 든 사정은 이러하다. 솔로몬이 밀로 요새를 재건하고, 그 부친 다윗의 성이 무너진 것을 보수하고 있을 때이다. 여로보암은 능력 있는 용사이었는데, 솔로몬은 이 젊은이의 부지런함을 보고 그에게 에브라임과 므낫세 지파 곧 요셉 가문의 모든 일꾼들을 감독하는 일을 맡겼다.

그 즈음에, 여로보암이 예루살렘을 나갈 때에 실로 사람의 선지자 아히야를 길에서 만났는데, 그는 새옷을 입고 있었고 두 사람만 들에 있었다. 선지자는 입고 있던 새옷을 찢어 열두 조각으로 찢었다.

아히야가 여로보암에게 말했다.

> 열 조각은 당신이 가지시오.

이스라엘 하나님 여호와께서 말씀하셨소.

> '내가 솔로몬에게서 그 나라를 빼앗겠다. 그래서 열 지파는 여로보암에게 주고, 오직 내 종 다윗을 위하고 이스라엘 모든 지파 중에서 택한 성 예루살렘을 위하여 한 지파를 솔로몬에게 주리니, 이는 그들이 나를 버리고 시돈 사람의 여신 아스다롯과 모압 사람의 신 그모스와 암몬 자손의 신 밀곰을 숭배하며, 그 아버지의 다윗의 행함 같지 아니하여, 내 길로 행하지 아니하며 나 보기에 정직한 일과 나의 법도와 나의 율례를 행하지 아니함이다.
>
> 그러나 내가 택한 내 종 다윗이, 내 계명과 내 법도를 지켰으므로, 내가 그를 위하여 솔로몬의 생전에는 온 나라를 빼앗지 아니하고 주관하게 하려니와, 내가 그 아들의 손에서 나라를 빼앗아 그 열 지파를 네게 줄 것이요, 그 아들에게는 내가 한 지파를 주어서, 내가 내 이름을 두고자 하여 택한 성 예루살렘에서 내 종 다윗에게 한 등불이 항상 내 앞에 있게 하리라.
> 내가 너를 취하리니, 너는 무릇 네 마음에 원하는 대로 다스려 이스라엘 위에 왕이 되되, 네가 만일 내가 명한 모든 일에 순종하고 내 길로 행하며 내 눈에 합당한 일을 하며, 내 종 다윗의 행함 같이 내 율례와 명령을 지키면, 내가 너와 함께 있어 내가 다윗을 위하여 세운 것같이, 너를 위하여 견고한 집을 세우고, 이스라엘을 네게 주리라.
> 내가 이로 인하여 다윗의 자손을 괴롭게 할 터이나 영원히 하지는 아니하리라.'
> 하셨느니라.

이러므로 솔로몬이 여로보암을 죽이려 하자, 여로보암이 일어나 애굽으로 도망쳤다. 여로보암은 애굽 왕 시삭에게 도망가서 솔로몬이 죽을 때까지 애굽에 머물렀다.

솔로몬의 나머지 행적은 처음부터 끝까지 나단 선지자의 글과 실로 사람 아히야의 예언서와 잇도 선견자의 묵시록 곧 잇도가 느밧의 아들 여로보암에 대하여 쓴 책에 기록되어 있으며, 이 밖에 솔로몬이 행한 모든 일과 그의 업적과 그가 보여 준 지혜는 솔로몬의 일대기에 다 기록되었다. 솔로몬 왕은 예루살렘에서 마흔 해 동안 온 이스라엘을 다스렸다.

솔로몬이 그 열조와 함께 자므로, 그 부친 다윗의 성에 장사되고 그 아들 르호보암이 대신하여 왕이 되었다.

유다 왕 르호보암(왕상 14:21; 대하 11:18-23; 12:13b)

솔로몬의 아들 르호보암이 유다의 왕이 되었을 때, 그의 나이는 사십일 세였다.

여호와께서 자기 이름을 두시려고, 이스라엘 모든 지파 가운데서 택하신 성 예루살렘에서 십칠 년을 통치하였다.

그의 어머니는 암몬 사람 나아마였다.

르호보암은 그의 사촌 마할랏과 결혼하였다. 그녀의 아버지는 다윗의 아들 여리못이었고, 그녀의 어머니는 이새의 손녀이며 엘리압의 딸인 아비하일이었다.

마할랏과의 사이에서 세 아들 여우스와 스마랴와 사함이 태어났다.

그 후에 르호보암은 압살롬의 딸 마아가와 결혼했는데, 마아가가 낳은 아들은 아비야(아비얌)와 앗대와 시사와 슬로밋이었다.

르호보암은 아내 십팔 명과 첩 육십 명을 거느리고 살면서 이십팔 명의 아들과 육십 명의 딸을 낳았으며, 그 모든 아내와 첩 가운데서도 그는 특별히 마아가를 사랑하였다.

그래서 그는 마아가가 낳은 아들 아비야(아비얌)에게 장자를 삼아 형제 중에 머리가 되게 했는데, 이는 그에게 자기 왕위를 물려주려고 하였기 때문이다.

지혜롭게도 르호보암은 그의 모든 아들들을 유다와 베냐민 전 지역의 견고한 성읍인 요새 성에 흩어져 살게 하였으며, 그들에게 식량을 풍부하게 주고 아내도 많이 구해 주었다.

르호보암과 여로보암(왕상 12:1-24; 대하 11:1-12)

르호보암이 세겜으로 갔다. 이는 온 이스라엘이 르호보암을 왕으로 세우려고 세겜에 모였기 때문이다.

솔로몬을 피해서 애굽으로 도망쳤던 느밧의 아들 여로보암은 애굽에 있을 때에 르호보암을 왕으로 세운다는 소식을 들었다. 그러자 이스라엘 백성들은 여로보암을 불렀다.

여로보암이 이스라엘 모든 무리와 함께 르호보암에게 가서 말했다.

> 왕의 아버지는 우리의 멍에를 무겁게 하였으나, 왕은 이제 왕의 아버지가 우리에게 시킨 중노동과 그가 우리에게 메워 주신 이 무거운 멍에를 가볍게 하소서.
> 그리하시면 우리가 왕을 섬기겠나이다.

르호보암이 대답했다.

> 갔다가 삼 일 후에 내게로 오너라.

이 말을 듣고 백성들은 돌아갔다.

르호보암 왕은 아버지 솔로몬이 살아 있을 때에, 아버지를 모셨던 원로들과 의논하였다.

> 그대들은 어떻게 생각하여 이 백성들에게 대답하게 하겠느냐?

그들은 대답했다.

> 왕이 만일 오늘날 이 백성의 종이 되어, 그들을 섬기고 좋은 말로 대답하여 이르시면 그들이 영영히 왕의 종이 되리이다.

그러자 르호보암은 그들의 충고를 듣지 않고, 자기와 함께 자라 자기를 섬기고 있는 젊은 사람들과 의논을 했다.

르호보암은 그들에게 말했다.

> 너희는 어떻게 생각하여 이 백성에게 대답하게 하겠느냐?
> 백성이 내게 말하기를 '왕의 아버지가 우리에게 메운 멍에를 가볍게 하라' 하였느니라.

왕과 함께 자란 젊은이들이 대답했다.

> 이 백성들이 왕께 말하기를 '왕의 아버지가 우리의 멍에를 무겁게 하였으나, 왕은 우리를 위하여 가볍게 하라' 하였은즉, 왕은 대답하기를 '나의 새끼손가락이 내 부친의 허리보다 굵으니, 내 아버지가 너희로 무거운 멍에를 메게 하였으나, 이제 나는 너희의 멍에를 더욱 무겁게 할지라. 내 아버지는 채찍으로 너희를 다스렸으나, 나는 전갈로 너희를 다스리라 하소서.'

삼 일 만에 여로보암과 모든 백성이 르호보암에게 나아왔으니, 이는 왕이 명령하여 말하기를 '삼 일 만에 내게로 다시 오라.' 하였기 때문이다.

르호보암 왕은 노인들의 충언을 무시하고, 젊은 사람들이 가르친 그대로, 백성들에게 포악한 말로 대답하였다.

> 내 아버지는 너희의 멍에를 무겁게 하였으나, 나는 너희의 멍에를 더욱 무겁게 할지라. 내 아버지는 채찍으로 너희를 다스렸으나, 나는 전갈로 너희를 다스리리라.

왕이 이같이 백성의 말을 듣지 아니한 것은, 이 일이 여호와께로 말미암아 났기 때문이다.

여호와께서, 이전에 실로 사람 아히야로 느밧의 아들 여로보암에게 하신 말씀을 응하게 하려 하심이었다.

이스라엘 모든 백성은 새 왕이 자기들의 말을 듣지 않으려는 것을 보고, 왕에게 이렇게 대답했다.

> 우리가 다윗과 무슨 관계가 있느냐?
> 우리는 이새의 아들과 상관이 없다. 이스라엘 백성아, 우리 집으로 돌아가자.
> 다윗의 자손이여, 이제 네 집이나 돌아보아라.

이스라엘 백성은 집으로 돌아갔다.

그러나 유다의 여러 마을에 사는 이스라엘 백성만은 르호보암을 왕으로 섬겼다.

아도니람은 강제로 동원된 일꾼들을 감독하는 사람이었다.

르호보암 왕은 아도니람(아도람)에게 세겜으로 가서 일꾼들을 감독하라고 명령했다. 아도니람은 르호보암의 명령대로 갔으나 모든 이스라엘 백성들이 돌을 들어 왕의 감독인 아도니람을 쳐 죽였다.

아도니람이 죽자 르호보암 왕은 급히 수레에 올라타고 예루살렘으로 도망쳤다. 그때부터 이스라엘은 다윗의 집안을 반역하기 시작하여 오늘날까지 이르게 되었다.

모든 이스라엘 백성은 여러보암이 돌아왔다는 소식을 듣고 사람을 보내어 그를 이스라엘의 공회에 청하였다.

이스라엘의 공회에 참석한 모든 사람들은 말하였다.

> 여로보암이여, 우리의 왕이 되소서!

여로보암은 말했다.

> 여러분의 왕이 되겠습니다.

그러나 유다 지파만은 여전히 다윗의 집안을 따랐다.

르호부암은 예루살렘에 이르러서 유다와 베나민 지파에게 말하였다.

> 이스라엘과의 전쟁이다. 군사를 모아라.

그러자 십팔 만 명의 군사가 모였다. 왕과 유다와 베냐민 지파 사람은, 이스라엘 백성과 싸워 자기 나라를 회복하여 솔로몬의 아들 르호보암에게 돌리려 하였다.

하나님께서는 하나님의 사람 스마야에게 임하시어 말씀하셨다.

> 너는 유다 왕 솔로몬의 아들 르호보암과 유다와 베냐민의 모든 족속과, 또 그 남은 백성에게, 이 말을 전하여라.
> '여호와의 말씀에 너희는 올라가지 마라. 너의 형제인 이스라엘과 싸우러 나가

지 말고, 모두 집으로 돌아가거라.
이 일은 이렇게 된 것은 나의 뜻대로 된 일이다.'

그러자 르호보암의 군대 사람들은 말했다.

여호와의 명령에 복종하자.

그들은 여호와의 말씀대로 모두 집으로 돌아가고, 여로보암을 치러 가지 않았다.

르호보암은, 예루살렘에 머물러 있으면서 유다 땅에 방비성을 건축하였다. 그 성들은, 베들레헴과 에담과 드고아와 벳술과 소고와 아둘람과 가드와 마레사와 십과 아도라임과 라기스와 아세가와 소라와 아얄론과 헤브론이었으며, 그가 유다와 베냐민 지방에 세운 견고한 요새 성읍들이었다.

르호보암은, 이 성들을 완전 요새화하고 각 성마다 지휘관을 두어 다스리게 하였으며, 식량과 감람 기름과 포도주를 비축하고, 또 각 성의 병기고에는 방패와 창을 확보하여 그 성들을 아주 튼튼하게 하였다. 이런 식으로 그는 유다와 베냐민 지파를 다스렸다.

여로보암의 금 송아지(왕상 12:25-33; 대하 11:13-17)

여로보암은 에브라임 산지에 있는 세겜 성을 건축하고 그곳에서 살았다. 그리고 그곳에서 나가서 부느엘 성을 세웠다.

여로보암은 그 마음에 스스로 이르기를 '이 나라가 이제 다윗의 집안으로 돌아갈지도 모르겠다. 백성은 앞으로도 예루살렘에 있는 여호와의 성전으로 제사 드리려 갈 것이다.

그렇게 가다 보면 그들의 마음이 다시 유다 왕 르호보암에게 기울어질지도 모른다. 결국 그들은 나를 죽이고 유다 왕 르호보암을 따를 것이다.'

여로보암 왕은 신하들과 의논한 끝에 금 송아지 두 개를 만들고, 이스라엘 백성에게 말했다.

> 너희가 다시는 예루살렘으로 올라갈 것이 없도다.
> 이스라엘 백성들아! 너희를 애굽에서 인도해 내신 너희의 신이 여기에 있다.

왕은 금 송아지 하나를 벧엘 성에 두고 다른 하나는 단 성에 두었다.

이 일은 여호와께 큰 죄가 되었다. 이는 백성들이 벧엘과 단까지 가서 그곳의 금 송아지 앞에 가서 숭배함이었다.

여로보암은 여러 산당을 지었고, 그리고 레위 사람이 아닌 보통 백성 가운데서 제사장을 뽑았다.

그는 팔월 십오일을 유다의 명절과 비슷한 명절로 제정하고 벧엘에서 금 송아지에게 제사를 드리고 분향하며, 산당에서 일할 제사장들을 벧엘에서 정식으로 임명하였다.

여로보암은 자기 마음대로 정한 팔월 십오일에 이스라엘 자손을 위한 절기로 정하고 벧엘에 쌓은 제단으로 올라가서 분향하였다.

이때, 이스라엘 땅에 있던 모든 제사장들과 레위 사람들이 그 고향과 기업인 목초지와 밭을 버리고, 르호보암이 다스리는 유다와 예루살렘으로 이주해 왔다.

이것은 여로보암과 그의 아들들이 그들을 파면하여, 여호와의 제사장 일을 못하도록 했기 때문이었다.

또 여로보암은, 자기가 만든 숫염소 우상과 송아지 우상에게 제사하고 산당에서 섬길 제사장들을 제멋대로 임명하였다.

이스라엘 모든 지파에서, 이스라엘의 하나님 여호와를 진심으로 찾고자 하는 사람들은, 그들 조상의 하나님 여호와께 자유로이 제사를 드리기 위해서, 레위 사람들을 따라 예루살렘으로 모여들었다.

그들은 유다 나라를 강하게 하고, 솔로몬의 아들 르호보암의 왕권을 확고하게 하여 주었다.

그러나 그것은 삼 년 동안뿐이었다. 르호보암이 다윗과 솔로몬의 본을 받아 산 것이 삼 년 동안이었기 때문이다.

하나님의 사람과 여로보암(왕상 13:1-10)

그때에 여호와께서 하나님의 사람에게 명령하였다.

유다를 떠나 벧엘로 가거라.

그가 이르렀을 때에 여로보암은 제단 곁에 서서 분향을 하고 있었다.
하나님의 사람이 그 제단을 향하여, 여호와의 말씀으로 외쳤다.

제단아, 제단아! 여호와께서 너에게 이렇게 말씀하셨다.
'다윗의 집안에 요시야라는 아들이 태어날 것이다.
그는 네 위에서 분향하고 있는 산당의 제사장들을 네 위에 제물로 바쳐 제사할 것이며, 또 그 사람들의 뼈를 네 위에서 태울 것이다.'

하나님의 사람은 이 일이 일어날 것이라는 증거로, "이 제단은 갈라질 것이고, 그 위에 있는 재는 땅에 쏟아질 것이다."라고 말했다.
여로보암 왕은, 하나님의 사람이 벧엘의 제단에 대해 말한 것을 듣고, 제단 위에서 손을 뻗어 그 사람을 가리키며 "저놈을 잡아라." 하고 소리쳤다.
그러나 왕이 내민 팔은 마비되어 다시 거두어들일 수가 없었다.
곧이어 제단이 갈라지고, 그 모든 재가 제단에서 쏟아졌다. 하나님의 사람이 말한 증거대로 일이 이루어졌다.
왕이 하나님의 사람에게 말했다.

제발, 너는 나를 위하여 네 하나님 여호와께 은혜를 구하여 내 손으로 다시 회복하게 기도하라.

하나님의 사람이 기도하였다.

왕에게 은혜를 베풀어 주십시오.

그러자 왕의 팔은 나아서 그전처럼 되었다.
왕이 하나님의 사람에게 말했다.

나와 함께 집으로 가서 잠시 쉬었다 가시오. 그대에게 예물을 드리고 싶소.

하나님의 사람이 왕에게 대답했다.

왕께서 나에게 왕의 재산 절반을 준다고 해도, 나는 왕과 함께 들어가지 않을 것이며, 이곳에서는 떡도 먹지 않고 물 한 모금도 마시지 않을 것입니다.
이는 곧 여호와의 말씀이 내게 명령하여 이르시기를, '떡도 먹지 말며 물도 마시지 말고 왔던 길로 도로 가지도 말라.' 하셨기 때문입니다.

그래서 하나님의 사람은 다른 길로 가고, 자기가 벧엘에서 오던 길로 되돌아가지 않았다.

늙은 선지자와 하나님의 사람(왕상 13:11-34)

그때에 벧엘에 늙은 선지자 한 사람이 살고 있었다.

그의 아들들이 그날 유다에서 온, 하나님의 사람이 벧엘에서 행한 모든 일과, 그가 여로보암 왕에게 말한 모든 것을 자기들의 아버지에게 다 이야기해 주었다.

그러자 그 아버지는 "그 사람이 어느 길로 돌아갔느냐?" 하고 물었다.

그의 아들들은 유다에서 온 하나님의 사람이 돌아간 길을 아버지에게 일러 주었다.

그 늙은 선지자는 아들들에게 말했다.

나를 위하여 내 나귀에 안장을 얹어 달라.

아들들이 안장을 얹어 드리자, 그 선지자는 나귀를 탔다.

그는 하나님의 사람의 뒤쫓아 가서 그가 상수리나무 아래에 앉아 있는 것을 발견하고 다가가서 물었다.

그대가 유다에서 온 하나님의 사람이오?

그 사람이 대답했다.

그렇습니다. 내가 그 사람입니다.

선지자가 말했다.

나와 함께 집으로 가서 떡을 먹읍시다.

그러자 하나님의 사람이 대답했다.

나는 당신과 함께 돌아갈 수도 없고, 그리고 당신의 집에 들어갈 수도 없습니다.
이곳에서 당신과 함께 무엇이든지 먹거나 마실 수 없습니다.
이는 여호와께서 나에게 '너는 그곳에서 떡도 먹지 말고 물도 마시지 말며, 또 네가 오던 길로도 돌아가지도 말라.'라고 말씀하셨습니다.

그러자 늙은 선지자가 "하지만 나도 그대와 같은 선지자요."라고 하면서, 그는 거짓말을 하였다.

천사가 여호와의 말씀으로 내게 이르기를, '그를 네 집으로 데리고 돌아가서, 그에게 떡을 먹이고 물을 마시게 하라.'

그래서 하나님의 사람은 그 늙은 선지자의 집으로 돌아가서 그와 함께 떡을 먹고 물을 마셨다.

그들이 식탁에 앉아 있는데, 여호와의 말씀이 하나님의 사람을 데리고 온 늙은 선지자에게 임하였다.

늙은 선지자가 유다에서 온 하나님의 사람을 향하여 외쳤다.

여호와께서 당신에게 이렇게 말씀하셨소.
'네가 여호와의 말씀을 어기며, 네 하나님 여호와가 네게 명한 명령을 지키지 아니하고, 돌아와서 여호와가 너더러 떡도 먹지 말고 물도 마시지 말라 한 곳에서 떡을 먹고 물을 마셨으니, 네 시체가 네 열조의 묘실에 들어가지 못하리라.'

늙은 선지자는 자기가 데리고 온 선지자가 떡을 먹고 물을 마신 후에, 그를 위하여 나귀에 안장을 얹어 주었다.

그 사람이 집으로 돌아가고 있는데, 사자 한 마리가 나타나 그를 물어 죽였다.

그의 시체는 길에 버려졌으며, 나귀와 사자가 시체 곁에 서 있었다.

마침 그때, 어떤 사람들이 그 길을 가고 있었는데, 그들은 시체 옆에 사자가 서 있는 것을 보았다.

그래서 그들은 늙은 선지자가 살고 있는 성으로 가서 그 사실을 알려 주었다.

하나님의 사람을 자기 집으로 데려왔던 늙은 선지자도 그 소식을 듣고 말했다.

그 사람은 여호와의 말씀을 어긴 하나님의 사람이다.
그래서 여호와께서 그에게 하신 말씀과 같이 여호와께서 그를 사자에 붙이셨더니, 사자가 그를 찢어 죽였도다.

늙은 선지자가 자기 아들에게 말했다.

나를 위하여 나귀에 안장을 지워라.

아들들은 아버지의 말대로 하였다.

늙은 선지자는 밖으로 나가서 길에 버려져 있는 그 사람의 시체를 찾아내었는데, 그 곁에는 나귀와 사자가 서 있었지만, 사자는 그 시체를 먹지 않을뿐더러 나귀도 해치지 않았다.

늙은 선지자가 하나님의 사람의 시체를 자기 나귀에 싣고 성으로 돌아와서, 슬피 울며 그를 장사하였는데, 그는 그 시체를 자기 가족의 묘실에 묻고 슬퍼서 "오호라, 나의 형제여!" 하고 부르짖었다.

늙은 선지자가 그를 묻어 준 다음에 자기 아들들에게 말했다.

내가 죽거든 하나님의 사람이 묻혀 있는 이 무덤에 나를 묻어라. 그리고 내 뼈를 그의 뼈 곁에 두어라.
그가 여호와의 말씀으로, 벧엘에 있는 제단을 향하고, 또 사마리아의 여러 마을의 모든 산당을 향하여 외쳐 말한 것이 반드시 이룰 것이기 때문이다.

그러나 여로보암 왕은 이 일 후에도 그 악한 길에서 떠나 돌이키지 아니하였다.

그는 여전히 일반 백성 가운데서 산당의 제사장을 뽑았고, 누구든지 산당의 제사장이 되고 싶어 자원하는 사람도 그렇게 될 수 있게 하였다.

이 일이 여로보암 집에 죄가 되어 그 집이 이 땅에서 끊어져 멸망하게 되었다.

여로보암의 아들 아비야와 아히야(왕상 14:1-20)

그때에 이스라엘의 왕 여로보암의 아들 아비야가 병이 들었다.
여로보암이 자기 아내에게 말했다.

> 실로로 가서 선지자 아히야를 만나시오. 그는 전에 내가 이스라엘의 왕이 될 것이라고 말한 사람이오.
> 당신이 내 아내라는 것을 사람들이 모르게 변장하고 가시오.
> 그 선지자에게 떡 열 개와 과자와 꿀 한 병을 예물로 가져가시오. 그가 우리 아들이 어떻게 될 것인지 알려 줄 것이오.

여로보암의 아내는 그대로 하여 일어나 실로로 가서, 아히야의 집에 이르렀다.
아히야는 나이로 인하여, 눈이 어두워 보지 못하였다.
여호와께서 아히야에게 말씀하셨다.

> 여로보암의 아들이 병이 들었다. 그래서 여로보암의 아내가 그 아들에 대해 물어 보려고 너에게 오고 있다.
> 그는 다른 사람인 것처럼 변장을 하고 올 것이다.

여호와께서는 아히야에게 무슨 말을 해야 할지 가르쳐 주셨다.
여로보암의 아내가 문에 들어서는 그 발소리를 듣고 아히야가 말했다.

> 여로보암의 아내여, 들어오시오.
> 네가 어찌하여 다른 사람인 것처럼 변장을 했느냐?
> 내가 하나님의 명령을 받아 흉한 일로 당신에게 전하겠으니, 돌아가서 여로보암에게 전하시오.
> 이스라엘의 하나님 여호와께서 이렇게 말씀하셨소.
> '여로보암아, 나는 너를 이스라엘 백성 가운데서 택하여 내 백성의 주권자가 되게 하였고, 나라를 다윗의 집에서 찢어 내어 네게 주었다.
> 그러나 너는 내 종 다윗이 나의 명령을 지켜 전심으로 나를 따르며 나 보기에 정직한 일만 행하였음과 같지 아니하였다.

너의 이전 사람들보다도 악을 행하고, 가서 너를 위하여 다른 신을 만들며 우상을 부어 만들어, 나의 분노를 격발하였고 나를 네 등뒤에 버렸도다.
그러므로 내가 여로보암의 집에 재앙을 내려 여로보암에 속한 사내는 이스라엘 가운데 매인 자나 놓인 자나 다 끊어 버리되, 거름을 쓸어버림 같이 여로보암의 집을 말갛게 쓸어버리겠다.
여로보암에 속한 자가 성에서 죽은즉 개가 먹고, 들에서 죽은즉 공중의 새가 먹을 것이다. 이것은 나 여호와의 말이다.'

아히야가 다시 여로보암의 아내에게 말했다.

이제 당신은 일어나 집으로 돌아가시오.
당신의 발이 성안에 들어서는 즉시, 당신의 아들은 죽을 것이며, 온 이스라엘이 그를 위하여 슬퍼하며 장사할 것이지만, 여로보암에게 속한 자 중에 오직 이 아이만 묘실에 들어가리니, 이는 여로보암의 집 가운데서 그 아들만이 이스라엘 하나님 여호와를 향하여 선한 뜻을 품었기 때문이오.
여호와께서 이스라엘의 왕위에 한 왕을 일으키신즉, 그가 그날에 여로보암의 집을 끊어 버릴 것이오. 이 일은 곧 일어날 것이오.
여호와께서 이스라엘을 쳐서 물에서 흔들리는 갈대같이 되게 하시고, 이스라엘을 그 열조에게 주신 이 좋은 땅에서 뽑아 그들을 유브라데스 강 밖으로 흩으실 것이오.
이런 일이 일어나는 것은 그들이 아세라 나무 우상을 만들어 섬김으로 여호와를 진노하시게 하였으며, 여호와께서, 여로보암의 죄로 인하여 이스라엘을 버리시리니, 이는 자기도 범죄하고 이스라엘로 범죄하기 하였기 때문이오.

그래서 여로보암의 아내가 디르사로 돌아가 자기 집 문안으로 들어서자 그 아이는 즉시 죽고 말았다.

온 이스라엘이, 아비야를 장사하고 그를 위하여 슬퍼했는데, 이는 여호와께서 그 종 선지자 아히야로 하신 말씀과 같이 되었다.

여로보암이 한 다른 모든 일 곧 그가 전쟁을 하고 백성을 다스린 모든 일은 이스라엘 왕들의 역대지략에 기록되었다.

그는 이십이 년 동안, 이스라엘을 다스렸다. 여러보암이 열조와 함께 잠들고, 그의 아들 나답이 뒤를 이어 왕이 되었다.

유다 왕 르호보암과 애굽 왕 시삭
(왕상 14:22-31; 대하 12:1-13a, 14-16)

르호보암 왕이 진실한 마음으로 여호와를 구하지 아니하고 악을 행하였으므로, 유다 백성도 따라서 여호와 보시기에 악을 행하였으며, 그 이스라엘 열조가 행한 모든 악한 일보다 더 심하여서, 그 범한 죄로 여호와의 진노를 격발하였다.

또한 유다 백성은 높은 산언덕과 푸른 나무 아래마다 산당과 우상과 아세라 나무 우상을 만들어 세웠으며, 심지어는 산당에는 남자 창기들까지 있었다.

이와 같이 유다 백성은, 여호와께서 이스라엘 민족 앞에서 쫓아내신 이방 민족의 가증한 습성을 본받아 그대로 행하였다.

더욱이 르호보암은, 왕으로서의 위치가 확고해지고 나라의 세력이 강해지자 여호와를 버렸으며, 예루살렘에서 스스로 세력을 굳게 하여 다스리니 백성들도 그를 본받아 여호와의 율법에 따르지 않았다.

그들이 여호와께 범죄하였으므로, 르호보암이 왕으로 있은 지 오 년째 되던 해에 애굽 왕 시삭이 예루살렘에 쳐들어왔다.

시삭은 전차 천이백 대와 마병 육만 명에다가, 이루 헤아릴 수 없이 많은 룹(리비아)와 숩과 구스(에티오피아) 군대를 이끌고 애굽에서부터 쳐들어왔다.

시삭은 유다 지방의 견고한 요새 성읍들을 점령하고, 예루살렘까지 진군하여 왔다.

그때에 선지자 스마야가 애굽 왕 시삭을 두려워해서 예루살렘에 모여 있던 르호보암과 유다의 방백들에게 왔다.

스마야가 그들에게 말했다.

> 여호와께서 이렇게 말씀하셨습니다.
> '너희가 나를 버렸으므로, 나도 너희를 버려 너희를 애굽 왕 시삭의 손에 붙였노라.'

그러자 왕과 유다의 방백들은, 그들이 범죄한 것을 겸손하게 인정하며 "여호와께서 의로우시므로, 우리에게 이렇게 하시는 것도 당연하다." 하고 고백하였다.

여호와께서는, 그들이 스스로 겸손하게 뉘우치는 것을 보시고, 스마야에게 임하여 말씀하셨다.

> 그들이 겸손하게 자기들의 죄를 인정하고 뉘우치므로, 내가 그들을 대강 구원하여서 전멸시키지는 않을 것이며, 나의 분노를 애굽 왕 시삭의 손으로 예루살렘에 쏟지는 않을 것이다.
> 그러나 그들이 시삭의 종이 되어 나를 섬기는 것과 세상의 열국을 섬기는 것이 어떠한지 알게 되리라.

애굽의 시삭 왕이 올라와서 예루살렘을 침략하여, 여호와의 성전과 왕궁의 모든 보물과 솔로몬이 만든 금방패를 모조리 빼앗아 갔다.

르호보암 왕은 그 대신에 놋 방패를 만들어서 왕궁 문을 지키는 시위대장들의 손에 맡기었다.

왕이 여호와의 성전에 들어갈 때마다, 시위병들은 그 방패들을 가지고 있다가 일이 끝나면 다시 시위소에 놓아두었다.

르호보암 왕이 겸손한 마음으로 자신을 낮추었고, 유다에 선한 일도 있었기 때문에, 여호와께서는 그에게서 분노를 거두시고 유다를 완전히 멸망시키지는 않으셨다.

르호보암 왕의 처음부터 끝까지의 행적은 선지자 스마야와 선견자 잇도의 족보책에 기록되었으며, 다른 모든 일은 유다 왕들의 역대지략에 적혀 있다. 르호보암과 여로보암은 살아 있는 동안, 늘 서로 전쟁을 했다.

르호보암이 그 열조와 함께 잠드니, 그 열조와 함께 예루살렘의 다윗성에 장사되었다.

암몬 여자인 나아마의 아들 르호보암이 죽자, 그의 아들 아비얌(아비야)이 그의 뒤를 이어 왕이 되었다.

유다 왕 아비얌(왕상 15:1-8; 대하 13:1-22)

느밧의 아들 여로보암이 이스라엘을 다스린 지 십팔 년째 되던 해에, 아비얌(아비야)이 유다의 왕이 되었다.

아비얌은 예루살렘에서 삼 년 동안, 다스렸다. 그의 어머니는 아비살롬의 딸 마아가였다.

아비얌(아비야)은, 그의 아버지가 지은 모든 죄를 그대로 따라 했으며, 그의 조상인 다윗과는 달리 그의 하나님 여호와 앞에 충성하지 않았다.

그 하나님 여호와께서 다윗을 위하여 예루살렘에서 그에게 등불을 주시었고, 그 아들 솔로몬을 세워 후사가 되게 하시어, 예루살렘을 견고하게 하셨다.

이는 다윗이, 헷 사람 우리아의 일 외에는, 평생에 여호와 보시기에 정직히 행하고 자기에게 명하신 모든 일을 어기지 아니하였기 때문이다.

르호보암과 여로보암 사이에 사는 날 동안 계속 전쟁이 있었듯이, 아비얌(아비야)이, 다스리는 동안에도 아비얌과 여로보암 사이에 항상 전쟁이 있었다.

아비야가 여로보암으로 더불어 싸울 때, 아비야는 싸움에 용맹한 정예 부대 군사 사십만을 택하여 싸움을 예비하였고, 여로보암은, 큰 용사 정예 부대 군사 팔십만을 택하여 대진하였다.

아비야가 에브라임 산간 지역에 있는 스마라임 산 위에 서서 소리쳤다.

> 여로보암과 온 이스라엘은 내가 하는 말을 들어라.
> 이스라엘 하나님 여호와께서, 소금 언약으로 이스라엘 나라를 영원히 다윗과 그 자손에게 주신 것을 너희가 알 것이 아니냐?
> 그런데 다윗의 아들 솔로몬의 신하였던 느밧의 아들 여로보암이 일어나서, 자기 주인에게 배반하였다.
> 건달과 불량배들이 여로보암 주변으로 몰려들므로, 스스로 강하게 하여 솔로

몬의 아들 르호보암을 대적하였다.
그때에 르호보암은 아직 어리고 마음이 약하여, 그들을 막아 낼 힘이 없었다.
이제 너희가 또 다윗 왕의 자손으로 다스리는 여호와의 나라를 대적할 셈이냐?
너희 군대가, 우리보다 두 배나 많지만, 여로보암이 너희를 위하여 신으로 만든 금 송아지가 너희와 함께 있구나!
너희가, 아론 자손 된 여호와의 제사장들과 레위 사람들을 쫓아내고, 이방 백성의 풍속을 좇아 너희 멋대로 제사장들을 세우지 않았느냐?
수송아지 한 마리와 수양 일곱 마리로, 성직을 얻기 원하는 사람은 누구든지 우상에 불과한 허무한 신의 제사장이 될 수 있다.
우리에게는 여호와께서 우리 하나님이 되신다.
여호와를 우리가 배반하지 아니하였고, 여호와를 섬기는 제사장들은 다 아론의 자손이다. 레위 사람들도 그들을 도와 자기들의 직무를 수행하고 있다.
여호와께 아침저녁으로 번제를 드리고 분향하며, 또 깨끗한 상에 거룩한 진설병을 차리고, 저녁마다 금등대에 불을 켜고 있다.
이와 같이 우리는 우리 하나님 여호와의 계명을 이행하고 있으나, 너희는 그분을 배반했다.
그래서 하나님은 우리와 함께 계시고 우리의 머리가 되셨다.
그분의 제사장들도, 나팔을 가지고 우리와 함께 있는데, 그들이 나팔을 불면 우리는 너희를 공격할 것이다.
이스라엘 자손들아!
너희 열조의 하나님 여호와와 싸우지 말아라. 너희가 싸워도 이기지 못할 것이다.

그러나 여로보암은 정예 부대를 아비야의 군대 뒤로 복병하였다.

여로보암이 아비야의 군대 앞에 있는 동안 여로보암의 군인들은 아비야의 군대 뒤로 매복하였다.

유다 사람들은, 앞뒤로 적에게 포위당한 것을 알고 도와 달라고 여호와께 부르짖고 제사장들은 나팔을 불었다.

유다 사람들이 소리를 지르자, 하나님께서는, 아비야 왕과 유다 사람을 도와 여로보암 왕과 이스라엘 군을 쳐서 패배하게 하셨는데, 이스라엘군이 유다군 앞에서 도망하였다.

하나님께서, 이처럼 이스라엘군을 유다군의 손에 붙이셨으므로, 아비야와 그의 군대가 이스라엘군을 크게 무찔렀다.

이스라엘에서 뽑혀 온 정예병 가운데에 죽어 쓰러진 병사가 오십만 명이나 되었다.

이와 같이 그들 열조의 하나님 여호와를 의지했던 유다 사람들은, 이스라엘을 쳐부수고 도주하는 여로보암의 군대를 추격하여 그들의 성읍인 벧엘과 여사나와 에브론과, 그리고 이 성들의 주변 일대를 모두 빼앗았다.

이스라엘의 여로보암 왕은, 아비야가 살아 있는 동안 다시 힘을 회복하지 못하고 있다가, 여호와께서 치시자 죽고 말았다.

반면에 유다의 아비야 왕은 아주 막강해졌다.

그는 열네 명의 아내를 거느리고, 스물 두 명의 아들과 열여섯 명의 딸을 낳았다.

아비얌이 한 모든 일은 유다 왕들의 역대지략에 기록되어 있으며, 그 말은 선지자 잇도의 역사책에 기록되었다.

아비야(아비얌)가 그 열조와 함께 잠드니, 다윗 성에 장사되고 그 아들 아사가 대신하여 왕이 되었다.

유다 왕 아사(왕상 15:9-24, 32; 대하 14:1-15:19)

여로보암이 이스라엘의 왕으로 있은 지 이십 년째 되는 해에,

아사가 유다의 왕이 되어 예루살렘을 사십일 년 동안 다스렸다.

그의 할머니는 아비살롬(압살롬)의 딸 마아가였다.

그 시대에 그 땅이 십 년을 평안하였다.

이는 아사가, 그 하나님 보시기에 옳고 선한 일을 행하고, 그의 하나님 여호와를 그의 조상 다윗처럼 잘 섬겼기 때문이었다.

그 땅에서 남색하는 자들을 모조리 쫓아내고, 그 열조의 지은 모든 우상들을 없이하였고, 아사는 이방의 산당과 제단을 헐고 석상을 파괴하며 아세라 여신상을 찍어 버렸다.

그는 또 유다 사람들에게 명령하여, 그들 조상의 하나님 여호와를 찾고 그분의 법과 명령에 순종하게 하였다.

그리고 아사는, 유다의 모든 성에서 산당의 태양상과 향단을 없애 버렸다. 그래서 유다가 그의 통치 하에서 평안을 누리게 되었다.

여호와께서 아사에게 평안을 주셨으므로, 그 땅이 평안하여 여러 해 동안 싸움이 없었다.

그가 견고한 성읍들을 유다에 건축하였다.

아사는 일찍이 유다 백성들에게 이렇게 말하였다.

> 우리가 우리 하나님 여호와를 찾았기 때문에, 이 땅은 아직 우리 앞에 있으므로, 우리가 이 성읍들을 건축하고, 그 주위에 성벽을 둘러쌓고, 망대와 문과 빗장을 만들자!
> 우리가 주를 찾았으므로 주께서 우리에게 사방의 평안을 주셨다.

그래서 그들은 요새 성읍을 순조롭게 건축하였다.

아사 왕의 군대는, 큰 방패와 창으로 무장한 삼십만의 유다 병력과 작은 방패와 활로 무장한 이십팔 만의 베냐민 병력으로 구성되어 있었으며, 이들은 모두 용감하고 잘 훈련된 군인들이었다.

구스 사람 세라가, 일백 만 명의 병력과 삼백 대의 전차를 이끌고 유다를 침략하여 마레사까지 쳐들어 왔다.

그러지 아사는, 그들과 맞서 싸우기 위해 나가서 마레사 근처의 스바다 골짜기에 포진하였다.

아사는 그의 하나님 여호와께 이렇게 부르짖었다.

> 여호와여! 강한 자와 약한 자 사이에는 주밖에 우리를 도와줄 이가 없습니다.
> 우리 하나님 여호와여 우리를 도우소서!
> 우리가 주를 의지하여, 주의 이름으로 이 대군을 치러 왔습니다.
> 여호와여! 주는 우리 하나님이시오니, 원하건대, 사람이 주를 이기지 못하게 하소서.

여호와께서, 구스 사람을 아사와 유다 사람 앞에서 쳐서 패하게 하시니 구스 사람이 도망하였다.

그래서 유다군이 그랄까지 그들을 추격하며 치자, 구스군은 전멸하여 살아남은 자가 없었다.

이렇게 하여 유다군은 여호와의 도움으로 그 전쟁에서 승리하고 수많은 물건을 노획하였다.

그리고 여호와께서, 그랄 일대의 모든 성들을 두렵게 하였으므로 유다군은 그 성들을 쳐서 수많은 물건을 약탈하였으며, 또 가축들을 지키는 자들의 장막을 덮쳐서 많은 양과 낙타를 사로잡았다.

그런 다음에야 예루살렘으로 돌아왔다.

하나님의 영께서 오뎃의 아들 아사랴에게 임재하셨다. 그는 개선하는 아사 왕을 맞아 이렇게 말하였다.

> 아사 왕과 유다와 베냐민 백성 여러분, 내 말을 들으십시오.
> 여러분이 여호와와 함께 있는 한, 여호와께서도 여러분과 함께하실 것입니다.
> 만일 여러분이, 여호와를 찾으면 여호와께서 여러분을 만날 것입니다.
> 그러나 여러분이 그분을 버리면 여호와께서도 여러분을 버리실 것입니다.
> 이스라엘은, 오랫동안 참 신도 없고 백성을 가르칠 제사장이나 율법도 없이 살아왔습니다.
> 그러나 그들이 환난을 당하여, 이스라엘의 하나님 여호와께 돌아가 그분을 찾았을 때 그들은 여호와를 만날 수 있었습니다.
> 그때에는 열국에 있는 모든 백성이 무질서하여, 사람의 출입이 평안하지 못하였습니다.
> 이 나라가 저 나라와 서로 치고 이 성읍이 저 성읍과 또한 그러하여 피차 상처를 입게 되었습니다.
> 이는 하나님이 모든 고난으로 고통스럽게 하셨습니다.
> 그런즉 여러분은 마음을 강하게 하시고, 손이 약하지 않게 하십시오. 여러분의 행위에는 상급이 있습니다.

아사가, 이 말 곧 선지자 오뎃의 예언을 듣고 마음을 강하게 하여, 유다와 베냐민 온 지방과 에브라임 산간 지역의 점령 지역 성읍에서 가증한 우상 물건들을 없애 버리고, 성전 앞에 있는 여호와의 단을 수축하였다.

아사 왕은, 유다와 베냐민의 모든 백성을 불러 모으고, 그들에게로 와서 함께 살고 있는 에브라임과 므낫세와 시므온 지파 소속의 백성도 모두 불러 모았다.

이는 이스라엘 사람들이, 아사의 하나님 여호와께서 그와 함께하심을 보고 아사에게로 돌아오는 자가 많았던 것이다.

그들은 아사 왕 십오 년 삼월에 예루살렘에 모이고, 자기들이 빼앗아 온 노략물 중에서, 소 칠백 마리와 양 칠천 마리로 여호와께 제사를 드렸다.

또 마음을 다하고 성품을 다하여, 열조의 하나님 여호와를 찾기로 언약하였다.

"무릇 이스라엘 하나님 여호와를 찾지 아니하는 자는 작은 자나 큰 자나 남녀를 막론하고 죽이는 것이 마땅하다."라고 하였다. 그리고서 그들은 뿔피리와 나팔을 불면서 그 서약을 지키겠다고, 큰 소리로 여호와께 맹세하였다.

모든 유다 사람들은 그들이 진심으로 이렇게 맹세하게 된 것을 기쁘게 생각하였다.

그들은 마음을 다해 맹세하고, 뜻을 다해 주를 찾았으므로, 여호와께서도 그들을 만나 주셨고, 사방으로 그들에게 평안을 주셨다.

아사 왕의 할머니 마아가가, 가증한 우상을 만들었으므로, 태후의 위를 폐하고 그 우상을 찍어서 기드론 골짜기에서 불살랐다.

산당은 이스라엘 중에서 없애지 아니하였으나, 아사의 마음이 일평생 여호와 앞에 온전하였다.

그는 자기의 아버지와 자기가 거룩하게 구별해서 바친 은과 금과 그릇들을, 하나님의 성전에 들여놓았다.

아사와 이스라엘 왕 바아사 사이에는 일평생 전쟁이 있었지만, 이때부터 아사 왕 삼십오 년까지 전쟁이 없었다.

아사 왕 삼십육 년에 이스라엘 왕 바아사는 유다를 공격하기 위해서 올라왔다.

바아사는 라마 성을 건축하여, 그는 어느 누구도 유다로 들어가지 못하게 하고 또 유다에서 나오지 못하게 하려고 했다.

그러자 아사는 여호와의 성전과 궁전에 있는 금과 은을 다 모아서 그 신하의 손에 들려서, 다메섹에 있는 아람의 벤하닷 왕에게 보내었다.

벤하닷은 다브림몬의 아들이고, 헤시온의 손자이다. 벤하닷은 다메섹 성에서 다스리고 있었다.

아사 왕은 벤하닷 왕에게 이런 전갈을 보냈다.

> 내 아버지와 당신의 아버지가 동맹을 맺었듯이, 당신과 나 사이에도 동맹을 맺읍시다.
> 내가 당신에게 은금 예물을 보내었으니, 부디 가셔서 이스라엘 왕 바아사와 세운 조약을 깨뜨려서 그를 여기에서 떠나게 하여 주십시오.

벤하닷은, 아사 왕의 요구에 응하여 군 지휘관들을 보내 이스라엘을 치도록 했다.

그들은 이욘과 단과 아벨벧마아가(아벨마임)와 긴네렛의 모든 땅과 그리고 납달리에 있는 모든 보급 창고인 국고성을 습격하였다.

바아사가 그 소식을 듣고는, 라마 성을 건축하는 일을 멈추고 디르사로 돌아갔다.

아사는 유다의 모든 백성에게 명령을 내려, 한 사람도 빠짐없이 바아사가 라마 성을 건축하던 돌과 목재를 가져오게 하고, 그것으로 베냐민 땅에 있는 게바와 미스바 성을 건축하였다.

그때 선지자 하나니가 유다 왕 아사에게 나아가서 이렇게 말하였다.

> 왕이, 아람 왕을 의지하고, 왕의 하나님 여호와를 의지하지 않았기 때문에, 아람 왕의 군대가 왕의 손에서 벗어나 버렸습니다.
> 왕은 구스(에티오피아) 사람과 룹(훕, 숩, 리비아) 사람들에게 일어났던 일을 기억하지 못하십니까?
> 그들은 수많은 전차와 마병을 거느린 대군이었으나, 왕이 여호와를 의지하였을 때, 여호와께서는 그들을 왕의 손에 붙여 주셨습니다.

여호와의 눈은, 온 땅을 두루 감찰하사, 전심으로 자기에게 향하는 자를 위하여 능력을 베푸십니다.
이번 일은 왕이 망령되이 행하였은즉, 이 후부터는 왕에게 전쟁이 있을 것입니다.

아사는 이 선견자 하나니의 말을 듣고 대단히 화가 나서 그를 감옥에 가두었다.

그리고 아사가 일부 백성들을 학대한 것도 바로 이때였다.

아사는, 왕이 된 지 삼십구 년이 되는 해, 발에 심한 병이 들었으나, 여호와께 도움을 구하지 않고 의사에게만 의존하였다.

아사가 위에 있은 지 사십일 년에 죽어 그 열조와 함께 잠들었다.

다윗 성에 자기를 위하여 파 두었던 묘실에 백성들이 장사하였고, 그 시체를 향 제조법대로 만든 각양 향 재료를 가득히 채운 침상에 두고, 또 아사 왕의 죽음을 슬퍼하여 큰 향불을 피우기도 하였다.

아사가 한 다른 모든 일 곧 그가 전쟁에서 승리한 일과 그가 성들을 건축한 것에 대한 이야기는 유다 왕 역대지략과 이스라엘 열왕기에 기록되어 있다.

아사의 아들 여호사밧이 뒤를 이어 왕이 되었다.

이스라엘의 왕 나답과 바아사(왕상 15:25-31, 33, 34)

아사가 유다의 왕으로 있은 지 이 년째 되던 해에, 여로보암의 아들 나답이 이스라엘의 왕이 되었다.

나답은 이 년 동안, 이스라엘을 다스렸다. 나답은 여호와께서 보시기에 악한 왕이었다.

전에 여로보암이 이스라엘 백성에게 죄를 짓게 했는데, 나답 역시 여로보암이 지은 모든 죄를 그대로 따라 했다.

잇사갈 지파 사람 아히야의 아들 바아사가 나답을 배반했다.

나답과 온 이스라엘이 블레셋 사람의 마을인 깁브돈을 공격하고 있을 때, 바아사는 그곳에서 나답을 죽였다.

아사가 유다의 왕으로 있은 지 삼 년째 되던 해에 바아사가 나답을 죽이고, 그의 뒤를 이어 이스라엘의 왕이 되었다.

바아사는 왕이 되자마자 여로보암의 집안사람들을 한 사람도 남김없이 다 죽였다.

그리하여 여호와께서, 그의 종 실로 사람 아히야를 통해서 하신 말씀을 그대로 이루셨다.

그런 일이 일어난 것은 여로보암 왕이 많은 죄를 지었기 때문이다.

뿐만 아니라 여로보암은 이스라엘 백성들까지도 죄를 짓게 하여 여호와를 진노하게 하였다.

나답이 한 다른 모든 일은 이스라엘 왕들의 역대지략에 기록되었다.

유다 왕 아사와 이스라엘 왕 바아사 사이에 전쟁이 끊어지지 않았다.

아사가 유다 왕이 된 지 삼 년째 되던 해에 아히야의 아들 바아사가 이스라엘의 왕이 되었다.

바아사는 이십사 년 동안, 디르사에서 다스렸다. 그러나 바아사는, 여호와께서 보시기에 악하게 행하며, 그가 이스라엘로 범죄하게 한 여로보암의 그 죄 중에 행하였다.

유다 왕 아사와 이스라엘 왕 바아사(대하 16:1-14)

아사 왕 삼십육 년에 이스라엘 왕 바아사는 유다를 공격하기 위해서 올라왔다. 바아사는 라마 성을 건축하여, 그는 어느 누구도 유다로 들어가지 못하게 하고 또 유다에서 나오지 못하게 하려고 했다.

그러자 아사는 여호와의 성전과 궁전에 있는 금과 은을 다 모아서 그 신하에 손에 들려서, 다메섹에 있는 아람의 벤하닷 왕에게 보내었다.

벤하닷은 다브림몬의 아들이고, 헤시온의 손자이다. 벤하닷은 다메섹 성에서 다스리고 있었다.

아사 왕은 벤하닷 왕에게 이런 전갈을 보냈다.

'내 아버지와 당신의 아버지가 동맹을 맺었듯이, 당신과 나 사이에도 동맹을 맺읍시다.
내가 당신에게 은금 예물을 보내었으니, 부디 가셔서 이스라엘 왕 바아사와 세운 조약을 깨뜨려서 그를 여기에서 떠나게 하여 주십시오.'

벤하닷은, 아사 왕의 요구에 응하여 군 지휘관들을 보내 이스라엘을 치도록 했다.

그들은 이욘과 단과 아벨벧마아가(아벨마임)와 긴네렛의 모든 땅과 그리고 납달리에 있는 모든 보급 창고인 국고성을 습격하였다.

바아사가 그 소식을 듣고는, 라마 성을 건축하는 일을 멈추고 디르사로 돌아갔다.

아사는 유다의 모든 백성에게 명령을 내려, 한 사람도 빠짐없이 바아사가 라마 성을 건축하던 돌과 재목을 가져오게 하고,

그것으로 베냐민 땅에 있는 게바와 미스바 성을 건축하였다.

그때 선지자 하나니가 유다 왕 아사에게 나아가서 이렇게 말하였다.

왕이, 아람 왕을 의지하고, 왕의 하나님 여호와를 의지하지 않았기 때문에, 아람 왕의 군대가 왕의 손에서 벗어나 버렸습니다.

왕은 구스(에디오피아) 사람과 룹(훕, 숩, 리비아) 사람들에게 일어났던 일을 기억하지 못하십니까?
그들은 수많은 전차와 마병을 거느린 대군이었으나, 왕이 여호와를 의지하였을 때, 여호와께서는 그들을 왕의 손에 붙여 주셨습니다.
여호와의 눈은, 온 땅을 두루 감찰하사, 전심으로 자기에게 향하는 자를 위하여 능력을 베푸십니다.
이번 일은 왕이 망령되이 행하였은즉, 이 후부터는 왕에게 전쟁이 있을 것입니다.

아사는 이 선견자 하나니의 말을 듣고 대단히 화가 나서 그를 감옥에 가두었다.

그리고 아사가 일부 백성들을 학대한 것도 바로 이때였다.

아사는, 왕이 된 지 삼십구 년이 되는 해, 발에 심한 병이 들었으나,

여호와께 도움을 구하지 않고 의사에게만 의존하였다.

아사가 위에 있은 지 사십일 년에 죽어 그 열조와 함께 잠들었다.

다윗 성에 자기를 위하여 파 두었던 묘실에 백성들이 장사하였고, 그 시체를 향 제조법대로 만든 각양 향 재료를 가득히 채운 침상에 두고, 또 아사 왕의 죽음을 슬퍼하여 큰 향불을 피우기도 하였다.

아사가 한 다른 모든 일 곧 그가 전쟁에서 승리한 일과 그가 성들을 건축한 것에 대한 이야기는 유다 왕 역대지략과 이스라엘 열왕기에 기록되어 있다.

아사의 아들 여호사밧이 뒤를 이어 왕이 되었다.

이스라엘 왕 엘라와 하나님의 아들 예후(왕상 16:1-10)

여호와의 말씀이 하나니의 아들 예후에게 임하셨다.

예후가 바아사를 꾸짖어 말했다.

> 내가 너를 진흙 속에서 들어 나의 백성 이스라엘 위에 주권자가 되게 하였는데, 네가 여로보암의 길로 행하며 내 백성 이스라엘로 범죄하게 하여 그들의 죄로 나의 분노를 격동하였은즉, 내가 너 바아사와 네 집을 쓸어버려 네 집으로 느밧의 아들 여로보암의 집같이 되게 하리니, 바아사에게 속한 자가, 성읍에서 죽은즉 개가 먹고 들에서 죽은즉 공중의 새가 먹으리라.

바아사의 나머지 행적과 그가 한 것과 그의 권세, 이 모든 것이 이스라엘 왕 역대지략에 다 기록되어 있다.

바아사가 그 열조와 함께 잠들어서 디르사에 장사되고, 그 아들 엘라가 뒤를 이어 왕이 되었다.

여호와께서 선지자 예후에게 말씀으로 임하시어, 바아사와 그의 집안사람들에게 꾸짖으셨던 것은, 여호와께서 여로보암의 집안사람들을 그의 손으로 죽이게 하셨는데도 불구하고, 그가 여전히 여로보암처럼 범죄하고 여호와 보시기에 악을 행하여, 그 손의 행위로 여호와의 분노를 격동했기 때문이다.

아사가 유다의 왕으로 있은 지, 이십육 년째 되던 해에 바아사의 아들 엘라가 이스라엘의 왕이 되었다. 엘라는 디르사에서 이 년 동안 다스렸다.

시므리가 엘라의 신하로서 군대의 전차들 가운데 절반을 지휘하는 장군이었다. 왕이 왕궁을 관리하는 아르사의 집에서 술에 취해 있을 때에 시므리는 엘라를 반역했다.

시므리가 아르사의 집에 들어가 엘라를 죽였다. 그때는, 아사가 유다의 왕으로 있은 지 이십칠 년째 되는 해였다. 시므리가 엘라의 뒤를 이어 이스라엘의 왕이 되었다.

이스라엘 왕 시므리와 오므리(왕상 16:11-28)

시므리는 왕이 되자마자 바아사의 집안사람들을 다 죽였다. 그는 바아사의 집안사람과 그 친구들을 한 사람도 살려 두지 않았다. 이처럼 시므리는 바아사의 집안을 완전히 멸망시켰다.

그리하여 여호와께서 선지자 예후를 통해 바아사에게 말씀하신 것이 그대로 이루어졌다. 이런 일은 바아사와 그의 아들 엘라가 저지른 모든 죄 때문에 일어났다.

그들은 자기들뿐만 아니라 이스라엘 백성까지 죄를 짓게 만들었으며, 헛된 우상들을 만들어 이스라엘 하나님 여호와를 노하시게 만들었다. 엘라가 행한 다른 모든 일은 이스라엘 왕들의 역대지략에 기록되었다.

시므리는 아사가 유다의 왕으로 있은 지 이십칠 년째 되는 해에, 이스라엘의 왕이 되어서 칠 일 동안 디르사에서 다스렸다. 그때에 이스라엘 군대가 블레셋 마을인 깁브돈에서 가까운 곳에 진을 치고 있었다. 진에 있던 사람들은 시므리가 반역하여 왕을 죽였다는 소식을 듣게 되었다. 그래서 그들은 그날로 군대 사령관인 오므리를 이스라엘 왕으로 세웠다. 오므리가 이에 이스라엘 무리를 거느리고 깁브돈에서부터 올라와서 디르사를 에워쌌다.

시므리는 성이 함락되는 것을 보고, 왕궁으로 들어가 불을 지르고 자기도 타 죽었다. 이와 같은 일은 시므리가 여호와께서 보시기에 악한 일을 하여 범죄하였기 때문에 일어났다. 전에 여로보암이 이스라엘 백성에게 죄를 짓게 했는데, 시므리도 여로보암이 지은 모든 죄를 그대로 따라 했다. 시므리가 한 다른 모든 일과 엘라 왕에게 반역한 이야기는 이스라엘 왕들의 역대지략에 기록되었다.

이스라엘 백성이 두 무리로 나뉘었다. 한 무리는 기낫의 아들 디브니를 왕으로 삼길 원했고, 다른 무리는 오므리가 왕이 되는 것을 원했다.

오므리를 따르는 사람들은, 기낫의 아들 디브니를 따르는 사람들보다 강했기 때문에 싸움에서 그들을 이겼다. 아사가 유다의 왕으로 있은 지 삼십일 년째 되는 해에, 오므리가 이스라엘의 왕으로 되었다. 오므리는 십이 년 동안, 이스라엘을 다스렸는데 처음 육 년은 디르사에서 다스렸다.

그는 세멜에서 은 두 달란트를 주고 사마리아 산지를 샀으며, 그 산 언덕 위에 성을 건축하고 그 성을 원래 주인이었던 세멜의 이름을 따서 사마리아라고 불렀다.

그러나 오므리는 여호와께서 보시기에 악한 일을 저질렀다. 그는 전에 있던 다른 왕들보다 더 악했다. 그는 그전에 모든 사람보다 더욱 악하게 행하여, 느밧의 아들 여로보암의 모든 길로 행하였으며, 그가 이스라엘 백성으로 죄를 범하게 한 그 죄 중에 행하여 그 헛된 우상들로 이스라엘 하나님 여호와의 노를 격발하게 하였다.

오므리가 한 다른 모든 일과 승리한 일들은 이스라엘 왕의 역대지략에 기록되었다. 오므리가 열조와 함께 잠들어서 사마리아에 장사되고 그 아들 아합이 뒤를 이어 왕이 되었다.

이스라엘 왕 아합과 이세벨(왕상 16:29-34)

아사가 유다의 왕으로 있은 지 삼십팔 년째 되던 해에, 오므리의 아들 아합이 이스라엘의 왕으로 되었다. 아합은 사마리아에서 이십이 년 동안 이스라엘을 다스렸다. 오므리의 아들 아합은 여호와께서 보시기에 악한 일을 많이 했다. 아합은 전에 있던 다른 왕들보다 더 악했다.

아합은 느밧의 아들 여로보암이 지은 죄를 따라 행하는 것을 오히려 가볍게 여기며, 그는 시돈 사람의 왕 엣바알의 딸 이세벨과 결혼했다.

아합은 바알 신을 섬겨 숭배하고 사마리아에 건축한 바알의 사당 속에 바알을 위하여 단을 쌓았다. 또 아세라 나무 우상도 만들었으며, 아합은 전에 있던 어떤 왕보다 더 이스라엘의 하나님 여호와의 노를 격발하게 했다.

아합이 왕으로 있는 그 시대에 벧엘 사람 히엘이 여리고를 다시 건축하였다. 히엘은 여리고 성의 터를 쌓기 시작하면서 맏아들 아비람을 잃었고, 그리고 성문을 세울 때에는 막내아들 스굽을 잃었다.

그래서 여호와께서 눈의 아들 여호수아를 통해서 하신 말씀과 같이 되었다.

디셉 사람 선지자 엘리야(왕상 17:1-24)

길르앗에 사는 디셉 사람 엘리야가 아합 왕에게 말하였다.

> 내가 섬기는 살아 계신 이스라엘의 하나님 여호와의 이름으로 맹세하지만, 내 말이 없으면 앞으로 몇 년 동안 이슬이나 비가 내리지 않을 것입니다.

여호와의 말씀이 엘리야에게 임하시어 말씀하셨다.

> 너는 이곳을 떠나 동쪽으로 가서 요단 강 동편의 그릿 시냇가에 숨고, 그 시냇물을 마시라. 내가 까마귀들을 명령하여 거기서 너를 먹이게 하리라.

그래서 그는 여호와의 말씀에 순종하여 그릿 시냇가로 가 그곳에 머물러 있으면서, 그 시냇물을 마시고 아침저녁으로 까마귀들이 물어다 주는 떡과 고기를 먹었다.

땅에 비가 내리지 않자, 얼마 뒤에 그 시냇물도 말라 버렸다.

여호와의 말씀이 엘리야에게 임하시어 말씀하셨다.

너는 일어나서 시돈 땅 사르밧으로 가서 거기 머물러라.

내가 그곳에 사는 한 과부에게 명령하여 너에게 먹을 것을 공급하도록 하였다.

그래서 엘리야는 일어나 사르밧으로 가서, 그가 성문으로 들어설 때에 한 과부가 땔감을 줍고 있었다.

엘리야가 과부에게 말했다.

청하건대 마실 물을 한 그릇만 떠다 주시오.

그 과부가 물을 가지러 가려고 할 때, 엘리야가 또 말했다.

청하건대 떡 한 조각도 내게로 가져다 주시오.

그 여자가 대답했다.

당신의 하나님 여호와께서 살아 계심을 두고 맹세하지만, 나에게는 떡이 없습니다. 다만 항아리에 밀가루가 조금 있고, 기름병에 기름이 조금 있을 뿐입니다.

내가 이곳에 땔감을 주우려고 왔는데, 땔감을 주워 집에 가져가서, 나와 내 아들을 위하여 음식을 만들어 먹고 그 후에는 죽으려 합니다.

엘리야가 말했다.

두려워 말고 가서 네 말대로 음식을 만들어서, 먼저 그것으로 나를 위하여 작은 떡 하나를 만들어 내게로 가져오고, 그 후에 너와 네 아들을 위하여 만드시오.

이스라엘 하나님 여호와께서 말씀하셨소.

'나 여호와가 이 땅에 비를 내리기까지, 그 항아리의 밀가루가 결코 떨어지지 않을 것이며 병의 기름도 떨어지지 아니하리라.'

여자는 집으로 가서 엘리야가 말한 대로 했다. 그리고 엘리야와 여자와 그의 아들이 날마다 음식을 넉넉히 먹었다.

여호와께서 엘리야로 말씀하심 같이 항아리의 밀가루와 병에 있는 기름은 떨어지지 않았다.

얼마 뒤에 그 집 사르밧 과부의 아들이 병이 들었는데, 그 병이 점점 깊어지더니 마침내 숨을 거두고 말았다.

그러자 그 여자가 엘리야에게 말했다.

> 하나님의 사람이여!
> 당신이 나와 무슨 상관이 있다고 이렇게 저에게 오셔서, 내 죄를 생각나게 하고, 또 내 아들을 죽게 하려고 내게로 오셨나이까?

엘리야가 말했다.

> 그 아이를 이리로 주시오.

엘리야는 여자가 내주는 아들을 받아 안고 위층으로 올라갔다.

그는 그 아이를 자기가 묵고 있는 다락방 침상에 눕혀 놓았다.

그리고 여호와께 부르짖어 기도했다.

> 주께서 또 내가 살고 있는 집 과부에게 재앙을 내리시어, 그 아들로 죽게 하셨나이까?

그리고서 그 아이 위에 몸을 세 번 펴서 엎드리고, 여호와께 부르짖어 기도했다.

> 나의 하나님 여호와여!
> 원하건대 이 아이의 영혼으로 그 몸에 돌아오게 하옵소서.

여호와께서 엘리야의 기도 소리를 들으셨으므로, 그 아이의 영혼이 몸으로 돌아오고 살아났다.

엘리야가 아이를 안고 다락방에서 아래층으로 내려갔다.

그리고 아이를 그의 어머니에게로 보여 주면서 말했다.

> 보시오. 당신 아들이 살아났소.

여자가 엘리야에게 말했다.

> 내가 이제야 당신이 하나님의 사람인 것과 당신의 입에 있는 여호와의 말씀이

진실한 줄 알겠습니다.

엘리야와 오바댜(왕상 18:1-16)

많은 날이 흘러서 삼 년이 되던 해에, 여호와의 말씀이 엘리야에게 임하셨다.

너는 가서 아합을 만나거라. 내가 땅 위에 비를 내리겠다.

그리하여 엘리야는 아합을 만나러 갔다. 그 무렵, 사마리아에는 기근이 심하였다.

아합 왕이 궁내 대신 오바댜를 불렀다. 오바댜는 주 하나님을 깊이 경외하는 사람이었다.

언젠가 이세벨이 여호와의 선지자들을 죽일 때에, 오바댜는, 그 가운데서 선지자 백 명을 두 동굴에 오십 명씩 나누어 숨겨 주고, 그들에게 먹을 것과 마실 것을 가져다 준 일이 있다.

아합 왕이 오바댜에게 말했다.

이 땅의 모든 물 근원과 모든 시내를 다 찾아보자.
어쩌면 우리가 말과 노새를 살릴 수 있는 풀을 다소나마 찾을 수 있을지도 모르겠다.
그러면 우리 짐승을 다 잃지 않아도 될 것이다.

두 사람이 두루 다닐 땅을 나누어서, 아합은 혼자서 이쪽 길로 가고 오바댜는 혼자서 저쪽 길로 갔다.

오바댜가 길을 가다가 엘리야를 만났다.

그가 엘리야를 알아보고 고개를 숙여 인사했다.

당신은 나의 주 엘리야가 아니십니까?

엘리야가 대답했다.

그렇소. 그대의 왕에게 가서 내가 여기 있다고 이르시오.

오바댜가 말했다.

> 내가 무슨 죄를 지었기에, 당신이 나를 아합의 손에 넘겨 나를 죽이려 하십니까?
> 당신의 하나님 여호와의 살아 계심을 두고 맹세하지만, 왕은 당신을 찾으려고 사람들을 보내어 모든 나라 안을 샅샅이 뒤졌습니다.
> 그 나라에서 '엘리야는 여기에 없소'라고 말하면, 아합은 그 나라 왕이나 족속까지 의심하면서, 정말 엘리야를 찾지 못했다는 맹세를 하게 했습니다.
> 그런데 지금 당신은 나더러 가서, 나의 왕에게 당신이 여기에 있다고 말하라는 것입니까?
> 내가 당신을 떠나간 후에, 여호와의 영이 내가 알지 못하는 곳으로, 당신을 이끌어 가실지도 모릅니다.
> 내가 가서 아합 왕에게 이곳에 와서 당신을 찾지 못했다하면 그는 나를 죽이고 말 것입니다.
> 당신의 종은 어려서부터 여호와를 경외하는 사람입니다.
> 이세벨이 여호와의 선지자들을 죽일 때에, 내가 그 가운데서 선지자 백 명을, 오십 명씩 두 동굴에 나누어 숨겨 주고 먹을 것과 마실 것을 가져다 준 일이, 내 주께 들리지 아니하였나이까?
> 그런데도 당신은 나더러 가서 나의 왕에게 엘리야가 여기에 있다고 말하라는 것입니까?
> 그리하면 그는 틀림없이 나를 죽일 것입니다.

엘리야가 대답했다.

> 내가 섬기는 만군의 주께서 살아 계심을 두고 맹세하오. 나는 오늘 꼭 아합을 만날 것이오.

오바댜가 아합에게 가서 엘리야가 있는 곳을 일러 주었다.
그리하여 아합이 엘리야를 만나러 갔다.

갈멜 산의 엘리야(왕상 18:17-40)

아합이 엘리야를 보고 말했다.

> 바로 네가 이스라엘을 괴롭히는 자냐?

엘리야가 대답했다.

내가 이스라엘을 괴롭게 한 것이 아니라, 당신과 당신의 아버지의 집이 괴롭게 하였으니, 이는 여호와의 명령을 버렸고 당신이 바알들을 따랐기 때문이오.
그런즉 사람을 보내어 모든 이스라엘 백성과, 이세벨의 식탁에서 먹는, 바알의 선지자 사백오십 명과 아세라의 선지자 사백 명을 갈멜 산으로 모아 내게로 나오게 하소서.

그래서 아합이 이스라엘 모든 자손에게로 사람을 보내어 바알과 아세라 선지자들을 갈멜 산으로 불러 모았다.

엘리야가 백성 앞에 서서 말했다.

여러분은 언제까지 바알과 여호와 둘 사이에서 머뭇거리고 있을 것입니까?
여호와가 만일 하나님이시면 여호와를 따르고, 바알이 만일 하나님이면 바알을 따르시오.

그러나 백성은 아무 말도 하지 않고 잠잠히 있었다.

엘리야가 말했다.

여호와의 선지자는 나만 홀로 남았고, 그러나 바알의 선지자들은 사백오십 명이나 있소.
그런즉 이제 송아지 두 마리를 가져와 한 마리는 바알의 선지자들이 잡아 각을 떠서 나무 위에 올려놓고 불은 놓지 않도록 하시오.
나도 한 마리를 잡아 각을 떠서 나무 위에 올려놓고 불은 놓지 않도록 하겠소.
당신들은 당신들의 신의 이름을 부르시오.
나는 여호와의 이름을 부르리니 이에 불로 응답하는 신, 바로 그가 하나님이시오.

그러자 모든 백성이 대답했다.

그의 말이 옳도다.

엘리야가 바알의 선지자들에게 말했다.

당신들은 수가 많으니, 먼저 소 한 마리를 택하여 잡고 당신들의 신의 이름을 부르시오. 그러나 불을 놓지 마시오.

그래서 그들은 소 한 마리를 잡아 나무 위에 올려놓고, 아침부터 정오까지 바알의 이름을 부르고, 나무를 쌓은 단 주위에서 춤을 추며,

"바알이여, 우리에게 응답하소서!" 하고 계속 외쳐댔지만 아무 소리

도 없고 아무런 응답도 없었다.

정오쯤 되었을 때 엘리야는 그들을 조롱하며 말했다.

> 더 큰 소리로 부르라.
> 그가 신이 분명하다면, 묵상하고 있는지, 혹시 잠깐 볼일 보러 나갔는지, 혹시 길을 떠나 행하는지, 혹시 잠이 들어 있다면 깨워야 할 것인지도 모르지 않느냐?

그러자 그들은 더 큰 소리로 부르며 그들의 의식에 따라 피가 흐르기까지 칼과 창으로 자기들의 몸을 상하게 하였다.

이같이 하여 정오가 지나고, 저녁 제사를 드릴 때까지 미친 듯이 부르짖었으나, 아무 소리도 없고 아무 응답하는 자도 없고 아무 돌아보는 자도 없었다.

그때 엘리야가 모든 백성을 향하여 "이제는 내게로 가까이 오시오." 하였다.

그들이 엘리야의 주위에 가까이 왔을 때, 무너진 여호와의 단을 다시 쌓기 시작했다.

엘리야는 야곱의 아들들인 이스라엘 각 지파의 수효를 따라 열두 개의 돌을 가져왔다.

이 야곱은 여호와께서 일찍이 그에게 임하시어, "네 이름을 야곱이라 하지 않고 이스라엘이라 하리라." 하고 말씀하신 사람이다.

엘리야가 여호와의 이름을 의지하여, 그 돌로 단을 쌓고 단으로 돌아가며 두 세아(약 15 리터) 정도의 곡식이 들어갈 수 있는 넓이의 도랑을 팠다.

그는 그 단에 나무를 쌓았고, 송아지의 각을 떠서 나무에 올려놓고, "항아리 네 개에 물을 가득 채워다가, 번제물과 나무 위에 부으라." 말하였다.

엘리야가 "한 번 더 부으시오."라고 말하자 사람들이 그대로 했다.

엘리야가 또 말했다.

> 한 번 더 부으시오.

백성들이 세 번째도 그렇게 물을 부었다.

그리하여 물이 단으로 두루 흐르고 도랑에도 물이 가득하게 되었다.

저녁에 곡식으로 제사를 드리는 소제를 드릴 때에 이르러, 선지자 엘리야가 여호와의 단 앞으로 나아가서 기도하였다.

> 아브라함과 이삭과 이스라엘의 하나님 여호와여!
> 주께서 이스라엘 중에서 하나님이 되심과, 내가 주의 종이 됨과,
> 내가 주의 말씀대로, 이 모든 일을 행하는 것을 오늘날 알게 하옵소서.

이에 여호와의 불이, 하늘에서 내려서 번제물과 나무와 돌과 흙을 태우고 또 도랑의 물을 핥은 듯이 말려 버렸다.

모든 백성이 그 모습을 보고 땅에 엎드려 외쳤다.

> 여호와 그는 하나님이시로다! 여호와 그는 하나님이시로다!

엘리야가 백성들에게 말했다.

> 바알의 선지자들을 붙잡으시오! 한 사람도 도망가지 못하게 하시오!

백성이 바알의 선지자들을 다 붙잡자, 엘리야가 그들을 기손 시냇가로 끌고 가서 다 죽였다.

엘리야와 이세벨(왕상 18:41-19:3)

엘리야가 아합에게 말했다.

> 이제 올라가서 먹고 마시소서. 큰비의 소리가 있나이다.

아합은 궁으로 먹고 마시러 올라갈 준비를 하였다.

엘리야는 갈멜 산 꼭대기로 올라가서 땅에 꿇어 엎드려 그 얼굴을 무릎 사이에 넣고, 그 시종에게 "가서 바다 쪽을 살펴보아라." 하고 말하였다.

그러자 그는 가서 보고 돌아와 엘리야에게 "아무것도 보이지 않습니다." 말하였다.

엘리야가 다시 그의 시종에게, 일곱 번을 그렇게 더 다녀오라고 하였다.

일곱 번째가 이르러서 시종이 말했다.

바다에서 사람의 손바닥만한 작은 구름이 일어납니다.

엘리야가 시종에게 말했다.

가서 아합에게 비가 와서 길이 막히지 않도록 마차를 준비해서 당장 집으로 돌아가라고 전하여라.

얼마 지나지 않아서 구름과 바람이 일어나서 하늘이 캄캄하여지더니, 큰비가 내리기 시작했다.

아합은 자기 마차를 타고 이스르엘로 돌아가고 있었다.

여호와의 능력이 엘리야에게 임하므로, 그가 허리를 동여매고 이스르엘로 들어가는 곳까지 아합 앞에서 달려갔다.

아합 왕은, 자기 아내 이세벨에게 엘리야가 행한 모든 일과, 그가 어떻게 해서 모든 바알과 아세라 선지자들을 칼로 죽인 것을 말하였다.

그러자 이세벨이 엘리야에게 이런 전갈을 보냈다.

내가 내일 이맘때에는 반드시 너의 생명으로, 네가 죽인 바알과 아세라 선지자들 중 한 사람의 생명 같게 하리라.
그렇게 아니하면 나의 바알과 아세라 신들이 내게 벌 위에 벌을 내림이 마땅하니라.

엘리야는 이 돌아가는 형편을 보고 일어나, 자기 생명을 위하여 도망하여 유다 땅 브엘세바에 이르렀을 때, 자기의 시종을 그곳에 머물게 하였다.

로뎀나무와 엘리야의 사명(왕상 19:4-21)

엘리야는 홀로 광야로 들어가서, 하룻길을 걸어갔다.

그러다가 한 로뎀나무인 싸리나무 아래 앉아서, 하나님께 죽기를 구하며 기도했다.

여호와여! 이제 더 바랄 것이 없습니다.

내 생명을 거둬 가소서. 내가 내 열조들보다 나은 것이 아무것도 없습니다.

그리고 엘리야는 로뎀나무 밑에 누워 잠이 들었다.

그때 한 천사가 와서 엘리야를 어루만지며 말했다.

일어나서 먹어라.

엘리야가 보니, 그의 머리맡에 숯불에 구운 떡과 물 한 병이 있었다. 이에 그는 먹고 마신 다음에 다시 자리에 누웠다.

여호와의 천사가 그에게 두 번째로 나타나서, 엘리야를 어루만지며 말했다.

일어나서 먹어라. 네가 길을 가야 하는데 이기지 못할까 하노라.

그래서 엘리야는 자리에서 일어나 먹고 마셨다.

그 음식을 먹고 힘을 얻어 엘리야는 사십 일 동안, 밤낮으로 걸어서 하나님의 산인 호렙(시내) 산으로 갔다.

호렙(시내) 산에 도착한 엘리야는 한 동굴 속에 들어가 밤을 지냈다.

여호와께서 그에게 말씀하셨다.

엘리야야, 네가 어찌하여 여기에 있느냐?

엘리야가 대답했다.

내가 만군의 하나님 여호와를 위하여 열심히 일해 왔습니다.
그러나 이스라엘 백성들은, 주와 맺은 언약을 버리고 주의 제단을 헐며, 칼로 주의 선지자들을 모두 죽이고, 살아남은 사람은 오직 나 혼자만 남았는데 그들은 내 생명을 찾아서 나마저 죽이려고 합니다.

여호와께서 엘리야에게 말씀하셨다.

너는 나가서, 여호와 앞에서 산에 서 있어라.

바로 그때 여호와께서 지나가시는데, 여호와의 앞에 크고 강한 바람이 산을 쪼개며 바위를 부수었으나, 바람 가운데 여호와께서 계시지 아니하셨다.

바람이 그친 후에 지진이 있었으나, 지진 가운데도 여호와께서 계시지 아니하였으며, 또 지진 후에 불이 있었으나, 불 가운데도 여호와께서 계시지 아니하더니, 불이 있은 후에 세미한 소리가 있었다.

엘리야는 그 소리를 듣고 겉옷으로 얼굴을 가렸다. 그리고 밖으로 나가서 동굴 입구에 섰다.

그때에 어떤 소리가 그에게 임하여 말씀하셨다.

> 엘리야야, 네가 어찌하여 여기에 있느냐?

엘리야가 대답했다.

> 내가 만군의 하나님 여호와를 위하여 열심히 일해 왔습니다.
> 그러나 이스라엘 백성들은, 주와 맺은 언약을 버리고 주의 제단을 헐며, 칼로 주의 선지자들을 모두 죽이고, 살아남은 사람은 오직 나 혼자만 남았는데 그들은 내 생명을 찾아서 나마저 죽이려고 합니다.

여호와께서 엘리야에게 말씀하셨다.

> 너는 네가 왔던 광야 길로 돌아가 다메섹으로 가거라. 그 성에 들어가서 하사엘에게 기름을 부어 아람 왕으로 세워라.
> 그런 다음에 님시의 아들 예후에게 기름을 부어 이스라엘 왕으로 세워라.
> 그리고 아벨므홀라 사람 사밧의 아들 엘리사에게 기름을 부어서, 너를 대신하여 선지자가 되게 하라.
> 하사엘의 칼을 피해서 도망치는 사람은 예후가 죽일 것이요, 예후의 칼을 피해서 도망치는 사람은 엘리사가 죽일 것이다.
> 그러나 내가 이스라엘 가운데에 칠천 명을 남겨 놓을 터인데, 그들은 모두 바알에게 무릎을 꿇지도 아니하고, 모두 그 입을 맞추지도 아니한 사람이다.

엘리야가 그곳을 떠나서 사밧의 아들 엘리사를 만났다.

엘리사는, 밭에서 열두 쌍의 소가 끄는 쟁기로 밭을 갈고 있었는데, 엘리야는 그리로 건너가서 입고 있던 겉옷을 엘리사 위에 던졌다.

그러자 엘리사가 소를 버려두고 엘리야에게 달려와서 말했다.

> 나로 내 아버지와 어머니에게 작별 인사를 하고 오게 해 주십시오. 그런 다음에 선생님을 따라가겠습니다.

엘리야가 대답했다.

> 돌아갔다 오너라. 내가 네게 무엇을 하였기에 그러느냐?

엘리사가, 그를 떠나 집으로 돌아가서, 소 두 마리를 잡고 소가 메던 멍에로 불을 때서 고기를 삶아 백성들에게 주어 먹게 하고, 일어나 엘리사는 그곳을 떠나 엘리야를 따라 그의 제자가 되었다.

아람 왕 벤하닷과 아합 왕(왕상 20:1-34)

아람 왕 벤하닷이 모든 군대를 모았다. 그는 마병과 전차 부대를 이끌고 온 동맹국들의 왕 삼십이 명과 함께 이스라엘의 수도 사마리아를 포위하였다.

벤하닷이 성 안에 있는 이스라엘의 아합 왕에게 전령들을 보내어 말했다.

> 벤하닷이 이렇게 말씀하셨다.
> '너희 은과 금은 내 것이요. 너의 아름다운 아내들과 자녀들도 내 것이다.'

이스라엘 아합 왕이 대답했다.

> 내 주 왕이시여! 왕의 말씀대로 하겠습니다. 나와 내가 가진 모든 것은 다 왕의 것입니다.

그러자 전령들이 다시 아합에게 와서 "벤하닷이 이렇게 말씀하셨다." 라고 전했다.

> 내가 이미 네게 보내어 말하기를 '너는 너의 은금과 내 아내들과 자녀들을 내게 보내어라.'라고 말한 적이 있다.
> 내일 이맘때에 내가 내 신하들을 보내 네 집과 네 신하들의 집을 뒤질 것이다.
> 무엇이든지 네 눈에 기뻐하는 것을 나의 신하들의 손으로 다 잡아 가져갈 것이다.

이스라엘 왕 아합이 온 나라의 장로들을 다 모아 놓고 말했다.

> 너희는 이 사람이 나를 괴롭게 하려고, 이런 일을 하는 줄을 자세히 알아야 한다.

그가 나의 아내들과 자녀들과 은과 금을 가져가려고 사람을 내게 보내었으나 내가 거절할 수가 없었다.

그러자 장로들과 모든 백성이 말했다.

왕은 그의 요구를 듣지도 마시고 허락하지도 마옵소서.

아합이 벤하닷의 전령에게 말했다.

너희는 내 주 왕에게 이렇게 말씀 드려라.
'왕이 처음에 종에게 요구하신 은과 금은 내가 그대로 할 수 있지만, 두 번째로 요구하신 아내와 자녀는 내가 할 수 없나이다.'

그러자 벤하닷 왕의 전령들이 돌아가서 그 말을 전했다.
벤하닷이 다시 아합에게 전갈을 보내어서 말했다.

내가 네 사마리아 성을 잿더미로 만들어서, 깨어진 조각 하나도 남지 않게 하겠다.
내가 따르는 백성의 무리들이, 자기들의 손에 깨어진 조각 하나라도 주울 수 있으면, 나의 신들이 나에게 천벌이 아니라 그보다 더한 재앙을 내려도 내가 달게 받겠다.

이스라엘 왕 아합이 대답을 보냈다.

어떤 사람이든지 갑옷을 입을 때에 자랑하지 아니하고, 갑옷을 벗을 때에 자랑하는 법이라고 일러라.

그때에 벤하닷은 자기 장막에서 동맹국의 왕들과 함께 술을 마시고 있다가, 아합 왕의 대답을 듣고 "성을 공격할 준비를 하라."라고 명령했다.
그들은 곧 사마리아 성을 공격할 준비를 갖추었다.
그때에 한 선지자가 이스라엘의 왕 아합에게 와서 말했다.

여호와께서 이렇게 말씀하셨소.
'이 많은 군대가 보이느냐? 내가 오늘 이들을 네 손에 넘겨주겠다. 그러면 너는 내가 여호와인 것을 알게 될 것이다.'

아합이 말했다.

누구를 통해서 그렇게 하겠소?

선지자가 말했다.

여호와께서는 각 지방장관들의 젊은 부하들을 통해 그렇게 할 것이라고 말씀하셨습니다.

왕이 다시 물었다.

그러면 누가 먼저 공격을 개시해야 하겠소?

선지자가 대답했다.

그것은 왕이 해야 합니다.

그래서 아합이 지방장관들의 젊은 부하들을 점검하여 보니, 그들은 모두 이백삼십이 명이었다.

그런 다음에, 그가 이스라엘 군대를 모두 점검하여 보니, 모두 칠천 명이었다.

그들은 정오에 공격을 시작했다. 그때에 벤하닷과 그를 따르는 왕 삼십이 명은 장막 안에서 술에 취해 있었다.

지방장관들의 젊은 부하들이 먼저 공격을 시작하였다.

벤하닷의 정찰병들이 벤하닷에게 보고하였다.

적군들이 사마리아 성에서 나옵니다.

그러자 벤하닷이 말했다.

그들이 화친을 하러 나왔더라도 사로잡고, 싸움을 하러 나왔더라도 사로 잡으라.

그러나 지방장관의 젊은 부하들과 그들을 뒤따르는 군대는 이미 성읍 바깥으로 나와서, 저마다 닥치는 대로 벤하닷의 군대를 무찔렀다.

그래서 아람 군인들은 다 도망하였고, 이스라엘 군대가 그들을 추격하였다. 아람 왕 벤하닷도 마병들과 함께 말을 타고 도망하였다.

이스라엘 왕이 군대를 이끌고 나가서 말과 전차들을 공격하고 아람 군대를 크게 참살하였다.

그 후에 그 선지자가 이스라엘 왕 아합에게 가서 말했다.

왕은 돌아가셔서 힘을 기르고, 만반의 준비를 하십시오. 내년 봄에 아람 왕이 다시 쳐들어올 것입니다.

아람 왕의 신하들이 그들의 왕에게 말했다.

이스라엘의 신은 산의 신입니다.
우리가 산에서 싸웠기 때문에 이스라엘이 이긴 것입니다. 그러므로 그들과 싸우려면 평지에서 싸워야 합니다. 그러면 우리가 이길 것입니다.
삼십이 명의 왕들을 자리에서 쫓아내고 그들 자리에 상관들을 임명하십시오.
또 왕의 잃어버린 군대와 같은 군대를 왕을 위하여 충원하고, 말은 말대로, 전차도 전차대로 보충하고, 우리가 평지에서 그들과 싸우면 반드시 그들보다 강할 것입니다.

벤하닷은 그들의 말을 좋게 여겨서 그대로 했다.

이듬해 봄에 벤하닷이 아람 백성을 모았다. 그리고 이스라엘과 싸우려고 아벡으로 갔다.

이스라엘 백성도 무기와 식량을 배급 받고, 아람 군대들과 싸우러 나가서 그들 앞에 진을 쳤다.

이스라엘 군대는 두 떼의 작은 염소 새끼가 모여 있는 것처럼 보였으나, 아람 군대는 그 땅을 가득 채울 만큼 많았다.

하나님의 사람이 이스라엘의 왕에게 와서 말했다.

여호와의 말씀이, 아람 사람이 말하기를 '나 여호와가 산의 신이지 평지의 신이 아니다.'라고 말하고 있다.
그러므로 내가 이 큰 군대를 너에게 넘겨주겠다. 너와 네 백성은 내가 여호와인 줄을 알게 될 것이다.

두 군대는 서로 마주 보며 칠 일 동안 진을 치고 있었다.

칠 일째 되는 날에 싸움이 시작되었다. 이스라엘 군대가 하루 만에 아람 보병 십만 명을 죽였다.

나머지는 아벡 성으로 도망쳤는데, 그 성의 성벽이 그들 위에 무너져 내려서 이만칠천 명이 죽었다.

그때, 벤하닷이 그 성으로 도망쳐서 어떤 골방에 숨었다.

벤하닷의 신하들이 그에게 말했다.

이스라엘 가문의 왕들은 대단히 인자하다고 들었습니다.
굵은 베로 허리에 묶고, 밧줄을 머리에 감고, 이스라엘 왕에게 나아가면, 어쩌면 그가 왕의 생명을 살려 줄지도 모릅니다.

그들은 굵은 베로 허리를 묶고 밧줄을 머리에 감고, 그리고 이스라엘의 왕에게 가서 말했다.

왕의 종 벤하닷이 '나의 생명을 살려 주옵소서'라고 간청합니다.

아합이 대답했다.

그가 아직 살아 있느냐? 그는 나의 형제다.

벤하닷의 신하들은 아합의 말을 좋은 징조로 여겨 재빨리 그 말에 대답했다.

그렇습니다. 벤하닷은 왕의 형제입니다.

아합이 말했다.

너희는 가서 벤하닷을 데려오너라.

벤하닷이 아합 왕에게 나아오니, 왕은 그를 자기 전차에 올라타게 하였다.

벤하닷이 아합에게 말했다.

아합이여, 내 아버지가 왕의 아버지로부터 빼앗은 마을들을 다 돌려 드리겠습니다.
그리고 내 아버지가 사마리아에서 만든 것같이 당신도 다메섹에서 당신을 위하여 거리를 만드소서.

아합이 말했다.

그런 조건이라면 당신을 보내 주겠소.

그리하여 두 왕은 평화 조약을 맺었다. 그런 다음에 아합은 벤하닷을 놓아주었다.

상처 입은 선지자와 아합(왕상 20:35-43)

선지자 가운데 한 사람이 여호와의 명령을 받아 그 동료 선지자에게 "나를 치라."라고 말했다.

그러나 그 선지자는 치기를 싫어하였다.

그래서 그 선지자는 그에게 말했다.

> 당신이 여호와의 말씀을 듣지 아니하였으니, 그러므로 당신이 나에게서 떠나갈 때에, 사자가 당신을 죽일 것이오.

그 사람이 그의 곁을 떠나가자 사자 한 마리가 달려들어 그를 죽이고 말았다.

그 선지자는 또 다른 사람을 만나 "너는 나를 쳐라." 하였다. 그러자 그 사람이 선지자를 힘껏 쳐서 심한 상처를 입었다.

심한 상처를 입은 선지자가 수건으로 눈을 가려 변장하고 길가에서 왕을 기다렸다.

이스라엘의 아합 왕이 지나갈 때에, 그가 소리를 질러 왕을 불러서 말했다.

> 왕이시여! 왕의 종인 제가 전쟁터 가운데 나갔습니다.
> 그런데 우리 편 군인 가운데 한 사람이 적군 한 명을 데려오더니 이렇게 말했습니다.
> '이 사람을 지켜라. 만약 이 사람이 도망치면, 네가 대신해서 죽어야 한다. 죽지 않으려면 은 한 달란트(34 kg)를 내야 한다.'
> 종이 이리저리 일을 볼 동안에, 그가 없어지고 말았습니다.

이스라엘 왕이 그에게 대답했다.

> 네가 스스로 결정하였으니, 그대로 당하여야 하리라.

그 선지자가 재빨리 자기 눈을 가린 천을 벗어 버렸다.

이스라엘 왕은 그를 보고 그가 선지자 가운데 한 사람이라는 것을 알았다.

선지자가 왕에게 말했다.

여호와께서 이렇게 말씀하셨소.
'내가 죽이기로 작정한 사람을, 너는 네 손으로 놓아주었다. 그러므로 네 목숨은 그의 목숨을 대신하고, 네 백성은 그의 백성의 목숨을 대신하리라.'

이스라엘 왕은 근심되고 답답하여 그 궁으로 돌아가려고 사마리아에 이르렀다.

나봇의 포도원과 아합과 이세벨(왕상 21:1-29)

그 후에 이런 일이 있었다.

이스르엘 사람 나봇이 이스르엘 땅에 포도원을 가지고 있었다. 그 밭은 사마리아 왕 아합의 궁에서 가까운 곳에 있었다.

어느 날, 아합이 나봇에게 말했다.

그대의 포도원이 내 왕궁에서 가까우니 나에게 주게. 그것을 내 채소밭으로 사용하고 싶네.
내가 그 대신에 그보다 더 아름다운 포도원을 네게 줄 것이요 만일 합의하면 그 값을 돈으로 네게 주겠네.

그러나 나봇은 아합에게 이렇게 대답하였다.

이 포도원은 내가 열조들에게서 대대로 물려받은 유산입니다.
제가 조상의 유산을 왕께 주는 일은, 여호와께서 금하시는 일입니다.

그러자 아합은 근심하고 답답한 마음으로 궁으로 돌아왔다.

왜냐하면 이스르엘 사람 나봇이 '내 열조에게서 물려받은 땅을 왕에게 줄 수 없습니다.'라고 말했기 때문이다.

아합은 침대에 누워 얼굴을 벽으로 돌리고 식사를 하지도 않았다.

그의 아내 이세벨이 와서 물었다.

왕의 마음에 무엇을 근심하여 식사를 하지 아니하십니까?

아합이 대답했다.

이스르엘 사람 나봇에게, '그대의 포도원을 내게 주되, 돈으로 바꾸거나, 만일 네가 좋아하면 내가 그 대신에 포도원을 네게 주리라.'라고 말했더니, 그가 대답하기를 '내가 내 포도원을 왕에게 주지 않겠노라.' 해서 이러고 있소.

이세벨이 말했다.

그리하고도, 왕이 이스라엘을 다스리시나이까? 일어나셔서 식사를 하시고 마음을 즐겁게 하시옵소서.
내가 이스르엘 사람 나봇의 포도원을 왕의 것으로 만들어 드리겠습니다.

그러고서 이세벨이 아합의 이름으로 편지들을 쓰고, 거기에 왕의 도장을 찍어서, 그 편지들을 나봇과 함께 사는 성읍의 장로들과 귀족들에게 보냈다.

이세벨은 편지에 이렇게 썼다.

여러분은 금식을 선포하고 백성들을 한자리에 모아, 나봇을 높은 곳에 앉히시오.
그리고 불량배 두 사람을 그 앞에 마주 앉힌 후에, 나봇에 대하여 증거하기를, '나봇, 네가 하나님과 왕을 저주하였다.' 하게 하고 곧 그를 끌고 성밖으로 나가서 돌로 쳐 죽이시오.

이스르엘 장로들과 귀족들은 이세벨의 분부 곧 그녀가 자기들에게 보낸 편지에 쓴 대로 하여, 금식을 선포하고 백성들을 한자리에 모아 나봇을 높은 곳에 앉혔다.

그때에 불량배 두 사람이 들어와서 나봇의 맞은편에 앉았고, 백성 앞에서 나봇에 대하여 증거를 꾸며 말하였다.

우리들은 나봇이 '하나님과 왕을 저주하였다.' 하는 말을 들었습니다.

그러자 무리가 나봇을 성밖으로 끌고 나가서 돌로 쳐 죽였다.

무리들이 이세벨에게 통보하였다.

나봇이 돌에 맞아 죽었나이다.

이세벨은 나봇이 죽었다는 말을 전해 듣고 아합에게 말했다.

이스르엘 나봇이 죽었습니다.
일어나서, 그 이스르엘 사람 나봇이 돈으로 바꾸어 주기를 싫어하던 포도원을 차지하십시오.

아합은 나봇이 죽었다는 말을 듣고, 이스르엘 사람 나봇의 포도원을 차지하려고 그 포도원으로 내려갔다.

그때에 여호와의 말씀이 디셉 사람 선지자 엘리야에게 임하셨다.

너는 일어나 사마리아에 있는 이스라엘 왕 아합을 만나러 내려가거라.
아합이 나봇의 포도원을 차지하려고 그곳으로 내려갔다.
너는 그에게 이르기를 '여호와의 말씀이, 네가 죽이고 또 빼앗았느냐?' 하셨다 하고, 또 그에게 이르기를 '여호와의 말씀이, 개들이 나봇의 피를 핥은 곳에서, 개들이 네 피 곧 네 몸의 피도 핥으리라.' 하라.

아합이 자기를 만나러 온 엘리야를 보고 말했다.

나의 대적이여, 네가 나를 찾았느냐?

엘리야가 대답했다.

내가 찾았노라. 당신이 스스로 악에 팔려, 여호와 보시기에 악을 행하였기 때문이오.
여호와께서 이렇게 말씀하셨소.
'내가 재앙을 네게 내려 너를 쓸어버리되, 네 집안의 남자는 이스라엘 가운데 종이거나 자유자이거나 다 멸하겠다.
또 네 집안은 느밧의 아들 여로보암 왕의 집안처럼 될 것이며, 아히야의 아들 바아사의 집안처럼 될 것이다.
이는 네가 나의 노를 격동하고 이스라엘 백성으로 범죄하게 한 까닭이다.
여호와께서 이세벨에 대하여도 이렇게 말씀하셨소.
'개들이 이스르엘 성 곁에서 이세벨의 시체를 먹을 것이다.'
또한 아합 집안의 사람이 성에서 죽으면 개들이 먹을 것이요, 들에서 죽으면 공중의 새들이 먹을 것이다.

일찍이 아합과 같이 악에 스스로 팔려 여호와 보시기에 악을 행한 자가 없었다.

이것은 아합이 그의 아내 이세벨에게 충동되었기 때문이다.

이스라엘 왕 아합은, 여호와께서 이스라엘 자손 앞에서 쫓아내신 가나안 땅 아모리 사람의 모든 악을 행한 것처럼, 우상에게 복종하여 심히 가증하게 행하였다.

아합이 이 모든 여호와의 말씀을 들을 때에 자기 옷을 찢고, 굵은 베로 몸을 동이고 금식하고, 누울 때도 굵은 베옷을 입은 채로 누웠고, 걸음도 천천히 걸었다.

그가 그렇게 한 까닭은 여호와의 말씀을 듣고서 두렵고 슬펐기 때문이다.

여호와의 말씀이 디셉 사람 선지자 엘리야에게 임하셨다.

> 아합이 내 앞에서 겸손해 진 것을 네가 보았느냐?
> 그가 내 앞에서 겸손함을 인하여, 내가 재앙을 그의 시대에 내리지 않고 그 아들의 시대에야 그 집안에 재앙을 내리겠다.

제 3 장
여호사밧 왕

유다 왕 여호사밧 ①(왕상 22:41-43, 46; 대하 17:1-18:1)

아합이 이스라엘 왕으로 있은 지 사 년째 되는 해에, 아사의 아들 여호사밧이 그의 뒤를 이어 유다의 왕이 되었다.

여호사밧은 삼십오 세에 유다 왕이 되어 이십 오 년 동안 예루살렘을 다스렸다.

그의 어머니는 실히의 딸 아수바였다.

여호사밧은 자기의 아버지 아사가 걸어간 길에서 벗어나지 아니하고, 여호와께서 보시기에 정직하게 행하였으나, 그가 산당만은 헐어버리지 않아서, 백성은 여전히 산당에서 제사를 드리며 분향하였다.

여호사밧 왕은 이스라엘의 침공에 대비하여 국력을 배양하고, 그는 요새화된 유다의 모든 성읍에 군대를 배치하였고, 유다의 모든 땅과 그의 아버지 아사가 정복한 에브라임 여러 성읍에 수비대를 배치하였다.

여호사밧이 왕이 되면서부터, 그의 조상 다윗이 걸어간 그 길을 따랐으므로, 여호와께서 여호사밧과 함께 계셨다.

여호사밧은 바알 신들을 찾지 아니하고, 다만 그의 아버지가 섬긴 하나님을 찾으며, 그 하나님의 계명을 따라 살고, 이스라엘 사람의 행위를 따르지 않았다.

그러므로 여호와께서 나라를 그 손에서 견고하게 하셨다. 유다 백성이 여호사밧에게 예물을 드렸으므로 그는 부귀와 영광을 한 몸에 지니게 되었다.

여호사밧은 전심으로 여호와의 도를 행하였으며, 산당과 아세라 나무 우상들도 유다에서 없애 버렸다.

그리고 그는 자기 아버지 아사 시대까지 이방 신전에 남아 있던 모든 남색하는 자들을 그 땅에서 쫓아내었다.

여호사밧은, 왕이 된 지 삼 년에 유다 여러 성읍에 가서 여호와의 율법을 가르치게 하였다.

그는 이 일을 위해서 유다의 모든 성에 방백들인 벤하일과 오바댜와 스가랴와 느다넬과 미가야를 교사로 보내었다.

여호사밧은 그들 말고도 레위 사람 곧 스마야와 느다냐와 스바댜와 아사헬과 스미라못과 여호나단과 아도니야와 도비야와 도바도니야와, 그리고 제사장 엘리사마와 여호람도 보냈다.

이들은 여호와의 율법책을 가지고 유다의 모든 성을 순회하면서 백성들을 가르쳤다.

여호와께서는 유다의 사면 열국에 두려운 마음을 주셔서, 그들이 감히 여호사밧에게 싸우지 못하도록 하셨다.

그러자 일부 블레셋 사람들은, 그에게 예물을 보내고 또 조공으로 은을 바쳤으며, 아라비아 사람들은, 수양 칠천칠백 마리와 숫염소 칠천칠백 마리를 가져오기도 하였다.

이리하여 여호사밧은 점점 강력해져서 유다 전역에 요새성과 국고성을 건축하였다.

이렇게 그는 유다 여러 성읍에 많은 일을 하여 놓았고, 그리고 수도 예루살렘에는 막강한 정예 부대를 배치하였다

군사의 수효가 그 족속대로 이러하다.

유다에 속한 천부장 중에는 아드나가 으뜸이 되어 큰 용사 삼십만을 거느렸고, 그 다음은 지휘관 여호하난이니 이십팔만을 거느렸고, 그 다음은 시그리의 아들 아마시야이다. 그는 자기를 여호와께 즐거이

드린 자이어서, 큰 용사 이십만을 거느렸고, 베냐민에 속한 자 중에 큰 용사 엘리아다는 활과 방패를 잡은 자, 이십만을 거느렸고, 그 다음은 여호사밧이다. 그는 싸움을 준비한 자 십팔만을 거느렸다.

이들은 모두 다 왕을 섬기는 자이다. 이 밖에도 왕은 유다의 여러 요새성에 병력을 배치하였다.

그러나 여호사밧이 부귀와 영화를 누리게 되자, 그는 혼인으로 아합의 집안과 사돈을 맺었다.

아합과 여호사밧 ①(왕상 22:1-9, 44; 대하 18:2-8)

여호사밧은 이스라엘의 왕과 평화롭게 지냈으며, 이스라엘과 아람 사이에 삼 년 동안 평화가 있었다.

삼 년째 되는 해에 유다의 여호사밧 왕이 사마리아로 내려가 이스라엘의 왕 아합을 찾아갔다.

여호사밧이 사마리아로 가서 아합 왕을 방문했을 때, 아합 왕은 여호사밧과 그의 수행원들을 위해 수많은 양과 소를 잡아 큰 잔치를 베풀었다.

그때 아합이 자기 신하들에게 말했다.

> 아람의 왕이 길르앗 라못을 우리에게서 빼앗아 간 것을 잊었소? 어찌하여 그대들은 그 땅을 다시 찾을 생각도 하지 않고 있소?

그리고 나서 아합이 여호사밧 왕에게 말했다.

> 우리와 함께 길르앗 라못에 있는 아람의 군대와 싸우지 않겠습니까?

여호사밧이 이스라엘 왕에게 대답했다.

> 왕과 함께 가겠습니다. 나의 생각이 바로 당신의 생각이며, 내 백성은 당신의 백성과 마찬가지이며, 내 말들도 당신의 말들과 마찬가지입니다.

그러나 여호사밧이 이스라엘 왕에게 다시 말했다.

청하건대, 싸우러 가기 전에 먼저 여호와의 말씀이 어떠하신지 물어보소서.

이에 아합이 선지자 사백 명 가량 불러 모았다.

이스라엘 왕이 그들에게 물었다.

길르앗 라못에 있는 아람의 군대와 싸우러 가야 하겠느냐? 가지 말아야 하겠느냐?

사백 명의 선지자들이 대답했다.

올라가소서, 주께서 그 성을 왕의 손에 넘겨주실 것입니다.

여호사밧이 물었다.

이들 선지자 외에도 우리가 물어볼 만한 여호와의 선지자가 여기에 있지 아니합니까?

아합이 내답했다.

이믈라의 아들 미가야라는 한 사람이 있기는 있어서, 그로 말미암아 여호와께 물을 수 있으나, 그는 내게 대하여 좋은 일은 예언하지 아니하고, 나쁜 일만 예언하기로 내가 그를 싫어합니다.

여호사밧이 말했다.

왕이여, 그런 말씀은 하지 마소서.

그래서 이스라엘 왕이 한 내시를 불러 말했다.

이믈라의 아들 미가야로 속히 오게 하라.

그나아나의 아들 시드기야와 미가야 이스라엘 왕과 유다 왕 여호사밧은 왕복을 입고, 사마리아 성문 입구 타작마당에 마련된 각각의 왕좌에 앉았고, 모든 선지자들은 그들 앞에서 예언하였다.

그 선지자들 가운데에 그나아나의 아들 시드기야가 있었는데, 그는 철로 뿔들을 만들어 가지고 있었다.

그는 철 뿔을 들고서 아합에게 말했다.

여호와의 말씀이 '왕이 이 뿔들로 아람 사람을 찔러 진멸하리라.'라고 하셨습니다.

다른 선지자들도 그와 같이 예언했다.

길르앗 라못으로 올라가서 승리를 얻으소서. 여호와께서 그 성을 왕의 손에 넘겨주실 것입니다.

미가야를 부르러 갔던 신하가 미가야에게 말했다.

사백 명의 선지자들이, 모두 한결같이 왕에게 좋은 일만 예언하는데, 당신의 말도, 제발 그들 중의 한 사람의 말처럼 좋은 일만 예언해 주십시오.

그러나 미가야가 대답했다.

여호와께서 살아 계심을 두고 맹세하지만, 나는 오직 여호와께서 말씀해 주시는 것만을 말할 뿐이오.

왕이 미가야에게 말했다.

길르앗 라못에 있는 아람의 군대와 싸우러 가야 하겠느냐? 가지 말아야 하겠느냐?

미가야가 대답했다.

올라가서 승리를 얻으소서! 여호와께서 그 성을 왕의 손에 넘겨주실 것입니다.*

왕이 그에게 말했다.

내가 몇 번이나 너로 맹세하게 하여야, 네가 여호와의 이름으로 진실한 것으로만 내게 말하겠느냐?

미가야가 대답했다.

---

* 참 선지자인 미가야의 이 첫 대답은 그를 부르러 간 내시의 권유에 의해 마지못해 하는 진정성이 없는 야유(조롱)적인 대답인 듯하다(그 뒤의 예언을 보아서).

내가 보니, 모든 이스라엘 백성이 목자 없는 양같이 산에 흩어졌는데, 여호와의 말씀이, '이 무리가 주인이 없으니 각각 평안히 그 집으로 돌아갈 것이니라.' 하셨나이다.

그때 이스라엘의 아합 왕이 여호사밧에게 말했다.

저 사람이 나에게 좋은 일은 예언하지 않고 언제나 나쁜 일만 예언한다고 당신에게 말씀드리지 않았습니까?

미가야가 계속해서 말했다.

그런즉, 왕은 여호와의 말씀을 들으소서.
내가 보니, 여호와께서 하늘의 보좌에 앉으셨고, 하늘의 만군 천사가 그 좌우 옆에 모시고 서 있는데, 여호와께서 말씀하시기를 '누가 아합을 꾀어서, 저로 길르앗 라못에 올라가서 죽게 하겠느냐?' 하시자 천사들마다 하나는 '이렇게 하겠다' 하고 다른 하나는 '저렇게 하겠다' 하였는데, 그때에, 한 영이 여호와 앞에 나와서 말하기를 '내가 그를 꾀이겠나이다.' 한즉
여호와께서 그에게 물으셨소.
'어떻게 하겠느냐'
그가 말했다.
'내가 나가서 거짓말하는 영이 되어, 그 모든 선지자의 입에 있겠나이다.'
그러자 여호와께서 말씀하셨소.
'너는 꾀이겠고, 또 이 일이 이룰 것이니. 나가서 그렇게 하여라.'

미가야가 말했다.

이제 여호와께서, 거짓말하는 영을 왕의 이 모든 선지자의 입에 넣으셨고, 또 여호와께서 왕에게 대하여 일어날 재앙을 말씀하셨나이다.

그러자 그나아나의 아들 시드기야가 가까이 와서 미가야의 뺨을 치며 말했다.

여호와의 영이 어떻게 나를 떠나, 네게로 건너가서 말씀하시더냐?

미가야가 대답했다.

네가 골방에 들어가서 숨는 날에 그 사실을 알게 될 것이다.

이스라엘의 왕 아합 왕이 명령했다.

미가야를 붙잡아서 성주 아몬과 왕자 요아스에게로 끌고 가거라.

그리고 아몬과 요아스에게 말하라고 하였다.

왕의 말씀이 '이놈을 감옥에 가두어 놓고, 내가 평안히 돌아올 때까지 떡하고 물만 죽지 않을 만큼 조금씩 주어라.'

미가야가 아합에게 말했다.

아합이여,
왕께서 정말로 평안히 돌아오실 수 있으면, 여호와께서 나에게 이런 말씀을 하시지도 않으셨을 것입니다.
만약 왕이 전쟁터에서 무사히 돌아온다면, 내가 전한 말은 여호와께서 하신 말씀이 아닙니다.

미가야가 백성들에게 말하였다.

여기에 있는 모든 백성은, 내가 한 말을 귀담아 들으시오.

그나아나의 아들 시드기야와 미가야(왕상 22:10-28; 대하 18:9-27)

이스라엘 왕과 유다 왕 여호사밧은 왕복을 입고, 사마리아 성문 입구 타작 마당에 마련된 각각의 왕좌에 앉았고, 모든 선지자들은 그들 앞에서 예언하였다.

그 선지자들 가운데에 그나아나의 아들 시드기야가 있었는데, 그는 철로 뿔들을 만들어 가지고 있었다.

그는 철뿔을 들고서 아합에게 말했다.

여호와의 말씀이 '왕이 이 뿔들로 아람 사람을 찔러 진멸하리라.'라고 하셨습니다.

다른 선지자들도 그와 같이 예언하며 했다.

길르앗 라못으로 올라가서 승리를 얻으소서. 여호와께서 그 성을 왕의 손에 넘겨주실 것입니다.

미가야를 부르러 갔던 신하가 미가야에게 말했다.

사백 명의 선지자들이, 모두 한결같이 왕에게 좋은 일만 예언하는데, 당신의 말도, 제발 그들 중의 한 사람의 말처럼 좋은 일만 예언해 주십시오.

그러나 미가야가 대답했다.

여호와께서 살아 계심을 두고 맹세하지만, 나는 오직 여호와께서 말씀해 주시는 것만을 말할 뿐이오.

왕이 미가야에게 말했다.

길르앗 라못에 있는 아람의 군대와 싸우러 가야 하겠느냐? 가지 말아야 하겠느냐?

미가야가 대답했다.

올라가서 승리를 얻으소서! 여호와께서 그 성을 왕의 손에 넘겨주실 것입니다.

왕이 그에게 말했다.

내가 몇 번이나 너로 맹세하게 하여야, 네가 여호와의 이름으로 진실한 것으로만 내게 말하겠느냐?

미가야가 대답했다.

내가 보니, 모든 이스라엘 백성이 목자 없는 양 같이 산에 흩어졌는데, 여호와의 말씀이, '이 무리가 주인이 없으니 각각 평안히 그 집으로 돌아갈 것이니라' 하셨나이다.

그때 이스라엘의 아합 왕이 여호사밧에게 말했다.

저 사람이 나에게 좋은 일은 예언하지 않고 언제나 나쁜 일만 예언한다고 당신에게 말씀드리지 않았습니까?

미가야가 계속해서 말했다.

그런즉, 왕은 여호와의 말씀을 들으소서.
내가 보니, 여호와께서 하늘의 보좌에 앉으셨고, 하늘의 만군 천사가 그 좌우 옆에는 모시고 서 있는데,
여호와께서 말씀하시기를 '누가 아합을 꾀어서, 저로 길르앗 라못에 올라가서 죽게 하겠느냐?' 하시니,
그러자 천사들마다 하나는 '이렇게 하겠다' 하고 다른 하나는 '저렇게 하겠다' 하

였는데,
그때에, 한 영이 여호와 앞에 나와서 말했다. '내가 그를 꾀이겠나이다'
여호와께서 그에게 물으셨소.
'어떻게 하겠느냐'
그가 말했다.
'내가 나가서 거짓말하는 영이 되어, 그 모든 선지자의 입에 있겠나이다.'
그러자 여호와께서 말씀하셨소.
'너는 꾀이겠고, 또 이 일이 이룰 것이다. 나가서 그렇게 하여라.'

미가야가 말했다.

이제 여호와께서, 거짓말하는 영을 왕의 이 모든 선지자의 입에 넣으셨고, 또 여호와께서 왕에게 대하여 일어날 재앙을 말씀하셨나이다.

그러자 그나아나의 아들 시드기야가 가까이 와서, 미가야의 뺨을 치며 말했다.

여호와의 영이 어떻게 나를 떠나, 네게로 건너가서 말씀하시더냐?

미가야가 대답했다.

네가 골방에 들어가서 숨는 날에 그 사실을 알게 될 것이다.

이스라엘의 왕 아합 왕이 명령했다.

미가야를 붙잡아서 성주 아몬과 왕자 요아스에게로 끌고 가거라.

그리고 아몬과 요아스에게 말하라고 하였다.

왕의 말씀이 '이놈을 감옥에 가두어 놓고, 내가 평안히 돌아올 때까지 떡하고 물만 죽이지 않을 만큼 조금씩 주어라.'

미가야가 아합에게 말했다.

아합이여,
왕께서 정말로 평안히 돌아오실 수 있으면, 여호와께서 나에게 이런 말씀을 하시지도 않으셨을 것입니다.
만약 왕이 전쟁터에서 무사히 돌아온다면, 내가 전한 말은 여호와께서 하신 말씀이 아닙니다.

미가야가 백성들에게 말하였다.

여기에 있는 모든 백성은, 내가 한 말을 귀담아 들으시오.

아합과 여호사밧 ②(왕상 22:29-40; 대하 18:28-34)

이스라엘의 아합 왕과 유다의 여호사밧 왕은 길르앗 라못으로 올라갔다.
아합이 여호사밧에게 말했다.

나는 변장을 하고 싸움터에 나갈 테니, 왕은 왕복을 입으십시오.

이스라엘 왕 아합은 변장을 하고 싸움터로 갔다.
아람의 왕은 삼십이 명의 전차 지휘관을 두고 있었다.
그가 그들에게 명령했다.

너희들은 높은 사람이든지 낮은 사람이든지 다른 사람과는 싸우지 말고, 오직 이스라엘 왕만 상대하여 싸워라.

전차의 지휘관들이 여호사밧을 보고 말하기를, '이 사람이 분명히 이스라엘 왕이라.' 하고, 전차를 돌이켜 그와 싸우려 하는데 여호사밧이 "나는 이스라엘 왕이 아니다."라고 소리를 질렀다.

그때에야 그 전차 지휘관들은 그가 아합이 아니라는 것을 알고, 그들은 여호사밧을 더 이상 뒤쫓지 않았다.

그런데 아람 군인 한 사람이 이스라엘 군인이라고 생각하고 우연히 활을 당기어, 변장한 이스라엘 왕의 갑옷의 솔기를 쏘았는데, 아합에게 명중되었다.

아합 왕이 전차를 모는 군인에게 말했다.

내가 화살을 맞아 부상하였으니, 전차를 돌려서 나로 하여금 이 싸움터에서 빠져 나가게 하여라.

이날에 전쟁이 격렬하였으므로, 왕이 전차 가운데서 나가지도 못하고 붙들려 겨우 버티고 서서, 아람 사람을 막다가 저녁에 이르러 죽었는데, 상처의 피가 흘러 전차 바닥에 흥건히 고여 있었다.

그러자 해질 무렵에 이스라엘 진영에서 외치는 소리가 들려왔다.

> 각자 자기의 성읍으로! 각자 자기의 고향으로!

아합 왕은 이미 죽었다. 사람들이 그의 시체를 메어 사마리아로 옮겨서 거기에서 장사하였다.

아합의 전차를 사마리아의 연못에서 씻었는데, 개들이 와서 아합의 피를 핥았다. 그 연못은 창녀들이 목욕하는 곳이었다.

모든 일이 여호와의 하신 말씀과 같이 되었다.

아합이 그동안 행한 일과 그 밖의 상아궁과 여러 성을 건축한 것을 포함하여 모든 사실이 이스라엘 왕들의 역대지략에 기록되어 있다.

그 열조와 함께 아합이 묻히니 그 뒤를 이어서 그의 아들 아하시야가 왕이 되었다.

유다 왕 여호사밧 ②(왕상 22:45, 47-50; 대하 19:1-21:1)

유다의 여호사밧 왕이 예루살렘에 있는 그의 궁으로 무사히 돌아왔었다.

그때 하나니의 아들인 선견자 예후가 나가서 그를 맞으며 이렇게 말하였다.

> 왕은 악한 자를 돕고 여호와를 미워하는 자를 사랑하는 것이 옳다고 생각하십니까?
> 그러므로 여호와께로서 진노하심이 왕에게 임할 것입니다.
> 그러나 왕에게는 선한 일도 있는데, 이것은 왕이 이 땅에서 아세라 여신상을 없애고 하나님을 진심으로 찾으려고 했던 점입니다.

그래서 여호사밧은, 그 후로 두 번 다시 이스라엘을 방문하지 않고 예루살렘에 조용히 머물러 있었다.

후에 그는 브엘세바에서부터 에브라임 산간 지대까지 순회하면서 백성들을 권면하여, 그들 열조의 하나님 여호와께 돌아오게 하였다.

그는 또 온 유다의 요새화된 성읍에 재판관들을 임명하여 세우고, 그들에게 말하였다.

> 그대들은 맡은 일을 할 때에 삼가 조심하여 하시오.
> 그대들이 하는 재판은, 단순히 사람을 기쁘게 하는 것이 아니라, 그대들이 재판할 때에 그대들과 함께 계시는 여호와를 위하시게 하는 것임을 명심하시오.
> 그러므로 여러분은 여호와를 두려워하는 마음으로 신중하게 재판하십시오.
> 우리의 하나님께서는 불의하지도 않으시며, 치우침도 없으시며, 뇌물을 받지도 않으시니, 재판할 때에 삼가 조심하여 하도록 하시오.

여호사밧은, 예루살렘에서 레위 사람과 제사장과 이스라엘 족장 중에서(뽑아) 재판관들을 세웠다.

그들은 여호와의 율법에 관한 일들을 결정하는 책임을 맡았다.

그리고 예루살렘에 사는 백성들 사이에서 일어나는 문제들을 해결해야 했다.

그는 재판관들에게 다음과 같이 명령을 내렸다.

> 여러분은, 여호와를 두려워하는 마음과 성실하고 온 마음을 다하여 이 일을 수행해 나가야 합니다.
> 누구든지 어느 성읍에 사는 여러분의 형제가, 혹시 피를 흘림이나, 혹시 율법이나 계명이나 율례나 규례를 인하여 여러분에게 와서 송사하거든, 그들을 경고하여 여호와께 죄를 얻지 않게 하여 여러분과 여러분의 형제에게 진노하심이 임하지 말게 하시오.
> 여러분이 이렇게 행하면 죄가 없을 것입니다.
> 그리고 여호와께 관한 일체의 일에는 대제사장 아마랴가 최종 결정을 내리고, 왕에게 속한 모든 일의 최종 결정권은 유다 지파의 지도자인 이스마엘의 아들 스바댜가 가지게 될 것이며, 레위 사람들은 여러분의 업무를 도와주는 사무관이 될 것입니다.
> 여러분은 힘써 이 일을 수행하십시오. 여호와께서 선한 자와 함께하실 것입니다.

그 뒤에 모압 사람과 암몬 사람과 일부 마온 사람이 함께 와서 여호사밧을 치러 왔다.

어떤 사람들이 와서 여호사밧에게 보고하였다.

> 큰 부대가 사해 건너편 아람에서 왕을 치러 왔습니다. 그들은 이미 하사손다말 곧 엔게디에 있습니다.

여호사밧은 이 보고를 받고 두려워서 여호와께 물어보기로 결심하고, 모든 유다 백성에게 금식 선포령을 내렸다.

그러자 백성들은, 여호와의 도우심을 구하려고 유다 모든 성읍에서 예루살렘으로 모여들어 여호와께 간구하였다.

여호사밧이 여호와의 성전 새 뜰 앞에 모인 유다와 예루살렘 군중 가운데 서서 이렇게 기도하였다.

> 우리 열조의 하나님 여호와여! 주는 하늘에서 하나님이 아니십니까?
> 이방 사람의 모든 나라를 다스리지 아니하십니까?
> 주의 손에 권세와 능력이 있사오니 능히 막을 사람이 없습니다.
> 우리 하나님이시여!
> 주께서는 전에 이 땅에 사는 사람들을 주의 백성 이스라엘 앞에서 쫓아내시고, 그 땅을 주의 벗 아브라함의 자손에게 영원히 주신 분이 아니십니까?
> 그들은 이 땅에 정착해 살면서 주를 위해 이 성전을 짓고 이렇게 말하였습니다.
> '만일 재앙이나 난리나 견책이나 전염병이나 기근이 우리에게 임하면 주의 이름이 이 성전에 있으니,
> 우리가 이 전 앞과 주의 앞에 서서 이 환난 가운데서 주께 부르짖은즉 들으시고 구원하시리라 하였나이다.'
> 여호와여!
> 지금 암몬 사람과 모압 사람과 에돔 사람들이 우리를 공격해 오고 있습니다.
> 옛날 우리 열조들이, 애굽에서 나올 때 주께서는 그들의 땅에 들어가는 것을 허락해 주시지 않았습니다.
> 그래서 우리 열조들은, 그들의 땅을 돌아가면서도 그들을 치지 않았는데, 이제 그들이 우리에게 하는 짓을 보십시오.
> 그들은 주께서 우리에게 주신 땅에서 우리를 쫓아내려고 왔습니다.
> 우리 하나님이시여!
> 그들에게 징벌을 내리지 않으시렵니까?
> 우리를 치러 온, 저 큰 대군을 대적할 능력이 우리에게는 없고, 어찌할 바도 알

지 못하고, 이렇게 주 여호와만 바라보고 있을 뿐입니다.

유다 모든 사람은 그 아내와 자녀와 어린 자로 더불어 여호와 앞에 서 있었다.

여호와의 영이 군중 가운데서 레위 사람 야하시엘에게 임하셨다.

그는 아삽 자손 맛다냐의 현손이며, 여이엘의 증손이며, 브나야의 손자이며, 스가랴의 아들이었다.

야하시엘이 이렇게 말하였다.

> 온 유다와 예루살렘 백성과 여호사밧 왕이여! 들으십시오.
> 여호와께서 여러분에게 말씀하셨습니다.
> '이 큰 무리로 인하여 두려워하거나 놀라지 말라.
> 이 전쟁이 너희에게 속한 것이 아니요 하나님께 속한 것이니라.
> 내일 너희는 그들의 맞은편으로 내려가거라. 그들이 시스 고개로 올라올 때, 너희는 여루엘 광야로 트인 계곡 어귀에서 그들을 만나게 될 것이다.
> 그러나 너희는 싸울 것이 없다.
> 각자 자기 위치를 정하고 서서 나 여호와가 어떻게 너희를 구원하는지 보아라.
> 유다와 예루살렘 사람들아, 너희는 조금도 두려워하거나 낙심하지 말고 내일 그들을 향해 나아가거라. 나 여호와가 너희와 함께할 것이다.'

이 말을 듣고 여호사밧 왕이 몸을 굽혀 얼굴을 땅에 대자 유다와 예루살렘 백성들도 엎드려 여호와께 경배하였다.

그때 고핫 자손과 고라 자손의 레위 사람들은 일어서서 큰 소리로 이스라엘의 하나님 여호와를 찬양하였다.

이에 다음날, 백성들이 아침 일찍이 일어나서 드고아 들로 나갔다.

백성이 드고아 광야로 나갈 때에 여호사밧이 서서 말했다.

> 유다와 예루살렘 백성 여러분, 내 말을 들으십시오.
> 여러분은 여러분의 하나님 여호와를 신뢰하십시오. 그러면 여호와께서 여러분을 붙들어 주실 것입니다.
> 여러분은 또 그의 선지자들을 신뢰하십시오. 그러면 여러분이 형통할 것입니다.

여호사밧은 백성들과 의논한 후에 찬양대를 선택하여 거룩한 예복을 입히고, 그들을 진군하는 부대 선두에 세워 이렇게 찬양하도록 하였다.

여호와께 감사하라. 그의 자비하심이 영원하도다!

노래와 찬양하는 사람들이 찬양을 시작할 때에, 여호와께서 유다 백성에게 복병을 두게 하셔서 유다를 치러 온 암몬 자손과 모압 자손과 세일 산에서 온 사람들을 치게 하셔서 그들은 대패하였다.

곧 이 일은 암몬과 모압 자손이 일어나, 세일 산에서 온 사람들을 쳐 죽인 다음에는 암몬 자손과 모압 자손이 서로 쳐 죽였다.

유다 사람들이, 들판이 내려다보이는 망대에 이르러서 적군이 있는 쪽을 바라다보았을 때, 죽은 시체만 땅에 엎드러져 있었고 살아남은 자는 하나도 없었다.

그래서 여호사밧 왕과 그의 백성들은, 그리로 가서 시체를 샅샅이 뒤져 금품과 의복과 보물과 그 밖의 전리품을 거둬들였는데, 물건이 가져갈 수 없을 정도로 너무 많아서 그것을 거둬들이는 데 삼 일이나 걸렸다.

전리품을 약탈한 지 사 일째가 되는 날에 그들은 브라가 골짜기에 모여 여호와를 찬양하였다.

그래서 오늘날까지도 그곳 이름이 찬송의 골짜기로 불려지고 있다.

유다와 예루살렘 모든 사람이 여호사밧을 선두로 즐거이 예루살렘으로 돌아왔다.

이는 여호와께서 그들로 그 적군을 이김을 인하여 즐거워하게 하셨음이다.

그들은 비파와 수금을 타고 나팔을 불면서 예루살렘에 이르러 곧장 여호와의 성전으로 나아갔다.

유다의 인접국, 이방 모든 나라가 여호와께서 이스라엘의 적군을 치셨다 함을 듣고, 하나님을 두려워함으로 여호사밧의 나라가 태평하였다.

이는 그 하나님이 사방에서 그들에게 평강을 주셨기 때문이다.

그때에 에돔에는 왕이 없었고, 유다의 왕이 임명한 섭정 왕이 다스리고 있었다.

유다의 여호사밧 왕은 말년에 이스라엘의 아하시야 왕과 우호 관계를 가졌는데, 아하시야는 여호와의 보시기에 대단히 악한 왕이었다.

여호사밧 왕은 아하시야 왕과 함께 서로 손을 잡고, 에시온게벨에서 배를 만들어 다시스로 보내어서 오빌에서 금을 실어 오려고 했다.

그러자 마레사 사람 도다와후의 아들인 엘리에셀이 여호사밧을 향하여 예언하였다.

> 왕이 아하시야와 교제하였기 때문에, 여호와께서 왕이 만든 배를 부숴 버릴 것입니다.

그래서 엘리에셀이 예언한 대로, 그 배들은 에시온게벨에서 부서졌고, 다시는 그 배들을 띄우지 못하므로 다시스로 갈 수가 없었다.

아합의 아들 아하시야가 여호사밧을 도와주러 사람을 보내었다.

아합의 아들 아하시야가 여호사밧에게 말했다.

> 나의 종으로 당신의 종과 함께 배에 가게 하라.

그러나 여호사밧은 거절하였다.

유다 왕 여호사밧의 위대한 업적과 그의 전쟁 이야기와 그 밖에 그가 행한 모든 일은 유다 왕들의 역대지략에 기록되어 있다.

여호사밧이 그 열조와 함께 잠들므로, 그 조상 다윗 성에 그 열조와 함께 장사되고 그 아들 여호람이 뒤를 이어 왕이 되었다.

이스라엘 왕 아하시야와 엘리야(왕상 22:51-53; 왕하 1:1-18)

아합 왕이 죽은 뒤에 모압이 이스라엘을 배반했다. 여호사밧이 유다의 왕으로 있은 지 십칠 년째 되는 해에, 아합의 아들 아하시야가 사마리아에서 이스라엘의 왕이 되었다.

이스라엘 왕 아하시야는, 여호와께서 보시기에 악한 일을 저질렀다.

그는 그의 아버지 아합과 어머니 이세벨과 느밧의 아들 여로보암이 지은 죄를 그대로 따라 했다.

이들은 모두 이스라엘을 죄의 길로 인도했다. 아하시야는 바알을 섬겨 숭배했다. 그래서 아하시야는 그의 아버지와 같이 온갖 악한 행위를 하여, 이스라엘 하나님 여호와의 진노를 격동하였다. 아하시야 왕이 사마리아에 있는 그의 이층 방 난간에서 떨어져 크게 다쳤다.

그는 에그론에 전령을 보내며 말했다.

> 에그론의 신 바알세붑에게 가서 내 다친 몸이 나을 수 있는지 물어보아라.

여호와의 천사가 디셉 사람 엘리야에게 말했다.

> 일어나 올라가서 사마리아 왕 아하시야가 보낸 사람들을 만나서, 그들에게 이렇게 말하여라.
> '이스라엘에 하나님이 안 계셔서 에그론의 신 바알세붑에게 물으려 가느냐?'
> 그러므로 여호와의 말씀이 '네가 올라간 침상에서 내려오지 못하고, 네가 반드시 죽으리라!' 하셨다 하여라.

그후 엘리야는 길을 떠나 여호와의 천사가 일러 준 말을 그들에게 그대로 전했다.

그러자 전령들이 즉시 아하시야 왕에게 돌아왔다.

아하시야 왕이 그들에게 물었다.

> 왜 어찌하여 돌아왔느냐?

그들이 대답했다.

> 어떤 한 사람이 우리를 만나 이르기를 너희는 너희를 보낸 왕에게로 돌아가서, 그에게 말하라고 하였습니다.
> '여호와의 말씀이, 이스라엘에 하나님이 안 계셔서 네가 에그론의 신 바알세붑에게 물으러 가느냐? 그러므로 네가 올라간 침상에서 내려오지 못할 것이다. 네가 반드시 죽으리라.'

아하시야 왕이 그들에게 물었다.

'너희를 만나러 올라와서 이 말을 한 그 사람의 모양이 어떻게 생겼더냐?'

왕의 전달자들이 말했다.

그 사람은 털이 많은 사람인데, 허리에는 가죽띠를 매고 있었습니다.

아하시야 왕이 말했다

그 사람은 디셉 사람 엘리야다.

아하시야 왕이 오십부장과 그의 부하 오십 명을 엘리야에게 보냈다.
그들이 갔을 때, 엘리야는 산꼭대기에 앉아 있었다.
오십부장이 엘리야에게 말했다.

하나님의 사람이여, 왕이 내려오라고 말씀하셨소.

엘리야가 대답했다.

내가 하나님의 사람이라면, 하늘에서 불이 내려와 너와 네 부하 오십 명을 태워 버릴 것이다.

그러자 하늘에서 불이 내려와 오십부장과 그의 부하 오십 명을 태워 버렸다.

아하시야 왕이 다른 오십부장과 그의 부하 오십 명을 엘리야에게 보냈다.

오십부장이 엘리야에게 말했다.

하나님의 사람이여, 왕의 말씀이오. 어서 내려오시오.

엘리야가 대답했다.

내가 하나님의 사람이라면, 하늘에서 불이 내려와 너와 네 부하 오십 명을 태워 버릴 것이다.

그러자 또 하늘에서 불이 내려와 오십부장과 그의 부하 오십 명을 태워 버렸다.

아하시야 왕이 세 번째로 또 다른 오십부장과 그의 부하 오십 명을 엘리야에게 보냈다.

세 번째 오십부장이 가서 엘리야 앞에 무릎을 꿇어 간구하였다.

하나님의 사람이여!
원하건대 나의 생명과 당신의 종인 이 오십 인의 생명을 당신은 귀히 보시옵소서.
하늘에서 불이 내려와 먼저 왔던 두 명의 오십부장과 그들의 부하들을 다 태워 버렸습니다.
그러나 이번에는 제 목숨을 귀히 여겨 주십시오.

여호와의 천사가 엘리야에게 말했다.

저 사람과 함께 가거라. 저 사람을 두려워하지 마라.

그리하여 엘리야가 일어나 그 사람과 함께 왕을 보러 갔다.

엘리야가 아하시야 왕에게 말했다.

여호와께서 이렇게 말씀하셨소.
'너는 에그론의 신 바알세붑에게 네 병에 관해 물어보려고 사람들을 보냈다.
이스라엘에는 여쭈어 볼 하나님이 계시지 않다고 생각했느냐?
그러므로 너는 네 침상에서 내려오지 못하고 반드시 죽을 것이다.

아하시야 왕은 여호와께서 엘리야를 통해 하신 말씀대로 죽었다.

그는 아들이 없으므로, 아합의 아들 여호람이 아하시야의 뒤를 이어 왕이 되었다.

그때는 여호사밧의 아들 여호람이 유다의 왕으로 있은 지 이 년째 되던 해였다.

이스라엘 왕 아하시야가 행한 다른 모든 일은 이스라엘의 왕 역대지략에 기록되었다.

선지자 엘리야와 선지자 엘리사(왕하 2:1-25)

여호와께서 엘리야를 회오리바람에 실어 하늘에 데려가려고 하셨다. 그때에 엘리야와 엘리사는 길갈에 있었다.

엘리야가 엘리사에게 말했다.

> 여기에 남아 있어라. 여호와께서 나를 벧엘로 보내실 것이다.

그러자 엘리사가 말했다.

> 여호와의 살아 계심과 선생님의 영혼의 삶을 두고 맹세합니다. 저는 결코 선생님을 떠나지 않겠습니다.

그래서 그들은 함께 벧엘로 갔다.

벧엘에 있는 선지자의 생도들이 엘리사에게 와서 말했다.

> 여호와께서 오늘 당신의 선생님을 하늘로 데려가실 것을 알고 있습니까?

엘리사가 말했다.

> 나도 알고 있다. 그러니 너희는 잠잠하여라.

엘리야가 엘리사에게 말했다.

> 여기에 남아 있어라. 여호와께서 나를 여리고로 보내실 것이다.

엘리사가 말했다.

> 여호와의 살아 계심과 당신의 영혼의 삶을 두고 맹세합니다. 저는 결코 선생님을 떠나지 않겠습니다.

그래서 두 사람은 함께 여리고로 갔다.

여리고에 있는 선지자의 무리가 엘리사에게 와서 말했다.

> 여호와께서 오늘 당신의 선생님을 하늘로 데려가실 것을 알고 있습니까?

엘리사가 말했다.

> 나도 알고 있다. 그러니 너희는 잠잠하여라.

엘리야가 엘리사에게 말했다.

여기에 남아 있어라. 여호와께서 나를 요단 강으로 보내실 것이다.

엘리사가 대답했다.

여호와의 살아 계심과 당신의 영혼의 삶을 두고 맹세합니다. 저는 결코 선생님을 떠나지 않겠습니다.

그래서 두 사람은 함께 요단 강으로 갔다.

선지자의 생도 오십 명도 따라갔다. 그들은 요단 강가에 있는 엘리야와 엘리사에게서 멀찌감치 떨어져 두 사람을 바라보았다.

엘리야가 자기 겉옷을 벗어 둘둘 말더니 그것으로 강물을 쳤다. 그러자 강물이 양쪽으로 갈라졌다.

엘리야와 엘리사는 강물 사이로 드러난 마른 땅 위로 강을 건넜다.

강을 건넌 뒤에 엘리야가 엘리사에게 말했다.

여호와께서 나를 데려가시기 전에 내가 너에게 무엇을 해 주기를 원하느냐?

엘리사가 말했다.

선생님의 영감이 갑절이나 내게 있기를 구합니다.

엘리야가 말했다.

어려운 것을 구하는구나. 그러나 여호와께서 나를 데려가시는 것을 네가 보면, 그것을 받을 수 있을 것이다.
하지만 보지 못하면, 받지 못할 것이다.

엘리야와 엘리사가 걸어가며 이야기하고 있을 때에 불 전차와 불 말들이 나타나 두 사람을 갈라놓았다.

그러자 엘리야가 회오리바람을 타고 하늘로 올라갔다.

엘리사가 그 모습을 보고 외쳤다.

내 아버지여, 내 아버지여, 이스라엘의 전차와 마병이여!

엘리야는 다시 보이지 않았다

엘리사는 엘리야의 옷으로 강물을 치며 말했다.

엘리야의 하나님 여호와께서는 어디에 계십니까?

그가 강물을 치자, 강물이 양쪽으로 갈라졌다. 엘리사가 그 갈라진 곳으로 강을 건넜다.

맞은편 여리고에 있는 선지자의 생도들이 엘리사를 지켜보고 있다가 말했다.

엘리야의 영감이 엘리사의 위에 머물렀도다.

그들은 엘리사를 맞으러 나와서 그 앞에 엎드러 절했다.

그들이 엘리사에게 말했다.

우리에게 용사 오십 명이 있습니다. 그들을 보내서 당신의 선생님의 육신을 찾게 하십시오.
어쩌면 여호와의 영이, 엘리야의 영혼을 데려가시다가, 엘리야의 육신을 산이나 골짜기에 떨어뜨렸는지도 모르지 않습니까?

엘리사가 대답했다.

아니다. 보내지 마라.

그러나 선지자 생도의 무리가, 그가 얼굴을 붉힐 정도로 간청하는 바람에 엘리사는 "그 사람들을 보내시오."라고 말했다.

그러자 그들은 용사 오십 인을 보내어 사흘을 찾았으나 발견하지 못했다.

그들이 여리고에 머무르고 있는 엘리사에게 돌아왔을 때, 엘리사는 말했다.

내가 가지 말라고 하지 않았소?

그 성에 사는 사람들이 엘리사에게 말했다.

선생님도 보아서 아시겠지만, 이 성은 아름다운 곳에 위치해 있으나, 물이 좋지 못하므로 농작물이 제대로 열매를 맺지 못하고 떨어집니다.

엘리사가 말했다.

새 그릇에 소금을 담아 내게로 가져오시오.

사람들이 소금을 담아 왔다.

엘리사는 물의 근원이 있는 곳으로 가서, 소금을 그곳에 던지며 말하였다.

여호와의 말씀이 '내가 이 물을 고쳤으니, 다시는 이 물을 먹고 사람이 죽거나 농산물이 열매를 맺지 못하는 일이 없을 것이다!'

그 물은 엘리사가 말한 것처럼 고쳐져서 오늘날까지 이르렀다.

그후에 엘리사는 여리고를 떠나 이스라엘 왕이었던 여로보암이 금 송아지를 세워 숭배했던 벧엘로 갔다.

벧엘로 가는 길에 아이들이 성에서 나와 여호와의 종인 엘리사를 조롱하며 소리를 질렀다.

대머리여, 사마리아로 꺼져 버려라. 대머리야 사마리아로 꺼져 버려라.

엘리사가 몸을 돌려 여호와의 선지자를 대적하는 그들을 바라보며 여호와의 이름으로 저주했다. 그러자 암콤 두 마리가 수풀에서 나와 아이들 마흔두 명을 찢어 죽였다.

엘리사가 그곳을 떠나 갈멜 산으로 갔다가, 다시 사마리아로 돌아갔다.

여호사밧 왕과 이스라엘 왕 여호람(왕하 3:1-27)

여호사밧이 유다 왕으로 있은 지, 십팔 년째 되는 해에 아합의 아들 여호람이 사마리아에서 이스라엘 왕이 되었다.

여호람 왕은 십이 년 동안 이스라엘을 다스렸다. 그는 여호와께서 보시기에 악한 일을 했으나, 그의 부모처럼 악하지는 않았다.

이는 그의 아버지가 바알을 위해 세운 돌 우상을 없애 버렸기 때문이다. 그러나 여호람은 느밧의 아들 여로보암이 이스라엘로 범죄하게 한 그 죄를 따라 행하고 떠나지 아니하였다.

모압 왕 메사는 양을 치는 자이었다. 그는 이스라엘 왕에게 어린 양 십만 마리와 숫양 십만 마리의 털을 조공으로 바쳤다.

그러자 아합이 죽자, 모압 왕은 이스라엘을 배반했다. 그때에 여호람 왕이 사마리아에 나가서 모든 이스라엘 백성을 불러 모았다.

또 여호람이 유다의 왕 여호사밧에게 사람들을 보내어 말했다.

> 모압 왕이 나를 배반하였습니다. 나와 함께 모압과 싸우러 가지 않겠습니까?

여호사밧이 말했다.

> 왕과 함께 가겠습니다.
> 나의 생각이 바로 당신의 생각이며, 내 백성은 당신의 백성과 마찬가지이며, 내 말들도 당신의 말들과 마찬가지입니다.

그리고 나서 여호람이 물었다.

> 어느 길로 모압을 치러 가는 것이 좋겠습니까?

여호사밧이 대답했다.

> 에돔의 광야 길로 가는 것이 좋겠습니다.

그래서 이스라엘 왕과 유다 왕은 에돔 왕과 함께 모압을 치려고 나섰다.

그들이 광야 길을 돌아 칠 일 동안 신군했을 때 사람과 가축이 먹을 물이 떨어졌다.

그때 이스라엘 왕 여호람 왕이 외쳤다.

> 슬프도다!
> 여호와께서 우리 세 왕을 모압 왕의 손에 넘겨주시려고 이곳까지 불러내셨구나.

여호사밧이 물었다.

> 우리가 여호와께 물을 만한 여호와의 선지자가 여기 없습니까?

이스라엘 왕의 신하들이 대답했다.

> 엘리야의 손에 물을 붓던 사밧의 아들 엘리사가 여기 있습니다.

여호사밧이 말했다.

여호와의 말씀이 그에게 있습니다.

그래서 이스라엘 왕과 여호사밧과 에돔 왕이 엘리사를 만나러 갔다.
엘리사가 이스라엘 왕에게 말했다.

나는 왕과 아무런 상관이 없습니다.
왕의 아버지의 선지자들과 어머니의 선지자들에게로 가 보십시오.

이스라엘 왕이 엘리사에게 말했다.

아니오, 여호와께서 우리 세 왕을 부르시더니 우리를 모압의 손에 붙이려 하십니다.

엘리사가 말했다.

내가 섬기는 만군의 여호와의 살아 계심을 두고 맹세하지만, 내가 만일 유다 왕 여호사밧의 낯을 보지 아니하면, 당신을 향하지도 아니하고 보지도 않았을 것이요.
이제 내게로 거문고를 타는 사람을 불러오시오.

거문고를 타는 사람이 거문고를 타자, 여호와께서 엘리사를 감동시키셨다.
엘리사가 말했다.

여호와께서 골짜기에 개천을 많이 파라고 하셨습니다.
여호와께서 이렇게 말씀하셨소. '너희가 바람도 보지 못하고 비도 보지 못했지만 이 골짜기에 물이 가득하여 너희와 너희 가축과 짐승이 마시게 될 것이다.'
이것은 여호와 보시기에 오히려 작은 일이며, 여호와께서 모압 사람도 왕들의 손에 붙이실 것입니다. 왕들은 견고한 성과 모든 아름다운 성을 칠 것이요.
모든 좋은 나무를 벨 것이며, 모든 샘을 메우고, 돌로 모든 좋은 밭을 헐게 될 것입니다.

이튿날 아침, 모압 사람들이 일찍 일어나 보니 해가 물 위를 비치고 있었는데, 건너편 물이 피처럼 붉게 보였다.
모압 사람들이 말했다.

이것은 피다! 왕들이 자기들끼리 싸우다가 서로 죽인 것이 틀림없다.
모압 사람들이여, 가자! 물건들을 빼앗으러 가자!

모압 사람들이 이스라엘 진에 이르렀을 때, 이스라엘 사람들은 일어나 모압 사람들을 공격했다.

그러자 모압 사람들이 도망치니, 이스라엘 사람들은 모압 땅까지 쳐들어가 그들과 싸웠다.

이스라엘 백성은 모압의 성들을 무너뜨리고, 모든 기름진 들에 돌을 던져 돌무더기를 만들었다.

모든 우물도 못 쓰게 만들었다. 그리고 모든 좋은 나무를 베어 버렸다.

오직 길하레셋 성에만 돌 성벽이 남아 있었는데, 물매를 든 사람들이 그곳마저 점령했다.

모압 왕은, 전쟁이 자기들에게 불리하게 돌아가는 것을 보고, 칼을 쓰는 군인 칠백 명을 이끌고 에돔 왕이 있는 쪽을 뚫고 나가려 했다. 그러나 그것조차도 실패했다.

그래서 모압 왕은, 자기의 뒤를 이어 왕이 될 맏아들을 성벽 위에서 자기들의 신에게 태워 드리는 번제로 바쳤다.

그러자 이스라엘을 향한 모압 사람들의 맹렬한 분노가 일어났다. 이것을 본 이스라엘 군대는 그곳을 떠나 자기 나라로 돌아갔다.

엘리사의 이적 : 항아리의 기름(왕하 4:1-7)

선지자의 생도의 아내 중에 한 여인이 엘리사에게 와서 말했다.

> 당신의 종인 나의 남편이 이미 죽었는데, 당신의 종이 여호와를 경외하는 줄 당신이 아시는 바입니다.
> 그런데 내 남편이 죽자, 빚쟁이가 찾아와 내 두 아들을 데려다가 종으로 삼으려 하고 있습니다.

엘리사가 대답했다.

> 내가 어떻게 하는 것이 도움이 되겠소? 당신 집에 무엇이 있는지 알려 주시오.

여자가 말했다.

가진 것이라고는 기름 한 병이 전부입니다.

엘리사가 말했다.

이웃 사람들에게 가서 빈 그릇을 있는 대로 빌려 오시오. 그릇을 조금 빌리지 말고 많이 빌리시오.
그리고 당신은 두 아들을 함께 데리고 집에 들어가서 문을 닫으시오. 그런 다음, 빌려온 항아리마다 기름을 부어 채워지는 대로 옮겨 놓으시오.

그 여자는 엘리사 앞에서 물러난 뒤, 두 아들을 데리고 집으로 들어가 문을 닫았다.
아들들이 빈 그릇을 가져오면, 여자가 거기에 기름을 부었다.
그릇마다 기름이 가득 차게 되자, 여자가 아들들에게 말했다.

다른 그릇을 네게로 가져오너라.

아들이 말했다.

이제는 다른 그릇이 더 없습니다.

그러자 기름이 더 이상 나오지 않았다.
여자가 하나님의 사람 엘리사에게 가서 그 사실을 알려 주었다.
엘리사가 여자에게 말했다.

가서 기름을 팔아 빚을 갚으시오. 당신과 당신의 아들들은 남은 것을 가지고 살아갈 수 있을 것이오.

엘리사의 이적 : 수넴 여인의 아이(왕하 4:8-37)

어느 날 엘리사가 수넴으로 갔다.
그곳에는 한 귀부인이 살고 있었다. 그 여자는 엘리사에게 자기 집에서 머물며 음식을 먹으라고 간절히 부탁했다.
그래서 엘리사는 그곳을 지날 때마다 그 집에 들러 음식을 먹었다.
여자가 자기 남편에게 말했다.

내가 보기에 우리 집 앞으로 자주 다니는 엘리사는 하나님께서 거룩하다고 여기는 사람입니다.
지붕 위에 작은 방 하나를 만들고 그 방에 엘리사를 위해 침대와 의자와 등잔대를 들여놓읍시다.
그래서 엘리사가 우리 집에 들를 때마다 그 방에서 묵어갈 수 있게 합시다.

어느 날 엘리사가 그 여자의 집에 와서 그 방에 들어가 쉬었다.
엘리사가 자기 시종 게하시에게 말했다.

수넴 여자를 불러오너라.

게하시가 수넴 여자를 불러왔다. 그녀가 엘리사 앞에 섰다.
엘리사가 게하시에게 말했다.

너는 그 여자에게 이렇게 말하여라.
'보시오. 당신이 우리를 위해 이렇게 세밀하게 준비했군요. 내가 당신을 위해 무엇을 해 주면 좋겠소?
왕이나 군대 사령관에게 부탁할 것이 있으면 말해 보시오.'

여자가 대답했다.

아닙니다. 나는 내 백성과 함께 살고 있으니, 별 어려움이 없습니다.

엘리사가 말했다.

그렇다면 저 여자를 위해 무엇을 해 주면 좋을까?

게하시가 대답했다.

저 여자는 아들이 없고 남편은 늙었습니다.

엘리사가 말했다.

여자를 불러오너라.

게하시가 다시 여자를 부르자, 여자가 문간에 와서 섰다.
엘리사가 말했다.

내년 이맘때쯤에 당신은 아들을 품에 안고 있을 것이오.

여자가 말했다.

아닙니다. 내 주 하나님의 사람이시여, 당신의 여종을 속이지 마십시오.

그 여자는 과연 엘리사가 말한 대로 임신하여, 그 다음 해에 아들을 낳았다.

그후로 아이가 자라갔다.

어느 날 그 아이가 자기 아버지에게 갔다. 그의 아버지는 곡식을 거두는 사람들과 함께 있었다.

아이가 갑자기 자기 아버지 앞에서 외쳤다.

아이고 내 머리야, 아이고 내 머리야.

아버지가 종에게 말했다.

이 아이를 어머니에게 데려가거라.

그래서 종은 아이를 그의 어머니에게 데려다 주었는데, 그 아이는 정오까지 자기 어머니의 무릎 위에 누워 있다가 죽고 말았다.

어머니가 아이를 안고 올라가, 하나님의 사람이 쓰는 침대에 눕혀 놓았다. 그리고 문을 닫고 나왔다.

여자가 자기 남편을 불러 말했다.

종 한 명과 나귀 한 마리를 보내 주세요. 빨리 하나님의 사람에게 달려갔다 돌아오겠습니다.

여자의 남편이 말했다.

왜 오늘 그에게 가려 하오? 오늘은 초하루도 아니고, 안식일도 아니지 않소?

여자가 말했다.

별일은 아닙니다만, 갔다와야겠습니다.

여자가 나귀에 안장을 지우고 종에게 말했다.

나귀를 몰아라. 내가 말하기 전에는 늦추지 마라.

그리하여 여자는 갈멜 산에 있는 하나님의 사람 엘리사에게 갔다. 엘리사는 멀리서 여자가 오는 모습을 보고 자기 시종 게하시에게 말했다.

저기를 보아라. 수넴 여자가 오고 있구나. 달려가 맞이하여라.
그리고 '평안하십니까? 남편도 평안하시고, 아이도 평안합니까?' 하고 물어보아라.

여자가 대답했다.

다들 평안합니다.

그러더니 여자가 산에 있는 엘리사에게 와서 그의 발을 붙잡았다. 게하시가 가까이 와서 여자를 떼어 놓으려 하자, 하나님의 사람 엘리사가 말했다.

가만두어라.
그 여자의 중심에 괴로움이 있다마는, 여호와께서는 이 일을 나에게 숨기시고 아무 말씀도 해 주지 않으셨다.

여자가 말했다.

내가 내 주께 아들을 달라고 한 적이 있습니까? 오히려 속이지 말라고 내가 말씀 드리지 않았습니까?

엘리사가 게하시에게 말했다.

길을 떠날 채비를 하여라. 네 허리를 묶고, 내 지팡이를 손에 들고 서둘러 떠나라.
가다가 누구를 만나도 인사하지 마라. 누가 인사를 히디라도 대답하지 말고, 내 지팡이를 그 아이의 얼굴 위에 놓아라.

그러나 아이의 어머니가 말했다.

여호와의 살아 계심과 당신의 영혼의 사심을 두고 맹세하지만, 나는 당신을 떠나지 않겠습니다.

그래서 엘리사도 자리에서 일어나 여자를 따라갔다.
게하시가 먼저 가서 지팡이를 아이의 얼굴 위에 올려놓았다. 그러나 아이는 소리도 내지 않고 움직이지도 않았다.
그래서 그는 돌아와서 엘리사를 맞이하며 말했다.

아이가 깨어나지 않습니다.

엘리사가 집 안에 들어가서 보니, 아이가 죽은 채 자기 침대에 누워 있었다.

그는 방안으로 들어가서 문을 닫았다. 방안에는 엘리사와 그 죽은 아이 둘뿐이었다.

엘리사가 여호와께 기도를 드렸다.

그리고 나서 침대로 가서 아이 위에 엎드렸다.

자기 입을 아이의 입에 맞추고, 자기 눈을 아이의 눈에 맞추고, 자기 손을 아이의 손 위에 올려놓았다.

그렇게 아이 위에 엎드려 있는 사이에, 아이의 몸이 따뜻해지기 시작했다.

엘리사는 침대에서 내려와 방안에서 왔다갔다 한 다음, 다시 침대에 올라가 아이 위에 엎드렸다.

그러자 아이가 재채기를 일곱 번하더니 눈을 떴다.

엘리사가 게하시를 불러 말했다.

수넴 여자를 불러오너라.

게하시가 수넴 여자를 불렀다.

아들을 데리고 가시오.

여자가 들어와서 엘리사의 발 앞에 엎드려 절한 다음, 아이를 데리고 밖으로 나갔다.

엘리사의 이적 : 독의 해소(왕하 4:38-41)

엘리사가 길갈로 돌아왔을 때, 그 땅에는 가뭄이 들었는데, 선지자의 생도가 엘리사 앞에 앉아 있었다.

엘리사가 자기 종에게 말했다.

불 위에 큰솥을 올려놓고 선지자의 생도들을 위하여 국을 끓여라.

그 가운데서 한 사람이 채소를 캐려고 들에 나갔다가, 야생 덩굴을 발견했다.

그는 그 야생 덩굴에서 들 외를 따서 자기 옷에 가득 담아 왔다. 그리고 그것을 국에 끓이고 있는 솥에 썰어 넣었다.

그들은 그것이 어떤 열매인지 몰랐는데, 사람들이 국을 그릇에 담아서 먹기 시작했다. 그러던 중에 그들이 소리를 질렀다.

하나님의 사람이여! 국에 사망의 독이 있습니다.

그들은 더 이상 국을 먹을 수가 없었다.

엘리사가 사람들에게 '그러면 밀가루를 가져오라.'라고 말했다.

밀가루를 가져오자 엘리사가 그것을 솥에 있는 국에다 넣고 말했다.

사람들에게 국을 떠 주어서 먹게 하시오.

그러자 솥에 있는 국 안에 독이 없어졌다.

엘리사의 이적 : 보리떡 20 개와 채소(왕하 4:42-44)

어떤 사람이 바알 살리사에서부터 와서, 햇곡식으로 만든 보리떡 20 개와 자루에 담은 채소를 가지고 엘리사에게 왔다.

엘리사가 말했다.

그것을 사람들에게 주어서 먹게 하여라.

엘리사의 종이 말했다.

이렇게 적은 것을 가지고 어떻게 백 명에게 먹일 수 있겠습니까?

엘리사가 말했다.

그 떡을 사람들에게 주어서 먹게 하여라.
여호와께서 이렇게 말씀하셨다. '그들이 먹고도 남을 것이다.'

그래서 그 떡을 사람들에게 주니, 여호와께서 말씀하신 대로 사람들이 먹고도 남았다.

나아만과 엘리사(왕하 5:1-27)

아람 왕의 군대 사령관인 나아만은, 왕이 아끼는 큰 인물이고 존경받는 사람이었다.

왜냐하면 여호와께서, 그를 통해 아람이 승리하게 하셨기 때문이다. 그는 강하고 용감한 사람이었지만, 나병에 걸려 있었다.

예전에, 아람 사람들이 이스라엘에 쳐들어가서 어린 소녀 한 명을 잡아 온 적이 있었다.

그 소녀는 나아만 아내의 시중을 들었다.

어느 날 그 하녀는 자기 여주인에게 이렇게 말하였다.

> 주인 어른께서 사마리아에 계시는 선지자를 한번 찾아가 봤으면 좋겠습니다. 아마 그가 주인 어른의 나병을 고쳐 주실 것입니다.

나아만이 왕에게 가서 이스라엘에서 잡아 온 소녀가 한 말을 일러 주었다.

아람 왕이 말했다.

> 그렇다면 가 보시오. 내가 이스라엘 왕에게 편지를 써 보내겠소.

나아만은 은 십 달란트(340 kg)과 금 육천 세겔(약 68 kg)과 옷 열 벌을 가지고 길을 떠났다.

나아만은 이스라엘 왕에게 편지를 전해 주었다.

그 편지에는 "내가 내 신하 나아만을 왕에게 보내니, 그의 나병을 고쳐 주시오."라고 적혀 있었다.

이스라엘 왕은 그 편지를 읽고 기가 막혀 자기 옷을 찢으며, 왕이 외쳤다.

내가 사람을 죽이고 살리는 하나님이란 말인가?
그가 어째서 사람을 내게 보내어 그 나병자를 고치라고 나에게 보냈는가?
너희는 깊이 생각해 보아라. 아람 왕이 틈을 타서 나로 더불어 싸울 구실을 찾으려고, 시비하려 함인 줄 알아라!

하나님의 사람 엘리사는 이스라엘 왕이 자기 옷을 찢었다는 소식을 들었다.

그래서 왕에게 사람을 보내어 말하였다.

어찌하여 옷을 찢으셨습니까? 그 사람을 나에게 보내십시오. 이스라엘에 선지자가 있음을 그에게 알려 주겠습니다.

그래서 나아만은 말과 전차를 몰아 엘리사의 집으로 가서 문밖에 섰다.

엘리사가 나아만에게 시종을 보내어 말했다.

요단 강으로 가서 일곱 번 씻으시오. 그러면 당신의 피부가 고침을 받아 깨끗해질 것이오.

나아만은 화가 나서 그곳을 떠나며 말했다.

내 생각에는 그가 내게로 나아와 서서, 그 하나님 여호와의 이름을 부르고 상처 위에 손을 흔들어 나병을 고칠까 하였도다.
다메섹에 있는 아마나 강이나 바르발 강이 이스라엘에 있는 어떤 강보다 좋지 않느냐?
몸을 씻어서 병이 낫는다면 그런 강에서 씻는 것이 낫겠다.

나아만은 크게 화를 내며 분한 모양으로 발길을 돌렸다.

그러자 나아만의 종들이 가까이 와서 말했다.

주인님, 만약 저 선지자가 그보다 더 큰 일을 하라고 했더라도 그대로 하지 않았겠습니까?
하물며 몸을 씻고 깨끗이 되라고 말씀하셨는데, 어째서 장군은 그것도 못하십니까?

그리하여 나아만은, 내려가서 하나님의 사람 엘리사가 말한 대로 요단 강에 몸을 일곱 번 담갔다.

그러자 나아만의 살결은 마치 어린아이의 살결처럼 깨끗해졌다.

그렇게 해서 나아만의 병이 나았다.

나아만이 그의 모든 수행원과 함께 하나님의 사람에게로 되돌아와, 엘리사 앞에 서서 말하였다

이스라엘 외에는, 온 천하에 하나님이 없는 줄을 내가 이제 알겠습니다.
부디, 어른의 종인 제가 드리는 이 예물을 받아 주십시오.

엘리사가 말했다.

내가 섬기는 여호와의 살아 계심을 두고 맹세하지만, 나는 아무것도 받지 않겠소.

나아만이 선물을 받아 달라고 간청했으나, 엘리사는 거절했다.

그러자 나아만이 말했다.

그러시다면 나에게 나귀 두 마리에 실을 수 있는 분량의 흙을 주시오.
이제부터, 불에 태워 드리는 제물인 번제물이나 그 밖의 제물을 바칠 때는 다른 신들에게 바치지 않고, 오직 여호와께만 바치겠소.
하지만 한 가지 일이 있사온대, 여호와께서 당신의 종을 용서하시기를 원하나이다.
곧 내 주 왕께서 림몬의 산당에 들어가 거기서 숭배하며 내 손을 의지하시는데, 내가 림몬의 산당에서 몸을 굽히오니, 그때에, 여호와께서 이 일에 대하여 당신의 종을 용서하시기를 원하나이다.*

엘리사가 말했다.

평안히 가시오.

---

*나아만은 무엇을 용서해 달라는 걸까? 그것은 하나님의 선지자 엘리사를 통하여 하나님의 능력으로 자기의 난치병을 치유 받음으로써 하나님만이 참 신이심을 깨닫고 오직 그에게만 제물을 바치겠다고 개종의 간증을 하면서도, 한편 자기 나라의 제2인자로서 왕이 섬기는 우상 림몬의 신당에 들어가 부득이 몸을 굽히는 일을 양해하고 용서하기를 청한다. 여기서 우리는 하나님과 세상의 양다리를 걸치는 신앙자를 보게 된다. 엘리사는 이에 대해 아직 가타부타 잘라 말할 단계가 아닌 듯해서인지 그저 일상적인 인사로 '평안히 가시오.'라고만 했다

나아만이 엘리사를 떠나 얼마쯤 가고 있었다.

하나님의 사람 엘리사의 시종 게하시가 생각했다.

'내 주인은 아람 사람 나아만이 가져온 것을 그 손에서 받지 않았도다. 내가 하나님께서 살아 계심을 맹세하노니 나아만을 뒤쫓아 가서 뭔가 하나라도 꼭 받아 오고 말 것이다.'

그리하여 게하시는 나아만을 뒤쫓아 갔다.

나아만은 누군가가 자기를 뒤쫓아 오는 것을 보고, 수레에서 내려 그를 맞이하며 말했다.

> 평안하시오?

게하시가 말했다.

> 평안합니다.
> 그런데 내 주인이 나를 보내며 말했습니다.
> '지금 막 선지자의 생도 중에 두 사람이 에브라임 산지에서 왔는데, 그들에게 필요한 은 한 달란트(34 kg)와 옷 두 벌을 주면 좋겠다.'라고 했습니다.

그러자 나아만이 말했다.

> 드리다 뿐이겠습니까? 은 두 달란트(68 kg)를 받으시오."

그러면서 게하시를 강권하여, 은 두 달란트를 자루 두 개에 담아 옷 두 벌과 함께 자기 종들에게 주며 게하시 앞에서 지고 가게 했다.

그들이 언덕에 이르렀을 때, 게하시는 그 물건을 받아 놓고 두 종들을 돌려보낸 다음, 그것을 자기 집에 감추었다.

그러고서 그가 주인에게 나아가자 엘리사가 물었다.

> 게하시야, 어디 갔다 왔느냐?

게하시가 대답했다.

> 종이 아무 데도 가지 않았습니다.

엘리사가 말했다.

그 사람이 수레에서 내려 너를 맞을 때에, 내 마음이 거기에 함께 있었다는 것을 너는 모르느냐?
지금이 어찌 은을 받으며 옷을 받으며 감람원이나 포도원이나 양이나 소나 남종이나 여종을 받을 때냐?
그러므로 나아만의 나병이 네게 옮겨 붙어 너와 네 자손에게 영원토록 이를 것이다.

게하시가 엘리사 앞에서 물러나오자, 그에게 나병이 생겨 눈처럼 하얗게 되었다.

엘리사의 이적 : 물에 빠진 도끼(왕하 6:1-7)

선지자의 생도가 엘리사에게 말했다.

우리가 선생님을 모시고 사는 이곳은 너무나 좁습니다. 우리가 요단 강으로 가서, 거기서 나무를 찍어다가 그곳에 살 곳을 짓도록 합시다.

엘리사가 말했다.

그렇게 하자.

그 가운데 한 생도가 말했다.

선생님도 같이 가시지요.

엘리사가 말했다.

그래, 나도 가리라.

그리하여 엘리사도 그들과 함께 갔다. 그들은 요단 강에 이르러서 나무를 베기 시작했다.
한 생도가 나무를 찍다가 도끼를 물에 빠뜨리고 말았다.
그러자 그가 소리쳤다.

아아! 내 주여, 이것은 빌려 온 도끼인데 어쩌면 좋습니까?

하나님의 사람 엘리사가 물었다.

어디에 빠졌느냐?

그 사람이 엘리사에게 도끼가 빠진 곳을 가리켰다.
엘리사가 나뭇가지 하나를 꺾어서 그곳에 던지자, 도끼가 떠올랐다.
그리고 엘리사가 말했다.

도끼를 건져 내어라.

그 사람이 손을 내밀어 도끼를 건져 내었다.

아람 왕과 이스라엘 여호람 왕(왕하 6:8-7:20)

아람 왕이 이스라엘과 전쟁을 할 때였다. 이스라엘 왕이 신하들과 회의를 하던 중에 말했다.

이러이러한 곳에 진을 쳐야겠소.

하나님의 사람 엘리사가 이스라엘 왕에게 사람을 보내어 말했다.

왕은 삼가 아무 곳으로 지나가지 마소서. 아람 사람들이 그리로 내려가고 있소.

이스라엘 왕은 하나님의 사람 엘리사가 말해 준 곳을 사람들을 보내어 특별히 잘 지키게 하였다.
엘리사가 그렇게 알려 주어 미리 방비한 것이 한두 번이 아니었다.
아람 왕이 그 일 때문에 마음이 복잡하였다. 그가 신하들을 불러 놓고 말했다.

우리 가운데서 누가 이스라엘 왕과 내통이 되었다는 것을 내게 말하지 아니 하였느냐?

신하들 가운데 아람 왕에게 말했다.

내 주 왕이시여, 그렇지 않습니다.
그런 일을 하는 사람은 이스라엘의 선지자 엘리사입니다.
그는 왕이 침상에서 하는 말까지도 이스라엘 왕에게 일러 주는 사람입니다.

왕이 말했다.

> 가서 그 사람이 어디에 있는지 알아보시오. 내가 사람을 보내어 그를 붙잡아 오겠소.

신하들이 돌아와서 왕에게 보고했다.

> 그는 도단에 있습니다.

그러자 왕이 말과 전차와 큰 군대를 도단으로 보냈다. 그들은 밤에 그곳에 이르러 그 성을 에워쌌다.

엘리사의 시종이 일찍 일어나 바깥으로 나가 보니, 큰 군대가 말과 전차를 이끌고 성을 에워싸고 있었다.

종이 엘리사에게 말했다.

> 아아! 내 주여, 어떻게 하면 좋겠습니까?

엘리사가 말했다.

> 두려워하지 마라. 우리와 함께한 군대가 그들의 군대보다 더 많다.

그리고 나서 엘리사가 기도 드렸다.

> 여호와여, 내 종의 눈을 열어 주셔서 볼 수 있게 해 주십시오.

여호와께서 시종의 눈을 열어 주시니, 온 산에 불 말과 불 전차가 가득하여 엘리사를 에워싸고 있는 모습이 보였다.

아람 사람이 엘리사에게 다가오자, 엘리사가 여호와께 기도 드렸다.

> 원하건대, 저 사람들의 눈이 멀게 해 주십시오.

그러자 엘리사의 기도대로 여호와께서 아람 군대의 눈을 멀게 하셨다.

엘리사가 그들에게 말했다.

> 이 길은 다른 길이요, 이 성도 다른 성이니 나를 따라오시오.
> 내가 너희를 인도하여 당신들이 찾고 있는 사람에게 데려다 주겠소.

그리하여 엘리사는 그들을 사마리아로 데려갔다. 그들이 사마리아에 들어서자, 엘리사가 말했다.

여호와여! 이 사람들의 눈을 열어 주셔서 볼 수 있게 해 주십시오.

여호와께서 그들의 눈을 열어 주셨다.

아람 군대는 자기들이 사마리아 성의 가운데에 와 있는 것을 알게 되었다.

이스라엘 왕이 아람 군대를 보고 엘리사에게 물었다.

내 아버지여! 내가 공격하리이까? 내가 공격하리이까?

엘리사가 대답했다.

공격하지 마십시오. 저 사람들은 왕의 칼과 활로 사로잡은 것이 아니지 않습니까?

그들에게 먹을 것과 물을 주어서 먹고 마시게 한 다음, 그들의 주인에게 돌려보내십시오.

그리하여 왕은 아람 군대를 위해 큰 잔치를 베풀었다.

그들이 먹고 마시게 한 뒤, 왕은 그들을 돌려보냈다. 그들은 자기 주인에게로 돌아갔다.

그 뒤로 얼마 동안, 아람 군대는 이스라엘 땅에 쳐들어오지 않았다.

얼마 뒤에 아람의 벤하닷이 온 군대를 불러 모아 사마리아로 가서 그곳을 에워싸고 공격했다.

그래서 사마리아에 엄청난 굶주림이 있었다.

심지어 나귀 머리 하나가 은 팔십 세겔 가량에 팔리고, 비둘기 똥 사분의 일 가량이 은 오 세겔에 팔렸다.

이스라엘의 왕이 성벽 위를 지나가고 있는데 어떤 여자가 왕에게 부르짖었다.

내 주 왕이여, 좀 도와주십시오.

왕이 말했다.

여호와께서 너를 돕지 아니하시면 내가 어찌 너를 도울 수가 있겠느냐?

타작마당에서 곡식을 가져다 줄 수가 있겠느냐? 포도주 틀에서 술을 가져다 줄 수가 있겠느냐?

그리고 왕이 또 물었다.

그런데 무슨 일로 그러하느냐?

여자가 대답했다.

이 여자가 나에게 '당신 아들을 내놓아라.
오늘은 당신 아들을 잡아먹고 내일은 내 아들을 잡아먹자.'라고 말했습니다.
그래서 우리가 내 아들을 삶아서 먹었습니다.
다음날, 내가 이 여자에게 '당신 아들을 같이 잡아먹자' 하고 말했더니, 이 여자가 아이를 숨겨 버렸습니다.

이스라엘 여호람 왕은 그 여인의 말을 듣고 비통한 나머지 자기 옷을 찢었다.

그가 성벽 위로 지나갈 때, 백성들이 그 찢어진 옷 사이를 보니 속에는 굵은 베옷을 입고 있었다.

이스라엘 여호람 왕이 말했다.

사밧의 아들 엘리사의 머리가 오늘 그 몸에 그대로 붙어 있다면, 하나님이 나에게 벌 위에 더 벌을 내리신다고 하여도 달게 받겠다.

그때에 엘리사는 자기 집에 앉아 있었고, 장로들이 엘리사와 같이 앉아 있었는데, 왕이 엘리사에게 사람을 보냈다.

왕이 보낸 사람이 이르기도 전에 엘리사가 장로들에게 말했다.

여러분은 살인자의 아들이 나의 머리를 베려고 사람을 보낸 것을 알고 계십니까? 전령이 오거든 문을 단단히 걸어 잠그고, 그를 들이지 마십시오. 그를 보내 놓고 뒤따라오는 그 주인의 발자국 소리가 벌써 들려오고 있지 않습니까?

엘리사가 아직 장로들과 말하고 있는데, 왕의 전령이 와서 말했다.

왕이 말씀하셨소. '이 재앙이 여호와께로부터 나왔으니, 내가 어찌 여호와께서 우리를 도와주시기를 기다리겠느냐?'

엘리사가 대답하였다.

여호와의 말씀을 들어보시오. 여호와께서 이렇게 말씀하셨소.
'내일 이맘때쯤에 사마리아 성문에서, 고운 밀가루 한 스아(약 7리터)를 은 한 세겔(11.4 g)에 살 수 있고, 보리 두 스아(약 15 리터)를 은 한 세겔(11.4 g)에 살 수 있을 것이다.'

그러자 이스라엘 여호람 왕 곁에 있던 한 장관 곧 왕이 그 손에 의지하는 자가 하나님의 사람 엘리사에게 대답했다.

여호와께서 하늘의 창을 열고, 곡식을 쏟아 부어 주신다 하더라도 그런 일을 일어날 수 없소.

엘리사가 말했다.

당신은 당신 눈으로 그것을 볼 수 있을 것이요. 그러나 그것을 먹지는 못할 것이오.

사마리아 성문 입구에 나병자 네 명이 있었다.
그들이 서로 말했다.

우리가 어찌하여 여기에 앉아서 죽기만을 기다리겠느냐?
우리가 성에 들어가자고 할지라도 성안은 굶주리고 있으니 우리가 거기서 죽을 것이요.
여기 앉아 있어도 죽을 것이다.
그런즉 우리가 가서 아람 군대에게 항복하자. 그들이 우리를 살려 두면 살 것이지만, 우리를 죽이면 죽으면 그만 아니냐?

그들은 해가 질 무렵 자리에서 일어나 아람 군대의 진으로 갔다. 그런데 그곳에는 한 사람도 없었다.

이는 여호와께서, 나병자들의 발걸음 소리를, 아람 군대의 귀에 전차 소리와 마병 소리와 큰 군대의 소리로 들리도록 하셨다.

아람 사람들이 서로 말했다.

이스라엘 왕이 우리를 치려하여, 헷 사람의 왕과 애굽의 왕들을 돈을 주고 고용하여 그들로 우리를 치려고 오게 하였다.

그래서 그들은 해가 질 무렵에 일어나서, 장막과 말과 나귀들을 그대로 내버려 두고 그들의 목숨을 건지려고 도망하였다.

나병자들이 진의 가장자리로 가서 어느 장막으로 들어갔다. 그들은 거기에서 먹고 마셨다.

그리고 은과 금과 옷가지들을 진에서 가지고 나와 숨겨 두었다. 그런 다음에 그들은 다시 진으로 돌아가서 다른 장막으로 들어갔다. 거기에서도 여러 물건을 챙긴 뒤, 숨겨 두었다.

그러다가 나병자들이 서로 말했다.

> 우리는 지금 옳지 않은 일을 하고 있다.
> 이렇게 좋은 소식이 있는데도, 우리가 아무 말도 하지 않고, 만일 해가 뜰 때까지 기다린다면, 하늘의 벌이 오히려 우리에게 내릴 것이다. 당장 가서 왕궁에 있는 사람들에게 이 사실을 알리도록 하자!

그리하여 그들은 성으로 가서 성의 문지기를 불러 말했다.

> 우리가 아람 군대의 진으로 갔더니 거기에 한 사람도 없었고 사람의 소리도 들리지 않았습니다.
> 오직 말과 나귀들만 그대로 매여 있고, 장막들도 그대로 세워져 있었습니다.

그러자 성의 문지기들이 소리를 지르며 왕궁 안에 있는 사람들에게 그 사실을 알려 주었다.

그 소리를 들은 왕이 밤중에 자리에서 일어나 신하들에게 말했다.

> 아람 사람이 우리에게 어떻게 할 것인가를, 내가 너희에게 알게 해 주겠다.
> 그들이 우리가 굶주린 것을 알고 있으므로, 자기들의 아람 진영을 떠나서 들에서 매복하고 있다가, 자기들끼리 스스로 말하기를, '이스라엘 백성들이 성에서 나오거든 우리가 사로잡고 성에 쳐들어가겠다.' 라고 한 계략이다.

왕의 신하 가운데서 한 사람이 대답했다.

> 청하건대, 아직 이 성안에 남아 있는 다섯 마리의 말에 정탐꾼을 태워 보내어 밖으로 나가서 살펴보게 하소서.
> 이 다섯 마리의 말은, 이스라엘의 모든 백성 곧 죽을 목숨과도 같은 모든 이스라엘 백성과 같기 때문입니다.

그래서 몇 명의 사람들이 전차 두 대와 말들을 끌고 왕 앞으로 나아왔다.

왕이 그들에게 말했다.

> 아람 군대의 뒤를 쫓아가서 무슨 일이 일어났는지 정탐하여라.

그들이 요단 강까지 아람 군대의 뒤를 쫓아가 보았다. 길에는 옷과 장비들이 잔뜩 널려 있었는데, 그것은 아람 군대가 급히 도망치면서 내버린 것이었다.

정탐꾼들이 왕에게 돌아와서 그 사실을 일러 주었나. 그러자 백성들이 밖으로 나가 아람 군대의 진을 뒤져 온갖 물건들을 노략하였다.

여호와께서 말씀하신 대로 고운 밀가루 한 스아를 한 세겔에, 보리 두 스아를 은 한 세겔에 살 수 있었다.

왕이 그 손에 의지하였던 그 장관을 세워 성문에서 백성들의 질서를 지키게 하였더니, 백성들이 그 성문에 밀어닥치는 바람에, 그 장관을 짓밟아 버려, 하나님의 사람 엘리사의 말대로 죽어 버렸다.

곧 왕이 성벽에서 내려왔을 때에, 엘리사가 왕과 그 신하들에게 말한 대로 이루어졌다.

일찍이 하나님의 사람 엘리사가 왕에게 이렇게 말했었다.

> 내일 이맘때쯤에, 사마리아 성문에서 고운 밀가루 한 스아를 은 한 세겔에, 보리 두 스아를 은 한 세겔에 살 수 있을 것이오.

그때에 백성에게 밟혀 죽은 장관이 이렇게 대답했었다.

> 여호와께서, 하늘의 창을 내신다 할지라도, 어찌 이런 일이 일어날 수 있겠느냐?

엘리사가 그에게 말했었다.

> 당신 눈으로 틀림없이 볼 수 있을 것이오. 그러나 당신은 아무것도 먹지 못할 것이오.

그 말을 들은 장관에게 하나님의 사람 엘리사의 예언의 말대로 그대로 되었다.

곧 백성들이 성문에서 그를 밟고 지나가는 바람에 그는 죽고 말았던 것이다.

게하시와 수넴 여자(왕하 8:1-6)

엘리사가 이전에 그 아들을 다시 살려 준 적이 있는 수넴 여자에게 말했다.

> 당신은 가족과 함께 이곳을 떠나서 살 만한 곳을 찾아 살도록 하시오. 여호와께서 기근을 명령하셨으니, 그 말씀대로 이 땅에 칠 년 동안 들 것이요.

그 여자는 하나님의 사람 엘리사가 말한 대로 가족과 함께 떠났다. 그들은 블레셋 사람들의 땅에서 칠 년 동안 머물렀다.

칠 년 기근이 다한 후에, 그 여자는 블레셋 땅에서 이스라엘로 돌아와서 자기 집과 땅을 되찾기 위해 왕에게 호소하러 갔다.

그때, 왕은 하나님의 사람 엘리사의 종인 게하시와 이야기를 나누고 있었다.

여호람 왕이 게하시에게 말했다.

> 엘리사가 보여 준 놀라운 일들을 다 이야기해 보아라.

그러자 게하시는 왕에게 엘리사가 죽은 사람을 다시 살려 낸 이야기를 들려주었다.

그때, 마침 엘리사로 말미암아, 아들의 목숨을 살린 적이 있는 수넴 여자가 들어와서 왕에게 자기 집과 땅을 돌려 달라고 호소했다.

게하시가 말했다.

> 내 주 왕이시여, 이 여자가 바로 그 여자입니다. 그리고 이 아이는 엘리사가 그때 살려 낸 바로 이 여자의 아들입니다.

왕이 여자에게 물었다.

> 정말 그 일이 맞느냐?

수넴 여자가 말하였다.

왕이시여, 그 말이 맞습니다.

왕이 한 신하를 불러서 여자를 도와주도록 명령했다.

이 여자에게 속한 재산을 다 돌려주어라.
그리고 이 여자가 떠난 날부터 지금까지, 이 여자의 땅에서 생긴 수입도 다 돌려주어라.

엘리사와 하사엘(왕하 8:7-15)

엘리사가 다메섹에 갔을 때에, 아람 왕 벤하닷은 병들어 있었는데, 누군가가 왕에게 말했다.

하나님의 사람이 여기에 와 있습니다.

그러자 왕이 하사엘에게 말했다.

너는 손에 예물을 들고 하나님의 사람을 만나러 가시오. 여호와께 내 병이 나을지, 낫지 않을지 여쭤 봐 달라고 하시오.

하사엘이 예물을 가지고 엘리사를 만나러 갔을 때, 그는 다메섹에서 나는 온갖 좋은 물건을 사십 마리의 낙타에 싣고 갔다.
하사엘이 말했다.

당신의 아들 아람 왕 벤하닷이, 저를 당신에게 보내어 '나의 이 병이 낫겠는가?' 여쭈어 보라고 했습니다.

엘리사가 말했다.

너는 가서 벤하닷 왕에게 말하기를 '왕이 틀림없이 나을 것이라.'라고 전하시오.
그러나 여호와께서 '그가 틀림없이 죽을 것이라.'라고 나에게 알게 해 주셨소.

그리고 하나님의 사람 엘리사는, 하사엘이 부끄러움을 느낄 정도로, 하사엘의 얼굴을 뚫어지게 쳐다보더니 갑자기 울음을 터뜨렸다.
하사엘이 물었다.

내 주여, 어찌하여 그렇게 우십니까?

엘리사가 대답했다.

나는 당신이 이스라엘 백성에게 행할 모든 악을 알고 있소. 당신은, 그들의 성에 불을 지르고, 젊은이들을 칼로 죽이며, 어린아이들을 메어쳐서 죽이고, 임신한 여자들의 배를 가를 것이오.

하사엘이 말했다.

당신의 개만도 못한 종이, 어떻게 그런 큰 일을 할 수 있겠습니까?

엘리사가 대답했다.

여호와께서는 당신이 아람 왕이 될 것을 나에게 보여 주셨소.

하사엘이 엘리사의 곁을 떠나 그의 주인에게 돌아갔다.
벤하닷 왕이 하사엘에게 물었다.

엘리사가 네게 무슨 말을 하더냐?

하사엘이 대답했다.

그가 내게 이르기를 '왕이 틀림없이 나을 것이라.'고 말했습니다.

그러나 이튿날 하사엘은 이불을 물에 적셔서, 벤하닷 왕의 얼굴을 덮어 그를 죽였다.
그리고 그의 뒤를 이어 아람 왕이 되었다.

유다의 여호람 왕과 아하시야 왕(왕하 8:16-29; 대하 21:2-22:6)

아합의 아들 요람(여호람)이 이스라엘 왕으로 있은 지 오 년째 되는 해에 여호사밧이 아직도 유다의 왕위에 있을 때에, 여호사밧의 아들 여호람이 유다 왕이 되어 다스리기 시작하였다.
여호사밧의 아들 여호람에게는 아우들이 있었다.
그의 아우 아사랴와 여히엘과 스가랴와 아사랴와 미가엘과 스바댜는,

모두 유다의 여호사밧 왕이 낳은 아들이었다.

여호사밧 왕은 자기 아들들에게 금은 보물과 유다의 견고한 요새 성읍들을 선물로 주었으나, 여호람은 장남이기 때문에 그에게는 왕위를 물려주었다.

여호람이 그 부친의 왕위에 올라 세력을 얻은 후에, 그 모든 아우와 이스라엘 방백 중 몇 사람을 칼로 죽였다.

여호람이 왕이 되었을 때, 그의 나이는 서른두 살이었다. 그는 예루살렘에서 팔 년 동안 다스렸다.

그러나 여호람은 아합의 딸을 아내로 맞아들인 탓에, 아합의 집안이 행한 것처럼 이스라엘 왕들의 길을 그대로 따랐다.

그러나 여호와께서는 자기의 종 다윗을 생각하셔서 유다를 멸망시키는 것을 즐겨하지 않으셨다.

이는 다윗과 그의 자손에게 등불이 영원히 꺼지지 않게 하시겠다고 약속하셨기 때문이다.

여호람 왕이 유다를 다스리고 있을 때에, 에돔이 유다에 반역했다. 에돔 백성은 자기들의 왕을 따로 세웠다.

그래서 여호람은 모든 전차를 이끌고 사일로 갔었는데, 에돔 사람들이 여호람과 그의 전차 부대를 에워쌌다.

여호람이 일어나 에돔 사람과 그 전차 지휘관을 어두운 밤에 공격하여 포위망을 뚫고 도망하자, 그의 부하들은 사방 흩어져 모두 자기 집으로 돌아가 버렸다.

이처럼 에돔 사람이 유다를 배반해서, 오늘날까지 에돔이 유다의 지배를 벗어나 있다.

그리고 이때에 립나 성에서도 반란을 일으켜 유다의 통치에서 벗어났다.

이런 일이 일어나게 된 것은 여호람이 그 열조의 하나님 여호와를 저버렸기 때문이었다.

여호람이 또 유다 여러 산에 산당을 세워 예루살렘 백성으로 음란하듯 우상을 섬기게 하고, 또 유다를 미혹하게 하였다.

이때 선지자 엘리야가 여호람에게 이런 글을 보냈다.

> 왕의 조상 다윗의 하나님 여호와께서 이렇게 말씀하셨습니다.
>
> '네가 네 아버지 여호사밧이나 유다의 아사 왕을 본받지 않고, 오직 이스라엘 열왕의 악한 길로 행하여, 유다와 예루살렘 백성으로 음란하듯 우상을 섬기게 하기를, 아합의 집과 같이 하며, 또 너의 아버지의 집에서 너보다 선한 아우들을 죽였다.
>
> 여호와가, 네 백성과 네 자녀와 네 아내들과 네 모든 재물을 큰 재앙으로 치리라. 또 너는 창자에 중병이 들고 그 병이 날로 중하여 창자가 빠져 나오리라.'

여호와께서는 블레셋 사람과 그리고 구스(에티오피아)에 가까이 사는 아라비아 사람들의 마음을 격동시키시어 여호람을 치게 하셨다.

그들이 올라와서 유다를 침노하여, 왕궁의 모든 재물과 그 아들들과 아내들을 탈취하였으므로, 막내아들 아하시야(여호아하스) 외에는 한 아들도 남지 아니하였다

이 모든 일 후에 여호와께서 여호람을 치시자 능히 고치지 못할 병이 그 창자에 들게 하셨으므로, 여러 날 후 이 년 만에 그 창자가 그 병으로 인하여 빠져 나와서, 그가 그 심한 병으로 죽으니, 백성이 그 열조에게 분향하던 것같이 그에게 분향하지 아니하였다.

여호람은 삼십이 세에 왕위에 올라 예루살렘에서 팔 년을 통치하다가 죽었는데, 아무도 그의 죽음을 슬퍼하는 자가 없었다.

여호람의 다른 모든 일은 유다 왕 역대지략에 기록되어 있다.

그는 다윗 성에 묻히긴 했으나 왕들의 묘에는 장사되지 못하였다.

그의 아들 아하시야가 여호람의 뒤를 이어 왕이 되었다.

이는 예루살렘 사람들이 여호람의 막내아들 아하시야를 왕으로 삼아, 왕위를 잇게 하였기 때문이다.

전에 아라비아 사람들과 함께 진영에 쳐들어 왔던 침략군들에게 아하시야의 형들이 다 학살당하였으므로 여호람의 아들 아하시야는 아합

의 아들 요람(여호람)이 이스라엘 왕으로 있은 지 십이 년째 되는 해에 유다의 왕이 되었다.

아하시야가 왕이 되었을 때, 그의 나이는 스물두 살이었다. 그는 예루살렘에서 일 년 동안 다스렸다.

아하시야의 어머니의 이름은 아달랴인데 아달랴는 이스라엘의 오므리의 손녀이다.

아하시야는 아합의 집안이 했던 길을 그대로 따랐다.

그는 아합의 집안과 마찬가지로 여호와께서 보시기에 악한 일을 했다. 그것은 그가 아합 집안의 사위가 되었기 때문이다.

유다 왕 아하시야는 아합의 아들 이스라엘 요람 왕과 함께 길르앗 땅 라못으로 가서, 그들은 그곳에서 아람 왕 하사엘과 싸웠는데, 이스라엘 왕 요람(여호람)은, 아람 사람들과 싸우던 중 부상을 당했다.

요람은 아람의 하사엘 왕과 라마에서 싸울 때에 입은 부상을 치료하려고 이스르엘로 돌아갔다.

그때에 아합의 아들 요람(여호람)이 병이 들었으므로, 여호람의 아들이며 유다의 왕인 아하시야가 부상을 당한 아합의 아들 요람을 문병하기 위해 이스르엘로 내려갔다.

예후와 이스라엘의 여호람과 유다의 아하시야 (왕하 9:1-10:17; 대하 22:7-9)

엘리사가 선지자의 생도 중 하나를 불러 말했다.

> 옷을 단단히 동여매고 이 작은 기름병을 손에 들고 길르앗 땅 라못으로 가거라.
> 그곳에 이르거든 님시의 손자이며 여호사밧의 아들인 예후를 찾아라. 들어가서 예후를 그 형제 중에서 일어나게 하고 골방으로 데려가거라.
> 기름병을 가지고 예후의 머리에 기름을 부으면서 '여호와께서 당신을 이스라엘의 왕으로 세우셨다고 말씀하셨소' 하고 말하여라. 그런 다음에 문을 열고 빨리 도망쳐라. 머뭇거리지 마라.

그리하여 생도인 젊은 선지지가 일어나 길르앗 땅 라못으로 갔다. 그가 들어가서 보니, 군대에 있는 장군들이 회의를 하고 있었다.

그가 말했다.

장군님, 내가 당신에게 전할 말씀이 있습니다.

예후가 물었다.

우리 가운데서 누구에게 말을 전하겠다는 거요?

젊은이가 말했다.

장군이여! 바로 당신입니다.

예후가 자리에서 일어나 집으로 들어갔다.

그러자 젊은 선지자가 예후의 머리에 기름을 부으며 말했다.

이스라엘의 하나님 여호와께서 이렇게 말씀하셨습니다.
'내가 너를 여호와의 백성 곧 이스라엘의 왕으로 삼겠다.
너는 네 주인인 아합의 집안을 쳐라!
내가 나의 종 곧 선지자들의 피와 여호와의 종들의 피를 이세벨에게 갚아 주리라.
아합의 집안은 다 멸망할 것이다. 아합 집안의 남자는 종이든지 자유인이든지 한 명도 내가 살려 두지 않겠다.
아합의 집안을 느밧의 아들 여로보암의 집안처럼 만들고, 아히야의 아들 바아사의 집안처럼 만들겠다.
개들이 이스르엘 땅에서 이세벨의 시체를 뜯어먹을 것이며, 아무도 이세벨을 묻어 주지 않을 것이다.'

이 말을 한 다음에 젊은 선지자는 문을 열고 도망쳤다.

예후가 자기 주인인 왕의 신하들에게 돌아오자, 그들 가운데 한 사람이 물었다.

평안하오? 그 미친 녀석이 무슨 일로 왔소?

예후가 대답했다.

그 사람이 누구며 그 사람이 무슨 말을 하는지 당신들도 알고 있지 않소?

그들이 말했다.

그런 말 말고 그 사람이 무슨 말을 했는지 우리에게 일러 주시오.

예후가 말했다.

그는 나에게 이렇게 저렇게 말한 다음에 나에게 말하기를, '여호와의 말씀이, 내가 너에게 기름을 부어 이스라엘의 왕으로 삼겠다.' 라고 말했소.

이 말을 들은 신하들은 급히 입고 있던 옷을 벗어 돌 층계 위에 깔고 예후를 그 위에 모셨다.

그리고 나팔을 불며 외쳤다.

예후가 왕이다.

그리하여 님시의 손자요, 여호사밧의 아들 예후가 요람을 배반했다.

그 당시 요람과 모든 이스라엘 백성은 아람 왕 하사엘과 맞서 싸우며 길르앗 땅 라못을 지키고 있다가, 요람 왕은 아람 왕 하사엘과 싸우다가 부상을 당했기 때문에 상처를 치료하려고 이스르엘로 돌아왔던 때였다.

예후가 자기를 따르기로 한 사람들에게 말했다.

당신들의 뜻이 내 뜻과 같다면, 아무도 이 성을 빠져 나가지 못하게 하시오. 이스르엘에 있는 왕에게 가서 우리의 상황을 알리는 사람이 있으면 안 되기 때문이오.

그런 다음에 예후는 자기 전차에 올라타고 요람이 쉬고 있는 이스르엘로 떠났다.

유다 왕 아하시야도 요람을 문병하러 그곳에 와 있었다.

이스르엘의 망대를 지키는 파수꾼이 예후의 군대가 오는 모습을 보고 말했다.

웬 군대가 보입니다.

요람이 말했다.

한 사람을 말에 태워 보내어라. 그들을 맞이하게 하고 '평안의 소식이냐?' 하고 물어보게 하여라.

그리하여 한 사람이 말을 타고 달려 나가 예후를 맞이했다.
전령이 말했다.

왕의 말씀이 '평안의 소식이냐?'라고 물어보라 하셨습니다.

예후가 말했다.

평안의 소식이 너에게 상관이 있는 일이냐? 너는 내 뒤를 따르라.

파수꾼이 보고했다.

전령이 그들에게 가기는 갔는데 돌아오지 않고 있습니다.

그래서 요람이 다시 한 사람을 말에 태워 보냈다
그 전령이 그들에게 가서 말했다.

왕의 말씀이 '평안의 소식이냐?'라고 물어보라고 하셨습니다.

예후가 말했다.

평안의 소식이 너에게 상관이 있는 일이냐? 너는 내 뒤를 따르라.

파수꾼이 보고했다.

두 번째 전령이 그들에게 가기는 갔는데 돌아오지 않고 있습니다.
전차를 몰고 오는 사람은 님시의 손자 여호사밧의 아들 예후인 것 같습니다.
마치 미친 사람처럼 전차를 몰고 있습니다.

요람이 말했다.

내 전차를 준비하여라.

신하들이 요람의 전차를 준비하자. 이스라엘 왕 요람과 유다의 왕 아하시야가 각자 전차를 타고 예후를 만나러 나갔다.
그들은 이스르엘 사람 나봇의 땅에서 예후를 만났다.
요람이 예후를 보고 말했다.

예후여, 평안이냐?

예후가 말했다.

> 당신의 어머니 이세벨이 저지른 음행과 마술 행위가 극에 달하였는데, 무슨 평안이 있겠소?

요람이 말을 돌려 도망치며, 아하시야에게 소리쳤다.

> 아하시야여, 반역입니다!

예후가 힘을 다하여 활을 당기어 요람의 두 팔 사이를 쏘았더니, 화살이 요람의 심장을 꿰뚫고 나왔다.

그가 전차 가운데서 엎드러져 죽었다.

예후가 자기의 신하인 빗갈에게 말했다.

> 요람의 시체를 들어서 이스르엘 사람 나봇의 밭에 던져라. 너도 기억하겠지만, 이전에 너와 내가 마차를 타고 저 사람의 아버지 아합 왕의 뒤를 따라갈 때, 여호와께서 이와 같은 일을 예언하시기를,
> '나는 어제 나봇의 피와 그의 아들들의 피를 분명히 보았노라.' 하셨고, 또 '나는 아합, 네가 이 밭에서 한 일에 대하여, 그 대가를 반드시 갚으시겠다.'라고 말씀하셨다.
> 그러니 여호와께서 말씀하신 대로, 요람의 시체를 들어서 나봇의 밭에 던져라.

유다 왕 아하시야가 이 모습을 보고 동산 정자 길로 도망쳤다.

예후가 그를 뒤쫓아가며 "전차에 탄 아하시야도 죽여라!" 하고 말했다.

아하시야는, 요람에게 문병을 샀다가 오히려 피해를 입게 되었다.

이것은 하나님께서 아하시야를 벌하시기로 이미 작정하셨기 때문이었다.

유다 왕 아하시야는, 그곳에 갔다가 요람 왕과 함께 님시의 아들 예후를 만나게 되었는데, 그는 여호와께서 아합의 집안을 파멸시키기 위해 택한 사람이었다.

아하시야는 이블르암에서 가까운 구르로 올라가는 길에서 전차를 타고 달리다 부상을 당했다.

그리고 그는 므깃도까지 도망쳤다.

예후가, 아하시야를 찾고 있던 중, 그의 부하들은 그가 사마리아 성에 숨어 있다는 것을 알고 가서,

아하시야를 예후 앞에 끌어다가 죽여 버렸다.

아하시야를 죽였던 그들은 이렇게 말하였다.

> 그는 진심으로 여호와를 구하던 여호사밧의 자손이다

그래서 그들은 진심으로 여호와를 섬겼던 여호사밧 왕을 생각하여 그를 장사해 주었다.

아하시야의 신하들이, 그의 시체를 전차에 실어 예루살렘으로 옮겨 가서, 그의 열조들이 묻혀 있는 다윗 성에 묻어 주었다.

이리하여 유다 왕 아하시야의 집안이 약하여져 왕위를 지킬 만한 자가 없었다.

그후, 예후가 이스르엘로 돌아왔을 때에 이세벨이 그 소식을 들었다.

이세벨은 눈에 화장을 하고 머리를 손질한 뒤에 창밖을 내다보았다.

예후가 성문으로 들어오니 이세벨이 말했다.

> 자기 주인을 죽인 너 시므리야! 평안하냐?

예후가 창문을 쳐다보며 말했다.

> 내 편에 설 사람이 아무도 없느냐?

그러자 내시 두 세 사람이 밖을 내다보았다.

예후가 그들에게 명령했다.

> 저 여자를 내던져라!

그들이 이세벨을 내던지자, 그 피가 담벽과 말에 튀었다. 예후는 전차를 몰아 그 시체를 짓밟은 다음, 예후가 궁으로 들어가서, 먹고 마시다가 말하였다.

> 가서 저 저주 받은 계집을 찾아다가 장사를 지내 주어라. 그래도 그 여자는 왕의 딸이었다.

사람들이 이세벨을 묻어 주러 갔지만, 이세벨의 시체를 찾을 수 없었다. 그 두골과 발과 손바닥 외에는 찾지 못하였다.

그들이 돌아와서 예후에게 보고하였다.

이세벨의 시체를 찾을 수가 없었습니다.

예후가 말했다.

여호와께서 그의 종 디셉 사람 엘리야를 통해 이 일에 대해 말씀하신 일이 있다.
'개들이 이세벨의 시체를 이스르엘 땅에서 먹을 것이며, 이세벨의 시체는 이스르엘 땅에 있는 밭의 거름이 될 것이다.
그러므로 아무도 그 시체를 보고 이것이 이세벨이라고 말할 수 없을 것이다.'

아합의 아들 칠십 명은 사마리아에 살고 있었다.

예후는 사마리아에 있는 이스르엘의 방백 곧 장로와 아합의 아들을 가르치며 보호하고 있는 사람들에게 편지를 써서 보냈다.

예후는 그 편지에 이렇게 썼다.

너희 주의 아들들이 당신과 함께 있소. 당신들에게는 전차와 말들이 있고 성벽이 있는 굳건한 성과 무기가 있소.
그러므로 이 편지가 이르거든, 즉시 왕의 아들들 가운데 가장 어질고 정직한 자를 택하여, 그 아버지의 왕위에 두고, 당신들은 왕의 집안을 위해 나와 싸울 준비를 하시오.

그러나 사마리아의 방백들과 장로들은 매우 두려워하며 말했다.

두 왕도 예후를 당하지 못했는데, 우리가 어떻게 당할 수가 있겠소?

왕궁 대신과 성의 지도자와 장로와 아합의 아들을 가르치고 보호하고 있는 사람들이, 예후에게 전갈을 보내어 말했다.

우리는 당신의 종이므로, 당신이 명령하는 것은 무엇이든지 우리가 하겠습니다.
그리고 아무 사람도 왕을 세우지 않을 테니, 당신이 소견에 좋을 대로 하십시오.

그러자 예후가, 다시 편지를 써서 부치며 말하였다.

너희가 만일 내 편이 되어 나의 말을 들으려고 한다면, 너희 주 아합의 아들들의 머리를 베어서, 내일 이맘때까지 이스르엘로 와서 나에게 나아오라.

칠십 명의 아합 아들인 왕자들은, 그 성에서 가르치고 보호하는 자들과 함께 있었다.

그들은 편지를 받고 왕자 칠십 명을 붙잡아 모두 죽였다. 그리고 그들의 머리를 광주리에 담아 이스르엘에 있는 예후에게 보냈다.

전령이 와서 예후에게 전했다.

그들이 왕자들의 머리를 가져왔습니다.

그러자 예후가 말했다.

그 머리들을 두 무더기로 나누어 내일 아침까지 성문에 놓아두어라.

이튿날 아침이 되자, 예후가 나아가 백성 앞에 서서 말했다.

여러분에게는 아무 잘못이 없습니다. 내 주 요람 왕을 반역하여 죽인 자는 바로 나입니다.
그러나 이 여러 사람을 죽인 자는 누구겠습니까?
여러분은 여호와께서, 아합의 집안에 대하여 하신 말씀이 하나도 땅에 떨어지지 않았다는 사실만은 알아야 합니다.
이제 여호와께서는, 그의 종 엘리야를 통하여 예언하신 말씀을 다 이루셨습니다.

그런 다음에 예후는, 이스르엘에 남아 있는 아합 집안에 속한 사람을 모두 쳐 죽였다.

또 아합 집안의 존귀한 자들과 가까운 친구들과 제사장들을 하나도 남기지 않고 모두 죽였다.

아합에게 속한 사람 중에는 한 사람도 살아남은 사람이 없었다.

그런 다음, 예후는 그곳을 떠나 사마리아로 갔다. 사마리아로 가는 길에 목자가 양털 깎는 집에 이르렀다.

그곳에서 예후는 유다 왕 아하시야의 형제들을 만나서 말했다.

당신들은 누구요?

그들이 대답했다.

우리는 아하시야의 형제들인데, 왕의 가족들과 왕의 어머니를 만나러 가는 길이요.

그러자 예후가 외쳤다.

이 사람들을 붙잡아라!

예후를 따르던 사람들이, 그들을 붙잡아 양털 깎는 집의 한 웅덩이에서 그들을 죽였다. 죽은 사람은 모두 마흔 두 명이었다.

예후가 아합의 집을 징벌할 때에, 유다 방백들과 아하시야의 형제의 아들들 곧 아하시야를 섬기는 자들을 만나서 한 사람도 살려 두지 않고 다 죽였다.

예후는 그곳을 떠나 계속 길을 가다가, 레갑의 아들 여호나답을 만났다.

여호나답도 예후를 맞으러 오던 길이었다.

예후가 그에게 안부를 물으며 말했다.

내 마음이 네 마음을 향하여 진실함과 같이, 네 마음도 진실하느냐?

여호나답이 대답했다.

예, 그렇습니다.

예후가 말했다.

그렇다면 나와 함께 손을 잡자.

여호나답이 손을 내밀자, 예후가 그를 이끌어 자기 전차로 올라오게 했다.

예후가 말했다.

나와 함께 가서, 내가 얼마나 여호와를 위해 열심인지 보라!

예후는 여호나답을 자기 전차에 태우고, 사마리아로 가서 그곳에 남아 있는 아합의 집안사람을 한 사람도 남김없이 다 죽였다.

여호와께서 엘리야에게 이르신 말씀과 같이 되었다.

예후와 바알의 선지자와 제사장(왕하 10:18-36)

예후가 모든 백성을 불러 모은 뒤에 말했다.

> 아합은 바알을 조금 섬겼으나, 예후는 많이 섬길 것이오.
> 내가 이제 큰 제사를 바알에게 드리려고 하는데, 바알의 모든 선지자들과 그를 섬기는 자들과 그의 모든 제사장들을 한 사람도 빠지지 말고 내게로 불러 모으십시오.
> 누구든지 빠지는 사람이 있으면 살아남지 못할 것입니다.

이는 예후가 바알을 섬기는 사람들을 없애기 위해 그들에게 거짓 계략을 쓴 것이다.

예후가 말했다.

> 바알을 위하는 대회를 거룩히 여시오.

그리하여 사람들이 바알을 위한 대회를 공포하였다.

예후가 온 이스라엘에 자기 말을 전하게 하니, 바알을 섬기는 사람들이 하나도 빠짐없이 다 모였다.

그들은 바알의 신전으로 들어갔다. 그곳은 이 끝에서부터 저 끝까지 사람들로 가득 메웠다.

예후가 예복을 맡은 사람에게 말했다.

> 예복을 꺼내어서 바알을 섬기는 사람들에게 주어라.

그리하여 그가 예복을 내왔다.

그런 다음 예후는 레갑의 아들 여호나답과 함께 그 신전 안으로 들어가서, 거기에 모인 사람들에게 말하였다.

> 여러분은 주위를 살펴보아, 바알을 섬기는 사람만 여기에 있게 하고, 여호와를 섬기는 사람은 하나도 들어와 있지 못하게 하시오.

이처럼 바알을 섬기는 사람들이 태워 드리는 제사인 번제와 다른 제사들을 드리려고 신전으로 들어가자, 예후는 자기 부하 팔십 명을 밖에서 기다리게 해 놓고 말했다.

> 내가 너희 손에 붙이는 사람을, 한 사람이라도 도망하게 하는 자는, 자기의 생명으로 그 사람의 생명을 대신하리라.

예후는 번제 드리기를 마치자마자 호위병들과 장교들에게 말했다.

> 들어가서 한 사람도 빠져 나가지 못하게 하고, 바알을 섬기는 사람들을 죽여라.

그리하여 호위병과 장교들이 바알을 섬기는 사람들을 칼로 죽이고 그 시체를 밖으로 내던졌다.

그런 다음에 그들은 바알의 신전 내실로 들어갔다.

그들은 바알 신전의 나무 우상들을 끌어내어 불태우고, 바알의 돌 우상도 깨뜨렸다.

또한 그들은 바알 신전까지 무너뜨리고 그곳을 변소로 만들었다. 그 변소는 지금까지도 있다.

이렇게 하여서 예후는 이스라엘에서 바알 숭배의 흔적을 완전히 없애 버렸다.

그러나 예후는, 이스라엘로 범죄하게 한 느밧의 아들 여로보암의 죄, 곧 벧엘과 단에 있는 금 송아지를 섬기는 죄에서는 떠나지 아니하였다.

여호와께서 예후에게 말씀하셨다.

> 네가 나 보기에 성실하게 일을 행하여 잘 마무리되었고, 내 마음에 있는 대로 아합 집안에 다 실행하였으므로, 네 자손이 사 대를 이어 이스라엘의 왕이 될 것이다.

그러나 예후는 전심으로 이스라엘 하나님 여호와의 율법을 지켜 행하지 아니하며, 느밧의 아들 여로보암이 이스라엘로 범죄하게 한 그 죄에서 떠나지 아니하였다.

이때부터 비로소 여호와께서는, 이스라엘을 찢어 내기 시작하셨다. 그래서 아람 왕 하사엘이 이스라엘의 국경 사방에서 공격해 왔다.

하사엘은 요단 강 동쪽 땅 곧 길르앗의 모든 땅을 다 차지했다. 그 땅은 갓과 르우벤과 므낫세의 땅이었으며, 그 땅의 영역인 아르논 강 옆의 아로엘에서부터 길르앗을 지나 바산까지 차지했다.

예후의 나머지 행적과 그가 한 모든 일과, 그가 권세를 누린 일들은 이스라엘 왕 역대지략에 모두 기록되었다.

예후는 사마리아에서 이십팔 년 동안 이스라엘을 다스렸다.

예후가, 그 열조와 함께 잠들었으므로, 사마리아에 장사되고, 그 아들 여호아하스가 뒤를 이어 왕이 되었다.

아달랴와 요아스(왕하 11:1-21; 대하 22:10-23:21)

유다 왕 아하시야의 어머니 아달랴는, 자기 아들이 죽는 것을 보고, 왕의 씨인 왕자들을 다 죽이기 시작했다.

그러나 요람 왕의 딸이요, 아하시야의 누이요, 제사장 여호야다의 아내인 여호세바(여호사브앗)가, 죽임을 당하는 왕자들 가운데, 아하시야의 아들 요아스를 빼내어 요아스와 그의 유모를 침실에 숨겼다.

그래서 요아스는 아달랴로부터 죽임을 당하지 않게 되었다.

요아스는 여호세바와 함께 여호와의 성전에서 육 년 동안을 숨어 지냈다.

그동안 아달랴가 그 나라를 다스렸다.

칠 년째 되던 해에, 제사장 여호야다가, 용기를 내어 가리 사람의 군인 백 명을 지휘하는 백부장들과 호위병의 백부장들 곧 여로함의 아들 아사랴와, 여호하난의 아들 이스마엘과, 오벳의 아들 아사랴와, 아다야의 아들 마아세야와, 시그리의 아들 엘리사밧를 불렀다.

여호야다는, 그들을 데리고 여호와의 성전으로 가서, 그들과 언약을 맺고 그들에게 충성을 맹세하게 한 다음에 요아스 왕자를 보여 주었다.

그들은, 유다의 모든 성을 두루 다니면서, 레위 사람들과 이스라엘 족장들을 몰래 예루살렘으로 불러 모았다.

여호야다가 그들에게 명령했다.

> 여호와께서 다윗의 후손에 대하여 약속하신 대로, 이제 왕자가 나라를 다스릴 때가 되었습니다.
>
> 그대들이 해야 할 일은 이러하오. 그대들 가운데 안식일에 왕궁을 지키는 사람이 있을 것이오.
>
> 이번 안식일에, 맡은 일을 하러 오는 당번 제사장들과 레위 사람들은, 여기 성전에 도착하여 삼분의 일은 성전 문을 지키고, 또 삼분의 일은 왕궁을 지키고, 나머지 삼분의 일은 수르 문 곧 기초 문을 지키고, 일반 백성은 여호와의 성전 뜰로 모이도록 하십시오.
>
> 안식일에 왕궁을 지키지 않아도 되는 사람은 왕을 위해서 여호와의 성전을 지키고, 레위 사람 그대들 모두는 손에 무기를 들고, 왕이 가는 곳마다 따라다니며 왕을 지켜야 하오.
>
> 또 누구든지 가까이 다가오는 사람은 죽이시오. 왕이 나가고 들어올 때, 왕에게 바짝 붙어서 지키시오.

군인 백 명을 지휘하는 그 백부장들은 제사장 여호야다가 명령한 것을 다 지켰다.

그들은 안식일에 일할 사람들과 쉬는 사람들을 이끌고, 제사장 여호야다에게 왔다.

여호야다가 백부장들에게 창과 큰 방패와 작은 방패를 나누어 주었다.

그 창과 방패들은 다윗 왕이 쓰던 것으로 여호와의 성전 안에 보관되어 있던 것이다.

그리하여 성전 오른쪽에서부터 왼쪽까지, 호위병들이 손에 무기를 들고 섰다.

그들은 제단과 성전 둘레에 서서 왕을 지켰다.

여호야다가 왕자 요아스를 데려와서 머리에 왕관을 씌우고, 여호와의 율법책을 그에게 주었다.

그들은 요아스에게 기름을 부어 왕으로 세웠다.

그리고 손뼉을 치며 외쳤다.

왕 만세!

호위병과 백성이 분주히 움직이며 왕을 찬양하는 소리를 들은, 아달랴는 여호와의 성전에 있는 백성에게 갔다.

아달랴가 보니, 왕은 성전 문 기둥 곁에 서 있었다.

왕은 규정대로 성전 문 기둥 곁에 서 있었고, 관리들과 나팔 부는 사람들이 그 곁에 서 있었다.

온 땅의 백성이 매우 기뻐하며 나팔을 불고 있었다.

아달랴는 옷을 찢으며 "반역이다! 반역이다! 하고 소리 질렀다.

제사장 여호야다가 군대를 거느린 백부장들에게 명령했다.

> 저 여자를 반열 밖으로 몰아내시오. 그리고 누구든지 저 여자를 따르는 사람은 칼로 죽이시오.

제사장의 이 말은 '여호와의 성전에서는 아달랴를 죽이지 말라.' 라는 뜻이다.

그들은 아달랴가 나갈 길을 열어 주었다. 그녀는 왕궁의 말이 다니는 길에서 죽임을 당했다.

여호야다가 여호와의 왕과 백성 사이에 언약을 세웠다.

그리하여 그들이 여호와의 백성이 되게 하고, 왕과 백성 사이에도 언약을 맺게 하였다.

그 땅의 모든 백성들이 바알 신전으로 가서 제단과 우상들을 부숴 버리고 신전을 무너뜨렸고, 그리고 바알의 제사장 맛단을 제단 앞에서 죽였다.

여호야다가, 여호와 성전의 직무를 정하여, 제사장들과 레위 사람들 책임 하에 맡겼다.

이 직무는, 다윗이 전에 그 반열의 업무를 나누어서, 여호와의 성전에서, 모세의 율법에 기록한 대로 여호와께 번제를 드리며, 자기들이 정한 규칙대로 즐거운 노래로 여호와를 찬양하였던 자들의 임무였다.

여호야다는, 또 여호와의 성전 여러 문에 문지기를 세워 부정한 자는, 누구든지 성전에 들어오지 못하게 하였다.

여호야다는, 군인 백 명을 거느리는 지휘관인 백부장과 귀족들과 백성의 방백들과 가리 사람과 호위병들과 그 땅의 모든 백성이 보는 중에, 여호와의 성전에서 왕을 모시고 나와, 호위병들이 지키는 문을 통해 왕궁으로 인도했다.

왕이 보좌에 앉게 되자, 유다의 모든 백성은 매우 기뻐했다.

아달랴가 왕궁에서 칼에 맞아 죽었기 때문에, 예루살렘에 다시 평화가 찾아오게 되었다.

요아스는 그의 나이 일곱 살에 왕이 되었다.

유다 왕 요아스와 제사장 여호야다(왕하 12:1-21; 대하 24:1-27)

예후가 이스라엘 왕으로 있은 지 칠 년째 되던 해에, 요아스는 유다의 왕이 되었다.

그는 사십 년 동안을 예루살렘에서 다스렸는데, 그의 어머니는 브엘세바 사람인 시비아이다.

여호야다가 요아스에게 두 아내를 구해 주었으므로, 그에게는 여러 자녀가 있었다.

요아스는 제사장 여호야다가 가르쳐 준 대로 여호와가 보시기에 옳은 일을 했다.

그러나 산당은 없애지 않았으므로, 백성들은 여전히 그곳에서 제사를 지내고 향을 피웠다.

그 후에 요아스는 성전을 수리하기로 작정하고, 제사장과 레위 사람들을 모았다.

요아스가 그들에게 말했다.

> 여러분은 유다의 모든 성으로 가서 해마다 성전을 수리할 비용을 거두어들이시고, 지체하지 말고 당장 이 일을 수행해야 합니다.
> 백성들이 여호와의 성전에 예물로 바친 모든 돈 곧 각 사람이 세금으로 바친 돈과 각 사람이 약속하여 바친 돈과 스스로 원해서 바친 돈을 받아 두시오.
> 또한 제사장들과 레위 인들이 각 담당 회계로부터 받아서, 성전에 수리할 곳이 발견되는 대로 그 수리할 곳을 모두 고치도록 하시오.

그러나 요아스가 왕이 된 지 이십삼 년째가 되었는데도, 제사장들과 레위 사람들은 그 일을 즉시 하지 않았으며, 성전도 수리하지 않았다.

요아스 왕은 제사장 여호야다와 다른 제사장들을 불러 이렇게 말했다.

> 대제사장은 왜 레위 사람들에게 유다와 예루살렘에서 세금을 거두어들이라고 요구하지 않았소?
> 그 세금은 여호와의 종 모세와 이스라엘 회중이 증거의 장막을 위하여 백성에게 부과된 것이 아니오? 어찌하여 성전의 퇴락한 데를 수리하지 않고 있소?
> 이제부터 당신들이 거둬들인 돈을 보관하지 말고, 다른 사람에게 넘겨주어 성전 수리를 하게 하시오.

이는 그 악한 여인 아달랴의 아들들이, 하나님의 성전을 깨뜨리고, 또 여호와의 성전의 모든 성물을 바알들에게 드렸음이었다.

제사장들은, 백성에게 돈을 직접 받지 않기로 하고, 또 성전 수리도 자신들이 하지 않고 다른 사람들에게 맡기기로 했다.

이에 왕이 명하여, 한 궤를 만들어 여호와의 성전 문밖에 두게 하고, 유다와 예루살렘에 선포하였다.

> 하나님의 종 모세가 광야에서 이스라엘에게 정한 세를 여호와께 드리라.

제사장 여호야다가, 상자 하나를 가져다가 그 위쪽에 구멍을 뚫고 제단 곁에 놓아두었는데, 그 궤는 성전에 들어가는 백성이 볼 때 오른쪽에 있었다.

그러자 모든 방백들과 백성들은, 기쁜 마음으로 돈을 가져와 그 헌금 궤가 차고 넘칠 때까지 던져 넣었다.

현관을 지키는 제사장들은 백성이 여호와의 성전으로 가져오는 모든 돈을 그 헌금 궤에 넣었다.

헌금 궤가 차면, 레위 사람들이 그 궤를 왕궁 관리들에게로 가지고 갔는데, 거기에 많은 액수의 돈이 찬 것을 그들에게 보여 주면, 왕실 서기관과 대제사장의 관리가 와서, 그 궤의 돈을 계산하였다. 그리고 나면, 레위 사람들은 다시 그 궤를 성전 밖 제자리에 가져다 놓곤 하였다.

왕과 여호야다는, 성전 수리 담당자들에게 그 돈을 주었으며, 그들은 석수와 목수와 미장이와 철공과 놋공을 고용하였다.

또 여호와의 성전을 수리하는 데 필요한 나무와 돌을 사들이는 데에 썼고, 모든 물건을 위하여 쓰게 하였다.

일을 맡은 사람들이 부지런히 일을 하는데다가, 성전 수리 공사는 잘 진척되어 성전은 본래의 모습을 되찾게 되었다.

그들은 성전 수리를 끝내고 남은 돈을 왕과 대제사장 여호야다에게 가져왔다.

그러나 여호와의 성전에 바친 돈은, 은 대접이나 불집게나 주발이나 나팔이나 그 밖의 금은 그릇을 만드는 데 쓰지 않고, 그 헌금은 오직 일꾼들에게 주어, 그것으로 여호와의 성전을 수리하는 데만 사용하였다.

그리고 성전 수리 담당자들이 아주 정직하게 일했기 때문에 회계 보고를 받을 필요가 없었다.

그러나 죄와 잘못을 씻는 속건제와 속죄제의 예물은, 그 헌금 궤에 넣지 않고 제사장들에게 주어 쓰게 하였다.

그리고 그들은 여호야다가 살아 있는 동안 성전에서 항상 번제를 드렸다.

여호야다가, 나이 많고 늙어서 죽으니 죽을 때에 일백삼십 세였다.

백성들은, 이스라엘과 하나님과 성전을 위해 그가 행한 업적을 생각하여, 그를 다윗 성에 있는 왕들의 묘에 장사하였다.

그러나 여호야다가 죽은 후에, 유다의 방백들이 요아스 왕에게 자기들의 말을 듣도록 간청하자, 왕이 그들의 말을 들었다.

그러자 백성들은, 그 열조의 하나님의 성전을 버리고, 아세라 목상과 우상을 섬기기 시작하였다.

이러한 죄 때문에, 유다와 예루살렘에 하나님의 진노가 임하였다.

여호와께서는, 선지자들을 그들에게 보내 자기에게 돌아오라고 경고하였으나 백성들은 듣지 않았다.

이에 하나님의 영이 제사장 여호야다의 아들 스가랴를 감동시키셨다.

그가 백성 앞에 높이 서서 그들에게 말했다.

> 여호와께서 말씀하시기를, '너희가 어찌하여 여호와의 명령을 거역하여 스스로 형통치 못하게 하느냐?' 하셨습니다.
> 너희가 여호와를 저버렸으니, 여호와께서도 너희를 저버리실 것이다.

하지만 사람들이 스가랴를 해칠 궁리를 하고, 왕의 명령에 따라 성전 뜰에서 그를 돌로 쳐 죽였다.

이와 같이 요아스 왕은 스가랴의 아버지 대제사장 여호야다가 자기에게 베푼 은혜를 잊어버리고, 그의 아들을 죽이고 말았다.

스가랴는 죽을 때에 "여호와여, 이것을 보시고 왕과 그들의 소행을 되갚아 주소서" 하고 외쳤다.

그때에 아람 왕 하사엘이 가드로 쳐들어와 그 땅을 점령한 후, 이어 예루살렘을 치려고 올라왔다.

그러자 유다 왕 요아스는, 그의 조상이자 유다의 왕이었던 여호사밧과 여호람, 아하시야가 하나님께 바쳤던 모든 거룩한 물건인 성물을 아람 왕 하사엘에게 보냈다.

또 자기가 하나님께 바친 거룩한 물건인 성물과 성전의 보물 창고에 있는 금과 왕궁에 있는 금을 다 하사엘에게 보냈다.

그러자 하사엘이 예루살렘에서 물러갔다.

그해가 다 갈 무렵에 아람 군대가 요아스를 치러 왔다. 그들은 유다와 예루살렘을 쳐서 백성의 모든 방백을 다 죽였고, 온갖 귀한 물건을 다메섹에 있는 자기들의 왕에게 보냈다.

아람 군대는, 사람의 수가 얼마 되지 않았지만, 여호와께서 아주 많은 유다의 큰 군대를 그들의 손에 붙이셨다.

여호와께서, 그렇게 하신 것은, 유다 백성이 그들의 열조가 섬기던 하나님 여호와를 저버렸기 때문이다.

이와 같이 아람 사람이 요아스를 징벌하였다.

아람군은 철수하면서 요아스에게 큰 부상을 입혔다. 그들이 떠난 후에, 그의 신하 중 두 사람이, 제사장 여호야다의 아들을 죽인 것에 대한 보복으로 왕을 죽일 유모를 꾸며, 실리로 내려가는 길 가의 밀로 궁에서, 침대에 누워 있는 그를 쳐 죽였다.

그를 죽인 신하들은 암몬 여인 시므앗의 아들 요사갈(사밧)과 모압 여인 소멜(시므릿)의 아들 여호사바드(여호사밧)였다.

요아스가 행한, 다른 모든 일은 유다 왕 역대지략에 기록되어 있으며, 요아스의 아들들의 이야기와, 요아스가 받은 중대한 경책을 받은 것과, 하나님의 성전을 보수한 사적은, 모두 열왕기 주석에 기록되어 있다.

요아스가 죽어 그의 조상들과 함께 다윗 성에 묻혔으나, 왕들의 묘에는 장사되지 않았다.

그의 아들 아마샤가 뒤를 이어 왕이 되었나.

이스라엘의 왕 여호아하스(왕하 13:1-9)

아하시야의 아들 요아스가 유다의 왕으로 있은 지 이십삼 년째 되던 해에 예후의 아들 여호아하스가, 사마리아에서 이스라엘의 왕이 되었다.

여호아하스는 십칠 년 동안, 이스라엘을 다스렸다.

그러나 그는 여호와께서 보시기에 악을 행하며, 이스라엘 백성을 범죄하게 한 느밧의 아들 여로보암을 본받아 그 죄에서 떠나지 않았으므로, 여호와께서 이스라엘을 향하여 진노를 발하시어, 항상 아람 왕 하사엘의 손과 그 아들 벤하닷의 손에 붙이셨더니, 아람 왕들이 이스라엘을 가혹하게 학대하였다.

그러자 여호아하스는 여호와께 간절히 기도 드렸다.

여호와께서는 그의 기도를 들으시고 이스라엘이 당하고 있는 고통을 보셨다.

아람 왕이 이스라엘 백성을 심하게 괴롭히는 것을 보시고, 이스라엘 백성을 구해 줄 사람을 보내 주셨다.

이스라엘 백성은 아람의 손아귀에서 벗어나 예전처럼 자기 집에서 살게 되었다.

그러나 이스라엘 백성은 여전히 여로보암 집안의 죄에서 돌이키지 않고 계속해서 죄를 지었다.

그리고 사마리아에 아세라 나무 우상을 그대로 남겨 두었다.

아람 왕이 그들을 짓밟아 타작마당의 먼지같이 만들어 버렸기 때문에, 여호아하스의 군대에는 마병 오십 명과 전차 열 대와 보병 만 명밖에 남지 않았다.

여호아하스가 왕으로 있는 동안, 아람 왕 하사엘이 줄곧 이스라엘을 괴롭혔다.

그러나 여호와께서는 아브라함과 이삭과 야곱과 맺으신 언약 때문에 이스라엘 백성을 도우셨다.

여호와께서는 이스라엘 백성에게 은혜와 자비를 베푸셔서 그들을 멸망시키거나 저버리지 않으셨다.

여호아하스가 행한, 다른 모든 일과 전쟁에서 승리한 일은 이스라엘 왕들의 역대지략에 기록되어 있다.

여호아하스가 그 열조와 함께 잠들므로, 그는 사마리아에 묻히고 그의 아들 요아스가 뒤를 이어 왕이 되었다.

이스라엘의 왕 요아스와 엘리사(왕하 13:10-25)

유다의 요아스 왕 제삼십칠 년에, 여호아하스의 아들 요아스가 사마리아에서 이스라엘의 왕이 되었다.

여호아하스의 아들 요아스는, 십육 년 동안, 이스라엘을 다스리면서, 그도 여호와께서 보시기에 악을 행하며, 이스라엘 백성을 범죄하게 한 느밧의 아들 여로보암을 본받아 그 죄에서 떠나지 않았다.

엘리사가 병들어 죽게 되었다.

이스라엘 왕 요아스가 엘리사에게 가서, 그 얼굴에 눈물을 흘리며 말했다.

> 내 아버지여, 내 아버지여! 이스라엘의 전차와 마병이여!

엘리사가 요아스에게 말했다.

> 활과 화살을 잡으시오,

그가 활과 화살을 붙잡자, 엘리사가 자기 손을 왕의 손 위에 얹었다.

엘리사가 말했다.

> 동쪽 창문을 여시오.

그가 창문을 열자, 엘리사가 말했다.

> 쏘시오.

요아스가 활을 쏘자, 엘리사가 말했다.

> 이는 여호와의 구원의 화살 곧 아람에 대한 구원의 화살이니, 왕이 아람 사람을 진멸하도록 아벡에서 치십시오.

그리고 나서 엘리사가 말했다.

> 화살을 잡으시오.

그가 화살을 잡자, 엘리사가 말했다.

> 땅을 치시오.

요아스가 세 번 땅을 치고 그만두었다.

하나님의 사람이 왕에게 화를 내며 말했다.

> 어찌하여 대여섯 번 치지 않았소? 그렇게만 하였으면 아람을 완전히 멸망시킬 때까지는 크게 이길 수 있었는데, 그러나 이제는 고작 세 번밖에 이기지 못할 것이오.

엘리사가 죽어 땅에 묻혔다.

해마다 봄이 되면, 모압 나라의 도적 떼가 이스라엘 땅에 쳐들어왔는데, 이스라엘 백성이 어떤 시체를 묻고 있던 중에 도적 떼가 쳐들어오는 것을 보고 놀란 나머지 그 시체를 엘리사의 무덤에 던졌다.

그런데 그 시체가 엘리사의 뼈에 닿자, 다시 살아나 제 발로 일어서게 되었다.

아람 왕 하사엘이 죽고, 아들 벤하닷이 뒤를 이어 왕이 되었다.

이때에 여호아하스의 아들 요아스가 하사엘의 아들 벤하닷의 손에서 성읍들을 도로 되찾았다.

이 성읍들은, 요아스의 아버지 여호아하스가 전쟁으로 빼앗겼던 성읍이다. 요아스는 세 번이나 벤하닷을 쳐서, 이스라엘의 성읍들을 도로 되찾았다.

유다 왕 아마샤와 이스라엘 왕 요아스(왕하 14:1-22; 대하 25:1-26:1)

여호아하스의 아들 요아스가 이스라엘의 왕으로 있은 지 이 년째 되는 해에, 유다 왕 요아스의 아들 아마샤가 왕이 되었다.

아마샤가 왕이 되었을 때, 나이는 스물다섯 살이었다.

그는 예루살렘에서 이십구 년 동안을 다스렸다. 그의 어머니는 예루살렘 사람 여호앗단이다.

아마샤는, 여호와께서 보시기에 옳은 일을 했으며, 그는 그의 아버지 요아스가 행한 대로 모두 행하였다. 그러나 조상 다윗만큼은 못했다.

산당을 없애지 않은 까닭에, 백성이 여전히 그곳에 제사를 지내고 향을 피웠다.

아마샤는, 왕권을 굳게 세운 뒤에 자기 아버지를 살해한 신하들을 죽였다. 그러나 그의 자녀들은 죽이지 않았다.

그것은 모세의 율법책에 적혀 있는 말씀을 따른 것이다.

여호와께서는, "자녀가 잘못했다고 해서 아버지를 죽이면 안 된다. 또한 아버지가 잘못했다고 해서 자녀를 죽여도 안 된다.

각 사람은 자기가 지은 죄에 따라 죽어야 한다."라고 명령하셨다.

아마샤는, 유다 지파와 베냐민 지파 사람들을 그들이 소속된 족속별로 군대 단위로 조직하고, 그들 위에 군대 지휘관인 천부장과 백부장을 임명하여 세웠다.

이 군대 조직에 편성된 사람들은 스무 살 이상 된 남자들로서, 모두 삼십만 명이나 되었다.

이 사람들은 창과 방패로 무장하고, 전쟁터에 나갈 수 있는 장정들이다.

이 밖에도 그는 은 백 달란트를 주고, 북 왕국 이스라엘에서 용감한 군인 십만 명을 고용하였다.

그러나 이때 한 하나님의 사람이 왕에게 와서 이렇게 말하였다.

> 왕이시여, 이 이스라엘 군대를 데리고 가지 마십시오. 여호와께서는 에브라임 사람들과 함께하시지 않습니다. 왕이 만일 가시려거든 힘써 싸우십시오.
> 하나님이, 왕을 대적 앞에 엎드러지게 하실 것입니다.
> 하나님은 능히 돕기도 하시고 능히 패하게도 하십니다.

이때 아마샤가 물었다.

> 하지만 내가 은 일백 달란트(3,400 kg)을 이미 주었는데 이 일을 어떻게 하면 좋겠소?

그러자 그 하나님의 사람은 "여호와께서 이보다 더 많은 것을 왕에게 주실 수 있습니다." 하고 대답했다.

그래서 아마샤가 에브라임에서 온 이스라엘 군대를 돌려보내자 그들은 유다 사람들을 증오하며 고향으로 돌아갔다.

아마샤는, 용기를 내어 병력을 이끌고 소금 골짜기로 가서 세일 자손 곧 에돔 군대 일만 명을 죽이고, 유다 자손이 또 일만을 사로잡아 가지고, 바위 꼭대기에 올라가서 거기서 밀쳐 내려뜨려서, 그 몸이 부서지게 하였다.

아마샤는 전쟁 중에 셀라 성을 점령하고, 그 이름을 욕드엘이라 불렀는데, 그 성은 지금까지도 그렇게 불린다.

한편 아마샤가 자기와 함께 출전하지 못하도록 돌려보낸 이스라엘 군사들이, 사마리아와 벧호론 사이에 있는 유다 성읍들을 기습하여 삼천 명을 죽이고 많은 물건을 약탈해 갔다.

아마샤는, 에돔 사람들을 학살하고 돌아올 때에, 세일 자손의 우상들을 가져와서 자기의 신으로 모시고, 그것들 앞에 경배하며 분향하였다.

이 일로 여호와께서 아마샤에게 크게 진노하셔서 선지자 한 사람을 보내셨다.

그가 가서 아마샤에게 말하였다.

> 이 신들은 자기들을 섬기는 그 백성들을 왕의 손에서 건져 내지도 못하였는데, 왕께서는 이 신들에게 구하시니, 어찌된 일입니까?

그러자 왕은, "언제부터 내가 너를 모사로 삼았느냐? 내가 너를 맞아 죽지 않게 하려면 입을 닥쳐라." 하고 말문을 막았다.

그래서 그 선지자는 이렇게 말하고 그쳤다.

> 왕이 이런 짓을 하고도 나의 경고를 받아들이지 않으므로, 하나님께서 왕을 멸망시키기로 작정한 줄 아십시오.

유다 왕 아마샤가 예후의 손자요, 여호아하스의 아들인 이스라엘 왕 요아스에게 사신들을 보내어 말했다.

> 자, 한번 만나서 겨루어 보자.

이스라엘 왕 요아스가 유다 왕 아마샤에게 대답했다.

레바논의 가시나무가, 레바논의 백향목에게 전령을 보내어 '그대의 딸을 내 아들과 결혼시키자.' 하고 말했다.
그러나 레바논에서 들짐승이 지나가다가, 그 가시나무를 짓밟았다.
네가 에돔을 물리쳐 이겼다고 해서 교만해졌다.
그 기분으로 집안에 머물러 있어라. 괜히 나에게 싸움을 걸어 스스로 재앙을 부르지 마라.
그랬다가는 너와 유다가 망하고 말 것이다.

그래도 아마샤는 듣지 아니하였다.

이는 하나님께로 말미암은 것이다. 그들이 에돔 신들에게 구하였으므로, 그 대적의 손에 붙이려 하심이었다.

그러자 이스라엘 왕 요아스가, 유다를 치러 나섰다. 요아스와 유다의 아마샤 왕은 유다 땅 벧세메스에서 마주쳤다.

싸운 결과 이스라엘이 유다를 물리쳐 이겼다. 유다 사람들은 뿔뿔이 흩어져 자기 집으로 도망쳤다.

벧세메스에서, 이스라엘 왕 요아스가 아하시야의 손자요, 요아스의 아들인 유다의 아마샤를 사로잡았다.

요아스는 예루살렘으로 가서 에브라임 문에서부터 모퉁이 문에 이르기까지 예루살렘 성벽을 부수었다. 부서진 성벽의 길이는 사백 규빗(180 m)가량 되었다.

그런 다음에 요아스는 여호와의 성전 안에 있는 오벧에돔의 자손이 지키는 금과 은과 그 밖의 모든 것을 빼앗아 갔다.

그리고 왕궁의 보물도 다 가져갔고, 또 그는 사람들을 인질로 잡아 사마리아로 돌아갔다.

요아스가 죽고 여로보암 2세가 뒤를 이어 왕이 되었다. 그는 이스라엘의 왕들과 함께 사마리아에 묻혔다.

또한 여호아하스의 아들 요아스가 행한, 다른 모든 일과 전쟁에서 승리한 일과 유다 왕 아마샤와 싸운 일은, 이스라엘 왕들의 역대지략에 기록되어 있다.

유다의 요아스의 아들 아마샤 왕은, 이스라엘의 여호아하스(요아하스)의 아들 요아스 왕이 죽은 뒤에도, 십오 년을 더 살았다.

아마샤가 돌이켜 여호와를 버린 후로부터, 백성들이 예루살렘에서 아마샤에게 반란을 일으켰다. 아마샤는 라기스 성으로 도망쳤다.

그러나 백성들은 라기스로 사람들을 보내어 아마샤를 죽였다.

그들은 아마샤의 시체를 말에 실어와 예루살렘에 있는 그의 열조들과 함께 다윗 성에 묻어 주었다.

유다의 모든 백성들이 아사랴를 왕으로 세워 그의 아버지 아마샤의 뒤를 잇게 했다.

그때, 아사랴의 나이는 열여섯 살이었다.

그 밖에 아마샤가 행한 모든 일은 유다와 이스라엘 왕들의 열왕기에 자세히 기록되어 있다.

이스라엘 왕 여로보암 2세와 호세아와 아모스
(왕하 14:23-29; 호 1:1-2:1; 암 1:1; 7:1-17)

요아스의 아들 아마샤가 유다의 왕으로 있은 지, 십오 년째 되던 해에, 이스라엘 왕 요아스의 아들 여로보암 2세가 사마리아에서 이스라엘 왕이 되었다.

여로보암 2세는 사십 일년 동안, 이스라엘을 다스렸다.

그러나 그는 여호와께서 보시기에 악을 행하며, 이스라엘 백성을 범죄하게 한 느밧의 아들 여로보암 1세를 본받아, 그 죄에서 떠나지 않았다.

웃시야와 요담과 아하스와 히스기야가 이어 유다 왕이 된 시대 곧 요아스의 아들 여로보암 2세가 이스라엘 왕이 된 시대에,

여호와께서 브에리의 아들 호세아에게 주신 말씀이다.

여호와께서 호세아에게 처음 말씀하셨을 때, 여호와께서 이렇게 말씀하셨다.

> 너는 가서 음란한 아내와 결혼하여 음란한 자녀를 낳아라. 이 나라가 여호와를 떠나 더러운 음란한 짓을 하고 있다.

이에 그가 가서 디블라임의 딸 고멜과 결혼하였으며, 고멜이 잉태하여 아들을 낳으매, 그때 여호와께서 호세아에게 말씀하셨다.

> 그의 이름은 '이스르엘'(하나님이 뿌리시다라는 뜻) 이라고 하여라.
> 이제 곧 내가 예후의 집을 심판하겠다. 그가 이스르엘에서 죄 없는 사람들을 죽인 피 값을 예후 왕조에 갚아 이스라엘 족속의 나라를 폐하겠으며, 그날에 내가 이스르엘 골짜기에서 이스라엘의 활을 꺾어 버릴 것이다.

고멜이 다시 잉태하여 딸을 낳자, 여호와께서 호세아에게 말씀하셨다.

> 너는 그 이름을 '로루하마'(긍휼을 받지 못하는 자)라고 불러라.
> 내가 다시는 이스라엘 족속을 긍휼히 여겨서 용서하지 않을 것이다.
> 그러나 내가 유다 족속을 긍휼히 여겨, 그들의 하나님 여호와로 구원하겠고, 활과 칼이나 전쟁이나 말과 마병으로 구원하지 하지 않을 것이다.

고멜이 로루하마를 젖 뗀 후에 또 잉태하여 아들을 낳으매, 여호와께서 호세아에게 말씀하셨다.

> 너는 그 이름을 '로암미'(내 백성이 아니다)라고 불러라. 너희는 내 백성이 아니며 나도 너희 하나님이 되지 아니할 것이다.
> 그러나 이스라엘 자손의 수가 바닷가의 모래같이 되어서 측량할 수도 없고 셀 수도 없을 것이며, 전에 그들에게 이르기를 '너희는 내 백성이 아니라' 한 그곳에서 그들에게 이르기를 '너희는 살아 계신 하나님의 자녀'라 할 것이다.
> 이에 유다 자손과 이스라엘 자손이 함께 모여 한 우두머리를 세우고 그 땅에서부터 올라오리니, 이스르엘의 날이 클 것임이로다.
> 너희 형제에게는 '암미'(내 백성이라) 하고 너희 자매에게는 '루하마'(긍휼히 여김을 받은 자)라 하라.

유다 왕 웃시야의 시대 곧 요아스의 아들 여로보암 2세가 이스라엘의 왕으로 있을 당시, 지진이 나기 이 년 전에 드고아의 한 목자였던 아모스가 이스라엘에 대하여 계시 받은 말씀이다.

주 여호와께서 나에게 환상으로 보여 주셨다.

왕에게 돌아갈 몫의 곡식을 베고 난 후 다시 뿌린 씨가 움이 돋기 시작할 무렵, 주께서 메뚜기 떼를 일으키시자, 그 메뚜기 떼가 그 땅의 푸른 것을 모조리 먹어 버렸다.

그래서 내가 "주 여호와여! 주의 백성을 용서하소서. 그들이 어떻게 살아남을 수 있겠습니까? 야곱의 자손인 그들은 아주 미약합니다." 하고 부르짖었다.

여호와께서 이에 대하여 뜻을 돌이키셨으므로 "이것이 이루어지지 아니하리라."라고 여호와께서 말씀하셨다.

주 여호와께서 나에게 또 다른 환상을 보여 주셨는데, 주 여호와께서 불의 심판을 명령하시자, 그 불이 큰 바다를 태워 말리고 육지까지 삼키기 시작하였다.

그때 내가 "주 여호와여, 청하건대 그치소서!

야곱의 자손인 주의 백성이 어떻게 살아남을 수 있겠습니까? 그들은 아주 미약합니다." 하고 부르짖자, 주 여호와께서 이에 대하여 뜻을 돌이켜 이르시되 "이것도 이루지 아니하리라." 하셨다.

여호와께서 다시 나에게 이런 환상을 보여 주셨다.

추를 이용하는 다림줄을 가지고 쌓은 담 곁에, 주께서 손에 다림줄을 잡고 서셨더니, 주께서 "아모스야, 네가 무엇을 보느냐?" 하고 물으셨다.

그래서 내가 "다림줄입니다." 하고 대답하자.

주께서 이렇게 대답하셨다.

> 내가 반드시 서 있는가를 헤아려 보는 다림줄로 내 백성 이스라엘 가운데 두고 다시는 그들을 용서하지 아니하리니, 이삭의 산당들이 황폐화될 것이며, 이스라엘의 성소들이 폐허가 될 것이다. 내가 일어나 칼로 여로보암의 집을 치겠다.

그때 벧엘의 제사장 아마샤가 이스라엘의 왕인 여로보암 2세에게 이런 전갈을 보냈다.

> 이스라엘 백성 가운데 아모스가, 왕을 모반할 음모를 꾸미고 있습니다. 그의 모든 말로 인하여 이 땅에 감당할 수 없는 반란이 일어날지도 모릅니다.
> 또 아모스가 말하기를 '이스라엘 왕 여로보암 2세는 전쟁의 칼에 죽겠고, 이스라엘은 반드시 포로로 사로잡혀 그 땅에서 떠나겠다.' 하나이다.

그런 다음 아마샤는 아모스에게 이렇게 말하였다.

> 선견자야 너는 유다 땅으로 도망하여 가서 거기서나 떡을 먹으며 거기서나 예언하고, 다시는 벧엘에서 예언하지 말아라. 이곳은 왕의 성소이며 왕의 궁전이다.

그때 아모스가 아마샤에게 대답하였다.

> 나는 선지자도 아니고 선지자의 아들도 아니며, 다만 목자요 뽕나무를 재배하는 사람으로서 양떼를 따를 때에, 여호와께서 나를 데려다가 내게 이르시기를, '가서 내 백성 이스라엘에게 예언하라.' 하셨나니, 그러므로 이제 너는 여호와의 말씀을 들으라.
> 네가 이르기를 '이스라엘에 대하여 예언하지 말며, 이삭의 집을 향하여 경계하지 말라.' 하므로 여호와께서 너에게 이렇게 말씀하신다.
> '네 아내는 성읍에서 창녀가 될 것이며, 네 자녀들은 전쟁의 칼날에 쓰러지고, 네 땅은 측량되어 나누어질 것이며, 너는 더러운 땅 이방 나라에서 죽을 것이다. 그리고 이스라엘은 반드시 사로잡혀 포로가 되어 본토에서 떠날 것이다.'

이스라엘의 하나님 여호와께서, 그의 종 가드헤벨 아밋대의 아들 선지자 요나로 하신 말씀과 같이, 여로보암 2세가 하맛에서부터 아라바 바다 곧 사해까지 이르는 이스라엘의 국경을 다시 찾았다.

여호와께서는, 이스라엘의 고난이 너무 심하여, 매인 사람이나 자유로운 사람이나 할 것 없이 한 사람도 남아 있지 않아, 이스라엘을 돕는 사람이라고는 아무도 없는 것을 보셨고, 여호와께서는 이스라엘의 이름을 하늘 아래에서 지워 없애겠다고 말씀하시지 않았기 때문에, 요아스의 아들 여로보암 2세의 손으로 그들을 구원하신 것이다.

여로보암 2세가 행한, 다른 모든 일과 전쟁에서 승리한 일과, 또 유다가 차지하고 있었던 다메섹과 하맛 땅을 다시 찾은 일들은, 이스라엘 왕들의 역대지략에 기록되어 있다.

여로보암 2세가 죽자 그는 조상들 곧 이스라엘 왕들과 함께 사마리아에 묻혔다.

그의 아들 스가랴가 뒤를 이어 이스라엘 왕이 되었다.

유다 왕 아사랴(왕하 15:1-7; 대하 26:2-23)

여로보암 2세가 이스라엘의 왕으로 있은 지 이십칠 년째 되던 해에, 아마샤의 아들 아사랴(웃시야)가 유다의 왕이 되었다.

유다 백성들은 십육 세의 웃시야(아사랴)를 그의 아버지 아마샤를 대신하여 왕으로 삼았다.

아사랴(웃시야)는, 아마샤의 왕이 그 열조와 함께 잔 후에, 엘랏 마을을 다시 건설하여 유다 땅의 일부를 되돌려 놓았다.

그는 오십이 년 동안, 예루살렘에서 다스렸다. 그의 어머니는 예루살렘 사람 여골리야이다.

아사랴는, 그의 아버지 아마샤의 모든 행적처럼 여호와 보시기에 정직히 행했다.

그리고 아사랴(웃시야)는 하나님의 묵시를 밝히 아는 선지자 스가랴의 사는 날에 하나님을 구하였고, 그가 여호와를 구할 동안에는 하나님이 형통하게 하셨다.

그러나 산당을 없애지 않았으므로, 백성들은 여전히 그곳에서 제사를 지내고 향을 피웠다.

웃시야는, 블레셋 사람과 싸워 가드와 야브네와 아스돗 성들을 점령하고, 그 성벽들을 헐어 아스돗 일대와 그 밖의 블레셋 땅에 새로운 성들을 건축하였다.

하나님은, 블레셋 사람과의 전쟁에서만 그를 도운 것이 아니라, 구르바알에 사는 아라비아 사람들과, 그리고 마온 사람들과의 전쟁에서도 그를 도와주셨다.

암몬 사람이 웃시야에게 조공을 바쳤다. 웃시야가 매우 강하게 되었으므로, 그의 이름이 저 멀리 애굽 땅에까지 퍼졌다. 그는 성 모퉁이 문과 골짜기문과 성벽 모퉁이에 망대를 세워 예루살렘 성을 한층 더 강화하였다. 또 광야에도 요새화된 망대를 세우고 물웅덩이를 많이 팠는데, 이것은 그가 저지대와 평야에 가축을 많이 기르고 있었기 때문이었다.

웃시야는 농사를 좋아하였으므로, 백성들에게 산간 지대에 포도나무를 심고 비옥한 땅에는 농사를 짓도록 권장하였다.

웃시야 왕에게는, 잘 훈련된 군인들로 이루어진 군대가 있었는데, 왕의 서기관인 여이엘과 관리인 마아세야가 그들의 숫자를 세어 부대별로 나누었다.

왕의 지휘관 가운데 한 사람인 하나냐가 그들을 지휘했다. 이들을 지휘하는 장교가 이천육백 명이고, 모두 큰 용사이었다.

그 부하들은 모두 삼십만칠천오백 명이었다. 이들은 왕을 위해 적군과 용감히 싸울 수 있는 정예병들이었다.

웃시야는 모든 병사들에게 방패와 창과 투구와 갑옷과 활과 물맷돌을 지급하였으며, 예루살렘에는, 무기 제조 기술자들을 두어 새로운 무기를 고안하여 만들게 하였으니, 그 무기는 망대와 성곽 모서리 위에 설치하여 활과 큰 돌을 쏘아 날리는 것이었다.

그의 명성이 사방으로 퍼졌고, 하나님께서 그를 도우셨으므로, 그는 매우 강한 왕이 되었다.

그러나 웃시야 왕은, 자기 세력이 막강해지자 마음이 교만해져서 악한 길에 들어서고 말았다.

그는 그의 하나님 여호와께 범죄하고, 아무나 들어갈 수 없는 여호와의 성전에 들어가 분향하려고 하였다.

그러자 대제사장 아사랴가, 건장하고 용감한 제사장 팔십 명을 데리고 왕을 따라 들어가서 그를 말리며 이렇게 말하였다.

웃시야 왕이시여, 여호와께 분향하는 것은 왕이 할 일이 아닙니다.
이것은 이 일을 위해서 특별히 구별된 아론의 자손 제사장들만이 할 수 있는 일입니다.
제발 성소에서 나가 주십시오. 왕은 범죄하였으므로, 더 이상 여호와의 영광을 얻지 못할 것입니다.

이때 성전 향단 곁에서 분향하려고 향로를 잡고 있던 웃시야가, 여호와의 성전 안 향단 곁 제사장에게 버럭 화를 내자, 그 순간 그의 이마에는 갑자기 나병이 발생하였다.

대제사장 아사랴와 다른 모든 제사장들이 왕의 이마에 나병이 생긴 것을 보고, 그를 성전에서 급히 쫓아냈다.

왕 자신도 여호와께서 자기를 벌하신 줄 알고 성전에서 급히 떠났다.

여호와께서 웃시야 왕에게 벌을 내리셔서, 그는 죽을 때까지 나병으로 고생했다.

그는 특별히 따로 지은 궁전에서 살았고 그의 아들 요담이 왕궁을 관리하며 그 땅의 백성을 다스렸다.

웃시야가 죽자 그의 조상들과 함께 다윗 성에 묻혔다. 그리고 그의 아들 요담이 뒤를 이어 왕이 되었다.

그 밖에 웃시야가 행한 모든 일은 아모스의 아들인 선지자 이사야가 자세히 기록하였고, 유다 왕들 역대지략에 기록되어 있다.

이스라엘 왕 스가랴와 살룸과 므나헴(왕하 15:8-22)

아사랴(대제사장 아닌 웃시야 왕의 별명)가 유다의 왕으로 있은 지 삼십팔 년째 되던 해에, 여로보암 2세의 아들 스가랴가 사마리아에서 이스라엘의 왕이 되었으며, 그는 여섯 달 동안, 나라를 다스렸다.

스가랴는 이스라엘의 열조의 왕들처럼, 여호와께서 보시기에 악을 행하며, 이스라엘 백성을 범죄하게 한 느밧의 아들 여로보암을 본받아 그 죄에서 떠나지 않았다.

야베스의 아들 살룸이 반역을 일으켜 백성 앞에서 스가랴를 죽이고, 그의 뒤를 이어 이스라엘 왕이 되었다.

스가랴가 행한, 다른 모든 일은 이스라엘 왕들의 역대지략에 기록되어 있다.

그리하여 여호와께서, 이전에 예후에게 "너의 사 대 자손까지는 이스라엘의 왕좌에 앉게 될 것이다."라고 약속하신 말씀이 그대로 이루어졌다.

웃시야(아사랴)가 유다의 왕으로 삼십구 년째 되던 해에, 야베스의 아들 살룸이 왕이 되었다. 그는 사마리아에서 한 달 동안 다스렸다.

가디의 아들 므나헴이 디르사에서 사마리아로 올라와서 야베스의 아들 살룸을 공격했다.

그리하여 므나헴이 살룸을 죽이고 살룸의 뒤를 이어 왕이 되었다.

살룸이 행한, 다른 모든 일과 음모를 꾸민 일은 이스라엘 왕들의 역대지략에 기록되어 있다.

그때에 므나헴이 디르사를 떠나 딥사를 공격했다. 그는 딥사 성의 사람들이 문을 열어 주지 않은 것을 이유로, 그 성과 성의 주변 지역을 파괴하고 임신한 여자들의 배를 갈랐다.

아사랴가 유다의 왕으로 있은 지 삼십구 년째 되던 해에, 가디의 아들 므나헴이 이스라엘의 왕이 되었다. 므나헴은 사마리아에서 십 년 동안, 나라를 다스렸다.

그는 여호와께서 보시기에 악을 행하며, 이스라엘 백성을 범죄하게 한 느밧의 아들 여로보암을 본받아 평생 그 죄에서 떠나지 않았다.

앗수르 왕 불(디글랏 빌레셀)이 와서 그 땅을 치려 하므로, 므나헴이 은 일천 달란트(34 톤)를 불에게 주어서, 그로 하여금 자기를 도와주게 하였고, 이스라엘을 자기 손에 굳게 세우고자 하여서, 므나헴은 이스라엘의 모든 큰 부자들에게 세금을 강제로 매겨, 그는 한 사람마다 은 오십 세겔(570 g)씩을 바치게 했다.

그가 그렇게 거둔 돈을 앗수르 왕에게 주자, 앗수르 왕은 그 땅에 머물지 않고 떠났다.

므나헴이 행한, 다른 모든 일은 이스라엘 왕들의 역대지략에 기록되어 있다.

그가 죽고, 그의 아들 브가히야가 뒤를 이어 왕이 되었다.

이스라엘 왕 브가히야와 베가(왕하 15:23-31)

아사랴가 유다의 왕으로 있은 지 오십 년째 되는 해에, 므나헴의 아들 브가히야가 사마리아에서 이스라엘의 왕이 되었다. 브가히야는 이 년 동안, 나라를 다스렸다.

브가히야는, 여호와께서 보시기에 악을 행하며, 이스라엘 백성을 범죄하게 한 느밧의 아들 여로보암을 본받아, 그 죄에서 떠나지 않았다.

브가히야의 장관인 르말랴의 아들 베가가 브가히야를 반역하여, 베가는 길르앗 사람 오십 명을 이끌고, 사마리아 왕궁 요새에서 브가히야 왕과 아르곱과 아리에를 죽였다.

그리고 베가가 브가히야의 뒤를 이어 왕이 되었다. 브가히야의 나머지 행적과 그가 한 모든 일은 이스라엘 왕 역대지략에 기록되어 있다.

웃시야인 아사랴가 유다의 왕으로 있은 지 오십이 년째 되는 해에, 르말랴의 아들 베가가 사마리아에서 이스라엘의 왕이 되었다. 베가는 이십 년 동안, 나라를 다스렸다.

베가는, 여호와께서 보시기에 악을 행하며, 이스라엘 백성을 범죄하게 한 느밧의 아들 여로보암을 본받아, 그 죄에서 떠나지 않았다.

베가가 이스라엘의 왕으로 있던 때에, 앗수르 왕 디글랏 빌레셀이 쳐들어와서, 이욘과 아벨벳마아가와 야노아와 게데스와 하솔과 길르앗과 갈릴리와 납달리 온 땅을 점령했다.

그리고 그곳의 백성들을 앗수르로 잡아갔다.

웃시야의 아들 요담이 유다 왕으로 있은 지 이십 년째 되던 해에, 엘라의 아들 호세아가 르말랴의 아들 베가를 죽이고 왕이 되었다.

베가의 나머지 행적과 그가 한 모든 일은 이스라엘 왕 역대지략에 기록되어 있다.

유다 왕 요담(왕하 15:32-38; 대하 27:1-9)

르말랴의 아들 베가가 이스라엘의 왕으로 있은 지 이 년째 되던 해에, 웃시야의 아들 요담이 왕이 되었다.

요담이 왕이 되었을 때의 나이는 스물다섯 살이었다.

그는 예루살렘에서 십육 년 동안 다스렸다. 그의 어머니는 사독의 딸 여루사이다.

요담은 그의 아버지 웃시야의 선한 행실을 본받아, 여호와께서 보시기에 옳은 일을 하였으며, 그는 또 자기 아버지처럼 성전을 침범하여, 죄를 짓는 일도 하지 않았다.

그러나 산당을 없애지 않았으므로, 백성이 여전히 그곳에서 제사를 지내고 향을 피우며 계속 죄를 짓고 있었다.

요담은 여호와의 성전 윗문 곧 북문을 건축하고 오벨이라는 예루살렘 지역의 성벽을 증축하였으며, 유다의 산간 지방에는 성읍을 건축하고, 산림 지역에는 요새를 만들고 망대를 세웠다.

더욱이 그는 암몬 자손의 왕들과 싸워서 이겼다. 그래서 그해에 암몬 자손은 은 백 달란트와, 밀 만 석과 보리 만 석을 조공으로 바쳤고, 그다음 해에도, 또 삼 년째 되는 해에도 암몬 자손은 같은 분량으로 조공을 바쳤다.

요담이, 그 하나님 여호와 앞에서 바른길을 걸으며 살았으므로 점점 강해졌다.

그러나 그는 말년에 여호와께서, 비로소 아람 왕 르신과 르말랴의 아들 이스라엘 왕 베가를 보내어 유다를 치게 하셨다(위에 언급한 바와 같이 신당의 방치와 이로 인한 백성들의 범죄로 말미암은 벌이었을 것이다).

요담이 행한, 다른 모든 일은 유다 왕들의 역대지략에 기록되어 있으며, 그 밖에 요담이 행한 일과 그 당시에 일어난 사건 및 전쟁 이야기는 이스라엘과 유다 왕들의 열왕기에 기록되어 있다.

요담이 그 열조와 함께 잠들매 그 조상 다윗 성에 열조와 함께 장사되었다.

유다 왕 아하스와 이사야(왕하 16:1-30; 대하 28:1-27; 사 7:1-8:8)

르말랴의 아들 베가가 이스라엘의 왕으로 있은 지 십칠 년째 되던 해에, 요담의 아들 아하스가 유다 왕이 되었다.

아하스가 왕이 되었을 때의 나이는 스무 살이었다. 그는 예루살렘에서 십육 년 동안 다스렸다.

아하스 왕은 그의 조상 다윗과 달리 여호와께서 보시기에 악한 일을 하였다.

아하스는, 이스라엘 열왕들이 행했던 죄의 길을 따라갔으며, 그는 여호와께서 이스라엘 백성 앞에서 쫓아내신 이방 사람의 가증한 일을 본받아, 자기 아들을 불 가운데로 지나가게 하였으며, 아하스는 산당과 언덕과 모든 푸른 나무 아래서 제사를 지내고 향을 피웠다.

그러므로 그의 하나님 여호와께서는, 그를 아람 왕의 손에 넘겨주셨다. 그래서 아람군은 유다를 침략하여 수많은 백성을 포로로 잡아 다메섹으로 끌고 갔다.

또 여호와께서는, 이스라엘 왕 베가로 하여금 아하스를 치게 하셨다. 베가의 군대가 아하스의 군인들을 많이 죽였다.

이는 그 열조의 하나님 여호와를 버렸음이다.

르말랴(르말리야)의 아들 베가가, 유다에서 하루 동안에 용사 십이만 명을 죽였으며, 이뿐 아니라 에브라임의 용감한 군인이었던 시그리는, 왕의 아들 마아세야와 궁중 대신 아스리감과 총리대신 엘가나를 죽였다.

그후 아람과 에브라임이 동맹하였다는 소식이 다윗 왕실에 전해지자, 웃시야의 손자요 요담의 아들인 유다 왕 아하스 왕의 마음과 백성의 마음이 마치 거센 바람 앞에서 요동하는 수풀처럼 흔들렸다.

그때 여호와께서 이사야에게 말씀하셨다.

> 너와 네 아들 스알야숩은, 세탁자의 들판으로 가는 길에 위치한, 윗못으로 흐르는 물길 끝으로 가서, 아하스를 만나 이르기를, '너는 조용하며 침착하게 행동하여라. 아람의 르신과 르말리야(르말랴)의 아들 베가가, 아무리 분노할지라도 그들은 타다 남은 연기 나는 두 부지깽이 막대기에 불과하니 두려워하지 말며 낙심하지 말라.'
> 아람과 에브라임 왕과 르말리야의 아들이 악한 계략으로 너를 대적하여 말하기를, '우리가 올라가 유다를 쳐서, 그들을 두렵게 하고 우리를 위하여 그들을 흩어지게 하여서, 다브엘의 아들을 그중에 세워 왕을 삼자 하였다.'
> 주 여호와의 말씀에 '이 계략은 성공하지 못하며 그들의 뜻대로 이루지 못하리라.'
> 대저 아람의 머리는 다메섹이요 다메섹의 머리는 르신이며, 에브라임의 머리는 사마리아요 사마리아의 머리는 르말리야의 아들일지라도, 에브라임이 육십오 년 내에 패하여 다시는 나라를 이루지 못하리라.
> 만일 너희가 굳게 믿지 아니하면 너희는 굳게 서지 못하리라.' 하셨다 할지니라.

여호와께서 다시 아하스에게 말씀하셨다.

> 너는 네 하나님 여호와께 한 징조를 구하되 깊은 데서든지 높은 데서든지 구하라.

아하스가 대답하였다.

> 나는 징조를 구하지도 않고, 나는 여호와를 시험하지도 않겠습니다.

그때에 이사야가 말하였다.

> 다윗의 집이여, 원하건대 들을지어다.
> 너희가 백성을 괴롭게 하고서도 그것을 작은 일로 여겨, 이제는 하나님을 괴롭히려고 하나님의 인내까지 시험하려 하느냐?
> 그러므로 여호와께서, 친히 너희에게 징조를 주실 것이다. 처녀가 잉태하여 아들을 낳을 것이며, 주께서 그의 이름을 '임마누엘'이라고 하리라.

그 아이가 옳지 않은 것을 버리며 옳은 것을 선택할 나이가 될 때에, 그 아이는 버터나 꿀을 먹을 것이다.
또한 이 아이가 악을 버리며 선을 택할 줄 알기도 전에, 너희가 미워하는 아람과 에브라임 두 왕의 땅이 황폐해질 것이다.
여호와께서, 에브라임이 유다를 떠날 때부터, 지금까지 겪어 보지 못한 가장 무서운 날을, 너와 네 백성과 네 아비 집에 내리실 것이니, 이는 앗수르 왕이 너희에게 오는 날이니라.
그날에는 여호와께서, 애굽 하수 끝에 있는 파리 떼와 같은 애굽 군대와 벌떼와 같은 앗수르 군대를 부르실 것이다.
그러면 그것들이 모두 몰려와서, 거친 골짜기와 바위틈과 가시나무 울타리와 모든 초장에 앉으리라.
그날에는 여호와께서, 유브라데스 강 저편에서 세내어 온 면도칼 같은 삭도, 곧 앗수르 왕으로 네 백성의 머리털과 발털을 미실 것이요 수염도 깎으시리라.
그날에는 사람이, 어린 암소 한 마리와 양 두 마리밖에 기르지 못해도, 그것들이 내는 젖이 많으므로, 엉긴 젖인 버터를 먹을 수 있을 것이며, 그 땅에 남아 있는 사람들은 모두 버터와 꿀을 먹을 수 있을 것이다.
또한 그날에는 천 그루에 은 천 개의 가치가 있는 포도나무가 있던 곳마다 찔레와 가시가 뒤덮일 것이며, 사람들은 활과 화살을 가지고 그리로 가서 사냥할 것이다.
이와 같이 온 땅이 가시와 찔레로 뒤덮일 것이며, 쟁기로 밭을 갈던 모든 산에도 찔레와 가시 때문에 두려워서, 사람들은 그리로 가지 못할 것이며, 그 땅은 소를 풀어놓으며 양이 밟는 곳이 되리라.

여호와께서 나에게 말씀하셨다.

너는 큰 서판을 가지고 와서, 그 위에 보통 쓰는 글자로 노략이 빠르다는 '마헬살랄하스바스'라고 쓰라. 내가 진실한 증인 제사장 우리야와 여베레기야의 아들 스가랴를 불러 증언하게 하리라. 그 후 내가 내 아내와 동침하였더니, 그가 잉태하여 아들을 낳았다.

그때에 여호와께서 내게 말씀하셨다.

그 아이의 이름을 '마헬살랄하스바스'라 하라.
이 아이가 아빠, 엄마라 부르기도 전에, 다메섹의 재물과 사마리아의 노략물인 전리품이 앗수르 왕 앞에 옮겨질 것이니라.

여호와께서 다시 나에게 말씀하셨다.

이 백성이 천천히 흐르는 예루살렘의 실로아 물을 버리고 아람의 르신과 르말리야의 아들 베가를 기뻐하느니라.
그러므로 나 여호와가, 세차게 넘쳐흐르는 유브라데스 강의 홍수 곧 앗수르 왕과 그의 모든 위력을 이 백성 위에 뒤덮이게 하겠다.
그때에 그 물이 모든 골짜기에 차고 모든 언덕에 넘쳐흘러 유다로 밀려들고, 소용돌이치면서 흘러 유다를 휩쓸고, 유다의 목에까지 미치리라.
하나님이 우리와 함께하신다는 '임마누엘'이여! 그의 펴는 날개가 네 땅에 가득하리라.

그때에 아람 왕 르신과 르말리야의 아들 이스라엘 왕 베가가 올라와서 예루살렘을 포위하여 공격하였으나 그 성을 함락시키지 못하였다.

당시에 아람 왕 르신이 엘랏 성을 도로 찾으면서 그곳에 살고 있던 유다 백성을 쫓아냈다.

그리고 아람 사람들이 엘랏으로 옮겨 왔다. 그들은 지금까지도 그곳에서 살고 있었다.

이스라엘 군대는 그들의 동족인 유다 사람들을, 아내들과 아이들까지 합쳐 무려 이십만 명이나 사로잡고, 물건도 많이 약탈하여 사마리아로 가져갔다.

그때 오뎃이라는 여호와의 선지자가 있었는데, 그는 사마리아로 돌아오는 이스라엘 군대에게 말했다.

여러분 열조의 하나님 여호와께서, 유다에 진노하셔서 여러분의 손으로 그들을 치게 하셨습니다.
그러나 여러분은 노기가 하늘에까지 치밀어 그들을 무자비하게 마구 죽였습니다.
그러고도 여러분은 유다와 예루살렘에서 끌고 온 이 사람들을 노예로 삼으려고 합니다.
여러분도 여러분의 하나님 여호와께 범죄한 적이 없습니까?
여러분은 내 말을 들으시오!
그대들이 잡아 온 이 포로들은 바로 그대들의 형제자매이니 곧 풀어 주어 돌아가게 하시오.
그렇지 않으면 여호와께서 진노하셔서 여러분을 벌하실 것입니다.

그러자 에브라임 자손의 우두머리 몇 사람인, 요하난의 아들 아사랴와 무실레못의 아들 베레갸와 살룸의 아들 여히스기야와 하들래의 아들 아마사가 일어나서, 전장에서 돌아오는 자를 막으며 말했습니다.

> 이 포로들을 이리로 끌어들이지 마시오.
> 이런 일을 저질렀기 때문에, 우리가 모두 여호와 앞에서 죄인이 되었소. 그대들은 우리의 죄와 허물을 더욱 많게 하였소.
> 우리의 허물이 이렇게 많아져서 우리 이스라엘이 여호와의 진노를 피할 수 없게 되었소,

그래서 무장한 군인들은, 포로들과 전리품을 백성들과 그 방백들에게 넘겨주었다.

그러자 에브라임의 네 지도자들은, 전리품을 인계 받아 그것으로 벗은 자에게 옷을 입히고 필요한 대로 그들에게 신과 음식과 포도주를 주고, 또 상처에 기름을 발라 치료해 주며, 노약자는 나귀에 태워 모든 포로들을 종려나무 성인 여리고까지 데리고 가서,

그 가족들에게 넘겨준 후에 그들은 사마리아로 돌아왔다.

그때에 유다 왕 아하스가 앗수르 왕에게 사신을 보내어 원병을 요청하였다.

이는 에돔 사람이 다시 와서 유다를 치고 그 백성을 사로잡아 갔으며, 또 이와 때를 같이하여 블레셋 사람도 유다의 평지와 남방 성읍들을 침략하여 벧세메스와 아얄론과 그데롯을 점령하고, 소고를 포함한 그 주변 성읍들과 딤나와 김소와 그 인근 마을들을 점령하고, 거기에 정착하였다.

이는 이스라엘 왕 아하스가, 유다에서 망령되이 행하여 여호와께 크게 범죄하였으므로, 여호와께서 유다를 낮추심이었다.

그때에 아하스가 앗수르 왕 디글랏 빌레셀에게, 전령을 보내어 말했다.

> 나는 왕의 신하이며 왕의 아들입니다.
> 오셔서 나를 아람 왕과 이스라엘 왕에게서 구해 주십시오. 그들이 나를 치고 있습니다.

앗수르의 디글랏 빌레셀 왕이 도착하였으나, 그는 아하스 왕을 돕기

는커녕 오히려 그를 괴롭혔다.

아하스는 여호와의 성전에 있는 은과 금과 왕궁에 있는 보물들과 방백들의 집에서 재물을 가져와서, 앗수르 왕에게 선물로 주었지만 별 효과가 없었다.

앗수르 왕은 아하스의 부탁을 받았지만, 앗수르의 세력 확장을 위하여 다메섹을 쳐서 점령했다.

그는 다메섹의 모든 백성들을 길 성으로 보내고 르신을 죽였다.

아하스 왕이 앗수르 왕 디글랏 빌레셀을 만나려고 다메섹으로 갔다.

그가 거기에서 한 제단을 보고, 그 구조와 모양을 세밀히 그려 제사장 우리야에게 보냈다.

제사장 우리야는 아하스 왕이 다메섹에서 보내 준 구조와 모양에 따라 제단을 만들었으며, 그는 아하스 왕이 다메섹에서 돌아오기 전에 제단을 모두 완성했다.

아하스 왕이 다메섹에서 돌아와서, 만들어 놓은 그 제단을 보고 그 위에 불로 태워 바치는 번제와 곡식으로 바치는 소제를 드리고, 또 술을 따르는 전제를 드리며, 수은제 곧 화목제의 피를 그 단에 뿌렸다.

아하스는 여호와 앞 곧 성전 앞에 있던 놋 제단을 새로 만든 제단과 여호와의 성전 사이에 옮겨다가, 제단의 북쪽에 두었다.

아하스 왕이 제사장 우리야에게 명령했다.

> 아침에 드리는 번제와 저녁에 드리는 소제와 왕의 번제와 소제와 그리고 백성의 모든 번제와 소제와 전제를 이 큰 단에서 불사르고, 또 모든 번제물의 피와 다른 제물의 피를 다 그 단 위에 뿌리시오.
> 그러나 그 놋단은 무엇을 물어 볼일이 있을 때 내가 개인적으로 사용할 수 있도록 쓰게 하시오.

제사장 우리야는 아하스가 명령한 대로 했다.

아하스는 괴롬을 당하면서도, 오히려 여호와께 죄를 더 많이 지었다.

자기를 친 다메섹 사람들이 섬기는 신들에게 제사를 지내면서, 아람 열왕들이 섬긴 신들이 그 왕들을 도왔으니, 나도 그 신들에게 제사를 드리면, 그 신들이 나를 도와주겠지'라고 생각하였다.

그러나 이러한 일이 오히려 아하스와 온 이스라엘을 망하게 하였다.

그 뒤에 아하스 왕은, 하나님의 성전에서 물을 운반하는 데 사용했던 물두멍 놋받침에서 옆면의 놋판을 떼어 내고, 그 위에 얹혀 있는 물두멍을 들어내었으며, 그는 놋 황소 위에 놓여 있던 바다라고 불리는 놋바다를 떼어 내서 돌판 위에 놓았다.

또 아하스는 앗수르 왕에게 충성을 보이기 위하여, 안식일에 사용하는 성전 뜰의 현관과, 왕이 밖에서 여호와의 성전으로 들어가는 현관을 모두 막아 버렸다.

예루살렘 곳곳에 이방 신들의 제단을 쌓고, 유다의 각 성읍에 산당을 세우고, 다른 신들에게 분향하며, 열조 때부터 섬겨 온 하나님 여호와를 진노하게 하였다.

그가 이런 일을 한 까닭은 앗수르 왕의 신임을 얻기 위함이었다.

아하스가 행한, 다른 모든 일은 유다 왕들의 역대지략과 이스라엘의 열왕기에 기록되어 있다.

아하스가 그 열조와 함께 잠드니, 이스라엘 열왕의 묘실에 들이지 아니하고, 예루살렘 성에 장사하였다.

그의 아들 히스기야가 뒤를 이어 왕이 되었다.

이스라엘의 마지막 왕 호세아(왕하 17:1-18)

아하스가 유다의 왕으로 있은 지 십이 년째 되는 해에, 엘라의 아들 호세아가 이스라엘의 왕이 되었다. 호세아는 사마리아에서 구 년 동안, 이스라엘을 다스렸다.

그는 여호와께서 보시기에 악한 일을 했지만, 그전의 이스라엘 왕들만큼 악하지는 않았다.

앗수르의 살만에셀 왕이 이스라엘 왕 호세아를 치러 올라오자, 호세아는 항복하고 해마다 그에게 조공을 바쳤다.

그러나 이스라엘 왕 호세아가 애굽 왕 소에게 사절단을 보내 도움을 요청하고, 해마다 앗수르에 바치던 조공을 보내지 않았다.

그러자 앗수르 왕 살만에셀은 호세아가 배반하는 것을 보고, 그를 붙잡아 감옥에 가두었다.

그 뒤에 앗수르 왕이 이스라엘 온 땅을 침략하고, 사마리아로 와서 삼 년 동안 그곳을 에워쌌다.

호세아가 왕으로 있은 지 구 년 째 되는 해에 앗수르 왕이, 사마리아를 점령했다.

그는 이스라엘 백성을 앗수르로 끌고 가서, 할라와 고산 강가와 하볼과 메대의 여러 성으로 이주시켰다.

이 일은 이스라엘 자손이 자기들을 애굽에서 인도하여 내시어, 애굽 왕 바로의 손에서 벗어나게 하신 그 하나님 여호와께 죄를 범하고, 또 다른 신들을 섬겼기 때문이며, 또 여호와께서 이스라엘 자손의 면전에서 내쫓으신 이방 나라들의 관습과, 이스라엘의 왕들이 잘못한 것을 그들이 그대로 따랐기 때문이다.

이스라엘 백성들은 그들의 하나님을 거역하여 옳지 못한 온갖 불의를 저질렀다.

곧 망대로부터 요새화된 성읍에 이르기까지, 온 성읍 안에 그들 스스로 산당을 세웠으며, 그리고 그들은 모든 산언덕과 푸른 나무 아래에 돌기둥의 우상과 아세라 여신상을 세우고, 여호와께서 그들 앞에서 쫓아내신 이방 민족의 행실을 본받아 그 산당에서 분향하며 온갖 악을 행하여 여호와를 격노하게 하였다.

여호와께서 "너희는 우상을 섬기지 마라." 하고 명령하셨는데도, 그들은 우상을 섬겼다.

여호와께서는 각 선지자와 각 선견자로 이스라엘과 유다에게 경고하셨다.

너희는 악한 길에서 돌이켜서 내 명령과 규례를 지켜라.
내가 너희 열조에게 명령하고 또 나의 종 선지자들로 너희에게 전한 모든 율법대로 행하여라.

그러나 그들은 여호와의 명령을 듣지 않고, 그 목을 굳게 하기를 그 하나님 여호와를 믿지 아니하던 그들의 열조의 굳은 목같이 하여 여호와의 율법을 배척하고, 또 여호와와 그들의 열조들로 더불어 세우신 언약을 어기며, 그분의 모든 경고하신 말씀을 버렸다.

그리고 그들은 헛된 우상을 섬기며, 그 헛된 것에 미혹되어 허망한 자가 되었으며, 또 여호와께서 명령하시기를 "이방 사람을 본받지 말라." 하신 사방의 이방 사람을 본받아, 그 하나님 여호와의 모든 명령을 버리고, 자기를 위하여 두 송아지 형상을 부어 만들고 또 아세라 나무 우상을 만들고, 또한 그들은 하늘의 일월성신을 숭배하고 바알을 섬겼다.

그리고 자기 자녀를 불 가운데로 지나가게 하며, 복술과 사술을 행하고 스스로 팔려, 여호와 보시기에 악을 행하고 그 노를 격발하게 하였으므로, 여호와께서는 이스라엘에게 크게 진노하셨고, 그들을 그의 면전에서 내쫓으시니, 오직 유다 지파 외에는 남은 자가 없었다.

유다와 이스라엘의 죄와 사마리아 사람(왕하 17:19-41)

그러나 유다 백성까지도, 그들의 하나님 여호와의 명령에 불순종하고 이스라엘 사람들의 악한 행실을 그대로 본받았다.

그러므로 여호와께서는 유다와 이스라엘 백성을 모두 버리시고, 그들을 징계하여 침략자들의 손에 붙이시고, 심지어는 주의 면전에서 내쫓기까지 하셨다.

여호와께서 다윗의 나라를 찢어 나누셨을 때, 이스라엘 사람들은 느밧의 아들 여로보암을 자기들의 왕으로 삼았다.

그러나 여로보암이 이스라엘을 인도하여, 여호와를 떠나게 하고 큰 죄를 범하게 하였으므로, 이스라엘 백성은 여로보암을 본받아 그가 행한 악을 그대로 행하고 그 죄에서 떠나지 않았다.

마침내 여호와께서는 그의 종 모든 선지자로 말씀하신 대로, 이스라엘 백성을 자기 앞에서 내쫓으셨다.

그래서 이스라엘 백성은 자기 고향 땅에서 쫓겨나 앗수르로 끌려간 뒤, 지금까지 거기에서 살고 있다.

앗수르 왕은, 바벨론과 구다와 아와와 하맛과 스발와임에서 사람들을 데려다가, 이스라엘 백성을 대신해서 사마리아의 여러 성에서 살게 했다. 그래서 그들은 사마리아를 차지하고 여러 성에서 살았다.

그러나 그들이 처음 그곳에 정착할 때, 여호와를 경외하지 않았으므로, 여호와께서는 그들 가운데 여러 마리의 사자를 보내 몇 사람을 죽였다.

그러므로 어떤 사람이 앗수르 왕에게 이 소식을 보고하였다.

> 왕께서 사마리아의 여러 성에 보낸 이방 사람들은, 그 땅의 하나님에 대한 법을 알지 못합니다.
> 그래서 그 땅의 하나님이 그들에게 사나운 사자를 보내어 죽게 하셨습니다.
> 이는 그 땅의 하나님의 법을 알지 못하였기 때문입니다.

그러자 앗수르 왕이 명령을 내렸다.

> 사마리아에서 붙잡아 온 제사장들 가운데서 한 명을 돌려보내어 그 땅에서 살게 하여라.
> 그리고 그 땅의 하나님의 법을 백성에게 가르쳐 주게 하여라.

사마리아에서 붙잡혀 간 제사장들 가운데서 한 명이 돌아와 벧엘에 살면서 여호와를 섬기는 방법을 백성들에게 가르쳐 주었다.

그러나 그들은 각 민족별로 그들이 사는 성에서, 사마리아 사람들이 만든 여러 산당 안에 자기들의 신을 두었다.

바벨론 사람은 숙곳브놋을 만들었고, 구다 사람은 네르갈을 만들었고, 하맛 사람은 아시마를 만들었고, 아와 사람은 닙하스와 디르닥을 만들었고, 스발와임 사람은 자기들의 신인 아드람멜렉과 아남멜렉에게 자기 자녀를 불에 태워 바쳤다.

그들은 또 여호와를 경외하여, 자기들 중에서 사람을 산당의 제사장으로 택하여, 그 산당에서 자기들을 위하여 제사를 드리게 하였다.

이와 같이 사마리아에 사는 이방 사람들은 여호와를 경외하면서도, 또한 그들이 어디서에서부터 옮겨 왔든지 간에 불구하고, 그 민족의 풍습대로 자기들의 신도 섬겼다.

그들은 그 이후에도 이전 풍속대로 행하여 여호와를 경외하지 아니하였으며, 또 여호와께서, 이스라엘이라 이름을 주신 야곱의 자손에게 명령하신 율례와 법도와 율법과 계명을 준행하지 아니하였다.

옛적에 여호와께서 야곱의 자손들과 언약을 맺으시며 말씀하셨다.

> 너희는 다른 신을 경외하지 말며, 그를 숭배하지 말며, 그를 섬기지 말며, 그에게 제사를 하지 말며, 오직 크신 능력과 펴신 팔로 너희를 애굽 땅에서 인도해 내신 여호와만 경외하여 그를 숭배하며 그에게 제사를 드릴 것이며, 또 여호와께서 너희를 위하여 기록한 율례와 법도와 계명을, 너희가 지켜 영원히 행하고 다른 신들을 경외하지 말며, 또 내가 너희와 세운 언약을 잊지 말며 다른 신들을 경외하지 말고, 오직 너희 하나님 여호와만 경외하라. 그가 너희를 모든 원수의 손에서 건져 내시리라.

그러나 그들은 여호와의 말씀을 듣지 않고, 오히려 이전 풍속대로 행하였다.

이처럼 이스라엘 땅으로 이주해 온 이 이방 민족들은, 여호와를 경외하면서도, 여전히 그들의 부어 만든 아로새긴 우상을 섬겼다.

그리고 그 자손들도 대대로 그들의 조상들을 본받아 그 일을 되풀이하여 오늘날까지도 그대로 따라 하고 있다.

선지자 미가와 베들레헴 에브라다(미 1:1; 5:2-9)

유다의 열왕 요담과 아하스와 히스기야 시대에, 모레셋 사람 선지자 미가에게 임한 여호와의 말씀 곧 사마리아와 예루살렘에 관한 하나님의 계시인 묵시이다.

베들레헴 에브라다야, 너는 유다 족속 중에서 가장 작은 마을 중의 하나이지만, 너에게서 이스라엘을 다스릴 자가 나올 것이라. 그의 근본은 영원한 태초에부터이니라.
그러므로 여인이 해산하기까지, 하나님이 자기 백성을 이방인들의 손에 맡겨 그들을 붙여 두시겠고, 그 후에는 흩어져 있는 그의 동족들의 남은 자가 이스라엘 자손에게로 돌아오리니, 그가 여호와의 능력과 그 하나님 여호와의 이름의 위엄을 의지하고 서서, 그 양 떼에게 먹여서 그들로 평안히 살게 할 것이라.
이제 그가 창대하여 땅 끝까지 미치며, 이 사람은 우리의 평강이 될 것이라.
앗수르 사람이 우리 땅에 들어와서, 우리의 왕궁들을 밟을 때에는 우리가 일곱 목자와 여덟 군왕을 일으켜 그를 치리니, 그들이 칼로 앗수르 땅을 황폐하게 하며 니므롯 땅의 어귀를 황폐하게 하리라.
앗수르 사람이 우리 땅에 들어와서 우리 지경을 밟을 때에는 그가 우리를 그에게서 건져내리라.
그때 살아남은 야곱의 자손인 이스라엘 민족은 많은 나라 백성 가운데 있으리니, 그들은 여호와께서 내리시는 이슬 같고 풀 위에 내리는 단비 같아서, 사람을 기다리지 아니하며 인생을 기다리지 아니할 것이다.
야곱의 남은 자인 이스라엘은 세상 열국 중과 여러 백성 중에 있으리니, 그들은 수풀의 짐승 중의 사자 같고 양 떼 중의 젊은 사자 같아서, 만일 그가 지나간즉 밟고 찢으리니, 능히 구원할 자가 없을 것이라.
이스라엘이여! 네 손이 네 대적 위에 들려서 네 모든 원수를 진멸하기를 바라노라.

제 4 장

히스기야 왕

유다의 히스기야 왕(왕하 18:1-3; 대하 29:1-26)

엘라의 아들 호세아가 이스라엘의 왕으로 있은 지 삼 년째 되던 해에, 아하스의 아들 히스기야가 유다의 왕으로 되었다. 히스기야가 왕이 되었을 때의 나이는 스물다섯 살이었다.

그는 예루살렘에서 이십구 년 동안 다스렸다. 그의 어머니는 스기리야(스가랴)의 딸 아비(아비야)이다.

히스기야가 그 조상 다윗의 모든 행위와 같이 여호와 보시기에 정직히 행하였다. 그는 왕이 된 그해 일월에 성전 문을 다시 열고 성전을 수리하였으며, 또 제사장들과 레위 사람들을 성전 동쪽 광장에 불러 모아 그들에게 이렇게 말하였다.

> 레위 사람 여러분, 내 말을 들으십시오.
> 이제 여러분은 자신을 성결하게 하고, 또 여러분 열조의 하나님 여호와의 성전을 성결하게 하여, 성소에서 더러운 것을 다 제거하십시오.
> 우리의 열조가 범죄하여, 주 우리의 하나님 여호와 보시기에 악한 일을 하였고, 그들은 하나님을 버리고 얼굴을 돌이켜서, 여호와께서 거하시는 성소를 등지고 말았습니다.
> 또 그들은 성전으로 드나드는 현관 앞문들을 닫아 걸고, 등불을 끄고 성소에서 분향하지 않았으며, 이스라엘의 하나님께 불로 태워 바치는 번제도 드리지 않았습니다.
> 그러므로 여호와께서는 유다와 예루살렘에 분노하셔서 우리를 내어 버리시어, 두려움과 놀라움과 비웃음거리의 대상이 되게 하셨습니다.
> 이것은 오늘날 여러분도 다 알고 있는 사실입니다.

이로 인하여 우리의 열조가 칼에 엎드러지며, 우리의 자녀와 아내가 포로로 잡혀 갔습니다.
이제 이스라엘 하나님 여호와로 더불어 언약을 세워 그 맹렬한 노하심을 우리에게서 떠나게 할 마음이 내게 있습니다.
친애하는 레위 사람 여러분, 여러분은 자기 임무를 게을리하지 마십시오.
여호와께서는 여러분을 택하셔서 그분 앞에서 섬기며 분향하도록 하셨습니다.

그때 히스기야 왕의 말을 듣고, 즉각 일어났던 레위 사람들은 다음과 같다.

고핫 자손에서 아마새의 아들 마핫과 아사랴의 아들 요엘, 므라리 자손에서 압디의 아들 기스와 여할렐렐의 아들 아사랴, 게르손 자손에서 심마의 아들 요아와 요아의 아들 에덴, 엘리사반의 자손 가운데서는 시므리와 여우엘이 나왔고, 아삽의 자손 가운데서는 스가랴와 맛다냐가 나왔고, 헤만의 자손 가운데서는 여후엘과 시므이가 나왔고, 여두둔의 자손 가운데서는 스마야와 웃시엘이 나왔다.

이 레위 사람들은 자기 형제들을 불러 모은 다음, 성전에서 여호와를 섬기기 위해 자기들의 몸을 성결하게 했다.

또한 히스기야 왕이 여호와의 말씀에 따라 명령한 대로, 여호와의 성전을 정결하게 하기 시작하였다.

제사장들도 여호와의 성전 안에 들어가서 깨끗하게 하여, 여호와의 성전에 있는 모든 더러운 것을 여호와의 성전의 뜰로 끌어내어 놓으면, 레위 사람들이 그것들을 성밖 기드론 골짜기로 가져다 버렸다.

이와 같이 성전 정결 작업은 일월 일일에 시작되어 팔 일 만에 성전 현관까지 마치고, 또 팔 일 동안은 성전 건물을 정결하게 하여 그 달 십육일에 그 작업을 완전히 마쳤다.

레위 사람들이 히스기야 왕에게 돌아가서 다음과 같이 보고하였다.

우리가 여호와의 성전 전체와, 번제단과 거기에 딸린 모든 기구와, 거룩한 떡을 차리는 상과, 거기에 딸린 모든 기구를 깨끗하게 하였습니다.
아하스 왕께서 왕위에 계시면서 죄를 범할 때에 버린 모든 기구를 제자리에 가져다 놓고 성결하게 하였고, 그 모든 기구를 여호와의 제단 앞에 가져다 놓았습니다.

히스기야 왕은 다음날 아침에 일찍 일어나서, 예루살렘 도성에 있는 방백들을 불러 모아, 여호와의 성전으로 올라갔다.

수송아지 일곱과 숫양 일곱과 어린 양 일곱과 숫염소 일곱을 끌어다가, 나라와 성소와 유다를 위하여 속죄제물을 삼고, 아론의 자손 제사장들을 명령하여 여호와의 제단에 드리게 하였다.

그래서 제사장들은, 먼저 수소를 잡아 그 피를 단에 뿌리고, 그다음은 숫양을 잡아 그 피를 단에 뿌렸으며, 또 어린 양도 잡아 그 피를 단에 뿌렸다.

마지막으로 속죄제물로 드릴 숫염소를 왕과 회중 앞으로 끌어오니, 그들이 그 위에 손을 얹고, 그런 다음 제사장들은 그 숫염소들을 잡아 그 피를 백성의 죄를 씻는 제물로 단에 뿌렸다.

이것은 왕이 온 이스라엘을 위해 불로 태워 바치는 번제와 죄를 씻는 속죄제를 드리라고 명령하였기 때문이었다.

히스기야 왕은, 여호와께서 선지자 갓과 나단을 통해 다윗 왕에게 명령한 지시에 따라, 제금과 비파와 수금과 같은 다윗의 악기를 연주하는 레위 사람들을 성전에 배치하고, 제사장들도 나팔을 들고 서게 하였다.

히스기야가 번제를 제단에 드리라고 명령하니, 번제가 시작하는 동시에, 여호와의 시로 찬양하고 나팔을 불며 이스라엘의 다윗 왕이 만든 악기 연주 소리가 울려 퍼졌다.

그러자 거기에 모인 모든 사람들이, 여호와께 경배하였으며, 번제가 다 끝날 때까지 찬양하는 자들은 계속 찬양하고, 나팔과 다른 악기를 연주하는 자들은 계속 연주하였다.

제사를 마친 다음에, 왕과 온 회중이 다 엎드려 경배하였다.

그러고서 히스기야 왕과 방백들은, 레위 사람들에게 다윗과 선지자 아삽의 시로 여호와를 찬양하라고 명령하였다.

그러자 그들은 즐거운 마음으로 찬양하고 엎드려 여호와께 경배하였다.

그런 뒤에 히스기야가 말했다.

> 너희가 이제 몸을 깨끗하게 하여 여호와께 드렸으니, 마땅히 나아와 제물과 감사제물을 여호와의 성전으로 가져오라.

백성들은 제물과 감사제물을 가져오기 시작했는데, 마음에 원하는 사람은 자진해서 번제물까지 가져오기도 하였다.

백성들이, 여호와께 드릴 번제물로 가져온 것은 수소 칠십 마리, 숫양 일백 마리, 어린 양 이백 마리이며, 그 밖에 거룩하게 구별하여 드린 예물은 소 육백 마리, 양 삼천 마리였다.

그러나 제사장들이 너무 부족하여 그 많은 번제 짐승의 가죽을 충분히 벗기지 못하므로 그 일이 끝날 때까지, 그리고 다른 제사장들이 자신을 성결하게 할 때까지, 그 형제 레위 사람들이 제사장들을 도왔다.

이것은 레위 사람들이 자신들을 성결하게 하는 데 있어서, 제사장들보다 더욱 성실했기 때문이었다.

그리고 제사장들은, 그 많은 번제물 외에도 화목제의 기름과 또 번제와 함께 피를 상징하는 포도주를 따르는 전제도 드렸다.

이와 같이 여호와의 성전에서 섬기는 일이 순서대로 갖추어졌다.

이 일이 갑자기 되었을지라도, 하나님이 백성을 위하여 예비하셨음을 인하여, 히스기야가 백성으로 더불어 기뻐하였다.

히스기야 왕과 유월절(왕하 18:4-12; 대하 30:1-31:21)

히스기야 왕은 온 이스라엘과 유다와 특별히 에브라임과 므낫세 지파 사람들에게 편지를 보내어, 예루살렘에 있는 여호와의 성전에 와서, 이스라엘의 하나님 여호와께 유월절을 지키자고 모든 사람들을 초대하였다.

왕과 방백들과 모든 예루살렘 주민들은 일월에 지키던 유월절을 이월에 지키기로 합의하였다.

이것은 그때까지 성결하게 한 제사장이 부족하고, 또 백성들도 예루살렘에 많이 모일 형편이 되지 않아, 그 정한 때에 유월절을 지킬 수 없었기 때문이었다.

왕과 백성들은 이렇게 하는 것을 좋게 여기고, 히스기야 왕은 브엘세바에서 단에 이르기까지 이스라엘 전역에 명령을 선포하여, 모두 함께 예루살렘으로 와서, 이스라엘의 하나님 여호와 앞에서 유월절을 지키도록 하였다.

그들은 참으로 오랫동안 율법에 기록된 절차대로 유월절을 지키는 것을 실천하지 못했던 것이다.

왕의 명령에 따라서, 파발꾼(공문 전달자)들이 왕과 그 방백들의 회람 서신을 받아 가지고, 이스라엘과 유다 곳곳을 돌아다니면서 그것을 전했는데, 그 내용은 다음과 같았다.

> 이스라엘 백성 여러분, 여러분은 아브라함과 이삭과 야곱의 하나님 여호와께 돌아오십시오. 그러면 그분은, 앗수르 왕의 손에서 벗어나 살아남은 우리에게 돌아오실 것입니다.
> 여러분의 열조와 여러분의 형제같이 하지 마시오.
> 그들이 그 열조의 하나님 여호와께 범죄하였기 때문에, 여호와께서 멸망에 붙이신 것을 여러분이 목도하는 바입니다.
> 그런즉 너희 열조같이 목을 곧게 하지 말고, 여호와께 복종하여 영원히 거룩하게 하신 성전에 들어가서, 여러분의 하나님 여호와를 섬겨, 그 진노가 여러분에게서 떠나게 하십시오.
> 여러분이 만일 여호와께 돌아오면, 여러분의 형제와 여러분의 자녀가 사로잡은 자에게서 자비를 입어 다시 이 땅으로 돌아올 것입니다.
> 여러분의 하나님 여호와는 은혜로우시고 자비하십니다.
> 여러분이 그에게로 돌아오면 그 얼굴을 여러분에게서 돌이키지 아니하실 것입니다.

파발꾼들이 에브라임과 므낫세 지파의 전 지역을 돌아다니고, 또 스불론까지 갔으나 사람들은 그들을 비웃고 조롱하였다.

그러나 아셀과 므낫세와 스불론 지파 중에서 일부 사람들은 겸손한 마음으로 예루살렘에 왔다.

그리고 하나님께서, 유다 사람들을 감동시키셨으므로, 그들은 합심하여 여호와의 말씀에 따라, 왕과 방백들이 명령한 것을 지키기로 다짐하였다.

이월 달에 백성이 무교절을 지키려고 예루살렘에 모였는데, 그 수가 심히 많아서 큰 무리를 이루었다.

그곳에 있는 모든 이방 제단들과 향단을 부수고 짓밟아 기드론 시내에 던져 버렸다.

이월 십사일에 백성들이 유월절 제사에 쓸 양들을 잡자 제사장들과 레위 사람들은, 자신들을 부끄럽게 여겨 스스로 성결하게 하고 번제물을 여호와의 성전으로 가져왔다.

그들은 하나님의 사람 모세의 율법에 기록된 대로, 규례를 따라서 각자의 위치에 섰다.

그리고 제사장들은 레위 사람들이 건네 준 피를 받아 뿌렸다.

회중 가운데서 많은 사람이 성결 예식을 치르지 못하였으므로, 레위 사람들은 부정한 사람들을 깨끗하게 하려고 유월절 양을 잡아서 그러한 사람들을 데리고 여호와 앞에서 성결 예식을 행하였다.

그러나 에브라임과 므낫세와 잇사갈과 스불론 지파에서 온 많은 사람들이, 자신을 정결하게 하지 않은 채 기록된 규정을 어기고 유월절 양을 먹었다.

그래서 히스기야 왕은 그들을 위해 이렇게 기도하였다.

> 선하신 여호와여! 그들을 사하시옵소서!
> 비록 성소의 성결의 규정대로 자신을 깨끗하게 하지 못하였을지라도, 우리 열조의 하나님 여호와를 진심으로 찾는 자는 누구든지 용서해 주시옵소서.

여호와께서 히스기야의 기도를 들으시고 백성을 깨닫게 해 주셨다.

예루살렘에 모인 이스라엘 자손은 크게 기뻐하면서 이레 동안 무교절을 지켰고, 그 기간에 레위 사람들과 제사장들은 날마다 주를 찬양하며, 웅장한 소리를 내는 악기로 주를 찬양하였다.

히스기야는 모든 레위 사람이 주를 섬기는 일에 능숙하게 하는 것을 보고, 그들을 위로하여 주었다.

백성들은 칠 일 동안 절기 음식을 먹었다. 그리고 그들은 화목제물을 바치고 그들의 열조의 하나님 여호와께 감사하였다.

온 회중은 다시 칠 일 동안의 절기를 지키기로 결정하고, 칠 일 동안 절기를 즐겁게 지켰다.

유다의 히스기야 왕은, 수송아지 천 마리와 양 칠천 마리를 회중에게 주고, 방백들은 수송아지 천 마리와 양 만 마리를 회중에게 주었다. 제사장들도 많은 수가 성결 예식을 치렀다.

유다 온 회중과 제사장들과 레위 사람들과, 이스라엘에서 온 모든 회중과 이스라엘 땅에서 나온 이방 사람과 유다에 사는 이방 사람이 다 즐거워하였다.

다윗 왕의 아들 솔로몬의 날부터 이제까지 이런 일이 없었으므로, 예루살렘 장안이 온통 기쁨으로 가득 찼다.

그때에 제사장들과 레위 사람들이, 일어나서 백성을 위하여 축복하였더니 그 소리가 여호와의 들으신 바 되었고, 그 기도가 여호와의 거룩한 처소 곧 하늘에까지 이르렀다.

유월절 축제가 끝나자, 예루살렘에 모였던 모든 사람들은 유다 여러 성읍으로 가서 돌기둥의 우상들을 깨뜨리고 아세라 여신상을 찍어 버렸다.

그들은 또 유다와 베냐민과 에브라임과 므낫세 전 지역에 있는 산당과 제단을 헐었다.

그런 다음에 유월절을 지키려고 북쪽에서 온 이스라엘 사람들은 모두 고향으로 돌아갔다.

그때에 히스기야 왕은, 또 이스라엘 백성들이 그때까지도 모세가 만든 놋뱀에게 향을 피워 섬기는 것을 보고 그 놋뱀도 부숴 버렸다.

그 놋뱀은 느후스단('놋 조각'이란 뜻) 이라고 불렀던 것이다.

히스기야가 제사장들과 레위 사람들의 부서를 정하고 각각 그 직임을 행하게 하되 곧 제사장들과 위 사람들로 번제와 화목제를 드리며 여호와의 성전 문에서 섬기며 감사하며 찬송하게 하였다.

또 자기 재산 중에서 얼마를 정하여, 여호와의 율법에 기록된 대로 번제 곧 아침저녁으로 드리는 번제와 안식일과 초하루와 절기의 번제에 쓰게 하였다.

이 외에도 히스기야는, 예루살렘 주민들에게 제사장과 레위인들에게 돌아갈 몫을 가져오게 하여 그들이 다른 직업을 갖지 않고, 여호와의 율법에서 요구하는 그들의 직무에만 충실할 수 있게 하라고 지시하였다.

왕이 명령을 내리니, 유다에 와서 사는 이스라엘 자손이, 곡식과 포도주와 기름과 꿀과 각종 농산물의 첫 수확을 넉넉히 가져왔고, 모든 것의 십일조를 많이 가져왔다.

유다의 여러 성읍에 사는 이스라엘 자손과 유다 자손도 소와 양의 십일조를 가져왔고, 여호와 하나님께 거룩하게 구별하여 드릴 물건의 십일조를 가져왔다.

이렇게 가져 온 것을 차곡차곡 더미로 쌓았으며, 예물과 십일조는 삼월부터 시작하여 칠월까지 계속 쌓였다.

히스기야 왕과 그 방백들이 와서 산더미처럼 쌓인 것을 보고 여호와를 찬양하며, 그 백성 이스라엘을 축복하였다.

히스기야 왕이 제사장들과 레위 사람들에게 "이 많은 것이 어디서 나왔소?" 하고 물었다.

사독의 자손인 대제사장 아사랴가 대답하였다.

> 백성들이 예물을 성전으로 가져오기 시작한 때부터 먹을 것이 많아 우리가 풍족하게 먹고도 남은 것이 이렇게 많이 쌓였습니다.

우리가 이 모든 것을 받게 된 것은 여호와께서 이 백성을 복을 내려 주셨기 때문입니다.

히스기야가, 주의 성전 안에 방을 마련하도록 명령을 내리니 곧 방을 마련하고, 그 모든 예물과 십일조를 갖다 두었다.

그리고 그들은 레위 사람 고나냐를 관리 책임자로 세우고 그의 동생 시므이를 부책임자로 세워, 그 모든 것을 관리하게 하였다.

그리고 십 명의 레위 사람들을 그 아래 두어 그들을 돕게 하였다.

이들은 여히엘과 아사시야와 나핫과 아사헬과 여리못과 요사밧과 엘리엘과 이스마갸와 마핫과 브나야였다.

이 모든 것은 히스기야 왕과 성전을 관리하는 제사장 아사랴의 지시에 따른 것이었다.

성전 동쪽 문을 지키는 레위 사람 임나의 아들 고레는 여호와께 바친 예물을 제사장들에게 분배하는 책임을 맡았다.

그리고 제사장들이 사는 성에 그를 돕는 자들을 두어 그 일을 맡아 하게 하였다.

이들은 에덴과 미냐민과 예수아와 스마야와 아마랴와 스가냐였다.

이 사람들은 그 형제 제사장들에게 늙은 사람 젊은 사람 가리지 않고 그 예물을 부서별로 균등하게 분배해 주었다.

세 살 이상으로 족보에 기록된 모든 남자들 외에도, 날마다 주의 성전에 순서에 따라 들어가서, 책임을 수행하는 남자들에게도 몫을 나누어 주었다.

또 그 족속대로 족보에 기록된 제사장들에게 나눠 주며 이십 세 이상부터 그 부서대로 직임을 맡은 레위 사람들에게도 나눠 주었다.

그리고 이들의 모든 어린아이와 아내와 자녀 곧 가족들에게도 그 예물을 나누어 주었는데, 이것은 그들이 성전 업무에만 전념하였으므로 다른 수입원이 없었기 때문이었다.

아론의 후손들에게 할당된 성과 그 주변 일대에 사는 제사장들에 대해서는, 제사장 가족의 모든 남자들과 레위 인의 족보에 기록된 레위 사람들은 자기 몫을 받았다.

히스기야는 유다 전역에서 이렇게 하였다. 그는 주 하나님 앞에서 선하고 정직하고 진실하게 일을 처리하였다.

무릇 그 행하는 모든 일 곧 하나님의 성전에서 수종드는 일에서나, 율법에서나, 계명에서나 그 하나님을 구하고 일심으로 행하여 형통하였다.

히스기야는 이스라엘 하나님 여호와를 믿고 의지하였는데, 유다의 모든 왕 가운데서 히스기야 같은 사람은 전에도 없었고 그 뒤에도 없었다.

히스기야는 모든 일에 여호와를 따르며 순종하였으며, 그는 여호와를 떠나지 않고 여호와께서 모세에게 명령하신 계명을 다 지켰다.

여호와께서 히스기야와 함께하셔서 히스기야는 하는 일마다 형통하였다.

그리고 히스기야는 앗수르 왕에게 등을 돌리고 섬기는 일을 그만두었다.

그는 가사와 그 일대를 포함하여, 망대로부터 요새화된 성읍에 이르기까지, 블레셋을 모두 쳐부수었다.

히스기야 왕은 왕위에 오를 때부터, 모든 일에 여호와 하나님께 충성을 다했다.

히스기야가 유다 왕으로 있은 지 사 년째 되는 해 곧 엘라의 아들 호세아가 이스라엘 왕으로 있은 지 칠 년째 되던 해에, 앗수르 왕 살만에셀이 사마리아를 에워싸고 공격했다.

삼 년 뒤에 살만에셀이 사마리아를 점령했다.

그때는 히스기야가 유다 왕으로 있은 지 육 년째 되는 해였고, 호세아가 이스라엘의 왕으로 있은 지 구 년째 되는 해였다.

앗수르 왕은 이스라엘 백성을 앗수르로 잡아가서 고산 강가의 할라와 하볼과 메대의 여러 성에서 살게 했다.

이런 일이 일어난 것은 이스라엘 백성이 그들의 하나님인 여호와께 복종하지 않았기 때문이다.

그들은 여호와의 언약을 어기고 여호와의 종인 모세가 명령한 모든 것에 복종하지 않았다.

또한 그들은 그 명령을 들으려 하지도 않았고 지키지도 않았다.

다르단과 셉나와 엘리아김(사 20:1-5; 22:15-25)

앗수르 왕 사르곤은 군대장관 다르단을 블레셋 땅 아스돗에 보내었다.

다르단이 아스돗을 공격하여 그 성을 점령하였을 때에, 여호와께서 아모스의 아들 이사야에게, "갈지어다 네 허리에 두른 베옷을 벗고 네 발에서 신을 벗을지니라." 하고 말씀하셨다.

그가 그대로 말씀에 순종하여 벗은 몸과 벗은 발로 다니었다.

그때에 여호와께서 말씀하셨다.

> 나의 종 이사야가 삼 년 동안 벗은 몸과 맨발로 다니면서, 애굽과 구스에 대하여 징조와 예표가 되었느니라.
> 이와 같이 애굽의 포로와 구스(에티오피아)의 사로잡힌 자가, 앗수르 왕에게 끌려갈 때에, 젊은 자나 늙은 자가 다 벗은 몸, 벗은 발로 볼기까지 드러내어 애굽의 수치를 보이리니, 그들이 그 바라던 구스와 자랑하던 애굽을 인하여 놀라고 부끄러워할 것이라.
> 그날에 블레셋 해안 지역에 사는 자들이 이렇게 말할 것이다.
> '우리가 믿던 나라 곧 우리가 앗수르 왕에게서 벗어나기를 바라고 달려가서 도움을 구하던 나라가 이같이 되었으니, 이제 우리가 어디로 피해야 한단 말이냐?' 하리라

만군의 주 여호와께서 이사야, 나에게 왕궁 살림을 맡은 셉나에게 가서 이렇게 전하라고 말씀하셨다.

> 네가 이곳과 무슨 상관이 있기에, 이곳에 누가 있기에, 여기에다 너의 무덤을 팠느냐?
> 높은 곳에 자기를 위하여 무덤을 파는 자야, 바위에 누울 자리를 쪼는 자야!

> 나 여호와가, 너를 단단히 결박하고 장사같이 세차게 던지되, 반드시 너를 모질게 감싸서 공같이 광막한 곳에 던질 것이라.
> 주인의 집에 수치를 끼치는 너여! 네가 그곳에서 죽겠고 네 영광의 수레도 거기 있으리라.
> 내가 너를 네 관직에서 쫓아내며 네 지위에서 낮추리니, 그날에 내가 힐기야의 아들 내 종 엘리아김을 불러, 네 옷을 그에게 입히며 네 띠를 그에게 띠워 힘있게 하고 네 정권을 그의 손에 맡기리니, 그가 예루살렘 주민과 유다의 집의 아버지가 될 것이며, 내가 또 다윗 집의 열쇠를 그의 어깨에 두리니 그가 열면 닫을 자가 없겠고 닫으면 열 자가 없으리라.
> 못이 단단한 곳에 박힘 같이 그를 견고하게 하리니, 그가 그 아비 집에 영광의 보좌가 될 것이요, 그의 아버지 집의 모든 영광이 그 위에 걸리리니, 그 후손과 족속 되는 각 작은 그릇 곧 종지로부터 항아리까지니라.
> 만군의 여호와께서 이르시되, '그날에는 단단한 곳에 박혔던 못이 삭으리니, 그 못이 부러져 떨어지므로, 그 위에 걸린 물건이 부서지리라 하셨다 하라.'
> 나 여호와의 말이니라.

앗수르 왕과 히스기야(왕하 18:13-37; 대하 32:1-19; 사 36:1-22)

히스기야가 유다 왕으로, 여호와 하나님께 충성을 다한 후 십사 년째 되던 해에 앗수르 왕 산헤립의 군대는 유다를 공격했다.

산헤립의 군대는 성벽으로 굳건하게 둘러싸인 유다의 모든 성을 공격하여 점령했다.

그러자 유다 왕 히스기야가 라기스에 있는 앗수르 왕에게 사신을 보내어 말했다.

> 내가 잘못했습니다. 이곳에서 떠나 주십시오. 그러면 요구하시는 대로 다 드리겠습니다.

그러나 앗수르 왕이 히스기야에게 은 삼백 달란트 가량과 금 삼십 달란트 가량을 요구했다.

히스기야는 여호와의 성전과 왕궁 보물 창고에 있는 모든 은을 산헤립에게 주었다.

또 그때에 히스기야는 여호와의 성전 문과 문기둥에 자기가 입혀 놓은 금을 벗겨내어 앗수르 왕에게 모두 주었다.

그 후에 앗수르 왕 산헤립이, 군대 장관 다르단과 랍사리스와 랍사게에게 큰 군대를 거느리고, 라기스에서부터 유다를 침략하여 요새화된 성들을 포위하고 쳐서 그 성들을 점령하고, 예루살렘에 있는 히스기야 왕을 치라고 명령했다.

히스기야는 산헤립이 예루살렘을 치러 온 것을 보고, 방백들과 군 지휘관들을 소집하여 상의한 후에 성밖에 있는 샘을 막아 버리기로 결정하였다.

그들은 왕의 계획을 지지하였다. 이에 백성이 많이 모여 모든 물 근원과 땅으로 흘러가는 시내를 막고 "어찌 앗수르 왕들로 와서 많은 물을 얻게 할 것이냐?" 하고 말했다.

그런 다음 히스기야는, 무너진 성벽을 망대까지 높이 쌓고 바깥 성을 쌓아 방비를 강화하고, 또 다윗 성의 밀로 요새를 더 견고하게 하며 많은 방패와 무기를 만들었다.

그리고 그는 성안의 모든 사람들을 군 지휘관들의 명령에 따르게 하고, 그들을 성문 광장에 모아 이렇게 위로의 말을 하였다.

> 여러분은 마음을 강하게 하며 담대히 하십시오,
> 앗수르 왕과 그 좇는 온 무리로 인하여 두려워 말며 놀라지 마십시오. 우리와 함께하는 분은 그들과 함께하는 자보다 크십니다.
> 그들과 함께하는 자는 육신의 팔이요 우리와 함께하는 분은 우리의 하나님 여호와이십니다. 반드시 우리를 도우시고 우리를 대신하여 싸우실 것입니다.

백성이 유다 왕 히스기야의 말로 인하여 안심하였다.

앗수르의 군대들은 예루살렘으로 올라가서, 윗 저수지의 수로 곁에 있는 세탁업자의 밭에 있는 큰길 가에 포진하였다.

그들은 히스기야 왕을 불렀다.

엘리아김과 셉나와 요아가 그들을 맞으러 나갔다.

힐기야의 아들 엘리아김은 왕궁 관리인이었고, 셉나는 왕의 서기관이었고, 아삽의 아들 요아는 역사 기록관이었다.

랍사게가 그들에게 말했다.

> 히스기야에게 위대하신 앗수르 왕의 말씀을 전하여라. 너희들의 예루살렘이 포위되어 있는데 무엇을 의뢰하느냐?
> 히스기야가 너희를 꾀어 말하기를 '우리 하나님 여호와께서 우리를 앗수르 왕의 손에서 건져 내시리라.' 하거니와, 이 어찌 너희로 주림과 목마름으로 죽게 함이 아니냐?
> 이 히스기야도 여호와의 산당들과 제단들을 없애 버리고, 유다와 예루살렘에 명령하여 말하기를 '다만 한 제단 앞에서만 경배하고 그 위에 분향하라.' 하지 아니하였느냐?
> 나 앗수르 왕 산헤립과 내 열조가 이방 모든 백성에게 행한 것을 너희가 알지 못하느냐? 열방의 신들이 능히 그 땅을 나의 손에서 건져 낼 수 있었느냐?
> 나 앗수르 산헤립 왕의 열조가 진멸한 열국의 그 모든 신 중에 누가 능히 그 백성을 내 손에서 건져 내었기에, 너희 하나님이 능히 너희를 내 손에서 건지겠느냐?
> 그런즉 이와 같이 히스기야에게 속지 말라. 꾀임을 받지 말라. 저를 믿지도 말라. 아무 백성이나 아무 나라의 신도 능히 그 백성을 나 앗수르 왕 산헤립의 손과 나의 열조의 손에서 건져 내지 못하였는데, 하물며 너희 하나님이 너희를 내 손에서 건져 내겠느냐? 너는 누가 너를 도와줄 것이라고 믿느냐? 군사 전략을 짜고 전쟁할 힘을 갖는 것이 입만 가지고 되느냐?
> 너는 누구를 믿고 나에게 반역하느냐?
> 보아라! 네가 애굽을 믿고 의지하는 모양인데, 애굽은 부서진 지팡이에 지나지 않는다.
> 그것에 의지했다가는 찔려서 다칠 뿐이다. 애굽의 왕을 의지하는 사람은 누구나 다 그렇게 될 것이다.

산헤립의 신하들까지도 여호와 하나님과 그의 종 히스기야를 조롱하고 모욕하였다.

또, 이스라엘의 하나님 여호와를 욕하고 비방하는 편지를 써 보내기도 하였다.

랍사게가 계속 말했다.

혹시 너희가 '우리는 우리 하나님 여호와를 의지한다.'라고 말할지는 모르겠다.
열방의 신들이 그 백성을 나 앗수르 왕 산헤립의 손에서 구원하여 내지 못한 것같이, 히스기야의 신들도 그 백성을 내 손에서 구원하여 내지 못하리라.
히스기야가 여호와의 제단과 산당을 없애 버리면서, 유다와 예루살렘 백성에게 '너희는 이 예루살렘의 제단에서만 예배 드려야 한다.'라고 말하지 않았느냐?
그렇다면 내 주이신 앗수르 왕과 내기를 해 보자.
네가 만일 말을 탈 사람 이천 명을 구할 수 있다면, 내가 너에게 말 이천 마리를 주겠다.
너희가 앗수르의 가장 약한 병사라도 물리칠 수 있겠느냐? 그러면서도 전차와 기마병의 도움을 받으려고 애굽을 의지하느냐?
내가 이곳에 와서 멸망시키는 일도 다 여호와의 허락을 받고 하는 것이다.
여호와께서 나에게 이 땅으로 가서 이 땅을 멸망시키라고 말씀하셨다.

산헤립의 신하가, 유다 방언으로 크게 소리질러, 예루살렘 성 위에 있는 백성을 놀라게 하고 괴롭게 하여 그 성을 취하려 하였다.

게다가 그들은 예루살렘의 하나님을 훼방하기를, 사람의 손으로 지은 세상 백성의 신들을 훼방하듯 하였다.

힐기야의 아들 엘리아김과 셉나와 요아가 랍사게에게 말했다.

우리가 아람 말을 알아듣습니다.
제발 아람 말로 말씀해 주시고 히브리 말로 하지 마십시오. 성벽 위에 있는 모든 백성이 듣고 있습니다.

그러자 랍사게가 말했다.

아니다. 앗수르 왕이 나를 보내신 것은 이 말을 너희와 너희 왕에게만 전하라고 보내신 것이 아니다.
이 말을 성벽 위에 앉아 있는 백성에게도 전하라고 보내신 것이다. 그들도 너희처럼 자기 똥을 먹고 자기 오줌을 마시게 될 것이다.

군대 장관 랍사게가 일어나서 히브리 말로 크게 외쳤다.

위대하신 앗수르 왕의 말씀을 들어라.
왕은 너희더러 히스기야에게 속지 말라고 말씀하셨다. 히스기야는 너희를 내 손에서 구할 수 없다.
히스기야가 너희에게 '여호와께서 틀림없이 우리를 구하실 것이다. 이 성은 앗수르의 왕에게 넘어가지 않을 것이다.'라고 말하면서 여호와를 의지하게 하여도 믿지 마라.
히스기야의 말을 듣지 마라. 앗수르 왕이 이렇게 말씀하셨다.
'너희는 항복하고 나에게 나오너라. 그러면 자유롭게 자기의 포도나무와 무화과나무의 열매를 먹을 수 있을 것이며, 누구나 자유롭게 자기의 샘에서 물을 마실 수 있을 것이다. 내가 다시 와서 너희를 너희가 전에 살던 곳과 같은 땅으로 데려가 살게 하겠다. 그 땅은 곡식과 새 포도주의 땅이며 빵과 포도나무의 땅이며 감람 기름과 꿀의 땅이다. 너희는 그 땅에서 가서 살 수 있다. 결코 너희를 죽이지 않겠다.' 히스기야의 말을 듣지 마라.
'여호와께서 우리를 구하실 것이다.'라는 히스기야의 말은 거짓이다.
다른 어떤 나라의 신도 그 백성을 앗수르 왕의 손에서 구해 내지 못했나.
하맛과 아르밧의 신들은 어디에 있느냐? 스발와임과 헤나와 아와의 신들은 어디에 있느냐?
그들이 사마리아를 나 앗수르 왕 산헤립의 손에서 구해 냈느냐?
이 모든 나라의 그 어떤 신도 그 백성을 내 손에서 구해 내지 못했다.
그러니 여호와도 예루살렘을 나 앗수르 왕 산헤립의 손에서 구해 내지 못할 것이다.'

백성은 잠잠히 있었다. 그들은 랍사게의 말에 대답하지 않았다.
히스기야 왕이 그에게 대답하지 말라고 명령했기 때문이다.
엘리아김과 셉나와 요아가 기가 막혀 옷을 찢었다.
힐기야의 아들 엘리아김(또는 엘리야김)은 왕궁 관리인이었고, 셉나는 왕의 서기관이었고, 아삽의 아들 요아는 역사 기록관이었다.
세 사람은 히스기야에게 돌아와서 랍사게가 한 말을 전해 주었다.

히스기야 왕과 이사야(왕하 19:1-13; 사 37:1-13)

히스기야 왕도 그 말을 듣고 자기 옷을 찢었다. 그는 너무나 슬퍼서 굵은 베옷을 입고 여호와의 성전으로 갔다.
히스기야는, 궁내 대신 엘리야김과 서기관 셉나와 제사장 중 장로들에게 굵은 베옷을 입혀서, 아모스의 아들 선지자 이사야에게 보내었다.

그 사람들이 이사야에게 말했다.

히스기야 왕께서 이렇게 말씀하셨습니다.
'오늘은 슬픔과 심판과 부끄러움의 날이요. 마치 아이를 낳을 때가 되었는데도 아이를 낳을 힘이 없는 여자와도 같소.
앗수르 왕이 랍사게를 보내어 살아 계신 하나님을 조롱했소. 당신의 하나님 여호와께서도 그 말을 들으셨을 것이오.
당신의 하나님 여호와께서도 그를 책망하실 것이오. 그러니 살아남은 이스라엘 백성을 위해 기도 드려 주시오.'

이와 같이 히스기야의 신하들이 이사야에게 와서 왕의 말을 말하자, 이사야가 말했다.

그대들의 왕께 여호와께서 하신 말씀을 전하시오.
'너는 앗수르 왕의 신하들이 한 말 때문에 두려워하지 마라. 내가 앗수르의 왕에게 한 영을 넣으리니, 그는 자기 나라에서 들려오는 어떤 소문을 듣고 자기 나라로 돌아가게 될 것이다.
그러면 내가 그를 그곳에서 칼에 맞아 죽게 하겠다.'

그때 랍사게가 돌아가다가 앗수르 왕이 라기스에서 떠났다는 말을 듣고 립나로 가서 만났다.

왕은 립나 성에서 싸우는 중이었다.

앗수르 왕은 구스 왕 디르하가가 자기를 치려 한다는 보고를 받고, 산헤립은 히스기야에게 사람을 보내 말했다.

너희는 유다의 히스기야 왕에게 이렇게 전하여라.
네가 의지하는 네 하나님이 '예루살렘을 앗수르 왕의 손에 넘어가게 하지 않을 것이라.'라고 해도, 너는 그 말에 속지 말아라.
너는 앗수르의 열왕들이 여러 나라들을 멸망시킨 일을 들어 알고 있을 것이다.
너라고 해서 구원 받을 것이라고 생각하지 마라.
나의 열조들은 고산과 하란과 레셉을 멸망시켰고, 들라살에 사는 에덴 백성을 멸망시켰다.
하지만 그 백성들의 신도 그들을 구원하지 못했다.
하맛과 아르밧의 왕들이 어디에 있느냐?
스발와임 성의 왕이 어디 있느냐?

헤나와 아와(이와)의 왕들이 어디에 있느냐?

히스기야의 기도와 여호와의 응답(왕하 19:14-27; 대하 32:20-23; 사 37:14-38)

히스기야가 사신들이 보낸 편지를 받아 읽고는, 여호와의 성전으로 올라가 그 편지를 여호와 앞에 펼쳐 놓고, 히스기야는 여호와께 기도 드렸다.

그룹 천사들 위에 계신 이스라엘의 하나님 여호와여!
주는 천하 만국에 홀로 하나님이시며, 주께서는 하늘과 땅을 지으셨나이다.
여호와여! 귀를 기울여 들으소서.
여호와여! 눈을 떠서 보시옵소서.
산헤립이 살아 계신 하나님을 훼방하러 보낸 말을 들으옵소서.
여호와여!
앗수르의 열왕들은 정말로 여러 나라와 그 땅을 멸망시켰습니다.
그 왕들은 여러 나라의 신들을 불속에 던져 넣었습니다.
그러나 그 신들은 사람이 만든 나무요, 돌에 지나지 않습니다. 그래서 그 왕들이 그것을 없앨 수 있었습니다.
우리 하나님 여호와시여!
우리를 저 왕의 손에서 구해 주십시오.
그러면 천하 만국이 주만이 오직 한 분이신 하나님이라는 것을 알게 될 것입니다.

아모스의 아들 이사야가 히스기야에게 사람을 보내어 말했습니다.

이스라엘 하나님 여호와의 말씀이 '히스기야 네가 앗수르 왕 산헤립 까닭에 내게 기도하는 것을 내가 들었노라.' 하셨습니다.
그리고 산헤립에 대해 여호와께서 이렇게 말씀하셨소.
'처녀 딸 시온이 너를 멸시하며 너를 비웃을 것이며, 딸 예루살렘이 오히려 물러나는 네 뒷모습을 보면서 머리를 흔들 것이다.
네가 누구를 꾸짖으며 훼방하느냐?
누구에게 목소리를 높였느냐?
네가 누구에게 눈을 높이 뜨느냐?
이스라엘의 거룩한 자에게 그리하였도다.

너는 전령을 보내어 여호와를 훼방하여 말했다.
'내가 수많은 전차를 거느리고 높은 산 이 꼭대기에서 저 꼭대기까지 레바논의 막다른 곳까지 깊숙이 들어가서, 키 큰 백향목과 아름다운 잣나무를 베어 버리고, 울창한 숲 속 깊숙이 들어가서 그 끝까지 들어갔고, 그리고는 땅을 파서 이방 나라의 물을 마시며, 발바닥으로 밟기만 하고서도 애굽의 모든 강들을 말렸다고 하였다.'
앗수르 왕아, 나 여호와가 태초부터 행하였고 옛날부터 정하였다는 것을 네가 틀림없이 들었을 것이다.
네가 성벽이 있는 저 굳건한 성들을 쳐서 잿더미로 만들 수 있게 한 것도 바로 나 여호와이다.
그래서 그 성에 사는 백성들이 겁을 내고 두려움에 떤 것이다.
그들은 마치 들의 풀과 같고, 나물과 같고, 지붕의 풀과 같고, 자라기 전에 말라버리는 곡식 같았다.
나는 네가 어디에 살고 있으며, 언제 나가고 들어가는지도 다 알고 있으며, 네가 내게 분노를 품고 있다는 것도 나는 모두 다 알고 있다.
네가 내게 향한 분노와 네 교만한 말이 내 귀에 들렸도다.
그러므로 내가 갈고리로 네 코에 꿰고 자갈을 네 입에 먹여 너를 오던 길로 끌어 다시 돌아가게 하겠다.
히스기야야, 내가 너에게 보일 징조가 이러하다.
너는 금년에 들에서 저절로 자란 곡식을 먹겠고, 내년에도 들에서 저절로 자란 곡식을 먹을 것이다.
그러나 삼 년째 되는 해에는 심고 거두며 포도밭을 가꾸어서 그 열매를 먹을 것이다.
유다 집안의 피하고 남은 백성은, 다시 아래로 뿌리를 내리고 튼튼하게 자라나서, 위로 많은 열매를 맺게 될 것이다.
살아남은 사람은 예루살렘에서 나오겠고. 피하는 자는 시온 산에서부터 나올 것이다,
나 여호와의 열심이 그 일을 이룰 것이다.'

그러므로 여호와께서 앗수르 왕을 가리켜 이렇게 말씀하셨습니다.
'그는 이 성으로 들어오지 못하고 화살 하나 쏘지 못할 것이다.
그리고 방패 든 군인들도 접근하지 못할 것이며, 성 주변에 토성을 쌓지 못하고, 오던 길로 되돌아갈 것이다.

이는 나 여호와의 말씀이다.

내가 나와 내 종 다윗을 위해 이 성을 지켜 구원하리라.

이러므로 히스기야 왕이 아모스의 아들 이사야와 함께 하늘을 향하여 부르짖어 기도하였다.

그날 밤에 여호와께서 한 천사를 앗수르의 진으로 보내어서, 모든 큰 용사와 대장과 군대 지휘관과 앗수르군 십팔만오천 명을 치셨다.

유다 백성이 이튿날 아침 일찍 일어나 보니, 그들이 모두 죽어 있었다.

그리하여 앗수르 왕 산헤립은 부끄러움을 당한 채 그곳을 떠나 니느웨로 돌아가서 그곳에 머물렀다.

어느 날, 산헤립이 자기의 신 니스록의 신전에서 경배하고 있을 때에, 그의 아들 아드람멜렉과 사레셀이 그를 칼로 죽이고, 아라랏 땅으로 도망쳤다.

그리하여 산헤립의 아들 에살핫돈이 앗수르의 왕이 되었다.

이와 같이 여호와께서는, 히스기야와 예루살렘 주민을 앗수르의 산헤립 왕과 다른 모든 대적들에게서 구출하시고 그들을 사방으로 보호하셨다.

그러자 많은 사람들이 예루살렘에 와서 여호와께 예물을 드리고, 또 유다 왕 히스기야에게 값진 보물을 주었다.

이후부터 열국이 히스기야 왕을 우러러보게 되었다.

해 시계와 무화과 반죽(왕하 20:1-11; 대하 32:24-26; 사 38:1-22)

그 무렵에 히스기야가 심한 병에 걸려 거의 죽게 되었다.

그때에 히스기야가 병들어 죽게 된 고로 여호와께 기도하였다.

여호와께서, 그에게 대답하시고 또 이적으로 보이셨으나,

히스기야가 마음이 교만하여 그 받은 은혜를 보답지 아니하므로, 하나님의 진노가 그와 유다와 예루살렘에 임하게 되었다.

아모스의 아들 선지자 이사야가 그를 보러 와서 말했다.

여호와께서 이렇게 말씀하셨소.
'너는 이제 죽을 것이다. 그러니 네 집안 일을 정리하여라. 너는 회복되지 못할 것이다.'

히스기야가 낯을 벽쪽으로 바라보며 여호와께 기도 드렸다.

여호와여! 구하옵나니,
내가 진실과 전심으로 주 앞에 행하며, 주의 보시기에 선하게 행한 것을 기억하옵소서.

기도를 하던 히스기야가 슬프게 통곡하였다.

이사야가 왕 앞에서 물러나 궁전 뜰 중앙을 나오기도 전에, 여호와께서 이사야에게 말씀하셨다.

너는 돌아가서 내 백성의 주권자 히스기야에게 전하여라.

이사야가 히스기야 왕에게 말하였다.

왕의 조상 다윗의 하나님 여호와께서 이렇게 말씀하셨습니다.
'내가 네 기도를 들었고 네 눈물을 보았노라.
그러므로 내가 너를 낫게 하리니, 네가 삼 일 만에 여호와의 성전으로 올라가겠고, 내가 네 목숨을 십오 년을 더할 것이다.
그리고 너와 이 성을 앗수르의 왕에게서 구해 주겠다.
나 여호와가 나를 위하고 또 내 종 다윗을 위하므로, 내가 이 성을 보호하리라.'

히스기야가 이사야에게 물었다.

여호와께서 나를 고쳐 주시고 내가 삼 일 만에 여호와의 성전에 올라가게 될 것이라 하였는데 그 징조가 무엇이요?

이사야가 말했다.

여호와께서 약속하신 것을 그대로 이루신다는 징조가 임할 것이오.
왕은 해 그림자가 해시계 위에서 열 칸 앞으로 나아가게 하는 것이 좋겠소, 아니면 열 칸 뒤로 물러나게 하는 것이 좋겠소?

히스기야가 대답했다.

열 칸 앞으로 나아가게 하는 것은 쉬운 일이니, 열 칸 뒤로 물러나게 해 주시오.

선지자 이사야가 여호와께 간구하자,

여호와께서는 아하스 왕이 만들어 놓은 해시계의 해 그림자를 열 칸 뒤로 물러나게 해 주셨다.

이사야가 신하들에게 말했다.

무화과로 만든 반죽을 가져오시오.

그들이 반죽을 만들어 가져와서 왕의 상처 위에 바르니, 왕의 병이 나았다.

유다 왕 히스기야가 병들었다가 그 병이 나을 때에 기록한 글이 이러하였다.

내가 말하기를 '나의 중년에, 죽음이 있는 음부의 문에 들어가고 여생을 빼앗기게 되리라.' 하였도다.
내가 또 말하기를 '내가 다시는 여호와를 뵈옵지 못하리니, 생존 세계에서 다시는 여호와를 뵈옵지 못하겠고, 내가 세상의 거민 중에서 한 사람도 다시는 보지 못하리라.' 하였도다.
나의 거처는 목자의 장막을 걷음 같이 나를 떠나 옮겼고, 내가 내 생명을 말기를 직공이 베를 걷어 말음 같이 하였도다.
주께서 나를 틀에서 끊으시리니 나의 명이 조석간에 마치리이다.
내가 아침까지 견디었사오나 주께서 사자같이 나의 모든 뼈를 꺾으시오니 나의 명이 조석간에 마치리이다.
나는 제비같이, 학같이 지저귀며 비둘기같이 슬피 울며 나의 눈이 쇠하도록 앙망하나이다.
여호와여! 내가 압제를 받사오니 나의 중보가 되옵소서.
주께서 내게 말씀하시고 또 친히 이루셨사오니 내가 무슨 말씀을 하오리이까?
내 영혼의 고통을 인하여 내가 종신토록 겸손히 행하리이다.
주여 사람의 사는 것이 이에 있고 내 심령의 생명도 온전히 거기 있사오니, 원하건대 나를 치료하시며 나를 살려 주옵소서.

보옵소서 내게 큰 고통을 더하신 것은 내게 평안을 주려 하심이라.
주께서 나의 영혼을 사랑하사 멸망의 구덩이에서 건지셨고 나의 모든 죄는 주의 등 뒤에 던지셨나이다.
죽음의 음부가 주께 감사하지 못하며 사망이 주를 찬양하지 못하며 구덩이에 들어간 자가 주의 신실을 바라지 못하되, 오직 산 자 곧 산 자는 오늘날 내가 하는 것과 같이 주께 감사하며 주의 신실을 아비가 그 자녀에게 알게 하리이다.
여호와께서 나를 구원하시리니, 우리가 종신토록 여호와의 전에서 수금으로 나의 노래를 노래하리로다.

히스기야가 마음의 교만함을 뉘우치고, 예루살렘 백성들도 그와 같이 하였으므로, 여호와의 노가 히스기야의 생전에는 그들에게도 임하지 아니하였다.

히스기야와 바벨론의 사자들(왕하 20:12-21; 대하 32:27-31; 사 39:1-8)

히스기야는 부귀와 영화를 한 몸에 지니게 되었다.

그래서 그는 금은 보석과 향품과 방패와 그 밖의 모든 소중한 물건들을 넣어 둘 보물 창고를 짓고, 또 곡식과 새 포도주와 감람 기름을 넣어 둘 창고와 짐승의 외양간을 지었으며, 또 성읍들을 더 만들고, 양 떼와 많은 소 떼를 치도록 하였으니, 하나님이 그에게 재산을 그렇게 많이 주셨던 것이다.

그리고 히스기야는, 기혼 윗샘의 물을 막아 수로를 통해 그 물을 예루살렘의 다윗 성 서쪽으로 끌어들였다.

이와 같이 히스기야는 하는 일마다 형통하였다.

그 무렵에, 발라단의 아들 바벨론 왕 부로닥발라단이 히스기야가 병들었다가 나았다는 소식을 듣고 그에게 편지와 선물을 보내 왔다.

그러나 바벨론 방백들이 히스기야에게 사신들을 보내어 그 땅에서 나타난 이적을 물을 때에, 하나님이 히스기야를 떠나시고 그 심중에 있는 것을 다 알고자 하시어서 그를 시험하셨다.

히스기야는, 부로닥발라단이 보낸 사신들을 보고 매우 기뻐서 그들에게 자기 보물 창고에 있는 것을 다 보여 주었고, 은과 금과 향료와 값진 향유를 보여 주고 자기의 칼과 방패들도 보여 주었다.

또 그는 자기가 가진 귀한 것들과 왕궁과 나라 안에 있는 것을 하나도 빠짐없이 보여 주었다.

선지가 이사야가 왕에게 가서 물었다.

> 이 사람들이 무슨 말을 했소? 이 사람들은 이디에서 온 사람들이오?

히스기야가 대답했다.

> 이 사람들은 먼 지방 바벨론에서 왔소.

이사야가 왕에게 물었다.

> 그들이 왕궁에서 무엇을 보았소?

히스기야가 대답했다.

> 내 집에 있는 것은 다 보았소. 내 보물 창고에 있는 것은 하나도 빠짐없이 다 보여 주었소.

그러자 이사야가 말했다.

> 여호와의 말씀을 들으소서.
> '여호와의 말씀에 그날이 이르게 되면, 네 왕궁 안에 있는 모든 것을 바벨론에 빼앗길 날이 올 것이며, 네 열조들이 이날까지 쌓아 놓은 모든 것을 빼앗겨 아무것도 남지 않을 것이다. 또 네가 낳은 자녀들도 포로로 끌려가서, 바벨론 왕궁의 환관이 될 것이다.'

히스기야가 이사야에게 말했다.

> 당신이 전한 여호와의 말씀은 선합니다.

그는 '만일 내가 살아 있는 동안만이라도 평화와 진실이 계속된다면, 어찌 하나님의 말씀이 선하지 않겠는가?' 생각하였다.

히스기야의 남은 행적과 그 모든 선한 일이 아모스의 아들 선지자 이사야의 묵시책과 유다와 이스라엘 열왕기에 기록되었다.

또한 히스기야가 한, 다른 모든 일과 전쟁에서 승리한 일과 연못과 물길을 만들어 물을 성안으로 끌어들인 일은 유다 왕들의 역대지략에 기록되어 있다.

히스기야가 그 열조와 함께 잠들므로, 온 유다와 예루살렘의 백성이 그를 다윗 자손의 묘실 중 높은 곳에 장사하여, 그의 죽음에 존경함을 표하였다.

히스기야가 죽고, 그의 아들 므낫세가 뒤를 이어 왕이 되었다.

유다 왕 므낫세와 아몬(왕하 21:1-26; 대하 33:1-25)

므낫세가 왕이 되었을 때의 나이는 열두 살이었다.

그는 오십오 년 동안 예루살렘을 다스렸다. 그의 어머니의 이름은 헵시바이다.

므낫세는 여호와께서 보시기에 악을 행하였고, 그는 여호와께서 이스라엘 백성 앞에서 쫓아낸 이방 사람의 가증한 일을 다 본받았다.

므낫세는, 그의 아버지 히스기야가 없앤 산당들을 다시 짓고, 그리고 그는 이스라엘의 아합 왕의 소행을 본받아 바알을 위해 제단을 쌓으며, 아세라 나무 우상을 만들었으며, 하늘의 일월성신을 숭배하며 섬겼다.

므낫세는 여호와께서 "내가 예루살렘에 내 이름을 둘 것이다."라고 하셨던 여호와의 성전에 이방 신들의 제단을 쌓았다.

또 그는 여호와의 성전 안에 있는 두 뜰에 하늘의 일월성신을 위하여 제단을 쌓았고, 또 자기 아들을 산 채로 불에 태워 이방 신에게 제물로 바쳤으며, 그는 또 점을 치며, 마술을 행하며, 귀신 접한 자와 남자 무당인 박수를 신임하여, 여호와께서 보시기에 많은 악을 행하여 그의 진노를 격발하였다.

므낫세는 아세라 나무 우상을 새겨서 하나님의 성전 안에 놓아두었다.

여호와께서 예전에 그 성전에 대해, 다윗과 그의 아들 솔로몬에게 이렇게 말씀하셨다.

> 내가 이스라엘 모든 지파 중에서 뽑은 이 성전과 예루살렘에 내 이름을 영원히 둘 것이다.
> 만일 이스라엘 백성이 내가 명령한 모든 말에 복종하고, 내 종 모세가 명령한 모든 율법을 지켜 살기만 하면, 다시는 내가 그 열조에게 준 이 땅에서 떠나 방황하지 않게 하겠다.

그러나 유다 백성들은 여호와의 말씀을 듣지 않았고, 므낫세의 꼬임에 빠져 여호와께서 이스라엘 백성들 앞에서 멸망시킨 이방 민족인 열방들보다 더 많은 악을 행하였다.

여호와께서 그의 종인 선지자를 통해 말씀하셨다.

> 유다 왕 므낫세가 이런 가증한 일과 악을 행함이 그전에 있던 아모리 사람의 행위보다 더 심하였고, 그는 또 유다 백성들이 우상 섬기는 죄를 짓도록 만들었다.
> 그러므로 이스라엘 하나님 여호와가 말하노라.
> '내가 예루살렘과 유다에 큰 재앙을 내리겠다. 누구든지 그 재앙에 대한 이야기를 듣는 사람은 두 귀가 울릴 것이다. 내가 사마리아를 재었던 줄과 아합의 집을 달아 본 추를 사용하여, 예루살렘을 심판하겠고, 사람이 접시를 씻어 엎어 놓은 것처럼, 내가 예루살렘을 말끔히 씻어 내겠다.
> 내가 나의 기업인 이스라엘에서 남은 자를 버려, 그 대적의 손에 붙여서 그들이 모든 대적에게 노략과 겁탈의 대상이 될 것이다.
> 이는 그들의 열조가 애굽에서 나오던 날부터 오늘까지 내 백성은 내가 보기에 악한 일을 하여 나의 노를 격발하게 하였음이다.'

므낫세는, 유다 백성들에게 우상을 섬기게 하여, 여호와께서 보시기에 악한 일을 한 그 죄 외에도, 죄가 없는 사람을 많이 죽여 예루살렘을 이쪽 끝에서 저쪽 끝까지 피로 가득 채웠다.

여호와께서는, 므낫세와 그 백성들에게 여러 차례 말씀하셨으나 그들은 듣지 않았다.

그래서 여호와께서는 앗수르 왕의 군대 사령관을 보내 유다를 치게 하셨다. 그들은 므낫세를 생포하여 쇠사슬로 결박하여 그를 바벨론으로 끌고 갔다.

그가 환난을 당하여 그 하나님 여호와께 간구하고 그 열조의 하나님 앞에 크게 겸손하였고, 므낫세는 기도하였다.

그래서 하나님은 그의 기도를 들으시고, 그를 예루살렘에 돌아오게 하여 다시 왕이 되어 나라를 다스리게 하셨다.

그제서야 므낫세는 여호와께서 정말 하나님이신 것을 깨닫게 되었다.

그 후에 므낫세는 다윗 성밖 기드론 골짜기에 있는 기혼샘 서쪽에서부터 '생선문'과 오벨 언덕 일대까지, 다윗 성의 동쪽 바깥 성을 더 높이 올려 쌓았으며, 또 요새화된 유다의 모든 성에 군대의 각 지휘관들을 배치하였다.

므낫세는 또 산당에 있는 이방 신들을 없애고, 여호와의 성전에 둔 그의 우상을 내어 버리며, 성전 언덕과 예루살렘에 그가 쌓은 단들을 헐어 그 모든 것을 성밖에 내다 버렸다.

그런 다음에 그는 여호와의 단을 다시 쌓고 그 위에 화목제와 감사제를 드리고, 모든 유다 백성들에게 이스라엘의 하나님 여호와를 섬기라고 명령하였다.

백성이 그 하나님 여호와께만 제사를 드렸으나, 그때까지 산당에서 제사를 드렸다.

므낫세의 나머지 일들과, 그가 하나님께 기도한 말씀과, 선견자가 이스라엘의 하나님 여호와의 이름을 받들고 권면한 말씀은 모두 이스라엘 열왕기에 기록되어 있다.

그가 기도를 드린 것과, 하나님이 그 기도를 받으신 것과, 그가 지은 모든 죄와 허물과, 그가 겸손해지기 전에 산당을 세운 여러 장소와, 아세라 나무 우상과 우상을 세워 둔 여러 곳들이 모두 호새의 역사책에 기록되어 있다.

므낫세가 행한 다른 모든 일과 저지른 죄는 유다 왕들의 역대지략에 기록되어 있다.

므낫세가 그 열조와 함께 잠드니, 그의 왕궁 정원 곧 웃사의 정원에 묻혔다.

그리고 므낫세의 아들 아몬이 뒤를 이어 왕이 되었다.

아몬이 왕이 되었을 때의 나이는 스물두 살이었다. 그는 예루살렘에서 이 년 동안 다스렸다.

그 어머니의 이름은 므술레멧인데, 욧바 사람인 하루스의 딸이다.

아몬은 아버지 므낫세처럼, 여호와께서 보시기에 악한 일을 하였고, 그의 아버지 므낫세가 만든 아로새긴 모든 우상에게 제사를 드리며 섬겼다.

그의 아버지 므낫세는, 나중에 스스로 뉘우치고 여호와 앞에서 겸손해졌으나, 아몬은 여호와 앞에서 스스로 겸손할 줄도 모르고, 오히려 더 죄를 지었다. 그리고 아몬은 그의 열조의 하나님 여호와를 저버리고, 여호와의 길을 따르지 않았다.

그의 신하들이 아몬을 반역하여 왕궁에서 아몬을 죽였다.

그러자 유다 백성은, 아몬 왕을 반역하였던 사람들을 다 죽이고 그의 아들 요시야를 왕으로 세웠다. 유다 왕 아몬이 행한 다른 모든 일은 유다 왕들의 역대지략에 기록되어 있다.

아몬이 웃시야의 동산 자기 무덤에 묻히고, 그의 아들 요시야가 뒤를 이어 왕이 되었다.

제 5 장

요시야 왕

유다의 요시야 왕(왕하 22:1-2; 23:4-20; 대하 34:1-7; 습 1:1-6)

요시야가 왕이 되었을 때의 나이는 여덟 살이었다.

그는 삼십일 년 동안, 예루살렘에서 다스렸다. 그의 어머니는 여디다인데 보스갓 사람 아다야의 딸이다.

요시야는, 여호와 보시기에 정직히 행하였고, 그는 그의 조상 다윗의 길로 행하여 좌우로 치우치지 아니하였다.

요시야는 왕이 된 지 팔 년 곧 십육 세에, 아직도 매우 어린 나이이지만, 그 조상 다윗의 하나님을 찾기 시작하였다.

아몬의 아들 유다 왕 요시야의 시대에, 히스기야의 현손이요 아마랴의 증손이요 그다랴의 손자요 구시의 아들인 스바냐에게 여호와의 말씀이 임하였다.

> 내가 땅 위에서 모든 것을 진멸하리라. 내가 사람과 짐승을 진멸하고, 공중의 새와 바다의 고기와 남을 넘어뜨리는 자들과 악인들을 아울러 진멸할 것이라. 내가 사람을 지면에서 멸절하리라. 나 여호와의 말이니라.
>
> 내가 유다와 예루살렘 모든 백성 위에 손을 펴서, 바알의 남아 있는 흔적을 그 곳에서 멸절하며, 바알의 제사장들과 그들의 명칭인 '그마림'이란 이름과 및 그 제사장들을 아울러 멸절하며, 무릇 지붕에 올라가서 하늘의 뭇별인 일월성신에게 경배하는 자, 나 여호와를 섬기며 나에게 충성할 것을 맹세하면서도 에돔의 우상인 밀감(밀곰) 이름으로 맹세하는 자, 여호와를 배반하고 따르지 아니한 자와 여호와를 찾지도 아니하며 구하지도 아니한 자를 멸절하리라.

요시야는 그의 통치 십이 년이 되는 해에야, 비로소 유다와 예루살렘을 정결하게 하기로 결심하였다.

요시야 왕이, 대제사장 힐기야와 그 아래 제사장들과 문지기들에게 명령했다.

> 바알과 아세라 여신과, 해와 달과 별들을 숭배하는 데 사용된 모든 기구를, 여호와의 성전에서 끄집어내고, 그 예루살렘 성밖에 있는 기드론 골짜기에서 불태워서, 그 재를 벧엘로 가져가게 하여라.

요시야는 또, 유다의 역대 왕들이 유다의 성읍들과 예루살렘 사면에 있는 산당에서 분향하고 우상을 섬기게 한 제사장들을 내쫓았으며, 그리고 바알과 태양과 달과 성좌들과 하늘의 별에게 분향하며 제사지내는 사람들도 모두 내쫓았다.

유다와 예루살렘에 있는 산당과 아세라 목상들과 아로새긴 우상들과 부어 만든 우상들을 없애고, 백성들은 왕이 지켜보는 가운데 바알 제단들을 헐고, 왕이 또 그 제단 위에 높이 달린 태양 우상들을 찍어 버렸다.

요시야는 여호와의 성전에서 아세라 여신상과 그 밖의 모든 아로새긴 우상들과 부어 만든 우상들을 내어, 예루살렘 바깥 기드론 시내로 가져다가, 그곳에서 불사르고 빻아서 가루를 만들어서 그 가루를 그 우상들에게 제사하던 사람들의 무덤 위와 공동묘지 위에 뿌렸다.

요시야는 또, 여호와의 성전 안에 있는 남창들의 숙소를 헐어 버렸는데 이곳은 여자들이 아세라 여신을 위해 휘장을 짜는 곳이기도 하였다.

그리고 그는 유다의 여러 성읍에 사는 모든 제사장들을 예루살렘으로 불러들이고, 그들이 분향하던 산당을 게바에서 브엘세바에 이르기까지 더럽혔으며, 예루살렘의 성주 여호수아가 성문 왼편에 지어 놓은 산당들을 헐어 버렸다.

그러나 이 산당에 있었던 제사장들은 예루살렘 성전에서 섬기는 일은 할 수가 없었고, 단지 동료 제사장들과 함께 누룩 넣지 않은 빵 곧 무교병을 먹을 수 있을 뿐이었다.

요시야 왕은 또한 힌놈의 아들 골짜기에 있는 도벳을 더럽혀, 아무도 자기 자녀를 불에 태워 몰렉(몰록) 신에게 제물로 바치지 못하게 하였으며, 유다 열왕들이 태양 숭배를 위해 바친 말의 동상들을 헐어 버리고, 여기에 사용된 태양수레들을 불태워 버렸는데 이것들은 왕의 신하 나단멜렉의 집에서 그리 머지 않은 성전 문 곁의 뜰에 있던 것이었다.

그리고 요시야는 유다 열왕들이, 아하스 왕의 다락방 옥상에 지어 놓은 제단들과 므낫세 왕이 여호와 성전의 두 뜰에 세운 제단들을 헐어 버리고, 그것을 빻아 그 가루를 기드론 시내에 쏟아 버렸다.

예루살렘 맞은편 곧 '멸망의 산' 오른쪽에 있던 산당들은 솔로몬 왕이 시돈 사람들의 가증한 여신 아스다롯과 모압의 가증한 신 그모스와 암몬 사람들의 가증한 신 밀곰을 위해 세운 것이다.

요시야 왕은 돌 우상들을 부숴 버리고 아세라 나무 우상을 찍어 버렸다. 그리고 그곳을 죽은 사람들의 해골로 채워 더럽혀 놓았다.

또한 요시야는, 이스라엘로 범죄하게 한 느밧의 아들 이스라엘 왕 여로보암이 세운 벧엘의 제단과 산당을 헐어 버렸다. 그리고 그 제단과 산당을 불태우고 빻아서 가루로 만들었으며, 아세라 나무 우상도 불태웠다.

그런 다음 요시야는, 사방을 둘러보다가 산당에 있는 무덤들을 보고 그 해골을 끄집어내어 단 위에서 불살라 그 단을(못 쓰게) 더럽혔다.

이것은 여호와께서 느밧의 아들 이스라엘 왕 여로보암 때에 하나님의 사람을 통하여 말씀하신 예언이 그대로 이루어진 것이다.

그러고서 요시야가 백성에게 물었다.

> 저기 보이는 저 비석은 무엇이냐?

그 성의 백성이 대답했다.

> 요시야 왕께서 벧엘의 제단에 향하여 행하실 이 일을 전하러, 유다에서 왔던 하나님의 사람의 무덤입니다.

왕이 말했다.

> 그 무덤은 그대로 두어라. 그리고 아무도 그 사람의 뼈를 옮기지 못하게 하여라.

그래서 하나님의 사람 뼈와 사마리아 지방의 벧엘에서 온 선지자의 뼈를 그대로 두었다.

이스라엘의 열왕들은, 사마리아의 여러 성에 우상을 섬기는 산당들을 세워 여호와를 노하게 했는데, 요시야는 벧엘에서 했던 것처럼 빻아서 가루로 만들어 버렸다.

그런 다음 요시야는 므낫세와 에브라임과 시므온과 납달리의 모든 성들과 황폐한 그 사방 일대에 가서도, 산당들을 헐고 아세라 여신상과 그 밖의 우상들을 빻아 가루로 만들며, 이스라엘 전역에 있는 모든 태양상을 찍어 버리고, 요시야는 그런 산당의 제사장들을 제단 위에서 모두 다 죽여 버렸다. 그리고 그들의 해골을 제단 위에서 불태우고 예루살렘으로 돌아왔다.

요시야와 여호와의 성전 수리(왕하 22:3-7; 대하 34:8-13)

요시야가 왕으로 있은 지 십팔 년째 되던 해에, 그 땅과 성전의 정결 작업을 마치고 성전을 수리하기 위해서, 므술람의 손자요 아살리야(아살랴)의 아들인 왕의 서기관 사반과 예루살렘 성주 마아세야와 요아하스의 아들인 서기관 요아를 여호와의 성전으로 보냈다.

그들을 보내면서 요시야가 말했다.

> 너는 대제사장 힐기야에게 올라가서 백성이 여호와의 성전에 바친 헌금 곧 성

전 문지기들이 백성으로부터 모은 돈을 모두 계산하도록 하여, 그 돈을 여호와의 성전 공사 감독관들에게 맡겨, 목수와 건축자와 석수의 임금으로 지불하고, 또 목재와 다듬은 돌을 사서 여호와 성전의 낡아진 곳을 수리하게 하라고 일러 주어라.

사반과 마아세야와 요아는 성전에 들어온 헌금을 대제사장 힐기야에게 주어 확인하도록 했는데, 이 돈은 문을 지키는 레위 사람들이 므낫세와 에브라임 사람과 남아 있는 이스라엘 사람, 그리고 유다와 베냐민의 모든 사람들과 예루살렘 주민들에게서 거둔 것이었다.

그런 다음 그들은 그 돈을 성전 수리 감독자들에게 주었고, 감독자들은 또 그 돈을 주의 성전 수리를 직접 맡아 건축하는 이들에게 주어서, 여호와의 성전 건물들을 수리하게 하였다.

또 그 돈은 목수들과 건축자들의 임금으로 지불하고, 목재와 다듬은 돌을 사서 유다 왕들이 헐어 버린 성전을 위하여 들보를 만들게 하였다.

그러나 성전 수리 담당자가 일을 정직하게 하였으므로, 그에게 맡긴 수리 비용을 회계할 필요가 없었다.

여호와의 성전을 수리하는 그들 위에는 네 명의 감독이 있었다.

모두 레위 사람들인데 므라리 자손 중에는 야핫과 오바댜이고, 고핫 자손 중에는 스가랴와 무술람이 성전을 수리하는 일을 맡아 하였다.

이 레위 사람들은 모두 음악에 익숙한 사람들이었다. 이들은 자재를 운반하는 짐꾼들을 관리하고 인부들의 일 하나하나를 감독하였으며, 또 다른 레위 사람들은 기록원과 사무원과 문지기의 일을 맡았다.

여호와의 율법과 유다 백성(왕하 22:8-23:3; 대하 34:14-33)

어느 날 대제사장 힐기야는, 성전 안에 두었던 헌금을 끄집어내다가 모세를 통해 주신 여호와의 율법책을 발견하였다.

대제사장 힐기야가 왕의 서기관 사반에게 말했다.

내가 여호와의 성전에서 율법책을 발견했소.

힐기야가 그 책을 사반에게 주자, 사반이 그 책을 읽었다.
서기관 사반이 왕에게 가서 보고했다.

왕의 신하들이 여호와의 성전에서 꺼낸 돈을 여호와의 성전에서 일하는 감독에게 주었습니다.

그리고 또 왕에게 말했다.

제사장 힐기야가 저에게 책 한 권을 주었습니다.

그리고 사반이 소리 내어 그 책을 왕에게 읽어 드렸다.
왕이 율법책의 말씀을 듣더니 너무나 슬퍼서 자기 옷을 찢었다.
요시야 왕이, 제사장 힐기야와 사반의 아들 아히감과 미가야의 아들 악볼(압돈)과 서기관 사반과 왕의 시종 아사야에게 명령했다.

너희는 가서 나와 모든 백성과 온 유다를 위하여, 지금 발견된 이 책의 모든 말씀에 대해 여호와의 뜻을 여쭈어 보도록 하시오.
우리 열조가 이 책의 말씀에 복종하지 않았기 때문에 우리를 향한 여호와의 분노가 너무나 크오.
우리 열조는 우리가 지켜야 할 것을 적어 주신 이 책의 말씀대로 따라 살지 않았소.

그리하여 제사장 힐기야와 아히감과 악볼과 시빈과 아사야가, 여자 선지사 훌다에게 가서 여호와의 뜻을 여쭈어 보았다.
훌다는 할하스의 손자이며 디과의 아들인 왕의 옷을 관리하는 살룸의 아내이다.
여선지자 훌다는 예루살렘 성의 둘째 구역에서 살고 있었다.
훌다가 그들에게 말했다.

이스라엘의 하나님 여호와께서 이렇게 말씀하셨소. 당신들을 나에게 보낸 왕에게 전하시오.
'내가 이곳과 여기에 사는 백성에게 재앙을 내리되, 유다 왕 요시야가 읽은 책에 모든 말대로 하겠다. 유다 백성은 나를 저버리고 다른 신들에게 향을 피우며 온갖 우상을 만들어 나를 노하게 하였다. 그러므로 나의 분노가 이곳을 향해 불붙는 듯하다. 아무도 나의 분노를 그치게 하지 못할 것이다.'

여호와의 뜻을 여쭤 보라고 당신들을 보낸 유다의 왕에게 전하시오. 이스라엘의 하나님 여호와께서 이렇게 말씀하셨소.

'내가 예루살렘과 그 주민을 저주할 것과 이 땅이 저주를 받아 황폐하게 될 것을 알고, 네가 회개하는 마음으로 네 옷을 찢고 통곡하며, 내 앞에서 자신을 겸손히 낮추었으므로 내가 네 기도를 들었다.

나 여호와가 말하노라!

그러므로 나는 너를 평안히 죽게 하여, 너의 열조들의 묘실에 묻히게 하겠다. 너는 내가 이곳에 내리는 온갖 재앙을 네 눈으로 보지 않게 될 것이다.'

그들은 왕에게 돌아가서 이 말을 전했다.

요시야 왕이 유다와 예루살렘의 장로들을 불러 모았다.

왕이 여호와의 성전으로 올라가자, 유다와 예루살렘에 사는 모든 백성과 제사장과 선지자와 젊은 사람, 늙은 사람 할 것 없이 왕과 함께 올라갔다.

왕이 그들에게 여호와의 성전에서 발견한 언약의 책에 있는 모든 말씀을 읽어 주었다.

왕은 성전 기둥 곁에 서서 여호와 앞에서 언약을 맺었다.

그는 여호와를 따르고 여호와의 계명과 규례와 율법을 마음과 성품을 다하여 지키기로 약속하였고, 왕은 또 그 책에 적혀 있는 언약의 말씀을 다 지키기로 약속하자, 모든 백성도 그 언약을 지키기로 약속했다.

이와 같이 요시야는 이스라엘 자손에게 속한 모든 땅에서 가증한 것들을 다 없애 버리고, 이스라엘의 모든 사람으로 그 하나님 여호와를 섬기게 하였으므로, 요시야가 살아 있는 동안에는 백성이, 그 열조의 하나님 여호와께 복종하고 떠나지 않았다.

유월절과 요시야(왕하 23:21-23; 대하 35:1-19)

왕이 모든 백성에게 명령했다.

> 언약의 책에 적혀 있는 대로 여러분의 하나님 여호와를 위해 유월절을 지키시오.

요시야 왕은, 예루살렘에서 여호와께 유월절을 지켰으며, 정월 곧 일월 십사일에 유월절 어린 양을 잡았다.

그는 또 제사장들에게 직분을 맡기고, 성전에서 다시 그들의 업무를 수행하라고 권면하였다.

또 여호와 앞에서 구별되어서 온 이스라엘 백성을 가르치는 레위 사람에게 말했다.

> 거룩한 궤를, 이스라엘 왕 다윗의 아들 솔로몬의 건축한 성전 가운데 두고, 다시는 너희 어깨에 메지 말고 마땅히 너희 하나님 어호와와 그 백성 이스라엘을 섬길 것이다.
>
> 너희는 이스라엘 왕 다윗의 글과 다윗의 아들 솔로몬의 글을 준행하여, 너희 족속대로 반열을 따라 스스로 예비하고, 너희 형제 모든 백성의 족속의 차례대로 또는 레위 족속의 차례대로 여호와의 성소에 서서 스스로 성결하게 하고, 유월절 어린 양을 잡아 너희 형제를 위하여 예비하되 여호와께서 모세로 전하신 말씀을 좇아 행하시오.

그런 다음 요시야 왕은, 유월절에 쓸 제물로 자기 소유 중에서, 어린 양과 어린 염소 삼만 마리와 수소 삼천 마리를 백성들에게 주었다.

그러자 그의 방백들도 백성들과 제사장들과 레위 사람들을 위해 즐거이 유월절 희생제물을 드렸으며, 성전 관리자인 힐기야와 스가랴와 여히엘은 제사장들에게 양 이천육백 마리와 수소 삼백 마리를 유월절 제물로 주었다.

그리고 레위 사람의 우두머리들인, 고나냐와 그의 형제 스마야와 느다넬과 하사뱌와 여이엘과 요사밧은, 양 오천 마리와 수소 오백 마리를 레위 사람들에게 유월절 제물로 주었다.

모든 것이 갖추어지자 제사장들은 왕이 지시한 대로 각자 자기 위치에 서고, 레위 사람들은 각 반열대로 섰다.

그런 다음 레위 사람들은, 유월절 양을 잡아 가죽을 벗기고 제사장들은 그 피를 받아 제단에 뿌렸다.

그 번제물을 옮겨 족속의 차례대로 모든 백성에게 나누어, 모세의 책에 기록된 대로 여호와께 드리게 하고 소도 그와 같이 하였다.

또 레위 사람들은, 규정에 따라서 유월절 양을 불에 굽고, 그 밖의 거룩한 예물은 솥과 가마와 냄비에 삶아 그 고기를 백성들에게 나누어 주었다.

그런 다음에야 레위 사람들은 자기들이 먹을 것과 아론의 자손 제사장들이 먹을 고기를 준비하였다.

이것은 아론의 자손 제사장들이 아침부터 저녁까지 번제와 그 기름을 드리느라고 무척 바빴기 때문이었다.

아삽 자손의 찬양대원들은, 다윗 왕과 아삽과 헤만과 그리고 왕의 선견자 여두둔이 정해 준 자기들의 위치에 그대로 있었으며, 성전 문지기들도 자기 자리를 떠날 필요가 없었다. 이것은 그 형제 레위 사람들이 그들의 몫을 준비하여 주었기 때문이다.

이와 같이 여호와를 섬기는 모든 일이, 하루 만에 다 준비되어 왕이 명령한 대로 유월절을 지키고 여호와의 단에 번제를 드렸다.

예루살렘에 모였던 모든 이스라엘 사람들은 유월절을 지키고 곧이어 다음 칠 일 동안은 누룩을 넣지 않고 빵을 만들어 먹는 무교절을 지켰다.

사사들이 이스라엘을 다스리던 때부터 선지자 사무엘 이후로 이스라엘 가운데서 유월절을 이같이 지키지 못하였고, 이스라엘 열왕들도 요시야가 제사장들과 레위 사람들과 모인 온 유다와 이스라엘 백성과 예루살렘 백성과 함께 지킨 것처럼 유월절을 지키지 못하였다.

요시야가 왕으로 있은 지 십팔 년째 되던 해에 예루살렘에서 여호와께 유월절을 지켰다.

유다 왕 요시야와 애굽 왕 느고(왕하 23:24-30; 대하 35:20-27)

요시야는 또 유다 땅과 예루살렘에 남아 있는, 귀신을 접한 사람과 남자 무당인 박수와 집 우상인 드라빔과 우상들과 온갖 가증한 신들을 없애 버렸다.

이렇게 하여 요시야는 제사장 힐기야가 여호와의 성전에서 발견한 율법책에 적혀 있는 대로 말씀을 지켰다.

그러나 여호와께서는 유다를 향한 크고 무서운 진노를 거두지 않으셨다. 여호와의 분노는 유다를 향해 불붙었다. 그것은 므낫세가 저지른 온갖 죄 때문이었다.

여호와께서 말씀하셨다.

> 내가 이스라엘을 물리친 것같이 유다도 내 눈앞에서 물리치겠다.
> 그리고 내가 선택한 이 성 예루살렘과 '내가 그곳에 이름을 두겠다.'라고 말했던 이 성전도 내버리고 말겠다.

요시야와 같은 왕은 전에도 없었고 그 뒤에도 없었다.

그는 마음과 정성과 힘을 다하여 여호와를 섬겼다. 그리고 모세의 가르침을 다 지켰다.

이런 모든 일이 일어난 뒤 곧 요시야가 성전 정돈을 마치고 난 뒤에, 애굽의 느고 왕은 유브라데스 강 가에 있는 갈그미스에 진을 친 바벨론 군대를 치려고 올라왔다.

이는 애굽의 왕 느고가 앗수르를 돕기 위해 유브라데스 강으로 올라가려고 하였기 때문이다.

그러나 요시야가 애굽 왕 느고와 애굽 군대를 막으러 나갔다.

그래서 느고는 요시야 왕에게 전령을 보내 이런 전갈을 보냈다.

> 유다 왕이여, 내가 당신과 싸우려는 것이 아니라 내 대적과 싸우려고 하니 당신은 상관하지 마시오.

하나님은 나에게 속히 하라고 명령하셨소. 그러므로 당신은 나와 함께하시는 하나님을 대적하지 마시오.
그렇지 않으면 하나님이 당신을 쳐서 없애 버릴 것이오.

요시야가, 몸을 돌이켜 떠나기를 싫어하고 변장하고 싸우고자 하여, 하나님의 입에서 나온 느고의 말을 듣지 아니하였다.

므깃도 골짜기에 이르러 싸울 때에, 거기서 요시야 왕은 애굽군이 쏜 화살에 맞아 크게 부상을 입고, 자기 신하들에게 "나를 여기서 빠져 나가게 하라. 내가 중상을 입었다."라고 외쳤다.

요시야는 신하들의 부축을 받으면서 자기의 전차에서 내려, 그의 부사령관의 전차를 타고 므깃도에서 예루살렘으로 돌아왔지만 숨을 이미 거두었다.

사람들은 그를 예루살렘 성, 그의 열조들의 묘에 장사하였다. 온 유다와 예루살렘 사람들이 그의 죽음을 슬퍼하였다.

이때에 선지자 예레미야는, 그를 위하여 애가를 지었으며, 노래하는 남자와 여자는 요시야를 슬프게 노래하였다.

이스라엘에 그 노래를 부르는 것이 규례가 되어 오늘날까지 이르렀으며 그 가사는 애가 중에 기록되었다.

유다 백성은 요시야의 아들 여호아하스를 뽑아 그에게 기름을 붓고 아버지의 뒤를 이어 왕이 되게 하였다.

그 밖에 요시야 왕이, 행한 모든 일과 그의 선행과 그가 여호와의 율법을 지킨 일과, 그리고 그가 나라를 다스리는 동안에 일어났던 모든 사건이 이스라엘과 유다 열왕기와 역대지략에 기록되어 있다.

유다의 왕 여호아하스와 여호야김
(왕하 23:31-24:7; 대하 36:1-8)

유다 백성들은, 예루살렘에서 요시야의 아들 여호아하스를 왕으로 삼았다.

여호아하스가 왕이 되었을 때의 나이는 스물세 살이었다. 그는 예루살렘에서 석 달 동안 다스렸다.

그의 어머니의 이름은 하무달이다. 그녀는 립나 사람인 예레미야의 딸이다.

여호아하스는 그의 열조들처럼 여호와께서 보시기에 악한 일을 저질렀다.

그때 애굽의 느고(바로느고) 왕이, 여호아하스를 하맛 땅 립나에 가두어 예루살렘에서 왕이 되지 못하게 하여, 그의 유다 왕위를 폐하고, 유다에 은 일백 달란트(3,400 kg)과 금 한 달란트(34 kg)을 벌금으로 바치게 하였다.

그래서 여호아하스는 예루살렘을 다스릴 수 없게 되었다. 여호아하스는 애굽으로 끌려가 그곳에서 죽었다.

애굽의 느고 왕은, 요시야의 다른 아들인 엘리아김을 왕으로 세우고, 그의 이름을 여호야김으로 고치게 하였다.

여호야김은 애굽 왕 느고가 달라는 대로 은과 금을 주었다. 그는 느고가 달라는 것을 채우기 위해 백성들의 재산이 많고 적음에 따라 세금을 매겨 은과 금을 거두어들였다.

여호야김이 왕이 되었을 때의 나이는 스물다섯 살이었다. 그는 예루살렘에서 십일 년 동안 다스렸다.

그의 어머니의 이름은 스비다이다. 스비다는 루마 사람인 브다야의 딸이다.

그는 그의 열조들처럼 여호와께서 보시기에 악한 일을 했다.

여호야김이 다스리던 해에, 바벨론의 느부갓네살 왕이 쳐들어왔다.

여호야김은 그의 신하가 되어 삼 년 동안 그를 섬겼으나, 삼 년이 지나자, 돌아서서 느부갓네살에게 반역하였다.

이때 바벨론의 느부갓네살 왕이, 유다를 침략하고 여호야김을 생포하여 그를 쇠사슬로 묶어 바벨론으로 끌고 갔으며, 느부갓네살이, 또 여

호와의 성전 기구들을 바벨론으로 가져다가 바벨론에 있는 자기 신당에 두었다

여호와께서 바벨론과 아람과 모압과 암몬의 군대를 유다에 보내셔서 유다를 멸망시키게 하셨다.

그래서 여호와께서 그의 종인 선지자들을 통해서 하신 말씀을 이루셨다.

이 일이 유다에 임함은 곧 여호와의 명하신 바로, 그들을 자기 앞에서 물리치고자 하심이다.

이는 므낫세의 지은 모든 죄로 인함이며, 또 그가 무죄한 사람의 피를 흘려 그 피로 예루살렘에 가득하게 하였음이다.

여호와께서 유다를 용서하시기를 즐겨하지 아니하셨다. 그 밖에 여호야김이, 행한 모든 일과 그의 악한 행위는 이스라엘과 유다 열왕기와 역대지략에 기록되어 있다.

여호야김이 죽고, 그의 아들 여호야긴이 뒤를 이어 왕이 되었다.

애굽 왕은 자기 땅 밖으로 다시는 나오지 못했다.

그것은 바벨론 왕이 애굽 시내에서 유브라데스 강에 이르는 애굽 왕의 땅을 다 점령했기 때문이었다.

유다의 왕 여호야긴과 시드기야(왕하 24:8-20; 대하 36:11-16)

여호야긴이 왕이 되었을 때의 나이는 열여덟 살이었다. 그는 예루살렘에서 석 달 동안 다스렸다.

그의 어머니의 이름은 느후스다이다. 그녀는 예루살렘 사람인 엘라단의 딸이다.

여호야긴은 그의 열조들처럼 여호와께서 보시기에 악한 일을 행하였다.

그 무렵 바벨론 왕 느부갓네살의 신하들이 예루살렘으로 올라와서 그 성을 에워쌌다.

느부갓네살 왕은 그의 신하들이 그 성을 에워싸고 있는 사이에 그 성에 왔다.

유다 왕 여호야긴이 자기 어머니와 신하들과 방백들과 내시들과 함께 느부갓네살 왕에게 항복했다.

이듬해 봄에 느부갓네살은 여호야긴을 바벨론으로 사로잡아 갔을 뿐만 아니라, 여호야긴 왕의 어머니와 왕의 아내들, 그리고 왕의 관리들과 그 땅의 권세 있는 자도 데려갔다.

그때는 느부갓네살이 왕으로 있은 지 팔 년째 되던 해였다.

느부갓네살은 여호와 성전의 모든 보물과 왕궁 보물을 바벨론으로 가져갔으며, 또 이스라엘 왕 솔로몬이 만든 것 곧 여호와 성전의 금 그릇들을 다 깨뜨려 버렸다.

이 모든 일이 여호와께서 말씀하신 대로 이루어졌다.

바벨론 왕은 군인 칠천 명도 사로잡아 갔다.

그들은 용감한 군인들이었다. 그리고 기술자와 대장장이들 천 명도 사로잡아 갔다.

그 땅에는 가난하고 보잘것없는 사람들만 남게 되었다.

느부갓네살 왕은, 여호야긴을 대신해서 여호야긴의 삼촌 맛다니야를 왕으로 세우고 이름을 시드기야로 고쳤다.

시드기야가 왕이 되었을 때의 나이는 스물한 살이었다. 그는 예루살렘에서 십일 년 동안 다스렸다.

그의 어머니는 하무달로서 립나 사람인 예레미야의 딸이다.

시드기야는 여호야김처럼 여호와께서 보시기에 악을 행하였다.

선지자 예레미야가, 여호와의 말씀으로 일러 주어도 그 여호와 앞에서 겸손하지 않았다.

그는 또 하나님의 이름으로 자기에게 충성할 것을 맹세하라고 한 느부갓네살 왕을 반역하였다.

그리고 그는 목을 곧게 하며 마음을 강퍅하게 하여, 이스라엘의 하나님 여호와께 돌아오지 않았다.

제사장의 어른들과 백성도, 크게 범죄하여 이방 모든 가증한 일을 본받아서 여호와께서 예루살렘에 거룩하게 두신 그 성전을 더럽게 하였다.

그 열조의 하나님 여호와께서, 그 백성과 그 거하시는 성전을 아끼시어 부지런히 그 선지자들을 그 백성에게 보내어 말씀하시었다.

그러나 그 백성은, 하나님의 선지자를 비웃고 말씀을 멸시하며, 그 선지자를 욕하므로, 여호와의 진노가 그 백성에게 미쳐서 돌아설 수 없게 되었다.

시드기야 왕이 바벨론 왕을 배반했다.

예루살렘의 멸망(왕하 25:1-21; 대하 36:17-21; 렘 21:1-10; 37:5-11)

여호와께로부터 예레미야에게 말씀이 임하였다.

시드기야 왕이 말기야의 아들 바스훌과 제사장 마아세야의 아들 스바냐를 예레미야에게 보냈다.

그때에 그들이 와서 이렇게 말하였다.

> 바벨론 왕 느부갓네살이 우리를 공격해 오는데, 너는 우리를 위하여 여호와께 간구하라. 여호와께서 혹시 그 모든 기적으로 우리를 도와 행하시면 그가 우리를 떠나리라.

예레미야가 그들에게 대답하였다.

> 너희는 시드기야에게 이같이 말하라.
> 이스라엘의 하나님 여호와께서 이같이 말씀하셨다.
> '보라 너희가 성밖에서 바벨론 왕과 또 너희를 에워싼 갈대아인과 싸우는바, 너희 손에 가진 무기를 내가 돌이킬 것이요. 그들을 이 성중에 모아들이리라.

내가 든 손과 강한 팔 곧 진노와 분노와 대노로 친히 너희를 칠 것이며, 내가 또 사람이나 짐승이나 이 성에 있는 것을 다 치리니 그들이 큰 전염병에 죽으리라.' 하셨다 하라.

여호와께서 또 말씀하셨다.

그 후에 내가 유다 왕 시드기야와 그 신하들과 백성과 및 이 성읍에서 전염병과 칼과 기근에서 남은 자를, 바벨론 왕 느부갓네살의 손과 그 대적의 손과 그 생명을 찾는 자들의 손에 붙이리니, 그가 칼날로 그들을 치되 아끼지 아니하며 긍휼히 여기지 아니하며 불쌍히 여기지 아니하리라.

여호와께서 말씀하셨다.

보라! 내가 너희 앞에 생명의 길과 사망의 길을 두었노라. 너는 이 백성에게 전하라. 이 성읍에 사는 자는 칼과 기근과 전염병에 죽으려니와, 너희를 에워싼 갈대아인에게 나가서 항복하는 자는 살 것이나 그의 목숨은 전리품같이 되리라.

나 여호와가 말하노라.

내가 나의 얼굴을, 이 성으로 향함은 복을 위함이 아니요. 화를 내리기 위함이라. 이 성이 바벨론 왕의 손에 붙임이 될 것이요. 그는 그것을 불로 사르리라.

바로의 군대가 애굽에서 나오므로, 예루살렘을 에워쌌던 갈대아인이 그 소문을 듣고 예루살렘에서 떠났다.

그때에 여호와께서 선지자 예레미야에게 다음과 같이 말씀하셨다.

이스라엘의 하나님 나 여호와가 이같이 말하노라. 너희를 보내어 내게 구하게 한 유다 왕에게 이르라.

'너희를 도우려고 나왔던 바로의 군대는 자기 땅 애굽으로 돌아가겠고, 갈대아인이 다시 와서 이 성을 쳐서 빼앗아 불사르리라.'

나 여호와가 이같이 말하노라.

너희는 스스로 속여 말하기를, '갈대아인이 반드시 우리를 떠나리라.' 하지 말라 그들이 떠나지 아니하리라.

가령 너희가 너희를 치는 갈대아인의 온 군대를 쳐서 그중에 부상자만 남긴다 할지라도, 그들이 각기 장막에서 일어나 이 성을 불사르리라.

갈대아인의 군대가 바로의 군대를 두려워하여 예루살렘에서 떠났다.

그러나 애굽 왕은, 자기 땅 밖으로 다시는 나오지 못했다. 그것은 바벨론 왕이 애굽 시내에서 유브라데스 강에 이르는 애굽 왕의 땅을 다 점령했기 때문이었다.

여호와 하나님께서 갈대아 왕 느부갓네살 손에 유다 왕과 그 백성들을 다 붙이셨다.

시드기야가 왕으로 있은 지 구 년째 되는 해의 열째 달 십일에, 바벨론 왕 느부갓네살이 모든 군대를 이끌고 예루살렘으로 쳐들어왔다.

느부갓네살은 성을 공격하기 위해서 그 주변을 에워싸고 흙 언덕을 성 둘레에 쌓았다.

성은 시드기야가 왕으로 있은 지 십일 년째 되던 해까지 포위되어 있었다.

그해 넷째 달 구일이 되자 성안에 기근이 심했다. 백성들은 먹을 것을 하나도 구할 수 없었다. 그리고 때맞춰 성벽도 뚫리고 말았다.

모든 군대가 밤중에 도망쳤다. 그들은 왕의 정원 곁에 있는 두 성벽 사이에 있는 성문 길로 빠져 나갔다. 그때까지도 바벨론 사람들은 성을 에워싸고 있었다.

시드기야의 제십일년 사월 구일에 예루살렘 성이 함락되었다.

예루살렘이 함락되매, 바벨론 왕의 모든 방백이 이르러 중문에 앉으니 곧 네르갈사레셀과 삼갈르보와 환관장 살스김과 박사장 네르갈사레셀과 바벨론 왕의 기타 모든 방백들이었다.

유다의 시드기야 왕과 그의 모든 군대는 그들을 보고 도망하였다.

그들은 밤중에 궁전 동산 길을 지나서, 두 개의 담 사이에 있는 문을 통해 성을 빠져 나가 요단 계곡인 아라바 길로 도망갔다.

그러나 바벨론 군대가 시드기야 왕을 여리고 평야에서 붙잡았다. 시드기야 왕의 모든 군대는 뿔뿔이 흩어졌다.

바벨론 군대가 시드기야 왕을 사로잡아 하맛 땅 립나(리블라)에 있는 바벨론 왕에게 끌고 갔다.

바벨론 왕이 시드기야를 심문했다. 그들은 시드기야가 보는 앞에서 그의 아들들을 죽이고, 그의 눈을 뺀 뒤 쇠사슬로 묶어 바벨론으로 끌고 갔다.

이는 여호와 하나님께서 갈대아 왕 느브갓네살 손에 유다 왕과 그 백성들을 다 붙이셨으므로 그들이 와서 그 성전에서, 칼로 청년을 죽이며 청년 남녀와 노인과 백발 노인을 불쌍히 여기지 아니하였으며, 시위대장 느부사라단은 예루살렘에 남아 있는 백성과 바벨론 왕에게 항복한 백성과 나머지 백성을 사로잡아 갔다.

그러나 그 땅의 가장 천한 사람들은 남겨 두어 포도밭을 가꾸고 농사를 짓게 했다.

바벨론 군대는, 여호와의 성전에 있는 놋기둥과 놋받침대와 바다라고 부르는 커다란 놋대야를 깨뜨려 그 놋쇠를 바벨론으로 가져갔다.

그들은 또 성전에서 제사 드릴 때 쓰는 솥과 부삽과 불집게와 접시와 온갖 놋 기구들도 가져갔다. 왕의 시위대장은 화로와 대야들도 가져갔고 금이나 은으로 만든 것도 다 가져갔다.

또 놋기둥 두 개와 커다란 놋대야 하나와, 솔로몬이 여호와의 성전을 위해 만든 놋받침대도 모두 가져갔다.

시위대장이 가져간 놋은 너무 많아서 무게를 달 수 없을 정도였다.

그 성전의 기둥은 각각 높이가 십팔 규빗이었다. 기둥 꼭대기에는 높이가 삼 규빗 되는 기둥머리가 놓여 있었다.

기둥머리의 둘레는 그물과 놋 석류로 장식되어 있었다. 다른 기둥에도 그물 장식이 있었는데 첫 번째 기둥과 같은 모양이었다.

그리하여 하나님 성전의 크고 작은 그릇과 여호와의 성전의 보물과 왕과 방백들의 보물을 다 바벨론으로 가져갔다.

시위대장은 대제사장과 스라야와 그 아래 부제사장 스바냐와 문지기 세 사람을 붙잡았다.

이 밖에도 그가 도성 안에서 체포한 사람은, 군대를 거느린 환관한 사람과, 또 성중에서 만난 왕의 내시 칠 명과 도성 안에 그대로 남은 왕의 시종 다섯 사람과 그 땅의 백성을 군인으로 징집하는 권한을 가진 장관의 서기관 하나와, 도성 안에 남은 그 땅의 백성 육십 명이다

시위대장 느부사라단은 그들을 붙잡아서 립나에 있는 바벨론 왕에게 끌고 갔다.

바벨론 왕은 하맛 땅 립나에서 그들을 죽였다.

이처럼 유다 백성은 그들의 땅에서 쫓겨나 포로가 되어 끌려갔다.

무릇 칼에서 벗어난 사람을 그가 바벨론으로 사로잡아 가서, 무리가 거기서 갈대아 왕 느부갓네살과 그 자손의 노예가 되어 바사 왕국이 세워질 때까지 이르렀다.

이 모든 일이 예루살렘과 유다에 일어난 까닭은 여호와께서 그들에게 진노하셨기 때문이다.

여호와께서 마침내 그들을 여호와 앞에서 내쫓으셨다.

이에 토지가 황무하여 안식년을 누림 같이 안식하여, 칠십 년을 지내었으니, 여호와께서 예레미야의 입으로 하신 말씀이 응하였다.

제 3 부

바벨론 포로와 새 예루살렘 성

제 1 장

예레미야〈1〉

힐기야의 아들 예레미야(렘 1:1-2:3)

베냐민 땅의 아나돗에 살던, 제사장들 중 한 사람이었던 힐기야의 아들 예레미야의 말이다.

아몬의 아들 유다 왕 요시야가 다스린 지 십삼 년에 여호와의 말씀이 예레미야에게 임하였고, 요시야의 아들 유다 왕 여호야김 시대부터 요시야의 아들 유다 왕 시드기야의 제십일년 말까지 곧 시드기야 왕 제십일년, 그해 다섯째 달에 예루살렘 주민이 포로로 사로잡혀 갈 때까지 여호와의 말씀이 임하였다.

여호와께서 나에게 이렇게 말씀하셨다.

> 내가 너를 모태에 짓기 전에 너를 알았고, 네가 태어나기도 전에 너를 거룩하게 구별하였고 너를 열방의 선지자로 세웠노라.

그때 나는 "슬프도소이다 주 여호와여 보소서! 나는 아이라 말할 줄을 알지 못하나이다." 하고 대답하였다.

그러나 여호와께서는 나에게 이렇게 말씀하셨다.

> 너는 아이라 말하지 말고, 내가 너를 누구에게 보내든지 너는 가며 내가 네게 무엇을 명령하든지 너는 말할지니라.
> 너는 그들 때문에 두려워하지 말라. 내가 너와 함께하여 너를 구원하리라.
> 나 여호와의 말이니라.

그러고서 여호와께서는 그의 손을 내밀어 내 입에 대시며 말씀하셨다.

보라! 내가 나의 말을 네 입에 두었노라.
보라, 내가 오늘날 너를 열방 만국 위에 너를 세우고, 네가 그것들을 뽑고 허물며 멸망시키고 파괴하며 세우고 심게 하겠다.

또 여호와께서 나에게 "예레미야야, 네가 무엇을 보느냐?" 하고 물으셨다.

그때 나는 "살구나무 가지를 봅니다." 하고 대답하였다.

그러자 여호와께서는 "잘 보았도다. 이는 내가 나의 말을 지켜 그대로 이루려 함이니라." 하고 말씀하셨다.

여호와께서 다시 나에게 "네가 무엇을 보느냐?" 하고 물으셨다.

그래서 나는 "끓는 가마솥을 보나이다. 그 윗면이 북에서부터 기울어졌나이다." 하고 대답하였다.

그때 여호와께서 나에게 말씀하셨다.

재앙이 북쪽에서 일어나 이 땅의 모든 백성에게 미칠 것이다.
내가 북방 모든 왕국들의 모든 족속들을 부를 것인즉, 그들이 와서 예루살렘 성문 어귀에 각기 자리를 정하고, 그 사면 성벽과 유다 모든 성읍을 치리라.
나 여호와가 말하노라.
무리가 나를 버리고, 다른 신들에게 분향하며 자기 손으로 만든 것에 절하였은즉, 내가 나의 심판을 베풀어 그들의 모든 죄악을 징계하리라.
그러므로 너는 네 허리를 동이고 일어나, 내가 네게 명한 바를 다 그들에게 말하여라. 그들 때문에 두려워하지 말라.
그리하지 아니하면 네가 너로 그들 앞에서 두려움을 당하게 할까 하노라.
보라! 내가 오늘날 너로 그 온 땅과 유다 왕들과 그 족장인 지도자들과 그 제사장들과 그 땅 백성 앞에 견고한 성읍, 쇠 기둥, 놋 성벽이 되게 하였은즉,
그들이 너를 치나 이기지 못하리니, 이는 내가 너와 함께하여 너를 구원할 것임이니라. 여호와의 말씀이니라.

여호와께서 나에게 다시 말씀하셨다.

너는 가서 예루살렘 주민들에게, 나 여호와가 이렇게 말한다고 전하여라.
'나는 너의 청년 때에 신실함과 너의 신혼 때에 사랑함을 기억하노니, 곧 씨 뿌리지 못하는 땅, 그 광야에서 어떻게 나를 따랐음을, 내가 너를 위하여 기억하노라.
그때에 이스라엘은 나 여호와의 성물 곧 나의 소산 중 처음 열매가 되었나니, 그

를 삼키는 자면 다 벌을 받아 재앙이 그들에게 닥치리라. 여호와의 말씀이니라.

배역한 유다와 이스라엘(렘 3:6-22)

요시야 왕 때에 여호와께서 또 나에게 말씀하셨다.

네가 배역한 이스라엘의 행한 바를 보았느냐?
그가 모든 높은 산에 오르며 모든 푸른 나무 아래로 가서 거기서 행음하였도다.
그가 이 모든 일을 행한 후에, 내가 말하기를 '그가 내게로 돌아오리라' 하였으나 오히려 내게로 돌아오지 아니하였고, 그 패역한 자매 유다는 그것을 보았느니라.
내게 배역한 이스라엘이 간음을 행하였으므로, 내가 그를 내어 쫓고 이혼서까지 주었으되, 그 반역한 자매 유다가 두려워 아니하고 자기도 가서 행음함을 내가 보았노라.
그가 돌과 나무로 더불어 행음함을 가볍게 여기고 행음하여 이 땅을 더럽혔거늘, 이 모든 일이 있어도 그 반역한 자매 유다가 진심으로 내게 돌아오지 아니하고 거짓으로 할 뿐이니라. 여호와의 말씀이니라.

여호와께서 다시 나에게 말씀하셨다.

배역한 이스라엘은 반역한 유다보다 오히려 의로움이 나타났나니, 너는 가서 북쪽 이스라엘을 향하여, 나 여호와가 이렇게 말한다고 외쳐라.
'배역한 이스라엘아 돌아오라. 나의 노한 얼굴을 너희에게로 향하지 아니하리라. 나는 긍휼이 있는 자라. 노를 한없이 품지 아니하느니라.' 여호와의 말씀이니라.

너는 오직 네 죄를 자복하라.
이는 네 하나님 여호와를 배반하고, 네 길로 달려 모든 푸른 나무 아래서 이방신에게 절하고 내 목소리를 듣지 아니하였음이니라.
여호와의 말씀이니라.
나 여호와가 말하노라.
배역한 자식들아 돌아오라. 나는 너희 남편임이니라.
내가 너희를 성읍에서 하나와 족속 중에서 둘을 택하여 시온으로 데려오겠고, 내가 또 내 마음에 합하는 목자를 너희에게 주리니, 그들이 지식과 명철로 너희를 양육하리라.

나 여호와가 말하노라.

너희가 이 땅에서 번성하여 많아질 때에는, 사람과 사람들이 여호와의 언약궤를 다시는 말하지 아니할 것이요, 생각하지 아니할 것이요, 기억하지 아니할 것이요, 찾지 아니할 것이요, 만들지 아니할 것이며, 그때에 예루살렘이 여호와의 보좌라 일컬음이 되며 열방이 그리로 모이리니 곧 여호와의 이름으로 인하여 예루살렘에 모이고, 다시는 그들의 악한 마음의 강퍅한 대로 행하지 아니할 것이며, 그때에 유다 족속이 이스라엘 족속과 동행하여 북에서부터 나와서, 내가 너희 열조에게 기업으로 준 땅에 함께 이르리라.
내가 스스로 말하기를, '내가 어떻게 하든지 너를 자녀 중에 두며 허다한 나라 중에 아름다운 기업인 이 낙원의 땅을 네게 주리라.' 하였고, 내가 다시 말하기를, '너희가 나를 나의 아버지라 하고 나를 떠나지 말 것이니라 하였노라.'
그런데 이스라엘 족속아, 마치 아내가 그 남편을 속이고 떠남 같이 너희가 정녕히 나를 속였느니라. 여호와의 말씀이니라.

소리가 헐벗은 산 위에서 들리니 곧 이스라엘 자손의 애곡하며 간구하는 것이라. 그들이 그 길을 굽게 하며 자기 하나님 여호와를 잊어버렸음이로다.
'배역한 자식들아 돌아오라. 내가 너희의 배역함을 고치리라.'
'보소서! 우리가 주께 왔사오니, 주는 우리 하나님 여호와이심이니이다.'

유다 왕들과 유다 모든 백성과 예루살렘 모든 주민 (렘 15:1-4; 17:19-27)

여호와께서 나에게 말씀하셨다.

모세와 사무엘이 내 앞에 섰다 할지라도 내 마음은 이 백성을 향할 수 없나니. 그들을 내 앞에서 쫓아 보내라.
그들이 만일 네게 말하기를 '우리가 어디로 나아가리요' 하거든, 너는 그들에게 이르기를, '여호와의 말씀에 사망할 자는 사망으로 나아가고, 칼을 받을 자는 칼로 나아가고, 기근을 당할 자는 기근으로 나아가고, 포로 될 자는 포로 됨으로 나아갈지니라.' 하셨다 하라.

나 여호와가 말하노라.
내가 그들을 네 가지로 벌하리니 곧 죽이는 칼과 찢는 개와 삼켜 멸하는 공중의 새와 땅의 짐승으로 할 것이며, 유다 왕 히스기야의 아들 므낫세가 예루살렘에 행한 바를 인하여, 내가 그들을 세계 열방 민족 중에 흩으리라.

여호와께서 나에게 말씀하셨다.

너는 가서 유다 왕들이 드나드는 백성들의 문과 예루살렘의 모든 문에 서서, 무리에게 이르기를,
'이 문으로 들어오는 유다 왕들과 유다 모든 백성과 예루살렘 모든 주민인 너희는, 여호와의 말씀을 들을지어다.'
여호와께서 이와 같이 말씀하시되, '너희는 스스로 삼가서 안식일에 짐을 지고 예루살렘 문으로 들어오지 말며, 안식일에 너희 집에서 짐을 실어내지 말며 아무 일이든지 하지 말아서, 내가 너희 열조에게 명령한 대로 안식일을 거룩히 할지어다.'
너희 조상들은, 내 말에 순종하지 아니하며 귀를 기울이지 아니하며 그 목을 곧게 하여 듣지 아니하며 교훈을 받지 아니하였느니라.
나 여호와가 말하노라.
'너희가 만일 삼가 나를 순종하여, 안식일에 짐을 지고 이 성문으로 들어오지 아니하며, 안식일을 거룩히 하여 아무 일이든지 하지 아니하면, 다윗의 왕위에 앉는 왕들과 방백들이 전차와 말을 타고 이 성문으로 들어오되, 그들과 유다 모든 백성과 예루살렘 주민들이 함께 그리할 것이요. 이 성은 영원히 있을 것이며, 유다 성읍들과 예루살렘에 둘린 곳들과 베냐민 땅과 평원 지대와 산간 지대와 남방 네게브(네겝) 지역에서부터, 사람들이 이르러서 번제와 희생과 소제와 유향과 감사의 희생을 가지고 여호와의 집으로 오려니와, 너희가 만일 나를 순종하지 아니하고 안식일을 거룩되게 아니하여 안식일에 짐을 지고 예루살렘 문으로 들어오면, 내가 성문에 불을 놓아 예루살렘 궁전을 삼키게 하리니, 그 불이 꺼지지 아니하리라.' 하셨다 할지니라 하시니라.

토기장이의 옹기(렘 19:1-13)

여호와께서 나에게 말씀하셨다.

너는 가서 토기장이에게 옹기 하나를 사고, 백성 가운데 나이 많은 어른들과 제사장의 어른 몇 사람을 데리고, '질그릇 조각의 문'이란 이름을 가진, 하시드 문 어귀 곁에 있는 힌놈의 아들의 골짜기로 가서 거기서 내가 네게 이른 말을 선포하여 이르기를,
'너희 유다 왕들과 예루살렘 주민아 여호와의 말씀을 들으라. 만군의 여호와 이스라엘의 하나님이 이같이 말씀하시되
보라 내가 이곳에 재앙을 내릴 것이라. 무릇 그것을 듣는 자의 귀가 진동하리니,

이는 그들이 나를 버리고 이곳을 불결하게 하며, 이곳에서 자기와 자기 열조와 유다 왕들의 알지 못하던 다른 신들에게 분향하며 무죄한 자의 피로 이곳에 채웠음이며, 또 그들이 앗수르와 가나안에 풍년을 가져다 준다 하는 이방 신인 바알을 위하여 산당을 건축하고 자기 아들들을 바알에게 번제로 불살라 드렸나니, 이는 내가 명령하거나 말하거나 뜻한 바가 아니니라.'

그러므로 나 여호와가 말하노라.
'보라! 다시는 이곳을 도벳이나 힌놈의 아들의 골짜기라 칭하지 아니하고 살육의 골짜기라 칭하는 날이 이를 것이라.'
내가 이곳에서 유다와 예루살렘의 계획을 무너뜨려,
그들로 그 대적 앞과 생명을 찾는 자의 손의 칼에 엎드러지게 하고 그 시체를 공중의 새와 땅 짐승의 밥이 되게 하며,
이 성읍으로 놀람과 조롱거리가 되게 하리니, 그 모든 재앙을 인하여 지나는 자마다 놀라며 조롱할 것이며,
그들이 그 대적과 그들의 생명을 찾는 자에게 둘러싸여 곤경을 당할 때에,
내가 그들로 '그 아들의 고기, 딸의 고기를 먹게 하고 또 각기 친구의 고기를 먹게 하리라.' 하셨다 하고,
너는 함께 가는 자의 목전에서 그 옹기를 깨뜨리고, 그들에게 이렇게 말하여라.

만군의 여호와께서 이같이 말씀하시되
'사람이 토기장이의 그릇을 한번 깨뜨리면 다시 완전하게 할 수 없나니,
이와 같이 내가 이 백성과 이 성읍을 무너뜨리리니, 그들을 매장할 자리가 없도록 도벳에 장사하리라.'
나 여호와가 말하노라.
'내가 이곳과 그중 주민에게 이같이 행하여 이 성읍으로 도벳 같게 할 것이라.
예루살렘의 집들과 유다 왕들의 집들에서, 사람들이 집집마다 그 지붕 위에서 하늘의 만상인 온갖 천체에 있는 것들에게 향을 피워 올리고, 이방 신들에게 술을 부어 드리는 전제를 드림으로 더러워졌은즉, 도벳 땅처럼 되리라.' 하셨다.

임멜의 아들 제사장 바스훌과 예레미야 (렘 19:14-20:6)

여호와께서 나를 보내 예언하게 하신, 그곳 도벳에서 나는 돌아와 여호와의 성전 뜰에 서서 모든 백성들에게 말하였다.

만군의 여호와 이스라엘의 하나님이 이렇게 말씀하셨습니다.
'보라! 내가 이 성에 대하여 선언한 모든 재앙을 이 성과 그 모든 촌락에 내리리니, 이는 그 목을 곧게 하여 내 말을 듣지 아니함이니라.' 하셨다 하라.

그때 임멜의 아들이며 여호와의 성전 관리 총감독인 제사장 바스훌이 예레미야가 예언하는 이 말을 듣고, 이에 바스훌이 선지자 예레미야를 때리고, 여호와의 성전에 있는 베냐민의 문 위층에 달아 둔 쇠고랑에 채웠다.

다음날 바스훌이 예레미야를 그 쇠고랑에서 풀어 주자,
예레미야가 그에게 이렇게 말하였다.

여호와께서 네 이름을 바스훌이라고 부르지 아니하고, 사방 두려움을 뜻하는 '마골밋사빕'이라 하시느니라.

여호와께서 이같이 말씀하시되,
'보라 내가 너로 너와 네 모든 친구에게 두려움이 되게 하리니, 그들이 그들의 원수들의 칼에 엎드러질 것이요, 네 눈은 그것을 볼 것이며, 내가 온 유다를 바벨론 왕의 손에 붙이리니, 그가 그들을 사로잡아 바벨론으로 옮겨 칼로 죽이리라.
내가 또 이 성의 모든 부와 그 모든 소득과 그 모든 귀중품과 유다 왕들의 모든 보물을 그 원수의 손에 붙이리니, 그들이 그것을 탈취하여 바벨론으로 가져가리라.
바스훌아, 너와 네 집에 사는 모든 자가 포로되어 옮겨지리니, 네가 바벨론에 이르러 거기서 죽어 거기 묻힐 것이라. 너와 네가 거짓 예언을 하여 들은 네 모든 친구도 그와 같으리라.' 하셨느니라.

예루살렘에서 포로로 잡혀간 살룸(렘 22:1-12)

여호와께서 나에게 이르시되, 유다 왕의 집으로 내려가서 거기에서 이 말을 선언하여라.

다윗의 왕위에 앉은 유다 왕이여, 너와 네 신하와 이 문들로 들어오는 네 백성은 여호와의 말씀을 들을지니라.

여호와께서 이같이 말씀하셨다.

너희가 정의와 공의를 행하여 탈취당한 자를 압박하는 자의 손에서 건지고,
이방인과 고아와 과부를 압제하거나 학대하지 말며, 이곳에서 무죄한 피를 흘리지 말라.
너희가 참으로 이 말을 준행하면, 다윗의 왕위에 앉을 왕들과 신하들과 백성이 전차와 말을 타고 이 집 문으로 들어오게 되리라.
그러나 만일 너희가 이 말을 듣지 아니하면, 내가 나를 두고 맹세하노니 이 집이 황폐하리라. 나 여호와의 말이니라.

나 여호와가 유다 왕의 집에 대하여 이같이 말하노라.

네가 나에게 길르앗 땅과 레바논 숲처럼 아름다울지라도, 내가 반드시 너를 사람이 살지 않는 황폐한 곳인 광야와 주민이 없는 성읍으로 만들어 버릴 것이라.
내가 너 파멸시킬 자들을 준비하리니, 그들이 각기 손에 병기를 가지고 네 아름다운 백향목을 찍어 불에 던지리라.
여러 나라 민족들이 이 성읍으로 지나며 서로 말하기를 '여호와가 이 큰 성에 이같이 행함은 어찌 됨인고' 하겠고,
그들이 대답하기를 '이는 그들이 자기 하나님 여호와의 언약을 버리고 다른 신들에게 절하고 그를 섬긴 까닭이라.' 하셨다 할지니라.
유다 백성들아, 너희는 죽은 자를 위하여 울지 말며 그를 위하여 애통하지 말고 잡혀간 자를 위하여 슬피 울라.
그는 다시 돌아와서 그 고국 땅을 보지 못할 것임이니라.
나 여호와가, 유다 왕 요시야의 넷째 아들 곧 그 아비 요시야를 이어 왕이 되었다가 이곳에서 포로가 되어 잡혀간 살룸(여호아하스)에 대하여 말하노라.
그가 이곳으로 다시 돌아오지 못하고, 잡혀간 곳에서 죽으리니 이 땅을 다시 보지 못하리라.

하나님 여호와의 목소리(렘 26:1-24)

유다 왕 요시야의 아들 여호야김의 즉위 초에 여호와께서 나에게 말씀하셨다.

나 여호와가 이같이 이르노라.
'너는 여호와의 집 성전 뜰에 서서, 유다 모든 성읍에서 여호와의 성전에 와서 경배하는 자에게 내가 네게 명령하여 이르게 한 모든 말을 전하되 한 마디도 빼

놓지 말라.
그들이 듣고 혹시 각각 그 악한 길에서 돌아오리라. 그리하면 내가 그들의 악행으로 인하여 재앙을 그들에게 내리려 하던 뜻을 돌이키리라.
너는 그들에게 이와 같이 이르라.
'여호와의 말씀에 너희가 나를 순종하지 아니하며, 내가 너희 앞에 둔 내 법을 행하지 아니하며, 내가 너희에게 보내고 부지런히 보낸 나의 종 선지자들의 말을 이미 듣지 아니하였거니와, 너희가 만일 다시 듣지 아니하면, 내가 이 집을 하나님의 영광이 떠난 실로의 장막같이 되게 하고, 이 성으로 세계 열방의 저주거리가 되게 하리라.' 하셨다 하라.

예레미야가 여호와의 집 성전에서 이 말을 하매 제사장들과 선지자들과 모든 백성이 들었다.

여호와께서 명령하신 말씀을, 예레미야가 모든 백성에게 전하기를 마치자, 제사장들과 선지자들과 모든 백성이 그를 붙잡고 이르되 네가 반드시 죽어야 하리라. 어찌하여 네가 여호와의 이름을 의지하고 예언하여 이르기를,

이 성전이 하나님의 영광이 떠난 실로 장막같이 되겠고 이 성읍이 황폐하여 주민이 없으리라' 하느냐?

그 모든 백성이 여호와의 집 성전에서 예레미야를 향하여 모여들었다. 유다 방백들이 이 일을 듣고, 왕궁에서 여호와의 집 성전으로 올라와서 여호와의 집 새 대문 입구에 앉으매, 제사장들과 선지자들이 방백들과 모든 백성에게 말하여 이르되,

이 사람은 죽는 것이 합당하니, 너희 귀로 들음 같이 이 예루살렘 성에 관하여 예언하였음이라.

그래서 예레미야가 모든 방백과 백성들에게 이렇게 말하였다.

여호와께서 나를 보내시어, 이 성전과 이 성에 향하여 예언하게 하셨느니라.
그런즉 너희는 너희 길과 행위를 고치고, 너희 하나님 여호와의 목소리를 듣고 순종하라. 그리하면 여호와께서 너희에게 선언하신 재앙에 대하여 뜻을 돌이키시리라.
보라, 내가 너희의 손안에 있으니 너희 의견에 좋은 대로, 옳은 대로 하려니와,

너희는 분명히 알라! 너희가 나를 죽이 죄 없는 사람을 죽인 피를 흘린 책임이 반드시 너희 몸과 이 성과 이 성 주민에게로 돌아가게 하리라. 이는 여호와께서 진실로 나를 보내사, 이 모든 말을 너희 귀에 이르게 하셨음이니라.

그때에 방백들과 모든 백성이, 제사장들과 선지자들에게 말하였다.

이 사람이 우리 하나님 여호와의 이름으로 우리에게 말하였으니, 죽일 만한 이유가 없느니라.

그러자 그 땅의 장로 몇 사람이 일어나 백성의 온 회중들에게 말하였다.

유다 왕 히스기야 시대에 모레셋 사람 미가가 모든 유다 백성에게 만군의 여호와의 말씀을 이렇게 예언한 적이 있습니다.
'시온이 밭처럼 경작될 것이니, 예루살렘은 폐허 돌무더기가 되고 성전이 서 있는 이 산은 수풀만이 무성한 언덕이 되리라.' 하였으나, 유다 왕 히스기야와 모든 유다가 그를 죽였느냐? 히스기야가 여호와를 두려워하여 여호와께 간구하매, 여호와께서 그들에게 선언한 재앙에 대하여 뜻을 돌이키지 아니하셨느냐? 우리가 이같이 하면 우리 생명을 스스로 크게 해롭게 하는 일이니라.

한편 이 일이 있기 전에, 여호와의 이름을 의지하고 예언한 사람이 있었는데, 곧 기럇여아림 스마야의 아들 우리야이었다. 그가 예레미야의 모든 말과 같이 이 성과 이 땅을 경고하여 예언하였는데, 여호야김 왕과 그 모든 용사와 모든 방백이 그 말을 듣고는 왕과 신하들이 그를 죽이려고 하였다.

그래서 우리야는 그것을 듣고 두려워하여 애굽으로 도망하였다.

여호야김 왕이 사람을 애굽으로 보내되 곧 악볼의 아들 엘라단과 몇 사람을 함께 애굽으로 보내었다.

그들이 우리야를 애굽에서 붙잡아, 여호야김 왕께로 그를 데려오매, 왕이 칼로 그를 죽이고 그 시체를 평민의 묘지에 던지게 한 적이 있었다.

이 논쟁 중에, 사반의 아들 아히감이 예레미야를 보호하여 예레미야를 백성의 손에 내어 주지 아니하여 죽이지 못하게 하였다.

줄과 멍에(렘 27:1-11)

유다 왕 요시야의 아들 여호야김이 다스리기 시작할 때에, 여호와께서 말씀으로 예레미야에게 이르셨다.

여호와께서 이같이 내게 말씀하셨다.

너는 줄과 멍에를 만들어 네 목에 얹고, 유다 왕 시드기야를 보러 예루살렘에 온 사신들의 손에도 그것을 붙여, 에돔 왕과 모압 왕과 암몬 자손의 왕과 두로 왕과 시돈 왕에게 보내며, 그 사신들에게 이렇게 말하라.

'여러분은 여러분의 왕들에게 가서, 만군의 여호와 이스라엘의 하나님이 이렇게 말했다고 전하시오. 나는 내 큰 능력과 나의 쳐든 팔로 땅과 그 지상에 있는 사람과 짐승들을 만들고, 나의 생각에 옳은 대로 땅을 사람에게 주었노라. 이제 내가 이 모든 땅을 내 종인 바벨론 왕 느부갓네살의 손에 주고, 또 들짐승들을 그에게 주어서 부리게 하였나니, 열방이 그와 그 아들과 손자를 섬기리라.

그러나 그의 시대가 끝나게 되면 여러 나라들과 큰 왕들이 바벨론으로 하여금, 자기들을 섬기게 하리라.'

나 여호와가 이르노라.

바벨론 왕 느부갓네살을 섬기지 아니하는 민족이나, 그 목으로 바벨론 왕의 멍에를 메지 아니하는 나라는, 내가 그의 손으로 멸망시키기까지 칼과 기근과 염병으로 벌하리라.

너희는 너희 선지자나 너희 복술가나 꿈꾸는 자나 술사나 요술자가 너희에게 이르기를, '너희가 바벨론 왕을 섬기지 아니하리라.' 하여도 듣지 말라.

그들은 너희에게 거짓을 예언하여 너희가 너희 땅에서 멀리 떠나게 하며, 또 내가 너희를 몰아내게 하며 너희를 멸망하게 하였느니라.

오직 그 목으로 바벨론 왕의 멍에를 메고 그를 섬기는 나라는, 내가 그들을 그 땅에 머물러서 밭을 갈며 거기 거하게 하리라. 하셨다 하라. 여호와의 말씀이니라.

바벨론 왕 느부갓네살과 애굽 왕 바르느고 (렘 46:1-28)

열국에 대하여 선지자 예레미야에게 여호와께서 말씀하셨다.

이것은 애굽에 대한 말씀으로서, 요시야의 아들 여호야김이 유다 왕이 되어 다스린 지 사 년째가 되던 해에,

유브라데스 강 근처의 갈그미스까지 원정을 갔다가, 바벨론 왕 느부갓네살에게 패한 애굽 왕 바로느고의 군대를 두고 하신 말씀이다.

> 너희는 큰 방패, 작은 방패로 무장하고 전쟁터로 나가서 싸우라.
> 너희 기병이여, 말에 안장을 얹어서 타고 투구를 쓰고 전열을 갖추며 너희 창을 갈며 갑옷을 입으라.

여호와께서 말씀하셨다.

> 내가 본즉, 그들이 놀라 물러가며 그들의 용사는 패하여 황급히 도망하며 뒤를 돌아보지 아니함은 어찌된 일이냐?
> 두려움이 그들의 사방에 있음이로다.
> 발이 빠른 자도 도망하지 못하며 용맹이 있는 자도 피하지 못하고, 그들이 다 북방의 유브라데스 강가에 넘어지며 엎드러지는도다.
> 저 나일 강의 넘쳐흐름과 범람하는 강물의 파도와 같은 자 누구인가?
> 애굽은 나일 강의 넘쳐흐름과 범람하는 강물의 파도와 같도다.
> 애굽이 '내가 일어나 온 땅을 덮어 버리고 성읍들과 그 백성을 멸망시키겠다.
> 말들아 달리라, 기병들아 전차를 급히 움직이라, 용사여 나오라,
> 방패 잡은 구스(에티오피아)인과 붓(리비아)인과 활을 당기는 루딤(리디아)인이여 전쟁터에 나올지니라.' 말하였지만,
> 그날은 주 만군의 여호와께서, 그 대적에게 원수 갚는 보복의 날이다.
> 여호와의 칼이 배부르게 삼키며 그들의 피를 넘치도록 마시리니,
> 주 만군의 여호와께서, 유브라데스 북쪽 강가에서 많은 희생자들이 생기게 할 것임이기 때문이다.
> 아무에게도 짓밟힌 일없는 너 처녀 딸 애굽이여, 길르앗으로 올라가서 유향을 구하여라. 네가 많은 의약을 쓸지라도 효과가 없을 것이며 낫지 않을 것이다.
> 이제는 너의 수치스러운 소문이 열방에 들렸고 네 부르짖음은 온 땅에 가득하였으니, 이는 너희 용사들이 서로 부딪혀 함께 엎드러졌음이니라.

바벨론 왕 느부갓네살이 와서 애굽 땅을 치러 오는 일에 대하여, 선지자 예레미야에게 이르신 여호와의 말씀이다.

너희는 애굽과 믹돌과 놉(멤피스)과 다바네스에 이렇게 선포하여라.

너희는 굳건히 서서 준비하여라. 네 사방이 칼에 삼켜 버릴 것이다.
너희 장사들인, 힘센 항소 신 아피스가 쓰러짐은 어찌된 일이냐? 그들이 일어서지 못함은, 여호와께서 그들을 넘어뜨렸기 때문이니라.
여호와께서 많은 자로 넘어지게 하시므로, 너희 병사들이, 사람이 사람 위에 엎드러지며 말하기를, '일어나라 우리가 포악한 칼날을 피하여 우리 민족에게로, 우리 고향으로 돌아가자.' 하며, 거기서 부르짖기를, '애굽 왕 바로가 망하였도다. 그가 시기를 잃어버렸도다.' 하리라

만군의 여호와라 일컫는 왕이 말씀하셨다.

나의 삶으로 맹세하노니, 산들 중에선 다볼같이 높고, 해변의 갈멜 산처럼 높이 쳐다보이는 자가 너를 치러 오리라.
애굽에 사는 딸이여, 너는 너를 위하여 포로의 보따리를 준비하라. 놉(멤피스)이 황폐하며 불에 타서 주민이 없을 것임이니라.
애굽은 심히 아름다운 암송아지 같을지라도, 북쪽에서부터 멸망의 쇠파리 떼가 이르렀고 이르렀느니라.
또 그들이 고용한 용병까지도 외양간에 갇혀 있는 살진 송아지 같아서 돌이켜 함께 도망하고 서지 못하였나니, 재난의 날이 이르렀고 징벌 받는 때가 왔음이라.
애굽의 소리가 슬그머니 도망치는 뱀의 소리 같으리니, 이는 그들을 치는 군대가 벌목하는 자같이 도끼를 가지고 올 것임이니라.
나 여호와가 말하노라.

그들을 치는 수가 메뚜기보다 많고 헤아릴 수 없이 많으므로, 아무리 울창한 수풀일지라도 애굽을 치는 그들이 그 숲의 나무들을 모두 잘라 버릴 것이라.
딸 애굽의 백성이 수치를 당하여 북방 백성의 손에 붙임을 입으리로다.

나 만군의 여호와 이스라엘의 하나님이 말하노라.

보라! 내가 노(데베스)의 신 아몬과 바로와 애굽과 애굽 신들과 왕들 곧 바로와 및 그를 의지하는 자들을 벌할 것이라.
내가 그들의 생명을 찾는 자의 손 곧 바벨론 왕 느부갓네살의 손과 그 신하들의 손에 붙이리라.
그럴지라도 그 후에는 그 땅이 여전히 사람 살 곳이 되리라.
여호와의 말씀이니라.

나 여호와가 말하노라.

내 종 야곱아 두려워하지 말라. 이스라엘아 놀라지 말라.
보라! 내가 너를 원근 각지에서 구원하며, 네 자손을 멀리 포로 된 땅에서 구원하리니, 야곱이 돌아와서 평안히 걱정 없이 살 것이라.
너희를 두렵게 할 자가 없으리라. 내 종 야곱아 내가 너와 함께하나니 두려워하지 말라.
내가 너희를 흩어 보낸 그 열방은 다 멸망할지라도, 너희를 전부 진멸하지 아니하리라.
그러나 내가 너를 법도로 징계할 것이요 결코 무죄한 자로 여기지 아니하리라.

바벨론 포로 70 년(렘 25:1-14)

유다 왕 요시야의 아들 여호야김 사 년 곧 바벨론 왕 느부갓네살 원년에 여호와께서 예레미야에게 모든 유다 백성에 관하여 말씀하셨다.

그래서 선지자 예레미야는 모든 유다 백성과 예루살렘 주민들에게 이렇게 말하였다.

유다 왕 아몬의 아들 요시야가 왕으로 있은 지 십삼 년부터 오늘까지 이십삼 년 동안에, 여호와의 말씀이 내게 임하기로 내가 너희에게 이르되 부지런히 일렀으나 너희가 순종하지 아니하였다.
그러므로 여호와께서, 그의 모든 종 선지자를 너희에게 끊임없이 보내셨으나, 너희가 순종하지 아니하였으며 귀를 기울여 들으려고도 아니하였도다.
그들은 여호와의 말씀을 이렇게 전했다.
'너희는 각자의 악한 길과 너희 악행을 버리고 돌아오라. 그리하면 나 여호와가, 너희와 너희 열조에게 옛적에 주어 영원히 있게 한 그 땅에 거하리니, 너희는 다른 신을 따라다니며 섬기거나 경배하지 말며, 너희 손으로 만든 것을 인하여 나의 노여움을 일으키지 말라. 그리하면 내가 너희를 해하지 아니하리라.' 하였으나, 너희가 내 말을 순종하지 아니하고, 너희 손으로 만든 것으로 나의 노여움을 일으켜 스스로 화를 좌초하였느니라. 여호와의 말씀이니라.

그러므로 나 만군의 여호와가 이같이 말하노라.

너희가 내 말을 듣지 아니하였은즉,
보라! 내가 북쪽의 모든 족속과 내 종 바벨론 왕 느부갓네살을 불러다가 이 땅과 그 주민과 사방 모든 나라를 쳐서 진멸하여, 그들로 놀램과 비웃음거리가 되게 하며, 그 땅으로 하여금 영원한 폐허가 되게 할 것이라.
내가 그들 중에서 기뻐하는 소리와 즐거워하는 소리와 신랑의 소리와 신부의 소리와 맷돌 소리와 등불 빛이 끊어지게 하리니, 이 모든 땅이 황폐하여 놀랄 일이 될 것이며, 이 민족들은 칠십 년 동안 바벨론 왕을 섬기리라.

나 여호와가 말하노라.
칠십 년이 마치면, 내가 바벨론 왕과 그 나라와 갈대아인의 땅을 그 죄악으로 인하여 벌하여 영원히 폐허가 되게 하되, 내가 그 땅에 대하여 선언한 바 곧 예레미야가 열방에 대하여 예언하고, 이 책에 기록한 나의 모든 말을 그 땅에 임하게 하리니, 여러 나라와 큰 왕들이 바벨론으로 자기 일꾼을 삼으리라. 내가 그들의 행위와 그들의 손의 행한 대로 보응하리라.

레갑 족속(렘 35:1-19)

유다 왕 요시야의 아들 여호야김 때에, 여호와께서 나 예레미야에게 말씀하셨다.

너는 레갑 사람들의 집에 가서, 그들에게 말하고 그들을 여호와의 집 성전 한 방으로 데려다가 포도주를 마시게 하라 하시니라.

그래서 내가 하바시냐의 손자요 예레미야의 아들인 야아사냐와 그 형제와 그 모든 아들과 레갑 모든 사람을 데리고, 여호와의 집에 이르러, 익다랴의 아들 하나님의 사람 하난의 아들들의 방에 들였는데, 그 방은 방백들의 방 곁이요 문을 지키는 살룸의 아들 마아세야의 방보다 위에 있었다.

내가 레갑 사람들의 후손 앞에 포도주가 가득한 사발과 술잔을 놓고 마시라 권하자, 그들은 이렇게 말하였다.

우리는 포도주를 마시지 아니하겠노라. 레갑의 아들 우리 선조 요나답이 우리에게 명령하여 이르기를, '너희와 너희 자손은 영원히 포도주를 마시지 말며, 또 너희는 살 집도 짓지 말고 파종도 하지 말며 포도원을 만들어 포도를 재배하지도 말고 두지도 말고, 너희 평생에 장막에서 살아라. 그러면 너희가 잠시 머무는 이 땅에서 생명이 장수하게 될 것이다.'

그래서 우리가 레갑의 아들 우리 선조 요나답이, 우리에게 명령한 모든 말을 순종하여 우리와 우리 아내와 자녀가 평생에 포도주를 마시지 아니하며, 살 집도 짓지 아니하며 포도원이나 밭이나 종자도 가지지 아니하고, 장막에 살면서 우리 선조 요나답이 우리에게 명령한 것을 하나도 빠짐없이 다 지켰습니다.
그러나 바벨론 왕 느부갓네살이 이 땅에 쳐들어 올라왔을 때에, 우리가 말하기를 '갈대아인의 군대와 수리아인의 군대가 두려운즉, 예루살렘으로 가자' 하고 우리가 예루살렘에 와서 살게 되었습니다.

그때 여호와께서 나 예레미야에게 말씀하셨다.

만군의 여호와 이스라엘의 하나님께서 이같이 말씀하시니라.
너는 가서 유다 사람들과 예루살렘 주민에게 이르기를 '여호와의 말씀에 너희가 내 말을 들으며 교훈을 받지 아니하겠느냐?
레갑의 아들 요나답이 그의 자손에게 포도주를 마시지 말라 한 그 명령은 실행되도다.
그들은 그 선조의 명령을 순종하여, 오늘까지 마시지 아니하거늘, 내가 너희에게 말하고 부지런히 말하여도 너희는 내게 순종하지 아니하도다.
나도 내 종 모든 선지자를 너희에게 보내고 끊임없이 보내며 이르기를, '너희는 이제 각기 악한 길에서 돌이켜 행위를 고치고 다른 신을 받들어 그를 섬기지 말라. 그리하면 너희는 내가 너희와 너희 선조에게 준 이 땅에 살리라.' 하여도, 너희가 귀를 기울이지 아니하며 나를 순종하지 아니하였느니라.
레갑의 아들 요나답의 자손은 그 선조가 그들에게 명령한 그 명령을 지켜 행하나 이 백성은 내게 순종하지 아니하도다.
그러므로 나 만군의 여호와 이스라엘의 하나님이 이같이 말하노라.
'보라! 내가 유다와 예루살렘 모든 주민에게 내가 그들에게 대하여 선포한 모든 재앙을 내리리니, 이는 내가 그들에게 말하여도 듣지 아니하며, 불러도 대답하지 아니함이니라.'

그때 예레미야가 레갑 사람의 가문에, 만군의 여호와 이스라엘의 하나님이 이렇게 말씀하신다고 일러 주었다.

너희가 너희 선조 요나답의 명령을 순종하여, 그 모든 훈계를 지키며, 그가 너희에게 명령한 것을 행하였도다.
그러므로 나 만군의 여호와 이스라엘의 하나님이 이같이 말하노라.
'레갑의 아들 요나답에게서 내 앞에 설 사람이 영원히 끊어지지 아니하리라.' 하셨다.

예레미야와 바룩(렘 36:1-32)

유다의 요시야 왕의 아들인 여호야김 사 년에, 여호와께서 나 예레미야에게 말씀하셨다.

> 너는 두루마리책을 가져다가 내가 네게 말하던 날 곧 요시야의 날부터 오늘까지 이스라엘과 유다와 열방에 대하여 내가 네게 일러 준 모든 말을 거기에 기록하라.
> 유다 백성들이 내가 그들에게 내리기로 작정한 모든 재앙을 듣고 각기 악한 길에서 돌이킬 듯하니라. 그리하면 내가 그 악과 죄를 용서하리라.

그래서 예레미야가 네리야의 아들 바룩을 불렀다.

바룩은 예레미야가 불러 주는 대로, 여호와께서 그에게 하신 모든 말씀을 두루마리에 기록하였다.

그때 나는 바룩에게 이스라엘의 하나님 여호와께서 이렇게 말씀하셨다고 일러 주었다.

> 바룩아! 이스라엘의 하나님 여호와께서 너에게 이같이 말씀하시되,
> 네가 일찍이 말하기를, '괴롭도다, 여호와께서 나의 고통에 슬픔을 더하셨으니, 나는 나의 탄식으로 피곤하여 평안을 찾지 못하도다.' 하셨고,
> 또 내게 이르시기를, '너는 그에게 일러 주어라'
> 여호와께서 이같이 말씀하시기를, '보라! 나는 나의 세운 것을 헐기도 하며 나의 심은 것을 뽑기도 하나니 유다 온 땅에 그리하겠거늘, 네가 너를 위하여 큰일을 찾느냐? 그것을 찾지 말라.
> 보라! 내가 모든 육체에게 재앙을 내리리라. 그러나 네가 가는 모든 곳에서는 내가 너에게 생명 얻기를 노략물을 얻는 것 같게 하리라. 여호와의 말씀이니라.' 하셨다.

그 다음에 예레미야는 바룩에게 말하였다.

> 나는 감금을 당하였으므로, 여호와의 집에 들어갈 수 없으니, 너는 들어가서 내가 말한 대로 두루마리에 기록한 여호와의 말씀을 금식 일에,
> 여호와의 집에 있는 백성의 귀에 낭독하고, 유다 모든 성에서 온 자들의 귀에도 낭독하라.
> 그들이 여호와 앞에 기도를 드리며 각기 악한 길을 떠날듯 하니라. 여호와께서

이 백성에 대하여 선포하신 노와 분이 크니라.

네리야의 아들 바룩이 선지자 예레미야가 자기에게 명령한 대로 하여, 여호와의 집 성전에서 책에 있는 여호와의 말씀을 낭독하였다.

유다 왕 요시야의 아들 여호야김의 오년 구월에, 예루살렘 모든 백성과 유다 성읍들에서 예루살렘에 이른 모든 백성이, 여호와 앞에서 금식을 선포하였다.

바룩이 여호와의 집 성전 위의 뜰 곧 여호와의 집 새 문 어귀 곁에 있는 사반의 아들 서기관 그마랴의 방에서 그 책에 기록된 예레미야의 말을 모든 백성에게 낭독하였다.

사반의 손자요 그마랴의 아들인 미가야가 그 책에 기록된 여호와의 말씀을 다 듣고, 왕궁에 내려가서 서기관의 방에 들어가니,

모든 방백 곧 서기관 엘리사마와 스마야의 아들 들라야와 악볼의 아들 엘라단과 사반의 아들 그마랴와 하나냐의 아들 시드기야와 모든 방백이 거기 앉아 있었다.

미가야가 바룩의 백성의 귀에 책을 낭독할 때에 들은 모든 말로 그들에게 전하자, 이에 모든 방백이 구시의 증손 셀레먀의 손자 느다냐의 아들 여후디를 바룩에게 보내어 이르되,

'너는 백성의 귀에 낭독한 두루마리를 손에 가지고 오라.'

네리야의 아들 바룩이 두루마리를 손에 가지고 그들에게로 오니,

그들이 바룩에게 말하였다. '그대는 앉아서 우리 귀에 낭독하라.'

바룩이 그들의 귀에 낭독하자, 그들은 그 모든 말씀을 듣고 놀라 서로 바라보며, 바룩에게 이 모든 말을 왕에게 보고하겠다고 하였다.

그러고서 그들은 바룩에게 물었다. "네가 어떻게 해서 이 모든 말을 기록하게 되었느냐? 예레미야가 이것을 받아 쓰게 하였느냐?"

바룩이 대답하였다.

그가 그 입으로 이 모든 말을 내게 베풀기로, 내가 먹으로 책에 기록하였습니다.

이에 방백들이 바룩에게 말하였다.

너는 가서 예레미야와 함께 숨고, 너희 있는 곳을 사람에게 알리지 말라.

그들이 두루마리를, 서기관 엘리사마의 방에 두고 뜰에 들어가 왕께 나아가서, 이 모든 말로 왕의 귀에 아뢰니,

여호야김 왕이 여후디를 보내어 두루마리를 가져오게 하자,

여후디가 서기관 엘리사마의 방에서 가져다가, 왕과 왕의 곁에 선 모든 방백의 귀에 낭독하였다.

때는 구월이었다. 왕이 겨울 궁전에 앉았고, 그 앞에는 불 피운 화로가 있었다.

여후디가 서너 쪽을 낭독하면, 왕이 작은 칼로 그것을 계속하여 잘라서 화롯불에 던져서 모든 두루마리를 다 태워 버렸다.

왕과 그의 신하들은 이 모든 말을 듣고도, 두려워하거나, 자기들의 옷을 찢거나 뉘우치는 기색이 조금도 없었다.

엘라단과 들라야와 그마랴가 왕에게 두루마리를 불사르지 말라고 간청했으나 왕은 듣지 않았으며, 여호야김 왕이 왕의 아들 여라므엘과 아스리엘의 아들 스라야와 압디엘의 아들 셀레먀에게 명령하여, 서기관 바룩과 선지자 예레미야를 잡으라 하였으나, 여호와께서 그들을 숨기셨다.

왕이 두루마리와 바룩이 예레미야의 입을 통해 기록한 말씀을 불사른 후에, 여호와께서 예레미야에게 말씀하셨다.

너는 다른 두루마리를 가져다가, 유다 왕 여호야김이 불사른 그 첫 두루마리에 기록된 모든 말을 다시 기록하라. 그리고 너는 유다 왕 여호야김에게 나 여호와가 이렇게 말한다고 일러 주어라.
'네가 이 두루마리를 불사르고 예레미야에게 이르기를'
네가 어찌하여 바벨론 왕이 반드시 와서 이 땅을 멸하고 사람과 짐승을 이 땅에서 없어지게 하리라 하는 말을 이 두루마리에 기록하였느냐 하도다. 그러므로 나 여호와가 유다 왕 여호야김에 대하여 이같이 말하노라. 그에게 다윗의 왕위에 앉을 자가 없게 될 것이요 그 시체는 버림을 입어서 낮에는 더위, 밤에는 추위를 당하리라. 또 내가 그와 그 자손과 신하들을 그들의 죄악으로 말미암아 벌할 것이라. 내가 일찍이 그들과 예루살렘 주민과 유다 사람에게 선포하였으나, 그들이 듣지 아니하였으므로 그 모든 재앙을 내리리라.'

그래서 예레미야가, 다른 두루마리를 가져다가 네리야의 아들 서기관 바룩에게 주었더니, 그가 유다 왕 여호야김의 불사른 책의 모든 말을 예레미야가 전하는 대로 기록하고, 그 외에도 그 같은 말을 많이 더하였다.

여호야김과 고니야(렘 32:13-19, 24-30)

불의로 그 집을 세우며 부정하게 그 다락방을 지으며, 자기의 이웃을 고용하고 그의 품삯을 주지 아니하는 자에게 화 있을진저.

유다 왕 요시야의 아들 곧 요시야의 둘째 아들 여호야김이 말하기를,
내가 나를 위하여 광대한 집과 광활한 다락방을 지으리라.' 하고, 자기를 위하여 창문을 만들고 그것에 백향목으로 입히고 붉은 빛으로 칠하도다.
네가 너의 열조들과 많은 백향목을 사용하여 집 짓기를 경생한다고 왕이 될 수 있겠느냐?
너의 아버지 요시야가 마음껏 먹고 마시며 인생을 즐기지 아니하였느냐?
그가 모든 일을 정의와 공정으로 처리했기 때문에, 그때에 형통하였었느니라.
그는 가난한 자와 궁핍한 자를 변호하고 형통하였나니 이것이 나를 앎이 아니냐? 여호와의 말씀이니라.
그러나 네 눈과 마음은 탐욕과 무죄한 피를 흘림과 압박과 포악을 행하려 할 뿐이니라.
그러므로 나 여호와가, 유다 왕 요시야의 아들 여호야김에게 대하여 이같이 말하노라.
무리가 그를 위하여 '슬프다 내 형제여, 슬프다 내 자매여' 하며 통곡하지 아니할 것이며, 그를 위하여 '슬프다, 주여 슬프다. 그 영광이여' 하며 통곡하지도 아니할 것이라.
그가 끌려 예루살렘 문밖에 던져지고 나귀같이 매장함을 당하리라.
나 여호와가 말하노라.
나의 삶으로 맹세하노니, 유다 왕 여호야김의 아들 너 고니야(여고냐, 여고니야, 여호야긴)가 나의 오른손의 인장반지라 할지라도 내가 빼어, 네 생명을 찾는 자의 손과 네가 두려워하는 자의 손 곧 바벨론 왕 느부갓네살의 손과 갈대아인의 손에 줄 것이라.
내가 너와 너를 낳은 어머니를 너희가 나지 아니한 다른 지방에 쫓아내리니 너

희가 거기서 죽으리라.
너희 마음에 돌아오기를 사모하는 유다 땅에 돌아오지 못하리라.
이 사람 고니야는 천하고 깨진 그릇이냐? 아무도 좋아하지 아니하는 그릇이냐?
어찌하여 그와 그 자손이 쫓겨나서 알지 못하는 땅에 들어갔는고,
땅이여, 땅이여, 땅이여, 여호와의 말을 들을지니라.
나 여호와가 이같이 말하노라.

'너희는 이 사람이 자식이 없겠고, 그 평생에 형통하지 못할 자라 기록하라.
이는 그 자손 중 형통하여 다윗의 왕위에 앉아 유다를 다스릴 사람이 다시는 없을 것임이니라.' 하셨다.

제 2 장
다니엘과 에스겔 〈1〉

다니엘과 느부갓네살 ①(단 1:1-2:49)

유다의 여호야김 왕이, 왕위에 오른 지 삼 년이 되는 해에 바벨론의 느부갓네살 왕이 예루살렘으로 쳐들어와서 성을 포위하였다.

여호와께서, 여호야김 왕을 느부갓네살의 손에 넘겨주셨으므로, 바벨론 왕이 유다 왕을 포로로 잡아가면서 성전의 일부 기구들을 가지고 돌아가 바벨론에 있는 자기 신전의 창고에 넣어 두었다.

느부갓네살 왕은 환관장 아스부나스에게 명령하여 이스라엘의 포로 가운데, 왕족과 귀족 출신으로, 신체적인 결함이 없고 용모가 잘 생겼으며 모든 일을 지혜롭게 처리할 수 있으며, 지식이 있고 통찰력이 있고, 왕궁에서 왕을 섬길 능력이 있는 소년들을 데려오게 하여서, 그들에게 바벨론 갈대아의 언어와 학문을 가르치게 하였으며,

또 왕은 자기가 먹는 제일 맛있는 음식과 포도주 가운데서 날마다 그들에게 일정한 양을 공급하였으며, 삼 년 동안의 교육 과정이 끝나면 왕 앞에서 섬길 수 있도록 하였다.

그들 가운데는 유다 사람인 다니엘과 하나냐와 미사엘과 아사랴가 있었다. 환관장은 그들의 이름을 바벨론 식으로, 다니엘은 벨드사살이라 하고, 하나냐는 사드락이라 하고, 미사엘은 메삭이라 하고, 아사랴는 아벳느고로 각각 고쳤다.

다니엘은 뜻을 정하여, 왕이 내린 음식과 포도주로 자기를 더럽히지 않겠다고 마음을 먹고, 환관장에게 자기를 더럽히지 않을 수 있

도록 해 달라고 간청하였다.

하나님께서는 환관장의 마음을 움직이셔서 다니엘의 말을 좋게 여기도록 해 주셨다.

그러나 환관장은 왕을 두려워하여 다니엘에게 이렇게 말하였다.

> 왕이 너희 먹을 것과 마실 것을 지정하셨는데, 만일 너희의 얼굴이 초췌하여 너희 얼굴이 다른 소년들보다 못하게 된 것을 보시게 된다면, 너희 때문에 내 목숨이 왕 앞에 위태롭게 될 것이다.

그래서 다니엘은, 환관장이 자기와 자기 친구 하나냐와 미사엘과 아사랴를 감독하게 한 사람에게 가서, 이렇게 말하였다.

> 제발, 당신의 종들을 열흘 동안만 시험하여 보시기 바랍니다.
> 우리에게 채소를 주어 먹게 하고, 물을 주어 마시게 한 후에, 당신 앞에서 왕의 음식을 먹는 소년들과 비교하여 우리의 얼굴 모습을 보고 우리를 처분하십시오.

그래서 감독관은 그들의 말대로 그들을 열흘 동안 시험해 보았다.

그런데 십 일 후에 그들의 얼굴빛은, 왕의 음식을 먹은 다른 소년들의 얼굴빛보다 더 좋고 건강해 보였다.

그래서 그때부터 그는 왕이 지정한 포도주와 음식을 주지 않고 그들이 채식을 할 수 있도록 하였다.

하나님은 이 네 소년들에게 학문과 그 밖의 모든 것을 깨달을 수 있는 지혜와 지식을 주셨으며, 특별히 다니엘에게는 꿈과 환상을 해석할 수 있는 능력도 주셨다.

왕이 정한 삼 년 동안의 교육 과정이 끝나자, 환관장은 그들을 느부갓네살 왕 앞으로 데리고 갔다.

왕이 그들과 대면하여 말하여 보니, 다니엘과 하나냐와 미사엘과 아사랴가 다른 소년들보다 뛰어나게 현명하였다.

그래서 그들이 왕을 섬기는 자들이 되었는데, 왕은 그들에게 여러 가지를 물어보는 중에, 그들의 지혜와 총명이 그 나라의 어떤 마술사나 점성가보다 열 배나 더 낫다는 것을 알게 되었다.

이렇게 해서 다니엘은, 바사의 고레스 왕 원년까지 그곳 왕궁에 머물러 있었다.

느부갓네살 왕은 왕위에 오른 지, 이 년째가 되는 해에, 꿈을 꾸고 그것을 알고자 하여(잊어버려서) 인하여 마음이 번민하여 잠을 이루지 못하였다.

그래서 왕은 자기 꿈을 알아내고 해석할 남자 무당 박수와 마술사와 점쟁이와 갈대아 주술사를 불러오게 하였다.

그들이 들어와서 왕 앞에 섰을 때, 왕이 위의 사실을 말하였다.

그러자 갈대아 주술사들이 아람 말로 왕에게 이렇게 말하였다.

> 왕이여, 만세수를 하옵소서!
> 왕은 그 꿈이 무엇인지 말씀해 주시면, 우리가 해석하여 드리겠나이다.

왕이 바벨론의 갈대아 주술사들에게 대답하여 말하였다.

> 내가 분명하게 명령한다.
> 너희가 만일 꿈과 그 해석을 나로 알게 하지 아니하면, 너희의 몸을 쪼갤 것이며, 너희의 집을 거름터로 삼을 것이다.
> 그러나 너희가 만일 꿈과 그 해석을 나에게 말하면, 내가 너희에게 많은 선물과 상을 주고 큰 영예를 주겠다. 그러니 꿈과 그 해석을 말하라.

그들이 다시 대답하였다.

> 청하건대, 왕께서 그 꿈을 먼저 말씀해 주십시오. 그러면 우리가 해석해 드리겠나이다.

왕이 대답하여 말하였다.

> 내가 너희에게 명령을 내렸음에도 불구하고, 너희가 시간을 벌려고 그러한 것이 분명함을 알겠다.
> 너희가 만일 이 꿈을 나로 알게 하지 아니하면, 너희를 처벌할 방법이 오직 한 가지밖에 없다.
> 그래서 너희가 거짓말과 허황된 말로 내 앞에서 꾸며 말하여 때가 변하기를 기다리고 있다.
> 이제 너희는 그 꿈을 내게 알게 하여라. 그리하면 너희가 그 꿈을 해석할 수 있

다는 것을 내가 알게 될 것이다.

바벨론의 갈대아 주술사들이 왕에게 대답하였다.

이 세상에는, 왕께서 알고자 하시는 일을 말할 사람이 하나도 없습니다.
세상의 그 어떤 위대하고 권력이 있는 왕도, 남자 무당 박수에게나 마술사에게나 갈대아 주술사에게 이런 것을 물어본 왕은 있지 않았습니다.
왕께서 물어보신 것은 들어보지도 못한 일입니다. 육체를 가지고 사는 신들이라면 몰라도, 아무도 그 일을 왕께 알려 드릴 수 없습니다.

이 말을 듣고 왕은 몹시 분을 내고 화를 내어, 바벨론의 마술하고 점치며 점성술사인 박사들을 모조리 죽이라고 명령하였다.

박사들을 죽이라는 왕의 명령이 떨어지자, 궁중에서는 다니엘과 그의 친구들도 죽이려고 찾고 있었다.

왕의 시위대 대장 아리옥이 바벨론의 박사들을 죽이려고 나갈 때,
다니엘이 그에게 가서 아주 지혜롭고 슬기로운 말로 물어보았다.

왕의 명령이 어찌 그렇게 급하고 가혹합니까?"

아리옥이 다니엘에게 그 일을 설명해 주었다.
다니엘이 즉시 느부갓네살 왕에게로 가서 간청하며 말하였다.

왕께서 시간을 저에게 정해 주시면, 왕의 꿈을 해석해 드리겠습니다.

그리고 다니엘은 자기 집으로 돌아가서, 자기 친구 하나냐와 미사엘과 아사랴에게 그 일을 설명하고, 그 친구들에게 말하였다.

나와 너희가 바벨론의 다른 박사들과 함께 죽임을 당하지 않도록,
하늘에 계신 하나님이, 긍휼을 베풀어 주셔서 이 은밀한 비밀을 알게 해 주시기를 간구하자.

그런데 그날 밤 환상 가운데 그 은밀한 비밀이 다니엘에게 나타났다. 그래서 다니엘은 하늘에 계신 하나님을 이렇게 찬양하였다.

영원 무궁토록, 하나님의 이름을 찬양할 것은 지혜와 권능이 그에게 있음이로다.
그는 때와 시절을 바꾸시며, 왕들을 폐하시고 세우시며 지혜로운 자에게 지혜를 주시고 총명한 자에게 지식을 주시는 분이시로다.

> 그는 깊고 은밀한 일을 드러내시며 어둠 속에 감추어진 것을 아시고, 또 빛이 그와 함께 있도다.
> 나의 열조의 하나님이시여! 주께서 이제 내게 지혜와 능력을 주시고, 우리가 주께 간구한 바 있는 일을 내게 알게 하였사오며, 주께서 왕의 그 일을 내게 보이셨으므로, 내가 주께 감사하고 주를 찬양하나이다.

그러고서 다니엘은 바벨론의 박사들을 처형하라는 왕의 명령을 받은 아리옥에게 가서, 그에게 이렇게 말하였다.

> 바벨론의 박사들을 죽이지 말고 나를 왕에게 데려가 주십시오.
> 그러면 내가 그 꿈을 왕에게 해석헤 드리겠습니다.

그러자 아리옥은 즉시 다니엘을 데리고, 느부갓네살 왕 앞에 가서 "내가 유다에서 사로잡아 온 포로 가운데, 왕의 꿈을 해석할 사람을 찾아냈습니다." 하였다.

그때 왕이 벨드사살이라는 다니엘에게, "내가 꿈에 본 것을 네가 말하고, 그 해석을 네가 능히 할 수 있겠느냐?" 하고 물었다.

다니엘이 왕에게 대답하였다.

> 왕이 물으신 그 은밀한 비밀은, 어떤 박사나 마술사나 남자 무당인 박수나 점쟁이가 능히 왕께 알려 드릴 수 없으며, 오직 그 은밀한 비밀을 밝힐 수 있는 분은 하늘에 계시는 하나님이십니다.
> 그분이 앞으로 일어날 일을 느부갓네살 왕에게 보여 주셨습니다.
> 왕의 꿈 곧 왕께서 침상에 누워 있을 때에 머리 속에 나타난 환상은 이러합니다.
> 왕이시여! 왕께서 침상에 누워 장래 일을 생각하실 때에, 은밀한 비밀을 나타내시는 하나님이 장차 일어날 일을 왕에게 보여 주셨으며, 하나님께서 나에게 이 은밀한 비밀을 알게 하신 것은, 내가 다른 사람들보다 더 지혜롭기 때문이 아니라, 오직 왕께 그 꿈의 해석을 알려서, 왕의 마음에 생각하시던 일을 이해할 수 있도록 하기 위해서입니다.
> 왕이시여! 왕께서는 사람 모양의 거대한 신상을 보셨습니다. 그 신상이 왕 앞에 서 있는데, 그 신상은 크고 번쩍번쩍 광채가 나며 그 모양이 무섭게 생겼는데, 그 우상의 머리는 순금이고 가슴과 팔은 은이며 배와 넓적다리는 놋쇠이고, 그 무릎 아래 종아리는 철이었습니다. 그리고 그 발은 일부분이 철이며 일부분은 진흙으로 되어 있었습니다.

왕께서 그 신상을 보고 계실 때, 사람이 손도 대지 않았는데, 산에서 큰 돌 하나가 공중에 뜨더니 그 큰돌이 날아와, 철과 진흙으로 된 발을 쳐서 부숴 버렸습니다. 그때에 철과 진흙과 놋과 은과 금이 일시에 다 부서져서, 여름철 타작마당의 겨와 같이 되어 바람에 다 날아가 버리고 흔적조차 없어졌으며, 그 우상을 친 돌은 하나의 태산을 이루어 온 세계를 가득 채웠습니다.

지금까지 제가 그 꿈을 말씀드렸는데 이제부터 그것을 해석해 드리겠습니다.

왕이시여! 왕은 세상 열왕 중의 왕이십니다. 하늘의 하나님이 세상 나라와 권세와 능력과 영광을 왕에게 주셨고, 하나님이 왕에게 온 세상 사람들과, 심지어는 어느 곳에 있는 것을 물론하고, 들짐승과 공중의 새들까지 왕의 손에 붙이시어 다 다스리게 하셨으므로, 그 신상의 금 머리는 바로 왕이십니다.

왕의 다음에는 왕의 나라보다 못한 다른 은과 같은 한 나라가 일어날 것이며,

그 다음 세 번째에는 놋과 같은 나라가 일어나서 온 세계를 다스릴 것입니다.

그리고 마지막으로 네 번째 일어날 나라는 철처럼 강력한 나라가 될 것입니다.

철이 다른 모든 물건을 부수고 철을 이길 금속이 없듯이, 그 나라가 세상의 모든 나라를 쳐서 부숴 버리고 절구에 빻을 것같이 할 것입니다.

왕께서는 그 발과 발가락이 일부는 토기장이의 진흙으로 되었고 또 일부는 철로 된 것을 보셨는데, 이것은 그 나라가 나누어질 것을 뜻합니다.

그러나 왕께서 보신 대로 거기에는 철과 진흙이 섞여 있었으므로, 그 나라에는 철처럼 강한 점도 있을 것입니다.

그 발가락이 일부는 철이요 일부는 진흙으로 되었다는 것은, 그 나라의 일부는 강하고 일부는 쉽게 부서질 것을 뜻하며, 왕께서 진흙과 쇠가 함께 있는 것을 보신 것같이, 이것은 사람들이 서로 다른 인종과 섞일 것이나 철이 진흙과 합해지지 않는 것처럼, 그들이 하나로 결합되지 못할 것을 뜻합니다.

이 세상의 열왕의 때에 하늘의 하나님이 영원히 멸망하지 않을 한 나라를 세우실 것입니다. 그 나라의 국권은 다른 백성에게로 돌아가지도 아니할 것이며, 도리어 세상의 모든 나라를 쳐서 멸망시키고 영원히 세워질 것입니다.

왕께서는 사람이 손도 대지 않았는데, 산에서 큰 돌 하나가 공중에 뜨더니 그 큰 돌이 날아와, 철과 놋과 진흙과 금과 은을 쳐서 부서뜨린 것을 보셨습니다. 이것은 크신 하나님이 장차 일어날 일을 왕에게 보여 주신 것입니다.

제가 왕에게 말씀드린 꿈과 해석은 진실하고 확실합니다.

그러자 느부갓네살 왕은, 엎드려 다니엘에게 경배하고 그에게 예물과 향품을 갖다 드리라고 신하들에게 명령하였다.

그리고 왕은 다니엘에게 이렇게 말하였다.

너희 하나님은 참으로 모든 신들의 신이시요. 모든 왕의 주가 되시는 도다. 네가

> 능히 이 은밀한 비밀을 밝히 나타내었으므로 네 하나님은 또 은밀한 비밀을 나타내시는 분이시로다.
> 왕은 다니엘을, 나라의 높은 지위에 앉히고 귀한 선물을 많이 주었으며 바벨론의 온 도를 다스리게 하였고, 또 바벨론 모든 박사의 어른을 삼았다.
> 느부갓네살 왕은 또 다니엘의 요구에 따라, 사드락과 메삭과 아벳느고를 세워 바벨론 도의 모든 업무를 관장하게 하였다.
> 그리고 다니엘은 왕궁에 머물러 있었다.

바벨론 그발 강 가의 에스겔(겔 1:1-3; 4:1-8; 8:1-9:11; 20:1-16)

제삼십 년 사월 오일에, 내가 바벨론의 그발 강 가에서, 사로잡혀 온 자들과 함께 있을 때 갑자기 하늘이 열리며 하나님의 모습의 환상이 내게 보였다.

이때는 유다 왕 여호야긴 왕과 내가 포로로 잡혀 온 지 오 년째가 되던 해였다.

바벨론의 갈대아 땅 그발 강 가에서, 부시의 아들인 제사장 나 에스겔에게 여호와께서 특별히 말씀을 주셨는데 그때 나는 여호와의 권능이 내 위에 있는 것을 느꼈다.

여호와께서 나에게 말씀하셨다.

> 너 사람의 아들(인자)아, 너는 넓적하고 얇은 돌 하나를 가져다가 네 앞에 놓고 예루살렘 성을 그 위에 그려라.
> 그러고서 그 성 둘레를 에워싸는 토성을 쌓고 흉벽을 만들며 그 성을 공격하는 사다리인 운제를 세우고, 또 성 주변에 진지를 만들고 성벽을 부수는 철퇴인 공성퇴를 그 성벽 둘레에 세워 놓아라.
> 그런 다음 너는 철판 하나를 가져다가, 너와 그 성 사이에 철 성벽처럼 세우고 적이 성을 포위하는 것처럼 그 성을 포위하라. 이것이 이스라엘 족속에게 하나의 징조가 될 것이다.
> 너는 또 왼쪽으로 누워서 이스라엘 족속의 죄악을 떠맡고, 옆으로 누워 있는 날 수만큼 너는 그들의 죄악을 담당하라.

> 나는 그들이 범죄한 햇수대로 네게 날수를 정하였다.
> 그러니 네가 삼백구십 일 동안 이스라엘 족속의 죄악을 담당해야 할 것이다.
> 그 날수가 다 차거든, 너는 다시 오른쪽으로 누워서 유다 족속의 죄악을 사십 일 동안을 담당하라. 그 하루는 일 년을 가리킨다.
> 너는 또 포위당한 예루살렘을 향하여 팔을 걷어붙이고 예언하라. 내가 줄로 너를 동여매어, 네가 포위한 그 날수를 채우기까지 네 몸을 이쪽저쪽으로 돌려 눕지 못하게 할 것이다.

우리가 포로 생활을 한 지 육 년째가 되던 해 육월 오일에, 나는 유다 장로들과 함께 내 집에 앉아서 이야기를 하다가, 갑자기 주 여호와의 권능에 사로잡히게 되었다.

그때 내가 환상 가운데서 보니, 불 같은 사람 형상이 있었는데, 그 허리 밑으로의 모양은 불같고 허리 위로는 불에 달아오른 쇠처럼 밝게 빛나고 있었다.

그때에 그 형상이 손 같은 것을 펴서 내 머리털을 잡으셨다. 그러자 환상 가운데서 하나님의 영이 나를 하늘 높이 끌어올려 예루살렘으로 데리고 가셨다.

그는 성전 안뜰의 북문 입구로 나를 인도하셨는데 그곳은 질투를 불러일으키는 우상이 서 있는 곳이었다.

내가 보니 그발 강 가에서 환상을 보던 때처럼, 이스라엘의 하나님이 계시는 것을 보여 주는 찬란한 영광의 광채가 거기에도 있었다.

그가 나에게 "사람의 아들아, 이제 눈을 들어 북쪽을 바라보아라." 하고 말씀하셨다.

그래서 내가 바라보았더니 제단 문의 북쪽 입구에 이 질투의 우상이 있었다.

그때 그가 다시 나에게 말씀하셨다.

> 사람의 아들아, 너는 이스라엘 족속이 하는 일을 보느냐?
> 그들이 여기서 매우 가증한 일을 행하여 나로 내 성소를 점점 더 멀리 떠나게 하고 있다. 그러나 너는 이보다 더 큰 가증한 일을 보게 될 것이다.

그런 다음 그는 또 나를 이끌고 성전 뜰 입구로 가셨다. 거기서 나는 담에 구멍 하나가 나 있는 것을 보게 되었다.

그러자 그는 나에게 "사람의 아들아, 너는 이 담을 헐어라." 하고 말씀하셨다.

그래서 내가 그 담을 헐었더니 문 하나가 보였다. 그가 나에게 "너는 들어가서 그들이 거기서 행하는 가증하고 악한 일을 보아라." 하시기에 내가 들어가 보았더니, 온갖 기어다니는 곤충들과 가증한 동물들과 이스라엘 족속이 섬기던 우상들이 벽 사방에 잔뜩 그려져 있었고, 그 앞에는 이스라엘 족속의 장로 칠십 명이 사반의 아들 야아사냐와 함께 서 있었다.

그들은 각자 손에 향로를 들고 있었으며 그 향에서는 구름 같은 연기가 올라오고 있었다.

그러자 그가 나에게 말씀하셨다.

> 사람의 아들아, 너는 이스라엘 족속의 장로들이 각자 우상의 방 어두운 데서 행하는 일을 보았느냐?
> 그들은 '여호와께서 우리를 보지 않으시며 이 땅을 버리셨다.' 하고 말한다.

그는 다시 나에게 "너는 그들이 행하는 일보다 다른 더 큰 가증한 일을 볼 것이다."라고 말씀하셨다.

그런 다음 또 그는 나를 여호와의 성전으로 들어가는 북문으로 데리고 가셨는데, 내가 보니 여자들이 앉아서 담무스 이방 신을 위하여 슬퍼하며 울고 있었다.

그는 나에게 "사람의 아들아, 네가 이것을 보았느냐? 너는 이보다 더 큰 가증한 일을 보게 될 것이다."라고 말씀하셨다.

그리고서 그는 나를 성전 안뜰로 데리고 가셨다.

거기서 나는 성전 입구 곧 현관과 제단 사이에 약 이십 오 명의 사람들이 성전을 등지고, 얼굴을 동쪽으로 향하여 태양에게 경배하고 있는 것을 보았다.

그러자 그가 나에게 말씀하셨다.

> 사람의 아들아, 네가 이것을 보았느냐?
> 유다 족속들이 여기서 행한 가증한 일이 작은 일이라고 할 수 있겠느냐?
> 그들이 이 땅을 강퍅한 죄로 가득 채워 또다시 나의 분노를 일으키고, 심지어는 나뭇가지를 자기들의 코에 갖다 대는 이교 의식까지 서슴지 않고 하였다.
> 그러므로 나도 분노로 갚아서, 그들을 아끼거나 불쌍히 여기지 않을 것이며 그들이 큰소리로 나에게 부르짖어도 내가 듣지 않을 것이다.

나는 그가 큰소리로, "이 성을 관할하는 자들로, 각자 손에 사람을 죽이는 무기를 들고 나아오게 하라!" 라고 외치는 소리를 들었다.

그래서 내가 보니 북쪽으로 향한 성전 윗문 방향에서 여섯 사람이 나오는데 각자 손에 살상용 무기를 들고 있었으며, 그중에 한 사람은 가는 베옷을 입고 허리에 서기관의 먹그릇을 차고 있었다.

그들은 모두 성전으로 들어와서 놋 제단 곁에 섰다. 그룹 천사 사이에 머물러 있던 이스라엘 하나님의 영광의 광채가 올라와서 성전 문지방에 머물렀다.

그때 여호와께서, 가는 베옷 옷을 입고 서기관의 먹그릇을 찬 그 사람을 불러 말씀하셨다.

> 너는 예루살렘을 순회하면서, 그 성에서 행해지는 모든 가증한 일 때문에 탄식하고 우는 자들의 이마에 표를 하라.

내가 듣는 데서 그는 또 나머지 사람들에게 말씀하셨다.

> 너희는 그 뒤를 따라, 성안을 두루 다니면서 동정을 베풀거나 불쌍히 여기지 말고 마구 쳐서 죽여라.
> 늙은 사람과 젊은 사람과 처녀와 어린아이와 부인들을 닥치는 대로 죽이되, 이마에 표를 가진 자에게는 손을 대지 말아라. 너희는 이 일을 내 성소에서부터 시작하라.

그러자 그들은 여호와의 성전 앞에 있는 장로들부터 죽이기 시작하였다.

그는 또 그들에게 "너희는 여호와의 성전을 더럽히고 성전 뜰을 시체로 채워라. 자, 나가서 시작하라" 하고 말씀하셨다.

그래서 그들은 밖으로 나가서 성안에 있는 사람들을 치기 시작하였다.

그들이 이스라엘 백성들을 죽이고 있는 동안에, 나는 혼자 남아서 엎드려 부르짖었다.

> 주 여호와여! 예루살렘을 향하여 주의 분노를 쏟아 이스라엘에 남아 있는 자들을 다 죽이려 하십니까?

그러자 그가 대답하셨다.

> 이스라엘과 유다 족속의 죄가 너무나 크다.
> 그 땅은 살인자들이 흘린 피로 가득하고 성은 온통 불법으로 가득차 있다.
> 그러면서도 그들은 '여호와께서 이 땅을 버리셨으니 보지 않으신다.' 하고 말한다.
> 그래서 내가 그들을 아끼거나 불쌍히 여기지 않고 그들이 행한 대로 그들의 머리 위에 그대로 갚아 줄 것이다.

그때 가는 베옷을 입고 허리에 먹그릇을 찬 사람이 돌아와,
"주께서 내게 명령하신 일을 다 수행하였습니다."라고 보고하였다.
우리가 포로로 사로잡혀 온 지 칠 년째가 되는 해 오월 십일에,
이스라엘 장로 두어 사람이 여호와께 물어보려고 내 앞에 와서 앉았다.
그때 여호와께서 내게 말씀하셨다.

> 사람의 아들아, 너는 이스라엘 장로들에게 나 주 여호와가 이렇게 말한다고 일러 주어라.
> '주 여호와의 말씀에 너희가 내게 물으려고 왔느냐? 나 주 여호와가 말하노라!
> 내가 나의 삶을 두고 맹세하지만, 너희가 내게 묻는 것을 내가 용납하지 않겠다.'

그때 여호와께서 또 내게 말씀하셨다.

> 사람의 아들아, 네가 그들을 심문하겠느냐? 네가 그들을 심문하겠느냐?
> 그렇다면 너는 그 열조들이 행한 가증한 일을 그들에게 알게 하고,
> 나 주 여호와가 이렇게 말한다고 일러 주어라
> 옛날에 내가 이스라엘을 택하고, 애굽에서 야곱의 후손들에게 나를 나타낼 때에 내가 그들에게 손을 들어 맹세하며 '나는 여호와 너희 하나님이다.' 하였다.

그날 나는 그들에게 내 손을 들어 맹세하기를 '애굽에서 그들을 이끌어 내어, 내가 그들을 위해 선택해 놓은 땅 곧 기름지고 비옥하며 모든 땅 중에서 가장 아름다운 땅으로 인도하겠다.'라고 맹세하였으며,
또 그들에게 '너희는 너희의 눈에 좋아하는 그 가증한 우상들을 던져 버리고, 애굽의 거짓된 우상들로 자신을 스스로 더럽히지 말아라. 나는 여호와 너희 하나님이다' 하고 말하였다.
그러나 그들은 나를 반역하고 내 말을 즐겨 듣지 않았으며, 그들이 그들의 눈에 좋아하는 그 가증한 우상들을 버리지 않고 애굽의 우상들을 떠나지도 않았다.
그래서 나는 그들이 아직 애굽에 있을 때에, 그들에게 '내 분노를 그들 위에 쏟아 나의 분노가 그들에게 이루어지도록 하겠다.' 말하였다.
그러나 내가 그들이 머물렀던 이방인의 목전에서 그들에게 나타나서 그들을 애굽 땅에서 인도하여 내었는데, 이는 내 이름을 위함이다. 내 이름을 그 이방인의 목전에서 더럽히지 않으려고 하여 행하였음이로다.
이렇게 해서 나는 그들을 애굽에서 인도해 내어 광야에 이르게 하고, 사람이 순종하면 그로 인하여 영원한 삶을 얻을 수 있는 내 율례를 주며 내 규례를 알게 하였고, 또 나는 그들에게 안식일을 주어, 그들과 나 사이에 징표를 삼게 하고 내가 그들을 거룩하게 하는 여호와임을 알게 하였다.
그러나 이스라엘 족속은 광야에서 나를 거역하여 사람이 순종만 하면 그로 인하여 영원한 삶을 얻을 수 있는 내 율례과 규례을 지키지 않고 멸시하였으며, 나의 안식일을 크게 더럽혔다.
그래서 내가 광야에서 나의 분노를 그들 위에 쏟아 그들을 멸망시키겠다고 말하였으나,
내가 내 이름을 위하여 그렇게 하지 못하였고, 또한 내가 그들을 인도하여 내는 것을 목도한 열국 앞에서 내 이름을 더럽히지 아니하려 하였음이로다.
그리고 내가 광야에서 그들에게 맹세하기를 '내가 그들에게 허락한 땅 곧 젖과 꿀이 흐르는 땅이요 모든 땅 중의 아름다운 곳으로 그들을 인도하여 들이지 아니하리라.' 한 것은, 그들이 자기들의 마음대로 우상을 따라가서, 나의 규례를 업신여기며, 나의 율례를 지키지 않으며 나의 안식일을 더럽혔기 때문이다.

에스겔과 예루살렘의 심판(겔 24:1-27)

우리가 사로잡혀 온 지 구 년째가 되는 해 십 월 십 일에, 여호와께서 나에게 말씀하셨다.

사람의 아들아, 너는 오늘 날짜를 기록하라.
오늘은 바벨론 느부갓네살 왕이 예루살렘을 포위한 날이다.
너는 패역한 이 족속들에게 비유를 들어서, 나 주 여호와가 이렇게 말한다고 전하라.
'너희는 가마 하나를 걸고 거기에 물을 붓고, 양 떼 중에서 제일 좋은 것을 잡아 각을 뜨고 고기의 제일 좋은 부분인 넓적다리와 어깻죽지를 가마에 넣고, 뼈 중에서 제일 좋은 것을 골라 그 가마에 가득 채워라.
그리고 가마 밑에 나무를 쌓고 물을 펄펄 끓여 뼈가 물렁물렁할 때까지 삶아라.'
그러므로 나 주 여호와가 말한다.
'피 흘린 예루살렘, 녹슨 가마솥 곧 너는 녹이 슬었으나 그 녹을 제거하지 않은 가마여! 너에게 화가 있을지어다! 너는 순서를 가리지 말고 그 속에 있는 고기와 뼈를 하나하나 끄집어 내어라. 죄 없는 사람을 죽인 그 피가 그 가운데 있음이여! 피를 땅에 쏟아서 흙이 덮이게 하지 않고, 아무것도 올려지지 않은 반석 위에 두었도다. 내가 그 피가 흙에 덮이지 않게 맨바위에 쏟아 놓은 것은, 내가 분노하여 그 죄 없는 피에 대하여 보응하기 위해서이다.'
그러므로 나 주 여호와가 말한다.
'피 흘린 예루살렘이여! 화가 있을 지어다. 내가 장작더미를 높이 쌓아 올리겠다.
가마솥에 나무를 많이 쌓고 불을 지펴 고기를 푹 삶아서 녹이고 고기 국물을 바싹 졸이고 뼈는 태워 버리고, 가마솥이 빈 후에는 숯불 위에 얹어 놓고, 가마솥의 놋쇠를 달구어 그 속에 있는 더러운 것을 녹게 하며 가마솥의 녹을 태워서 없어지게 하여라.'
이 예루살렘이 아무리 애를 쓰고 스스로 지쳤으나, 그 많은 녹이 가마솥에서 없어지지 않으며, 불로 아무리 달구어도 녹이 없이지지 않는구나!
너의 더러운 것 중에서 하나가 음란이다. 내가 너를 정결하게 하였으나, 네가 정결하여지지 아니하였으므로, 내가 네게 향한 분노를 풀기 전에는, 네 더러움이 다시 정결하여지지 아니하리라.
나 주 여호와가 말하였으니, 이제 그 일이 이루어질 것이다.
내가 마음을 돌이키지도 않고 너를 아까워 여기지도 않을 것이며 내가 뉘우치지도 않을 것이니, 네가 행한 대로 심판을 받을 것이다. 이것은 나 주 여호와의 말이다.

여호와께서 또 나에게 말씀하셨다.

사람의 아들아, 네가 가장 기뻐하는 사람을 내가 단번에 쳐서 빼앗아 가겠으니, 너는 슬퍼하거나 울거나 눈물을 흘리지도 말고, 죽은 사람을 위하여 슬퍼하지도 말고 조용히 탄식하며, 수건으로 머리를 꼭 붙들어 매고 발에 신을 신고 입술을 가리우지도 말고, 그리고 초상집의 문상객이 먹는 음식을 먹지 말아라.
그래서 내가 아침에 그런 이야기를 사람들에게 말해 주었는데, 그날 저녁에 내 아내가 죽었다.
그 다음날 아침에 내가 명령을 받은 대로 하자, 사람들이 나에게 물었다.
당신이 이렇게 하는 것이 우리하고 무슨 관계가 있습니까? 우리에게 무슨 뜻인지 말해 주지 않겠습니까?

그때 내가 그들에게 대답하였다.

여호와께서는, 이스라엘 족속에게 이렇게 전하라고 나에게 말씀하셨습니다.
'나의 예루살렘 성소는 너희 권세의 영광이요. 너희 눈의 기쁨이 되며 너희 마음에 아낌이 되었지만, 내가 더럽힐 것이며, 너희가 예루살렘에 버려둔 너희의 아들과 딸들도 칼에 쓰러지게 할 것이다.
너희는 에스겔이 행한 대로 입술을 가리지도 않았고 초상집 음식을 먹지도 않았으며, 수건으로 머리를 꼭 붙들어 매지도 않고 발에 신발을 신지도 않고, 죽은 사람을 위하여 슬퍼하지도 않고 울지도 않았지만, 너희는 너희 죄악 중에 쇠약해 질 것이며, 서로 바라보고 탄식할 것이다.
이와 같이 에스겔이 너희에게 하나의 표징이 될 것이며, 에스겔에게 되어졌던 대로, 너희들에게도 그대로 될 것이다. 이 일이 이루어질 때에야, 너희는 비로소 내가 주 하나님인 줄 알게 될 것이다.'

여호와께서 나에게 말씀하셨다.

사람의 아들아, 내가 그들의 힘과 그들이 즐거워하는 영광과 그들의 눈의 기뻐하는 것과, 그들이 마음에 간절히 생각하는 아들과 딸들을 없애는 그날에 곧 예루살렘 성이 멸망하는 그날에, 그곳에서 도망한 자가 네게 나아와서 네 귀에 그 일을 말하지 아니하겠느냐?
그때 네 입이 열려 그곳에서 도망한 사람과 말하게 될 것이며, 다시는 네가 침묵을 지키지 않을 것이다.
이처럼 너는 그들에게 표징이 될 것이며, 그들은 내가 여호와임을 알게 될 것이다.

에스겔과 이방 열국의 심판(겔 29:1-16; 31:1-18; 26:1-14)

우리가 사로잡혀 온 지 십일 년째가 되는 해, 어느 달 일일에 여호와께서 나에게 말씀하셨다.

사람의 아들아, 두로가 예루살렘에 대하여 말하기를, '아하! 좋구나. 만국 민족의 문과 같은 예루살렘이 깨어지고 황폐해졌으니 내가 번영을 누리게 되었다.' 하는구나.
그러므로 나 주 여호와가 말한다.
'두로야, 내가 너를 대적하여 세상 열국이 파도치는 성난 바다처럼 너를 치게 하겠다. 그들이 두로의 성벽을 무너뜨리고, 그곳의 망대들을 허물어뜨릴 것이며, 내가 그곳에서 깨진 조각들을 말끔히 쓸어 내고 맨바위만 드러나도록 하게 하여, 두로가 바다 가운데서 그물을 펼치는 곳이 되게 하겠다.'
이는 내가 말하였고, 나 주 여호와의 말이므로 그대로 이루어질 것이다.
두로가 이방 민족의 노략거리가 될 것이며, 해변에 멀리 떨어져 있는 들판의 성읍에 살고 있는 자들도 칼날에 죽음을 당할 것이다.
두로야, 그때서야 너는 내가 여호와임을 알게 될 것이다.

나 주 여호와가 말한다.

내가 세상 열왕의 왕인 바벨론의 느부갓네살 왕을 이끌어 내어 너 두로를 치게 하겠다. 그가 북쪽에서 말과 전차와 기병대를 갖춘 대군을 이끌고 와서, 너의 들판의 성읍에 사는 자들을 칼로 죽일 것이며, 또 너를 치려고 공격용 사다리인 운제를 세우며 토성을 쌓고 큰 방패를 갖추고, 공성퇴(성벽 파괴용 무기)로 네 성벽과 성문을 치고 쇠망치로 네 망대를 허물 것이다.
바벨론의 그 많은 말들이 일으키는 먼지가 너를 뒤덮을 것이며, 사람들이 허물어진 성의 구멍으로 들어가는 것같이 그들이 너의 파괴된 성문으로 들어갈 때, 기병과 전차의 바퀴와 기병대가 지나가는 소리에 네 성벽이 진동할 것이다.
느부갓네살이 말발굽으로 네 거리를 짓밟을 것이고, 칼로 네 백성을 죽일 것이며, 너의 거대한 돌 우상을 땅에 넘어뜨리며, 네 재물을 빼앗을 것이며 너의 무역 상품을 약탈할 것이다.
그들은 또 네 성을 헐고 네가 기뻐하는 집들을 무너뜨리고, 너의 돌들과 목재와 흙덩이까지도 바다에 던질 것이다.
내가 너의 노랫소리를 그치게 하고 너의 수금 소리가 다시 들리지 않게 하며, 내가 너를 아무것도 위에 없는 맨바위로 만들어 너는 그물이나 말리는 곳이 되고, 다시는 아무도 너를 세우지는 못할 것이다.
이는 내가 말하였고, 나 주 여호와의 말이므로 그대로 이루어질 것이다.

우리가 사로잡혀 온 지 십 년째가 되는 해 십월 십이일에, 여호와께서 나에게 말씀하셨다.

사람의 아들아, 너는 애굽의 바로 왕과 모든 애굽 땅으로 얼굴을 향하고 책망하여 예언하여라.
너는 그에게 나 주 여호와가 이렇게 말한다고 일러 주어라.
애굽 왕 바로야, 내가 너를 대적한다. 너는 자기의 강들 중에 누워 있는 거대한 악어이다. 그러므로 네가 말하기를 '이 나일 강은 네 것이며, 내가 나를 위하여 만들었다 하는구나.
내가 갈고리로 네 큰 입에 꿰고, 네 강의 물고기로 네 비늘에 붙게 하고 네 비늘에 붙은 강의 모든 물고기와 함께 너를 네 강들 가운데서 끌어내고, 너와 네 강의 모든 물고기를 광야에 그대로 던져 버려둘 것이니, 네가 땅에 떨어져서 아무도 너를 거두거나 도움을 주지 못한 채 그대로 있을 것이다.
내가 너를 들짐승과 공중의 새에게 먹이로 주게 되면, 애굽에 사는 모든 사람들이, 나를 여호와인 줄 알 것이다.
애굽은 본래 이스라엘 족속에게 갈대로 만든 지팡이에 불과하였다.
이스라엘 족속이 손으로 너를 붙잡으면 네가 부러져서 그들의 어깨가 찢어졌고, 그들이 너에게 의지하면 네가 부러져서 그들의 모든 허리가 흔들리게 되었도다.
그러므로 나 주 여호와가 말한다.
내가 전쟁의 칼을 너에게 보내 네 백성과 짐승의 숨통을 다 끊어 버릴 때, 애굽 땅이 사막과 황무지가 될 것이다
그때서야 내 백성이 나를 여호와인 줄 알 것이다.
네가 말하기를 '이 나일 강은 네 것이며, 내가 나를 위하여 만들었다' 하는구나.
그러므로 내가 너와 네 강들을 쳐서, 북으로는 애굽 땅 믹돌에서부터 남으로 수에네 곧 구스(에티오피아) 국경에 이르기까지, 애굽 땅을 황폐한 황무지 곧 사막으로 만들어 버리겠다.
그 땅에는 사람의 발길도 끊어지고 짐승들까지도 그 땅으로는 지나다니지 않을 것이다.
그래서 사십 년의 세월이 지날 동안, 사는 사람이 아무도 없을 것이다.
내가 애굽 땅을, 황폐한 열국같이 황무한 땅으로 만들겠고, 애굽 성읍도 사막이 된 열국의 성읍같이 사십 년 동안 황폐하게 만들겠으며, 나는 애굽 사람들을 세

계 여러 민족 속에 흩어 놓고, 열방 가운데로 헤쳐 놓겠다.

나 주 여호와가 말한다.

사십 년이 끝날 무렵에, 내가 세계 모든 민족에 흩어져 있는 애굽 사람들을 다시 모아, 내가 사로잡혀 온 사람들을 애굽으로 돌아가게 하여, 그들의 고향 땅 곧 바도로스 땅으로 내가 그들을 데려다 놓겠다.
그들은 거기에서 미약한 나라밖에 되지 못할 것이며, 세상 나라 중에 지극히 미약한 나라가 되어 다시는 세상 열국 위에 스스로 높이지 못할 것이다.
이와 같이 내가 그들을 약한 민족으로 만들 것이니, 그들이 다시는 세상 열국을 다스리지 못할 것이다.
애굽이 다시는 이스라엘 족속이 의지할 나라가 되지 못할 것이며,
이스라엘 족속은 애굽이 황폐화된 것을 보고서, 하나님을 의지하지 않고 애굽을 의지하려 한 것이 얼마나 큰 죄악이었는가를 기억하고, 그때서야 비로소 내가 주 여호와임을 알게 될 것이다.

우리가 사로잡혀 온 지 십일 년째가 되는 해 삼월 일일에 여호와께서 나에게 말씀하셨다.

사람의 아들아, 너는 애굽의 바로 왕과 그 백성에게 내가 이렇게 말한다고 일러 주어라.
너의 위엄찬 모습을 누구와 비할 수 있겠느냐? 그러나 너는 앗수르를 보아라.
앗수르 사람의 뻗어 있는 그 가지는 아름답고, 그늘은 숲의 그늘 같았으며 키는 하늘 높이 솟아올라 그 꼭대기가 구름에 닿은, 레바논의 백향목이었다.
물들이 그 나무를 기르고 깊은 샘이 그것을 자라게 하였으며, 그것이 심겨진 둘레에는 강물이 흐르고, 그 물줄기가 숲의 모든 나무에 미쳤다.
그 나무가 물이 많으므로, 그 나무는 들의 모든 나무보다 키가 크고 굵은 가지가 무성하며 가는 가지는 길게 뻗었으니,
공중의 모든 새가 그 큰 가지에 깃들이고, 들의 모든 들짐승이 그 가는 가지 아래서 새끼를 낳으며 모든 큰 나라들이 그 그늘 아래서 살았다.
그 뿌리가 큰 물가에 있으므로, 뿌리가 깊숙이 뻗었으므로 물을 흠뻑 빨아들여 그 나무가 키가 크고 가지가 길어 모양이 아름다우니,
하나님의 동산에 있는 백향목이 그것에 비할 바 못 되고, 잣나무도 그 굵은 가지만 못하며 단풍나무도 그 가는 가지와 비교가 안 되고,
하나님의 동산에 있는 그 어떤 나무도 그 아름다움만 못하였다.

내가 그 가지를 무성하게 하여 그 나무의 모양을 아름답게 하였더니, 하나님의 동산 에덴에 있는 모든 나무들이 다 투기하였다.

그러므로 나 주 여호와가 말한다.

그의 키가 높아지고, 나무 꼭대기가 구름에 닿아서 하늘 높이 빼어났으므로 마음이 교만하기 시작하였다.
그러므로 내가 그를 세상 열국을 다스리는 왕에게 붙이고, 내가 그의 행한 악을 인하여 쫓아내었으므로, 그 왕에게 그를 임의대로 다루도록 하였다.
열국의 강하고 포악한 이방 민족이 그를 찍어 버렸고, 그 가는 가지가 산과 모든 골짜기에 떨어졌고 그 굵은 가지가 그 땅 모든 물가에 꺾어졌으므로, 세상 모든 백성이 그를 버리고 그 그늘 아래서 떠났으며, 공중의 모든 새들이 그 넘어진 나무에 와서 앉고, 그 꺾어진 가지들 사이에는 들짐승이 살게 되었다.
그래서 물가에 있는 나무가 키가 높다고 해서 교만하지 못하게 하였고, 그 꼭대기를 구름에 닿지 못하게 하였으며, 물 공급을 잘 받는 나무라 할지라도 스스로 높이 솟아오르지 못하게 하였는데, 이것은 그 나무들이 모두 죽어 무덤구덩이로 내려가는 사람들과 함께 지하에 내려가게 하였기 때문이다.

나 주 여호와가 말한다.

그 나무가 죽음의 세계로 내려가던 날에, 내가 그를 위하여 슬퍼하며 울게 하였으며 깊은 바다를 덮었으며 모든 강을 쉬게 하였으며 큰 파도를 그치게 하고, 내가 레바논으로 그를 위하여 슬퍼하며 울게 하였으며 들의 모든 나무로 그로 인하여 쇠약하게 하였다.
내가 그로 무덤 구덩이에 내려가는 자와 함께 죽음의 세계로 떨어뜨리던 때에, 세상 열국으로 그 떨어지는 소리를 인하여 진동하게 하였고, 물 공급을 잘 받은 에덴의 모든 나무 곧 레바논의 뛰어나고 아름다운 나무들로 지하에서 위로를 받게 하였다.
그러나 그들도 무덤구덩이에 내려가는 자들과 함께 죽음의 세계에 내려가 전쟁의 칼에 살육당한 자들에게 이르렀는데,
그들은 옛적에 그의 팔이 된 자요 열국 중에서 그 그늘 아래 거하던 자들이었다.
애굽아, 너는 에덴의 모든 나무 곧 세상의 모든 열국 중에서도 비교할 수 없이 크고 영화스러웠다.
그러나 너는 에덴의 모든 나무들과 함께 지하에 내려갈 것이며, 거기에서 할례를 받지 못하고 전쟁의 칼날에 죽음을 당한 자들 가운데 누울 것이다. 이 일은 애굽의 바로와 그의 백성과 그의 군대에 대한 것이다. 나 주 여호와의 말이다.

우리가 사로잡혀 포로 되어 온 지 십일 년째가 되는 해, 어느 달 일일에 여호와께서 나에게 말씀하셨다.

사람의 아들아, 두로가 예루살렘에 대하여 말하기를, '아하! 좋구나. 만국 민족의 문과 같은 예루살렘이 깨어지고 황폐해졌으니, 내가 번영을 누리게 되었다' 하는구나.

그러므로 나 주 여호와가 말한다.

두로야, 내가 너를 대적하여 세상 열국이 파도치는 성난 바다처럼 너를 치게 하겠다. 그들이 두로의 성벽을 무너뜨리고, 그곳의 망대들을 허물어뜨릴 것이며, 내가 그곳에서 깨진 조각들을 말끔히 쓸어 내고 맨바위만 드러나도록 하게 하여, 두로가 바다 가운데서 그물을 펼치는 곳이 되게 하겠다. 이는 내가 말하였고, 나 주 여호와의 말이므로 그대로 이루어질 것이다.

두로가 이방 민족의 노략거리가 될 것이며, 해변에 멀리 떨어져 있는 들판의 성읍에 살고 있는 자들도 칼날에 죽음을 당할 것이다.
두로야, 그때서야 너는 내가 여호와임을 알게 될 것이다.

나 주 여호와가 말한다.

내가 세상 열왕의 왕인 바벨론의 느부갓네살 왕을 이끌어 내어 너 두로를 치게 하겠다.
그가 북쪽에서 말과 전차와 기병대를 갖춘 대군을 이끌고 와서, 너의 들판의 성읍에 사는 자들을 칼로 죽일 것이며, 또 너를 치려고 공격용 사다리인 운제를 세우며 토성을 쌓고 큰 방패를 갖추고, 공성퇴로 네 성벽과 성문을 치고 쇠망치로 네 망대를 허물 것이다.

바벨론의 그 많은 말들이 일으키는 먼지가 너를 뒤덮을 것이며, 사람들이 허물어진 성의 구멍으로 들어가는 것같이 그들이 너의 파괴된 성문으로 들어갈 때, 기병과 전차의 바퀴와 기병대가 지나가는 소리에 네 성벽이 진동할 것이다.

느부갓네살이 말발굽으로 네 거리를 짓밟을 것이고, 칼로 네 백성을 죽일 것이며, 너의 거대한 돌 우상을 땅에 넘어뜨리며, 네 재물을 빼앗을 것이며 너의 무역 상품을 약탈할 것이다.
그들은 또 네 성을 헐고 네가 기뻐하는 집들을 무너뜨리고, 너의 돌들과 목재와 흙덩이까지도 바다에 던질 것이다.

내가 너의 노랫소리를 그치게 하고 너의 수금 소리가 다시 들리지 않게 하며,
내가 너를 아무것도 위에 없는 맨바위로 만들어 너는 그물이나 말리는 곳이 되고,
다시는 아무도 너를 세우지는 못할 것이다.

이는 내가 말하였고, 나 주 여호와의 말이므로 그대로 이루어질 것이다.

제 3 장
예레미야 〈2〉

좋은 무화과와 나쁜 무화과(렘 24:1-10)

바벨론 왕 느부갓네살이, 유다 왕 여호야김의 아들 여고냐와 유다 방백들과 목공들과 철공들을 예루살렘에서 바벨론으로 옮긴 후에,

여호와께서 여호와의 성전 앞에 놓인 무화과 두 광주리로 내게 보이셨는데, 한 광주리에는 처음 익은 듯한 극히 좋은 무화과가 있고, 한 광주리에는 나빠서 먹을 수 없는 극히 나쁜 무화과가 있었다.

그때 여호와께서 "예레미야야, 네가 무엇을 보느냐?" 하고 물으셨다.

그래서 나는 "무화과입니다. 좋은 것은 아주 좋고 나쁜 것은 아주 나빠서 먹을 수가 없을 정도입니다." 하고 대답하였다.

그러자 여호와께서 나에게 말씀하셨다.

> 이스라엘의 하나님 여호와가 이같이 말하노라.
> 내가 이곳에서 옮겨 갈대아인의 땅에 이르게 한 유다 포로를 이 좋은 무화과 같이 보아 좋게 할 것이라.
> 내가 그들을 돌아보아 좋게 하여 다시 이 땅으로 인도하고 세우고 헐지 아니하며 심고 뽑지 아니하겠고, 내가 여호와인 줄 아는 마음을 그들에게 주어서, 그들로 전심으로 내게 돌아오게 하리니 그들은 내 백성이 되겠고 나는 그들의 하나님이 되리라.

나 여호와가 이같이 말하노라.

> 내가 유다 왕 시드기야와 그 방백들과 예루살렘의 남은 자로서,
> 이 땅에 남아 있는 자와 애굽 땅에 거하는 자들을 이 나빠서 먹을 수 없는 이 나쁜 무화과같이 버리되, 세상 모든 나라 중에 흩어서 그들로 환난을 당하게 할 것

이며,
또 그들로 내가 쫓아보낼 모든 곳에서 부끄러움을 당하게 하며 말거리가 되게 하며 조롱과 저주를 받게 할 것이며,
내가 칼과 기근과 전염병을 그들 가운데에 보내어 그들이 내가 그들과 그 열조에게 준 땅에서 멸절하기까지 이르게 하리라. 하셨다.

요시야의 아들 시드기야와 선지자 예레미야 (렘 37:1-4; 49:34-39)

요시야의 아들 시드기야가, 여호야김의 아들 고니야(여호야긴 = 여고냐)를 대신하여 왕이 되었으니, 이는 바벨론 왕 느부갓네살이 그로 유다 땅의 왕으로 삼았기 때문이다.

그와 그 신하와 그 땅 백성이, 여호와께서 선지자 예레미야로 하신 말씀을 듣지 아니하였다.

시드기야 왕이, 셀레먀의 아들 여후갈과 마아세야의 아들 제사장 스바냐를 선지자 예레미야에게 보내어 그들을 위해서, 우리 하나님 여호와께 기도해 달라고 간청하였다.

그때 예레미야는 아직 갇히지 않았으므로 백성들 가운데 자유롭게 다니고 있었다.

유다 왕 시드기야의 즉위한 지 얼마 되지 않은 때에, 여호와께서 엘람에 대하여 예레미야에게 하신 말씀이다.

나 만군의 여호와가 이같이 말하노라.

보라! 내가 엘람에서 으뜸가는 힘의 원천인 활을 꺾을 것이요.
하늘의 사방 천지에서부터 사방 바람을 엘람에 오게 하여, 그들을 사방으로 흩으리니, 엘람에서 쫓겨난 자들이 가지 아니하는 나라가 없으리라.

나 여호와가 말하노라.

내가 엘람으로 그의 원수의 앞, 그의 생명을 찾는 자의 앞에서 놀라게 할 것이며, 내가 재앙 곧 나의 진노를 그 위에 내릴 것이며, 내가 또 그들을 전멸시킬 때

까지, 칼을 보내 그들의 뒤를 따르게 할 것이다. 그리고 엘람 왕과 족장들을 그 곳에서 진멸하고, 나의 보좌를 엘람 위에 베풀리라. 여호와의 말씀이니라.
그러나 말일에 이르러, 내가 사로잡혀 간 엘람의 포로를 돌아오게 하리라. 나 여호와의 말이니라.

선지자 예레미야의 편지와 거짓 선지자의 편지 (렘 29:1-32)

선지자 예레미야가 예루살렘에서 이 같은 편지를, 느부갓네살이 예루살렘에서 바벨론으로 옮겨 간 포로 중 살아남아 있는 장로들과 제사장들과 선지자들과 모든 백성에게 보내었는데, 때는 여고니야 왕과 왕후와 환관들과 및 유다와 예루살렘 방백들과 목공들과 철공들이 예루살렘에서 떠난 후였다.

유다 왕 시드기야가 바벨론으로 보내어, 바벨론 왕 느부갓네살에게로 가게 한 사반의 아들 엘라사와 힐기야의 아들 그마랴의 손에 주어 전하게 했는데 그 편지의 내용은 다음과 같다.

너희는 집을 짓고 거기 살며 과수원을 만들고 그 열매를 먹으라.
아내를 맞이하여 자녀를 낳으며 너희 아들로 아내를 맞이하며 너희 딸이 남편을 맞아 그들로 자녀를 낳게 히여, 너희가 거기서 번싱하고 줄어들지 않게 하여라.
너희는 내가 사로잡혀 가게 한 그 성읍이 평안하기를 힘쓰고 위하여 여호와께 기도하라. 이는 그 성이 평안함으로 너희도 평안할 것임이니라.
만군의 여호와 이스라엘의 하나님이 이같이 말하노라.
'너희 중 선지자들에게와 점쟁이에게 마혹되지 말며, 그들이 꾸었다고 한 꿈 이야기에도 귀를 기울이지 말고, 너희가 꾼 꿈도 곧이 듣고 믿지 말라. 내가 그들을 보내지 아니하였어도 그들이 내 이름으로 거짓을 예언함이니라.' 여호와의 말씀이니라.

나 여호와가 이같이 말하노라.

바벨론에서 칠십 년이 차면, 내가 너희를 권고하고 나의 선한 말을 너희에게 실행하여 너희를 이곳으로 돌아오게 하리라.

나 여호와가 말하노라.
'너희를 향한 나의 생각은, 내가 아나니 재앙이 아니라 곧 평안이요, 너희 장래에 소망을 주려 하는 생각이라. 너희가 내게 부르짖으며 내게 와서 기도하면, 내가 너희의 기도를 들을 것이요, 너희가 온 마음으로 나를 구하면 나를 찾을 것이요 나를 만나리라.'
나 여호와가 말하노라.
'나는 너희들을 만날 것이며 너희를 포로 된 중에서 다시 돌아오게 하되, 내가 쫓아 보내었던 열방과 모든 곳에서 모아 사로잡혀 떠나게 하던 그곳으로 돌아오게 하리라.' 여호와의 말씀이니라 하셨느니라.

너희가 말하기를, '여호와께서 우리를 위하여 바벨론에서 선지자들을 일으키셨다.' 하므로, 여호와께서, 다윗의 위에 앉은 왕과 이 성에 사는 모든 백성 곧 너희와 함께 포로 되어 가지 아니한 너희 형제에게 대하여 이와 같이 말씀하셨느니라.

만군의 여호와께서 이같이 말씀하셨다.

보라! 내가 칼과 기근과 전염병을 그들에게 보내어, 그들에게 상하여 먹을 수 없는 몹쓸 무화과 같게 하겠고, 내가 칼과 기근과 전염병으로 그들을 따르게 하며, 그들을 세계 열방 중에 흩어 학대를 당하게 할 것이며, 내가 그들을 쫓아낸 열방 가운데에서의 저주거리와 놀램과 조소와 수모거리가 되게 하리라.
이는 내가 내 종 선지자들을, 그들에게 보내되 부지런히 보내었으나 듣지 아니하며, 그들이 나 여호와의 말을 듣지 아니 함이니라. 여호와의 말씀이니라.

그런즉 내가 예루살렘에서 바벨론으로 보낸 너희 모든 포로여!
나 여호와의 말을 들을지니라.

만군의 여호와 이스라엘의 하나님 내가, 골라야의 아들 아합과 마아세야의 아들 시드기야에 대하여 말하노라,
그들은 내 이름으로 너희에게 거짓을 예언한 자라.
보라! 내가 그들을 바벨론 왕 느부갓네살의 손에 붙이리니, 그가 너희 목전에서 그들을 죽일 것이라.
너희 바벨론에 있는 유다 모든 포로가 그들로 저주거리를 삼아서 이르기를,
'여호와께서 너로 바벨론 왕이 불살라 죽인 시드기야와 아합 같게 하시기를 원하노라.' 하리니, 이는 그들이 이스라엘 중에서 망령되이 행하여, 그 이웃의 아

내와 행음하며, 내가 그들에게 명령하지 아니한 거짓을 내 이름으로 말함이니라. 나는 이를 알고 있는 증인이다. 나 여호와의 말이니라.

하나님께서, 나 예레미야에게 느헬람 사람 스마야에 대한 말씀을 주셨다.

만군의 여호와 이스라엘의 하나님께서 이르시되 네가 네 이름으로 편지를 써서 예루살렘에 있는 모든 백성들과 제사장 마아세야의 아들 스바냐와 다른 모든 제사장들에게 보내라고 하셨다.

스바야가 스바냐와 모든 제사장에게 보낸 편지의 내용은 다음과 같다.

여호와께서 너로 제사장 여호야다를 대신하여 제사장을 삼아 여호와의 집 성전 감독자로 세우심은, 자칭 선시사로 행세하는 미친 자들을, 목에 씌우는 나무 고랑과 목에 씌우는 쇠고랑을 채우게 하심이어늘, 이제 네가 어찌하여 너희 중에 자칭 선지자라 하는 아나돗 사람 예레미야를 책망하지 아니하느냐?
그가 바벨론에 있는 우리에게 편지하기를, '오래 지내야 하리니, 너희는 집을 짓고 거기서 살며 과수원을 만들고 그 열매를 먹으라.' 하였다 하였느니라.

제사장 스바냐가 스마야의 글을 선지자 예레미야에게 읽어 들릴 때에, 여호와께서 모든 포로들에게 이런 글을 써서 보내라고 나에게 말씀하셨다.

여호와께서 느헬람 사람 스마야에 대하여 이렇게 말씀하셨다.
'내가 스마야를 보내지 않았으나, 그가 너희에게 예언하였고 너희에게 거짓말을 믿게 하였다. 그러므로 나 여호와가 이같이 말하노라. 보라! 네가 느헬람 사람 스마야와 그 자손을 벌하리니, 그가 나 여호와께 패역한 말을 하였기 때문에, 이 백성 중에 살아남을 그의 자손이 하나도 없을 것이라. 내가 내 백성에게 행하려 하는 선한 일을 그가 보지 못하리라.' 여호와의 말씀이니라.

선지자 하나냐와 선지자 예레미야(렘 29:1-17; 51:59-64)

그해, 시드기야가 유다 왕이 되어 다스리기 시작한 지 사 년째가 되던 해 곧 오월에 기브온 앗술의 아들 선지자 하나냐가, 여호와의 집 성전에서 제사장들과 모든 백성이 보는 앞에서 나에게 이런 말을 하였다.

만군의 여호와 이스라엘의 하나님이 이같이 말씀하셨다.
'내가 바벨론 왕의 멍에를 꺾었느니라. 바벨론 왕 느부갓네살이 이곳에서 빼앗아, 바벨론으로 옮겨간 여호와의 집 성전의 모든 기구를 두 해가 차기 전에, 내가 다시 이곳으로 가져오게 하겠고,
내가 또 유다 왕 여호야김의 아들 여고니야와 바벨론으로 간 유다 모든 포로를 다시 이곳으로 돌아오게 하리니,
이는 내가 바벨론 왕의 멍에를 꺾을 것임이니라. 여호와의 말씀이니라.' 하셨다 하는지라.

선지자 예레미야가, 여호와의 집 성전에 선 제사장들의 앞과 모든 백성 앞에서 선지자 하나냐에게 이렇게 말하였다.

선지자 예레미야가 말하되,

아멘, 여호와는 이같이 하옵소서.
여호와께서 네 예언대로 이루사 여호와의 집 성전 기구와 모든 포로를 바벨론에서 이곳으로 다시 옮겨오시기를 원하노라.
그러나 너는 이제 내가 네 귀와 모든 백성의 귀에 이르는 이 말을 잘 들으라.
나와 너보다 훨씬 이전에 있었던 선지자들도, 옛날부터 많은 땅들과 큰 나라들에 대하여 전쟁과 재앙과 질병을 예언하였느니라.
그렇지만 평화를 예언하는 선지자는 그의 예언이 이루어진 후에야, 그는 진실로 여호와께서 보내신 선지자라는 인정을 받게 될 것이다.

그러자 선지자 하나냐가, 선지자 예레미야의 목에서 멍에를 빼앗아 꺾어 버리고, 모든 백성 앞에서 이렇게 말하였다.

여호와께서 이같이 말씀하셨습니다.
'내가 두 해가 차기 전에 열방의 목에서 바벨론 왕 느부갓네살의 멍에를 이같이 꺾어버리리라.'

그러자 선지자 예레미야는 그 자리를 떠났다.

선지자 하나냐가, 선지자 예레미야의 목에서 멍에를 꺾어버린 후에, 여호와께서 예레미야에게 말씀하셨다.

너는 가서 하나냐에게 말하여 이르기를, '여호와의 말씀에 네가 나무 멍에를 꺾

었으나 그 대신 쇠 멍에를 만들었느니라.'
만군의 여호와 이스라엘의 하나님이 이와 같이 말씀하시니라.
'내가 쇠 멍에로 이 모든 나라의 목에 메워, 바벨론 왕 느부갓네살을 섬기게 하였으니 그들이 그를 섬기리라. 내가 들짐승도 그에게 주었느니라.' 하신다 하라.

그리고서 선지자 예레미야가 선지자 하나냐에게 말하였다.

하나냐여 들으라!
여호와께서 너를 보내지 아니하셨거늘, 네가 이 백성으로 거짓을 믿게 하는도다.
그러므로 여호와께서 이렇게 말씀하신다.
'내가 너를 지면에서 제히여 비리겠다. 네가 여호와께 패역하는 말을 하였음이라. 금년에 죽으리라.' 하셨느니라.

그래서 그로부터 두 달 후인 그해 칠월에 선지자 하나냐는 죽고 말았다.

유다 왕 시드기야 사년에 마세야의 손자이며 네리야의 아들 스라야가 왕과 함께 바벨론으로 갈 때에, 선지자 예레미야가 그에게 말씀으로 명령하였는데, 스라야는 왕의 시종장이었다.

예레미야가 바벨론에 닥칠 모든 재앙 곧 바벨론에 대하여 지금까지 기록한 이 모든 말씀을 한 책에 기록하였다.

그리고 예레미야가 스라야에게 말하였다. "너는 바벨론에 도착하거든 삼가 이 모든 말씀을 읽고, 이렇게 말하라.

여호와여! 주께서 이곳에 대하여 말씀하시기를,
이 땅을 멸망시켜서 사람이나 짐승이 거기 살지 못하게 하고 영원한 폐허가 되리라.' 하셨나이다 하라.
그리고 너는 이 책 읽기를 다한 후에 책에 돌을 매어 유브라데스 강 물에 던지며 이렇게 말하여라.
'바벨론이, 여호와께서 내릴 재앙으로 인하여, 이와 같이 몰락하고 가라앉아서 다시는 일어나지 못하리니 그들이 쇠퇴하며 피폐하리라.'

예레미야의 말이 이에 끝마쳤다.

예레미야와 구스인 에벳멜렉(렘 38:1-28; 37:12-21; 27:12-22; 39:16-18)

맛단의 아들 스바댜와 바스훌의 아들 그다랴와 셀레먀의 아들 유갈과 말기야의 아들 바스훌이, 예레미야가 온 백성에게 다음과 같이 전하는 말씀을 들었다.
여호와께서 이같이 말씀하셨다.

> 이 성에 머무는 자는 칼과 기근과 전염병에 죽으리라.
> 그러나 갈대아인에게 항복하는 자는 살리니, 그는 노략물을 얻음 같이 자기의 목숨을 건지리라.
> 나 여호와가 이같이 말하노라.
> '이 성이 반드시 바벨론 왕의 군대의 손에 붙이우리니, 그가 차지하리라.' 하셨다 하는지라.

그러자 방백들이 왕에게 가서 이렇게 말하였다.

> 이 사람이 백성의 평안을 구하지 아니하고, 재난을 구하오니 원하건대, 이 사람을 죽이소서. 그가 이같이 말하여 이 성에 남은 군사의 손과 모든 백성의 손을 약하게 하나이다.

그때 시드기야 왕은 "그가 너희 손안에 있으니 너희 마음대로 하여라. 나는 너희를 막을 수가 없다."라고 대답하였다.

그때에 예레미야가, 베냐민 땅에서 백성 가운데서 분깃을 받으려고, 예루살렘을 떠나 그리로 가려 하여 베냐민 문에 이른즉,

하나냐의 손자요 셀레먀의 아들인 이리야라 이름하는 문지기의 우두머리가 선지자 예레미야를 붙잡아 이르되, "네가 갈대아인에게 항복하려 하는도다."

예레미야가 대답하였다.

> 그렇지 않소. 나는 갈대아인에게 항복하려 하지 아니하노라.

이리야가 듣지 아니하고 예레미야를 잡아 방백들에게로 끌고 갔다.

방백들이 화를 내며 예레미야를 때려서 서기관 요나단의 집에 가두었으니, 이는 그들이 이 집으로 감옥을 삼았기 때문이다.

예레미야가 토굴 옥 지하 감옥에 들어간 지 여러 날 만에, 시드기야 왕이 사람을 보내어 그를 이끌어 내고,

왕궁에서 그에게 비밀히 물어 이르되, "여호와께로서 받은 말씀이 있느냐?"

예레미야가 대답하되 "있나이다." 이어서 말하였다. "왕이 바벨론 왕의 손에 붙임을 입으리이다."

그러고서 예레미야는 다시 시드기야 왕에게 말하였다.

> 내가 왕과 왕의 신하들과 이 백성에게 무슨 죄를 지었다고 나를 감옥에 가두셨습니까?
> 바벨론 왕이 와서 왕과 이 땅을 치지 아니하리라고 예언한 왕의 선지자들이 이제 어디 있나이까?
> 내 주 왕이시여, 제발 부탁합니다.
> 나를 서기관 요나단의 집에 있는 감옥으로 돌려보내지 마십시오. 내가 거기서 죽을까 두려워하나이다.

이에 시드기야 왕이 명령하여, 예레미야를 시위대 뜰에 두고 떡 만드는 자의 거리에서 매일 떡 한 덩이씩 그에게 주게 하였더니,

성중에 떡이 떨어질 때까지 이르렀고, 예레미야가 시위대 감옥 뜰에 머물렀었다.

맛단의 아들 스바댜와 바스훌의 아들 그다랴와 셀레먀의 아들 유갈과 말기야의 아들 바스훌들은, 예레미야를 끌어다가 시위대 뜰에 있는 왕의 아들 말기야의 구덩이에 던져 넣을 때에 예레미야를 줄로 달아 내렸는데, 그 구덩이에는 물이 없고 진흙뿐이므로 예레미야가 진흙 중에 빠졌다.

왕궁에 구스(에티오피아) 사람으로 에벳멜렉이라고 하는 한 환관이 있었는데, 그는 방백들이 예레미야를 구덩이에 던져 넣었다는 소식을 들었다. 그때에 왕은 베냐민 문에 앉아 있었다.

에벳멜렉은 왕궁에서 바깥으로 나와, 왕에게 가서 이렇게 말하였다.

> 왕이시여, 저 사람들이 선지자 예레미야에게 행한 일은 모두 악한 짓입니다. 그들이 예레미야를 구덩이에 던져 넣었습니다.
> 성안에 빵이 다 떨어졌으니, 그가 거기서 굶어 죽게 될 것입니다.
> 그때 왕은 구스 사람 에벳멜렉에게 '너는 삼십 명을 데리고 가서, 선지자 예레미야가 죽기 전에 그를 구덩이에서 끌어내어라." 하고 명령하였다.
> 에벳멜렉이 사람들을 데리고, 왕궁 곳간 밑 방에 들어가서 거기에서 헝겊과 낡은 옷을 가져다가 그것을 구덩이에 있는 예레미야에게 줄로 내리며,
> 구스인 에벳멜렉이 예레미야에게 말하였다.
> 당신은 이 헝겊과 낡은 옷을 당신의 겨드랑이에 대고 줄을 그 아래에 대시오.

예레미야가 그대로 하였다. 그들이 줄로 예레미야를 구덩이에서 끌어올렸다.

그래서 예레미야가 시위대 뜰에서 다시 지내게 되었다.

시드기야 왕은 사람을 보내어서, 선지자 예레미야를 여호와의 집 성전 제삼문으로 데려왔다.

그리고 왕은 예레미야에게 말하였다.

> 내가 그대에게 한 가지를 묻겠으니, 아무것도 나에게 숨기지 마시오.

그러자 예레미야가 시드기야에게 대답하였다.

> 내가 이 일을 왕에게 아시게 하여도, 왕이 결코 나를 죽이지 아니하시리이까?
> 가령 내가 왕을 권한다 할지라도 왕이 듣지 아니하시리이다.

시드기야 왕은 예레미야에게 이렇게 은밀히 맹세하였다.

> 우리에게 이 영혼을 지으신 여호와께서 살아 계심을 두고 맹세하노니,
> 내가 너를 죽이지도 아니하겠으며, 네 생명을 찾는 그 사람들의 손에 넘기지도 아니하리라.

그러자 예레미야가 시드기야에게 말하였다.

> 만군의 하나님이신 이스라엘의 하나님 여호와께서 이같이 말씀하셨습니다.
> 네가 만일 바벨론 왕의 방백들에게 항복하면, 네 생명이 살겠고 이 성이 불사름을 당하지 아니하겠고 너와 네 가족이 살려니와 네가 만일 나가서 바벨론 왕의

방백들에게 항복하지 아니하면, 이 성이 갈대아인의 손에 붙이리니, 그들이 이 성을 불사를 것이며 너는 그들의 손을 벗어나지 못하리라.

그런데도 시드기야 왕은 예레미야에게 이와 같이 대답하였다.

나는 갈대아인에게 항복한 유다인을 두려워하노라.
염려하건대 갈대아인이 나를 그들의 손에 붙이면, 그들이 나를 조롱할까 하노라.

예레미야가 말하였다.

그 무리가 왕을 그들에게 넘기지 아니하리이다. 원하옵나니 내가 왕에게 아뢴 바, 여호와의 목소리에 순종하소서. 그리하면 왕이 복을 받아 생명을 보존하시리이다.
그러나 만일 항복하기를 거절하시면, 여호와께서 내게 보이신 말씀대로 되리이다.
'보라! 곧 유다 왕궁에 남아 있는 모든 여자가 바벨론 왕의 방백들에게로 끌려갈 것이요.' 그들은 가면서 이렇게 말할 것이다.
'왕의 친구들이 그를 꾀어 내어 짓누르고 그 발이 진흙탕 속에 빠지자, 그들은 왕을 버리고 떠나 버렸다.' 하리라.
네 아내들과 자녀는 갈대아인에게로 끌어냄을 입겠고, 너는 그들의 손에서 벗어나지 못하고, 바벨론 왕의 손에 잡히리라. 또 네가 이 성으로 불사름을 입게 하리라. 하셨나이다.

내가 이 모든 말씀대로 유다 왕 시드기야에게 이렇게 말하였다.

왕과 백성은 바벨론 왕의 멍에를 목에 메고 그와 그 백성을 섬기소서. 그리하면 사시리라.
어찌하여 왕과 왕의 백성이, 여호와께서 바벨론 왕을 섬기지 아니하는 나라에 대하여 하신 말씀 같이, 칼과 기근과 전염병에 죽으려 하나이까?
왕과 백성에게 '바벨론 왕을 섬기지 아니하리라.' 하는 선지자의 말을 듣지 마소서. 그들은 거짓을 예언하나이다.
여호와께서 이렇게 말씀하셨습니다.
'내가 그들을 보내지 아니하였거늘, 그들이 내 이름으로 거짓을 예언하니 내가 너희를 몰아내리니, 너희와 너희에게 예언하는 선지자들이 멸망하리라.' 하셨나이다.

그러고서 나는 제사장들과 모든 백성들에게 말하였다.
여호와께서 이렇게 말씀하셨습니다.

'여호와의 집 성전 기구를 이제 바벨론에서 속히 되돌아오리라고, 너희에게 예언하는 선지자들의 말을 듣지 말라. 이는 그들이 거짓을 예언함이니라.
너희는 그들의 말을 듣지 말고 바벨론 왕을 섬기라. 그리하면 살리라 어찌하여 이 성으로 황무지가 되게 하려느냐?
만일 그들이 선지자이고 여호와의 말씀을 가지고 있다면, 그들이 여호와의 성전과 유다 왕의 궁전과 예루살렘에 남아 있는 기구가 바벨론으로 옮겨 가지 않도록, 만군의 여호와께 구하여야 할 것이니라.

만군의 여호와께서 기둥들과 놋 바다와 받침들과 및 이 성에 남아 있는 기구에 대하여 이같이 말씀하셨습니다.

이것은 바벨론 왕 느부갓네살이, 유다 왕 여호야김의 아들 여고니야와 유다와 예루살렘 모든 귀족을, 예루살렘에서 바벨론으로 사로잡아 옮길 때에 가져가지 아니하였던 것이라.

만군의 여호와 이스라엘의 하나님이, 여호와의 집 성전에와 유다 왕의 집 왕궁에와 예루살렘에 남아 있는 그 기구에 대하여 이같이 말씀하셨다.

그것들이 바벨론으로 옮겨지고, 내가 이것을 돌아보는 날까지 거기 있을 것이니라. 그 후에 내가 그것을 올려와 이곳에 다시 되돌려 두리라.
여호와의 말씀이니라.

그런데도 시드기야는, 예레미야에게 이렇게 말하는 것이었다.

너는 이 말을 어느 사람에게도 알리지 말라. 그리하면 네가 죽지 하리라.
만일 방백들이 내가 너와 말했다는 소문을 듣고 너에게 와서, '네가 왕에게 말씀한 것을 우리에게 전하라. 우리에게 숨기지 말라. 그리하면 우리가 너를 죽이지 아니하리라. 또 왕이 네게 말씀한 것을 전하라.' 하거든, 너는 그들에게 이렇게 대답하라.
'나는 왕에게 나를 요나단의 집에 있는 감옥으로 다시 보내 거기서 죽게 하지 말아 달라고 간청했습니다.'

과연 방백들이 모두 예레미야에게 와서 물어보았다. 그때에 예레미야는 왕이 자기에게 명령한 그 말대로만 그들에게 대답하였다.

그 이야기의 내용은 전혀 탄로나지 않았고, 방백들은 예레미야에게 더 이상 할 말이 없었다.

이렇게 해서 예레미야는 예루살렘이 함락되는 날까지 시위대 뜰 안에 머물러 있게 되었다.

예레미야가 시위대 뜰에 갇혔을 때에 여호와께서 그에게 하신 말씀이다.

> 너는 구스인 에벳멜렉에게 가서 말하기를, 만군의 여호와 이스라엘의 하나님의 말씀에, '내가 이 성에 재앙을 내리고 복을 내리지 아니하리라.' 한 나의 말이 그 날에 네 목전에 이루리라.
> 나 여호와가 말하노라.
> '내가 그날에 너를 구원하리니, 네가 그 두려워하는 사람들의 손에 붙이우지 아니하리라. 내가 반드시 너를 구원할 것인즉, 네가 칼에 죽지 아니하고 네가 노략물 같이 네 목숨을 얻을 것이니, 이는 네가 나를 믿었음이라.' 여호와의 말씀이니라.

시위대 뜰에 갇혀 있는 예레미야(렘 32:1-44)

유다 왕 시드기야의 제십년 곧 느부갓네살의 제십팔년에 여호와의 말씀이 예레미야에게 임하였다.

그때에 바벨론 군대는 예루살렘을 에워싸고, 선지자 예레미야는 유다 왕의 궁중에 있는 시위대 뜰에 갇혔으니, 시드기야 왕이 나를 그곳에 가둔 것은, 내가 다음과 같은 여호와의 말씀을 전했기 때문이었다.

> 여호와의 말씀에, '보라! 내가 이 성을 바벨론 왕의 손에 붙이리니 그가 차지할 것이며, 유다 왕 시드기야는 갈대아인의 손에서 벗어나지 못하고 반드시 바벨론 왕의 손에 붙이운 바 되리니, 바벨론 왕의 입과 너희 입이 마주 대하여 말하고, 눈이 서로 볼 것이며, 그가 시드기야를 바벨론으로 끌어가리니, 시드기야는 내가 돌볼 때까지 거기에 있으리라.'

나 여호와가 이와 같이 말하였느니라.

> '너희가 갈대아인과 싸울지라도 승리하지 못하리라.' 하셨다 하였더니,
> 유다 왕 시드기야가 말하되, '네가 어찌 이같이 예언하였느냐?' 하고 그를 가두었음이었더라.

예레미야가 여호와의 말씀이 내게 임하였다고 말하였다.
보라 네 숙부 살룸의 아들 하나멜이 네게 와서 말하기를, '너는 아나돗에 있는 내 밭을 사라. 이 기업을 무를 권리가 네게 있느니라.' 하리라.

바로 그때 여호와께서 말씀하신 대로, 내 숙부의 아들 하나멜이 시위대 뜰의 감옥에 있는 나에게 와서 이렇게 말하였다.

'너는 베냐민 땅 아나돗에 있는 나의 밭을 사라. 기업의 상속권이 네게 있고 무를 권리가 네게 있으니 너를 위하여 사라.' 하는지라.
내가 이것이 여호와의 말씀인 줄 알았으므로, 내 숙부의 아들 하나멜의 아나돗에 있는 밭을 사는 데 은 십 칠 세겔(194 g)을 달아 주되,
증서를 써서 봉인하고 증인을 세우고 은을 저울에 달아 주고, 법과 규례대로 봉인한 매매증서와 봉인하지 아니한 매매증서를 다 가져다가,
나의 숙부의 아들 하나멜과 매매증서에 인 친 증인의 앞과 시위대 뜰에 앉은 유다 모든 사람 앞에서, 그 매매증서를 마세야의 손자 네리야의 아들 바룩에게 넘겨주며, 나는 그들이 다 보는 앞에서 바룩에게 말하였다.
만군의 여호와 이스라엘의 하나님이 이같이 말씀하셨다.

너는 이 증서 곧 봉인한 매매증서와 봉인하지 않은 매매증서를 가지고 토기에 담아 많은 날 동안 보존하게 하라.
만군의 여호와 이스라엘의 하나님께서 이와 같이 말씀하시니라.
'사람이 이 땅에서 집과 밭과 포도원을 다시 사게 되리라.' 하셨다 하니라.

나는 그 매매증서를 네리야의 아들 바룩에게 준 후에, 여호와께 이렇게 기도하였다.

슬프도소이다. 주 여호와여! 주께서 큰 능력과 펴신 팔로 천지를 지으셨사오니, 주에게는 할 수 없는 일이 없으시니이다.
주는 은혜를 천만인에게 베푸시지만 아버지의 죄악을 그 후손에까지 그 죗값을 치르게 하시오니, 크고 능력 있으신 하나님이시요. 이름은 만군의 여호와시니이다.
주는 책략에 크시며 하시는 일에 능하시며, 인류의 모든 길에 주목하시며 그의 길과 그 행위의 열매대로 보응하시나이다.
주께서 애굽 땅에서 표적과 기사로 행하셨고, 오늘까지도 이스라엘과 인류 가운데 그와 같이 행하사, 주의 이름을 오늘과 같이 되게 하셨나이다.

주께서 표적과 기사와 강한 손과 펴신 팔과 큰 두려움으로, 주의 백성 이스라엘을 애굽 땅에서 인도하여 내시고, 그들에게 주시기로 그 열조에게 맹세하신 바, 젖과 꿀이 흐르는 이 땅을 그들에게 주셨으므로 그들이 들어가서 이를 차지하였거늘, 주의 목소리를 순종하지 아니하며 주의 율법에서 행하지 아니하며, 무릇 주께서 행하라 명령하신 일을 행하지 아니하였으므로 주께서 이 모든 재앙을 그들에게 내리셨나이다.
보옵소서. 갈대아 군인들이 지금 이 성을 빼앗으려고 만든 공격용 진입로가 이 성에 이르렀고, 칼과 기근과 전염병으로 말미암아, 이 성이 이를 치는 갈대아인의 손에 붙인 바 되었으니, 주의 말씀대로 되었음을 주께서 보시나이다.
주 여호와여! 주께서 내게 은으로 밭을 사며 증인을 세우라 하셨으나, 이 성은 갈대아인의 손에 붙인 바 되었나이다.

그때 여호와께서 예레미야에게 말씀하셨다.

나는 여호와요 모든 육체의 하나님이라. 내게 할 수 없는 일이 있겠느냐?
그러므로 나 여호와가 이같이 말하느니라.
'보라! 내가 이 성을 갈대아인의 손과 바벨론 왕 느부갓네살의 손에 붙일 것인즉, 그가 차지할 것이라.
이 성을 치는 갈대아인이 와서 이 성읍에 불을 놓아 성과 집 곧 그 지붕에서 바알에게 분향하며 다른 신들에게 전제를 드려 나를 격노하게 한 집들을 사르리니, 이는 이스라엘 자손과 유다 자손이 옛적부터 내 눈앞에 악만 행하였을 뿐이라.
이스라엘 자손은 그 손으로 만든 것을 가지고 나를 격노하게 한 것뿐이니라.

나 여호와가 말하노라.

이 성이 건설된 날부터 오늘까지 나의 노여움과 분을 일으키므로, 내가 내 앞에서 그것을 옮기려 하노니, 이는 이스라엘 자손과 유다 자손이 모든 악을 행하여 내 노여움를 일으켰음이라.
그들과 그들의 왕들과 그 방백들과 그의 제사장들과 그의 선지자들과 유다 사람들과 예루살렘 주민들이 다 그러하였느니라.
그들이 등을 내게로 돌리고 얼굴을 내게로 향하지 아니하며, 내가 그들을 가르치되 부지런히 가르칠지라도, 그들이 교훈을 듣지 아니하며 받지 아니하고, 내 이름으로 일컫는 집에, 자기들의 가증한 물건들을 세워서 그 집을 더럽게 하며, 힌놈의 아들의 골짜기에 바알의 산당을 건축하였으며, 자기들의 아들들과 딸들을 몰렉의 불에 지나가게 하였느니라.
그들이 이런 가증한 일을 행하여, 유다로 범죄하게 한 것은 나의 명한 것도 아니요. 내 마음에 둔 것도 아니니라.

그러나 이스라엘의 하나님 나 여호와가, 너희의 말하는 바 '칼과 기근과 전염병으로 말미암아 바벨론 왕의 손에 붙인 바 되었다.' 하는 이 성에 대하여 이같이 말하노라.

보라! 내가 노여움과 분함과 큰 분노로, 그들을 쫓아 보내었던 모든 지방에서, 그들을 모아들여 이곳으로 다시 돌아오게 하여 안전히 살게 할 것이라.
그들은 내 백성이 되겠고, 나는 그들의 하나님이 될 것이며, 내가 그들에게 한 마음과 한 길을 주어, 자기들과 자기 후손의 복을 위하여 항상 나를 경외하게 하고, 내가 그들에게 복을 주기 위하여, '그들을 떠나지 아니하리라.' 하는 영원한 언약을 그들에게 세우고, 나를 경외함을 그들의 마음에 두어 나를 떠나지 않게 하고, 내가 기쁨으로 그들에게 복을 주되 분명히 나의 마음과 정성을 다하여 그들을 이 땅에 심으리라.

나 여호와가 이와 같이 말하노라.

내가 이 백성에게 이 큰 재앙을 내린 것같이, 허락한 모든 복을 그들에게 내리리라.
너희가 말하기를 '황폐하여 사람이나 짐승이 없으며, 갈대아인의 손에 붙인 바 되었다.' 하는 이 땅에서 사람들이 밭을 사되, 베냐민 땅과 예루살렘 사방과 유다 성읍들과 산지의 성읍들과 저지대의 성읍들과 남방 네겝의 성읍들에 있는 밭을, 은으로 사고 증서를 기록하여 봉인하고 증인을 세우리니, 이는 내가 그들의 포로를 돌아오게 함이니라. 여호와의 말씀이니라.

제 4 장
예레미야 〈3〉

예레미야와 느부사라단(렘 52:28-30; 39:11-14)

바벨론의 왕 느부갓네살이, 포로로 사로잡아 간 유다 백성의 수는 이러하다.

그의 통치 칠년에는 삼천이십삼 명이었고, 느부갓네살 왕의 통치 제십팔 년에는 예루살렘에서 팔백삼십이 명이 포로되어 갔고, 느부갓네살의 통치 제이십삼년에는, 시위대 대장 느부사라단이 유다 사람 칠백사십오 명을 포로로 잡아갔다.

포로의 수는 모두 사천육백 명이다.

바벨론 왕 느부갓네살이 예레미야에 대하여, 시위대장 느부사라단에게 명령하였다.

> 너는 그를 데려다가 잘 돌봐 주고 그를 해치지 말며, 그가 너에게 요구하는 대로 해 주어라.

이에 시위대장 느부사라단과 환관장 느부사스반과 군대 사령관 네르갈사레셀과 바벨론 왕의 모든 대신들이, 사람을 보내 예레미야를 궁중의 시위대 감옥의 뜰에서 데려오게 하였다.

그러고서 그들은 사반의 손자이며 아히감의 아들인 그달랴에게 그를 맡겨 그의 집으로 데려가게 하였다. 그래서 예레미야는 백성들과 함께 있게 되었다.

시위대장 느부사라단이 예루살렘과 유다의 포로를 바벨론으로 옮기는 도중에 예레미야도 잡혀 쇠사슬에 결박되어 가다가, 라마에서 석방된 후에 말씀이 여호와께로서 예레미야에게 임하였다.

시위대장은 예레미야를 불러 이렇게 말하였다.

> 너의 하나님 여호와께서 이 땅에 재앙을 선포하시더니, 이제 여호와께서 그 말씀하신 대로 행하셨다.
> 너희가 여호와께 범죄하고 그의 목소리를 듣고 순종하지 않았기 때문에, 이 모든 일이 너희에게 일어난 것이다.
> 이제 내가 네 손의 쇠사슬을 풀어서 너를 석방하여 자유롭게 하겠다.
> 만일 네가 나와 함께 바벨론으로 가기를 좋게 생각한다면 함께 가자. 내가 너를 보살펴 주겠다.
> 그러나 네가 원하지 않으면 가지 않아도 좋다. 자, 온 땅이 네 앞에 있으니 네가 가고 싶은 곳으로 가거라.

아직 예레미야가 돌아서기도 전에, 시위 대장 느부사라단은 덧붙여 말하였다.

> 너는 바벨론 왕이, 유다 총독으로 세우신 사반의 손자이며 아히감의 아들인 그다랴(그달랴 = 그달리야)에게 돌아가서, 그와 함께 백성들과 같이 지내든가 아니면 네가 좋아하는 곳으로 가거라.

그러고서 그 시위대장은 그에게 식량과 선물까지 주면서 그를 가게 하였다.

그래서 예레미야는 미스바에 있는 아히감의 아들 그다랴에게 가서 그 땅에 남아 있는 백성들과 함께 지냈다.

그다랴와 이스마엘(왕상 25:22-26; 렘 40:7-16; 41:1-18)

아직도 들에 있으면서 항복하지 않은 유다의 군대 지휘관들과 그 부하들은, 바벨론 왕이 아히감의 아들 그다랴를 그 땅 총독으로 세우고, 가난하여서 바벨론으로 사로잡혀 가지 않은 남녀 빈민들과 아이들을 그에게 맡겼다는 소식을 듣고, 미스바에 있는 그다랴(그달랴 = 그달리야)를 찾아갔다.

이들은 느다니야의 아들 이스마엘과, 가레아의 두 아들 요하난과 요나단과 느도바 사람인 단후멧의 아들 스라야와 느도바 사람 에배의 아들들과 그리고 마아가 사람 아들 여사냐(야아사니야)였다.

사반의 손자이며 아히감의 아들인 그다랴가 그들에게 맹세하며, 이렇게 말하였다.

> 여러분은 바벨론의 갈대아 사람 섬기기를 두려워하지 마시고,
> 이 유다 땅에 살면서 바벨론 왕을 섬기십시오. 그렇게 하는 것이 여러분에게 좋을 것입니다.
> 나는 미스바에 머물러 있으면서, 우리에게 오는 바벨론 사람들을 섬기며 그들에게 여러분을 대신하여 말하겠습니다.
> 여러분은 포도주와 여름 과일과 기름을 거둬들여, 그릇에 저장하고 여러분이 차지한 땅에서 살도록 하십시오.

모압과 암몬과 에돔과 그리고 다른 모든 지방에 있는 유다인들은,

바벨론 느부갓네살 왕이, 일부 사람들을 유다에 남겨 두고, 사반의 손자이며 아히감의 아들인 그다랴를 총독으로 세워 그들을 다스리게 했다는 소식을 듣고, 그들이 쫓겨나서 흩어져 있던 각처에서 유다 땅으로 돌아와 미스바에 있는 그다랴에게 왔다.

그리고 그들은 거기서 많은 포도와 여름 과일을 거둬들였다.

가레아의 아들 요하난과 아직도 항복하지 않은 유다 군대 지휘관들이 미스바에 있는 그다랴에게 와서 그에게 이와 같이 말하였다.

> 암몬 사람의 왕 바알리스가, 당신을 죽이려고 느다냐의 아들 이스마엘을 보낸 사실을 당신은 알고 있습니까?

그러나 아히감의 아들 그다랴는 그들의 말을 믿지 않았다.

그런 후에 가레아의 아들 요하난이, 미스바에 있는 그다랴에게 은밀히 이렇게 말하였다.

내가 가서 느다냐의 아들 이스마엘을 아무도 모르게 죽여 버리겠습니다.
그가 당신을 죽여 당신에게 모여든 모든 유다인들을 흩어지게 하고, 유다에 남아 있는 자들을 멸망당하게 할 이유가 무엇입니까?

그러나 아히감의 아들 그다랴는, 가레아의 아들 요하난에게 이와 같이 대답하였다.

당신은 그런 일을 해서는 안 되오. 당신이 이스마엘에게 대하여 한 말은 사실일 리가 없소.

그해 칠월에 왕족 엘리사마의 손자이며 느다냐의 아들인 왕의 대신 이스마엘이, 열 사람과 함께 미스바에 있는 아히감의 아들 그다랴에게 가서 함께 식사를 하게 되었다.

그런데 식사 도중에 느다냐의 아들 이스마엘과 그와 같이 온 열 사람이 일어나서, 바벨론 왕이 그 땅 총독으로 세운 사반의 손자이며 아히감의 아들인 그다랴를 칼로 쳐 죽였다.

그리고 이스마엘은, 또 그다랴와 함께 미스바에 있던 모든 유다인들과 그곳에 있던 바벨론의 갈대아 군인들도 죽였다.

이스마엘이 그다랴를 죽인 지 이틀이 되었어도, 이 사실을 아는 사람이 없었다.

그때에 수염을 깎고 옷을 찢고 몸에 상처를 낸 팔십 명의 사람들이, 여호와의 성전에 바칠 곡식의 소제물과 유향을 손에 가지고 세겜과 실로와 사마리아에서 왔다.

그런데 느다냐의 아들 이스마엘은, 그들을 맞기 위해 미스바에서 우는 척하고 나오다가, 그들을 만나자 "아히감의 아들 그다랴에게 갑시다." 하고 말하였다.

그들이 성안에 들어섰을 때, 느다냐의 아들 이스마엘과 그 부하들이 그들을 죽이고, 그 시체를 구덩이에 던져 넣어 버렸다.

그러나 그들 중 열 사람은 이스마엘에게 애원하였다.

제발 우리를 죽이지 마시오. 우리에게는 밭에 숨겨 놓은 밀과 보리와 기름과 꿀이 있습니다.

그래서 이스마엘이 그들을 일행과 함께 죽이지 않고 살려 주었다.

이스마엘이 그다랴에게 속한 사람들을 쳐 죽이고서, 그 시체를 모두 던져 넣은 물웅덩이는, 유다의 아사 왕이 이스라엘 왕 바아사를 두려워하여 그 군대를 방어하려고 파 놓은 물웅덩인데, 느다니야의 아들 이스마엘이 그곳을 시체로 가득 채웠다.

그러고서 이스마엘은, 바벨론의 시위대장 느부사라단이, 아히감의 아들 그다랴에게 맡긴 왕의 딸들과 미스바에 남아 있는 모든 백성을 사로잡아, 암몬 땅을 향해 출발하였다.

가레아의 아들 요하난과 그와 함께 있던 모든 군대 지휘관들이 느다냐의 아들 이스마엘이 행한 모든 악한 일에 대하여 듣고, 그 부하들을 이끌고 느다냐의 아들 이스마엘과 싸우러 가다가 기브온에 있는 큰 못 근처에서 그를 만났다.

그러자 이스마엘에게 사로잡혀 있던 모든 백성들이, 가레아의 아들 요하난과 그와 함께 온 모든 군대 지휘관들을 보고 기뻐하며,

미스바에서부터 이스마엘에게 포로로 끌려가던 그 모든 백성들은 뒤돌아서, 가레아의 아들 요하난에게로 달려갔다.

그러나 느다냐의 아들 이스마엘과 그의 부하 팔 명은 요하난을 피하여 암몬 땅으로 도망하였다.

요하난과 그와 함께 있던 모든 군대 지휘관들은, 느다냐의 이스마엘이 아히감의 아들 그다랴를 죽이고 미스바에서 잡아간 모든 사람들 곧 군인과 여자들과 아이들과 환관들을 기브온에서 빼앗아 그들을 이끌고 애굽으로 향하여 가다가 베들레헴 근처에 있는 게룻 김함에 머물게 되었다.

이것은 바벨론 느부갓네살 왕이 그 땅 총독으로 세운 아히감의 아들 그다랴를 이스마엘이 죽였으므로, 그들이 바벨론 갈대아 사람을 두려워했기 때문이었다.

요하난과 예레미야(렘 42:1-43:7)

그때에 모든 군대 지휘관들과 가레아의 아들 요하난과 호사야의 아들 여사냐(아사랴)와 유다의 남은 백성 곧 가장 낮은 사람으로부터 가장 높은 사람에게 이르기까지 모든 백성들이 선지자 예레미야에게 모여들었다.

그들이 예레미야에게 말했다.

> 당신은 우리의 간청을 들으시고, 남아 있는 이 모든 사람들을 위해서 당신의 하나님 여호와께 기도해 주십시오.
> 당신께서 지금 보시는 바와 같이, 많은 사람 가운데서 이제는 우리만 겨우 남아 있을 뿐입니다.
> 당신의 하나님 여호와께서, 우리가 마땅히 가야 할 곳과 해야 할 일을 우리에게 보여 주시도록 기도해 주십시오.

그래서 예레미야는 그들에게 대답하였다.

> 내가 당신들의 말을 들었으니, 당신들이 요구한 대로 우리 하나님 여호와께 기도하여, 여호와께서 말씀하시는 것을 하나도 숨김없이 당신들에게 말해 주겠소.

그러자 그들이 예레미야에게 말하였다.

> 만일 우리가 당신의 하나님 여호와께서 당신을 보내시어, 우리에게 주시는 모든 말씀에 순종하지 않는다면 우리 사이에 여호와께서 참되고 진실한 증인이 되시기를 바랍니다.
> 우리가 당신을 우리 하나님 여호와께 보내는 것은, 그의 목소리가 우리에게 좋고 좋지 아니함을 물론하고, 그의 목소리를 듣고 순종하려고 하기 때문입니다.
> 우리가 우리 하나님 여호와의 목소리를 듣고 순종하면 우리에게 복이 있을 것입니다.

십 일 후에 여호와의 말씀이 선지자 예레미야에게 임하셨다.

예레미야가, 가레아의 아들 요하난과 그와 함께 있는 모든 군대 지휘관과 가장 낮은 사람부터 가장 높은 사람에 이르기까지, 온 백성을 부르고 그들에게 말하였다.

여러분이 나를 보내어 물어보게 한, 이스라엘의 하나님 여호와께서 이렇게 말씀하셨습니다.
너희가 만일 이 땅에 계속 머물러 살려고 하면, 내가 너희를 세우고 헐지 않을 것이며 너희를 심고 뽑지 않을 것이다.
이것은 내가 너희에게 재앙을 내렸으나, 이제 내가 뜻을 돌이켰기 때문이다.
나 여호와가 말하노라!
너희는 더 이상 바벨론 왕을 두려워하지 말아라. 내가 너희와 함께하여 너희를 구원하고, 그의 손에서 너희를 건져 내겠다. 너희는 조금도 그를 두려워하지 말아라.
내가 너희를 긍휼히 여기고, 그들도 너희를 긍휼히 여기게 하여 너희를 고향 땅으로 돌려보내도록 하겠다.

그러나 만일 여러분이, 여러분의 하나님 여호와의 말씀을 순순히 복종하지 아니하고 말하기를, "우리는 이 유다 땅에 머물지 아니하겠습니다."하며, 또 말하기를, "우리는 전쟁도 볼 수 없고 나팔 소리도 들을 수 없으며 먹을 것을 걱정하지 않아도 되는 애굽 땅으로 반드시 가서 살겠습니다."하고 말한다면 여러분에게 어려움이 닥치게 될 것입니다.

유다에 남아 있는 여러분! 이제 여호와의 말씀을 들으십시오.
'너희가 만일 애굽으로 가서 살겠다고 고집하면, 너희가 두려워하는 전쟁의 칼과 너희가 두려워하는 초근목피草根木皮의 기근이 애굽에까지 너희를 급히 따라갈 것이며, 너희는 거기서 죽게 될 것이다.
누구든지 애굽으로 가서 살겠다고 고집하는 사람들은, 전쟁의 칼과 기근과 질병으로 죽을 것이니. 내가 내리는 재앙을 피하여 살아 남을 자가 하나도 없을 것이다.'

만군의 여호와 이스라엘의 하나님께서 또 이렇게 말씀하셨습니다.

'내가 예루살렘 주민들에게 나의 분노를 쏟은 것같이, 너희가 만일 애굽으로 가게 되면, 내가 너희에게도 나의 분노를 쏟아 버리겠다.
그러면 너희가 증오와 놀램과 저주와 증오와 치욕의 대상이 되고 너희가 다시는 이 땅을 보지 못할 것이다.'

유다에 남은 여러분이여!
여호와께서 너희 일로 하신 말씀에 '너희는 애굽으로 가지 말라.' 하셨고 또 내가 오늘 여러분에게 경고한 말을 분명히 기억하십시오.

여러분은 나를 여러분의 하나님 여호와께 보내며, '우리를 위해 우리 하나님 여호와께 기도하고 여호와께서 말씀하시는 대로 우리에게 말해 주십시오. 그러면 우리가 그것을 행하겠습니다.' 하였으나, 행하지 아니한다면 여러분은 여러분의 마음을 스스로 속인 것이 됩니다.
여러분의 하나님 여호와께서 나를 보내시어, 여러분에게 명령하신 말씀을, 내가 오늘날 여러분에게 말하였어도 여러분이 그 목소리를 도무지 순종하지 아니하였습니다.
그러므로 이제 여러분이 분명히 알아야 할 사실은, 여러분이 가서 살려고 하는 그 애굽에서, 여러분은 전쟁의 칼과 굶주림의 기근과 전염병인 염병으로 죽게 될 것이라는 것입니다.

예레미야가 모든 백성들에게 그들의 하나님 여호와의 말씀 곧 그들의 하나님 여호와께서 자기를 보내시어 그들에게 이르게 하신 이 모든 말씀을 다 전하자, 호사야의 아들 아사랴와 가레아의 아들 요하난과 그 밖에 모든 교만한 자들이 예레미야에게 이렇게 말하였다.

당신은 지금 거짓말을 하고 있소.
우리 하나님 여호와께서는 당신을 보내 우리가 애굽에 가서 살면 안 된다는 것을 말하라고 한 것이 아니오.
이것은 네리야의 아들 바룩이 당신을 꾀어서 우리를 대적하여, 바벨론 갈대아인의 손에 넘겨주어 우리를 그들의 손에 죽게 하거나, 그들에게 사로잡혀 바벨론으로 끌려가게 하려 하고 있소.

이와 같이 가레아의 아들 요하난과 모든 군대 지휘관들과 백성들은, 유다 땅에 머물러 있으라는 여호와의 목소리를 듣지도 않고 순종하지 않았다.

요하난과 모든 군대 지휘관들은 쫓겨났다가 흩어졌던 모든 열방 중에서, 유다 땅에 살려고 돌아온 자들과 함께 유다에 남아 있는 사람들을 모두 이끌고 애굽으로 향했는데, 그중에는 남자와 여자와 아이들과 왕의 딸들과, 그리고 시위대장 느부사라단이 사반의 손자이며 아히감의 아들인 그다랴에게 맡겨 다스리게 한 모든 사람들 외에도, 예레미야와 네리야의 아들 바룩도 포함되어 있었다.

그들이 애굽 땅에 들어가 다바네스에 이르렀는데, 이는 여호와의 목소리를 듣지도 않고 순종하지 않았기 때문이다.

예레미야와 애굽 땅의 유다인(렘 43:8-30)

그곳 다바네스에서 여호와께서는 예레미야에게 이렇게 말씀하셨다.

> 너는 유다 사람들이 지켜보는 가운데, 네 손으로 몇 개의 큰 돌들을 가져다가, 다바네스에 있는 바로의 궁전 입구 곧 벽돌이 깔려 있는 곳에 진흙으로 묻어 두어라. 그리고 그 유다 사람들에게 전하여라. 만군의 여호와 이스라엘의 하나님이 이같이 말씀하셨다.
> '보라! 내가 내 종 바벨론 왕 느부갓네살을 불러오리니, 그가 그 보좌를 내가 감추게 한 이 돌 위에 두고 또 그 화려한 큰 장막을 그 위에 칠 것이다.
> 또 그가 와서 애굽 땅을 공격하여, 죽일 자는 죽이고 사로잡을 자는 사로잡고 칼로 칠 자는 칼로 칠 것이다.
> 여호와 하나님인 내가 애굽 신들의 집에 불을 놓을 것이며, 바벨론 왕 느부갓네살이, 그 신상들을 불사르며 그 신전의 제사장들을 사로잡아 갈 것이고, 목자가 그 몸에 옷을 두름 같이 애굽 땅을 자기 몸에 두르고 평안히 그곳을 떠날 것이다. 느부갓네살이 또 애굽 땅 벧세메스의 석상들을 깨뜨리고 애굽 신들의 집을 불사르리라.'

애굽 땅에 거하는 모든 유다인들 곧 믹돌과 다바네스와 놉(멤피스)과 애굽 남쪽 바드로스 지방에 사는 자들에 대하여, 여호와께서 예레미야에게 이런 말씀을 주셨다.

> 만군의 여호와 이스라엘의 하나님께서 이렇게 말씀하셨다.
> 너희는 예루살렘과 유다의 모든 성에 내가 내린 모든 재앙을 직접 목격하였다.
> 보라! 오늘날 그 땅들이 황무지가 되고 그곳에 사는 사람이 없으니, 이것은 그들이 악을 행하고 나를 노하게 하였기 때문이다.
> 그들은 자기 자신들과 너희와 너희 열조들도 알지 못하는 다른 신들에게 분향하고 그것을 섬겼다.
> 내가 나의 모든 종 선지자들을 그들에게 보내고 또 부지런히 보내어 말하기를, '너희는 나의 미워하는 이 가증한 다른 신들을 분향하고 섬기는 일을 행하지 말

라' 하였어도, 그들이 듣지도 아니하며 귀를 기울이지 아니하고, 다른 신들에게 여전히 분향하여, 그 악에서 돌이키지 아니하였다. 그래서 내가 나의 분노를 유다 성들과 예루살렘 거리에 쏟아 버렸더니, 오늘과 같이 황폐하고 적막하고 말았다.
그러므로 만군의 하나님 여호와께서 이렇게 말씀하셨다.
너희가 어찌하여 큰 악을 행하여 자기 영혼까지 해치며, 너희는 유다 백성 가운데서 남자와 여자와 어린아이와 젖먹이들까지 다 죽게 하여서, 너희 가운데 살아남는 사람이 아무도 없게 할 작정이냐?
너희가 어째서 너희 손으로 만든 우상으로, 나의 분노를 일으키며,
너희가 와서 사는 이 애굽 땅에서 다른 신들에게 분향함으로 멸망을 자청하여, 온 세계 열방 중에서 저주와 치욕거리가 되려고 하느냐?
너희가 유다 땅과 예루살렘 거리에서 행한, 너희 열조의 악과 유다 왕들의 악과 왕비들의 악과 너희의 악과 너희 아내들의 악을 잊었느냐?
너희는 오늘날까지 너희가 겸손하여 자신을 낮추지도 않고 나를 두려워하지도 않았으며, 너희와 너희 열조들 앞에 세운 나의 법과 규정을 지키지 않았다.
그러므로 만군의 여호와 이스라엘 하나님께서 이렇게 말씀하셨다.
보라! 내가 얼굴을 너희에게로 향하여 재앙을 내리고, 온 유다를 끊어 버릴 것이며, 내가 또 애굽 땅에 살기로 고집하고 그리로 들어간 유다의 남은 자들을 나의 손에 취하리니, 그들이 다 멸망하여 애굽 땅에서 엎드러질 것이다.
그들이 전쟁의 칼과 굶주림의 기근에 망하고, 작은 자로부터 큰 자까지 칼과 기근에 죽어서 증오와 놀램과 저주와 모욕거리가 될 것이다.
내가 예루살렘을 벌한 것처럼, 애굽 땅에 사는 자들을 전쟁의 칼과 굶주림의 기근과 전염병인 염병으로 벌할 것이니 애굽 땅에 들어와 사는 유다의 남은 자 중에는, 재앙을 피하거나 살아남아서 사모하던 유다 땅에 돌아갈 자가 하나도 없으며, 애굽 땅을 피하여 달아난 자들 외에는 유다로 돌아올 자가 없을 것이다.

그때 자기 아내들이 다른 신들에게 분향하고 있다는 사실을 알고 있는 모든 남자들과 거기에 서 있는 모든 여자들 곧 애굽 남쪽 바드로스 지방에 사는 모든 백성들이, 예레미야에게 이렇게 대답하였다.

당신이 여호와의 이름으로 우리에게 무슨 말을 하든지 간에, 우리는 당신의 말을 듣지 않겠소.
우리는 우리가 하고 싶은 대로 하여 우리와 우리 조상들과 우리 왕들과 우리 방백들이 유다 성들과 예루살렘 거리에서 행한 것처럼, 하늘의 여신에게 분향하고 그 앞에 술을 따라 제사를 드리겠소.

그때에는 우리가 먹을 것이 많아, 풍족하게 살며 재앙 같은 것도 당하지 않았는데, 우리가 하늘의 여신에게 분향하고 그에게 술을 따라 제사 드리던 일을 그친 후부터, 우리는 모든 것이 부족하고 전쟁의 칼과 굶주림의 기근에 죽어 가고 있소.

그러자 여자들이 덧붙여 말하였다.

우리가 하늘의 여신에게 분향하고, 그 앞에 술을 따르며 그 모양을 본떠서 과자를 만들어 제사 지낼 때 우리 남편들의 허락 없이 한 줄 아시오?

그때 예레미야는 이와 같은 말로 대답하는 모든 남녀 백성들에게 이렇게 말하였다.

여러분은 여러분과 여러분의 조상들과 여러분의 왕들과 방백들과 유다의 모든 백성들이, 유다의 성들과 예루살렘 거리에서 하늘의 여신에게 분향한 일을 여호와께서 모르시리라고 생각하십니까?
여호와께서는, 여러분의 악한 행위와 가증한 소행을 더 이상 참으실 수 없어서, 여러분의 땅을 오늘날처럼 사람이 살지 않는 황폐한 땅으로 만들어 놀람과 저주의 대상이 되게 하셨습니다.
여러분이 다른 신들에게 분향하여 여호와께 범죄하였으며, 여호와의 목소리를 듣지도 아니하고 복종하지도 않고, 여호와의 법과 규정과 모든 증거대로 지키지 않았으므로, 오늘날과 같은 이런 재앙이 여러분에게 닥쳐온 것입니다.

그러고서 예레미야는 다시 남녀 모든 백성들에게 말하였다.

애굽 땅에 사는 유다 백성 여러분! 여호와의 말씀을 들으십시오.
만군의 여호와 이스라엘의 하나님이 이렇게 말씀하셨습니다.
너희와 너희 아내들은 하늘의 여신에게 분향하고, 그 앞에 술을 따라 제사를 지내겠다고 서원했으며, 그 서원을 그대로 지키겠다고 행동으로 보여 주었다.
그러니 이제 너희는 가서 너희 서원이나 이행하여라.

예레미야는 다시 애굽 땅에 사는 유다 백성에 말하였다.

여러분, 여호와의 말씀을 들으십시오. 여호와께서 이렇게 말씀하셨습니다.
내가 나의 큰 이름으로 맹세하지만, 애굽 땅에 사는 모든 유다 사람들의 입에서, 다시는 내 이름을 일컬어서 '주 여호와의 살아 계심으로 맹세하노라.'라고 말할 자가 다시는 없을 것이다.
이제는 내가 그들을 지켜보겠다. 복을 내리려고 지켜보는 것이 아니라 재앙을 내리려고 지켜보겠다.
애굽 땅에 있는 모든 유다 사람들이 전쟁의 칼과 굶주림의 기근에 시달려 거의 전멸할 것이다.
그러나 너희 중에 소수의 사람들은 전쟁의 칼날을 피하여, 애굽에서 유다 땅으로 돌아올 것이다.
그때 그 살아남은 자들은 내 말이 성취되었는지, 그들의 말이 성취되었는지 알게 될 것이다.
나 여호와가 말하노라!
내가 이곳에서 너희를 벌할 표징이 이것이다. 곧 내가 너희에게 재앙을 내리겠다고 한 나의 말이 반드시 이루어진다는 그것으로 알게 하겠다.
보아라, 내가 유다 왕 시드기야를 그 원수 곧 그 생명을 찾는 바벨론 왕 느부갓네살의 손에 붙인 것같이, 애굽 왕 바로 호브라를 그 원수들 곧 그 생명을 찾는 자들의 손에 붙이리라. 나 여호와가 이같이 말하였느니라!'

제 5 장
다니엘과 에스겔 〈2〉

예루살렘과 이방 열국의 멸망(겔 33:21-29; 32:1-32)

우리가 사로잡혀 온 지 십이 년째가 되는 해 십월 오일에, 예루살렘에서 도망쳐 나온 어떤 사람이 나(에스겔)에게 그 성이 함락되었다고 말해 주었다.

그 도망한 자가 내게 오기 전날 저녁에 나는 여호와의 손길이 내 위에 있음을 느꼈다.

다음날 아침 그가 나에게 왔을 때, 여호와께서 내 입을 열어 주셨으므로 나는 더 이상 침묵을 지키지 않았다.

그때 여호와께서 나에게 말씀하셨다.

> 사람의 아들아, 이스라엘의 황폐한 땅에 사는 사람들이 이런 말을 하고 있다.
> '아브라함은 혼자서도 이 땅을 기업으로 소유했는데, 우리는 수가 많으므로 말할 것도 없이 이 땅은 우리에게 기업으로 주신 것이다.'
> 그러므로 너는 나 주 여호와가 하는 말을 그들에게 일러 주어라.
> 너희가 피 있는 고기를 먹으며 온갖 우상에게 한눈을 팔며 죄 없는 사람의 피를 흘리면서도, 그 땅이 너희의 기업이 되겠다고 생각하느냐?
> 너희가 칼을 믿고 가증한 일을 행하며, 이웃의 아내를 더럽히면서도, 그 땅이 너희의 기업이 되겠다고 생각하느냐?
> 너는 그들에게 나 주 여호와가 이렇게 말한다고 일러 주어라.
> 내가 나의 삶을 두고 맹세하지만, 폐허가 된 성에 있는 자들을 칼날에 쓰러지게 하고 들에 있는 자들은 들짐승에게 먹히게 하며,
> 요새와 동굴에 숨어 있는 자들은 무서운 질병인 온역으로 죽게 할 것이다.

내가 그 땅을 황무지와 사람들의 놀라움으로 만들어 버리겠으며, 권세를 자랑하던 그들의 교만을 꺾을 것이며, 이스라엘의 산들이 황폐하여 그리로 지나다니는 자가 없게 할 것이다.
내가 그들이 행한 모든 가증한 일로 말미암아 그 땅으로 황무지와 사람들의 놀라움이 되게 하면, 그때에 그들이 나를 여호와인 줄 알 것이다.

우리가 사로잡혀 온 지 십이 년째가 되는 해 십이월 일일에, 여호와께서 나 에스겔에게 말씀하셨다.

사람의 아들아, 너는 애굽 왕 바로에게 다음과 같은 애가를 불러 주어라.
네가 모든 나라 가운데서 젊은 사자처럼 행세하고 있으나, 실제로 너는 나일 강가의 한 마리 큰 악어에 불과하다.
네가 강에 뛰어들어 휘젓고 다니면서 발로 흙탕물을 일으켜 강을 더럽히는구나.
나 주 여호와가 말하노라.

내가 많은 민족들과 함께 내 그물을 너 위에 던질 것이니, 그들이 내 그물로 너를 끌어내리라.
내가 너를 땅에 버리며 들판에 던져 공중의 새들로 네 위에 앉게 할 것이며,
땅의 모든 짐승이 와서 너를 먹고 배부르게 할 것이로다.
내가 네 살을 여러 산에 흩어 버리고 네 시체로 골짜기를 채울 것이며, 네 피로 네 헤엄치는 땅에 물대듯 하여 산꼭대기까지 미치게 하며, 그 모든 개천에 채우리로다.
내가 너를 불 끄듯 할 때에, 하늘을 가리어 별로 어둡게 하며 해를 구름으로 가리며 달로 빛을 발하지 못하게 할 것이다.
하늘의 모든 밝은 빛을 내가 네 위에서 어둡게 하여 어두움을 네 땅에 덮이게 하리라. 나 주 여호와의 말이니라!

내가 네 패망의 소문으로 열국 곧 너의 알지 못하는 열방에 이르게 할 때에 많은 백성의 마음을 번민하게 할 것이다.
내가 그 많은 민족으로 하여금 너를 인하여 놀라게 할 것이며, 내가 내 칼로 그들의 왕 앞에서 휘두르게 할 때에 그 왕이 너를 인하여 심히 두려워할 것이며, 네가 엎드러지는 날에는 그들이 각각 자기 생명을 위하여 매 순간마다 두려워 떨리로다.

나 주 여호와가 말하노라.
바벨론의 느부갓네살 왕의 칼이 너를 칠 것이다.
내가 네 애굽의 군사를, 갈대아 용사 곧 열국의 무서운 자들의 칼에 엎드러지게

할 것이며, 그들이 애굽의 교만을 폐하며 그 모든 애굽의 군사를 멸망시킬 것이다. 내가 너의 모든 짐승을 물가에서 죽일 것이니, 사람의 발이나 짐승의 굽이 더 이상 그 물을 흐리게 하지 못하리라. 그때에 내가 그 물을 맑게 하여 물이 기름처럼 유유히 흐르게 하리라.

나 주 여호와의 말이니라!
내가 애굽을 황폐하게 하여 사막이 되게 하며 그 땅에 있는 풍요한 것을 쓸어버리며, 거기에 사는 모든 백성을 칠 것이니 그들이 나를 여호와인 줄 알 것이다.

이것은 슬피 부를 애가이다.
온 열방 사람들이 애굽과 그 백성을 위해 슬퍼하며 이 애가를 부를 것이다.
이것은 나 주 여호와의 말이다.

우리가 사로잡혀 온 지 십이 년째가 되는 해 십이월 십오일에, 여호와께서 나 에스겔에게 말씀하셨다.

사람의 아들아, 너는 애굽의 무리를 애도하여 슬피 울고, 애굽과 열방의 딸들을 깊은 구덩이로 내려가는 사람들과 함께 지하로 던지면서, 그들에게 이렇게 말하라.
'너희가 다른 사람들보다 아름답다고 생각하느냐? 너희는 죽음의 세계로 내려가서, 할례 받지 않은 이방 민족들과 함께 누워라.'
애굽 백성들은 칼날에 죽임을 당한 자들 가운데 엎드러질 것이며,
이미 애굽은 칼에 붙인 바 되었으므로, 애굽과 그의 온 군대를 지하로 이끌어 내려보내라.
그러면 지하에 함께 있는 강한 용사들과 부하들이, 바로의 무리에게, '그들이 내려와서 할례 받지 않은 자들 곧 칼날에 죽음을 당한 자들과 함께 누웠다!' 하고 외칠 것이다.
거기에는 앗수르와 그 온 무리도 그 군대의 무덤에 둘러싸여 있는데 그들은 다 전쟁터에서 죽은 자들이다.
앗수르와 그 무리의 무덤은 구덩이의 가장 깊은 밑바닥에 마련되었고, 그들의 무덤은 사방에 있으니, 그들은 온 세상을 두렵게 하던 자들로서, 칼날에 죽음을 당하여 쓰러진 자들이다.
거기에 엘람이 있고 그 사면에는 그 무리의 무덤들이 있으니, 그들은 다 칼날에 죽임을 당하여 할례를 받지 못한 채 지하로 내려간 자들이다.
그들이 살아 있을 때에는 온 세상을 두렵게 하더니, 이제는 죽어서 무덤 구덩이에 내려가는 자들과 마찬가지로 수치를 당하였도다.

엘람과 그 모든 무리들은, 그 백성들의 무덤에 둘러싸여 죽음을 당한 자들 가운데 침상을 펴고 누웠으니, 다 할례 받지 못하고 칼날에 죽임을 당하여 지하에 내려간 자들이다.
그들이 살아 있을 때는 온 세상을 두렵게 하더니, 이제는 무덤 구덩이에 내려가는 자들과 함께 수치를 당하여 죽음을 당한 자들 가운데 누워 있다.
거기에는 메섹과 두발과 그 모든 무리가 있으며, 사면에는 그 백성의 무덤들이 있다. 그들은 다 할례를 받지 못하고 칼날에 죽임을 당한 자들이며, 살아 있을 때 온 세상을 두렵게 하던 자들이다.
메섹과 두발의 무리들이, 할례 받지 못하고, 이미 칼날에 죽임을 당하여 엎드러진 용사와 함께 누운 것이 마땅하지 아니하느냐?
그러나 그들은 다 무기를 가지고 무덤에 내려가 자기 칼을 베개로 삼아 머리에 베었으니, 그 백골이 자기 죄악을 짊어지었다.
이 용사들은 살아 있을 때 온 세상 사람들을 두렵게 하던 자들이다.
애굽의 바로야, 너도 칼날에 죽임을 당한 자들과 마찬가지로 죽어 할례 받지 못한 자들 가운데 누울 것이다.
거기에는 에돔과 그의 열왕들과 그의 모든 방백들이 있었으며, 그들이 한때는 막강하였으나, 이제는 칼날에 죽임을 당하고 할례 받지 못하고 무덤 구덩이에 내려간 자들과 함께 누워 있다.
거기에는 북방의 모든 방백들과 모든 시돈 사람들도 있다. 그들이 한때는 막강하여 세상 사람들을 두렵게 하였으나, 이제는 수치를 당한 채 칼에 죽임을 당한 자들과 함께 내려가 할례 받지 못한 자들 가운데 누웠고, 무덤 구덩이에 내려가는 자들과 함께 치욕을 당하였도다.
칼에 죽임을 당한 바로와 그의 군대가, 지하에 내려가서 칼날에 죽임을 당한 자들이 누워 있는 모든 광경을 보고 위로를 받을 것이다.
나 주 여호와의 말이다.
내가 바로를 세워 세상 사람들을 두렵게 하였으나, 이제는 그와 그 모든 무리가 칼날에 죽임을 당한 자들과 함께 할례 받지 못한 자들 가운데 누울 것이다. 나 주 여호와의 말이다.

마른 뼈와 두 막대기(겔 37:1-28)

여호와께서 권능으로 내게 임재하시고, 그의 영으로 나를 데리고 가서 골짜기 한 가운데 두셨는데, 거기에는 뼈가 가득 차 있었다.

그가 나를 데리고 그 뼈 주위를 사방 돌아다닐 때 보니, 그 골짜기 바닥에는 대단히 많은 뼈가 있었으며 그 뼈들은 아주 말라 있었다.

그가 나에게 "사람의 아들아, 이 뼈들이 살아날 수 있겠느냐?" 하고 물으셨다. 그래서 나는 "주 여호와여, 주께서만 아십니다."라고 대답하였다.

또 내게 말씀하시기를,

> 너는 이 모든 뼈에게 대언하여 이르기를 '너희 마른 뼈들아 여호와의 말씀을 들을지어다.'
> 주 여호와께서 이 뼈들에게 이같이 말씀하시기를 '내가 생기를 너희에게 불어넣어 들어가게 함으로 너희가 살아날 것이다.
> 또한 내가 너희에게 힘줄을 붙이고 살을 입히며 가죽으로 덮고 너희 속에 생기를 불어넣으므로 너희가 살 것이다. 그러면 너희가 나를 여호와인 줄 알 것이다.'

이에 내가 명령을 받은 대로 대언하자, 갑자기 뼈가 움직이는 소리가 나더니 이 뼈 저 뼈가 붙어 들어맞아서 서로 연결되기 시작하였다.

그러나 내가 뼈들을 보니 그 뼈에 힘줄이 생기고 살이 오르며 가죽이 덮였으나 그 안에 생기는 없었다.

그때 그가 나에게 말씀하셨다.

> 사람의 아들아, 너는 생기를 향하여 대언하고 나 주 여호와가 이렇게 말한다고 외쳐라. '생기야, 사방에서부터 와서 이 사망을 당한 자에게 불어서 이들을 살게 하라.'

이에 나는 명령을 받은 대로 대언하였다. 그러자 생기가 그들에게 들어가더니, 그들이 살아서 일어나 서는데 굉장히 큰 군대가 되었다.

그때 그가 나에게 말씀하셨다.

> 사람의 아들아, 이 뼈들은 이스라엘의 모든 족속을 가리킨다. 그들은 '우리의 뼈들이 말랐고 우리의 소망이 사라졌으므로, 우리는 완전히 망하였다'라고 말하였다. 그러므로 너는 그들에게 나 주 여호와가 이렇게 말한다고 말하여라. '내 백성들아, 내가 너희 무덤을 열고 너희를 거기서 나오게 하여 이스라엘 땅으로 들어가게 하겠다.

내 백성들아, 내가 너희 무덤을 열고 너희를 거기서 나오게 할 때 너희가 나를 여호와인 줄 알 것이다.
내가 또 너희 속에 내 영을 두어서 너희가 살 수 있게 하고, 내가 또 너희가 떠나왔던 고국 땅에 정착하게 하겠다. 그때 너희는 나 여호와가 이 일을 말하고 이룬 줄을 알게 될 것이다. 이것이 나 여호와의 말이다.'

여호와께서 또 나에게 임하여 말씀하셨다.

사람의 아들아, 너는 막대기 하나를 가져다가 그 위에 유다와 그 짝 이스라엘 자손이라 쓰고, 또 다른 막대기 하나를 가져다가 그 위에 에브라임의 막대기 곧 요셉과 그 짝 이스라엘 모든 족속이라 쓰라.
그리고 네 손 안에 있는 그 두 막대기를 서로 붙여서 한 막대기처럼 보이게 하라.
네 민족이 너에게 '이것이 무슨 뜻인지 우리에게 말해 주지 않겠소?' 하거든, 너는 그들에게 나 주 여호와가 이렇게 말한다고 말하여라. '내가 에브라임의 손안에 있는 요셉과 그 짝 이스라엘 지파들의 막대기를 가져다가, 유다의 막대기에 붙여서 한 막대기가 되게 하였은즉 내 손에서 하나가 될 것이다.'
그리고 너는 네가 글 쓴 그 두 막대기들을 그들이 보는 앞에서 네 손으로 들고, 그들에게 나 주 여호와가 이렇게 말한다고 말하여라.

'내가 이스라엘 자손인 그들을 사로잡혀 간 모든 나라의 사방에서 인도하여 모아서, 그들이 살았었던 고국 땅으로 돌아가게 하고, 그 땅 이스라엘의 모든 산에서 내가 그들을 한 민족으로 만들고, 그들이 한 나라를 이루어 한 왕이 그들을 모두 다스리게 하겠다. 그리고 그들이 다시는 두 민족이 되지 않을 것이며 두 나라로 나누어지지 않을 것이다.
또한 그들은 그들이 섬겼던 우상들과 더러운 물건들과 그들의 죄악으로 더 이상 자신들을 더럽히지 않을 것이다.
내가 그들을 범죄하고 타락한 자리에서 구원하여 정결하게 할 것인즉, 그들은 내 백성이 되고 나는 그들의 하나님이 될 것이다.'

그리하고 나서 여호와께서 나에게 임하여 말씀하셨다.

내 종 다윗의 자손이 그들의 왕이 될 것이며, 그들은 모두 한 목자 아래서 그들이 내 규례를 지키며 살고, 내 율례를 지켜 행할 것이며, 그들은 내가 내 종 야곱에게 준 땅, 곧 그 열조들이 살던 땅에서 그들과 그 자자손손이 영원히 거기에서 살 것이며, 내 종 다윗의 자손이 왕이 되어 영원히 그들을 다스릴 것이다.
그리고 내가 그들과 화평의 언약을 세워서 영원한 언약이 되게 하고, 그들을 견고하게 하여 번성하게 하며 그들 가운데 내 성소를 세워서 영원히 이르게 하리니, 내 처소가 그들의 가운데 있을 것이며, 나는 그들의 하나님이 되고 그들은 내 백성이 될 것이다.
그러므로 내 성소가 영원토록 그들 가운데 있으리니, 열국이 나를 이스라엘을 거룩하게 하는 여호와임을 알게 될 것이다.

에스겔과 예루살렘 성전 회복의 예언(겔 40:1-4; 43:1-12; 44:1-15)

우리가 사로잡혀 온 지 이십오 년째가 되고, 예루살렘 성이 함락된 지 십사 년째가 되는 해 일월 십일에,

여호와의 권능이 내게 임하여, 나를 데리고 이스라엘 땅으로 가셨다.

하나님의 환상 중에 나를 데리고 이스라엘 땅으로 가서, 아주 높은 산 위에 내려놓으셨는데, 남쪽으로 성읍 형상처럼 보이는 건물들이 있었다.

그가 나를 데리고 그리로 가시기에 내가 보니, 형체가 놋쇠처럼 빛나는 어떤 사람이 손에 삼끈과 측량 장대를 가지고 문에 서 있었다.

그때 그가 에스겔 나에게 말하였다.

사람의 아들아, 너는 내가 너에게 보여 주는 모든 것을 눈으로 보고 귀로 듣고 마음으로 생각하라.
내가 이것을 네게 보이려고 데리고 왔다. 너는 네가 본 모든 것을 이스라엘 백성에게 말해야 한다.

그는 나를 데리고, 성전의 담과 문과 현관과 뜰과 벽과 건물을 측량하였다.

그 후에 그는 나를 동문으로 데리고 갔다.

그런데 이스라엘 하나님의 영광이 동쪽에서부터 오는데, 하나님의 음성은 많은 물이 흐르는 소리와도 같고, 땅은 그의 영광의 광채로 빛을 발하였다.

그 모양은 전에 하나님이 예루살렘 성을 멸망시키려고 오셨을 때 내가 본 환상과 같았으며, 또 그발 강 가에서 내가 본 환상과도 같은 것이었다.

그래서 내가 얼굴을 땅에 대고 엎드렸다. 여호와의 영광이 동문을 통해 성전으로 들어갔다.

그때 여호와의 영이, 나를 들어올려 안뜰로 데리고 가기에 내가 보니 성전에 여호와의 영광이 가득하였다.

성전을 측량하던 그 사람이 내 곁에 서 있는데, 나는 성전 안에서 들려오는 이런 음성을 들었다.

> 사람의 아들아, 이 곳은 내 보좌가 있는 곳이며 내 발을 두는 곳이다.
> 그리고 이 성전은 내가 이스라엘 백성 가운데 영원히 있을 곳이다. 이스라엘 백성과 그 왕들이 다른 신을 섬겨 음란한 짓을 하고, 나의 명령에 불순종하여 죽은 왕들의 시체로 다시는 내 거룩한 이름을 더럽히는 일이 없을 것이다.
> 그들은 자기들의 우상 신전의 문지방을, 바로 내 성전 문지방 곁에 세워 담 하나를 사이에 두고 가증한 일을 행하여, 나의 거룩한 이름을 더럽혔으므로 내가 분노하여 그들을 멸망시켰다.
> 이제 그들이 다른 신을 섬기는 음란한 짓을 버리고 나의 명령에 불순종하여 죽은 왕들의 시체를 나에게서 멀리 치워 버려야 할 것이다.
> 그리하면 내가 영원히 그들 가운데 살리라.
> 사람의 아들아, 너는 이스라엘 족속에게 이 성전에 대하여 설명해 주고,
> 그 형상을 측량하게 하여 그들의 죄에 대해서 부끄러움을 느끼게 하라.
> 만일 그들이 자기들이 행한 모든 일을 부끄러워하면, 너는 그들에게 이 성전의 구조를 자세히 설명하라.
> 너는 성전의 출입구를 포함한 모든 건축의 양식과 전체 모양과 그 용도와 규정을 알게 하고, 그들 앞에서 이 모든 것을 써서 그들이 그 모든 법도와 규정을 지켜 행하게 해야 한다.
> 성전의 법은 이러하다.
> '성전이 세워진 산꼭대기 주위는 지극히 거룩하다.' 이것이 바로 성전의 법이다.

성전을 측량하던 그는 제단을 측량하고, 제단을 만들었을 때의 제사와 정결에 대하여 말하면서, 그렇게 하면 '여호와께서 너희를 기쁘

게 받으시리라.'라는 여호와의 말씀을 전하였다.

또 그 사람이 나를 데리고 동쪽으로 향한 성소의 바깥문으로 나오자 그 문이 닫혔다.

그때 여호와께서 나에게 말씀하셨다.

이 문은 닫혀져 있어야 하고 다시 열어서는 안 되며, 그 어떤 사람도 이리로 들어올 수가 없다.
이스라엘의 하나님 나 여호와가 이리로 들어왔기 때문에, 이 문은 닫아 두어야 하며, 오직 왕만이 문안에 앉아 나 여호와 앞에서 음식을 먹을 수 있다. 왕은 현관문으로 들어오고 반드시 그리고 나가야 한다.
그는 또 나를 데리고 북문을 통해 성전 앞으로 갔다. 내가 보니 여호와의 영광이, 여호와의 성전에 가득하였다. 내가 얼굴을 땅에 대고 엎드리자, 여호와께서 나에게 말씀하셨다.

사람의 아들아, 너는 성전에 관한 모든 규정과 율례에 대하여, 내가 말하는 것을 잘 듣고 어떤 사람이 성전에 출입할 수 있는지 주의하여 살펴라.
그리고 너는 거역하는 이 이스라엘 족속에게, 나 주 여호와가 이렇게 말한다고 일러 주어라.
이스라엘 족속아, 너희의 모든 가증한 일을 할 만큼 하였다. 너희는 마음과 몸에 할례 받지 않아 경건하지 않은 이방인을 내 성소로 데려와서, 너희가 나에게 떡과 기름과 피를 드릴 때에, 너희의 모든 가증한 일과 그들을 내 성소 안에 있게 하여 내 성전을 더럽히므로 너희가 내 언약을 위반하게 되었으며,
너희는 또 너희 거룩한 직분을 직접 수행하지 않고 내 성소에 이방인을 두어, 그들이 너희 직분을 대신하게 하였다.
나 주 여호와가 말한다.

'이스라엘 족속 가운데 있는 이방인 중에서, 마음과 몸이 할례를 받지 않아 경건하지 않은 이방인은 내 성소에 들어오지 못할 것이다.'

여호와께서 나에게 말씀하셨다.

이스라엘 족속이 나를 떠나 우상을 섬길 때에, 레위 사람들도 나를 멀리 떠나 우상을 섬겼으므로, 그들은 그 죄에 대한 대가를 받아야 할 것이다.
그러나 그들은 이제 제사장의 직분을 수행 못하고, 내 성소에서 성전 문지기가 되고 성전에서 시중드는 일을 하게 될 것이며, 그들은 백성이 바치는 번제의 희생물이나 다른 희생제물을 잡고 백성 앞에서 시중을 들게 될 것이다.

여호와께서 또 나에게 말씀하셨다.

> 그들이 전에 백성을 위하여, 그 우상 앞에서 시중들어 이스라엘 족속으로 하여금 범죄하게 하였으므로 이제 내가 내 손을 들어 그들을 쳐서 그들로 그 죄악을 담당하게 하여서, 그들이 제사장으로서 가까이 나아와 나를 섬기지 못할 것이며, 또 나에게 거룩한 성물 곧 지성물에 가까이하지 못할 것이다. 그래서 그들은 자기들이 행한 가증한 일에 대하여 모욕과 부끄러움을 담당해야 한다.
> 그러나 나는 그들을 세워 성전 안에서 해야 할 모든 일들 곧 성전에서 시중드는 일들을 맡아보게 할 것이다.

여호와께서는 또한, 이스라엘 족속과 제사장과 레위 사람의 정결과 제사와 유월절을 지킬 것을 말씀하시며, 절기와 성회 때에 왕과 백성의 경배와 제사와 예물에 대해서도 말씀하셨다.

새 예루살렘 성과 여호와 삼마(겔 47:1-48:35)

성전을 측량했던 그가 나 에스겔을 데리고 성전 문으로 갔다.

그래서 내가 보니 성전 문지방 밑에서 물이 나와 성전 전면이 향하고 있는 동쪽으로 흐르다가, 성전의 오른쪽 곧 제단의 남쪽으로 흘러내리고 있었다.

그가 또 나를 데리고 북쪽 문을 나가서 바깥 길의 담을 타고 꺾어서 지나 동쪽 바깥문으로 갔다.

내가 보니 그 물이 그 문 오른쪽에서 흘러내리고 있었다. 그 사람이 손에 줄자를 들고 동쪽으로 나아가면서, 일천 자(525 m)를 측량한 다음 나에게 그 물을 건너게 하였다.

이때 물이 내 발목에 닿을 정도였다. 그가 다시 일천 자를 측량하고 나에게 물을 건너게 했을 때는 물이 무릎에까지 찼으며, 다시 일천 자를 측량하고 나에게 물을 건너게 했을 때는 물이 허리까지 찼다.

그는 다시 일천 자를 측량하고 나에게 물을 건너게 하였다.

이번에는 그 물이 불어서 걸어서는 건널 수 없고 헤엄을 쳐야만 건널 수 있는 깊은 강이 되었다.

그때 그는 나에게 "사람의 아들아, 네가 이것을 잘 보았느냐?" 하고 물었다. 그런 뒤에 그는 나를 데리고 강변으로 갔다.

내가 그곳에 가서 보니 강변 오른쪽과 왼쪽에 많은 나무들이 있었다. 그때 그가 나에게 말하였다.

> 이 물은 동쪽 지방으로 흘러 아라바 요단 계곡을 지나 사해 바다에 이른다.
> 이 흘러내리는 물이 사해로 흘러 들어가면, 사해의 물이 다시 살아날 것이다.
> 이 강물이 흘러 들어가는 곳마다, 모든 생물이 번성할 것이며 물고기가 많아질 것이며, 이 물이 흘러 들어가므로 사해의 바닷물이 살아나겠고, 이 강물이 흐르는 곳에는 모든 것이 살 것이다.
> 그 사해의 바닷가에는 어부들이 있을 것이며 엔게디에서부터 엔에글라임까지, 어부들이 그물을 치는 곳이 될 것이다.
> 그리고 그곳에도 지중해에 있는 물고기와 같은 각기 종류별로 많은 물고기들이 있을 것이다.
> 그러나 사해의 진펄과 개펄은 살아나지 못하고, 그곳은 소금 땅이 될 것이다.
> 그리고 그 강의 오른쪽 왼쪽 강변 기슭에는 모든 종류의 과일 나무가 자랄 것이며, 그 잎이 시들거나 열매가 맺히지 않는 일이 없고 달마다 새 과일을 맺을 것이다.
> 이것은 그 강물이 성소에서부터 흘러내리기 때문이다. 그리고 그 과일은 다 먹을 수 있는 것들이며 그 잎은 약 재료로 쓰일 것이다.

주 여호와께서 말씀하셨다.

> 너희는 다음의 땅의 경계선에 따라 이스라엘의 열두 지파에게 땅의 기업을 분배하라.
> 요셉 지파에게는 두 몫을 주어야 한다. 내가 너희 열조들에게 이 땅을 나누어 주겠다고 나의 맹세로 언약하였다.
> 그러므로 너희는 이 땅을 공평하게 분배하여 너희 기업으로 삼아라. 이 땅이 너희의 기업이 될 것이다.
> 이 땅의 경계는 다음과 같다.
>
> 북쪽 경계선은, 지중해 대해에서부터 동쪽으로 헤들론 길을 통해 하맛 고개를 지나 스닷 성을 거쳐, 다메섹과 하맛 경계 사이에 있는 브로다와 시브라임을 지나 하우란 땅 경계선에 위치한 하셀핫디곤까지이다.
> 이렇게 하여 북쪽 경계선은 지중해 대해에서부터 하맛을 거쳐 다메섹의 북쪽

경계인 하살에난까지이다.

동쪽 경계선은, 다메섹 땅의 동북쪽 하살에난에서부터 헐몬 산 동남쪽 하우란까지 가서 서쪽으로 굽어, 길르앗과 이스라엘 땅 사이에 있는 요단 강을 따라 사해 남쪽 다말까지이다.

남쪽 경계선은, 다말에서부터 므리봇가데스(므리바 가데스) 샘을 지나 애굽 시내를 따라 지중해 대해까지이다.

서쪽 경계선은, 지중해 대해인데 그것은 남쪽 경계선에서부터 맞은쪽 하맛 입구 북쪽 경계선이 시작되는 지점까지이다.

그러므로 이 땅을 너희가 이스라엘의 모든 지파별로 나누어 가져라. 너희가 이 땅을 나누어 기업으로 삼되, 너희뿐만 아니라 너희와 함께 사는 이방인들 곧 너희 가운데서 자녀를 낳은 자들도 그 땅을 나누어 기업으로 삼게 하여라.

너희는 그 이방인들을, 본토에서 난 이스라엘 족속과 같이 여겨 그들로 이스라엘 지파 중에서 그 땅의 기업을 얻게 하되, 그들이 현재 살고 있는 지파에서 그들의 땅의 기업을 주도록 하라. 이것은 나 주 여호와의 말이다.

주 여호와께서 말씀하셨다.

각 지파와 여호와께 드릴 예물과 왕의 땅의 기업은 이러하다.

각 지파에게 분배될 땅 전체의 북쪽 경계선은, 지중해 대해에서부터 동쪽으로 헤들론을 지나 하맛 고개를 넘어 다메섹의 북쪽 경계선에 있는 하살에난까지이다.

동쪽 경계선에서 서쪽 경계선까지 위에서부터 아래로 한 기업씩 차례로 각 지파에게 분배하라.

가장 북쪽에서부터 시작하여, 헤들론 길을 따라 르보하맛을 지나서 다메섹과 하맛에 접경한 경계선을 타고 하살에논에까지 곧 북쪽으로 하맛 경계선에 이르는 땅의 동쪽에서 서쪽까지의 땅은 단 지파의 기업이다.

단 지파의 경계선 다음으로 동쪽에서 서쪽까지는 아셀 지파의 기업이다.

아셀 지파의 경계선 다음으로 동쪽에서 서쪽까지는 납달리 지파의 기업이다.

납달리 지파의 경계선 다음으로 동쪽에서 서쪽까지는 므낫세 지파의 기업이다.

므낫세 지파의 경계선 다음으로 동쪽에서 서쪽까지는 에브라임 지파의 기업이다.

에브라임 지파의 경계선 다음으로 동쪽에서 서쪽까지는 르우벤 지파의 기업이다.

르우벤 지파의 경계선 다음으로 동쪽에서 서쪽까지는 유다 지파의 기업이다.

여호와께 예물로 드려야 할 땅은, 유다 지파의 경계선 다음에서 동쪽에서 서쪽까지로, 너희가 여호와께 거룩하게 드려야 할 땅이다.

그 너비는 이만오천 자(13.1 km)이고, 그 길이는 다른 지파들의 몫과 같이 동쪽에서 서쪽까지이고, 그 중앙에 성소를 세워야 한다.

너희가 주께 거룩하게 예물로 드려야 할 땅은 길이가 이만오천 자(13.1 km)요, 너비가 만 자(5.25 km)이며, 거룩하게 드린 이 땅은 제사장들에게 주어야 한다.

그들에게 줄 땅은, 북쪽으로 길이가 이만오천 자, 서쪽으로 너비가 만 자, 동쪽으로 너비가 만 자, 남쪽으로 길이가 이만오천 자이며, 그 중앙에 주의 성소가 있어야 한다. 이 땅은 사독의 자손 중 거룩하게 구별된 제사장들에게 주어야 한다.

그들은 자기 식분을 지키고, 이스라엘 백성이 잘못된 길에 빠졌을 때 다른 레위 사람들처럼 잘못된 길에 들어서지 않은 자들이다.

이 온 땅 중에서 여호와께 예물로 드려지는 땅 곧 레위 지파와 인접한 땅을 그들이 지극히 거룩한 것으로 여겨야 한다.

레위 지파의 기업인 땅도, 제사장들의 경계선 옆에 그 길이가 이만오천 자요, 너비가 만 자이다. 그 전체의 길이는 이만오천 자요, 너비는 이만 자이다.

그들은 그 땅을 팔지도 못하며 바꾸지도 못하며 그 땅의 처음 익은 열매를 남에게 주지도 못한다. 이 땅은 나 여호와에게 거룩히 구별된 기업이기 때문이다.

레위 지파에 인접한 땅 너비가 오천 자요, 길이가 이만오천 자인 나머지 땅은 성읍을 세울 속된 땅으로, 주거지와 들의 목초지로 삼되 성은 그 중앙에 있어야 한다.

그 성읍의 크기는 다음과 같다.

북쪽의 길이도 사천오백 자, 남쪽의 길이도 사천오백 자, 동쪽의 길이도 사천오백 자, 서쪽의 길이도 사천오백 자이다.

이 성읍의 목초지로 쓸 땅은, 크기는 북쪽의 너비가 이백오십 자, 남쪽의 너비가 이백오십 자, 동쪽의 너비가 이백오십 자, 서쪽의 너비가 이백오십 자이다.

거룩하게 예물로 드린 땅과 인접한 나머지 땅의 길이는, 동쪽으로 만 자가 되고, 서쪽으로도 만 자이다.

그 땅은 거룩하게 예물로 드린 땅과 인접하여야 하며, 그 땅의 농산물은 성읍에서 일하는 사람들의 양식이 되어야 한다.

이스라엘의 어느 지파에서 왔든지 그 성에 사는 사람들이 그 땅을 경작하게 될 것이다.

그러므로 거룩하게 예물로 드리는 땅 전체는 길이도 이만오천 자이며, 너비도 이만오천 자이다.

너희는 이렇게 해서 그 성읍의 소유지를 포함하여 거룩히 구별하여 드린 땅은 네모반듯한 정사각형이 되어야 한다.

왕에게 돌아가야 할 땅은, 거룩하게 구별하여 드릴 땅과 성의 소유지 좌우측에 인접해 있는 땅이다.

이 땅은 거룩한 땅과 성의 소유지에서, 동쪽으로 동쪽 경계선까지 뻗어 있고 서쪽으로는 서쪽 경계선인 지중해 대해까지 뻗어 있으며, 이 땅 일부는 다른 지파의 땅과 연접해 있다.

그리고 거룩하게 구별한 땅과 여호와의 성소는 왕의 땅 중간에 있을 것이다.

그래서 레위 지파의 땅과 성의 소유지가 왕이 차지할 땅 중간에 있을 것이며, 또 왕의 땅은 유다 지파의 경계선과 베냐민 지파의 경계선 사이에 있을 것이다.

나머지 지파들이 차지할 땅의 기업은 다음과 같다.

동쪽에서 서쪽까지는 베냐민 지파의 기업이다.
베냐민 지파의 경계선 다음으로 동쪽에서 서쪽까지는 시므온 지파의 기업이다.
시므온 지파의 경계선 다음으로 동쪽에서 서쪽까지는 잇사갈 지파의 기업이다.
잇사갈 지파의 경계선 다음으로 동쪽에서 서쪽까지는 스불론 지파의 기업이다.
스불론 지파의 경계선 다음으로 동쪽에서 서쪽까지는 갓 지파의 기업이다.
그리고 갓 지파의 남쪽 경계선은 다말에서부터 므리바가데스의 샘에 이르고, 거기서 애굽 시내를 따라 지중해 대해에 이른다.

이것은 너희가 제비 뽑아 이스라엘 지파에게 나누어 주어 기업이 되게 할 땅이
며, 또 이 땅들은 그들의 기업이다.
나 주 여호와의 말이다.

그 성읍 문의 출입구들은 다음과 같다.

북쪽 성벽은 너비가 사천오백 자(약 2.5 km)이다.
이 성읍의 문들은 이스라엘 지파들의 이름에 따라 부를 것이다.
북쪽에 문이 셋 있는데, 하나는 르우벤 문, 하나는 유다 문, 하나는 레위 문이다.
동쪽 성벽도 너비가 사천오백 자이고, 문이 셋 있는데, 하나는 요셉 문이고, 하
나는 베냐민 문이고, 하나는 단 문이다.
남쪽 성벽도 너비가 사천오백 자이고, 문이 셋 있는데, 하나는 시므온 문이고,
하나는 잇사갈 문이고, 하나는 스불론 문이다.
서쪽 성벽도 너비가 사천오백 자이고, 문이 셋 있는데, 하나는 갓 문이고, 하나
는 아셀 문이고, 하나는 납달리 문이다.
그리고 그 성의 전체 둘레는 만 팔천 자(약 9.5 km)이다.

그날 이후부터는 이 성읍의 이름을 '여호와 삼마'(여호와께서 거기에 계신다)라고 할 것이다.

우리가 바벨론에 사로잡혀 온 지 이십칠 년째가 되는 해 일월 일일에, 여호와께서 나 에스겔에게 말씀하셨다.

사람의 아들아, 바벨론의 느부갓네살 왕이 두로를 치느라고, 자기 병사들에게
무거운 짐을 나르게 하여 그들의 머리가 문질러져 벗겨지고 어깨의 피부가 까
졌으나, 그와 그 군대가 수고한 대가를 두로에서 전혀 얻지 못하였다.

그러므로 나 주 여호와가 말한다.
내가 애굽 땅을 바벨론의 느부갓네살 왕에게 붙여 주겠다.
그가 그 땅의 사람을 포로로 사로잡아 갈 것이며, 모든 재물을 약탈하여 가져갈
것이니, 이것이 그 군대가 수고한 대가가 될 것이다.
그들이 나를 위해 수고하였으므로, 내가 그 대가로 애굽을 그들에게 주었다.

이것은 나 주 여호와의 말이다.
그날에 내가 이스라엘 족속에게 한 뿔이 솟아나게 하고, 내가 또 너로 모든 사람
이 다 들을 수 있도록 네 입을 열어 말하게 하겠다.
그러면 그들이 나를 여호와인 줄 알 것이다.

다니엘의 세 친구와 금 신상(단 3:1-4:3)

느부갓네살 왕이 금으로 신상을 만들어서, 바벨론 지방의 두라 평지에 세웠는데, 그 신상은 높이가 육십 규빗(27 m), 너비가 여섯 규빗(2.7 m)이었다.

느부갓네살 왕이 사람을 보내어, 방백과 지방장관과 군사령관과 재판관과 재무관과 왕의 고문과 법률가와 각 도 모든 관리들에게, 느부갓네살 왕이 자기가 세운 신상의 제막식에 참석하라고 지시하였다.

그래서 그 모든 사람들이, 바벨론 느부갓네살 왕이 세운 신상의 제막식에 모여서, 그 신상 앞에 섰다.

그러자 신상 앞에서 선포자가 큰 소리로 이렇게 외쳤다.

> 이곳에 모인 백성들과 여러 민족 여러분, 이것은 왕의 명령입니다.
> 여러분이 나팔과 피리와 수금과 삼현금과 양금과 생황과 그 밖의 악기 소리를 들으면 엎드려, 느부갓네살 왕이 세운 금 신상에게 절하십시오.
> 누구든지 엎드려 절하지 않는 사람은 즉시 뜨겁게 타오르는 용광로에 던져질 것입니다.

그리하여 백성과 언어가 다른 여러 민족들이, 나팔과 피리와 삼현금과 양금 등 갖가지 악기 소리가 울려 퍼지자, 느부갓네살 왕이 세운 금 신상 앞에 엎드려서 절을 하였다.

그때에 어떤 바벨론 갈대아 사람들이, 왕에게 나아와 유다 사람들을 고소하였다.

느부갓네살 왕에게 이렇게 말하였다.

> 왕이시여! 만세나 장수하옵소서.
> 왕께서는, 누구든지 나팔과 피리와 수금과 삼현금과 양금과 생황과 그 밖의 악기 소리를 들으면 엎드려, 금 신상에게 절하라고 명령하셨습니다.
> 그리고 누구든지 엎드려 절하지 않는 자는, 뜨겁게 타오르는 용광로에 던져 넣을 것이라고 말씀하셨습니다.
> 그런데 왕이 세워 바벨론 도를 다스리게 하신, 유다 사람 사드락과 메삭과 아벳

> 느고는 왕의 명령에 불순종하여, 왕의 신들을 섬기지 않고 왕이 세우신 금 신상에게 절하지 않습니다.

그 말을 들은 느부갓네살 왕은, 노발대발하며 그 세 사람 사드락과 메삭과 아벳느고를 당장 끌어오라고 명령하였다.

그래서 그들을 왕의 앞으로 끌어오자, 왕이 그들에게 이렇게 말하였다.

> 사드락과 메삭과 아벳느고야, 너희가 내 신들을 섬기지 않고, 내가 세운 금 신상에게 절하지 않는다는 그 말이 정말 사실이냐?
> 그렇다면 이제라도 너희가 나팔과 피리와 수금과 삼현금과 양금과 생황과 그 밖의 악기 소리를 듣거든, 내가 만든 신상 앞에 엎드려 절하면 좋겠다.
> 그러나 이번에도 너희가 절하지 않는다면, 너희를 뜨겁게 타오르는 용광로에 던져 넣을 것이다.
> 그렇게 되면 그 어떤 신이 너희를 내 손에서 구해 내겠느냐?

그러자 사드락과 메삭과 아벳느고가 왕에게 이렇게 대답하였다.

> 느부갓네살 왕이시여,
> 우리가 이 일에 대하여 왕에게 대답할 필요가 없습니다.
> 왕이시여! 만일 우리가 뜨겁게 타는 용광로 속에 던져진다고 해도, 우리가 섬기는 하나님은 우리를 그 용광로에서 능히 건져 내실 수 있습니다.
> 그리고 그분은 반드시 우리를 왕의 손에서 건져 내실 것입니다.
> 왕이시여! 비록 하나님이 우리를 구해 내지 않으실지라도, 우리는 왕의 신들을 섬기지 않을 것이며 또 왕이 세우신 금 신상에게 절하지도 않을 것임을 아십시오.

그러자 느부갓네살 왕은, 잔뜩 화가 났으며 사드락과 메삭과 아벳느고를 보고 얼굴이 붉으락푸르락하며 얼굴빛이 달라졌다.

그는 평소 때보다 용광로의 불을 칠 배나 더 뜨겁게 하라고 지시하고는 그의 군대에서 힘센 용사 몇 사람에게, 사드락과 메삭과 아벳느고를 단단히 묶어서 뜨겁게 타오르는 용광로 속에 던져 넣으라고 명령하였다.

그래서 그들은 이 세 사람을, 옷차림 그대로 묶어서 뜨겁게 타오르는 용광로 속에 던져 넣었다.

왕의 명령이 엄하고, 용광로의 불길은 너무 뜨거웠기 때문에, 사드락과 메삭과 아벳느고를 이 불 가운데 넣으려고 붙든 사람들이 그 불길에 타서 죽었다.

그리고 이 세 사람 사드락과 메삭과 아벳느고는, 결박된 채 뜨겁게 타오르는 용광로 속으로 떨어졌다.

그때에 느부갓네살 왕이 놀라서 급히 일어나 모사들에게 물었다.

우리가 결박하여 불에 던진 자는 세 명이 아니었느냐?

모사들이 왕에게 대답하였다.

왕이시여, 그렇습니다.

왕이 다시 말하였다.

그런데 어째서 네 사람이 불 가운데 걸어다니고 있느냐?
내가 보니 저 사람들은 묶여 있지도 않고 상한 흔적도 없으며, 더구나 네 번째 사람의 모양은 그 모습이 신들의 아들과 같구나!

그리고 느부갓네살 왕은 무섭게 타오르는 용광로 앞으로 다가가서 소리쳐 불렀다.

가장 높으신 하나님의 종, 사드락과 메삭과 아벳느고야! 이리로 나오너라.

그러자 사드락과 메삭과 아벳느고가 불 가운데서 걸어 나왔다.

그래서 방백들과 지방장관들과 군사령관들과 왕의 모사들이 모여 이 세 사람을 보니, 그 몸이 불에 상하지도 않았고 머리털도 그슬리지 않았으며 그들의 옷도 변하지 않았고 불탄 냄새도 없었다.

그때 느부갓네살 왕이 말하였다.

사드락과 메삭과 아벳느고의 하나님을 찬양하라!
그가 그의 천사를 보내 자기를 의지하는 종들을 구원하셨다.
그들은 자기들의 하나님 외에 다른 신에게 경배하지 않으려고, 왕의 명령을 거역하고 기꺼이 자기들의 목숨까지도 아끼지 않고 내놓았도다.
그러므로 이제 내가 조서를 내린다.

'어떤 민족이나 백성을 막론하고, 사드락과 메삭과 아벳느고의 하나님에 대하여 경솔하게 말하는 자는, 누구든지 그 몸을 갈기갈기 찢고 그의 집을 거름터로 만들어 버려라. 이와 같이 자기를 믿는 사람을 구원할 수 있는 신은 다시 없을 것이다.'

그리고 느부갓네살 왕은 바벨론 도에서 사드락과 메삭과 아벳느고를 보다 높은 자리에 앉혔다.

이후에 느부갓네살 왕은 다음과 같은 조서를 내렸다.

천하의 모든 나라와 민족들에게 평안이 있기를 바란다.
지극히 높으신 하나님이 나를 위해 행하신 놀라운 이적과 기적에 대하여, 내가 여러 민족들에게 말하는 것을 기쁨으로 여긴다.
크도다, 그 이적이여! 능하도다, 그 기이한 일이여!
그 나라, 영원하고, 그 권세는 대대에 이를 것이다.

다니엘과 느부갓네살 ②(단 4:4-37)

나 느부갓네살이 집에서 편히 쉬며 궁에서 평안을 누릴 때에, 한 꿈을 꾸었는데, 그 꿈이 나를 두렵게 하였다.

침상에 누워 있어도 그 생각 때문에 잠도 오지 않고, 머릿속에 받은 환상 때문에 나는 번민하였다.

그래서 네가 바벨론에 있는 모든 박사들을 내 앞에 불러다가, 그 꿈을 해석하라고 명령하였다.

남자 무당인 박수와 마술사와 갈대아 주술사와 점쟁이들이 들어왔을 때, 내가 그 꿈을 말했으나 그들은 내 꿈을 해석하지 못하였다.

그 후에 내 신의 이름을 따서 벨드사살이라고 하는 다니엘이 들어왔다.

그의 안에는 거룩한 신들의 영이 있었다.

그래서 나는 그에게 꿈에 대하여 이렇게 말하였다.

박사장 벨드사살아, 나는 네 안에 거룩한 신들의 영이 있어, 네가 아무리 은밀한 것이라도 네게는 어려울 것이 없는 줄을 내가 알고 있다. 그러니 너는 내가 꿈에 본 환상을 해석하라.
내가 침상에 누워 있을 때에, 나의 머릿속에 나타난 환상은 이러하다.
내가 보니 땅의 중앙에 아주 높고 큰 나무가 하나 있는데, 그 나무는 점점 크고 왕성하게 자라서, 그 끝이 하늘에 닿아 땅 끝까지 있는 세상의 모든 사람들도 볼 수 있을 정도였다.
그 잎사귀는 아름답고 그 나무 가지에는 온 세상 사람들이 다 먹을 수 있을 만큼 많은 열매가 주렁주렁 달렸으며, 들짐승이 그 그늘에서 쉬고 공중의 새들이 그 나뭇가지에 깃들이며, 온 세상 사람들이 그 열매를 먹었다.
내가 또 침상에 누워 환상 가운데 보니 하늘에서 거룩한 감시자인 한 천사가 내려와 큰 소리로 이렇게 외쳤다.
'그 나무를 베고 가지를 찍고 잎사귀를 떨며 그 열매를 흩어 버리고, 짐승들을 그 나무 아래서 몰아내고 새들을 그 가지에서 쫓아내어라.
그러나 그 뿌리의 그루터기만 땅에 남겨 두고, 쇠줄과 놋줄로 잡아맨 채 들풀 속에 내버려 두어라. 하늘의 이슬에 젖게 하고, 땅의 풀 가운데서 들짐승과 함께 더불어 어울리게 하여라.
또 그의 마음은 변하여서 사람의 마음과 같지 않고, 짐승의 마음을 가지고서 일곱 때를 지낼 것이다.
이것은 감시하며 순찰하는 천사들이 선언한 것이요. 거룩한 자들이 명령한 것이니, 가장 높으신 하나님이 인간 나라를 다스리시고 자기 뜻대로 누구에게든지 나라를 주시며,
그가 원하시면 가장 천한 자도 왕위에 앉힌다는 사실을 온 세상 사람들이 알게 하기 위해서이다.'
이것이 나 느부갓네살 왕이 꾼 꿈이다.
벨드사살아, 이제 너는 이 꿈을 밝히 해석하라.
이 나라의 모든 박사들이 이 꿈을 해석하지 못했지만, 네 안에는 거룩한 신들의 영이 있으니 너는 이 꿈을 풀어낼 수가 있을 것이다.

벨드사살이라는 다니엘은 이 말을 듣자 얼마 동안 당황하며 말을 하지 못하였다.

왕이 그에게 말하였다.

벨드사살아, 너는 이 꿈과 해석이 어떠하든지 번민하지 말아라.

벨드사살이 이렇게 대답하였다.

> 왕이시여, 그 꿈은 왕을 미워하는 자에게 돌리기를 원하며, 그 해석은 왕의 대적에게 적용되기를 원하나이다.
> 왕이 보신 그 나무가 크게 자라서, 그 끝이 하늘에 닿아 땅 끝까지 있는 세상 모든 사람들도 다 볼 수 있게 되었으며, 그 잎사귀는 아름답고 그 나뭇가지에는 온 세상 사람들이 다 먹을 수 있을 만큼 많은 열매가 주렁주렁 달렸으며, 들짐승이 그 그늘에서 쉬고 공중의 새들이 그 나뭇가지에 깃들였다고 하셨는데, 왕이시여, 이 나무는 바로 왕이십니다.
> 왕께서는 꿈에서 본 나무처럼 점점 강성해져서, 왕의 위대하심이 하늘에 닿았고 왕의 권세는 땅 끝까지 미쳤습니다.
> 또 왕께서 보시는 가운데 하늘에서 한 감시 순찰 천사가 내려와 '그 나무를 베어 없애 버려라. 그러나 그루터기는 땅에 남겨 두고, 쇠줄과 놋줄로 잡아맨 채 풀밭에 그대로 두어라. 이 사람이 하늘의 이슬을 맞고 칠 년 동안 들짐승과 함께 살게 하라.'라고 했는데, 왕이시여, 그 해석은 이렇습니다.
> 이것은 지극히 높으신 하나님의 섭리로 왕에게 장차 일어날 일을 미리 보여 주신 것입니다.
> 왕께서는, 사람에게서 쫓겨나 들짐승과 함께 살게 될 것이며, 칠 년 동안 소처럼 풀을 먹고 이슬에 젖을 것입니다.
> 그때 왕은, 지극히 높으신 하나님이 인간 나라를 다스리시며, 자기의 뜻대로 누구에게든지 그가 원하는 자에게 나라를 준다는 사실을 알게 될 것입니다.
> 또 천사들이 그 그루터기는 남겨 두라고 명령하였는데, 이것은 하나님이 온 세상을 다스리신다는 사실을, 왕이 깨달으신 후에야 왕께서 나라를 되찾게 될 것을 뜻합니다.
> 그러므로 왕이시여, 나의 말하는 것을 받아 주십시오. 공의를 행함으로써 죄를 없애고, 가난한 자를 긍휼히 여김으로 죄악을 없애 버리십시오. 그리하시면 왕의 평안함이 오랫동안 이어질 수 있을지도 모릅니다.

이 모든 일이 나 느부갓네살 왕에게 그대로 일어났다. 그로부터 열두 달 후에 내가 바벨론의 궁전 옥상에서 거닐다가, 나는 이렇게 말하였다.

> 이 큰 바벨론 성은 영광과 위엄을 나타내기 위해서, 내가 내 능력과 권세로 건설한 이 나라의 수도가 아닌가!

이 말이 왕의 입에서 채 떨어지기도 전에, 하늘에서 이런 음성이

들려왔다

> 느부갓네살 왕아, 내가 하는 말을 들어라. 너의 왕권은 너에게서 떠났다.
> 네가 사람에게서 쫓겨나 들짐승과 함께 살게 될 것이며, 소처럼 풀을 먹고 이슬에 젖을 것이다.
> 이와 같이 칠 년 동안을 지내면서, 너는 지극히 높으신 하나님이 인간 나라를 다스리시며, 자기의 뜻대로 누구에게든지, 그가 원하는 자에게 나라를 준다는 사실을 알게 될 때까지 이를 것이다.

바로 그 말과 동시에 이 말이 느부갓네살 왕에게 이루어져서 그가 사람 사는 세상에서 쫓겨나서, 소처럼 풀을 뜯어먹었으며, 몸은 하늘에서 내리는 이슬에 젖었고, 머리털은 독수리의 깃털처럼 자랐으며, 손톱은 새의 발톱같이 자랐다.

칠 년의 기한이 다 찼을 때, 나 느부갓네살이 하늘을 우러러보았더니 나의 정신이 되돌아왔다.

그래서 내가 지극히 높으신 하나님께 감사하고, 영원히 사시는 그분에게 이렇게 경배하고 찬양하였다.

> 그의 권세는 영원한 권세이시며, 그의 나라는 대대로 이어질 것이다.
> 그는 세상의 모든 사람들을 없는 것같이 여기시며, 하늘에 있는 천군 천사들이나 땅에 있는 사람에게 자기 뜻대로 행하시니, 누가 그의 손을 금지하든지 혹시 말하기를 '네가 무엇을 하느냐?' 할 자가 없구나.

이 말을 하는 동시에, 내 정신이 내게로 돌아왔고, 또 내 나라 영광에 대하여도 내 위엄과 광명이 내게로 돌아왔고, 또 나의 모사들과 관리들이 나를 영접하니, 내가 내 나라에서 다시 왕위에 앉아, 이전보다 더 큰 영광을 누리게 되었다.

그러므로 지금 나 느부갓네살은 하늘의 왕을 찬양하며 높이고 그분에게 영광을 돌리고 있다.

그는 진실하고 그의 행하심이 의로우시며 교만한 자를 낮추시는 분이시다.

에윌므로닥과 벨사살(왕하 25:27-30; 대상 3:18; 단 5:1-31; 7:1-8:27)

유다 왕 여호야긴이 사로잡혀 간 지 삼십칠 년째 되던 해 곧 에윌므로닥이 바벨론 왕이 되던 해, 십이월 이십칠일에 에윌므로닥이 여호야긴을 감옥에서 풀어 주었다.

에윌므로닥은, 여호야긴에게 친절하게 대하면서, 바벨론에 와 있던 다른 왕들의 자리보다 더 높은 자리를 주었다.

그리하여 여호야긴은, 죄수가 입는 옷을 벗었다. 그는 죽기 전까지 왕의 상에서 왕과 함께 먹었다.

바벨론의 에윌므로닥 왕은, 여호야긴이 살아 있는 동안에 날마다 그에게 일정하게 쓸 것을 주었다.

유다 왕 여호야긴은, 바벨론의 느부갓네살에게 사로잡혀 온 후 일곱 명의 아들을 낳았다.

아들들의 이름은, 스알디엘과 말기람과 브다야와 세낫살과 여가먀와 호사마와 느다뱌였다.

벨사살이 바벨론 왕이 된 첫해에, 다니엘은 그 침상에서 꿈을 꾸면서 머릿속으로 환상을 본 내용을 이렇게 기록하였다.

이것은 다니엘이 한 말이다.

> 내가 밤에 환상을 보았는데 하늘의 네 바람이 동서남북 사방에서 큰 바다에 불어 닥쳤다.
> 그 바다에서 모양이 각각 다른 네 마리의 큰 짐승이 나왔다.
> 그 첫째 짐승은 사자같이 생겼으나 독수리의 날개가 있었는데, 내가 보는 사이에 그 날개가 뽑히고, 그 짐승은 사람처럼 두 발로 땅에 설 수 있는 힘을 입었으며, 또 사람의 마음을 받았으며,
> 둘째 짐승은 곰과 같이 생겼는데, 그것은 앞발을 들고 세 갈빗대를 물고 있었는데, 그에게 말하는 자가 있어 말하기를 '일어나서 많은 고기를 먹으라.' 하였으며, 그 후에 내가 보는 가운데 셋째 짐승이 나타났다. 그것은 표범같이 생겼으며, 그 등에는 새의 날개와 같은 네 날개가 있었다.

> 그리고 그 짐승은 머리가 네 개였으며 다스리는 권세를 받았다.
> 다음으로 내가 밤 환상 가운데 본 넷째 짐승은 두렵고 무섭게 생겼으며 아주 강하게 보였다.
> 그것은 철 이빨을 가지고 마구 먹고 부서뜨리며 먹고 남은 것은 발로 짓밟았다.
> 이 짐승은 앞서 말한 다른 짐승과 달랐으며, 또 열 뿔을 가지고 있었다.
> 내가 그 뿔을 유심히 보고 있을 때, 작은 뿔 하나가 그 사이에서 나오더니 먼저 있던 뿔 가운데 세 개가 그 앞에서 뿌리째 뽑혀 나갔으며, 이 작은 뿔에는 사람의 눈과 같은 눈이 있고, 또 입이 있어 큰소리로 떠들어 댔다.
> 내가 또 보고 있을 때 왕좌들이 놓이고 옛적부터 항상 계시는 분이 그의 보좌에 앉으셨다.
> 그의 옷은 눈처럼 희고 그의 머리털은 깨끗한 양털과 같으며, 보좌에서는 불꽃이 일고, 보좌의 바퀴에서는 붙는 불 같았으며, 그 앞에서 불이 강물처럼 흘러나왔다.
> 그리고 그를 섬기는 천사들이 천천이나 되었고, 또 만만의 사람들이 그 앞에 서서 심판을 받기 위해 기다리고 있었으며, 거기에는 이미 책들이 펴져 있었다.
> 그때에 내가 작은 뿔이 떠들어대는 소리에 내가 보니, 넷째 짐승이 죽음을 당하고 그 시체는 손상되어 불속에 던져졌으며, 그 남은 모든 짐승은 그 권세를 빼앗겼으나 그 생명은 보존되어 정한 시기가 이르기를 기다리게 되었다.
> 내가 또 밤의 환상 가운데 보니 사람처럼 생긴 분이 하늘의 구름을 타고 와서, 옛적부터 항상 계신 그 앞으로 인도되었다.
> 그분이, 그에게 권세와 영광과 왕권을 주어 세상 모든 나라와 민족들이 그를 섬기게 하셨으므로, 그 권세는 영원한 권세여서 옮겨 가지 않을 것이며, 그 나라는 없어지지 않을 것이다.

나 다니엘은 마음이 근심되며, 머리의 환상들이 나를 번민하게 하였다.

그 보좌 곁에 선 한 천사에게 가서 이 모든 것이 무엇을 뜻하는지 물었다.

그러자 그는 그 해석을 나에게 이렇게 알게 하였다.

> 이 큰 짐승 네 마리는 앞으로 땅에서 일어날 네 왕이다.
> 그러나 지극히 높으신 자의 성도들이 나라를 얻으리니, 그 누림이 영원하고 영원하고 영원히 누릴 것이다.
> 그런 다음 나는 넷째 짐승에 대한 진상을 알고 싶어 했는데, 그것은 다른 짐승과

달라서 아주 무섭게 생겼으며, 철 이빨과 구리 발톱을 가지고 마구 먹고 부수뜨리고 나머지는 발로 짓밟았으며, 또 그 머리에는 열 뿔이 있었다. 그리고 다른 한 뿔이 나오자 먼저 있던 세 뿔이 그 앞에서 빠졌으며, 새로 나온 그 뿔에는 눈과 입이 있어 크게 떠들어 대고 다른 뿔과 달라 아주 강하게 보였다.
내가 보고 있을 때에, 새로 돋은 그 뿔이 성도들에 맞서서 전쟁을 일으키고, 그들을 이겼으나, 옛적부터 항상 계신 분이 오셔서, 지극히 높으신 자의 성도를 위하여 심판하시고 위로하셨으며, 때가 되자 성도들이 나라를 얻었다.

나에게 설명을 해 주는 천사가 다시 말하였다.

넷째 짐승은 앞으로 세상에 나타날 네 번째 나라이다.
이것은 다른 모든 나라와 달라서 온 세상을 삼키고 밟아 부수뜨릴 것이다.
그 열 뿔은 이 나라에서 일어날 열 명의 왕이며, 그 외에 또 한 왕이 일어날 것이다.
그는 먼저 있던 왕들과 달라 세 왕을 굴복시킬 것이다.
그가 장차 말로 지극히 높으신 자를 대적할 것이며 또 지극히 높으신 자의 성도를 괴롭게 할 것이다,
그가 또 때와 법을 변경시키려고 할 것이며 성도들은 삼 년 반 동안 그의 지배를 받을 것이다.
그러나 심판이 시작되면, 그는 권세를 빼앗기고 완전히 멸망해 버릴 것이며, 나라와 권세와 온 천하 열국의 위세가 지극히 높으신 분의 거룩한 백성에게 돌아갈 것이다. 그의 나라는 영원한 나라이며, 모든 권세 있는 자가 다 그를 섬기며 복종할 것이다.

이것으로 그 환상의 해석은 끝났다.

나 다니엘은 마음이 번민하였으며 내 얼굴빛이 변하였으나, 내가 이 일을 마음에 감추었다.

벨사살이 왕위에 오른 지 삼 년이 되는 해에, 나 다니엘은 처음 본 것에 이어 두 번째로 환상을 보았다.

내가 환상을 보았는데, 내가 그것을 볼 때에 내 몸은 엘람도 수산 성 곁에 있는 을래 강 가에 서 있었다.

내가 눈을 들어 보니, 두 개의 뿔을 가진 숫양 한 마리가 강가에 서 있었다.

그 숫양의 두 뿔은 모두 길었으나, 나중에 난 뿔이 먼저 난 뿔보다

더 길었다.

내가 보니 그 숫양이 뿔로 서쪽과 북쪽과 남쪽을 들이받았다.

그러나 그것을 당할 짐승이 없고, 그 손에서 구해 낼 수 있는 이가 아무도 없었다.

그 숫양은 자기 마음대로 하며 더욱 강해졌다. 내가 이것을 생각하고 있을 때, 갑자기 숫염소 한 마리가 서쪽에서 달려 나와 온 땅을 누비며 다녔는데 너무 빨라 그 발이 땅에 닿지 않을 정도였다.

이 숫염소는 눈과 눈 사이에 아주 큰 뿔 하나가 있었다.

이 숫염소가 두 뿔을 가진 숫양 곧 내가 강가에 서 있는 것을 본 그 숫양에게 다가가서 분노한 힘으로 달려들었다.

내가 보니 숫염소가 숫양에게로 가까이 나아가서는 더욱 성내어 그 숫양을 쳐서 그 두 뿔을 꺾었으나, 숫양에게는 그것을 대적할 힘이 없으므로, 숫염소가 숫양을 땅에 엎드러뜨리고 짓밟았으나 능히 숫양을 그 손에서 벗어나게 할 자가 없었다.

숫염소가 매우 강해지고 힘이 세어졌을 때에, 그 큰 뿔이 부러지고 그 자리에 뚜렷하게 보이는 뿔 넷이 하늘 사방으로 뻗으면서 돋아났다.

그중 한 뿔에서 또 작은 뿔 하나가 나와, 남쪽과 동쪽과 영화로운 이스라엘 땅을 향하여 아주 크게 자라더니, 그 세력이 하늘의 군대를 공격할 만큼 강해져 그 군대와 별 중에 몇을 땅에 던져 짓밟고, 또 작은 뿔이 스스로 높아져서, 하늘의 군대의 주관하시는 분을 대적하며, 옛적부터 항상 계신 그분에게 매일 드리는 제사마저 없애 버리고 그 분의 성전도 파괴하였다.

작은 뿔의 범죄함을 인하여, 백성과 매일 드리는 제사가 작은 뿔에게 넘어갔고, 작은 뿔이 또 진리를 땅에 던지며, 자기 마음대로 행하여 하는 일마다 잘되었다.

그때 내가 들으니 거룩한 천사가 다른 거룩한 천사에게 이렇게 물었다.

환상에서 나타나는, 매일 드리는 제사와 멸망하게 하는 죄악에 대한 일과, 성전과 백성이 작은 뿔에게 내어 준 일과 성전과 백성이 작은 뿔에게 짓밟혀진 이 일들이 언제까지 계속될 것인가?

다른 천사가 나에게 말하였다.

밤낮 이천삼백 일이 지나서야, 그때에 성소가 정결하게 함을 입을 것이다.

나 다니엘이 이 환상을 보고, 그 뜻을 알려고 할 때 갑자기 사람 같은 형체가 내 앞에 나타났다.

그때에 내가 을래 강 가의 두 언덕 사이에서, 사람이 외치는 소리를 들었다.

가브리엘아, 이 사람에게 그 환상을 알려 주어라.

그가 가까이 와서 내 앞에 섰을 때, 나는 너무 두려워서 얼굴을 땅에 대고 엎드렸다.

그러자 그가 나에게 "사람의 아들아, 이 환상은 세상 끝의 정한 기간 곧 종말에 관한 것임을 깨달아 알아라." 하고 말하였다.

그가 나에게 말할 때에, 나는 얼굴을 땅에 대고 깊이 잠들었다.

그러나 그는 나를 어루만지면서 일으켜 세웠다.

그리고 그는 말하였다.

하나님의 분노가 마지막 때에 어떻게 일어날 것인가를 내가 너에게 알려 주겠다.
이 환상은 세상 끝의 정한 기간 곧 종말에 일어날 일에 관한 것이다.
'네가 본 그 숫양의 두 뿔은 메데와 바사의 왕들이고, 털이 많은 그 숫염소는 헬라 왕을 가리키며, 그 숫염소의 두 눈 사이에 난 큰 뿔은 그 나라의 첫 번째 왕이다.
첫 번째 뿔이 꺾이고 대신 나온 네 뿔은 그 나라에서 일어날 네 나라를 가리킨다.
그 어느 것도 처음 나라의 권세보다 강하지 못할 것이다. 그 네 나라가 멸망할 때쯤 되어, 많은 사람들이 도덕적으로 타락할 것이며, 그때 아주 엄격하고 교활한 계략에 능한 왕이 일어날 것이다.
그의 권세는 대단히 강력할 것이지만, 자기 힘으로 된 것이 아니며, 그가 장차 무자비하게 파괴하고 자기 마음대로 행할 것이며 하는 일마다 형통하여 강한 자들과 거룩한 백성을 멸할 것이다.

> 그가 꾀를 베풀어 제 손으로 교활한 계략을 이루고 마음속에 스스로 큰 체하며, 또 평화스러운 시대에 많은 사람들을 죽이며, 또 스스로 서서 만왕의 왕을 대적할 것이나, 그가 사람의 손을 말미암지 않고 깨어질 것이다.
> 이미 너에게 설명한 대로 이천삼백 일이 지나야 성전이 회복될 것이라는 그 환상은 분명히 이루어질 것이다.
> 그러나 이것은 먼 훗날의 일이므로, 너는 이 환상의 비밀을 아무에게도 말하지 말고 혼자 간직하여라.

그러고서 나 다니엘은, 실신 상태에 빠져 여러 날을 앓다가 그 후에 일어나 왕이 맡긴 직무를 수행하였다.

그러나 나는 그 환상을 보고 무척 놀란 것은 사실이다. 그 환상을 말하여 주어도, 그 뜻을 깨달을 수 있는 사람은 없었을 것이다.

바벨론의 벨사살 왕이, 큰 잔치를 베풀고 일천 명의 귀빈들을 초대하여 그들과 함께 술을 마시고 있었다.

벨사살 왕이 술을 마시다가 자기 아버지 느부갓네살이 예루살렘 성전에서 가져온 금은金銀 그릇들을 가져오라고 명령하였다.

이것은 그와 귀빈들과 그의 왕후와 후궁들이 그것으로 술을 마시기 위해서였다.

그래서 예루살렘에 있는 하나님의 집 성전에서 가져온 금 그릇들을 내어 오자, 왕과 귀빈들과 왕비들과 후궁들이 그것으로 술을 마셨다.

그들은 술을 마시고서, 금과 은과 동과 철과 나무와 돌로 만든 신들을 찬양하였다.

그때에 갑자기 사람의 손가락이 나타나서 왕궁의 촛대 맞은편 석회벽에 글자를 쓰기 시작하였다.

왕은 그 손가락이 글을 쓰는 것을 보고 있었다.

지금까지 즐기고 있던 왕의 얼굴빛이 창백해지더니, 두려움에 사로잡혀서 넓적다리의 힘을 잃고 무릎을 서로 부딪치며 떨었다.

왕은 크게 소리를 질러 마술사와 갈대아 주술사와 점쟁이를 불러오게 하여, 바벨론의 박사들에게 이렇게 말하였다.

누구든지 이 글자를 읽고 그 해석을 나에게 말하는 자에게는 자색 옷을 입히고, 그 목에 금 사슬을 걸어 주며 그를 나라의 세 번째 통치자를 삼게 할 것이다.

그때에 왕의 박사가 다 들어왔으나, 능히 그 글자를 읽지 못하며 그 해석을 왕께 알게 하지 못하였다.

그러자 벨사살 왕은, 더욱 두려워하여 얼굴빛이 변하였고 거기에 모인 귀빈들도 당황하였다.

그때 왕의 어머니 곧 태후가 왕과 귀빈들의 떠드는 소리를 듣고, 연회장으로 들어와서 이렇게 말하였다.

왕이여 만세수를 하옵소서.
왕은 너무 두려워하지 마시고, 얼굴에서 근심을 떨쳐 버리시기 바랍니다.
왕의 나라에 거룩한 신들의 영이 있는 사람이 있습니다.
그는 왕의 아버지 때에 명철하고 총명하여 신들의 지혜와 같은 지혜를 가진 자로 알려졌습니다.
그래서 왕의 아버지 느부갓네살 왕은 남자 무당인 박수와 마술사와 갈대아 주술사와 점쟁이의 어른으로 삼았습니다.
느부갓네살 왕이 벨드사살이라고 부른 이 다니엘은 영민하고 특별한 지혜와 총명이 있어, 꿈을 해석하며 은밀한 말을 밝히고 어려운 문제를 풀어낼 수 있습니다. 이제 다니엘이라는 사람을 부르십시오. 그리하시면 그가 그 글자의 해석을 왕에게 말해 줄 것입니다.

그래서 다니엘을 불러왔다.
그가 왕 앞에 나오자 왕이 그에게 이렇게 말하였다.

네가 우리 아버지 왕이 유다에서 사로잡아 온 유다 자손 중의 그 다니엘이냐?
내가 네게 대하여 들었더니, '네 안에는 신들의 영이 있으므로 네가 명철과 총명과 비상한 지혜가 있다' 하는도다.
지금 여러 박사와 마술사들을 내 앞에 불러다가, 그들로 이 글을 읽고 그 해석을 내게 알게 하라 하였으나, 그들이 다 능히 그 해석을 내게 보이지 못하였다.
내가 네게 대하여 들었는데, 너는 해석을 잘하고 어려운 문제를 풀 수 있다고 들었다.
그러므로 이제 네가 이 글자를 읽고 그 해석을 내게 알게 하면, 네게 자색 옷을 입히고 금 사슬을 네 목에 걸어 주며, 너로 나라의 세 번째 통치자를 삼게 할 것이다.

그때 다니엘이 이렇게 대답하였다.

나에게 줄 왕의 상급과 예물은 왕이 가지시며 아니면 다른 사람에게 주십시오.
그럴지라도 내가 왕을 위해 그 글을 읽고 해석해 드리겠습니다.
왕이시여, 지극히 높으신 하나님은, 왕의 아버지 느부갓네살을 위대한 왕이 되게 하셔서 그에게 권세와 영광과 위엄을 주셨습니다.
하나님께서, 그에게 큰 권세를 주셨으므로 모든 백성과 나라와 민족들이 그를 두려워하고 떨었습니다.
그는 사람을 죽이고 싶으면 죽이고 살리고 싶으면 살렸으며, 누구든지 높이고 싶으면 높이고 낮추고 싶으면 낮추었습니다.
그러나 왕의 아버지께서, 마음이 높아져서 생각이 강퍅해지시고,
교만을 행함으로 왕위에서 쫓겨나셔서, 영광을 빼앗긴 일이 있었습니다.
그래서 그는 사람 사는 세상에서 쫓겨났으며, 그의 마음이 들짐승의 마음과 같이 되어 들나귀와 함께 살고 소처럼 풀을 먹으며, 그의 몸은 하늘의 이슬에 젖었습니다.
결국 그는 지극히 높으신 하나님께서, 인간 나라를 다스리시며 누구에게든지 자기가 원하는 자에게 나라를 준다는 사실을 알게 되었습니다.

벨사살 왕이시여, 왕은 그의 아들이 되어 이 모든 일을 알고도 오히려 마음을 낮추지 아니하시고, 스스로를 높여 하늘의 주를 거역하며, 성전 그릇을 가져다가 귀빈들과 왕후와 후궁들과 함께 그것으로 술을 마시고, 금과 은과 구리와 철과 나무와 돌로 만든 신 곧 보지도 못하고 듣지도 못하고 아무것도 알지 못하는 신상들을 찬양하였습니다.
도리어 왕의 호흡을 주장하시고, 왕의 모든 길을 작정하시는 하나님께는 영광을 돌리지 않았습니다.
이러므로 하나님께서 이 손가락이 나타나게 하셔서 이 글을 기록하였습니다.
기록한 글자는 이것이니 곧 '메네 메네 데겔 우바르신' 입니다.
그 글자를 해석하면 이러합니다.
메네는 하나님이 이미 왕의 나라의 시대를(날수를) 세어서 그것이 끝나게 하셨다는 것이고, 데겔은 저울에 단다는 말이며, 왕이 하나님의 저울에 달린 결과 무게에 미치지 못했다는 것을 뜻합니다.
그리고 베레스(우바르신)는 나눈다는 뜻입니다.
이것은 왕의 나라가 나누어져 메데와 바사 사람에게 주어질 것을 가리킵니다.

그러자 즉시 벨사살 왕은 다니엘에게 자색 옷을 입히고 금 사슬을 목에 걸어 주라고 명령하였으며, 또 왕은 조서를 내려 그를 나라의 세 번째 통치자로 삼았다.

그날 밤에 바벨론의 벨사살 왕은 죽임을 당하였고, 메대 사람 다리오가 나라를 얻었는데, 그때에 다리오의 나이는 육십이 세였다.

메데 왕 다리오와 다니엘(단 9:1-27; 6:1-28)

메대 족속 아하수에로의 아들 다리오가 바벨론 갈대아 나라의 왕으로 세움을 입던 원년에 곧 다리오가 통치한 첫해에, 나 다니엘은 예레미야의 서책으로 말미암아, 여호와의 말씀이 선지자 예레미야에게 임하여 말씀하신 그 연대를 깨달았다.

곧 '예루살렘의 황폐함이 칠십 년 만에 미치리라.' 하신 것이다.

그래서 나는 굵은 베옷을 입고, 잿더미에 앉아 금식하며 주 하나님께 간절히 기도하기를 결심하였다.

그때 나는 나의 하나님 여호와께, 나와 내 백성의 죄를 고백하며 이렇게 기도하였다.

> 여호와여, 주는 크시고 두려워할 하나님이십니다.
> 주께서는 주를 사랑하고 주의 계명에 순종하는 자들에게 항상 주의 언약을 지키시며, 한결같은 자비를 베푸시는 분이십니다.
> 그러나 우리는 이미 범죄하여, 악을 행하고 잘못을 저질렀으며 주의 명령을 거역하였고 주의 법도과 규례를 떠나서 살았습니다.
> 우리가 또 주의 종 선지자들이, 주의 이름으로 우리의 열왕과 우리의 방백과 열조와 온 백성에게 말씀한 것을 듣지 않았습니다.
>
> 주여! 주는 항상 공의로우신 분이시지만, 우리는 오늘날 수치를 당하는 사람들이 되었습니다.
> 유다와 예루살렘에 사는 자들과 여러 나라에 흩어져 사는 모든 이스라엘 사람들이, 주께서 쫓아 보내신 각 나라에서 수치를 당하고 있는 것은 우리가 다 주께 죄를 지었기 때문입니다.

주여, 수치가 우리에게 돌아오고 우리의 열왕과 우리의 방백과 열조에게 돌아온 것은, 우리가 주께 범죄하였지만 주 우리 하나님께서는 우리를 긍휼히 여겨주시고 용서하여 주셨습니다.
그러나 우리는 하나님을 거역하였습니다. 우리 하나님 여호와의 목소리를 듣지 않고 순종하지 않았으며, 여호와께서 그 종 선지자들에게 부탁하여 우리 앞에 세우신 율법을 지키지 않았습니다.
모든 이스라엘 사람들이, 주의 율법을 어기며 주의 목소리를 듣지 않고 순종하지 않아 범죄하였으므로, 하나님의 종 모세의 율법책에 기록된 맹세대로 저주가 우리에게 내렸습니다.
주께서는 우리에게 무서운 재앙을 내리셔서, 우리와 우리를 재판하던 재판관들을 쳐서 하신 말씀을 이루셨습니다.
예루살렘이 당한 것과 같은 일은, 지금까지 온 천하의 그 어느 곳에서도 일어난 적이 없습니다.
모세의 율법책에 기록된 대로 이 모든 재앙이 우리에게 내렸으나, 우리는 죄악을 버리고, 주의 진리를 깨닫도록 우리 하나님 여호와의 은혜를 구하려고 하지 않았습니다.
그러므로 주께서는 간직하여 두신 재앙을 우리에게 내리셨습니다. 이것은 우리 하나님 여호와께서 항상 의로운 일을 행하시지만, 우리는 주의 목소리를 듣지 않고 순종하지 않았기 때문입니다.
강한 손으로 주의 백성을 애굽 땅에서 인도하여 내시고 오늘과 같이 명성을 얻으신, 우리 주 하나님이여! 우리가 범죄하였고 악을 행하였습니다.
주여! 내가 구하옵나니 주의 공의로우신 행위를 따라, 주의 분노를 주의 성 예루살렘 곧 주의 거룩한 산에서 떠나게 하옵소서.
우리와 우리 열조들의 죄악 때문에 예루살렘과 주의 백성이, 우리 주변의 모든 나라들에게 수모를 당하고 있습니다.

우리 하나님이시여!
이제라도 이 종의 간절한 기도를 들으시고, 주의 영광을 위하여 주의 얼굴빛을 주의 황폐한 성소에 비치시옵소서.
나의 하나님이시여! 귀를 기울여 들으시며 눈을 떠서, 우리의 황폐된 상황과
주의 이름으로 세웠던 성을 보옵소서.
우리가 주의 앞에 간절히 구하는 것은, 우리의 의를 의지하여 하는 것이 아니라,
주의 큰 긍휼을 의지하기 때문입니다
주여! 우리의 기도를 들으소서. 주여! 우리를 용서하소서.

주여! 우리의 기도를 들으시고 행하소서.
나의 하나님이시여! 주 자신을 위하여 하시옵소서. 이는 주의 성과 주의 백성들은 주의 것이기 때문입니다.

이와 같이 내가 기도하며, 내 죄와 내 백성 이스라엘의 죄를 고백하고, 내 하나님 여호와의 거룩한 산을 위하여, 내 하나님 여호와 앞에 간구하고 있을 때, 전에 내가 환상 가운데서 본 가브리엘 천사가, 저녁 제사를 드릴 때쯤 되어 내가 있는 곳으로 급히 날아와, 내게 가르치며 내게 말하였다.

다니엘아, 내가 이제 네게 지혜와 총명을 주려고 왔다.
네가 기도를 시작한 즉시 하나님이 네 기도에 응답하셨다.
그래서 나는 그것을 너에게 말해 주라는 명령을 받고 여기에 왔다.
너는 하나님의 은총을 입은 자이다. 그러므로 너는 나의 말을 잘 듣고 네가 본 환상의 뜻을 깨달아라.
하나님께서, 네 백성과 네 거룩한 성을 위하여 칠십 이레(사백구십 년)로 기한을 작정해 놓으셨으니, 허물이 마치며 죄가 끝나며 죄악이 영원히 속죄되며 영원한 의가 드러나며, 환상과 예언이 응답되며, 또 지극히 거룩한 자가 기름 부음을 받을 것이다.
그러므로 이제 너는 깨달아 알아라.
예루살렘을 다시 건축하라는 명령이 내릴 때부터, 하나님의 기름 부음을 받은 자 곧 택한 왕이 오실 때까지, 일곱 이레(사십구 년)와 육십 이레(사백삼십사 년)가 지날 것이며, 그 어려움을 당하는 그때 곧 일곱 이레(사십구 년) 안에 예루살렘의 거리와 성벽이 재건될 것이다.
그리고 예루살렘이 다시 건축된 때부터, 육십 이레(사백삼십사 년)가 지난 후에, 하나님의 기름 부음을 받은 자가 죽음을 당할 것이며, 장차 한 강력한 왕의 군대가 예루살렘을 침략하여 그 성과 성전을 파괴할 것이다.
그 왕의 종말은 홍수처럼 밀어닥칠 것이며, 그의 끝날 때까지 전쟁과 파괴가 그칠 날이 없어 황폐할 것이 작정되었다.
그 왕이 장차 많은 사람으로 더불어 한 이레(칠 년) 계약을 맺을 것이며, 그 계약 기간, 그 이레의 절반이 지났을 때, 그가 유대인들의 제사와 예물을 금지하고, 성전을 더럽히며 거기에 멸망의 가증한 것을 날개를 의지하여 세울 것이다.
그러나 작정된 종말까지, 하나님의 무서운 진노가 그에게 쏟아질 것이다.

바벨론 갈대아 나라의 왕 메데 사람 다리오는, 자기가 원하는 대로 전국을 백이십 도로 나누고, 각 도에 백이십 명의 방백을 세워서 나라를 다스리게 하였다.

그리고 그는 방백들 위에 총리 세 사람을 세워, 방백이 총리에게 자기들의 직무를 보고하게 하여, 왕이 나라 일을 보는 데 어려움이 없게 하였다.

그 총리 가운데 한 사람이 바로 다니엘이었다. 다니엘은 총명하여 모든 면에 방백들과 다른 총리들보다 뛰어났으므로, 왕은 그에게 나라의 모든 일을 맡길 생각이었다.

그러자 다른 총리들과 방백들은, 다니엘이 국사를 처리하는 데 있어서 잘못한 점을 찾아 그를 고발하려고 했으나, 다니엘이 자기 일에 충실하고 잘못이나 부정을 저지른 일이 없으므로, 그들은 다니엘에게서 아무 흠을 찾지 못하였다.

그래서 그들은 서로 말하였다.

> 다니엘이라는 자는, 그가 믿는 하나님의 율법에 대하여 그 틈을 얻지 못하면 고발할 근거를 찾을 수 없다.

그리하여 총리들과 방백들은 왕에게로 나아가서 말하였다.

> 다리오 왕이여, 만세수를 하옵소서.
> 나라의 모든 총리들과 지방장관과 방백과 모사와 관리들이 모여서 의논한 결과, 왕께서 한 금령을 내려 그것을 법으로 정해 주실 것을 요청하기로 의논했습니다.
> 그것은 지금부터 삼십 일 동안 누구든지, 왕 외에 어느 신에게나 사람에게 기도하는 자를 사자 굴에 던져 넣기로 한 것입니다.
> 그러므로 왕이시여, 이제 금령을 내려 세우시고 그 조서에 어인을 찍어서, 메대와 바사의 고치지 못하는 법을 따라서 그것을 다시 고치지 못하게 하시기를 바랍니다.

그래서 다리오 왕은 조서에 어인을 찍어 금령을 공포하였다.

다니엘은, 그 조서에 어인이 찍힌 것을 알고도 자기 집으로 돌아가, 예루살렘을 향해 창문을 열어 둔 자기 방에서 전에 항상 하던 대로 하루 세 번씩 무릎을 꿇고 기도하며, 그의 하나님께 감사하였다.

다니엘을 모함하려고 하는 자들이 무리를 지어 가서 그가 자기 하나님께 기도하며 간구하는 것을 보고, 그들이 금령에 대하여 왕에게 가서 말하였다.

> 왕이시여, 왕께서는 이미 금령에 어인을 찍어서 지금부터 30 일 동안 누구든지 왕 외에, 어느 신에게나 사람에게 기도하면 사자 굴에 던져 넣기로 하지 않았습니까?

그러자 다리오 왕이 "그것은 아무도 고칠 수 없는, 메데와 바사의 법으로 정한 것이다." 하고 대답하였다.

그들이 왕 앞에서 말하였다.

> 왕이시여, 사로잡혀 온 유다 자손 중에, 그 다니엘이 왕과 왕의 어인이 찍힌 금령을 무시하여 하루 세 번씩 기도하고 있습니다.

다리오 왕은 이 말을 듣고 몹시 괴로워하며, 다니엘을 구할 방법을 찾으려고 마음을 쓰며 그를 건져 내려고 해가 질 때까지 힘을 다하였다.

그때 그들이 다시 왕에게 몰려와 이렇게 말하였다.

> 왕이시여, 메데와 바사의 법에 의하면, 일단 왕이 공포한 법률이나 금령은 고칠 수 없다는 사실을 기억하십시오.

그래서 왕은 하는 수 없이 명령을 내리고 말았다. 그러자 그들은 다니엘을 끌어다가 사자 굴에 던져 넣었다.

그때 다리오 왕은, 다니엘에게 "네가 항상 섬기는 네 하나님이 너를 구원하시기를 바란다." 하고 말하였다.

사람들이 돌을 굴려다가 사자 굴의 입구를 막았을 때, 왕은 어인과 귀족들의 인을 쳐서 봉하였다.

이것은 다니엘에 관한 일을 변경할 수 없도록 하기 위해서였다.

그리고 왕은 궁전으로 돌아가 여느 때의 즐거운 풍악도 그치게 하고 아무것도 먹지 않은 채 밤을 새었다.

다음날 왕은 새벽에 일어나 사자 굴로 급히 달려가서, 그 굴 가까이에 이르러, 왕은 슬픈 목소리로 외치며 다니엘에게 말하였다.

> 살아 계신 하나님의 종 다니엘아,
> 네가 항상 섬기는 너의 하나님이 너를 사자들로부터 구해 주셨느냐?

그때 다니엘이 대답하였다.

> 왕이시여, 만세수를 하옵소서.
> 나의 하나님이, 이미 자기 천사를 보내 사자들의 입을 막았으므로 사자들이 나를 상하게 하지 않았습니다.
> 이는 나에게 죄가 없음이 그분 앞에 명백히 드러났기 때문입니다.
> 왕이시여, 나는 또 왕의 앞에서도 잘못한 것이 없습니다.

그러자 왕은 너무 기뻐서 다니엘을 사자 굴에서 끌어올리라고 명령하였다.

다니엘이 사자 굴에서 올라왔을 때 그 몸이 하나도 상하지 않았다.

이는 그가 자기 하나님을 의지하였기 때문이었다.

그러자 다리오 왕은 명령을 내려, 다니엘을 고소한 사람들을 끌어오게 하여 그들을 처자들과 함께 사자 굴에 던져 넣게 하였다.

그들이 사자 굴 밑바닥에 미처 닿기도 전에, 사자들이 움켜쥐어서 그들의 뼈까지 다 부숴 버렸다.

그때 다리오 왕은, 그의 온 땅 안에 있는 모든 나라와 민족들에게, 다음과 같은 조서를 내렸다.

> 원하건대, 모든 나라와 민족들에게 평안이 있기를 바란다.
> 내가 이제 조서를 내리노라.
> 내 나라 관할 아래 있는 사람들은 모두 다 다니엘의 하나님 앞에서 떨며 두려워하여야 한다.
> 그는 살아 계시는 하나님이시며, 영원히 변하지 않으실 분이시다.
> 그의 나라는 멸망하지 아니할 것이며, 그의 권세는 무궁할 것이다.
> 그는 구원도 하시며 건져 내기도 하시며, 하늘에서든지 땅에서든지 이적과 기사를 행하시는 분으로서, 다니엘을 구원하여 사자의 입에서 벗어나게 하셨다.

이렇게 해서 다니엘은, 메데 사람 다리오 왕의 시대와 바사 사람 고레스 왕의 시대에까지 모든 일에 형통하였다.

제 6 장
고레스와 스룹바벨

유다와 예루살렘 ①(사 1:1-2:22)

유다 왕 웃시아와 요담과 아하스와 히스기야 시대에, 아모스의 아들 이사야가 유다와 예루살렘에 대하여 본 환상이다.

하늘이여 들으라! 땅이여 귀를 기울이라!

여호와께서 말씀하시기를,

내가 자식을 양육하였거늘 그들이 나를 거역하였도다.
소는 그 임자를 알고 나귀는 주인의 구유를 알건마는, 이스라엘은 알지 못하고, 나의 백성은 깨닫지 못하는도다." 하셨도다.
슬프다 범죄한 나라여, 허물 진 백성이요, 행악의 종자요, 행위가 부패한 자식이로다.
그들이 여호와를 버리며 이스라엘의 거룩한 자를 업신여겨서 멀리하고 물러갔구나.
너희가 어찌하여 매를 더 맞으려고 더욱더욱 거역하느냐?
온 머리는 병들었고 온 마음은 피곤하였으며, 발바닥에서 머리까지 성한 곳이 없이 상한 것과 터진 것과 새로 맞은 흔적뿐이거늘, 그것을 짜며 싸매며 기름으로 바르지도 못하였구나.
너희 땅은 황폐하였고 너희 성읍들은 불에 탔고, 너희 토지는 너희 목전에 이방인에게 삼키었으며 이방인에게 파괴됨 같이 황무지가 되었고,
딸 예루살렘 시온은 포도원의 망대같이, 포도원의 초막과 같이, 참외밭의 원두막같이, 에워싸인 성읍같이 겨우 남았구나.
만군의 여호와께서, 우리를 위하여 조금 남겨 두지 않으셨더라면 우리가 소돔 같고 고모라 같았을 것이로다. 너희 소돔의 통치자들아, 여호와의 말씀을 들을지어다. 너희 고모라의 백성아, 우리 하나님의 법에 귀를 기울일지어다.

여호와께서 말씀하시되,

너희의 무수한 제물이 내게 무엇이 유익하냐?
나는 수양의 번제와 살진 짐승의 기름에 배불렀고,
나는 수송아지나 어린 양이나 숫염소의 피를 기뻐하지 아니하노라.
너희가 내 앞에 보이러 오니, 그것을 누가 너희에게 요구하였느냐?
내 마당만 밟을 뿐이니라. 헛된 제물을 다시 가져오지 말라.
분향은 나의 가증히 여기는 바요. 초하루와 안식일과 대회로 모이는 것도 그러하니, 성회와 아울러 악을 행하는 것을 내가 견디지 못하겠노라.
내 마음이 너희의 초하루와 정한 절기를 싫어하나니, 그것이 내게 무거운 짐이라. 내가 지기에 피곤하였느니라.
너희가 손을 펼 때에 내가 눈을 가리우고, 너희가 많이 기도할지라도 내가 듣지 아니하리니, 이는 너희의 손에 피가 가득함이니라.
너희는 스스로 씻으며 스스로 깨끗하게 하여, 내 목전에서 너희 악업을 버리며 악행을 그치고, 선행을 배우며 공의를 구하며, 학대 받는 자를 도와주며 고아를 위하여 신원하며 과부를 위하여 변호하라 하셨느니라.

여호와께서 말씀하시되,

오라! 우리가 서로 변론하자. 너희 죄가 주홍 같을지라도 눈과 같이 희어질 것이요 진홍같이 붉을지라도 양털같이 되리라.
너희가 즐겨 순종하면 땅의 아름다운 소산을 먹을 것이요 너희가 거절하여 배반하면 칼에 삼키우리라. 여호와의 입의 말씀이니라.

신실하던 성읍이 어찌하여 창녀가 되었는가!
공평이 거기 충만하였고 의리가 그 가운데 거하였었더니, 이제는 살인자들뿐이구나.
네 순결하던 은은 찌끼가 되었고 너의 포도주에는 물이 섞였구나.
네 방백들은 거역하며 도적과 짝을 이루며 다 뇌물을 사랑하며 선물 받기를 좋아하며 고아를 위하여 변호하지 아니하며 과부의 송사를 받아 주지도 아니하는구나.
그러므로 주 만군의 여호와 이스라엘의 전능자가 말씀하시되,
'슬프다! 내가 장차 내 대적에게 보응하여 내 마음을 편하게 하겠고 내 원수에게 복수하겠으며, 내가 또 나의 손을 네게 돌려, 너의 더러운 찌꺼기를 온전히 청결하여 버리며 너의 혼합물을 다 제거하여 버리고, 내가 너의 사사들을 처음과 같이 세우고, 너의 모사들을 본래와 같이 회복할 것이라.
그리한 후에야 네가 의의 성읍이라, 신실한 고을이라 칭함이 되리라 하셨으니,

예루살렘 시온은 공평으로 구속함을 받고 그 돌아온 자는 의로 구속함을 얻으리라. 그러나 거역한 자와 죄인은 함께 패망하고 여호와를 저버린 자도 멸망할 것이라.
너희가 우상을 섬기던, 너희의 기뻐하던 상수리나무로 인하여 부끄러움을 당할 것이요, 너희가 우상을 섬기던 너희의 택한 동산으로 인하여 수치를 당할 것이며, 너희는 잎사귀 마른 상수리나무 같을 것이요 물 없는 동산 같으리니, 강한 자는 삼 부스러기같이 되고 그의 행위는 불티와 같아서 함께 탈 것이나 끌 사람이 없으리라.

아모스의 아들 이사야가 하나님께 받은 유다와 예루살렘에 관한 말씀이다.

마지막 때에 여호와의 성전의 산이 모든 산꼭대기에 굳게 설 것이요.
모든 작은 산 위에 뛰어나리니, 만국의 열방이 그리로 모여들 것이라.
많은 백성이 가며 말하기를, '오라! 우리가 여호와의 산에 오르며 야곱의 하나님의 성전에 이르자. 그가 그 진리의 도로 우리에게 가르치실 것이라. 우리가 그 길로 행하리라.' 하리니, 이는 율법이 시온에서부터 나올 것이요, 여호와의 말씀이 예루살렘에서부터 나올 것임이니라.
그가 열방 사이에 판단하시며 많은 백성을 판결하시리니, 무리가 그 칼을 쳐서 보습을 만들고 그 창을 쳐서 낫을 만들 것이며, 이 나라와 저 나라가 다시는 칼을 들고 서로 치지 아니하며 다시는 전쟁을 연습하지 아니하리라.
야곱의 족속아, 오라! 우리가 여호와의 빛에 행하자!
주께서 주의 백성 야곱 족속을 버리셨음은, 그들에게 동방 풍속인 미신이 가득하며, 그들이 블레셋 사람같이 점치는 자가 되었으며, 이방인으로 더불어 손을 잡아 언약하였음이라.
이스라엘 그 땅에는, 은금이 가득하고 보화가 무한하며 그 땅에는 말이 가득하고 전차가 셀 수 없으며, 그 땅에는 우상도 가득하므로 그들이 자기 손으로 짓고 자기 손가락으로 만든 것을 공경하여, 비천한 자도 절하며 귀한 자도 굴복하니 그들을 용서하지 마옵소서.
너희는 바위틈에 들어가며 진흙 속에 숨어, 여호와의 위엄과 그 광대하심의 영광을 피하라. 그날에 눈이 높은 자가 낮아지며 교만한 자가 굴복되고, 여호와께서 홀로 높임을 받으시리라.
대저 만군의 여호와의 한 날이, 모든 교만한 자와 거만한 자와 자만한 자에게 임하여 그들로 낮아지게 하고, 또 레바논의 높고 높은 모든 백향목과 바산의 모든 상수리나무와,

모든 높은 산과 모든 솟아오른 작은 산과, 모든 높은 망대와 견고한 성벽과, 다시스의 모든 배와 모든 아름다운 조각 물에 임하리니, 그날에 자만한 자는 굴복되며 교만한 자는 낮아지고, 여호와께서 홀로 높임을 받으실 것이요,
우상들은 온전히 없어질 것이며, 사람들이 바위 동굴과 땅굴로 들어가서, 여호와께서 일어나사 땅을 진동시키시는, 그의 위엄과 그 광대하심의 영광을 피할 것이라.
사람이 숭배하려고 만들었던 그 은 우상과 금 우상을 그날에 두더지와 박쥐에게 던지고, 바위 동굴과 험악한 바위틈에 들어가서, 여호와께서 일어나사 땅을 진동시키시는 그의 위엄과 그 광대하심의 영광을 피하리라.
너희는 인생을 의지하지 말라. 그의 호흡은 코에 있나니 숫자를 셈할 가치가 어디 있느냐?

이사야와 고레스(사 44:1-45:7)

여호와께서 말씀하신다.
나의 종 야곱, 나의 택한 이스라엘아 이제 들으라!
너를 지으며 너를 모태에서부터 만들었고, 너를 도와줄 여호와가 말하노라.

나의 종 야곱, 나의 택한 여수룬*아 두려워 말라.
대저 내가 목마른 자에게 물을 주며 마른땅에 시내가 흐르게 하며,
나의 영을 네 자손에게, 나의 복을 네 후손에게 내리리니 그들이 풀 가운데서 솟아나기를 시냇가의 버들같이 할 것이라.
어떤 사람은 말하기를 '나는 여호와께 속하였다.' 할 것이며,
어떤 사람은 야곱의 이름으로 자칭할 것이며,
어떤 사람은 자기가 여호와께 속하였음을 손으로 기록하고 이스라엘의 이름으로 칭호하리라.

---

* '여수룬'은 '정직한 자', '의로운 자'라는 뜻인데 '이스라엘'에 대한 별칭, 애칭, 시적인 명칭으로 사용된다(신 33:5, 26; 사 44:2 참조).

이스라엘의 왕인 여호와, 이스라엘의 구속자인 만군의 여호와가 말하노라.
나는 처음이요 나는 마지막이라 나 외에 다른 신이 없느니라.
내가 옛날 백성을 세운 이후로 나처럼 외치며 말하며 진술할 자가 누구냐?
만일 있거든 될 일과 장차 올 일을 말할지어다.
너희는 두려워 말며 겁내지 말라. 내가 옛날부터 너희의 귀에 들리게 아니하였느냐?
너희에게 말하지 아니하였느냐?
너희는 나의 증인이라 나 외에 신이 있겠느냐?
과연 반석이 없나니, 다른 신이 있음을 알지 못하노라.
우상을 만드는 자는 다 허망하도다. 그들의 기뻐하는 우상은 무익한 것이어늘, 그것이 증인들은 보지도 못하며 알지도 못하니, 그러므로 수치를 당하리라.
신상을 만들며 무익한 우상을 부어 만든 자가 누구냐?
보라 그 같은 무리가 다 수치를 당할 것이라.
그 대장장이들은 사람이라. 그들이 다 모여 서서 두려워하며 함께 수치를 당할 것이니라.
철공은 철을 숯불에 달구이 불리고 망치로 치고 강한 팔로 두들기므로, 심지어 배고프고 기운이 빠지며 물을 마시지 아니하면 피곤하며, 목공은 줄을 늘여 치수를 재고 붓으로 긋고 대패로 밀고 걸음쇠로 줄을 그어 사람의 아름다움을 따라 인형을 새겨 집에 두게 하며, 그런 우상을 만들기 위해서 그는 백향목을 베어 오기도 하고 디르사(잣)나무나 상수리나무를 찍어 오기도 하며, 어떤 때는 삼림 중에 자기를 위하여 한 나무를 택하며, 어떤 때는 나무를 심어 놓고 비에 자라게도 한다.
나무는 원래 사람들이 불 때는 화목으로 삼는 것이었는데, 목공이 그 나무를 가지고 자기 몸을 따뜻하게도 하고 나무로 불을 피어서 떡을 굽기도 하고, 나무로 신상을 만들어 숭배하며 우상을 만들고 그 앞에 절하기도 하는구나.
우상을 만드는 것과 똑같은 나무로, 그중에 얼마는 불을 피우고 얼마는 고기를 삶아 먹기도 하며 고기를 구워서 배불리 먹기도 하며, 또 몸을 따뜻하게 하여 말하기를, '아하! 따뜻하다. 내가 불을 보니 좋구나!' 하고 감탄을 늘어놓는다.
그리고 그는 나머지 나무로 신상 곧 자기의 우상을 만들고 그 앞에 절하고 경배하며, 그 나무 우상에게 기도하여 말하기를, '너는 나의 신이니 나를 구원하라.' 하는구나.
백성이 알지도 못하고 깨닫지도 못하는 것은 그들의 눈이 가려져서 볼 수 없기 때문이며, 그 마음이 어두워져서 깨달을 수 없기 때문이다.
우상을 만들어 섬기는 사람은, 그 마음에 생각도 없고 지식도 없고 총명도 없으므로, '내가 그 나무의 얼마로 불을 피우고 그 숯불 위에 떡도 굽고 고기도 구워 먹었으므로, 내가 어찌 그 나머지 나무로 가증한 우상을 만들겠는가?
내가 어찌 그 나무토막 앞에 굴복하겠는가?' 하고 말하지 않는다.
그는 나무의 불타는 재를 먹고 미혹한 마음에 미혹되어서, 그 자신 스스로 그 영혼을 구원하지도 못하며, '나의 오른손에 붙들고 있는 나무 우상이 거짓된 것이다.' 라고 말하지도 못한다.

여호와께서 말씀하신다.
야곱아, 이스라엘아, 이 일을 기억하라!
너는 나의 종이니라. 내가 너를 지었으니 너는 나의 종이니라.
이스라엘아! 너는 나의 잊음이 되지 아니하리라.
내가 네 허물을 빽빽이 찬 구름의 사라짐 같이, 네 죄를 아침 안개의 사라짐 같이 깨끗이 씻었으니 너는 내게로 돌아오라. 내가 너를 구속하였음이니라.
여호와께서 이 일을 행하셨으니 하늘아, 노래할지어다!
땅의 깊은 곳들아, 높이 부를지어다!
산들아, 삼림과 그 가운데 모든 나무들아, 소리내어 노래할지어다!
여호와께서 야곱을 구속하셨으니, 이스라엘로 자기를 영화롭게 하실 것임이로다. 너를 구속하신 분이요. 모태에서 너를 만드신 여호와께서 말씀하신다.

나는 만물을 지은 여호와이다.
나와 함께한 사람 없이 홀로 하늘을 폈으며 땅을 베풀었고, 거짓말하는 거짓 선지자의 징조를 좌절시키며,
거짓 점치는 자를 미치게 하며, 세상의 지혜로운 자들을 물리쳐, 그 지식을 어리석게 하며,
나의 종 선지자의 말을 응하게 하며, 나의 명령을 받드는 자의 모략을 성취하게 하며,
예루살렘에 대하여는 말하기를 '거기에 사람이 살리라.' 하며,
유다 성읍들에 대하여는 말하기를 '다시 건축될 것이며,
여호와께서 그 황폐한 곳들을 복구시키리라.' 하며,
깊은 강물에 대하여는 말하기를 '마르라! 내가 네 강물들을 마르게 하리라.' 하며,
고레스에 대하여는 말하기를, '그는 나의 목자이다. 나의 모든 기쁨을 성취하리라.' 하며,
예루살렘에 대하여는 말하기를, '다시 건축되리라.' 하며,
성전에 대하여는 말하기를, '네 기초가 세움이 되리라.'
이 일을 이루시는 분은 여호와이시다.

나 여호와는, 나의 기름 받은 고레스의 오른손을 잡고, 열국으로 그 앞에 항복하게 하며 열왕의 허리를 풀며, 열국의 성문을 그 앞에 열어서 닫지 못하게 하리라.
여호와께서 고레스에게 이렇게 말씀하셨다.
내가 너보다 앞서 가서 험한 곳을 평탄하게 하며 놋문을 쳐서 부수며 쇠빗장을 꺾고, 너에게 어두움 속에 있는 감추어진 보화와 은밀한 곳에 숨은 재물을 주어서, 너로 너를 지명하여 부른 자가 나 여호와 이스라엘의 하나님인 줄 알게 하리라.
내가 나의 종 야곱, 나의 택한 이스라엘을 위하여 너를 지명하여 불렀고, 너는 나를 알지 못하였을지라도, 나는 네게 열국의 왕 칭호를 주었노라.

나는 여호와라! 나 외에 다른 이가 없나니, 나밖에 신이 없느니라.
너는 나를 알지 못하였을지라도, 나는 네 허리띠를 묶을 것이요,
해 뜨는 곳에서든지 지는 곳에서든지, 나밖에 다른 이가 없는 줄을 무리로 알게 하리라. 나는 여호와라! 다른 이가 없느니라.
나는 빛도 지었고 어두움도 창조하며 나는 평안도 지었고 환난도 창조하나니,
나는 여호와라! 이 모든 일을 행하는 여호와이니라.

고레스와 스룹바벨(대하 36:22-23; 스 1:1-11)

바사의 고레스 왕 원년에, 여호와께서 예레미야의 입으로 하신 말씀을 응하게 하시려고, 고레스 왕의 마음을 감동시키셨다.

그래서 고레스가 다음과 같은 조서를 내려 온 나라에 공포하도록 하였다.

바사의 왕 고레스가 말한다.
하늘의 하나님이신 여호와께서, 이 세상 온 나라를 나에게 주셨다. 그리고 나에게 명령하시어, 유다 땅 예루살렘에 성전을 건축하라 하셨다.
이스라엘의 하나님은 참 신이시다.
이제 너희 모든 하나님의 백성은 예루살렘으로 돌아가거라. 너희 하나님께서 너희와 함께 계시기를 바란다.
너희는 예루살렘에 계신 이스라엘의 하나님을 위해 성전을 지어라.
나머지 사람들은 예루살렘으로 돌아가고자 하는 사람들을 도와주도록 하여라.

> 그들에게 은과 금과 갖가지 물건과 가축을 주고, 예루살렘에 지을 하나님의 성전을 위해 예물도 주도록 하여라.

그리하여 유다와 베냐민 족장들과 제사장들과 레위 사람들도 예루살렘을 향해 길을 떠날 준비를 했다.

그들은 예루살렘으로 가서 여호와의 성전을 지을 생각이었다.

무릇 그 마음이 하나님께 감동 받은 사람은 예루살렘으로 올라가서 여호와의 성전을 건축하고자 하였다.

그러자 그들의 이웃 사람들은, 은 그릇, 금, 여러 가지 필수품, 가축, 값진 선물, 그 밖에 성전에 드릴 예물을 그들에게 주었다.

고레스 왕은 원래 여호와의 성전에 있던 그릇들을 꺼내 왔다.

그 그릇들은 바벨론 왕 느부갓네살이 예루살렘에서 빼앗아 와서 자기 신의 신전에 놓아 두었던 것들이다.

바사 왕 고레스가 창고 관리인 미드르닷을 시켜서 그 그릇들을 꺼내오게 했다.

미드르닷은 그것들을 낱낱이 세워서, 유다 총독 스룹바벨이라 하는 세스바살에게 넘겨주었다.

세스바살이 넘겨 받은 것은 금 그릇 삼십 개와 은 그릇 천 개와 칼 이십구 개와, 금 대접 삼십 개와 다른 은 대접 사백십 개와 그 밖의 그릇 천 개이다.

금 그릇과 은 그릇을 모두 합하면 오천사백 개이다.

세스바살이 포로로 잡혀간 이들을 바벨론에서 예루살렘으로 데리고 올 때, 그것들을 다 가지고 왔다.

바벨론 포로의 제 1차 귀환(스 2:1-70)

바벨론의 느부갓네살 왕에게 사로잡혀 바벨론으로 끌려갔던 수많은 사람들이, 그곳을 떠나 예루살렘과 유다와 그들의 각 성으로 돌아왔다.

그들은 이스라엘의 지도자 곧 스룹바벨과 예수아와 느헤미야와 스라야와 르엘라야와 모르드개와 빌산과 미스발과 비그왜와 르훔과 바아나가 돌아올 때 함께 왔다.

그리고 이 바벨론 포로 귀환자들의 인원을 각 자손별로 명단과 수는 다음과 같다.

바로스 자손이 이천일백칠십이 명이요,
스바댜 자손이 삼백칠십이 명이요,
아라 자손이 칠백칠십오 명이요,
바핫모압 자손 곧 예수아와 요압 자손이 이천팔백십이 명이요,
엘람 자손이 일천이백오십사 명이요,
삿두 자손이 구백사십오 명이요,
삭개 자손이 칠백육십 명이요,
바니 자손이 육백사십이 명이요,

브배 자손이 육백이십삼 명이요,
아스갓 자손이 일천이백이십이 명이요,
아도니감 자손이 육백육십육 명이요,
비그왜 자손이 이천오십육 명이요,

아딘 자손이 사백오십사 명이요,
아델 자손 곧 히스기야 자손이 구십팔 명이요,
베새 자손이 삼백이십삼 명이요,
요라 자손이 일백십이 명이요,

하숨 자손이 이백이십삼 명이요,
깁발 자손이 구십오 명이요,
베들레헴 사람이 일백이십삼 명이요,
느도바 사람이 오십육 명이요,

아나돗 사람이 일백이십팔 명이요,

아스마웨 자손이 사십이 명이요,
기랴다림과 그비라와 브에롯 자손이 칠백사십삼 명이요,
라마와 게바 자손이 육백이십일 명이요,

믹마스 사람이 일백이십이 명이요,
벧엘과 아이 사람이 이백이십삼 명이요,
느보 자손이 오십이 명이요,
막비스 자손이 일백오십육 명이요,

다른 엘람 자손이 일천이백오십사 명이요,
하림 자손이 삼백이십 명이요,
로드와 하딧과 오노 자손이 칠백이십오 명이요,
여리고 자손이 삼백사십오 명이요,
스나아 자손이 삼천육백삼십 명이다.

제사장 중에서는 예수아의 집 여다야 자손이 구백칠십삼 명이요,
임멜 자손이 일천오십이 명이요,
바스훌 자손이 일천이백사십칠 명이요,
하림 자손이 일천십칠 명이다.

레위 사람은 호다위야 자손 곧 예수아와 갓미엘 자손이 칠십사 명이요,
노래하는 자들은 아삽 자손이 일백이십팔 명이요,
문지기의 자손들은, 살룸과 아델과 달문과 악굽과 하디다와 소배 자손이 모두 일백삼십구 명이었다.

성전의 종들인 느디님 사람들은, 시하 자손과 하수바 자손과 답바옷 자손과 게로스 자손과 시아하 자손과 바돈 자손과 르바나 자손과 하가바 자손과 악굽 자손과 하갑 자손과 사믈래 자손과 하난 자손과 깃델 자손과 가할 자손과 르아야 자손과 르신 자손과 느고다 자손과 갓삼 자손과 웃사 자손과 바세아 자손과 베새 자손과 아스나 자손과 므우님 자손과 느부심 자손과 박북 자손과 하그바 자손과 할훌 자손과 바슬룻 자손과 므

히다 자손과 하르사 자손과 바르고스 자손과 시스라 자손과 데마 자손과 느시야 자손과 하디바 자손이었다.

솔로몬의 신복의 자손은, 소대 자손과 하소베렛 자손과 브루다 자손과 야알라 자손과 다르곤 자손과 깃델 자손과 스바댜 자손과 하딜 자손과 보게렛하스바임 자손과 아미 자손이고,

모든 느디님 사람과 솔로몬의 신복의 자손이 삼백구십이 명이었다.

그 밖에 델멜라와 델하르사와 그룹과 앗단과 임멜에서도 예루살렘으로 돌아온 사람이 있다. 그러나 그들이 이스라엘 가문 사람인지 아닌지는 분명하지 않다. 그들은 들라야와 도비야와 느고다의 자손인데, 모두 육백오십이 명이다.

그리고 제사장들 중에서 하바야 자손과 학고스 자손, 그리고 길르앗 사람 바르실래의 딸과 결혼하여, 여자 쪽 집안의 이름을 이어받은 바르실래의 자손들도 예루살렘으로 돌아왔는데, 그들도 족보에서 그 신원이 밝혀지지 않았다. 그래서 이들은 부정한 자로 취급을 받아 제사장 직분을 수행하지 못하게 하였다.

방백은 제사장이 우림과 둠밈으로 하나님의 판결을 물어, 그들이 실제로 제사장인지 아닌지 밝혀낼 때까지는 제사장이 먹는 거룩한 음식을 먹지 말라고 명령하였다.

이상과 같이 유다로 돌아온 사람들은, 노비 칠천삼백삼십칠 명과 찬양하는 남녀 이백 명 외에 사만이천삼백육십 명이었다.

또 말이 칠백삼십육 마리요, 노새가 이백사십오 마리요,
낙타가 사백삼십오 마리요, 나귀가 육천칠백이십 마리이다.

어떤 족장들이 예루살렘의 성전에 도착했을 때, 그곳에 성전을 재건하려고 기쁜 마음으로 예물을 드렸다.

그들은 이 일을 위해서 자기 능력에 따라 예물을 드렸다. 그들이 바친 예물은, 금 육만일천 다릭(약 524 kg)과 은 오천 마네(2,855 kg)과 그리고 제사장 의복 일백 벌이었다.

이렇게 해서 제사장들과 레위 사람들과 일부 백성들은 예루살렘과 그 주변 일대에 살고, 찬양대원들과 성전 문지기들과 성전의 일꾼인 느디님 사람들은 예루살렘 주변의 성에 살았으며, 그 나머지 이스라엘 사람들은 저마다 자기 고향에 정착하였다.

스룹바벨과 예수아(여호수아)①(스 3:1-4:6)

이스라엘 사람들이 자기 고향에 자리를 잡고 살기 시작한 지 일곱 달이 되었을 때, 그들은 예루살렘에 모였다.

요사닥의 아들 예수아와 그의 동료 제사장들과 스알디엘의 아들 스룹바벨이 모여서 하나님의 제단을 쌓기 시작했다.

그 제단은 모세의 율법에 적혀 있는 대로 태워 드리는 제물인 번제물을 바치는 제단이다.

그들은 그 주변의 이방 민족을 두려워하여 본래 제단이 있던 그 곳에 다시 단을 쌓고, 아침저녁으로 여호와께 불로 태워 바치는 번제를 드렸다.

그런 뒤에 율법에 적혀 있는 대로 초막절을 지켰다. 그들은 절기 기간 동안 날마다 정한 수대로 희생제물을 바쳤는데, 초막절이 끝난 뒤에도 초하루 제물과 여호와께서 명령하신 온갖 절기의 제물을 바쳤다.

그리고 여호와께 즐거이 드리는 예물도 바쳤다. 일곱째 달 첫날에 그들은 여호와께 번제물을 바쳤으나, 그때까지 아직 성전의 기초는 놓지 않은 상태였다.

그 후에 그들은 석수와 목수를 돈을 주어 고용하였고, 시돈 사람과 두로 사람의 여러 성에 음식과 포도주와 기름을 보내 주고, 레바논에서 욥바 항구까지 백향목을 실어 오게 했다. 그 일은 바사 왕 고레스의 조서대로 한 것이다.

그들이 예루살렘에 있는 하나님의 성전에 돌아온 지 이 년째 되는 해의 둘째 달에, 스알디엘의 아들 스룹바벨과 요사닥의 아들 예수아와, 그들의 동료 제사장들과 레위 사람들과, 사로잡혔다가 포로 생활을 마치고 예루살렘으로 돌아온 사람들이 함께 모두 일을 시작했다.

그들은 이십 세 이상 된 레위 사람을 뽑아서 여호와의 성전 짓는 일을 감독하게 하였다.

하나님의 성전 짓는 일을 감독하는 사람은 예수아와 그의 아들들과 형제들, 호다위야의 자손 갓미엘과 그의 아들들, 그리고 헤나닷의 아들들과 손자들과 형제들인데, 모두 레위 사람들로 이루어졌다.

건축자가 여호와의 성전의 기초를 놓을 때에, 제사장들이 예복을 입고 자기 위치에 서서 나팔을 들었다.

아삽 집안의 레위 사람들은 제금을 들고 각자 자기 위치에 서서, 이스라엘의 왕 다윗이 지시한 규정대로 여호와를 찬양했다.

그들은 찬양하고 감사하며 여호와께 노래했다.

여호와는 지극히 선하시므로, 그 인자하심이 이스라엘에게 영원하시도다!

그러자 모든 백성들은 성전 기초를 놓은 기쁨 때문에, 큰 소리로 즐겁게 여호와를 찬양하였다.

그러나 솔로몬의 옛 성전을 기억하고 있던, 나이 많은 제사장들과 레위 사람들과 그 밖의 여러 족장들은 새 성전의 기초가 놓인 것을 보고 대성통곡하였고, 다른 여러 사람들은 기뻐하며 즐겁게 찬양하였다.

백성이 크게 외치는 소리가 멀리 들리므로, 즐거이 부르는 소리와 통곡하는 소리를 백성들이 분간할 수 없었다.

유다와 베냐민의 대적들은, 사로잡혔다가 돌아온 사람들이, 이스라엘의 하나님이신 여호와를 위해 성전을 짓는다는 이야기를 들었다.

그들은 스룹바벨과 각 집안의 족장들에게 와서 말했다.

성전 건축하는 일을 우리도 돕게 해 주시오. 우리도 당신들의 하나님을 섬기고 싶소.

우리는 앗수르 왕 에살핫돈에 의해 이곳에 온 첫날부터 지금까지 당신들의 하나님께 제사를 드려 왔소.

그러나 스룹바벨과 예수아와 이스라엘 족장들이 말했다.

우리 하나님의 성전을 건축하는 데 너희는 우리와 상관없다.
바사 왕 고레스가 우리에게 명령하신 대로, 우리가 하나님 여호와를 위하여 우리만이 건축할 것이다.

그때부터 그 땅에 살고 있던 사람들이 유다 사람들을 괴롭히고 성전 공사를 방해하며, 바사 정부 관리들을 뇌물로 매수하여 그들의 계획을 좌절시켰다.

이런 일은 바사 왕 고레스가 통치하던 시대부터 바사 왕 다리오 왕이 즉위할 때까지 계속되었다.

아하수에로 왕이 즉위할 때까지 그들이 글을 올려 유다와 예루살렘 백성을 고소하는 편지를 썼다.

다니엘의 환상 ①(단 10:1-11:4)

바사의 왕 고레스 삼 년에, 벨드사살이라고 이름한 다니엘은 한 계시를 받게 되었는데, 그 말씀은 참된 것으로 큰 전쟁에 관한 것이었다. 다니엘은 그 계시를 분명히 알았고 환상을 깨달았다.

그때에 나 다니엘은 세 이레(삼 주간) 동안을 슬퍼하며, 세 이레가 차기까지 좋은 음식을 먹지 않고 고기와 포도주도 입에 넣지 않았으며, 또 기름을 바르지도 않았다.

그 해 정월 이십 사일에 내가 힛데겔(티그리스)이라 하는 큰 강가에서 있었다. 그때에 내가 눈을 들어 바라봤는데, 한 사람이 세마포 옷을 입었고 허리에는 우바스 정금 띠를 띠었고, 그 몸은 황옥 같았고 그 얼굴은 번개처럼 빛났고 그 눈은 타오르는 횃불 같았으며, 그 팔과 다리는 빛나는 놋쇠 같았고, 그의 목소리는 무리가 지르는 큰 소리와 같았다.

나 다니엘만이 이 환상을 보았고, 나와 함께 있던 다른 사람들은 보지 못하였다. 그들은 크게 무서워하여 달아나 숨었다.

그래서 나 혼자 남아 이 놀라운 환상을 보게 되었다. 그때 나는 몸에 힘이 빠지고, 얼굴빛은 죽은 사람처럼 창백해져서 힘을 쓸 수가 없었다.

내가 그의 말하는 소리를 들었는데, 그의 말소리를 들을 때에 내가 얼굴을 땅에 대고 깊이 잠들었다.

한 손이 나를 어루만지며 일으켰으나 나는 손과 무릎을 땅에 대고 다시 떨기 시작하였다.

그때 그가 나에게 이렇게 말하였다.

> 하나님의 은총을 크게 받은 다니엘아,
> 일어나 내가 너에게 하는 말을 잘 들어라. 하나님께서 나를 너에게 보내셨다.

내가 떨면서 일어서자, 그가 다시 나에게 말하였다.

> 다니엘아, 두려워하지 말아라.
> 네가 깨달음을 얻기 위해, 네 하나님 앞에서 스스로 겸손하여지기로 결심한 첫 날부터 하나님은 네 기도를 들으셨다.
> 그래서 내가 네 기도의 응답으로 여기까지 왔다.
> 바사 왕국을 지배하고 있는 강한 사탄의 세력이 이십일일 동안 내 길을 막았으나, 천사장 중의 하나인 미가엘이 와서 나를 도와주었으므로, 내가 바사 왕국을 지배하고 있는 이 사탄의 세력들을 물리치고 올 수 있었다.
> 이제 내가 마지막 때에 네 백성에게 일어날 일을 깨닫게 해 주려고 왔다.
> 이 환상은 앞으로 일어날 일을 보여 주는 것이다.

그가 이런 말로 내게 이를 때에, 내가 곧 얼굴을 땅에 향하고 어리벙벙하였더니, 사람처럼 생긴 그 천사가 내 입술을 어루만져 주었다.

그래서 나는 그에게 이렇게 말하였다.

> 내 주여, 이 환상을 인하여 근심이 내게 더하므로 내가 힘이 없어졌나이다.
> 내 몸에 힘이 없어졌고 호흡이 얼마 남지 아니하였사오니, 내 주의 이 종이 어찌 능히 내 주로 더불어 말씀할 수 있겠습니까?

그가 다시 나를 어루만지고 강건하게 힘을 주며 말하였다.

하나님의 은총을 크게 받은 사람이여!
두려워하지 말아라 평안하여라 강건하여라 강건하여라.

그때 내가 곧 힘을 얻어, '내 주여, 주께서 나에게 힘을 주셨으니 이제 말씀하소서' 하자,

그는 나에게 이렇게 말하였다.

다니엘아, 너는 내가 왜 네게 왔는지 아느냐?
이제 나는 돌아가서 바사(페르시아)를 지배하고 있는 사탄의 세력과 싸워야 한다.
내가 가면 헬라(그리스)를 지배하는 사탄의 세력이 나타날 것이다.
나를 도와 그들을 대적하게 할 자는 이스라엘의 수호 천사인 미가엘밖에 없다.
그런데 내가 또 메대 사람 다리오 왕 원년에 일어나서 다리오를 돕고 강하게 한 일도 있었느니라.
하지만 내가 가기 전에, 너에게 진리의 책에 기록된 것을 네게 보여 주며, 내가 너에게 참된 사실을 말해 주겠다.
앞으로 바사(페르시아)에서 세 왕이 더 일어날 것이며, 그 후에 네 번째 일어나는 왕은 다른 왕들보다 매우 부강할 것이다.
그가 부와 권력을 얻은 다음에 모든 사람을 충동하여 헬라(그리스)를 칠 것이다.
그 후에 헬라(그리스)에서, 한 능력 있고 강력한 왕이 나타나 큰 권세로 왕국을 다스리며 자기 마음대로 행할 것이다.
그러나 그 왕의 세력이 강력할 때에, 그의 나라가 갈라져 천하 사방에 나누일 것이나, 그 자손에게로 돌아가지도 아니할 것이며 또 자기가 주장하던 권세대로도 되지 아니하리니, 이는 그 나라가 뽑혀서 다른 사람들에게로 돌아갈 것이다.

남방 왕과 북방 왕(단 11:5-45)

그 천사는 다시 말을 이었다.

남방의 애굽 왕은 강할 것이나, 그 군들 중에 군사령관 중 하나가 그보다 강하여 권세를 떨치며 큰 나라를 다스릴 것이다.
몇 해 후에는 남방의 애굽 왕이, 북방의 수리아 왕과 동맹을 맺고 그의 딸을 수리아 왕에게 주어 아내를 삼게 할 것이다.

그러나 그녀는 아무런 영향력을 발휘하지 못하고 그 왕의 권세도 오래가지 못할 것이며, 그녀와 그녀를 데리고 온 자들과 그녀의 자식과 그녀를 도와주던 자가 다 버림을 당할 것이다.
그러나 이 공주의 가족에서 태어난 자 중에 하나가 남방 애굽의 왕위를 이어,
북방 수리아 왕의 군대를 치러 와서 그의 성에 들어가서 그들을 쳐서 이기고,
그 신들과 부어 만든 우상들과 그 은과 금의 아름다운 물건을 다 노략하여, 애굽으로 가져갈 것이며, 몇 해 동안은 그가 북방 왕을 치지 않을 것이다.
그 후에는 북방 수리아 왕이 남방 애굽을 쳐들어갈 것이나 이기지 못하고 자기 나라로 돌아갈 것이다.
그러나 북방 왕의 아들들이 전쟁을 준비하고 큰 군대를 모을 것이며, 그들 중 하나가 홍수처럼 밀고 들어가 남방 애굽 왕의 견고한 요새를 칠 것이다.
남방 애굽 왕이 크게 격분하여, 나아가서 북방 수리아 왕과 싸울 것이다.
이때에 북방 수리아 왕이 많은 군대를 일으킬 것이나, 그 큰 군대는 남방 애굽 왕의 손에 넘어가 포로가 될 것이다.
남방 애굽 왕이, 많은 사람을 사로잡은 후에 그 마음이 스스로 높아져서 수만 명을 쓰러뜨릴 것이나 그의 세력은 더하지 못할 것이다.
북방 수리아 왕은, 돌아가서 전보다 더 많은 군대를 모아 몇 년 후에는 많은 장비를 갖춘 대군을 이끌고 다시 올 것이다.
그때 많은 사람들이 일어나 남방 애굽 왕을 칠 것이며, 네 백성들 가운데서도 난폭한 자들이, 스스로 높아져서 자기들의 꿈을 이루려고 할 것이나 그들은 도리어 넘어질 것이다.
그때 북방의 수리아 왕이 남방 애굽에 쳐들어와서 토성을 쌓고 견고히 요새화된 성을 점령할 것이다.
남방 애굽의 군대는 정예병이라도 그들을 당해 낼 수 없을 것이다.
북방 왕은 남방의 애굽에 와서 하고 싶은 대로 하지만 아무도 그를 막지는 못할 것이며, 그는 아름다운 이스라엘 땅을 빼앗아 다스리며 그 땅을 멸망시킬 것이다.
북방 왕은, 자기 나라의 군사력을 이용하여 남방 왕과 화친할 것이며, 남방 왕에게 딸을 주어 그 왕국을 멸망시키려고 할 것이다.
그러나 그 일은 이루어지지 않고 그에게 도움도 되지 못할 것이다.
그 후에 북방 왕은 해안 지역으로 눈길을 돌려 많은 나라를 정복할 것이나,
남방의 한 장군이 일어나 그들이 당한 수치를 씻고, 그들의 수치를 북방 왕에게 돌릴 것이다.
그런 일이 있은 후에 북방 왕은 요새가 있는 자기 나라로 돌아가지만, 결국 권력을 잃고 망하게 된다.

북방 왕위를 이을 자는 백성의 재물을 토색하는 자로서, 그 나라의 아름다운 곳으로 사람들을 보내어 두루 다니게 하여 재물을 거두게 할 것이나,
그는 분노함이나 전쟁이 없이 몇 날이 못 되어 죽을 것이다.
북방 수리아의 그 다음 왕은, 왕이 될 자격이 없는 비열한 사람이지만, 그가 평온한 때를 틈타서 못된 계략으로 권력을 잡을 것이며,
물밀 듯 넘치는 힘을 가진 군대의 세력도, 그의 앞에서는 패하여 깨질 것이며,
그는 조약을 맺은 왕까지도 공격하여 물리칠 것이다.
여러 나라들이 그와 조약을 맺으나 그는 그 나라들을 속이고, 적은 백성을 거느리고도 큰 권세를 누릴 것이다.
그는 부유한 지방을 예고도 없이 쳐들어가서, 그의 열조와 열조의 조상이 거두지 못했던 큰 일을 할 것이다.
그는 자기가 정복한 나라들에서 빼앗은 물건을 자기를 따르는 사람들에게 나누어 주며, 그는 계략을 세워 요새들을 얼마 동안 칠 것이지만, 그의 멸망의 때는 얼마 남지 않았다.
북방의 수리아 왕은 큰 용맹을 발휘하여 많은 군대로 남방 애굽 왕을 칠 것이며,
남방 애굽 왕도 강력한 대군을 이끌고 그들과 맞서 싸울 것이다.
그러나 남방 왕은 기만 전술에 말려 북방 왕을 당해 내지 못할 것이다.
남방의 애굽 왕은 그의 측근자들에 의해서 패망하고 그의 군대는 흩어져 수없이 죽음을 당할 것이다.
그 후에 이 두 왕은 협상을 하려고 한 탁자에 앉을 것이지만 그들의 동기가 악하므로 서로 거짓말을 할 것이며, 아직 작정된 때가 이르지 않았으므로, 그들은 목적을 달성하지 못할 것이다.
북방 수리아 왕은 많은 약탈물을 가지고 본국으로 돌아갈 것이나, 그에게는 거룩한 언약을 거역하려는 마음이 있어서, 돌아가는 길에 이스라엘을 쳐서 자기 마음대로 하고서야 그의 땅으로 갈 것이다.
후에 북방 수리아 왕은, 작정된 때에 남방 애굽을 다시 침략하겠지만 이번에는 상황이 전과 다를 것이다.
깃딤에 있던 배들이 그를 막아 격퇴하므로 그는 낙심하여 되돌아갈 것이다.
그는 대단히 격분하여 그 분풀이를 거룩한 언약의 백성인 이스라엘 사람에게 하려고 할 것이며, 돌아가서는 거룩한 언약을 저버린 자들에게 호의를 보일 것이다.
그는 다시 예루살렘을 약탈하고 성소를 더럽힐 것이며, 매일 드리는 제사를 폐지하고, 성전 안에는 멸망하게 하는 더러운 우상을 세울 것이다.
그가 또 언약을 배반하고 악행하는 자를 간사한 술책으로 타락시킬 것이나,
오직 자기의 하나님을 아는 백성은 강해질 것이고 용감해질 것이다.

그때 하나님의 백성 가운데 지혜로운 자들이 많은 사람을 가르칠 것이나, 그들은 언제나 위험을 당하며 그들 중 많은 사람들이 불에 타서 죽거나 칼날에 죽고, 또 어떤 사람들은 감옥에 갇히거나 약탈을 당할 것이다.
하나님의 백성이 박해를 받고 있을 때 사람들로부터 도움을 조금 얻을 것이나, 많은 사람들은 간사한 속임수로 말미암아 북방의 사람들과 연합할 것이며, 그 지혜로운 자들 가운데 일부는 죽음을 당하겠지만, 그 결과 하나님의 백성들은 연단을 받아 정결하고 깨끗하게 될 것이며, 이런 일은 하나님이 작정하신 때까지 계속될 것이다.
그 북방 수리아 왕은 자기 마음대로 행하고 자신을 높여 그 어떤 신보다 크다고 자랑할 것이며, 모독하는 말로 신들의 신이신 하나님을 대적할 것이다.
하나님의 백성에 대한 진노의 기간이 끝날 때까지 그는 이런 일을 성공적으로 수행할 것이다.
이것은 작정된 일이 반드시 이루어져야 하기 때문이다.
그는 자기 조상들이 섬기던 신이나 여자들이 사랑하는 신을 무시하며 자기를 그 어떤 신보다 크다고 생각할 것이다.
그 대신에 자기에게 권세를 준다는 세력의 신을 공경할 것이고, 또 그 열조가 알지 못하던 신에게 금은 보석과 보물을 드려 공경할 것이며, 그는 이방 신을 힘입어 크게 견고한 산성 요새들을 취할 것이며, 자기를 통치자로 인정하는 자들에게는 큰 명예를 주어 여러 백성을 다스리게도 하며, 그들에게서 뇌물을 받고 땅을 나눠 주기도 할 것이다.

마지막 때에 남방 애굽 왕이 북방 수리아 왕을 공격할 것이나, 북방 왕이 전차와 말과 배를 총동원하여 강력한 힘으로 남방 왕을 칠 것이며, 그는 또 여러 나라를 침략하여 물밀듯이 쳐들어가, 영화로운 땅 이스라엘을 포함한 수많은 나라를 패망하게 할 것이다.
그러나 에돔과 모압과 그리고 암몬의 지도자들은 그의 손에서 벗어날 것이다.
북방 왕이 열국에 그 손을 펼치면 남방 애굽 땅도 피하지 못할 것이므로, 그는 그의 권세로 애굽의 금은 보물을 가져가고, 리비아와 구스(에티오피아)를 정복하여 리비아 사람과 구스 사람을 그의 시종으로 만들 것이다.
그러나 그때 동쪽과 북쪽에서 들려오는 소문에 놀란 그는 대단히 격분하여 수많은 사람을 죽이려고 할 것이다.
그는 바다와 거룩한 산 사이에 천막 궁전을 세울 것이나, 그의 끝이 이르게 되면 그를 도와줄 자가 없을 것이다.

다니엘의 환상 ②(단 12:1-13)

그 천사가 다시 나에게 말하였다.

> 다니엘아, 마지막 때에 네 백성을 지키는 위대한 천사장 미가엘이 나타날 것이며, 이 땅 위에 나라들이 생긴 뒤로 한 번도 없었던 최대의 환난이 있을 것이다.
> 그때가 오면 네 민족 가운데 하나님의 책에 이름이 기록된 모든 사람들은 다 구원을 받을 것이다.
> 그리고 이미 죽어서 땅속에 잠자고 있는 수많은 사람들이 부활할 것이며,
> 그 가운데는, 어떤 사람은 영원한 생명을 누리는 자도 있고, 또 어떤 사람은 수치를 받고 영원히 부끄러움을 당하는 자도 있을 것이다.
> 지혜로운 사람들은, 하늘의 빛과 같이 빛날 것이며, 많은 사람을 옳은 길로 인도한 사람들은 별처럼 영원히 빛날 것이다.
> 다니엘아, 너는 이 예언을 책에 기록하여 인을 쳐서 봉하고 마지막 때까지 잘 간수하여라.
> 그때에는 많은 사람이 빨리빨리 왔다갔다하면서, 세상의 지식을 더욱더 많이 쌓을 것이다.

그때 나 다니엘이 눈을 들어 보니 다른 두 천사가 힛데겔(티그리스) 강가에 서 있었다. 하나는 이쪽 강 가에 서 있었고 다른 하나는 저쪽 강변에 서 있었다.

그 천사들 중 하나가, 가는 세마포 옷을 입고 강물 위에 있는 천사에게 말하였다.

> 이런 놀라운 일들의 끝은 어느 때까지입니까?

내가 들으니, 세마포 옷을 입고 강물 위에 있는 천사가, 하늘을 향해 두 손을 들고, 영원히 사시는 하나님의 이름으로 맹세하며 이렇게 대답하였다.

> 한때 두 때 반 때 곧 삼 년 반을 지나 성도들의 권세가 다 깨어지고 나면 후에 이 모든 일이 끝날 것이다.

내가 그 말을 듣고도 깨달을 수가 없어서 그에게 물었다.

내 주여, 이 모든 일의 결과가 어떻게 되겠습니까?

그는 이렇게 대답하였다.

다니엘아, 이제 가거라.
이 말은 마지막 때까지 네 마음속에 간직하고 봉인되어야 한다.
많은 사람이 연단과 박해를 받아 스스로 정결하게 되며 순결하게 될 것이나,
악한 사람은 계속 악을 행할 것이다.
악한 자는 아무것도 깨닫지 못할 것이며, 오직 지혜로운 자만 깨달을 것이다.
날마다 드리는 제사를 없애 버릴 것이며, 멸망의 가증한 물건이 세워질 때부터 일천이백구십 일이 지나갈 것이다.
마지막 일천삼백삼십오 일이 지나가기까지 기다리면서 참는 사람은 복이 있을 것이다.
다니엘아, 너는 가서 마지막 때까지 참고 기다리라.
너는 죽어 평안히 쉬다가, 마지막 때에는 부활하여 하나님 나라에서 너의 기업을 누릴 것이다.

제 7 장
에스더

와스디와 에스더 왕후(에 1:1-2:23)

바사 왕 아하수에로 때에 있은 일이다.

아하수에로는 인도에서 구스(에티오피아)에 이르기까지 일백이십칠 지역을 다스렸다. 그 당시에 아하수에로 왕이 수산 궁에서 즉위하고, 왕위에 있은 지 삼 년에 그 모든 방백과 신하들을 위하여 잔치를 베풀어 바사와 메대의 장수와 각 도의 귀족과 방백들을 다 왕 앞에 초대하였다.

잔치는 백팔십 일이나 계속되었고, 그동안에 아하수에로 왕은 자기 왕국의 부와 위엄과 영광을 마음껏 뽐냈다.

그 잔치가 끝나자, 왕은 또 신분의 높고 낮음을 따지지 않고 수산에 있는 백성들을 초대하여 왕궁 후원 뜰에서 칠 일 동안 잔치를 베풀었다.

뜰에는 하얀 색과 녹색과 청색 휘장이 대리석 기둥의 은 고리에 자줏빛 가는 베줄로 묶여서 걸려 있었고, 화반석과 백석과 운모석과 흑석으로 덮인 바닥에는, 금과 은으로 입힌 의자들이 놓여 있었다.

아하수에로 왕은 왕실의 술을 한없이 내놓아 모든 사람에게 금잔으로 마시게 하였으며, 술잔의 모양은 저마다 달랐다.

와스디 왕후도 아하수에로 왕의 왕궁에 있는 여자들을 초대하여 잔치를 베풀었다.

칠 일째 되는 날이었다. 술을 마시고 거나하게 된 아하수에로 왕은,

일곱 명의 어전 내시 곧 므후만과 비스다와 하르보나와 빅다와 아박다와 세달과 가르가스에게 일러, 와스디 왕후에게 왕후의 관을 씌워 자기 앞으로 나오게 하라고 명령했다.

왕후가 매우 아름다웠기 때문에 왕은 왕후를 뭇 백성과 고관들인 방백들에게 보여 주고 싶어 했다.

내시들은 와스디 왕후에게 가서 왕의 명령을 전했다. 그러나 왕후는 왕에게 나오지 않았다. 왕은 몹시 화가 났으며, 마음속에서 불 같은 분노가 일어났다.

당시에는 왕이 규례와 법률을 아는 사람에게 묻는 전례가 있었으므로, 아하수에로 왕은 사례를 아는 박사들에게 물었다.

왕 옆에는 가르스나와 세달과 아드마다와 다시스와 메레스와 마르스나와 므무간 등 바사와 메대의 일곱 방백이 있어서, 늘 왕과 직접 대면하여 의견을 나누었는데, 그들은 나라 안에서 벼슬이 가장 높은 사람들이었다.

왕이 그들에게 물었다.

> 내시들이 전한 내 명령을 와스디 황후가 따르지 않았으니, 이를 법대로 하려면 어떻게 해야 하오?

므무간이 왕과 방백들에게 말했다.

> 와스디 왕후는 왕에게만 잘못한 것이 아니라, 이 나라의 각 도의 고관들인 방백과 뭇 백성에게도 잘못한 것입니다.
> 왜냐하면 바사와 메대의 모든 여인들이 왕후가 한 일을 오늘이라도 듣게 된다면, 아하수에로 왕이 명령을 내려, 와스디 왕후를 데려오게 했는데 왕후가 가지 않았다고 말하면서 자기 남편을 업신여길 것이며, 결국 바사와 메대의 귀부인들이 왕후가 했던 것과 똑같이 자기 남편을 대할 것이고, 그렇게 되면 업신여김과 분노가 끝없이 이어지게 될 것입니다.
> 그러므로 만일 왕만 좋으시다면 왕의 조서를 내려서 다시는 와스디를 왕 앞에 나오지 못하게 하시고, 그것을 바사와 메대의 법률 중에 기록하여 누구도 고치지 못하게 하십시오.
> 그리고 왕후의 자리는 와스디보다 더 나은 사람에게 주시는 것이 좋을 것 같습

니다.
그런 다음에 왕의 조서를 내려서 온 나라에 두루 알리신다면, 높은 사람이든 낮은 사람이든, 여자들이 다 자기 남편을 존경할 것입니다.

왕과 방백들은 그의 말을 좋게 여겨 왕이 므무간의 말대로 행했다.

아하수에로 왕은 므무간이 말한 대로, 각 지방의 백성들에게 그 지방에서 쓰는 말로 다음과 같이 왕의 조서를 내렸다.

각 가정을 남편이 주관하게 하고, 그리고 이 왕의 조서를 자기 민족의 방언대로 말하게 하라.

그런 일이 있은 지 얼마 뒤에, 아하수에로 왕은 분노가 가라앉으면서, 와스디와 그녀가 한 일과 자기가 와스디에 관해 내린 왕의 조서에 대해서 생각하고 있었다.

그러할 때 왕의 신하가 말하였다.

왕께서는 왕을 위하여 아름다운 처녀를 찾아보는 것이 어떻겠습니까?
전국 각 도의 관리들에게 명령하여 아름다운 처녀들을 모두 수산 궁으로 불러오게 하고, 그들을 후원 궁에 보내어 궁녀들을 주관하는 내시 헤게의 손에 맡기고, 몸을 정결하게 하는 물품을 보내 주십시오.
그런 뒤에 왕의 눈에 드는 여자를 와스디 대신 왕후로 삼으십시오.

왕은 이 말을 기쁘게 여겨서 그의 말대로 했다.

그 무렵에 수산 성에는 모르드개라는 유다 사람이 있었는데, 그는 베냐민 지파 사람으로서 야일의 아들이고 시므이의 손자였으며, 기스의 증손자였다.

모르드개는, 바벨론 왕 느부갓네살이 예루살렘에서 유다의 여고냐 왕을 사로잡아 끌고 왔을 때, 함께 잡혀 온 이스라엘의 자손이었다.

모르드개에게는 하닷사라는 사촌이 한 명 있었는데, 부모가 계시지 않아 그가 자기의 딸과 같이 양육하였다.

하닷사는, 에스더라고도 불렸으며, 몸매와 얼굴이 매우 아름다웠다.

왕의 칙령이 반포되자, 많은 처녀들이 수산 왕궁으로 뽑혀 와 헤게에게 맡겨졌다.

에스더도 뽑혀 왕궁에 들어와 궁녀들을 돌보던 헤게의 보호를 받게 되었다.

헤개는 에스더를 좋게 보고 호의를 베풀어 즉시 그녀에게 몸을 정결하게 하는 화장품과 좋은 일용품을 주었으며, 왕궁에서 뽑은 일곱 궁녀를 그녀에게 주어 시중들게 하고 에스더와 그 궁녀들을 왕궁의 아름다운 처소로 옮겼다.

에스더는, 누구에게도 사기의 집안과 민족에 대해 이야기하지 않았다.

왜냐하면 모르드개가 이에 대해 아무에게도 말하지 말라고 했기 때문이다.

모르드개는 에스더가 잘 있는지, 그리고 에스더에게 무슨 일이 일어났는지 알아보려고 날마다 후원 궁 근처를 왕래하였다.

처녀들은 아하수에로 왕 앞에 차례대로 나아가기 전에 열두 달 동안 몸을 가꿔야 했다.

여섯 달 동안은 몰약 기름으로, 나머지 여섯 달 동안은 향품과 여자에게 쓰는 여러 가지 화장품을 써서 몸을 정결하게 하는 기한을 마쳤다.

처녀가 왕에게 나아갈 때는 원하는 것을 다 주었으며, 그것을 후원 궁에서 왕궁으로 가져갈 수 있게 하였다.

저녁에 왕궁으로 들어간 처녀가, 이튿날 아침에 나오면, 왕비와 후궁을 주관하는 왕의 내시 사아스가스가 관리하는 별궁으로 데리고 갔고, 왕이 그를 좋아하여 그 이름을 부르지 않으면, 다시는 왕 앞에 나아갈 수 없었다.

드디어 아비하일의 딸이며 모르드개의 사촌이면서 모르드개가 자기의 딸같이 양육했던 에스더가 왕에게 나아갈 차례가 되었다.

에스더는 궁녀를 돌보는 내시인 헤게가 말한 꼭 필요한 장식 말고는 아무것도 요구하지 않았으나, 그녀를 바라보는 모든 사람에게 호감을 주었다.

에스더가 왕궁으로 들어가 왕 앞에 나아간 때는, 아하수에로가 왕이 된 지 칠 년째 되는 해의 열째 달 곧 데벳 월이었다.

왕은 모든 처녀들 가운데서도 에스더를 더욱 사랑하였다.

드디어 아하수에로 왕은 에스더의 머리에 왕관을 씌어 주고, 와스디를 대신하여 에스더를 왕후로 삼았다.

왕은 에스더를 위해서 큰 잔치를 베풀고, 방백 귀족들과 신하들을 모두 초대했다.

그리고 전국 각 지방에 세금을 면제하여 주고, 왕의 이름으로 여러 가지 상을 푸짐하게 내렸다.

처녀들을 다시 모을 때에, 모르드개는 왕궁 문에 앉아 있었다.

그때까지도 모르드개의 지시대로 누구에게도 자기의 집안과 민족에 대해 말하지 않았다.

모르드개가 왕궁 문에 앉아 있을 때, 문을 지키는 왕의 두 신하인 빅단과 데레스가 원한을 품고 아하수에로 왕을 죽일 음모를 꾸미는 것을 듣게 되었다.

이 음모를 알게 된 모르드개가, 에스더 왕후에게 이 사실을 알려 주자, 에스더는 모르드개가 일러 주었다 하면서 그 사실을 왕에게 말했다.

사실을 조사한 후에 음모가 밝혀지자, 그들은 나무에 달려 죽임을 당했다. 그리고 이 모든 사실은 왕이 보는 앞에서 왕궁 일지에 적혔다.

아하수에로 왕은, 자기를 죽이려고 한 역모에 흥분한 나머지, 모르드개의 이 사실에 대한 것을 잊어버렸다.

모르드개와 하만(에 3:1-15)

이 역모 사건이 있은 뒤에, 아하수에로 왕은 아각 사람 함므다다의 아들 하만을 높여 방백들 가운데서도 가장 높은 자리에 앉혔다.

왕의 명령에 따라 왕궁의 모든 신하들은 하만 앞에서 무릎을 꿇고 절을 했다.

그러나 모르드개는 절을 하지도 않았으며 무릎을 꿇지도 않았다.

그러자 왕궁 문에 있던 왕의 신하들이 모르드개에게 물었다.

어찌하여 당신은 왕의 명령을 따르지 않은 거요?

날마다 모르드개에게 충고를 해도 듣지 않자, 모르드개가 스스로를 유다인이라고 했으므로 하만이 모르드개의 행동을 그대로 내버려 둘지 지켜볼 생각으로, 그 신하들은 그 사실을 하만에게 알렸다.

하만은 모르드개가 자기에게 절하지 않고, 무릎을 꿇지도 않는 것을 보고 크게 화가 났다.

그는 모르드개가 유다인인 것을 알고는 모르드개만 죽이는 것으로는 충분하지 않다고 생각하여,

아하수에로 온 나라에 있는 모든 유다인 곧 모르드개의 민족을 다 죽여 없앨 방법을 찾았다.

아하수에로가 왕이 된 지 십이 년째 되는 해의 첫째 달 곧 니산 월이었다.

아각 사람 함므다나의 아들 하만은, 유다인을 죽여 버리기 위해 사람들을 불러 모았다.

사람들은 유다인들을 죽일 날과 달을 정하기 위해, 하만 앞에서 '부르'라고 불리는 제비를 뽑았다.

그리고 그날을 열두째 달인 아달 월로 정했다.

하만이 아하수에로 왕에게 말했다.

왕의 나라 안에 한 민족이 각 도성 백성 중에 흩어져 살고 있는데, 그들의 법률이 다른 민족의 법과 달라서 왕의 법령을 지키지 않고 있습니다.
만일 그들을 이대로 내버려 둔다면 왕께 좋지 못한 일이 일어날 것입니다
왕께서 좋게 여기신다면 왕의 조서를 내려 그들을 모조리 죽여 버리십시오.
그러면 제가 이 업무를 맡은 사람들을 위해 은 만 달란트(340 톤)를 왕의 금고에 들여놓겠습니다.

왕은 손에 인장 반지를 빼어, 유다인의 대적인 아각 사람 함므다다의 아들 하만에게 주었다.

왕이 하만에게 말했다.

> 그 은은 네가 갖고, 이 민족도 너의 소견에 좋을 대로 처리하여라.

그래서 정월 곧 일월 십삼일에 왕의 서기관이 소집되었고, 하만의 명령에 따라 왕의 대신과 각 도 방백과 각 민족의 관리들에게 아하수에로 왕의 이름으로 조서를 쓰게 하고 곧 각 도의 문자와 각 민족의 말인 방언대로 쓰고 왕의 반지로 봉인을 하였다.

그러고서 하만은 전국 각처에 파발꾼을 보내 그 조서를 공포하도록 하였다.

그 조서 내용은, 십이월 십삼일 곧 아달 월 십삼일 하루 동안에, 늙은 사람이나 젊은 사람이나 어린아이나 부녀를 가릴 것 없이, 유다 사람을 모조리 도륙하여 진멸하고 그들의 재산을 약탈하라는 것이었다.

그리고 이 명령을 각 도성에 전하기 위하여, 왕의 조서 초본 내용을 모든 민족에게 선포하여 그날을 위하여 준비하도록 하였다.

파발꾼들이 왕의 명령을 받들어 급히 나가고, 그 왕의 조서가 수산성에도 반포되었다.

그때 왕은 하만과 함께 앉아 술을 마시고 있었으나, 수산성은 술렁거리고 있었다.

모르드개와 에스더(에 4:1-17)

모르드개는 이 모든 일을 알고 자기 옷을 찢고 거친 베옷을 입은 다음 재를 머리에 뒤집어쓰고, 성안으로 들어가 큰 소리로 슬피 울었다.

그러나 거친 베옷을 입은 채 왕궁 문안으로 들어갈 수 없기 때문에 모르드개는 왕궁 문 앞에 멈춰 섰다.

왕의 칙령이 각 지방에 이르자, 유다인들은 크게 슬퍼하고 금식하며 통곡했다.

그들 대부분은 거친 베옷을 입고 재 위에 누웠다. 에스더의 여종들과 내시들이 에스더에게 가서 모르드개에게 일어난 일을 일러 주자, 그녀는 깊은 근심에 빠졌다.

에스더는 모르드개에게 옷을 보내어 거친 베옷을 벗고 다른 옷으로 갈아입기를 권했으나, 모르드개는 에스더가 보낸 옷을 받지 않았다.

에스더는, 왕이 자기를 돌보라고 보낸 내시 가운데 한 사람인 하닥을 불러, 모르드개에게 무슨 일이 어떻게 일어났는지 알아보게 했다.

하닥은 왕궁 문 앞, 도성 광장에 있는 모르드개에게 갔다.

모르드개는, 자기에게 일어난 일과 그리고 하만이 유다인을 죽이기 위해, 왕의 금고에 들여놓겠다 약속한 은이 얼마인지를 정확한 숫자까지 하닥에게 말해 주었다.

또 모르드개는 수산 궁에 내려진 왕의 조서 곧 유다인을 다 죽이라는 내용이 적힌 조서의 초본을 하닥에게 주었다.

모르드개는 하닥이 그것을 에스더에게 보이고, 그 상황을 설명해 줄 것을 요청하고, 그리고 에스더가 왕 앞에 직접 나아가, 자기 백성을 위해 왕에게 간절히 구할 것을 하닥에게 부탁했다.

하닥은 돌아가서 에스더에게 모르드개가 한 말을 그대로 전했다.

그러자 에스더는 모르드개에게 이렇게 전하라고 하닥에게 말했다.

> 왕의 신하들과 왕이 다스리는 각 지방의 백성들이 다 아는 사실이지만, 남자이든 여자이든 왕이 부르시지 않으면 안뜰로 들어갈 수 없습니다. 이를 어기는 사람은 죽이는 법이 있습니다.
> 다만 왕이 금홀을 내밀 때만 그 사람은 살 수 있습니다.
> 그런데 왕이 나를 부르지 않으신 지 벌써 삼십 일이나 되었습니다.

에스더의 말이 모르드개에게 전해졌다.

그러자 모르드개가 다시 하닥을 시켜 에스더에게 회답하였다.

네가 왕궁에 있다고 해서, 모든 유다 사람들 가운데 너 혼자만 살아남을 줄로 생각하지 말아라.
이런 때에 네가 잠잠하여 가만히 있으면 우리 유다 사람들은 다른 방법으로 놓임과 구원을 받을 것이지만, 너와 네 아버지의 집안은 패망하게 될 것이다.
네가 왕후의 위를 얻은 것이 이때를 위함이 아닌지 누가 아느냐?

그러자 에스더가 다시 하닥을 시켜 모르드개에게 전했다.

가서 수산 성에 유다인들을 다 모으고, 나를 위해 금식하며 기도해 주십시오.
밤낮으로 삼 일 동안 먹지 말고, 마시지도 말게 하십시오. 나도 나의 여종들과 더불어 금식하겠습니다.
그런 뒤에 법을 어기고서라도 왕에게 나아가리니, 죽으면 죽으리이다.

모르드개는 나가서 에스더가 일러 준 대로 행하였다.

에스더와 아하수에로 왕(에 5:1-14)

금식한 지 삼 일째 되는 날, 에스더는 왕후의 예복을 입고 왕의 어전이 마주 보이는 왕궁 안뜰에 섰다.

그때, 아하수에로 왕은 어전 안 보좌에서 왕궁 문을 향하여 앉았다가, 에스더 왕비가 뜰에 서 있는 모습을 보고 그녀를 사랑스럽게 여겨 손에 들고 있던 금홀을 내밀었다.

그러자 에스더가 가까이 다가가 금홀 끝에 손을 대었다.

왕이 물었다.

에스더 왕후여! 당신이 바라고 소원하는 것이 무엇이요? 당신이 원한다면 내 나라의 절반이라도 주겠소.

에스더가 대답했다.

제가 오늘 왕을 위해 잔치를 준비했으니, 좋으시다면 하만과 함께 와 주십시오.

그러자 왕이 말했다.

곧 하만을 들라 하여라. 에스더의 소원을 들어주겠다.

왕과 하만은 에스더가 준비한 잔치에 갔다.

잔치의 술을 마시던 왕이 에스더에게 말했다.

> 당신이 바라는 것이 무엇이오?
> 내가 들어주겠소. 당신이 소원하는 것이 대체 무엇이오? 내 나라의 절반이라도 주겠소.

에스더가 대답했다.

> 내가 바라고 요청하는 것은 이렇습니다.
> 내가 만일 왕의 목전에서 은혜를 입게 되어, 왕께서 기꺼이 나의 간청을 들어주시고, 나의 요구를 받아 주시기를 좋게 여기신다면, 내가 왕과 하만을 위하여 베푸는 잔치에 내일도 나오십시오. 내일은 왕의 말씀대로 하리이다.

그날 하만은 즐거운 마음으로 왕궁 문을 나오던 중 모르드개를 만났다.

그러나 그는 모르드개가 궁궐 문 앞에서 일어나지도 않고 몸을 움직이지도 않고, 앉아 있는 것을 보고 화가 치밀어 올랐다.

하지만 그는 화를 참고 집으로 돌아가서 친구들과 자기 아내 세레스를 불러 놓고, 자기의 부귀와 영광과 자녀가 많은 것과 그리고 왕이 왕의 모든 방백이나 신하들보다 자기를 높인 것을 자랑했다.

하만이 덧붙여서 말했다.

> 에스더 왕후께서 잔치를 베풀어 놓고 초대 받은 사람은 왕을 세외하고 나밖에 없었다네. 그리고 왕후께서는 내일도 나더러 왕과 함께 와 달라고 하셨네.
> 하지만 유다 사람 모르드개가 왕궁 문에 앉아 있는 것을 보면, 이 모든 일이 만족스럽지 않는다네.

하만의 아내 세레스와 모든 친구들이 말했다.

> 오십 규빗(약 23 m) 되는 장대를 세우고, 내일 아침 왕에게 모르드개를 거기에 매달아 달라고 부탁하세요.
> 그리고 나서 왕과 함께 즐거운 마음으로 잔치에 가세요.

하만은 그 말을 좋게 여기고 곧 장대를 세우라고 명령했다.

하만과 모르드개(에 6:1-14)

그날 밤, 왕은 잠이 오지 않아 신하를 시켜 왕궁 역대 일지를 가져오게 하여, 자기 앞에서 읽으라고 명령했다.

그 속에 기록하기를 왕궁 문을 지키던 왕의 두 내시인 빅다나와 데레스가 왕을 죽이려 한 음모를, 모르드개가 고발하여 주었다는 내용이 적혀 있었다.

왕이 물었다.

> 이 일을 한 모르드개에게 어떤 영광과 관직을 주었느냐?

신하들이 대답했다.

> 아무것도 베풀어 주지 않았습니다.

왕이 다시 물었다.

> 누가 뜰에 있느냐?

마침 그때, 하만이 자기가 세운 장대에 모르드개를 매달기 위해서, 왕에게 허락을 받고자 왕궁 바깥뜰에 와 있었다.

왕을 모시는 신하들이 말했다.

> 하만이 뜰에 서 있습니다.

그러자 왕이 말했다.

> 들라 하여라.

하만이 들어오자 왕이 그에게 물었다.

> 내가 존귀하게 하기를 기뻐하는 사람이 있는데 그 사람에게 어떻게 해 주면 좋겠소?

하만은 마음속으로, '왕이 존귀하게 하기를 기뻐하시는 사람이 나 말고 또 누가 있을까?'라고 생각하여, 왕에게 이렇게 말했다.

> 왕께서 크게 존귀하게 하고 싶은 사람이 있으시다면,

> 먼저 왕께서 입으시는 왕복과 왕께서 타시는 말을 내어 오게 하시고, 왕의 머리에 쓰시는 왕관을 그에게 쓰게 하시고,
> 왕께서 가장 귀하게 여기시는 신하가 그 사람에게 왕의 예복을 입히고 그를 말에 태워서 성안 거리로 다니게 하시며,
> 그 신하에게 '왕께서 존귀하게 하기를 기뻐하는 사람에게는 이렇게 할 것이다!' 하고 그 사람 앞에서 외치게 하십시오.

이에 왕이 하만에게 명령했다.

> 너는 속히 내 왕복과 말을 가져다가, 궁궐 문 앞에 앉아 있는 유다 사람 모르드개에게 네가 말한 것을 하나도 빠짐없이 시행하리.

하만은 왕의 명령대로 왕복과 말을 내어 와서 모르드개에게 옷을 입히고, 그에게 말에 태워, "왕이 존귀하게 하시기를 기뻐하시는 사람에게 이렇게 해 주신다." 하고 성안 거리를 외치고 다녔다.

그런 뒤에 모르드개는 다시 왕궁문으로 돌아갔다(속으로는 울화통이 북받쳐 오르지만).

하만은 당황하고 부끄러워 얼굴을 가린 채 서둘러 집으로 갔다.

그는 아내 세레스와 모든 친구들에게 자기에게 일어난 일을 빠짐없이 이야기했다.

하만의 아내 세레스와 그의 친구들 중 지혜로운 자가 말했다.

> 모르드개가 만일 유다 족속이라면 당신이 그 앞에서 굴욕을 당하기 시작하였으니, 능히 그를 이기지 못하고 분명히 그 앞에 엎드러질 것입니다.
> 그들의 말이 끝나기도 전에 왕의 내시들이 하만의 집에 와서, 에스더가 베푼 잔치에 하만을 서둘러 데려갔다.

에스더와 모르드개(에 7:1-8:17)

왕과 하만은 왕후 에스더가 차린 잔치에 갔다.
둘째 날에도 왕은 하만과 더불어 술을 마시다가 에스더에게 물었다.

> 에스더왕후! 당신의 소원이 무엇인지 말해 보시오.

내가 들어주겠소. 만일 당신이 나라의 절반을 요구한다고 해도 내가 그것을 허락하겠소.

그러자 에스더 왕후가 대답했다.

내가 만일 왕의 은혜를 받았다면, 또 왕께서 기쁘게 여기신다면 내 생명을 내게 주시고, 내 민족의 생명을 구해 주소서.
이것이 내 소원이며 간청입니다.
나와 내 백성이 우리를 죽이려는 사람들의 손에 팔려 도륙함과 전멸함을 당하게 되었습니다.
만일 우리가 노예로 팔렸다면 내가 잠잠하였을 것입니다.
그러나 그 일로 왕께서 입으실 손해는 무엇으로 메우시겠습니까?

아하수에로 왕이 에스더 왕후에게 물었다.

감히 이런 일을 마음속에 품은 자가 누구이며 그가 어디에 있느냐?

에스더가 말했다.

우리의 대적, 우리의 원수는 바로 이 악한 하만입니다.

그 말이 끝나자, 하만은 왕과 왕후 앞에서 두려움에 사로잡혔다.

화가 머리끝까지 난 왕은 잔치 자리에서 일어나 왕궁 후원으로 나갔다.

하만은 왕이 이미 자기를 죽이기로 결심한 것을 알고, 자리에 남아 에스더에게 목숨만 살려 달라고 빌었다.

왕이 왕궁 후원으로부터 잔치 자리로 돌아와 보니, 하만이 에스더가 기대는 침상에 엎드려 있었다.

그 모습을 보고 왕이 외쳤다.

저놈이 궁중에서 나와 함께 있는 왕후까지 강간하려 드는구나!

왕의 그 말이 떨어지기가 무섭게 내시들이 달려들어 하만의 얼굴을 보자기로 쌌다.

그때, 왕을 모시던 내시 가운데 하르보나가 말했다.

하만이 자기 집에 높이가 오십 규빗(약 23 m) 되는 장대를 세워 놓았습니다. 그것은 왕을 해치려는 음모를 알려 준 모르드개를 매달려고 준비해 놓은 것입니다.

왕이 말했다

하만을 그 장대에 매달아라!

그러자 사람들이 모르드개를 달려고 하만이 세워 놓은 바로 그 장대에 하만을 매달았다.

그런 뒤에야 왕의 분노가 가라앉았다.

바로 그날, 아하수에로 왕은 유다인의 대적 하만의 모든 재산을 에스더 왕후에게 주었다.

에스더가 자기와 모르드개의 관계를 밝혔기 때문에 모르드개는 왕에게 나아가게 되었다.

왕은 하만에게서 되찾은 자기의 인장 반지를 빼서 모르드개에게 주었다.

에스더는 하만이 남긴 모든 재산을 모르드개에게 맡겼다.

에스더가 다시 왕에게 나아가, 그의 발 앞에 꿇어 엎드려 울면서 하만의 악한 음모를 막아 달라고 간청했다.

왕이 금홀을 내밀자, 에스더가 자리에서 일어나 왕에게 말했다.

만일 왕께서 좋게 여기시고 또 내가 왕의 목전에서 은혜를 입었다면, 왕의 조서를 내려 아각 사람 함므다다의 아들 하만이, 왕의 전국 각 도에 있는 모든 유다 사람을 전멸시키려고 쓴 조서를 취소시켜 주십시오.
내가 어떻게 내 민족이 처참하게 죽음을 당하며 내 친족이 멸망하는 것을 볼 수 있겠습니까?

아하수에로 왕이 에스더 왕후와 유다인 모르드개에게 대답했다.

하만이 유다인을 죽이려 했기 때문에 내가 그의 재산을 에스더에게 주었고, 나는 그를 장대에 매달아 죽이도록 하였소
하지만 왕의 이름을 쓰고 왕의 반지로 인을 친 조서는 취소할 수 없도록 되어 있소.
그러므로 당신들은 왕의 이름으로 유다 사람들에게 당신들 뜻대로 조서를 써서

왕의 반지로 봉인을 치시오.

셋째 달 곧 시완 월 이십삼일에 왕의 서기관들이 소집되었다.

그리고 인도에서부터 구스(에티오피아)에 이르기까지, 백이십칠 지역에 있는 유다인들과 총독들과 대신들과 관리들에게 보낼 조서를 모르드개가 불러 주는 대로 받아 썼다.

그것은 유다를 포함한 각 지방과 민족의 문자와 방언으로 기록되었다.

모르드개는 아하수에로 왕의 이름으로 조서를 쓰고 왕의 인장 반지로 봉인을 한 다음에, 왕궁에서 쓰려고 특별히 기른 빠른 말들에 파발꾼들을 태워 보내서 그 조서를 전했다.

왕의 조서에는, 왕이 각 성에 사는 유다 사람들이 함께 모여 자기들의 생명과 재산을 보호하고, 또 자기들을 치려고 하는 각 도의 대적들과 맞서 싸워 그들을 처자와 함께 모조리 죽이고, 그들의 재산을 약탈할 권한을 허락한다는 내용이 적혀 있었다.

그러나 아하수에로 왕이 다스리는 모든 전국 각 도에서 유다인이 그렇게 할 수 있는 날은, 열두째 달인 아달 월 십삼일 하루 동안으로 정했다.

또 그 조서 초본을 전국 각 도의 법령으로 공포하여 나라 안의 모든 민족들이 알 수 있도록 하고, 유다 사람들이 그날을 대비하여 자기 원수들에게 대적할 수 있게 하였다.

왕의 명령은 이처럼 빨리 전달되어야 하는 것이었으므로, 파발꾼들은 왕의 일에 쓰는 궁중 준마를 타고 급히 떠났다. 수산 성에도 조서가 반포되었다.

모르드개는, 푸르고 흰 관복과 자색의 고운 모시옷을 입고 큰 금면류관을 쓰고 왕 앞에서 나왔다.

그러자 수산 성 사람들은 크게 기뻐하며 환호를 보냈다.

그날은 유다인들에게 기쁘고 즐겁고 자랑스럽고 영광스러운 날이었다.

왕의 조서가 전달되는 전국 각 도와 성마다 유다 사람들이 기뻐하여 잔치를 베풀어 즐거워하고 그날을 경축일로 정하자, 그 땅의 백성들이 유다인들을 두려워하여 유다인이 되는 사람이 많았다.

유다인과 함므다다의 아들 아각의 후손들 (에 9:1-10:3)

드디어 열두째 달인 아달 월 십삼일이 되어, 왕이 내린 칙령을 지켜야 하는 날이 되었다.

그날은, 유다인의 대적들이 유다인을 없애려고 한 날이었으나, 이제는 유다인이 그 원수들을 물리칠 수 있는 날로 바뀌었다.

유다인들은 각 도마다 자기들의 성에 모여 자기들을 해치려는 자들을 죽이려고 하였다.

그러자 다른 모든 민족들이 그들을 두려워하여 맞서는 자들이 없었다.

각 도의 총독과 모든 관리와 귀족들과 왕의 행정관들은 모르드개를 두려워하여 유다인들을 도왔다.

모르드개가 왕궁에서 확고한 위치를 굳히고 그의 세력이 점점 강력해지자 그는 전국 각 도에 명성을 떨치게 되었다.

그래서 유다인들은 자기들의 대적들에게 마음대로 할 수 있었으며 칼로 그들을 치고 마구 죽였다.

유다인들은 수산 성에서만 오백 명을 죽여 없앴다.

그들은 또한 함므다다의 아들이자, 유다인의 대적인 하만의 열 아들 곧 바산다다와 달본과 아스바다와 보라다와 아달리야와 아리다다와 바마스다와 아리새와 아리대와 왜사다를 죽였다.

그러나 유다인은 그들의 재산에는 손을 대지 않았다.

그날, 수산 성에는 죽은 사람의 수가 왕에게 보고되었다.
왕이 에스더 왕후에게 말했다.

> 유다인들이 수산 성에서만 오백 명을 죽여 없앴고, 하만의 열 아들도 죽였소.
> 그러니 왕의 다른 도에서는 어떻게 했겠소!
> 이제 당신이 원하는 것이 무엇이오? 당신의 요구를 말해 보시오. 내가 들어주겠소.

그러자 에스더가 대답했다.

> 왕께서 좋게 여기신다면, 수산 성에 사는 유다인들이 내일도 오늘처럼 이 조서대로 시행하도록 하여 주시고, 하만의 열 아들의 시체를 나무에 매달게 하소서.

아하수에로 왕이 그대로 할 것을 허락하고 수산 성에 조서를 내리자 하만의 열 아들의 시체를 장대나무에 달았다.
수산 성의 유다인들은 아달 월 십사일에 모여서, 수산 성에서 삼백 명을 죽였다.
그러나 그 재산에는 손을 대지 않았다.
왕의 각 도에 있는 다른 지방의 유다인들도 모여서, 자기 생명을 지키고 원수들을 물리쳤다.
그들은 자기들의 미워하던 사람 칠만오천 명을 죽였다. 그러나 그 재산에는 손을 대지 않았다.
이 일이 일어난 날은 아달 월 십삼일이었다. 십사일에는 쉬면서 즐거운 잔치를 열었다.
그러나 수산 성의 유다인들은, 아달 월 십삼일과 십사일에 모였으므로, 십오일에 쉬면서 그날을 즐거운 잔칫날로 삼았다.
그러므로 성이 없는 여러 마을에 사는 유다인들은 아달 월 십사일을 경축일로 정하고, 잔치를 베풀어 즐기며 서로 예물을 주고받았다.
모르드개는 이 모든 사건을 기록하고, 아하수에로 왕의 전국 각 도의 원근 각처에 있는 모든 유다인들에게 편지를 보내어, 해마다 아달 월 십사일과 십오일을 명절로 지키게 했다.
이달 이날에 유다인이 대적에게서 벗어나서 평안함을 얻었고, 슬픔이 변하여 기쁨이 되었고 애통이 변하여 좋은 날이 되었으므로, 이 두 날을 지키어, 잔치를 베풀고 즐거워하며, 서로 예물을 주고 가난한 자를 구제하라고 지시하였다.

그래서 유다인들은, 자기들이 시작한 그 명절을, 모르드개가 그들에게 글로 써서 지시한 대로 해마다 시행하였다.

아각 사람 함므다다의 아들이며 모든 유다인의 대적인 하만이, 유다인을 죽일 음모를 꾸미고 제비를 뽑아 그 날짜를 정한 다음 유다인을 전멸시키려고 하였으나, 에스더가 왕의 앞에 '**죽으면 죽으리라**.'하고 나아감을 인하여, 왕이 조서를 내려 하만이 유다인을 해하려던 악한 꾀를 그 머리에 돌려보내었으며, 하만과 그 여러 아들을 나무에 매달았으므로 유다인들은 제비를 뽑는다는 뜻의 '부르'라는 말에서 이틀 동안의 이 경축일을 '부림'이라고 불렀다.

모르드개가 지시하기도 했지만 그들이 직접 보고 겪었으므로, 그래서 유다인들은 뜻을 정하고 자기와 자손과 유다인이 된 자들이 해마다 그 기록한 정한 날에, 이 두 날을 연속하여 지키어 없애지 않도록 작정하였고, 그리고 그들은 전국 안의 각 도와 성과 마을 곳곳에 있는 모든 가정이, 자손 대대로 이 부림절의 두 날을 기념하여서 유다 민족이 당한 그 일을 영원히 잊어버리지 않도록 하겠다고 다짐하였다.

그때 아비하일의 딸인 왕후 에스더는, 모르드개와 함께 전권으로 두 번째로 편지를 써서 전에 모르드개가 부림절에 대해 쓴 편지 내용을 확정하였다.

화평하고 진실된 말로 편지를 써서, 바사 왕 아하수에로의 나라 일백 이십칠 지역에 있는 유다 모든 사람에게 보내어, 이 부림절을 매년 정한 때에 지키라는 것이었다.

그래서 유다 사람들은 유다인 모르드개와 왕후 에스더가 지시한 대로 유다인들이 금식하며 부르짖던 일을 기억하며, 자기와 자기 자손을 위하여 이 명절을 반드시 지키기로 재차 다짐하였다.

이와 같이 에스더의 명령이 부림절의 규정을 더욱 확실하게 했으며 그 모든 것은 책에 기록되었다.

아하수에로 왕은, 본토뿐만 아니라 그의 나라 안에 있는 모든 섬들도 조공을 바치게 했다.

그가 큰 권세와 능력으로 이룬 모든 업적과, 또한 모르드개를 높여 영화롭게 한 일은 메대와 바사의 열왕의 일기에 기록되어 있다.

유다인 모르드개는 아하수에로 왕 다음가는 높은 지위를 얻어, 모든 유다인의 사랑과 존경을 한 몸에 받았다.

이것은 그가 유다 백성의 이익과 자기 민족의 안위를 위해서 일했기 때문이었다.

제 8 장
에스라

바사 왕 아닥사스다 1세와 예루살렘(스 4:7-24)

아하수에로 왕의 아들 아닥사스다 1세 때에도, 유다와 베냐민의 대적들은 예루살렘의 성전 건축을 방해하였다.

비슬람과 미드레닷과 다브엘과 그리고 그들의 동료들이 아람 문자와 아람 방언으로 편지를 써서, 바사 왕 아닥사스다 1세에게 보냈으며, 그것을 읽을 때에 바사어로 번역되었다.

총독 르훔과 서기관 심새도 아닥사스다 1세에게 예루살렘을 고발하는 내용의 편지를 썼다.

그 편지에는 총독 르훔과 서기관 심새와 다른 보좌관들 곧 재판관들과 중요한 관리들뿐만 아니라, 디나와 아바삿과 다블래와 아비새와 아렉과 바벨론과 수산과 데해와 엘람 사람들의 이름이 적혀 있었고, 그 밖에 백성들의 이름도 함께 씌어 있었다.

이들은 귀족 오스납발이 사마리아의 여러 성과 유브라데스 강 서쪽 여러 지방에 이주시킨 민족들이다.

그들이 아닥사스다 1세에게 보낸 편지의 내용은 이러하다.

> 유브라데스 강 서쪽 지방에 사는 왕의 종들이 아닥사스다 1세에게 보고 드립니다.
> 왕이시여, 왕께서 저희에게 보낸 유다인들을 기억하실 줄로 압니다. 왕도 아시겠지만, 그들은 예루살렘으로 가서 왕의 명령을 어기고, 저 악한 성을 다시 짓고 있습니다.
> 그들은 성벽을 다시 쌓고, 기초를 다시 놓고 있습니다.
> 바사의 왕 아닥사스다 1세시여, 장차 무슨 일이 일어날지 왕께서도 아셔야 합니다.

> 만약 예루살렘 성이 지어지고, 그 성벽이 고쳐지고 나면, 예루살렘은 아무런 세금과 조공과 관세를 내지 않을 것입니다.
> 그렇게 되면 왕께서 거두어들이는 돈도 줄어 손해가 날 것입니다.
> 나라에서 소금으로 녹을 타먹는 우리로서는, 왕께 불명예스러운 일이 미칠 일을 그냥 보고만 있을 수 없어서, 이 사실을 왕께 알려 드립니다
> 그러므로 바사의 열왕들이 간직해 온 역사적 기록을 한번 살펴보십시오.
> 그러면 왕께서는 이 성이 옛날부터 항상 반역을 일삼고, 왕들과 각 도에 얼마나 많은 손해를 일으켰는지 아시게 될 것입니다.
> 이 성이 무너지게 된 것도 바로 이런 까닭이었습니다.
> 바사의 왕 아닥사스다 1세시여, 이제 감히 이 사실을 보고합니다.
> 이 성이 다시 중건되어 성벽 보수 작업이 끝나게 되면, 왕께서는 유브라데스 강 서쪽 지방을 잃게 될 것입니다.

그러자 아닥사스다 1세가 이런 답장을 보냈다.

> 총독 르훔과 서기관 심새에게, 그리고 그들과 더불어 사마리아에 사는 모든 백성과 유브라데스 강 서쪽 지방에 있는 다른 백성들에게 조서를 보낸다.
> 너희들이 모두 평안하기를 바란다.
> 나에게 올린 글을 내 앞에서 낭독시키고 들어보았고, 내가 명령을 내려 조사해 보았더니, 이 예루살렘 성이 옛날부터 열왕들에게 거역하여 반란을 일으키며 패역을 일삼아 온 것이 사실이었다.
> 나는 또 한때 예루살렘을 다스리는 강력한 왕들이 나타나 유브라데스 강 서쪽의 전 지역을 다스리고, 그들에게 조공과 그 밖에 여러 가지 세금을 거둬들인 사실도 알아내었다.
> 이제 너희는 나의 명령을 전하여 그 사람들로 공사를 그치게 하여, 그 예루살렘 성을 건축하지 못하게 하고, 내가 다시 조서 내리기를 기다리라.
> 그리고 너희는 즉시 이 일을 처리하여, 더 이상 바사의 왕들에게 화를 입거나 손해를 보는 일이 없도록 하여라.

바사의 왕 아닥사스다 1세의 조서 초본이 총독 르훔과 서기관 심새와 그 동료 앞에서 낭독되므로, 그들은 즉시 예루살렘으로 가서 권력과 힘으로 그 성의 재건 공사를 중단시켰다.

그리하여 예루살렘에서 하나님의 성전을 짓는 일이 바사 왕 다리오 이년까지 중단되었다.

학개와 성전 건축(학 1:1-13)

바사(페르시아)의 왕 다리오 이년 육월 일일에, 여호와의 말씀이 선지자 학개로 말미암아, 스알디엘의 아들인 유다 총독 스룹바벨과 여호사닥의 아들인 대제사장 여호수아(예수아)에게 임하셨다.

만군의 여호와께서 이렇게 말씀하셨다.

이 백성들이, 성전을 건축할 때가 아직 되지 않았다고 말하고 있다.

여호와의 말씀이 선지자 학개에게 임하여 말씀하셨다.

내 성전은 황폐한 채로 있는데, 너희가 이때에 사치스런 집에서 살고 있는 것이 잘하는 짓이냐?
그러므로 이제 나 만군의 여호와가 말한다.
너희는 자기 소행을 잘 살펴보아라.
너희가 씨앗을 많이 뿌릴지라도 들어오는 수입은 적으며, 많이 먹을지라도 배부르지 못하며 많이 마실지라도 흡족하지 못하며 많이 입어도 따뜻하지 못하며, 일꾼이 삯을 받아도 그것을 구멍 뚫어진 전대에 넣음 같이 항상 부족하게 되었느니라.
나 만군의 여호와가 말한다.
너희는 자기 소행을 잘 살펴보아라.
너희는 산에 올라가서 나무를 가져다가 성전을 건축하라. 그렇게 하면 내가 그것으로 기뻐하고 영광을 얻을 것이다.
이것은 나 여호와의 말이다.
너희가 많은 수확을 기대했으나 도리어 얻은 것은 적었으며, 너희가 수확한 것을 집으로 가져갔으나 내가 그것을 불어 버렸다.
나 만군의 여호와가 말하노라.
그 까닭이 무엇이겠느냐? 이것은 내 집이 황폐한데도, 너희가 자기 집안일에만 바쁘기 때문이다.
그래서 너희로 말미암아 하늘이 이슬을 내리지 않고 땅에서 농산물이 나지 않게 되었으며, 또 내가 가뭄이 들게 하였으므로, 이 땅과 산과 곡식과 새 포도주와 기름과 땅의 모든 농산물과 사람과 짐승과 손으로 애써 수고한 모든 것이 헛수고가 되었다.

그때 스알디엘의 아들 스룹바벨과 여호사닥의 아들인 대제사장 여호수아와 남은 모든 백성이, 선지자 학개가 전한 여호와의 말씀에 순종하였다.

이것은 그들의 하나님 여호와께서 학개를 보내셨기 때문이었다.

그래서 백성들은 여호와를 경외하였다.

때에 여호와의 사자 학개가, 여호와의 명을 의지하여 백성에게 전하여 말하기를 "나 여호와가 말하노니, 내가 너희와 함께하노라 하셨느니라." 하였다.

여호와께서, 스알디엘의 아들인 유다 총독 스룹바벨과 여호사닥의 아들인 대제사장 여호수아와, 그리고 남아 있는 모든 백성의 마음을 감동시키시므로, 그들이 와서 만군의 여호와 그들의 하나님의 성전을 다시 건축하기 시작했는데, 때는 바사의 다리오 왕 이년 유월 이십사일이었다.

그해 칠월 곧 그달 이십일일에, 여호와의 말씀이 선지자 학개에게 임하여 말씀하셨다.

> 너는 스알디엘의 아들인 유다 총독 스룹바벨과, 여호사닥의 아들인 대제사장 여호수아와 남은 백성에게, 내가 이렇게 말한다고 일러 주어라.
> 너희 가운데에 남아 있는 자 곧 이 성전의 이전의 영광을 본 자가 누구냐?
> 이제 이것이 너희에게 어떻게 보이느냐?
> 이것이 너희 눈에 보잘것없이 보이지 아니하느냐?
> 그러나 나 여호와가 이르노라.
> 스룹바벨아, 스스로 굳세게 할지어다!
> 여호사닥의 아들 대제사장 여호수아야, 스스로 굳세게 할지어다!
> 나 여호와의 말이니라.
> 이 땅 모든 백성아, 스스로 굳세게 하여 일할지어다!
> 내가 너희와 함께 하노라. 만군의 여호와의 말씀이니라.
> 너희가 애굽에서 나올 때에, 내가 너희와 언약한 말과 그리고 나의 영이 너희 중에 머물러 있으니 너희는 두려워하지 말지어다. 나 만군의 여호와가 말하노라.
> 조금 있으면 내가 하늘과 땅과 바다와 육지를 진동시킬 것이며, 또한 천하 만국을 진동시킬 것이며 천하 만국의 보배가 이를 것이니,
> 내가 나의 영광으로 이 성전에 충만하게 하리라.

이는 만군의 여호와의 말씀이니라.
은도 내 것이요 금도 내 것이니라. 만군의 여호와의 말씀이니라.
이 새 성전의 영광이 이전의 성전의 영광보다 크리라.
만군의 여호와의 말씀이니라.
내가 이곳에 평강을 주리라. 만군의 여호와의 말씀이니라.
바사의 다리오 왕 이년 팔월에, 여호와의 말씀이, 잇도의 손자 베레갸의 아들 선지자 스가랴에게 임하여 말씀하셨다.
나 여호와는 너희 열조에게 대단히 분노하였다.
그러므로 너는 백성들에게, 만군의 여호와께서 이렇게 말한다고 일러 주어라.
'너희는 내게로 돌아 오라. 나 만군의 여호와의 말이니라. 그리하면 내가 너희에게로 돌아가리라. 나 만군의 여호와의 말이니라.'

너희 열조를 본받지 말라. 옛적 선지자들이 그들에게 외쳐 말하되, 만군의 여호와께서 말씀하시기를,
'니희가 악한 길, 악한 행실을 떠나서 돌아오라.' 하셨다 하나 그들이 듣지 않고, 내게 귀를 기울이지 아니하였느니라. 나 여호와의 말이니라.

너희 열조가 어디에 있느냐? 너희의 선지자들이 영원히 살겠느냐?
내가 종 선지자들에게 명한 내 말과 내가 전해 준 규례들이, 어찌 네 열조에게 임하지 아니하였겠느냐?
그러므로 그들이 바벨론 포로에서 예루살렘으로 와서, 마음을 돌이켜 말하기를, '만군의 여호와께서, 우리가 마음대로 갔던 길대로, 우리의 생각대로 악을 저질렀던 행위대로, 우리에게 반느시 행하려고 뜻하신 것을 우리에게 행하셨도다.'라고 하였다.

그러므로 너는 백성들에게, 만군의 여호와께서 이렇게 말하였다고 일러 주어라.

바사의 다리오 왕 이년 구월 이십사일에, 여호와의 말씀이 선지자 학개에게 임하여 말씀하셨다.

나 만군의 여호와가 말하노라.
너는 제사장에게 율법에 대하여 물어보아라.
'어떤 사람이, 만일 거룩한 제물의 고기를 옷자락에 싸서 가다가, 그 옷자락이 떡이나 국이나 포도주나 기름이나 다른 음식물에 닿으면, 그래도 그것이 거룩한 성물이 되겠습니까?'

그래서 학개가, 제사장들에게 묻자 그들은 "아닙니다." 하고 대답하였다.

그때 학개가 "만일 시체를 만져서 부정하게 된 자가, 이 음식물 중 하나를 만지면 그것도 역시 부정하겠습니까?" 하고 다시 묻자,

제사장들은 "부정합니다." 하고 대답하였다.

그러자 학개가 대답하였다.

> 여호와께서 이렇게 말씀하십니다.
> 내 앞에서는 이 백성과 이 나라가 마찬가지이다.
> 그들이 행하는 일도 부정하고, 그들이 드리는 것도 다 부정하다.
> 지금부터 이 일을 생각하여 보아라.
> 너희가 여호와의 성전을 짓기 위하여 돌 위에 돌을 쌓기 전에 무슨 일이 있었는지, 다시 생각해 보아라.
> 그때 너희는 곡식 이십 석을 기대하고 갔으나, 십 석뿐이었으며, 포도주 오십 통을 길으려고 포도즙 틀로 갔으나, 이십 통뿐이었다.
>
> 나 만군의 여호와가 말하노라.
> 내가 너희 손으로 기르는 모든 일에 폭풍과 곰팡이와 우박으로 쳤으나, 너희가 내게로 돌이키지 아니하였다.
> 너희는 오늘부터 이전의 일을 다시 생각하여 보아라.
> 오늘 구월 이십사일 곧 여호와의 성전 기초를 쌓는 일을 마친 날이다.
> 이제부터 이러한 일들을 다시 생각하여 보아라.
> 창고에 곡식 씨앗이 아직도 남아 있느냐?
> 이제까지는 포도나무나 무화과나무나 석류나무나 감람나무에 열매가 맺지 않았으나, 오늘부터는 내가 너희에게 복을 내리겠다.

그 달 이십사일에, 여호와의 말씀이 다시 학개에게 임하여 말씀하셨다.

> 너는 유다 총독 스룹바벨에게 이렇게 말하라.
> '내가 하늘과 땅을 진동시키며, 열국의 보좌를 뒤엎고 열방의 세력을 멸망시킬 것이며, 그 전차들과 그 전차병들을 엎으러버리겠으니, 말과 기병들이 서로서로 친 칼날에 쓰러질 것이다.' 나 만군의 여호와가 말하노라.
> '스알디엘의 아들 내 종 스룹바벨아!
> 나 여호와가 말하노라. 그날에 내가 너를 세워 내 인장 반지처럼 사용하겠다. 이것은 내가 너를 택하였기 때문이다. 만군의 여호와의 말씀이니라.'

다리오 왕과 성전 건축(스 5:1-6:14a)

바사 왕 다리오가 다스린 지 이 년이 되던 해부터, 학개 선지자와 잇도의 아들 스가랴 선지자가, 자기들이 받들어 섬기는 이스라엘의 하나님의 이름으로, 유다와 예루살렘에 사는 유다 사람들에게 예언을 하기 시작하였다.

스알디엘의 아들 스룹바벨과 요사닥의 아들 예수아가 그 말을 듣고 일어나, 예루살렘에서, 하나님의 성전을 건축하기 시작하였으므로, 하나님의 선지자들도 함께하여 그들을 도왔다.

여호와께서 스알디엘의 아들인 유다 총독 스룹바벨과 여호사닥의 아들인 대제사장 여호수아와, 그리고 남아 있는 모든 백성의 마음을 감동시키므로, 그들이 와서 만군의 여호와 그들의 하나님의 성전을 다시 건축하기 시작했는데, 때는 바사의 다리오 왕 이년 유월 이십사일이었다.

닷드내가 유브라데스 강 서쪽 지방의 총독으로 있을 때, 닷드내와 스달보스내와 그들의 동료들이 유다 사람들에게 가서 물었다.

> 너희는 누구의 명령을 받고 이 성전을 건축하고 성곽을 쌓고 있느냐?

스룹바벨과 요사닥의 아들 예수아는 대답하였다.

> 여기에 건축하는 사람들의 명단이 있습니다.

그러나 여호와 하나님께서, 유다의 장로들을 지켜 주셨기 때문에, 그들은 그 공사를 중단시키지 못하고, 다리오 왕에게 그 사실을 보고하여 회답이 올 때까지 기다렸다.

유브라데스 강 서편 지방의 총독 닷드내와 스달보스내와, 그 동료 강 서쪽 지방의 아바삭 사람이 다리오 왕에게 글을 올렸다.

그들이 보고한 내용은 이러하다.

> 다리오 왕이시여, 평안하시기를 빕니다. 우리가 왕께 알려 드릴 말씀이 있습니다. 유다 지방에 가서 지극히 크신 하나님의 성전 작업 현장에 가 보니 사람들이 큰 돌을 쌓아 성전을 세우는데, 벽에 들보를 얹고 부지런히 일을 하여 공사가 신속하게 진행되고 있었습니다.

우리는 그들의 장로들에게, '누구한테 허락을 받고 이 성전과 성벽을 다시 짓고 있소?'라고 물었습니다. 그리고 그들의 이름도 물었습니다.
왕께서 아실 수 있도록 우리는 그들의 이름을 적어 두었습니다. 그들은 우리에게 이렇게 대답했습니다.

우리는 하늘과 땅을 다스리는 하나님의 종입니다. 우리는 이스라엘의 한 위대한 왕이 오래전에 건축하였던 성전을 다시 건축하고 있습니다.
그러나 우리 열조들이 하늘의 하나님을 노하게 하였으므로, 하나님이 우리 열조들을 갈대아 사람인 바벨론의 느부갓네살 왕의 손에 넘겨주셨습니다.
그래서 그가 이 성전을 헐고 우리 백성들을 바벨론으로 사로잡아 옮겼습니다.
바벨론 왕 고레스 원년에 고레스 왕이 조서를 내려 이 하나님의 성전을 건축하게 되었습니다.
더구나 그 고레스 왕은, 느부갓네살 왕이 예루살렘 하나님의 성전에서 가져가 바벨론 신당에 두었던 모든 금은 그릇을 끄집어내어, 그가 유다 총독으로 임명한 세스바살(스룹바벨)에게 그 모든 것을 주면서, 고레스가 세스바살(스룹바벨)에게 말했습니다.
'이 금 그릇과 은 그릇을 가져가서 예루살렘에 있는 성전에 다시 놓아두어라. 그리고 그 성전 터에 하나님의 성전을 다시 지어라.'
그래서 세스바살이 와서, 예루살렘에 성전의 기초를 놓았습니다. 그때부터 지금까지 건축하여 왔으나 아직 완성하지 못했습니다.
이제 왕께서 좋게 여기신다면, 바벨론의 왕실 문서 창고를 조사해 보시고, 정말로 고레스 왕께서 예루살렘에다가, 하나님의 성전을 다시 건축하라고 칙령을 내리신 적이 있는지 알아보시고, 그런 다음에, 이 일을 어떻게 하면 좋을지를 결정하시고 알려 주시기 바랍니다.
왕이시여, 괜찮으시면 한번 조사를 해 보십시오. 바벨론의 왕실 기록을 조사해서, 고레스 왕이 정말로 예루살렘에 이 성전을 다시 지으라는 조서를 내렸는지를 알아보십시오. 그런 다음에 왕께서 결정하신 것을 저희에게 일러 주십시오.

그래서 다리오 왕은 조서를 내려, 바벨론에 보물을 쌓아 둔 곳 곧 서적 창고에 보관되어 있는 서적 문헌들을 샅샅이 찾아보게 하였다.
메대 지방의 수도인 악메다 궁에서 한 두루마리가 발견되었다.
거기에는 이런 내용이 적혀 있었다.

고레스 왕께서 왕이 되신 첫해에 예루살렘에 있는 하나님의 성전에 관한 조서를 내리셨다.

그 조서 내용은 다음과 같다.

예루살렘에 제사를 드릴 성전을 지어라. 그 높이와 폭은 육십 규빗(27 m)로 하고 벽은 큰 돌로 세 층을 먼저 쌓은 다음 그 위에 한 층의 나무를 얹어라.

모든 비용은 왕실에서 지불하겠다. 또 느부갓네살이 예루살렘에 있는 성전에서 가져와 바벨론 신당에 놓아 둔 금 그릇과 은 그릇들을 돌려주어라. 그것들을 예루살렘에 있는 하나님의 성전 안, 원래 있던 자리에 놓아두어라.

그래서 다리오 왕은 다음과 같은 답장을 보냈다.

이제 나 다리오가, 유브라데스 강 서쪽 지방의 총독인 닷드내와 스달보스내와 그 지방의 모든 관리들에게 명령한다.

하나님의 성전 짓는 일을 방해하거나 막지 마라. 유다의 총독과 장로들이 성전이 있던 곳에 그 성전을 다시 짓는 일을 하도록 하여라.

그리고 하나님의 성전을 건축하는 유다의 장로들을 위해, 그대들이 할 일을 내가 조서를 내리겠다.

'너희는 이 성전 공사를 돕고, 그 모든 비용은 왕의 재산 곧 너희 유브라데스 강 서쪽 지방에서 거둔 세금으로 충당하고 공사가 지연되지 않도록 하라.

예루살렘의 제사장들이, 하늘의 하나님께 드릴 번제의 수송아지와 숫양과 어린 양을 주고, 그 밖에 그들이 필요로 하는 밀과 소금과 포도주와 감람 기름을 날마다 빠짐없이 내주어라.

그래서 그들이 하늘의 하나님께 향기로운 제물을 드려 왕과 왕자들의 생명을 위하여 기도하게 하여라.

내가 또 조서를 내린다.

'누구든지 이 명령을 바꾸면, 그 사람의 집에서 들보를 빼내고, 그의 몸을 그 들보에 묶은 다음에 박아 버릴 것이다. 그가 이런 죄를 지었으므로 그의 집을 거름 더미로 만들 것이다. 만일 열왕이나 백성이 이 조서를 변경하고 손을 들어 예루살렘의 하나님의 성전을 헐었을 때, 그곳에 이름을 두신 하나님께서 저희를 멸하기를 원하노라. 나 다리오가 조서를 내리니, 즉시 받아 들여 빠짐없이 신속히 행하도록 하여라.'

그래서 유브라데스 서쪽 지방의 닷드내 총독과 스달보스내와 동료 관리들은, 다리오 왕이 내린 조서에 지시된 대로 신속하게 처리하였다.

그리고 유다 사람의 장로들은 선지자 학개와 잇도의 손자 스가랴의

격려를 받아, 성전 공사는 순조롭게 진행되었다

이스라엘 하나님의 명령과, 바사 왕 고레스와 다리오와 아닥사스다 1세의 조서의 명령을 따라 성전을 건축하였는데, 바사 왕 다리오 육년 아달(십이) 월 삼일에 준공하였다.

그런 다음에 제사장들과 레위인들과, 그 밖의 포로 생활을 하다가 돌아온 자손들이 즐거운 마음으로 하나님의 성전 봉헌식을 거행하였다.

하나님의 성전 봉헌식을 하면서, 수소 백 마리와 숫양 이백 마리와 어린 양 사백 마리를 제물로 드리고, 또 이스라엘 지파의 수를 따라 숫염소 열둘로 이스라엘 전체를 위하여 속죄제를 드리고, 그러고서 그들은 모세의 책에 기록된 대로, 제사장들은 반열대로 레위인들을 직무별로 세워서 예루살렘 성전에서 하나님을 섬기게 하였다.

제사장들과 레위인들은 자신을 정결하게 하여 모두 몸과 마음이 정결하게 되었다.

그리고 레위인들은, 포로로 사로잡혔다가 돌아온 자손들과 그들의 형제 제사장들과 자신들을 위해서 유월절 양을 잡았다.

그래서 포로가 되었다가 돌아온 모든 이스라엘 사람들과,

자기들을 스스로 구별하여 자기 이방 민족의 더러운 것을 버리고, 이스라엘 백성에 소속하여 이스라엘 하나님 여호와를 찾는 사람들이, 다 함께 유월절 양고기를 먹고, 즐거운 마음으로 칠 일 동안 누룩을 넣지 않고 빵을 만들어 먹는 무교절을 지켰으니, 이는 여호와께서 그들로 즐겁게 하셨고, 또 바사와 바벨론과 앗수르의 제국을 다스리는 왕의 마음을 그들에게로 돌이키시어, 이스라엘의 하나님이신 하나님 성전을 건축하는 손을 힘 있게 하도록 하셨기 때문이다.

여호와의 성전(학 1:14-2:23)

그해 칠월 곧 그 달 이십 일일에, 여호와의 말씀이 선지자 학개에게 임하여 말씀하셨다.

너는 스알디엘의 아들인 유다 총독 스룹바벨과, 여호사닥의 아들인 대제사장 여호수아와 남은 백성에게, 내가 이렇게 말한다고 일러주어라.
'너희 가운데에 남아 있는 자, 곧 이 성전의 이전의 영광을 본 자가 누구냐?
이제 이것이 너희에게 어떻게 보이느냐?
이것이 너희 눈에 보잘것없이 보이지 아니하느냐?
그러나 나 여호와가 이르노라.
스룹바벨아, 스스로 굳세게 할지어다!
여호사닥의 아들 대제사장 여호수아야, 스스로 굳세게 할지어다!
나 여호와의 말이니라.
이 땅 모든 백성아, 스스로 굳세게 하여 일할지어다!
내가 너희와 함께 하노라.
만군의 여호와의 말씀이니라.
너희가 애굽에서 나올 때에, 내가 너희와 언약한 말과 그리고 나의 영이 너희 중에 머물러 있으니 너희는 두려워하지 말지어다.

나 만군의 여호와가 말하노라.
조금 있으면 내가 하늘과 땅과 바다와 육지를 진동시킬 것이며, 또한 천하만국을 진동시킬 것이며 천하만국의 보배가 이를 것이니,
내가 나의 영광으로 이 성전에 충만하게 하리라.
이는 만군의 여호와의 말씀이니라.
은도 내 것이요 금도 내 것이니라.
만군의 여호와의 말씀이니라.
이 새 성전의 영광이 이전의 성전의 영광보다 크리라.
만군의 여호와의 말씀이니라.
내가 이곳에 평강을 주리라.
만군의 여호와의 말씀이니라.
바사의 다리오 왕 이년 팔월에, 여호와의 말씀이, 잇도의 손자 베레갸의 아들 선지자 스가랴에게 임하여 말씀하셨다.

나 여호와는 너희 열조에게 대단히 분노하였다.

그러므로 너는 백성들에게, 만군의 여호와께서 이렇게 말한다고 일러주어라.
'너희는 내게로 돌아 오라.
나 만군의 여호와의 말이니라.
그리하면 내가 너희에게로 돌아가리라.
나 만군의 여호와의 말이니라.'

너희 열조를 본받지 말라. 옛적 선지자들이 그들에게 외쳐 말하되, 만군의 여호와께서 말씀하시기를,
'너희가 악한 길, 악한 행실을 떠나서 돌아 오라' 하셨다 하나 그들이 듣지 않고, 내게 귀를 기울이지 아니하였느니라.
나 여호와의 말이니라.

너희 열조가 어디에 있느냐? 너희의 선지자들이 영원히 살겠느냐?
내가 종 선지자들에게 명한 내 말과 내가 전해준 규례들이, 어찌 네 열조에게 임하지 아니하였겠느냐?
그러므로 그들이 바벨론 포로에서 예루살렘으로 와서, 마음을 돌이켜 말하기를,
'만군의 여호와께서, 우리가 마음대로 갔던 길대로, 우리의 생각대로 악을 저질렀던 행위대로,
우리에게 반드시 행하시려고 뜻하신 것을 우리에게 행하셨도다'라고 하였다.

그러므로 너는 백성들에게, 만군의 여호와께서 이렇게 말하였다고 일러주어라.

바사의 다리오 왕 이년 구월 이십 사일에, 여호와의 말씀이 선지자 학개에게 임하여 말씀하셨다.

나 만군의 여호와가 말하노라.
너는 제사장에게 율법에 대하여 물어 보아라.
'어떤 사람이, 만일 거룩한 제물의 고기를 옷자락에 싸가지고 가다가, 그 옷자락에 떡이나 국이나 포도주나 기름이나 다른 음식물에 닿으면, 그래도 그것이 거룩한 성물이 되겠습니까?'

그래서 학개가, 제사장들에게 묻자 그들은 "아닙니다." 하고 대답하였다.

그때 학개가 "만일 시체를 만져서 부정하게 된 자가, 이 음식물 중 하나를 만지면 그것도 역시 부정하겠습니까?" 하고 다시 묻자,

제사장들은 "부정합니다." 하고 대답하였다.
그러자 학개가 대답하였다.

여호와께서 이렇게 말씀하십니다.
'내 앞에서는 이 백성과 이 나라가 마찬가지이다.
그들이 행하는 일도 부정하고, 그들이 드리는 것도 다 부정하다.
지금부터 이 일을 생각하여 보아라.
너희가 여호와의 성전을 짓기 위하여 돌 위에 돌을 쌓기 전에 무슨 일이 있었는지, 다시 생각해 보아라.
그때 너희는 곡식 이십 석을 기대하고 갔으나, 십 석뿐이었으며, 포도주 오십 통을 길으려고 포도즙 틀로 갔으나, 이십 통뿐이었다.'

나 만군의 여호와가 말하노라.
내가 너희 손으로 기르는 모든 일에 폭풍과 곰팡이와 우박으로 쳤으나, 너희가 내게로 돌이키지 아니하였다.
너희는 오늘부터 이전의 일을 다시 생각하여 보아라.
오늘 구월 이십사일 곧 여호와의 성전 기초를 쌓는 일을 마친 날이다.
이제부터 이러한 일들을 다시 생각하여 보아라.
창고에 곡식 씨앗이 아직도 남아 있느냐?
이제까지는 포도나무나 무화과나무나 석류나무나 감람 나무에 열매가 맺지 않았으나, 오늘부터는 내가 너희에게 복을 내리겠다.'

그 달 이십사일에, 여호와의 말씀이, 다시 학개에게 임하여 말씀하셨다.

너는 유다 총독 스룹바벨에게 이렇게 말하라.
'내가 하늘과 땅을 진동시키며, 열국의 보좌를 뒤엎고 열방의 세력을 멸망시킬 것이며,
그 전차들과 그 전차 병들을 엎으러버리겠으니, 말과 기병들이 서로서로 친 칼날에 쓰러질 것이다.'
나 만군의 여호와가 말하노라.
'스알디엘의 아들 내 종 스룹바벨아!
나 여호와가 말하노라.
그 날에 내가 너를 세워 내 인장 반지처럼 사용하겠다.
이것은 내가 너를 택하였기 때문이다.

만군의 여호와의 말씀이니라.'

유다와 예루살렘 ② (슥 1:1-2:13)

바사의 다리오 왕 이년 십일월 곧 스밧 월 이십사일에, 잇도의 손자 베레갸의 아들 선지자 스가랴에게 여호와의 말씀이 임하여 말씀하셨다.

내가 밤에 환상을 보니, 한 사람이 붉은 말을 타고 골짜기의 화석류나무 사이에 섰고 그 뒤에는 붉은 말과 밤색 말과 백마가 있었다.

그때 내가 "내 주여, 이것들이 무엇입니까?" 하고 묻자, 나에게 말하는 천사가 "이것들이 무엇을 뜻하는지 내가 너에게 보여 주겠다." 라고 대답하였다.

그러자 화석류나무 사이에 서 있는 그 사람이 "그들은 온 땅을 순찰하라고 여호와께서 보내신 자들이다."라고 말하였다.

그들이 화석류나무 사이에 선 여호와의 사자에게, "우리가 땅을 두루 다녀 보았는데 온 세상이 평안하고 조용했습니다." 하고 보고하였다.

그때 여호와의 사자가 말하였다.

> 만군의 여호와여! 여호와께서 언제까지 예루살렘과 유다 성읍들을 긍휼히 여기지 않으시렵니까? 여호와께서 그들에게 진노하신 지 벌써 칠십 년이나 되었습니다.

그러자 여호와께서, 나에게 말하는 천사에게 너그럽고 위로하는 말씀으로 대답하셨다.

그때 그 천사가 나에게 그 대답의 말씀을 알려 주었다.

> 너는 만군의 여호와께서 이렇게 말씀하셨다고 선포하라.
> '내가 나의 거룩한 성 예루살렘을 위하며 시온을 위하여 크게 질투하며, 안일하게 살고 있는 열국에 대해서는 분노를 금하지 못하고 있다.
> 나는 내 백성에게 화를 조금밖에 내지 않았으나, 그들은 힘을 내어 내 백성에게 내가 생각한 그 이상으로 많은 고통을 주었다.'

그러므로 나 여호와가 말하노라
'내가 긍휼히 여기므로 예루살렘에 돌아왔으니, 여기에 내 집이 건축될 것이며
예루살렘 위에 먹줄이 치어져서 예루살렘이 다시 건축될 것이다.
나 만군의 여호와의 말이니라.' 하셨다 하라.

너는 만군의 여호와께서 이렇게 말씀하셨다고 다시 선포하라.

나의 성읍들이 넘치도록 다시 풍부할 것이며, 여호와가 다시 시온을 위로하며
다시 예루살렘을 택하리라.

내가 다시 살펴보니 내 앞에 네 뿔이 있었다.

그래서 나는 나에게 말하던 천사에게 "이것들이 무엇입니까?" 하고 물었다.

그러자 그는 나에게 "이것들은, 유다와 이스라엘과 예루살렘 백성을 흩어 버린 뿔들이다." 하고 대답하였다.

그때 여호와께서, 나에게 네 명의 대장장이를 보여 주셨다.

그래서 내가 "이들이 무엇을 하러 왔습니까?" 하고 물었다.

여호와께서 나에게 이렇게 대답하셨다.

이 뿔 넷은 유다 사람을 뿔뿔이 흩어지게 하여, 유다 사람이 감히 머리도 쳐들지
못하게 만든 열국들이다.
그러나 대장장이 넷은 곧 유다 땅을 뿔로 들이받아 백성을 흩어 버린 열국들을
두렵게 하고, 그 열국의 뿔을 꺾으려고 온 사람들이다.

내가 다시 살펴보니 한 사람이 손에 측량 줄을 잡고 있었다.

그래서 내가 "당신은 어디로 가십니까?" 하고 묻자,

그는 나에게 "예루살렘을 측량하여, 그 너비와 길이가 얼마나 되는지 알아보려고 하오" 하고 대답하였다.

그때 나에게 말하던 천사가 나가자, 다른 천사가 와서 그를 만나 이렇게 말하였다.

너는 측량 줄을 잡고 있는 젊은이에게 달려가서, 앞으로 예루살렘은 사람과 짐
승이 너무 많아서 성벽 없는 촌락과 같을 것이라고 말하라.
여호와의 말씀에 '내가 그 사면에서 불 성곽이 되며, 그 가운데서 영광이 되리라.'

여호와께서 자기 백성에게 말씀하셨다.

내가 너희를 하늘의 바람처럼 사방 흩어 버렸으나, 이제 너희는 북방 땅에서 도망하여라. 나 여호와의 말이니라.
바벨론의 성에 사는 시온의 백성들아, 이제 너희는 피하라.

만군의 여호와께서 이같이 말씀하셨다.

너희를 노략한 열국으로 말미암아, 하나님께서 받으실 영광을 위하여 나를 보내셨으므로, 누구든지 너희를 범하는 자는 그의 눈동자를 범하는 것이다.
내가 손을 들어 그들을 치면, 그들은 저희가 부리던 종에게 노략질을 당할 것이다.
그때에야 비로소 너희는 만군의 여호와께서 나를 보내셨음을 알게 될 것이다.

여호와께서 말씀하셨다.

시온의 딸들아! 예루살렘의 백성들아, 너희는 노래하며 기뻐하라.
내가 임재하여 너희 가운데 살겠다.
그때에 많은 나라가 여호와께 돌아와 그의 백성이 될 것이며, 여호와께서는 그들 가운데 살 것이다.
그러면 그들이 만군의 여호와께서 나를 보내신 줄 알 것이다.
여호와께서, 장차 유다를 선택하여 거룩한 땅에서 자기 소유를 삼으시고 다시 예루살렘을 택하실 것이니,
육체를 지닌 모든 사람들아, 여호와 앞에서 잠잠하라.
여호와께서 그의 거룩한 처소에서 일어나시기 때문이다.

스룹바벨과 여호수아(예수아) ②(슥 3:1-4:14; 6:1-15)

여호와께서는 나(스가랴)에게, 대제사장 여호수아(예수아)가 여호와의 사자 앞에 섰고, 사탄은 그 오른편에 서서 여호수아를 고발하고 있는 환상을 보여 주셨다.

여호와께서 사탄에게 말씀하셨다.

사탄아, 나 여호와가 너를 책망한다.

예루살렘을 택한 나 여호와가 너를 책망한다.
이 사람은 불에서 끄집어낸 타다 남은 나무 막대기가 아니더냐?
여호수아(예수아)는 더러운 옷을 입고 천사 앞에 서 있었다.
그때 여호와께서 자기 앞에 선 천사들에게 그 더러운 옷을 벗기라고 명령하시고, 또 여호수아에게 '내가 네 죄를 없애 버렸으므로, 너에게 아름다운 옷을 입혀 주겠다.' 하고 말씀하셨다.
그때 내가 '그 머리에 깨끗한 관을 씌우소서' 하자, 천사들이 그 머리에 깨끗한 관을 씌우고 옷을 입혔으며, 여호와의 사자는 그 곁에 서 있었다.
여호와의 사자가 여호수아에게 증거하여 말하기를, 만군의 여호와께서 말씀하셨다.
'만일 네가 내 법을 지키고, 내 명령을 잘 수행하면 네가 내 집을 다스리고 내 뜰을 지킬 것이며, 또 내가 너를 여기 서 있는 천사들 가운데 마음대로 왕래할 수 있게 하겠다.
대제사장 여호수아야, 너는 네 앞에 앉아 있는 동료들과 함께 내 말을 들어라.
너희는 모두 앞으로 나타날 일의 예표가 되는 사람들이다.
내가 이제 새순이라고 부르는 나의 종을 보내겠다.'

만군의 여호와가 말하노라.
'내가 너 여호수아 앞에 세운 돌을 보아라. 한 돌에 일곱 눈이 있느니라.
내가 새길 것을 새기며 이 땅의 죄악을 하루에 없애 버리겠다.'

만군의 여호와가 말하노라.
'그날에는 너희가 각각 포도나무와 무화과나무 아래로 서로 초대하리라.'

내게 말하던 천사가 다시 와서 나를 깨우는데, 나는 마치 잠에서 깨어난 사람 같았다.

그가 나(스가랴)에게 이렇게 물었다.

네가 무엇을 보느냐?

내가 대답하였다.

내가 보니 순금 등대가 있고 그 꼭대기에는 주발 하나가 있으며, 또 그 등대에는 일곱 등잔이 있고 등대 꼭대기에서 일곱 개의 관이 각 등잔으로 연결되어 있으며, 그 등대 곁에는 두 감람나무가 있는데, 하나는 주발 오른편에 있고 하나는 그 왼편에 있습니다.

나는 다시 내게 말하는 천사에게 물었다.

내 주여, 이것들이 무엇입니까?

내게 말하는 천사가 대답하여 말하였다.

네가 이것들이 무엇인지 알지 못하느냐?

내가 대답하였다.

내 주여, 내가 알지 못하겠습니다.

그러자 그 천사가, "이것은 여호와께서 스룹바벨에게 하신 말씀이다"라고 다시 내게 말하였다.

만군의 여호와께서 스룹바벨에게 말씀하셨다.

'이 일은 사람의 힘으로도 되지 않고 사람의 능력으로도 되지 않으며,
오직 내 영으로 되느니라.'
큰 산아 네가 무엇이냐? 네가 스룹바벨 앞에서 평지가 되리라.
그가 머릿돌을 내어놓을 때에, 백성들이 외치기를 '은총, 은총이 그에게 있을지어다' 하리라.

여호와께서 또 나에게 말씀하셨다.

스룹바벨이 이 성전의 기초를 놓았으므로, 그가 성전을 완성할 것이다.
이런 일이 일어나면, 만군의 여호와께서 '나를 너희에게 보내신 줄을 네가 알리라.' 하셨다.
작은 일의 날이라고 멸시하는 자가 누구냐?
이 일곱 등잔은 온 세상에 두루 행하는 여호와의 눈이라.
수직인가를 알아보는 측량추인 다림줄이 스룹바벨의 손에 있음을 보고 기뻐하리라.

그때 나는 천사에게 다시 물었다.

등대 좌우에 있는 이 두 감람나무는 무슨 뜻입니까? 그리고 감람 기름이 흘러내리는 금으로 된 두 관[管] 옆에 있는, 이 두 감람나무 가지는 무슨 뜻입니까?

그 천사가 내게 대답하였다.

이것들(두 감람나무와 두 가지들)은, 기름 부음을 받아 온 세상의 주를 섬기는

두 사람을 가리킨다.

내가 다시 위를 살펴보니, 네 대의 전차가 놋으로 된 두 산 사이에서 나오고 있었다.

그 첫 번째 전차는 붉은 말들이 끌고, 두 번째 전차는 검은 말들이, 세 번째 전차는 백마들이, 네 번째 전차는 힘센 얼룩말들이 끌었다.

내가 나에게 말하던 천사에게 "내 주여, 이것들이 무엇입니까?" 하고 묻자, 그 천사가 나에게 대답하였다.

이것들은 하늘 바람의 네 개의 영인데, 온 세상을 다스리는 주 앞에 모시고 있다가 나가는 것이다.

검은 말들이 끄는 전차가 북쪽 땅 바벨론으로 나가자, 백마들은 그 뒤를 따르고, 얼룩말들은 남쪽 땅 애굽으로 나갔다.

그 건장한 말들이 다 나가서 땅을 두루 돌아다니려 하므로, 여호와께서 "너희는 가서 땅을 두루 돌아다녀라." 하고 말씀하셨다.

그래서 그들은 곧 나가서 땅을 두루 돌아다녔다.

그때 여호와께서 큰소리로 나를 부르시며, "북쪽 바벨론으로 나간 자들이 내 노여움을 가라앉혀 내 마음을 시원하게 하였다."라고 말씀하셨다.

여호와께서 또 나에게 말씀하셨다.

너는 바벨론에 사로잡혀 갔다가 포로 생활에서 돌아온 사람들 곧 헬대와 도비야와 여다야에게서 예물을 받아라.

그들이 바벨론으로부터 와서, 지금 스바냐의 아들 요시야의 집에 와 있으니, 너는 오늘 그리로 가거라.

너는 그들에게서 은과 금을 받아서, 그것으로 면류관을 만들고, 여호사닥(요사닥)의 아들 여호수아(예수아) 대제사장의 머리에 씌워라.

그리고 그에게 만군의 여호와가 이렇게 말한다고 일러 주어라.

'새순이라고 부르는 사람이 자기가 있는 곳에서 돋아나서 나 여호와의 성전을 건축할 것이다. 그가 여호와의 성전을 짓고 영광을 얻을 것이며, 그 왕위에 앉아 왕으로서, 제사장으로서 자기 백성을 다스릴 것이니, 그 둘 사이에 완전한 화평의 조화가 있을 것이다.'

그리고 그 면류관은, 헬대와 도비야와 여다야와 스바냐의 아들인 요시야를 기념하기 위하여 여호와의 성전에 두도록 하라.
너는 또 그들에게 이렇게 말하라.
'멀리 있는 이방 사람들이 와서 여호와의 성전 건축을 도울 것이다. 그러면 너희가 만군의 여호와께서 나를 보내신 줄 알게 될 것이다. 너희가 만일 너희 하나님 여호와의 명령을 전적으로 듣고 순종하면 이 모든 일이 그대로 이루어질 것이다.'

유다와 예루살렘 ③(슥 7:1-8:23)

바사의 다리오 왕 사년 구월 곧 기슬래 월 사일에, 여호와의 말씀이 스가랴에게 임하였다.

벧엘 사람들이 사레셀과 레겜멜렉과 그들의 하인들을 보내 여호와께 은혜를 구하고, 만군의 여호와의 성전에 있는 제사장들과 선지자들에게,

우리가 여러 해 동안 해 온 대로 오월에 울며 금식해야 합니까라고 물었다.
만군의 여호와의 말씀이 내게 임하여 말씀하셨다.

너는 이 땅의 모든 백성들과 제사장들에게, 나 여호와가 이렇게 말한다고 일러 주어라.
'너희가 지난 칠십 년 동안, 오월과 칠월에 금식하며 슬퍼하였는데, 그 금식이 진정으로 나를 위한 것이었느냐? 너희가 먹고 마실 때에도 전적으로 너희 자신을 위해서 먹고 마신 것이 아니냐?
여호와가, 이전에 있던 선지자로 외친 말을 너희가 듣고 순종해야 될 것이 아니냐? 그때에도, 예루살렘과 사면 성읍에 백성들이 살고 번성하였으며 남방과 평원에도 사람이 살고 있었다.'

여호와께서 스가랴에게 다시 말씀하셨다.

만군의 여호와가, 오래전에 내 백성에게 이렇게 말하였다.
'너희는 공정한 재판을 하고, 서로서로 자비와 긍휼을 베풀며, 과부와 고아와 이방인과 가난한 자를 억압하지 말고, 남을 해칠 계획을 꾸미지 말아라.'
그러나 그들이 듣기를 거절하며 완고하게 등을 돌려 귀를 막고, 그 마음을 금강석처럼 굳게 하여, 만군의 여호와께서, 이전 선지자들에게 여호와의 영을 부어 전하게 하신 율법과 말씀을 듣지 않았다.
그래서 만군의 여호와께서 크게 노하셨다.

내가 불러도 그들이 듣지 아니하였으므로, 그들이 불러도 내가 듣지 아니하리라고, 만군의 여호와가 말하였었다.
그들을 회오리바람처럼 온 세상에 흩어 알지 못하는 모든 열국 땅에서 살게 하였다. 그 후로 이 땅은 황폐하여 왕래하는 자가 없었으니, 이것은 그들이 이 아름다운 땅을 황무지로 만들었기 때문이다.

만군의 여호와의 말씀이 임하여 말씀하셨다.

만군의 여호와가 말하노라. 내가 예루살렘 시온을 위하여 크게 질투하며 그를 위하여 크게 분노함으로 질투하노라.
나 여호와가 말하노라. 내가 시온에 돌아왔으므로, 예루살렘 가운데 있겠으며, 예루살렘은 진리의 성읍이라 일컬어지겠고, 만군의 여호와의 산은 거룩한 산이라 일컫게 되리라.
만군의 여호와가 말하노라. 예루살렘 길거리에는, 늙은 아버지와 늙은 어머니가 다시 앉을 것이며, 다 나이 많으므로 각기 손에 지팡이를 잡을 것이다.
또 그 거리에는 뛰어 노는 소년 소녀들로 가득할 것이다.
만군의 여호와가 말하노라. 이 일이 그 날에 남은 백성의 눈에는 기이하려니와, 내 눈에는 어찌 기이하겠느냐? 만군의 여호와의 말씀이니라.

만군의 여호와가 말하노라.
내가 내 백성을 동방에서부터, 서방에서부터 구원하여 내고, 그들을 인도하여 예루살렘에 살게 하겠다. 그들은 내 백성이 되고, 나는 그들의 하나님이 되어 성실과 성의로 그들의 하나님이 될 것이라.

만군의 여호와가 말하노라. 만군의 여호와의 집 곧 성전을 건축하려고 그 기초를 쌓던 날에 일어난, 선지자들의 입의 말을 이때에 듣는 너희는 손을 견고히 할지어다.
그 성전 공사가 시작되기 전에는, 어떤 사람도 삯을 얻지 못하였고, 어떤 짐승도 삯을 받지 못하였으며, 사람이 자기 대적 때문에 안심하고 나다닐 수 없었다. 이것은 내가 모든 사람이 서로 치게 하였기 때문이다.
만군의 여호와가 말하노니, 이제는 내가 이 남은 백성을 대하기를 이전 날과 같이 아니할 것이다. 곧 평안한 추수를 얻을 것이며, 포도나무가 열매를 맺으며 땅이 농산물을 내며, 하늘은 이슬을 내릴 것이다.
내가 이 남은 백성으로 이 모든 것을 누리게 하겠다. 유다 족속아, 이스라엘 족속아, 너희가 이방 가운데서 저주가 되었었으나, 이제는 내가 너희를 구원하여 너희로 축복이 되게 하리니, 두려워 말지니라. 손을 견고히 할지어다.

만군의 여호와가 말하노라. 전에 너희 열조가, 나의 노를 일으킬 때에 내가 그들에게 재앙을 내리기로 뜻하고 뉘우치지 아니하였었으나,
이제 내가 예루살렘과 유다 족속에게 은혜를 베풀기로 뜻하였나니, 너희는 두려워 말지니라.
너희가 행할 일은 이러하니라. 너희는 각기 이웃으로 더불어 진실을 말하며 너희 성문에서 진실하고 화평한 재판을 베풀고, 마음속에 서로 해치기를 도모하지 말며, 거짓 맹세를 좋아하지 말라.
이 모든 일은 나의 미워하는 것임이니라. 나 여호와의 말이니라.

만군의 여호와의 말씀이 내게 임하여 말씀하셨다.

만군의 여호와가 말하노라. 사월의 금식과 오월의 금식과 칠월의 금식과 시월의 금식이 변하여, 유다 족속에게 기쁘고 즐거운 절기가 되리니,오직 너희는 진실과 화평을 사랑할지니라.

만군의 여호와가 말하노라. 그 후에 여러 백성과 많은 성읍의 주민이 올 것이라.
이 성읍 주민이 저 성읍에 가서 말하기를 '우리가 속히 가서 만군의 여호와를 찾고, 여호와께 은혜를 구하자' 할 것이면, '나도 가겠노라' 하겠으며, 많은 백성과 강대한 나라들이 예루살렘으로 와서, 만군의 여호와를 찾고 여호와께 은혜를 구하리라.

만군의 여호와가 말하노라. 그날에는 언어가 다른 열국 백성 열 명이 유다 사람 하나의 옷자락을 잡을 것이라. 곧 잡고 말하기를 '하나님이 너희와 함께하심을 들었으므로, 우리가 너희와 함께 가려 하노라.' 하리라 하셨다.

성전 준공과 봉헌식(스 6:14-22)

이스라엘 하나님의 명령과, 바사 왕 고레스와 다리오와 아닥사스다 1세의 조서의 명령을 따라 성전을 건축하였는데, 바사 왕 다리오 육 년 아달(십이) 월 삼 일에 준공하였다.

그런 다음에 제사장들과 레위인들과, 그 밖의 포로 생활을 하다가 돌아온 자손들이 즐거운 마음으로 하나님의 성전 봉헌식을 거행하였다.

하나님의 성전 봉헌식을 하면서, 수소 백 마리와 숫양 이 백 마리

와 어린 양 사백 마리를 제물로 드리고, 또 이스라엘 지파의 수를 따라 숫염소 열둘로 이스라엘 전체를 위하여 속죄제를 드리고, 그러고서 그들은 모세의 책에 기록된 대로, 제사장들은 반열대로 레위인들을 직무별로 세워서 예루살렘 성전에서 하나님을 섬기게 하였다.

제사장들과 레위인들은 자신을 정결하게 하여 모두 몸과 마음이 정결하게 되었다.

그리고 레위인들은, 포로로 사로잡혔다가 돌아온 자손들과 그들의 형제 제사장들과 자신들을 위해서 유월절 양을 잡았다.

그래서 사로잡혀 포로 되었다가 돌아온 모든 이스라엘 사람들과,

자기들을 스스로 구별하여 자기 이방 민족의 더러운 것을 버리고, 이스라엘 백성에 소속하여 이스라엘 하나님 여호와를 찾는 사람들이, 다 함께 유월절 양고기를 먹고, 즐거운 마음으로 칠일 동안 누룩을 넣지 않고 빵을 만들어 먹는 무교절을 지켰으니, 이는 여호와께서 그들로 즐겁게 하셨고, 또 바사와 바벨론과 앗수르의 제국을 다스리는 왕의 마음을 그들에게로 돌이키시어, 이스라엘의 하나님이신 하나님 성전을 건축하는 손을 힘 있게 하도록 하셨기 때문이다.

에스라와 아닥사스다 2세(스 7:1-28)

이런 일이 있은 후, 바사 왕 아닥사스다 2세가 다스리던 때에 에스라라는 사람이 있었다.

에스라는 스라야의 아들이요, 아사랴의 손자요, 힐기야의 증손이요, 살룸의 현손이요, 사독의 오대손이요, 아히둡의 육대손이요, 아마랴의 칠대손이요, 아사랴의 팔대손이요, 므라욧의 구대손이요, 스라히야의 십대손이요, 웃시엘의 십일대손이요, 북기의 십이대손이요, 아비수아의 십삼대손이요, 비느하스의 십사대손이요, 엘르아살의 십오대손이요, 대제사장 아론의 십육대손이다.

이 에스라가 바벨론에서 예루살렘으로 돌아왔는데, 그는 이스라엘의 하나님 여호와께서 주신 모세의 율법에 정통한 학자이다.

그의 하나님 여호와께서 그를 도우셨으므로, 그는 원하는 것이 무엇이든지 왕으로부터 받을 수 있었다.

아닥사스다 2세칠 년에 다른 이스라엘 사람들이 또 예루살렘으로 돌아왔다.

그들 가운데는 제사장과 레위 사람과 노래하는 사람과 문지기와 성전 종들인 느디님들이 있었다.

에스라가, 예루살렘에 왔을 때는 바사 왕 아닥사스다 2세 칠년 되던 해에 다섯째 달이다.

그는 첫째 달 초하루에 바벨론을 떠나서, 하나님의 선한 손의 도우심을 입어, 다섯째 달 초하루에 예루살렘에 이르렀다.

에스라는, 여호와의 율법을 연구하고 지키며 그 모든 율례와 규정을 이스라엘 백성에게 가르치기로 결심하였다.

바사 왕 아닥사스다 2세는 제사장이면서 율법학자인 에스라에게 조서를 보냈다.

조서의 내용은 이러하다.

> 모든 왕의 왕 아닥사스다가, 하늘의 하나님의 율법에 완전한 학자 겸 제사장인 에스라에게 조서를 내린다.
>
> 내 나라 안에 있는 이스라엘 백성과 그들의 제사장과 레위 사람들 가운데 원하는 사람은, 누구든지 그대와 함께 예루살렘으로 가도 좋다.
>
> 나는 나의 모사 일곱 명과 의논한 끝에, 예루살렘과 유다에서 너의 하나님 여호와의 율법이 어떻게 지켜지고 있는지 그 형편을 알아보려고 너를 보낸다.
>
> 그리고 나와 나의 모사가 기꺼이 내어준 은과 금도 가져가도 좋다. 그것은 예루살렘에 계시는 이스라엘의 하나님을 위해 주는 것이다.
>
> 또한 바벨론 지방에서 받은 은과 금도 가져가고, 이스라엘 사람과 그 제사장들이 여호와께 바친 제물 곧 예루살렘에 있는 하나님의 성전을 위해 기꺼이 바친 예물도 가져다가, 그 돈으로 수송아지와 숫양과 어린 양을 사고 곡식 제물과 부어 드리는 제물인 전제물도 신속히 사라. 그것들을 예루살렘에 있는 하나님의

성전 제단 위에 바쳐라.
그 나머지 은과 금은 그대와 그대의 형제인 유다 사람들이 쓰되, 하나님이 원하시는 대로 써라.
그대에게 맡긴 모든 그릇은 예루살렘의 하나님께 바치되, 그대가 섬기는 하나님의 성전에서 쓰도록 하여라.
그밖에도 하나님의 성전을 위해 필요한 것이 있다면 무엇이든지 가져가도 좋다. 왕의 창고에서 그것을 받아 가져가도록 하여라.

이제 나 아닥사스다 2세가, 유브라데스 강 서쪽 지방의 창고를 맡은 모든 사람에게 조서를 내린다.

제사장이자 하나님의 율법학자인 에스라가 달라고 하는 것은 무엇이든지 그대로 내주어라.
그에게 은은 백 달란트까지, 밀은 백 고르까지, 포도주는 백 바트까지, 감람 기름도 백 바트까지 내주어라. 그리고 소금은 달라는 대로 주어라.
하늘의 하나님이 원하시는 것이라면, 하늘의 하나님의 성전을 위해 무엇이든지 그대로 하여라. 하나님께서 왕과 그의 자손에게 노하실까 염려된다.
그대들은 제사장이나 레위 사람이나 노래하는 사람이나 문지기나 성전 종이나, 그 밖에 하나님의 성전에서 일하는 다른 사람들에게 어떠한 세금도 받거나 거두지 마라.

그리고 에스라에게 다시 말한다.

에스라여! 너 에스라는 네 하나님이 너에게 주신 지혜로, 네 하나님의 율법을 아는 자로 행정관과 재판관들을 삼아, 유브라데스 강 서쪽 지방 모든 백성을 재판하게 하고, 또 너는 그 율법을 알지 못하는 사람들에게 그것을 가르쳐라. 네 하나님의 명령이나 이 왕의 명령에 불순종하는 자가 있으면, 누구든지 즉시 처벌하여 사형을 시키거나 귀양을 보내거나 재산을 몰수하거나 감옥에 가두어라.

에스라가 예루살렘으로 돌아와 이렇게 말했다.

우리 열조의 하나님이신 여호와를 찬양하라!
여호와께서 왕의 마음에 예루살렘 여호와의 성전을 아름답게 할 뜻을 두셨습니다.
여호와께서 왕과 왕의 모사들과 왕의 관리들 앞에서 나 에스라에게 여호와의 은혜를 얻게 하셨습니다.
나의 하나님 여호와의 손이 나의 위에 있으므로, 내가 힘을 얻어 이스라엘 중 지도자를 모아 나와 함께 올라오게 하셨습니다.

바벨론 포로의 제2차 귀환(스 8:1-36)

바사 왕 아닥사스다 2세가 다스릴 때, 나 에스라와 함께 바벨론에서 돌아온 각 집안의 족장들과 그들의 족보는 이러하다.

비느하스 자손 가운데서는 게르솜이요, 이다말 자손 가운데서는 다니엘이요, 다윗 자손 가운데서는 스가냐의 아들 핫두스요,

바로스 자손 가운데서는 스가랴 및 그와 함께 기록된 남자 백오십 명이요,

바핫모압 자손 가운데서는 스라히야의 아들 엘여호에내 및 그와 함께 기록된 남자 삼백 명이요, 삿두 자손 가운데서는 야하시엘의 아들 스가냐와 그와 함께 기록된 남자 삼백 명이요,

아딘 자손 가운데서는 요나단의 아들 에벳 및 그와 함께 기록된 남자 오십 명이요, 엘람 자손 가운데서는 아달리야의 아들 야사야 및 그와 함께 기록된 남자 칠십 명이요,

스바댜 자손 가운데서는 미가엘의 아들 스바댜 및 그와 함께 기록된 남자 팔십 명이요, 요압 자손 가운데서는 여히엘의 아들 오바댜 및 그와 함께 기록된 남자 이백십팔 명이요,

바니 자손 가운데서는 요시뱌의 아들 슬로못 및 그와 함께 기록된 남자 백육십 명이요, 베배 자손 가운데서는 베배의 아들 스가랴 및 그와 함께 기록된 남자 이십팔 명이요,

아스갓 자손 가운데서는 학가단의 아들 요하난 및 그와 함께 기록된 남자 백십 명이요, 아도니감 자손 가운데서는 남은 아들들 곧 엘리벨렛과 여우엘과 스마야 및 이들과 함께 기록된 남자 육십 명이요, 비그왜 자손 가운데서는 우대와 사붓 및 이들과 함께 기록된 남자 칠십 명이다.

나 에스라는 그들을 아하와 강 가에 불러모아 삼 일 동안 진을 쳤다. 나

는 제사장을 비롯한 모든 사람을 살펴보았지만, 레위 사람은 한 사람도 보이지 않았다.

그래서 나 에스라는 레위 집안의 족장인 엘리에셀과 아리엘과 스마야와 엘라단과 야립과 또 다른 사람 엘라단과 나단과 스가랴와 므슬람을 불렀다. 그리고 지혜로운 사람 요야립과 엘라단을 불러 나는 그들을 가시뱌 지방의 족장인 잇도에게 보내어,

그들에게 잇도와 그곳에서 성전 일꾼인 느디님으로 일하고 있는 그의 형제들에게 할 말을 일러 주었고, 내가 그들을 보낸 것은 하나님의 성전에서 일할 일꾼들을 데려오기 위해서였다.

하나님의 선한 손이 우리를 도우셨으므로, 잇도의 형제들이 우리에게 이스라엘의 자손이며 레위의 손자이며 말리의 아들인 지혜로운 세레뱌를 보내었다. 그리고 그들은 세레뱌의 아들과 형제들도 데려왔는데, 모두 열여덟 명이었다.

그들은 또 하사뱌와 므라리 자손 가운데 여사야와 자기 형제와 조카들을 포함해서 이십 명을 데려왔다. 또한 그들은 성전의 일꾼 느디님 이백이십 명도 데려왔다.

그 사람들은 다윗과 그의 방백들이 레위 사람들을 돕기 위해 세운 사람이다.

이들의 이름은 예루살렘으로 돌아온 사람들의 명단에 있다.

그곳 아하와 강 가에서 우리 모두는 금식을 선언했다. 우리는 하나님 앞에서 겸손해지기를 원했다. 그리고 우리와 우리 자녀와 함께 모든 재산을 가지고 안전하게 여행할 수 있게 되기를 하나님께 간구했다.

나는 전에 왕에게 우리 하나님의 손은 자기를 찾는 모든 사람에게 선을 베푸시지만, 자기를 배반하는 사람은 누구든지 권능과 진노하시는 분이라고 말한 적이 있었기 때문에, 길에서 적군을 막고 우리를 도울 보병과 마병을 왕에게 보내 달라고 부탁하는 것을 부끄럽게 여겼다.

그래서 우리는 이 문제를 놓고 금식하며 하나님께 간구하였더니, 우리를 보호해 주시겠다는 응답을 받았다.

그때에 나는 제사장들 가운데서 우두머리 열두 사람을 뽑았다. 내가 뽑은 사람은 세레뱌와 하시뱌와 그들의 형제 열 명이었다.

나는 그들에게 왕과 그의 모사들과 그의 관리들과 거기에 있던 모든 이스라엘 사람이, 우리 하나님의 성전을 위해서 바친 금과 은과 그릇들을 달아 주었다.

내가 그들에게 달아 준 것은 은 육백오십 달란트와 은 그릇 백 달란트와 금 백 달란트이다.

그리고 천 다릭 가량 되는 금 그릇 스무 개와 금만큼 값진, 번쩍이는 좋은 놋그릇도 두 개 주었다.

그리고 나서, 나는 제사장들에게 말했다.

> 여러분들은 여호와께 거룩한 사람이요, 이 그릇들도 여호와께 거룩한 물건입니다.
> 이 모든 금과 은은 우리 열조의 하나님 여호와께 즐겁게 드린 예물이므로,
> 여러분은 이 모든 것을 예루살렘의 성전까지 가지고 가서, 제사장 우두머리들과 레위인 우두머리들과 이스라엘 족장들 앞에서 이것을 달아 인계할 때까지 잘 간수하고 지켜야 합니다.

그리하여 제사장과 레위 사람들은, 예루살렘에 있는 하나님의 성전으로 옮기기 위해 무게를 달아 놓은 은과 금과 그릇들을 넘겨 받았다.

정월 곧 첫째 달 십이일에, 우리는 아하와 강을 떠나 예루살렘으로 출발했다. 우리 하나님의 손이 우리와 함께하셔서, 길을 가는 도중에 대적의 위협과 길에 매복한 자의 손에서 우리를 지켜 주셨으므로, 마침내 우리는 예루살렘에 이르러 삼 일 동안 쉬었다.

사 일째 되던 날, 우리는 하나님의 성전에서 은과 금과 그릇들을 달아 우리아의 아들 제사장 므레옷에게 넘겨주었다.

그 자리에는 비느하스의 아들 엘르아살과 레위 사람 예수아의 아들 요사밧과 빈누이의 아들 노아댜가 함께 있다가, 그 모든 것은 갯수를 세고 무게를 달아 그 자리에서 장부에 기록하였다.

사로잡혀 갔던 사람들의 자손, 곧 이방 땅에서 돌아온 사람들은 그렇게 하고 나서야, 비로소 이스라엘의 하나님께 태워 드리는 제사인 번제를 드렸다.

그들은 전체 이스라엘을 위해 수소 열두 마리와 숫양 아흔 여섯 마리와 어린 양 일흔 일곱 마리와, 죄를 씻는 제물인 속죄제물로는 숫염소 열두 마리를 모두 여호와께 번제로 드렸다.

그런 다음 그들은 왕의 명령을 왕의 관리들과 유브라데스 강 서쪽 지방의 총독들에게 전하였다. 그러자 그 사람들이 그 백성과 하나님의 성전 짓는 일에 많은 도움을 주었다.

에스라의 기도와 백성의 죄(스 9:1-10:44)

이 모든 일이 이루어진 뒤에 방백들이 나 에스라에게 말했다.

> 이스라엘 백성과 제사장과 레위 사람들은 아직도 이 땅의 이방 백성과 관계를 끊지 않고, 가나안 사람과 헷 사람과 브리스 사람과 여부스 사람과 암몬 사람과 모압 사람과 애굽 사람과 아모리 사람처럼 가증한 일을 하고 있습니다.
> 이스라엘 사람들은 유다 사람이 아닌 이방 민족의 딸을 아내와 며느리로 맞아들여, 하나님의 거룩한 자손으로 이방 족속의 사람과 서로 섞이게 하는데, 이스라엘 방백들과 지도자라는 사람들이 오히려 이런 일에 앞장을 섰습니다.

나는 이 말을 듣고 화가 나서 겉옷과 속옷을 찢고, 머리털과 수염을 쥐어 뜯으며 기가 막혀 주저앉았다.

그러자 이스라엘의 하나님의 말씀을 두려워하는 모든 사람들이, 바벨론으로 사로잡혀 갔던 사람들의 죄를 보고 내 곁으로 모여들었다.

나는 저녁 희생 제사를 드릴 때까지 그런 모습으로 주저앉았다. 그러다가 저녁 희생 제사를 드릴 시간이 되었을 때, 나는 근심 중에 자리에서 일어나, 겉옷과 속옷이 찢어진 대로, 나는 무릎을 꿇고 앉아서 내 하나님 여호와를 향해 두 손을 들고 기도를 드렸다.

나의 하나님이여! 내가 너무 부끄러워 얼굴이 붉어져, 감히 나의 하나님을 향하여 얼굴을 들 수가 없으며, 우리 죄악이 많아 우리 머리 끝까지 넘치고 우리 허물이 너무나 커서 하늘에 닿았습니다.
우리의 열조 때로부터 지금까지 우리의 죄가 많으므로 우리의 죄악으로 인하여, 이스라엘의 여호와 하나님께서는 우리와 우리의 왕들과 우리의 제사장들을 열방 왕들의 손에 붙이시어, 사로잡혀 가며 우리의 가진 것을 노략당하며 이방나라에 얼굴을 부끄럽게 하심이 오늘날과 같습니다.
이제 우리 하나님 여호와께서, 우리에게 잠시 동안이나마 은혜를 베푸시어 얼마를 남겨두어 이방나라로 피하게 하신 우리를, 그 거룩한 성소에 박힌 못과 같게 하시고, 우리 눈을 밝히시어 우리로 이방 나라 종 노릇 하는 중에서도 조금 살아나게 하셨습니다. 우리가 비록 바벨론의 노예가 되었지만, 우리 하나님이 우리를 그 복역하는 중에 버리지 아니하시고, 바사의 열왕 앞에서 우리로 긍휼히 여김을 입게 하고 우리로 살아나게 하시어, 우리 하나님의 성전을 세우게 하시며, 그 성벽 무너진 것을 수리하게 하시며, 유다와 예루살렘에서 우리에게 터전을 주셨나이다.

우리 하나님이여!
이렇게 우리에게 은혜를 베풀어주심에도 불구하고, 우리가 주의 말씀의 계명을 배반하였사오니 이제 무슨 말을 할 수가 있겠습니까?
하나님께서 예전에 주의 종인 선지자들로 이렇게 말씀하셨습니다.
'너희가 가서 애써 얻으려하는 땅은 더러운 땅이다.
이는 이방 백성들이 더럽고 가증한 일을 하여, 이쪽 끝에서부터 저쪽 끝까지 그 땅을 더러운 것으로 가득 채웠다.
그러므로 너희 딸들을 그들의 아들들에게 주지 말고 그들의 딸을 너희 아들을 위하여 데려오지 말며, 그들을 위하여 평안과 번영을 영원히 추구하지 말아라.
그리하면 너희가 왕성해져서 그 땅의 아름다운 것을 먹으며 그 땅을 자손에게 물려주어 영원한 기업으로 삼게 될 것이다.'

지금까지 우리가 당한 모든 일은 우리의 악한 행위와 큰 죄의 결과였습니다.
그러나 우리 하나님은 우리가 지은 죄악에 비해 우리의 형벌을 가볍게 하셔서, 우리 백성을 이만큼이나마 살아남게 하셨습니다.
그런데도 우리가 다시 주의 계명을 어기고 이 가증한 일을 행하는 백성들과 혼인하였으니, 이제 주께서 우리에게 분노하시어 우리를 전멸시키고, 한 사람도 살아남지 못하게 하지 않겠습니까?
이스라엘 하나님 여호와여! 주는 의로우십니다. 우리가 오늘날 이처럼 살아남긴 했습니다만, 우리가 주께 범죄하였으므로, 감히 주 앞에 한 사람도 감히 설 수가 없습니다.

에스라가 하나님 성전 앞에 엎드려 죄를 고백하며 울며 기도하자,

그때에 이스라엘의 남자와 여자와 어린아이들의 큰 무리가 에스라 둘레에 모여들어, 그들도 큰 소리로 울었다

엘람 사람 여히엘의 아들 스가냐가 에스라에게 말했다.

우리가 이 땅의 백성에게서 이방 여자를 데려와서 아내로 삼으로써, 하나님께 죄를 지었지만, 아직도 이스라엘에 희망은 있습니다.

이제 우리가 우리 하나님 앞에서 언약을 하고, 우리 안에 율법을 세워서, 이 이방 아내들과 그들의 자녀들을 쫓아내도록 합시다.

우리는 하나님의 명령을 두려워하는 사람들과 당신의 교훈에 따르겠습니다.

이 일은 당신이 해야 할 일입니다 자, 일어나십시오. 우리가 당신을 힘껏 도울 테니 용기를 가지고 이 일을 실행하십시오.

에스라가 자리에서 일어났다.

그는 제사장들과 레위 사람들과 이스라엘의 모든 백성에게 이 말대로 맹세를 하게 했다. 그들은 에스라가 말한 그대로 맹세를 했다.

에스라는, 하나님의 성전 앞을 물러나 엘리아십의 아들 여호하난의 방으로 들어가, 그 방에 있으면서 바벨론 포로로 사로잡혔던 사람들의 죄를 근심하여 떡도 먹지 않고 물도 마시지도 않았다.

바벨론 포로 생활을 마치고 돌아온 모든 사람들에게 예루살렘에 모이라는 명령이 온 유다와 예루살렘에 내려졌다.

삼 일 안에 예루살렘에 오지 않은 사람은 방백들과 장로들의 결정에 의하여 재산을 빼앗기고, 포로 생활을 마치고 돌아온 사람들의 모임에서도 쫓겨날 것이라고 했다.

그리하여 삼 일 안에 유다와 베냐민 사람들이 다 예루살렘에 모였다. 그때는 아홉째 달 이십일이었다.

모든 백성이 성전 앞 광장에 앉아 그 일에 대한 심각성을 깨달으며 큰비가 내린 가운데 떨고 있었다.

그때 제사장 에스라가 일어나서 그들에게 말했다.

여러분이 이방 여자로 아내를 삼아 범죄하였으므로, 이스라엘에 죄를 더하게 하였습니다.
그러므로 이제 여러분은 우리 열조의 하나님 여호와께 여러분의 죄를 고백하고, 그분의 뜻대로 하는 일을 해야 합니다.
먼저 이 땅에 사는 이방 민족들과 여러분의 이방 아내의 관계를 끊으십시오.

그러자 모든 군중 무리가 큰 목소리로 에스라에게 대답했다.

당신 말씀이 옳습니다. 우리가 당신 말씀대로 하겠습니다.
그러나 이처럼 사람이 많고 큰비가 마구 쏟아지고 있으니 우리가 이대로 계속 서 있을 수는 없습니다.
더구나 이 죄에 관련된 백성들이 너무 많아 이것은 하루이틀에 해결될 문제가 아닙니다. 그러므로 우리를 대신해서 이 문제를 처리할 방백들을 세워 예루살렘에 머물게 하고, 이방 여자에게 장가든 사람들은 자기 성의 장로들과 재판관들과 함께 지정된 시간에 와서 이 문제를 해결하여, 우리 하나님의 진노가 우리에게서 떠나게 합시다.

이 제의에 반대한 사람은 오로지 아사헬의 아들 요나단과 디과의 아들 야스야였으며, 므술람과 레위 사람 삽브대가 그들을 도왔다.

그러나 그 밖의 사람들은 모두 그 제의를 받아들였으므로, 제사장 에스라는 각 종족을 따라 각기 지명된 족장 한 사람씩 뽑아 그 일을 처리하도록 하였다.

그래서 그들은 열째달 초하루에 그 일을 조사하기 시작하여, 다음해 정월 초하루까지 이방 여인을 아내로 맞이한 사람들의 모든 조사를 끝마쳤다.

이방 여자를 아내로 맞이한 제사장들의 자손은 이러하다.

예수아 자손 중 요사닥의 아들과 그 형제들의 자손 중에서는 마아세야와 엘리에셀과 야립과 그달랴이다. 이들은 모두 아내와 헤어지기로 약속했다.

그리고 각 사람은 허물을 씻는 제물인 속건 제물로 숫양 한 마리씩을 바쳤다.

임멜의 자손 중에는 하나니와 스바댜요, 하림의 자손 중에는 마아세야

와 엘리야와 스마야와 여히엘과 웃시야요,

바스훌의 자손 중에는 엘료에내와 마아세야와 이스마엘과 느다넬과 요사밧과 엘라사요, 레위 사람들 중에는 요사밧과 시므이와 글리다라고도 하는 글라야와 브다히야와 유다와 엘리에셀이요,

찬양하는 사람들 중에는 엘리아십이요, 성전 문지기들 가운데서는 살룸과 델렘과 우리요,

이스라엘 일반인으로서, 바로스의 자손 중에는 라먀와 잇시야와 말기야와 미야민과 엘르아살과 말기야와 브나야요, 엘람의 자손 중에는 맛다냐와 스가랴와 여히엘과 압디와 여레못과 엘리야요, 삿두의 자손 중에는 엘료에내와 엘리아십과 맛다냐와 여레못과 사밧과 아시사요,

베배의 자손 중에는 여호하난과 하나냐와 삽배와 아들래요, 바니의 자손 중에는 므술람과 말룩과 아다야와 야숩과 스알과 여레못이요, 바핫모압의 자손 중에는 앗나와 글랄과 브나야와 마아세야와 맛다냐와 브살렐과 빈누이와 므낫세요,

하림의 자손 중에는 엘리에셀과 잇시야와 말기야와 스마야와 시므온과 베냐민과 말룩과 스마랴요, 하숨의 자손 중에는 맛드내와 맛닷다와 사밧과 엘리벨렛과 여레메와 므낫세와 시므이요,

바니(위의 바나와 다름)의 자손 중에는, 마아대와 이므람과 우엘과 브나야와 베드야와 글루히와 와냐와 므레못과 에랴십과 맛다냐와 맛드내와 야아수와 바니와 빈누이와 시므이와 셀레먀와 나단과 아다야와 막나드배와 사새와 사래와 아사렐과 셀레먀와 스마랴와 살룸과 아마랴와 요셉이요,

느보의 자손 중에는, 여이엘과 맛디디야와 사밧과 스비내와 잇도와 요엘과 브나야이다.

이상은 모두 이방 여자를 아내로 맞이한 사람들인데, 그 이방 여자들에게서 자녀를 낳은 사람들도 있었다.

제 9 장
느헤미야

느헤미야와 아닥사스다 2세(느 1:1-2:10)

하가랴의 아들 느헤미야가 기록한 말이다.

나 느헤미야가, 바사 왕 아닥사스다 2세 이십 년 기슬르 월에 바사의 수도인 수산 궁에 있을 때의 일이다.

나의 형제 중 한 형제 하나니가 두어 사람과 함께 유다에서 왔다.

나는 그들에게 포로로 끌려오지 않고 남아 있는 유다 사람들이 잘 있는지, 그리고 예루살렘은 어떠한지 물었다.

그들이 대답했다.

> 포로로 끌려오지 않고 유다 지방에 남아 있는 사람들은 많은 고생을 하고 있으며 멸시를 당하고 있습니다.
> 예루살렘 성벽은 무너졌고 그 성문들은 불타 버렸습니다.

나는 이 말을 듣고 주저앉아 울다가 며칠 동안 슬퍼하고 금식하며, 하나님께 이렇게 기도하였다.

> 하늘의 하나님이신 여호와여! 여호와는 위대하고 두려운 하나님이시며, 주를 사랑하고 주의 계명을 지키는 자에게 언약을 지키시며 긍휼을 베푸시는 주께 간구합니다.
> 이제 종이 주의 종 이스라엘 자손을 위하여 밤낮으로 기도하오며, 이스라엘 자손이 주 앞에서 범죄함을 고백하오니, 주는 귀를 기울이시며 눈을 여시어 종의 기도를 들으시옵소서!
> 나와 나의 아버지 집이 범죄하여, 우리는 주 앞에서 많은 악을 행하였으며,
> 주께서 주의 종 모세에게 명하신 계명과 율례와 규례를 지키지 아니하였나이다.

> 주께서는 주의 종 모세에게 이렇게 말씀하셨습니다. '만일 너희가 범죄하면, 내가 너희를 열국 중에 흩어 버릴 것이다.
> 그러나 너희가 나에게 돌아와 내 계명에 순종하면 너희 쫓겨난 자가 하늘 끝에 있을지라도, 내가 거기서부터 너희들을 모아 내 이름을 두려고 택한 곳에 돌아오게 하리라.'
> 여호와여! 이제 주께서 하신 이 말씀을 기억하소서. 우리는 다 주의 종들이며, 주께서 일찍이 큰 권능과 강한 손으로 구속하신 주의 종이며, 주의 백성들입니다.
> 여호와여 구하옵니다! 귀를 기울이시어 종의 기도와 주의 이름을 경외하기를 기뻐하는 종들의 기도를 들으시고, 이제 주께서 이 종을 도우셔서 왕의 은혜를 입게 하소서.

그때, 나는 왕에게 술을 따라 올리는 관원이었다.

그로부터 사 개월이 지났다.

바사 왕 아닥사스다 2세 이십년 니산 월에 일어나 일이다.

왕이 술을 달라고 해서 나는 술을 가져다가 왕께 드렸다. 전과 달리 슬픔에 가득한 나의 모습을 왕이 보고 나에게 말했다.

> 네가 병이 없었는데 어찌하여 얼굴에 수심이 가득 하느냐? 이는 필시 네 마음에 근심이 있음이로다.

그때 나는 대단히 두려웠지만 왕께 대답하였다.

> 왕은 만세수를 하옵소서! 나의 열조들이 묻혀 있는 성이 황폐하고, 성문이 불단 채 그대로 있으니 어찌 내 얼굴에 수심이 없겠습니까?

그러자 왕이 "그대가 원하는 것이 무엇이오?"라고 물었다.

나는 하늘의 하나님께 잠시 기도 드리고 나서, 왕에게 이렇게 대답하였다.

> 만일 왕께서 나를 좋게 보시고 나에게 은혜를 베풀고자 하신다면,
> 나를 유다 땅 나의 열조가 묻혀 있는 성읍에 돌아가게 하여 그 성을 중건할 수 있게 해 주십시오.

그때에 왕비도 왕의 곁에 앉아 있었다.

왕이 나에게 물었다.

그렇게 다녀오려면 얼마나 걸리겠느냐? 언제쯤 돌아올 수 있겠느냐?

왕은 나를 기꺼이 보내 주려 했다. 그래서 나는 기한을 정하였다. 내가 왕에게 말했다.

만일 왕께서 좋게 여기신다면, 유브라데스 강 서쪽 지방의 총독들에게 보일 조서를 내게 주시어서,
그래서 내가 유다까지 무사히 갈 수 있도록 그들이 허락하게 해 주십시오.
그리고 왕의 산림을 관리하는 아삽에게 줄 조서도 써 주셔서, 성전 곁에 있는 요새의 문과 성벽과 내가 살 집을 지을 목재를 나에게 주도록 해 주십시오.

내 하나님의 손이 나를 도우셔서 왕은 내가 요구한 모든 것을 다 들어주셨다.

왕은 장교들과 마병들까지 주어 나와 함께 가게 하였다. 그래서 나는 그들과 함께 유브라데스 강 서쪽 지방으로 가서 그곳 총독들에게, 왕이 내리신 조서를 전해주었다.

호론 사람 산발랏과 그에게 종 노릇을 하였던 암몬 사람 도비야에게 이 소식이 들어갔다.

그들은 이스라엘 백성을 도우려 온 사람이 있다는 말을 듣고 마음에 근심하였다.

바벨론 포로의 제3차 귀환과 예루살렘 성벽 (느 2:11-3:32)

나는 예루살렘에 이르러 삼 일 동안을 머물렀다.

하나님께서 내 마음을 감동시켜 주셔서, 예루살렘을 위해 하게 하신 일을 아무에게도 말하지 않았다.

그 후에 나는 두어 사람과 함께 밤중에 일어나 밖으로 나갔는데 내가 탄 나귀 외에는 다른 사람이 탈 짐승이 없었다.

밤중에 나는 서쪽의 골짜기 문을 지나 밖으로 나섰다.

남쪽으로 나가서 용의 샘을 지나 쓰레기 처리장 인근 골짜기를 통할 수 있는 '쓰레기 문'에 이르기까지 예루살렘 성벽을 살펴보니 성벽은 다 허물어지고, 문들도 모두 불에 탄 채로 버려져 있었다.

나는 계속해서 동쪽으로 샘 문과 왕의 연못으로 갔으나, 내가 탄 나귀가 지나갈 길이 없었다.

그래서 나는 기드론 시내 골짜기를 따라 올라가면서, 벽을 살펴본 후에 오던 길을 되돌아 골짜기 문을 들어와서 성으로 돌아왔다. 방백들은 내가 어디를 다녀왔으며 무슨 일을 했는지 알지 못했다.

나는 그때까지도, 유다 사람이나 제사장들이나 귀족들이나 관리들이나, 일을 맡아서 할 다른 사람들에게도 아무 말도 하지 않았다.

그러다가 후에 그들에게 말했다.

> 여러분은 우리가 어떤 고통을 겪고 있는지 알 것입니다.
> 예루살렘은 폐허가 되었고, 그 성문들은 모두 불타 버렸습니다.
> 자, 이제 예루살렘 성벽을 다시 쌓읍시다. 그래서 더 이상 이런 수치를 당하지 않도록 합시다.

나는 그들에게 하나님의 선한 손이 나를 도우신 일과 왕이 나에게 한 말을 일러 주었다.

그러자 그들이 대답했다.

> 성벽 쌓는 일을 시작합시다.

그들은 열심을 내어 일하려고 하였다.

호른 사람 산발랏과 관리가 된 암몬 사람 도비야와 아라비아 사람 게셈에게 알려지니 그들은 우리에게로 와서, "당신들이 지금 무슨 일을 하고 있는 거요? 왕에게 반역이라도 하겠다는 것이오?" 하면서, 우리를 업신여기고 비웃었다.

그래서 나는 그들에게 이렇게 대답하였다.

> 하늘의 하나님이 우리를 도우실 것이오. 우리는 그의 종이므로 이 성벽을 건축할 생각이오.

하지만 당신들은 예루살렘에 대하여 주장할 몫이나 권리나 명분이 아무것도 없소.

대제사장 엘리아십과 그의 형제 제사장들이 함께 나서서 양문을 다시 세워서 거룩히 구별하고 문짝을 제자리에 달았고, 함메아 망대와 하나넬 망대까지 성벽을 쌓고 거룩하게 구별하였다.

그 다음은 여리고 사람들이 쌓았고, 그 다음은 이므리의 아들 삭굴이 쌓았다.

하스나아의 자손들은 물고기 문을 세웠으며, 들보를 얹고 문짝과 자물쇠와 빗장을 달았다.

그다음은 학고스의 손자요 우리아의 아들인 므레못이 보수하였고,

그다음은 므세사벨의 손자요 베레갸의 아들인 므술람이 보수하였으며, 그다음은 바아나의 아들인 사독이 보수하였다.

그다음은 드고아 사람이 보수하였는데, 그들 집안의 어떤 귀족들은 공사에 협조하지 않았다.

옛 문은, 바세아의 아들인 요야다와 브소드야의 아들인 므술람이 보수하였고, 들보를 얹고 문짝을 달고, 자물쇠와 빗장를 만들어 달았다.

그다음은 기브온 사람 믈라댜와 메로놋 사람 야돈이 유브라데스 서쪽 지방의 총독 아래에 있는 기브온 사람들과 미스바 사람들을 데리고 보수하였다.

그다음은 금 세공장 할해야의 아들 웃시엘이 보수하였고, 그다음은 향품 제조업자 하나냐는 보수하였지만, 그들은 넓은 성벽에 이르기까지 그다음 부분을 보수하였다.

그리고 그다음 부분은 예루살렘 지방 절반을 다스리는 후르의 아들 르바야가 보수하였다.

그다음은 하루맙의 아들인 여다야가 보수하였는데, 그곳은 바로 자기 집 맞은쪽이었다.

그다음은 하삽느야의 아들 핫두스가 보수하였다. 또 하림의 아들 말기야와 바핫모압의 아들 핫숩은 그다음 부분과 풀무 망대를 보수하였다.

그다음 부분은 예루살렘 지방 절반을 다스리는 할로헤스의 아들 살룸과 그 딸들이 보수하였다. 골짜기 문은, 하눈과 사노아에 사는 사람들이 보수하였으며, 문짝을 달고, 자물쇠와 빗장를 만들어 달았다.

그들은 또한 '쓰레기문'까지 성벽 일 천 규빗(450 m)을 보수하였다.

쓰레기 문은, 벧학게렘 지방을 다스리는 레갑의 아들 말기야가 보수하여, 문짝을 달고 자물쇠와 빗장을 설치하였다

샘 문은, 미스바 지방을 다스리는 골호세의 아들 살룬이 보수하여 지붕을 씌우고 문짝을 달아 자물쇠와 빗장을 설치하였으며,

또 그는 왕의 동산 곁에 있는 셀라(실로암) 못가의 성벽을 다윗 성에서 내려오는 층계까지 보수하였다.

다음은 벧술 지방 절반을 다스리는 아스북의 아들 느헤미야가 다윗 왕의 묘와 저수지와 용사의 집까지 성벽을 보수하였다.

다음 부분은 레위 사람 바니의 아들 르훔이 보수하였으며, 그일라 지방 절반을 다스리는 하사뱌는 그 지방을 대표하여 그다음 부분을 보수하였고, 그일라 지방의 다른 절반을 다스리는 헤나닷의 아들 바왜는 그 다음 부분을 보수하였고,

그다음은 미스바를 다스리는 예수아의 아들 에셀이 한 부분을 보수하여 성 굽이에 있는 병기고 맞은편까지 이르렀고,

그다음은 삽배의 아들 바룩이 한 부분을 힘써 보수하여 성 굽이에서부터 대제사장 엘리아십의 집 문에까지 이르렀고,

그다음은 학고스의 손자 우리야의 아들 므레못이 한 부분을 보수하여, 엘리아십의 집 문에서부터 엘리아십의 집 모퉁이에 이르렀고, 성벽의 그다음 부분은 예루살렘 주변에 사는 제사장들이 보수하였고, 그다음은 베냐민과 핫숩이 자기 집 맞은편 부분을 보수하였고, 그다음은 아나냐의 손자 마아세야의 아들 아사랴가 자기 집에서 가까운 부분을 보수하였고,

그리고 헤나닷의 아들 빈누이는 아사랴의 집에서부터 보수하여 성 굽

이를 지나 성 모퉁이에 이르렀고,

우새의 아들 발랄은 성 굽이 맞은편부터 시위 청 뜰 곁의 윗궁 망대 앞까지 보수하였고, 그다음 부분은 바로스의 아들 브다야가 보수하였다.

또 오벨에 사는 성전 일꾼인 느디님들은 동쪽 수문과 불쑥 나온 망대까지 보수하였고,

그다음은 드고아 사람들이 한 부분을 보수하여 불쑥 나온 큰 망대 맞은편에서부터 오벨 성벽까지 이르렀고,

그다음은 제사장들이 북쪽 말문에서부터 각자 자기 집 앞의 성벽을 보수하였고, 그 다음은 임멜의 아들 사독이 자기 집 앞을 보수하였으며, 그다음 부분은 동쪽 문지기 스가냐의 아들 스마야가 보수하였다.

그리고 셀레먀의 아들 하나냐와 살랍의 여섯째 아들 하눈은 그다음 부분을 보수하였으며, 다음은 베레갸의 아들 므술람이 자기 집 앞을 보수하였고, 그다음은 금 세공업자 말기야가, 함밉갓 문 맞은편에 있는 부분을 보수하여, 성전 일꾼들인 느디님과 상인들의 집에서부터 북동쪽의 성 모퉁이 누각까지 이르렀고, 성 모퉁이 누각에서 양문[羊門]까지는, 금 세공업자와 상인들이 보수하였다.

느헤미야와 산발랏 ①(느 4:1-23)

산발랏이 우리가 성벽을 다시 쌓아 올리고 있다는 소식을 듣고 크게 분노하여 유다 사람을 비웃으며, 자기 형제들과 사마리아 군대 앞에서 이렇게 비아냥거리며 말했다.

> 이 미약한 유다 사람들이 도대체 무슨 일을 하는 거냐? 이 성벽을 다시 쌓는다고? 여기에서 제사를 지내겠다는 거냐? 하루 만에 일을 끝낸다는 거냐? 불타 버린 돌을 흙 무더기 속에서 다시 꺼내어 쓸 수 있다는 거냐?

암몬 사람 도비야가 산발랏 곁에 있다가 말했다.

> 그들이 쌓고 있는 성벽은 여우 한 마리가 올라가더라도 무너지게 될 것입니다.

나 느헤미야가 기도 드렸다.

> 우리 하나님이여! 들으시옵소서. 우리가 업신여김을 당하나이다.
> 원하건대 그들이 조롱하는 말을 자기들의 머리에 돌리시고, 그들이 이방 나라에 노략을 당하며 사로잡히게 하시고, 주의 앞에서 그 악을 덮어 두지 마시며, 그들의 죄를 묵인하지 마옵소서.
> 그들이 주의 성을 쌓고 있는 우리 앞에서 주의 분노를 격동하였습니다.

그러나 백성들이, 마음을 다해 열심히 일했기 때문에, 마침내 우리는 전 성벽을 연결하였고 높이는 절반이나 쌓아 올렸다.

그러나 산발랏과 도비야와 아라비아 사람들과 암몬 사람들과 아스돗 사람들은 예루살렘 성벽을 보수하는 일이 계속되고, 군데군데 무너진 벽을 다시 잇기 시작하였다는 소식을 듣고서, 몹시 분을 내며 그들은 이렇게 공모하였다.

> 한꺼번에 예루살렘으로 올라와서 성을 쳐서 유다 사람들을 혼란에 빠뜨리게 하자!

그래서 우리는 우리 하나님께 기도하며 그들로 인하여 파수꾼을 두어 밤낮으로 지키게 했다.

그때, 유다 백성이 이렇게 말했다.

> 흙 무더기가 아직도 많이 남아 있고, 등짐으로 짐을 나르는 사람들의 힘이 약해져 가고 있어서, 우리가 성을 완전히 쌓지 못할 것이다.

더구나 유다의 대적들은 이렇게 말했다.

> 우리가 그들이 알지 못하고 보지 못하는 사이에 달려들어가 죽여 버리고, 그들이 하던 일을 그만두게 할 것이다.

그 대적들 가까이에 사는 유다 사람들이 와서 "그들이 사방에서 우리를 치려고 한다."라고 열 번이나 일러 주었으므로, 나는 백성들을 칼과 창과 활로 무장시켜, 아직 완성되지 않은 성벽 뒤 가장 낮은 곳의 빈터에 종족별로 배치시켰다.

그런 뒤에 둘레를 살펴보고 자리에서 일어나 귀족과 관리와 백성들에게 말했다.

> 여러분은 그들을 무서워하지 말고, 두렵고 지극히 크신 여호와를 생각하며 여러분의 형제와 자녀와 아내와 가정을 위해 용감히 싸우십시오.

우리 대적들은 우리가 자기들의 계획을 알고 있다는 사실을 알게 되었다. 게다가 하나님께서는 그들의 계획을 헛되게 하셨다.

그래서 우리는 각자 자기 일터로 돌아가서 다시 성벽을 쌓기 시작했는데, 그날부터 내 시종들 가운데 절반은 성벽 쌓는 일을 하고, 나머지 절반은 창과 방패와 활과 갑옷으로 무장했다.

관리들은 성벽을 쌓는 유다 백성 뒤에서 지원하였다.

그리고 짐을 나르는 사람은 한 손으로 짐을 나르고 다른 한 손으로는 무기를 들었다.

성벽 쌓는 사람도 허리에 칼을 차고 일했고, 나팔 부는 사람은 내 곁에 있었다.

나는 귀족과 관리와 남은 백성들에게 말했다.

> 일하는 지역이 크고 넓은 데다가, 우리는 성벽을 따라 넓게 퍼져서 서로 떨어진 채 일하고 있소.
> 그러니 여러분은 어디에서든지 나팔 소리가 나거든 그곳으로 모이시오.
> 우리의 하나님께서 우리를 위하여 싸우실 것이오.

이렇게 해서 우리는 매일 동이 틀 때부터 별이 나올 때까지, 절반은 계속 일을 하며 절반은 창을 들고 경계를 했다.

그때, 내가 또 백성에게 말했다.

> 밤에는 누구나 다 자기의 부하와 함께 예루살렘 안으로 들어와 묵으면서 파수를 서고, 낮에는 일하시오.

나와 형제들과 시종들과 나를 따라다니는 파수꾼들은 그 누구도 자기 옷을 벗지 않았다. 물을 길으러 갈 때조차도 무기를 가지고 다녔다.

유다 땅 총독 느헤미야(느 5:1-19)

백성 가운데 어떤 사람들이 자기 아내와 더불어 그 형제 유다 사람들에게 큰 소리로 원망하였다.

그 사람들은 이렇게 말했다.

우리는 자식들이 많아서 식구가 많다. 그래서 곡식을 얻어먹고 살아야겠다.

어떤 사람들은 이렇게 말했다.

우리는 이 흉년에 밭이나 포도원이나 집이라도 저당해서 곡식을 얻어야 할 형편이 되었다.

또 어떤 사람들은 이렇게 말했다.

왕에게 세금을 바치려면 밭과 포도원을 저당하고 돈을 쓸 수밖에 없다.
그들이나 우리는 다 같은 동족이며 우리 자녀들과 그들의 자녀들도 마찬가지가 아닌가?
그런데도 우리는 우리 자녀들을 종으로 팔아야 할 처지가 되었고, 우리 딸 중에 몇은 이미 종으로 팔려 갔으나, 우리 밭과 포도원이 남의 것이 되었으므로 몸값을 지불하고 데려올 힘이 없다.

그들의 울부짖음과 탄식을 듣고 보니, 나 또한 치밀어 오르는 분노를 참을 수가 없다.

나는 그 일에 대해서 마음에 작정한 뒤, 귀족들과 관리들을 꾸짖었다.

여러분은 여러분의 형제들에게 빌려 준 돈에 대해서 이자를 너무 많이 받고 있소.

나는 이 문제를 다루기 위해 대회를 열었다.

나는 그들에게 이렇게 말했다.

우리는 힘을 다해서 이방인들에게 팔린 우리 형제 유다 사람들을 도와 포로 생활에서 돌아오게 했는데, 지금 여러분은 여러분의 형제들을 팔려고 합니까?. 그것도 여러분의 동족의 손에 팔려고 합니까?

그러자 그들은 할 말이 없는 듯 침묵을 지켰다.

내가 또 말했다.

> 여러분이 하는 일은 옳지 않소. 여러분은 하나님을 두려워하며 살아야 하오.
> 우리의 이방인 대적들이 우리를 비웃는 일은 없어야 하지 않겠소?
> 나와 내 형제들과 내 시종들도 이 백성들에게 돈과 곡식을 빌려 주고 있습니다만, 이제 그 이자를 받지 않도록 합시다!
> 여러분은 오늘이라도, 그들의 밭과 포도원과 감람원과 집을 되돌려 주고,
> 또 여러분이 착취한 돈과 곡식과 새 포도주와 감람 기름의 백분의 일이라도 돌려주십시오.

그들이 대답하였다.

> 우리가 당신의 말씀대로 모든 것을 되돌려 주고 아무것도 요구하지 않겠습니다.

그래서 나는 제사장들을 불러서, 귀족들과 관리들에게 그들이 한 말을 지키겠다는 맹세를 하게 했다.

그런 다음에 나는 내 옷자락을 떨치며 말했다.

> 이와 같이 하나님이 이 약속을 지키지 않는 사람들의 집과 재산을 털어 빈털터리가 되게 하실 것입니다!

그러자 모든 회중이 "아멘" 하고 여호와를 찬양하였으며 그 백성들은 자기들의 약속을 지켰다.

나는 바사 왕 아닥사스다 2세 이십년에, 유다 땅 총독으로 임명 받아서, 아닥사스다 2세 삼십이년까지 십이 년 동안 총독으로 있었지만, 그동안 나와 내 형제는 총독에게 지급되는 봉급을 받지 않았다.

그러나 내 이전의 모든 총독들은, 백성들에게 많은 부담을 주어 양식과 포도주 외에도 은 사십 세겔을 받았으며, 심지어 그들의 시종들도 백성들을 괴롭혔다.

하지만 나는 하나님을 두려워하여 그렇게 하지 않고, 오히려 성벽 쌓는 일에만 힘을 기울였으며 한 치의 땅도 사 놓지 않았다.

그리고 나와 함께 있는 모든 사람들도 성벽 쌓는 일에만 마음을 썼으며, 또 내 식탁에는, 유다 사람들과 관리들 일백오십 인이 있고 그

외에도 우리 사방에 있는 이방인 중에서 우리에게 나아온 자들이 있었는데, 그래서 나는 매일 소 한 마리와 살진 양 여섯 마리와 많은 닭을 준비하고 열흘에 한 번씩 각종 포도주를 제공하였다.

이렇게 하면서도 내가 총독이 당연히 받아야 할 봉급을 요구하지 않은 것은, 백성들의 부담이 너무 큰 것을 알고 있었기 때문이었다.

이때 나는 이렇게 기도하였다.

> 나의 하나님이시여! 내가 이 백성을 위해서 행한 모든 일을 기억하시고 나에게 은혜를 베푸시옵소서.

느헤미야와 산발랏 ②(느 6:1-19)

산발랏과 도비야와 아라비아 사람 게셈과 그 밖의 우리 대적들은, 내가 아직 성문의 문짝을 달지 못했지만 성벽 쌓는 공사를 마치고 수리하지 못한 곳이 없다는 말을 듣게 되었다.

산발랏과 게셈이 나에게 전갈을 보냈다.

> 느헤미야여, 오노 평야의 한 마을에서 만납시다.

그러나 그들은 나를 해칠 계획을 꾸미고 있었다.

그래서 나는 사람들을 보내어 이렇게 말했다.

> 나는 지금 큰 공사를 하고 있으므로 내려갈 수 없소.
> 내가 무엇 때문에 하던 일을 중단하고 여기를 떠나서 당신들에게 가야 하겠소?

산발랏과 게셈은 똑같은 전갈을 네 번이나 보냈다. 그때마다 나는 똑같은 대답을 하였다.

산발랏이 다섯 번째로 자기 시종을 시켜 나에게 전갈을 보냈다. 그 종의 손에는 봉하지 않은 편지가 들려 있었다.

그 편지의 내용은 이러하였다.

> 너와 유다 사람들이 반란을 일으키려고 성벽을 쌓는다는 소문이 이방 나라에

파다하게 퍼지고 있으며, 가스무(게셈)도 그것이 사실이라고 말하고 있다.
더구나 이 소문에 의하면, 네가 왕이 되려고 선지자들을 앞세워 네가 유다 왕이 되었다는 소문을 예루살렘에 퍼뜨리게 했다는 것이다.
왕께서 이 소문을 곧 듣게 되실 것은 뻔한 일이다. 그러므로 너와 내가 조용히 만나서 이야기하자.

그래서 내가 그에게 답장을 보냈다.

당신이 한 말은 사실이 아니요. 그것은 당신이 마음대로 지어낸 생각뿐이오.

그들은 나를 두렵게 하고자 하여 말하기를 "그들이 지쳐서 더 이상 공사를 중지하고 진행하지 못할 것이다."라고 하였다. 그러나 나는 "하나님이여! 내 손을 힘있게 하옵소서."라고 기도했다.

그 후에 므헤다벨의 손자 들라야의 아들 스마야가 두문불출하기에, 내가 그 집에 갔는데 그가 이렇게 말했다.

그들이 너를 죽이러 올 터이니, 우리가 하나님의 성전으로 가서 성소 안에 있고 그 문을 닫아 버리자. 그들이 기필코 밤에 와서 너를 죽이리라."

그래서 나는 그에게 이렇게 대답하였다.

총독인 내가 어떻게 도망할 수 있으며, 나 같은 사람이 목숨을 구하겠다고 어떻게 성소에 들어가 숨을 수 있겠소? 나는 성소에 들어가지 않겠소.

나는 스마야의 말을 들으면서, 그것이 하나님께 받은 말씀이 아니라, 도비야와 산발랏에게 뇌물을 받고 나에게 이런 예언을 한 것을 알게 되었다.

그들이 스마야에게 뇌물을 준 까닭은, 나를 두렵게 하고 이렇게 함으로 범죄하게 하고, 악한 말을 지어 나를 비방하려 했기 때문이었다.

그래서 나는 이렇게 기도하였다.

하나님이시여! 도비야와 산발랏이 행한 일과 여자 선지자 노아댜와 그 밖에 나를 두렵게 하려고 한 선지자들의 소행을 기억하소서.

마침내 성벽 쌓는 공사는 오십이 일 만인 엘룰(육)월 이십오일에 끝났다.

그러자 우리의 모든 대적들과 우리 주변의 이방 사람들이 이 말을 듣고 두려워 스스로 낙담하였다.

이것은 이 일이 우리 하나님의 도우심으로 이루어진 것임을 그들도 알고 있었기 때문이었다.

그런데 성벽을 쌓을 동안 유다의 귀족들이 도비야와 편지를 여러 번 주고받았다.

도비야는 아라의 아들인 스가냐의 사위인데다가, 도비야의 아들 여호하난도 베레갸의 아들인 므술람의 딸과 결혼하였으므로, 유다에는 그와 동맹을 맺은 사람들이 많았고, 많은 사람들이 그에게 충성할 것을 맹세하였기 때문이다.

그래서 유다의 귀족들은 내 앞에서 도비야의 선한 행위를 말하고, 또 내가 한 말을 모두 그에게 보고하였다.

그래서 도비야는 계속 나에게 편지를 보내 나를 두렵게 하였다.

느헤미야와 바벨론 포로 귀환자의 족보(느 7:1-73)

성벽을 쌓은 뒤에 나는 문들을 제자리에 달고 성전 문지기와 찬양하는 사람과 레위 사람들을 세워 각각 직무를 맡겼다.

내 동생 하나니와 요새의 지휘관 하나냐에게 예루살렘을 다스릴 책임을 맡게 하였는데, 하나냐는 충성된 사람이고 남다르게 하나님을 경외함이 뛰어난 사람이었다.

그리고 나는 그들에게 지시하였다.

> 해가 높이 떠오를 때까지는 예루살렘 성문을 열지 말며, 문지기가 문을 지키고 있을 때 성문을 닫고 빗장을 지르도록 하고, 그리고 예루살렘 주민들 가운데 파수꾼을 세워 각기 지정된 초소와 자기 집 앞을 경계하여라.

예루살렘은 크고 넓은 성이었으나, 거기에 사는 사람이 많지 않아, 아직 집을 많이 건축하지 않았기 때문이다.

그래서 하나님이 내 마음을 감동시키셔서, 귀족들과 관리와 백성들을 모아 그 족보대로 등록하도록 하셨다. 나는 가장 먼저 일차적으로 유다로 돌아온 사람들의 족보를 찾았다.

거기에는 다음과 같이 기록되어 있었다.

옛적에 바벨론 왕 느부갓네살에게 사로잡혀 바벨론으로 끌려간 사람들 중에서, 많은 사람들이 바벨론 각 지방을 떠나 제 고향 땅 예루살렘과 유다와 그들의 각 성으로 돌아왔다.

그들을 이끌었던 지도자는, 스룹바벨과 예수아와 느헤미야와 아사랴와 라아먀와 나하마니와 모르드개와 빌산과 미스베렛과 비그왜와 느훔과 바아나이다.

이스라엘 백성의 명단과 수는 다음과 같다.

바로스 자손이 이천백칠십이 명이요,
스바댜 자손이 삼백칠십이 명이요,
아라 자손이 육백오십이 명이요,
바핫모압 자손 곧 예수아와 요압 자손이 이천팔백팔 명이요,
엘람 자손이 천 이백오십사 명이요,
삿두 자손이 팔백사십오 명이요,
삭개 자손이 칠백육십 명이요,
빈누이 자손이 육백사십팔 명이요,
브배 자손이 육백이십팔 명이요,
아스갓 자손이 이천삼백이십이 명이요,
아도니감 자손이 육백육십칠 명이요,
비그왜 자손이 이천육십칠 명이요,
아딘 자손이 육백오십오 명이요,
아델 자손 곧 히스기야 자손이 구십팔 명이요,
하숨 자손이 삼백이십팔 명이요,
베새 자손이 삼백이십사 명이요,

하립 자손이 백십이 명이요,
기브온 사람이 구십오 명이요
베들레헴 사람과 느도바 사람이 백팔십팔 명이요,
아나돗 사람이 백이십팔 명이요,
벳아스마 사람이 사십이 명이요,
기랏여아림과 그비라와 브에롯 사람이 칠백사십일 명이요,
라마와 게바 사람이 육백이십일 명이요,
믹마스 사람이 백이십이 명이요,
베델과 아이 사람이 백이십삼 명이요,
다른 느보 사람이 오십이 명이요
다른 엘람 사람이 천이백오십사 명이요,
하림 사람이 삼백십오 명이요,
여리고 사람이 삼백사십오 명이요,
로드와 하딧과 오노 사람이 칠백이십일 명이요,
스나아 사람이 삼천구백삼십 명이다.

제사장은 이러하다.

예수아 집안 여다야 자손이 구백칠십삼 명이요,
임멜 자손이 천오십이 명이요,
바스훌 자손이 천이백사십칠 명이요,
하림 자손이 천십칠 명이다.

레위 사람은 이러하다.

호드야의 자손들인 예수아와 갓미엘 자손이 칠십사 명이다.

찬양하는 사람은 이러하다.

아삽 자손이 백사십팔 명이요,

성전 문지기는 이러하다.

살룸 자손과 아델 자손과 달문 자손과 악굽 자손과 하디다 자손과 소배 자손인데, 백삼십팔 명이다.

성전의 일꾼들, 느디님은 이러하다.

시하 자손과 하수바 자손과 답바옷 자손과 게로스 자손과 시아 자손과 바돈 자손과 르바나 자손과 하가바 자손과 살매 자손과 하난 자손과 깃델 자손과 가할 자손과 르아야 자손과 르신 자손과 느고다 자손과 갓삼 자손과 웃사 자손과 바세아 자손과 베새 자손과 므우님 자손과 느비스심 자손과 박북 자손과 하그바 자손과 할훌 자손과 바슬릿 자손과 므히다 자손과 하르사 자손과 바르고스 자손과 시스라 자손과 데마 자손과 느시야 자손과 하디바 자손이다.

솔로몬을 섬기던 종들의 자손은 이러하다.

소대 자손과 소베렛 자손과 브리다 자손과 야알라 자손과 다르곤 자손과 깃델 자손과 스바댜 자손과 핫딜 자손과 보게렛하스바임 자손과 아몬 자손이다. 이상 성전 일꾼인 느디님과 솔로몬을 섬기던 종의 자손은 모두 삼백구십이 명이다.

이 밖에 델멜라와 델하르사와 그룹과 앗돈과 임멜 등 여러 곳에서 사람들이 왔지만 가문이 밝혀지지 않아서, 그들이 이스라엘의 자손인지 아닌지를 알 길이 없었다. 그들은, 들라야 자손과 도비야 자손과 느고다 자손인데 모두 육백사십이 명이다.

제사장 가문 가운데는 그 집안이 이스라엘 집안인지 분명하지 않은 사람은, 호바야 자손과 학고스 자손과 바르실래 자손이다.

이들 가운데서 바르실래는, 길르앗 지방 사람인 바르실래의 딸과 결혼하여, 여자 쪽 집안의 이름을 이어받은 사람이다.

그들은 족보를 찾아보았으나 찾지 못했다. 그래서 그들은 부정한 사람으로 여겨져서 제사장이 되지 못했다.

유다 총독은 그들에게, 우림과 둠밈을 가지고 판결을 내릴 제사장이 나타날 때까지는, 가장 거룩한 음식은 먹지 말라고 명령하였다.

돌아온 사람의 수는 모두 사만이천삼백육십 명이다.

그러나 이 수에는 그들이 부리던 남녀 종이 칠천삼백삼십칠 명이 포함되지 않았다.

또 말이 칠백삼십육 마리요, 노새가 이백사십오 마리요,

낙타가 사백삼십오 마리요, 나귀가 육천칠백이십 마리이다.

어떤 족장들은 성전 역사를 위하여 보조하였고, 어떤 방백은 금 천 다릭과 쟁반 오십 개와 제사장 예복 오백삼십 벌을 보물 곳간에 들여놓았다.

또 어떤 족장들은 성전 역사를 위하여 보물 곳간에 들여놓은 것은, 금이 이만 다릭이요, 은이 이천이백 마네였다.

나머지 백성이 바친 것은 금이 이만 다릭이요, 은이 이천 마네요, 제사장의 예복이 육십칠 벌이다.

이렇게 해서 제사장들과 레위 사람들과 일부 백성들은 예루살렘과 그 주변 일대에 살고, 찬양대원들과 성전 문지기들과 성전의 일꾼인 느디님 사람들은 예루살렘 주변의 성에 살았으며, 그 나머지 이스라엘 사람들은 저마다 자기 고향에 정착하였다.

제 10 장
에스라와 느헤미야

에스라와 느헤미야(느 8:1-18)

일곱째 달이 되자, 모든 이스라엘 백성들은 일제히 수문 앞 광장에 모여, 율법학자 에스라에게 여호와께서 모세를 통해 이스라엘 백성에게 주신 율법책을 가져오기를 청하였다.

그래서 일곱째 달 초하루에, 에스라 제사장은 듣고 이해할 수 있는 남녀 모든 군중들 앞으로 그 율법책을 가지고 가서, 그곳 수문 앞 광장에서, 새벽부터 정오까지 그것을 읽어 주었으며 백성들은 그 율법책에 모두 귀를 기울이고 주의깊게 들었다.

학자 에스라는 특별히 만든 높은 나무 단 위에 섰다.

에스라의 오른쪽에는 맛디댜와 스마와 아나야와 우리야와 힐기야와 마아세야가 섰고, 왼쪽에는 브다야와 미사엘과 말기야와 하숨과 하스밧다나와 스가랴와 므술람이 섰다.

학자 에스라가 모든 백성 위에 서서 그들 앞에서 율법책을 폈을 때 백성들은 일제히 일어섰다.

에스라가 위대하신 하나님 여호와를 찬양하자, 모든 백성들은 손을 들고 "아멘! 아멘!" 하며 응답하였다.

그러고서 그들은 얼굴을 땅에 대고 엎드려 여호와께 경배하였다. 그 율법책을 에스라가 읽을 때에, 레위 사람 예수아와 바니와 세레뱌와 야민과 악굽과 사브대와 호디야와 마아세야와 그리다와 아사랴와 요사밧과 하난과 블라야는, 백성들 가운데 서서 그 뜻을 해석하여 낭독하는 것을 백성들이 깨달을 수 있도록 하였다.

하나님의 율법책을 낭독하고 그 뜻을 해석하여 백성으로 그 낭독하는 것을 다 깨닫게 하므로, 백성들이 그 율법의 말씀을 듣고 다 울었다.

그러자 총독인 나 느헤미야와 제사장 에스라와 백성들을 가르치는 레위인 사람들이, 그들에게 "오늘은 우리 하나님 여호와께 거룩한 날이므로 슬퍼하거나 울지 마시오." 하였다.

그리고 나 느헤미야는 다시 그들에게 이렇게 말하였디.

> 여러분은 집으로 가서 잔치를 베풀고 마음껏 먹고 마시며 가난한 사람들에게도 나누어 주십시오.
> 오늘은 여호와께 거룩한 날이므로 근심해서는 안 됩니다. 여호와를 기뻐하는 것이 여러분의 힘입니다.

그리고 레위 사람들노, 백성들을 정숙하게 하며 말하기를 "오늘은 거룩한 날이니 마땅히 조용히 하고 근심하지 말라." 하였다

모든 백성들은 집으로 가서 음식을 만들어 가난한 사람들과 함께 먹고 마시며 즐거워하였다.

이것은 그들이 들은 율법의 말씀을 깨달았기 때문이었다.

그 다음날 모든 백성들의 족장들과 제사장들과 레위 사람들이 율법의 말씀을 더 자세히 알기 위해 에스라를 찾아갔다.

그들은 율법책을 보다가, 여호와께서 모세로 말씀하시기를 "이스라엘 백성에게 칠월의 초막절 기간에는 초막에서 지내라." 하고, 여호와께서 또 모세에게, "모든 성읍과 예루살렘에 선포하여 이르기를,
이스라엘 백성은 산으로 가서 감람나무 가지와 들감람나무 가지와 화석류나무 가지와 종려나무 가지와, 그 밖에 잎이 무성한 나뭇가지를 꺾어 율법책에 기록된 대로 초막을 지어라." 하고 명령하신 것을 알게 되었다.

그러자 백성들은 가서 나뭇가지를 꺾어와, 평평한 지붕이나 마당

뜰이나 하나님의 성전 뜰이나 수문 옆 광장이나 또는 에브라임 문 곁의 광장에 초막을 지었다.

이와 같이 바벨론으로 사로잡혀 갔다가 돌아온 모든 사람들이 초막을 짓고 그 안에서 지냈는데 눈의 아들 여호수아 시대 이후로, 초막절을 이처럼 성대하게 지킨 적이 없었으므로 모든 백성들이 크게 기뻐하고 즐거워하였다.

에스라는 첫날부터 마지막 날까지 날마다 하나님의 율법책을 낭독하였다.

이스라엘 백성은 칠 일 동안 절기를 지켰으며, 팔 일째 되는 날에는 모세의 율법에 규정된 대로 다시 성회를 열었다.

이스라엘 백성의 기도와 회개(느 9:1-38)

칠월 이십사일에, 이스라엘 백성들은 다시 모여 금식하며 굵은 베옷을 입고 머리에 티끌을 뒤집어쓰고, 이스라엘 사람들은 이방 사람과의 관계를 끊고, 그들은 수문 앞 광장에 서서 자기와 자기의 열조의 허물을 고백하였다.

그들은 낮 사분지 일인 세 시간 동안, 제자리에서 그들의 여호와 하나님의 율법책을 낭독하고, 그리고 그다음 낮 사분지 일인 세 시간 동안은 자기들의 죄를 고백하며, 그들의 여호와 하나님께 경배 드렸다.

이때 레위 사람 예수아와 바니와 갓미엘과 스바냐와 분니와 세레뱌와 또 다른 바니와, 그리고 그나니는 단상에 서서 여호와께 큰 소리로 부르짖고 기도하였으며, 또 레위 사람, 예수아와 갓미엘과 바니와 하삿느야와 세레뱌와 호디야와 스바냐와 브다히야는 백성들을 향하여 이렇게 외쳤다.

> 여러분은 마땅히 일어나 영원부터 영원까지 계신 여러분의 하나님 여호와를 찬양할지어다.
> 주 여호와여! 주의 영화로운 이름을 찬양하올 것은, 주의 이름이 존귀하여 모든

송축이나 찬양을 받기에 합당하심입니다.
오직 주만이 우리의 여호와시며, 주께서는 하늘과 하늘들의 하늘과 일월성신과 땅과 땅 위의 만물과 바다와 그 가운데 모든 것을 지으시고 다 보존하시오니, 모든 천군 천사들이 주께 경배 드립니다.

주는 하나님 여호와이십니다!
주는 옛적에 아브람을 택하시고, 그를 갈대아 우르에서 인도해 내시어 그에게 아브라함이란 이름을 주시고, 아브라함의 마음이 주 앞에서 충성 됨을 보시고, 그와 더불어 언약을 세우시고, 가나안 사람과 헷 사람과 아모리 사람과 브리스 사람과 여부스 사람과 기르가스 사람의 땅을, 아브라함의 씨 곧 그의 자손에게 주시겠다 하셨는데, 그 말씀대로 이루셨사오니 주는 의로우십니다.

주께서는, 우리 열조가 애굽에서 고난 받는 것을 감찰하시며 홍해에서 부르짖을 때에 들어주셨습니다.
주께서 바로와 그 신하들과 그 땅 백성들 앞에서 기사와 이적을 일으키시어 그들을 치신 것은, 그들이 우리의 열조에게 교만히 행함을 아셨기 때문입니다
주의 이름은 오늘날까지도 명성을 떨치고 계십니다.

주께서는 우리 열조들 앞에서 바다를 갈라지게 하시고, 주의 백성을 바다 가운데로 마른 육지같이 지나가게 하셨으며, 그들을 추격하는 대적들을 깊은 물에 돌을 던지듯이 바다에 던지셨습니다.

낮에는 구름 기둥으로 그들을 인도하시고, 밤에는 불 기둥으로 그들이 가는 길을 밝히 비추어 주셨습니다.
또 시내 산에 강림하시고, 하늘에서부터 그들과 말씀하시고, 정직한 규례와 진정한 율법과 선한 규정과 계명을 그들에게 주셨습니다.

주의 거룩한 안식일을 일려 주시고, 주의 종 모세로 하여금 계명과 규정과 율법을 그들에게 지키게 명하셨고, 그들이 굶주릴 때에는 주께서 하늘에서 양식을 주시고, 그들이 목마를 때 바위에서 물을 내어 그들을 먹이셨으며,
주께서 손을 들어 맹세하며 주시겠다고 한 그 땅에 들어가서 그곳을 차지하라고 말씀하시었으나, 그들과 우리 열조가 교만히 행하고 목을 굳게 하여 주의 명령을 듣지 아니하였으며, 또한 주를 거역하며, 주께서 그들 가운데 행하신 놀라운 일의 기적을 잊어버리고, 그들의 목을 굳게 하고 패역하여, 자기들 스스로 한 우두머리를 세워 종살이하던 애굽으로 되돌아가려고 하였습니다.

그렇지만 주는 용서하시는 하나님이시고, 은혜로우시며 긍휼히 여기시며 더디 노하시며 자비가 풍부하시므로, 그들을 버리지 않으셨습니다.

우리 열조들이 금 송아지 우상을 부어 만들고, '이 금 송아지가 우리를 인도하여 애굽에서 나오게 하신 하나님이시다.'라고 외치며 주를 모독했을 때에도, 주께서는 또다시 긍휼을 베푸시어, 그들을 광야에 버리지 않으시고, 낮에는 구름 기둥으로 그들을 인도하셨으며, 밤에는 불 기둥으로 그들의 갈 길을 비춰 주시고, 그들을 떠나지 않으셨습니다.
또 주께서는 주의 선한 영이신 성령으로 그들을 가르치시고, 주의 만나로 그들의 입에서 끊어지지 않게 하시며, 목마를 때마다 마실 물을 주셨습니다. 이처럼 광야에서 사십 년 동안이나 돌보셔서, 그들이 아쉬운 것 없게 하셨으며,
옷이 헤어지지도 않았고 발이 부르트지도 않았습니다.

또 나라들과 족속들을, 그들에게 각각 나누어 주시어, 그들이 시혼의 땅 곧 헤스본의 땅과 바산 왕 옥의 땅을 차지하였습니다.
주께서는 우리 열조의 자손을 하늘의 별같이 많게 하시고, 전에 그 열조들에게 명령하시어 들어가서 차지하라고 하신 땅으로 인도하셔서, 그곳에 이르게 하셨으므로, 그들의 자손들이 들어가서 가나안 땅을 정복할 수 있게 하셨습니다.
주께서 그 땅에 살던 가나안 사람들을 그 자손에게 굴복시키고, 왕들과 그 땅의 백성마저 그 자손들의 손에 붙이어 임의대로 행하게 하셨습니다.

그들은 견고한 성들을 점령하고, 기름진 땅과 온갖 좋은 물건을 가득 채운 그들의 집들과 이미 파 놓은 우물, 그리고 포도원과 감람원과 많은 과수원을 차지하여, 배불리 먹고 마시며 주께서 주신 복을 마음껏 즐겼습니다.
그러나 그들은, 주께 불순종하고 거역하며 주의 율법을 저버리고, 주께 돌아오라고 권면하는 선지자들을 죽여 주를 모독하였습니다. 그러므로 주께서, 그들을 대적들의 손에 넘겨 환난을 당하게 하셨습니다.

그러나 그들이 환난을 당하여 주께 부르짖을 때, 주께서 하늘에서 들으시고, 그들에게 큰 긍휼을 베푸셔서 구원자들을 보내 그들을 대적들의 손에서 구원해 주셨습니다. 그런데도 그들은 평강을 누리게 되자, 다시 주 앞에서 악을 행하므로, 주께서는 대적들의 손에 내버려 두시어 대적에게 지배를 받게 하셨습니다.

그렇지만 그들이 다시 돌이켜 부르짖을 때, 주께서는 하늘에서 들으시고 긍휼을 베푸셔서 그들을 여러 차례 건져 내 주셨습니다.
주는 그들에게 주의 법에 순종하라고 경고하셨지만, 그들은 교만하여 사람이 지키기만 하면 생명을 얻는 주의 법을 거절하고, 주의 명령에 불순종하며 고집을 피우고, 주의 말씀을 듣지 않았습니다.
주께서는 여러 해 동안 용서하시고, 주의 선지자들을 통해 주의 영이신 성령으

로 그들을 경고하셨으나, 그들이 듣지 않으므로 그들을 이방 민족의 손에 넘겨 주셨습니다.
그러나 주는 긍휼이 크신 하나님이시므로, 그들을 완전히 멸망시키거나 버리지 않으셨으니, 주는 은혜로우시며 긍휼히 여기시는 하나님이시니이다.

우리 하나님이시여! 광대하시고 능하시고 두려우시며 언약과 자비를 지키시는 하나님이시여! 우리와 우리 열왕과 방백들과 제사장들과 선지자들과 열조와 주의 모든 백성이, 앗수르 열왕의 때로부터 오늘날까지 당한 바 있는 환난을 이제 작게 여기지 마십시오.

그러나 우리의 당한 모든 일에 주께서는 공의로우시니 우리는 악을 행하였사오나 주는 진실히 행하셨습니다.
우리 열왕과 방백들과 제사장들과 열조가, 주의 율법을 지키지 아니하였으며 주의 명령과 주의 경고하신 말씀을 순종하지 않았습니다.
그들은, 그 나라와 주의 베푸신 큰 복과 자기 앞에 주신 넓고 기름진 땅을 누리면서도, 주를 섬기지 아니하며 악행을 그치지 않았습니다.

그러므로 우리가 오늘 종이 되었는데 곧 주께서 우리 열조에게 주셔서 그 실과를 먹고 그 아름다운 소산을 누리게 하신 땅에서 이와 같이 종이 되었습니다.
우리의 죄로 인하여, 주께서 우리 위에 세우신 이방 열왕들이 이 땅의 많은 소산을 얻고, 그들이 우리의 몸과 가축을 임의로 관할하고, 우리는 큰 고통 가운데 있습니다.
이제, 우리가 이 모든 일을 인하여, 여호와 하나님 앞에 견고한 언약을 세워 기록하고, 우리의 방백들과 레위 사람들과 제사장들이 다 서명을 하였습니다.

이스라엘 백성의 언약과 예물(느 10:1-39)

그 인을 친 자 곧 그 견고한 언약에 서명한 사람은 다음과 같다

하가랴의 아들 방백이며 총독인 느헤미야와 시드기야, 스라야와 아사랴와 예레미야와 바스훌과 아마랴와 말기야와 핫두스와 스바냐와 말룩과 하림과 므레못과 오바댜와, 다니엘과 긴느돈과 바룩과 므술람과 아비야와 미야민과 마아시야와 빌개와 스마야이다. 이들은 제사장이다.

레위 사람 중에서 서명한 사람들은 아사냐의 아들 예수아, 헤나닷의 자손인 빈누이, 그리고 갓미엘, 그들의 동료 스바냐와 호디야와 그리다와

블라야와 하난과, 미가와 르홉과 하사뱌와 삭굴과 세레뱌와 스바냐와 호디야와 바니와 브니누가 있다.

백성의 지도자로는, 바로스와 바핫모압과 엘람과 삿두와 바니와 분니와 아스갓과 베배와 아도니야와 비그왜와 아딘과 아델과 히스기야와 앗술과 호디야와 하숨과 베새와 하립과 아나돗과 노배와 막비아스와 므술람과 헤실과 므세사벨과, 사독과 얏두아와 블라댜와 하난과 아나야와 호세아와 하나냐와, 핫숩과 할르헤스와 빌하와 소벡과 르훔과 하삽나와 마아세야와 아히야와 하난과 아난과 말룩과 하림과 바아나가 있다.

이 밖에 나머지 백성 곧 제사장과 레위 사람과 성전 문지기와 찬양하는 사람과 성전 일꾼인 느디님과, 그리고 하나님의 율법에 순종하기 위해서, 그 땅에 사는 이방 사람들과의 관계를 끊은 모든 사람들과, 자기들의 아내와 그들의 자녀들과 또 알아들을 만한 지식이 있는 사람이, 모두 귀족 형제들과 함께 저주로 맹세하였다.

우리가 하나님의 종 모세가 전하여 준 하나님의 율법을 따르기로 하고, 우리 주 하나님의 모든 계명과 규례와 율례를 복종하기로 하였으며, 그리고 우리는 우리 딸을 이방 사람들에게 시집보내지 않고, 또 우리 아들을 위해 그들의 딸을 데려오지 않기로 했으며, 만일 이 땅의 이방 사람들이, 안식일에 곡식이나 상품을 팔려고 가져와도 우리는 안식일과 그 밖의 거룩한 날에는 그것을 사지 않기로 합의하였으며, 또 칠 년마다 땅을 쉬게 하고 일체의 빚을 받지 않기로 하였고, 그리고 우리는 다음과 같은 규례도 자진하여 정하였다.

하나님의 성전 비용으로 쓰도록, 우리는 해마다 은 삼분의 일 세겔(약 4 g)씩 성전세를 내어, 항상 상 위에 올려 두는 떡인 진설병과 매일 곡식으로 드리는 소제와 불로 태워 바치는 번제를 드리며, 또 안식일과 초하루와 정기적인 절기에 쓸 거룩한 성물과, 이스라엘 백성의 죄를 씻는 속죄제와 그 밖의 하나님의 성전에 필요한 비용으로 쓰게 하였다.

그런 다음 우리 제사장들과 레위인들과 백성들이 제비를 뽑아 종족별로 해마다 정한 때에, 하나님의 성전에 나무를 드려서 율법에 기록된 대로 우리 하나님의 제단에 불을 피워 사르게 하였고, 또 해마다 우리가 수확한 첫 농작물과 모든 과일 나무에서 딴 첫 열매를 여호와의 성전에 드리기로 하였으며, 그리고 율법에 기록된 대로, 우리 맏아들을 하나님의 성전에서 섬기는 제사장들에게 데려다 주어 자신을 하나님께 바치게 하였고, 우리 양과 소와 그 밖에 가축의 첫새끼도 제사장들에게 주기로 하였다.

또 우리는 매년 처음 생산된 밀가루와 높이 들어서 제사 드리는 제물인 거제물과 각종 과실나무의 과일과 새 포도주와 감람 기름을, 제사장들에게 가져가 하나님의 성전 창고에 넣어 두고, 우리 농산물의 십일조를 레위인들에게 주기로 하였다. 이것은 그들이 모든 성에서 그것을 받을 권리가 있었기 때문이었다.

그리고 레위인들이 십일조를 거둘 때에는, 아론 자손의 제사장 하나가 함께하도록 했으며, 레위인들은 그 십일조의 십분의 일을 성전 창고에 두도록 하였다.

또 레위 사람들을 포함한 이스라엘 백성들이 제물을 높이 들어서 거제로 드리는, 곡식과 새 포도주와 감람 기름을 성전 기구가 보관된 골방과 그리고 제사장과 문지기와 찬양하는 사람이 머물고 있는 골방에 갖다 두도록 하였다.

이렇게 해서 우리는 우리 하나님의 성전을 소홀히하지 않을 것을 다짐하였다.

예루살렘의 주민들(느 11:1-36)

이제 백성들의 지도자들은 예루살렘에 머물게 하고, 백성 가운데 제비를 뽑아 십분의 일은 거룩한 성 예루살렘에 와서 살게 하며, 그 나머지 백성은 각자 자기 성에 머물러 있게 했으며, 스스로 예루살렘에서 살겠다고 자원하는 사람 모두에게는 백성이 복을 빌어 주었다.

이스라엘 사람과 제사장과 레위 사람과, 성전 종인 니드님과 솔로몬이 거느린 신하의 자손들은, 자기들의 본 성에 정착하였고, 유다와 베냐민의 일부 사람들도 예루살렘에서 살았다.

예루살렘에서 살게 된 유다 각 지방의 지도자들은 다음과 같다

유다 지파 중에서는 아다야와 마아세야였다. 아다야는 웃시야의 아들이며, 스가랴의 손자이고 아마랴의 증손이며 스바댜의 현손이요 마할랄렐의 오대손으로 베레스의 자손이었다.

그리고 마아세야는 바룩의 아들이며, 골호세의 손자이고 하사야의 증손이며 아다야의 현손이요 요야립의 오대손이며 스가랴의 육대손으로 셀라의 자손이었다.

이들과 함께 예루살렘에 살게 된 베레스의 자손들은 모두 사백육십팔 명으로 다 용사들이었다.

베냐민 지파 중에서는 살루와 그의 가까운 친척인 갑배와 살래였다.

살루는 므술람의 아들이며, 요엣의 손자이고 브다야의 증손이며 골라야의 현손이요, 마아세야의 오대손이며 이디엘의 육대손이고 여사야의 칠대손이었다. 이들과 함께 예루살렘에 살게 된 베냐민 사람들은 모두 구백이십팔 명이었다. 그리고 시그리의 아들 요엘이, 그들의 지도자였으며 핫스누아의 아들 유다는 그다음 지위에 있는 사람이었다.

제사장 중에서는 요야립의 아들 여다야, 그리고 야긴과 스라야였다.

스라야는 힐기야의 아들이며, 므술람의 손자이고 사독의 증손이며 므라욧의 현손이요 성전 책임자인 아히둡의 오대손이었다.

그리고 성전 업무를 수행하는 그들의 형제 팔백이십이 명도 예루살렘에서 함께 살았다.

또 아다야는 여로함의 아들이며, 블라야의 손자이고 암시의 증손이며 스가랴의 현손이요, 바스훌의 오대손이며 말기야의 육대손인 그는, 그

의 형제의 족장이며, 그 형제들은 이백사십이 명이었고,

또 아맛새는 아사렐의 아들이며, 아흐새의 손자이고 므실레못의 증손이며 임멜의 현손인 그는, 그 형제의 큰 용사이며 그의 형제들은 일백이십팔 명이었다.

그리고 예루살렘에 사는 이들 제사장의 감독은 하그돌림의 아들 삽디엘이었다.

예루살렘으로 옮겨 온 레위 사람은 이러하다.

핫숩의 아들이며 아스리감의 손자이고 하사뱌의 증손이며 분니의 현손인 스마야이었다.

또 레위 사람의 족장 삽브대와 요사밧도 있다. 이들은 하나님 성전 바깥일을 맡았다.

미가의 아들이며 삽디의 손자이고 아삽의 증손으로 기도와 감사의 말씀을 인도하는 맛다냐와, 그의 형제 중에 버다냐의 다음가는 박부갸와 그리고 삼무아의 아들이며 갈랄의 손자이고 여두둔의 증손인 압다였다.

이들과 함께 거룩한 성 예루살렘에 살게 된 레위 사람들은 모두 이백팔십사 명이었다.

성전 문지기 중에서는 악굽과 달몬과 그들의 친척들이며 이들은 모두 일백칠십이 명이었다.

그 나머지 백성들과 제사장들과 레위 사람들은 유다의 여러 성에 흩어져 각자 자기 소유지에서 살았고, 성전 봉사자 곧 느디님들은 예루살렘의 오벨 언덕에 살았는데 그들의 책임자들은 시하와 기스바였다.

찬양하는 사람 아삽의 자손 곧 미가의 현손이고 맛다냐의 증손이며 하사뱌의 손자인 바니의 아들 웃시는, 예루살렘에 살고 있는 레위 사람의 감독이 되어 하나님의 성전 일을 맡아 다스렸는데, 그는 다윗 왕이 정한 규정에 따라 찬양하는 자에게 매일 양식을 정하여 주었다.

또 유다 지파의 세라 집안사람인 므세사벨의 아들 브다히야는, 바사 왕의 지시를 받아 이스라엘 백성의 모든 일을 담당하였다.

그리고 많은 사람들이 그 주변 일대의 촌락과 들판에서 살았다.

유다 지파 사람들이 흩어져 산 곳은 기럇아르바와 디본과 여갑스엘이며, 또 일부는 예수아와 몰라다와 벳벨렛과 하살수알과 브엘세바와 거기에 딸린 촌락들과, 시글락과 므고나와 거기에 딸린 촌락들과, 에느림몬과 소라와 야르뭇과 사노아와 아둘람과 거기에 딸린 촌락들과, 라기스와 거기에 딸린 들판과 아세가와 거기에 딸린 촌락들에 자리를 잡았다.

이와 같이 유다 사람들은 남쪽 브엘세바에서부터 북쪽 힌놈 골짜기에 이르는 지역에서 살았다.

그리고 베냐민 지파 사람들이 흩어져 산 곳은, 게바와 믹마스와 아야와 베델과 거기에 딸린 촌락들과, 아나돗과 놉과 아나냐와 하솔과 라마와 깃다임과 하닷과 스보임과 느발랏과 로드와 오노와 대장장이 골짜기에 자리를 잡았고, 유다 지파의 땅에 살던 일부 레위 사람들은 베냐민 지파 사람들의 땅에 가서 정착하였다.

제사장과 레위 사람들(느 12:1-47)

스알디엘의 아들 스룹바벨과 예수아를 따라서 함께 돌아온 제사장과 레위 사람들은 다음과 같다.

제사장은 스라야와 예레미야와 에스라와 아마랴와 말룩과 핫두스와 스가냐와 르훔과 므레못과 잇도와 긴느도이와 아비야와 미야민과 마아댜와 빌가와 스마야와 요야립과 여다야와 살루와 아목과 힐기야와 여다야이다.

이들은 예수아 때의 제사장과 그 형제의 어른이었다.

레위 사람은, 예수아와 빈누이와 갓미엘과 세레뱌와 유다와 맛다냐이고, 그 가운데서 맛다냐는 그의 동료들과 함께 찬양대를 맡았다.

그들의 동료 박부갸와 운노는 직무를 따라 그들 맞은편에 서 있었다.

예수아는 요야김을 낳고, 요야김은 엘리아십을 낳고, 엘리아십은 요야다를, 요야다는 요나단을 낳고, 요나단은 얏두아를 낳았다.

요아김 때의 제사장 가문의 족장들은 다음과 같다.
스라야 가문에서는 므라야요, 예레미야 가문에서는 하나냐요,
에스라 가문에서는 므술람이요, 아마랴 가문에서는 여호하난이요,
말루기 가문에서는 요나단이요, 스바냐 가문에서는 요셉이요,
하림 가문에서는 아드나요, 므라욧 가문에서는 헬개요,
잇도 가문에서는 스가랴요, 긴느돈 가문에서는 므술람이요,
아비야 가문에서는 시그리요, 미냐민과 모아댜 가문에서는 빌대요,
빌가 가문에서는 삼무아요, 스마야 가문에서는 여호나단이요,
요야립 가문에서는 맛드내요, 여다야 가문에서는 웃시오,
살래 가문에서는 갈래요, 아목 가문에서는 에벨이요,
힐기야 가문에서는 하사뱌요, 여다야 가문에서는 느다넬이다.

엘리아십과 요야다와 요하난과 얏두아 때의 레위 사람 가운데서, 가문별 족장들의 이름과 제사장들의 이름은, 바사 왕 다리오 때에 책에 기록되었고,

레위의 자손 가운데 엘리아십의 아들인 요하난 때까지의 각 가문 족장의 이름은 역대지략에 기록되어 있다.

그리고 이 당시에 레위 사람들의 지도자들은 하사뱌와 세레뱌와 갓미엘의 아들 예수아였다.

이들은 그 형제들의 맞은편에 서서 하나님의 사람 다윗이 정한 규정에 따라 여호와께 감사와 찬양을 드렸다.

맛다냐와 박부갸와 오바댜와 므술람과 달몬과 악굽은 성전 문지기이었으며, 이들은 직무대로 성전으로 들어가는 각 문들에 딸린 창고를 지켰다.

이상의 모든 사람들은, 예수아의 아들이자 요사닥의 손자인 요야김과 총독인 나 느헤미야와 제사장 겸 율법학자인 에스라 시대에 있었던 사람들이다.

예루살렘 성벽이 완성되어서 봉헌식을 거행하려고, 제금과 비파와

수금에 맞춰 노래하며 감사의 찬송을 드릴 레위 사람들을 곳곳에서 불러오게 하였다.

그러자 레위 사람의 찬양대원들은 예루살렘 사방 들판과 느도바 사람의 마을에서 모여오고, 벳길갈과 게바와 아스마 들판에서 모여들었다.

이 찬양하는 사람들은 예루살렘 주변에 마을을 이루고 살았다.

제사장과 레위 사람들이 몸을 정결하게 하고 또 백성과 성문과 성을 정결하게 하였다.

이에 나 느헤미야는 유다 방백들과 찬양대원들을 성벽 위에 올라서게 하였다.

그리고 두 떼로 나누어, 서로 반대 방향으로 열을 지어 걸어가면서 여호와께 감사와 찬양을 드리게 하였다.

'쓰레기 문'을 향해 성벽 오른쪽 방향으로 걸어가는 사람들은, 유다 방백들의 절반을 포함하여, 호세야와 아사랴와 에스라와 므술람과 유다와 베냐민과 스마야와 예레미야가 따랐다.

그 뒤로 일부 제사장들이 나팔을 들었는데, 요나단의 아들이며 스마야의 손자이고 맛다냐의 증손이요 미가야의 현손이며 삭굴의 오대손이요, 아삽의 육대손인 스가랴와, 그 뒤로는 스가랴의 형제인 스마야와, 아사렐과 밀랄래와 길랄래와 마애와 느다넬과 유다와 하나니가, 하나님의 사람 다윗이 만든 악기를 들고 따랐다.

율법학자 에스라가 이 모든 사람들의 선두에 섰다.

그들은 샘 문에서 곧바로 다윗 성 계단 위로 올라가서 성곽을 타고 계속 행진하여, 다윗 궁을 지나 동쪽 수문에 이르렀고, 감사 찬양하는 다른 한 찬양대는 반대쪽으로 행진하게 하였다.

나 느헤미야는, 백성의 절반과 더불어 그 뒤를 따라서 성벽 위로 올라갔다. 이 행렬은 용광로 곧 풀무 망대를 지나서 성벽 넓은 곳에 이르렀다.

그리고 에브라임 문 위를 지나 옛 문과 물고기 문과 하나넬 망대와

함메아 망대를 지나서, 양문에까지 이르러 감옥 문에서 멈추었고,

감사의 찬송을 부르는 두 찬양대와 나 느헤미야와 관리들의 절반은 하나님의 성전에 들어가 섰다.

또 제사장 엘리아김과 마아세야와 미냐민과 미가야와 엘료에내와 스가랴와 하나냐는 다 함께 나팔을 들고 있었다.

그리고 마아세야와 스마야와 엘르아살과 웃시와 여호하난과 말기야와 엘람과 에셀도 함께 서 있었다.

그리고 찬양대원들은 예스라히야의 지휘 감독에 따라서 찬송을 불렀다.

그날 백성들은 많은 제물로 제사를 드리면서 즐거워하였는데, 이것은 하나님이 그들에게 큰 기쁨을 주셨기 때문이었다.

여자들과 아이들까지 다 함께 어울려 즐거워하였으므로, 그들이 기뻐서 외치는 소리가 멀리까지 들렸다.

또 그날에 높이 들어서 제사 드리는 거제물과 첫 열매와 십일조를 보관하는 성전 창고를 맡을 사람들을 뽑아, 각 성읍에 딸린 밭으로 돌아다니며, 율법에서 제사장과 레위 사람의 몫으로 규정한 것을 거두어 창고에 들여놓도록 하였다.

이것은 모든 유다 사람들이 성전에서 섬기는 제사장들과 레위인들을 인하여 즐거워함이 있었기 때문이었다.

제사장들과 레위 사람들은 하나님을 섬기는 일과 정결 의식에 힘썼으며, 찬양대원들과 성전 문지기들도 다윗과 그의 아들 솔로몬이 정한 규정에 따라 자기들의 임무를 잘 수행하였다.

오래전 다윗과 아삽 때부터 이 찬양대에는 대장이 있어서 하나님께 드리는 감사와 찬양의 노래를 지도하였다.

그리고 스룹바벨과 나 느헤미야 때에는 백성들이 찬양대원들과 문지기들에게 매일 쓸 것을 주었는데, 백성들이 거룩한 예물을 레위 사람들에게 주면 레위 사람들은 그것을 아론의 자손인 제사장들에게 공급

해 주었다.

느헤미야의 기도(느 13:1-31)

그날에 백성에게 모세의 책을 읽어 주었는데, 거기에서 그들은 다음과 같이 적혀 있는 것을 발견하였다.

> 암몬 사람과 모압 사람은 영원히 하나님의 총회에 참석하지 못한다.
> 이는 그들이 애굽에서 나온 이스라엘 백성을 양식과 물로 따뜻하게 영접하지 않고, 오히려 발람에게 뇌물을 주어 이스라엘 백성을 저주하게 하였기 때문이다.
> 그러나 우리 하나님은 그 저주를 바꾸어 복이 되게 하셨다.

백성들은 이 율법의 말씀을 듣고 곧 섞여서 사는 암몬 사람과 모압 사람들을 자기들과 분리시켰다.

이런 일이 있기 전에, 하나님의 성전 골방을 맡은 제사장 엘리아십은 오랫동안 도비야와 밀접한 관계를 유지해 왔다.

그런데 그가 도비야에게 큰 방 하나를 내주었다.

그 방은 처음부터, 곡식 제물과 유향과 그릇과 레위 사람들과 찬양하는 사람들과 성전 문지기들에게 주려고, 십일조로 거두어들인 곡식과 새 포도주와 기름과 제사장들의 몫으로 주는 높이 들어서 제사드리는 거제물을 두는 곳이다.

그러나 이 당시에 나는 예루살렘에 없었다.

이것은 내가 바사의 왕 아닥사스다 2세 삼십이년에 왕에게 돌아갔기 때문이었다.

얼마 후에 나는 왕의 허락을 받아, 다시 예루살렘으로 돌아왔을 때, 엘리아십이 하나님의 성전에 있는 방을 도비야에게 제공한 사실을 알게 되었다.

나 느헤미야는 몹시 화가 나서, 도비야가 쓰는 방의 세간을 다 그 방 바깥으로 내던지고, 명령하여 그 방을 정결하게 한 다음 성전 기구와 제물로 바칠 곡식과 유향을 다시 들여놓았다.

나는 또 백성들이 레위 사람들에게 돌아갈 몫을 주지 않았기 때문에, 직무를 수행하는 레위 사람들과 찬양대원들이 모두 예루살렘을 떠나 자기 고향으로 도망간 것을 알게 되었다.

그래서 나는 "어찌하여 하나님의 성전을 돌보지 않았소?" 하고 관리들을 꾸짖었고, 레위 사람들과 성가대원들을 성전으로 불러들여 그들의 직무를 다시 수행하게 하였다.

그러자 모든 유다 백성이 곡식과 새 포도주와 기름의 십일조를 가져와 성전 창고에 들여놓았다.

나는 제사장 셀레먀와 서기관 사독과 레위 사람 브다야를 세워 성전 창고를 관리하게 하고, 삭굴의 아들이며 맛다냐의 손자인 하난을 차석으로 세워 그들을 돕도록 하였다.

그들은 성실하고 정직한 자들로 인정을 받았기 때문에 자기 동료들에게 예물을 분배해 주는 책임을 맡았다.

그때 나 느헤미야는 이렇게 기도했다.

> 나의 하나님이시여!
> 내가 한 일을 기억하옵소서. 내가 하나님의 성전과 그 모든 직무를 위하여 성실하게 행한 일을 기억하시고 잊지 마소서.

그때에 나는 사람들이 안식일에, 포도즙을 짜고 나귀에 곡식을 운반하며 포도주와 포도와 무화과와 그 밖의 다른 짐을 싣고 예루살렘으로 들여와서 물건을 파는 것을 보았다.

그래서 나는 그들에게 안식일에 아무것도 팔지 말라고 경고하였다.

그때에 두로 사람들도 예루살렘에서 살고 있었는데, 그들도 물고기를 비롯해서 갖가지 물건을 안식일에 유다 백성에게 팔고 있었다.

그래서 나는 유다의 귀족을 꾸짖으며 이렇게 말했다.

> 여러분은 어째서 이런 악을 행하여 안식일을 더럽히고 있소?
> 여러분의 열조들이 이런 짓을 했기 때문에 우리 하나님께서 우리와 이 성에 이

> 모든 재앙을 내리신 것이 아니오?
> 그런데도 여러분은 지금 안식일을 범하여 이스라엘 백성이 하나님의 더 많은 분노를 사게 하고 있소.

그러고서 나는 안식일이 시작되는 전날 저녁부터 안식일이 끝날 때까지 예루살렘 성문을 열지 말라고 명령하고, 성문마다 내 시종들을 배치하여 안식일에는 아무것도 가지고 들어오지 못하게 하였다.

그런데 상인들과 갖가지 물건을 파는 사람들이 예루살렘 성밖에서 잠을 자는 일이 한두 번 있었다.

그래서 나는 그들에게 경고했다.

> 어찌하여 당신들은 성 밑에서 잠을 자느냐? 다시 그런 일이 있으면 내가 잡아가두겠다.

그때부터 그들은 안식일에 오지 않았다.

그리고 나는 레위 사람들에게 몸을 정결하게 하고 와서 성문을 지켜 안식일을 거룩하게 하라고 명령하였다.

그때 나는 이렇게 기도하였다.

> 나의 하나님이시여!
> 이 일에도 나를 기억하시고 주의 크신 은혜를 따라 나에게 자비를 베푸소서.

그때에 내가 또 보니, 유다 남자들이 아스돗과 암몬과 모압의 여자들을 데려와서 아내로 삼았는데, 그 자녀들의 절반이 아스돗 말과 그 밖의 다른 말은 하면서도 유다 말을 모르고 있다는 사실을 알게 되었다.

그래서 나는 그 부모들을 책망하며 저주하고 몇 사람을 때리며 그 머리털을 뽑고, 경고하며 또 맹세하게 하였다.

> 너희는 너희 딸들을 이방의 아들들에게 주지 말고, 너희 아들들이나 너희를 위하여 이방의 딸들을 데려오지 않겠다고 하나님을 가리켜 맹세하시오.

또 그들에게 이렇게 말하였다.

> 옛날 이스라엘 왕 솔로몬도 이와 같은 일로 범죄하지 않았느냐?
> 세상 그 열국 중에도 그와 비길 만한 왕이 없을 정도로, 하나님의 사랑을 한 몸

에 받았다.
하나님은 그를 사랑하셔서 온 이스라엘을 다스릴 왕으로 삼으셨으나, 이방 여인이 그를 범죄하게 하였다.
너희가 이방 여인을 취하여 크게 악을 행하여, 우리 하나님께 범죄하는 것을 우리가 보고만 있을 수 있겠느냐?

대제사장 엘리아십의 손자인 요야다의 아들 가운데 하나가 호론 사람 산발랏의 사위가 되었기에, 나는 그를 쫓아내어 나를 떠나게 하였다.

그때 나 느헤미야는 이렇게 기도했다.

내 하나님이시여!
저들이 제사장의 직분을 더럽히고, 제사장의 직분과 레위 사람에 대한 언약을 어기었사오니, 저들의 소행을 기억하옵소서.
내가 이와 같이 제사장들과 레위인들을 이방 사람들의 모든 더러운 것에서 깨끗하게 하고, 또 제사장과 레위 사람의 반열을 세워 각각 그 일을 맡게 하고, 정한 때에 제물을 태울 나무와 첫 열매를 가져오게 하였사오니,
내 하나님이시여! 나를 기억하시고 복을 주시옵소서.

다윗 왕국과 하나님 나라

2014년 8월 20일 초 판 1쇄 인쇄
2014년 8월 25일 초 판 1쇄 발행

지은이 : 박 도 준
펴낸이 : 최 석 진
펴낸곳 : 개혁주의출판사

출판등록 : 제 2014-000065호
주소 : 서울 마포구 손기정 3길 25(아현동)

선화 : 02) 353-1752
팩스 : 02) 353-1754

ISBN 979-11-85602-04-2 / 93230

은행계좌 : 국민 879637-01-001507(개혁주의)